lonely planet

Beijing

„Hat man sich erst einmal zum Reisen entschlossen, ist das Wichtigste auch schon geschafft.

Also, los geht's!“

TONY WHEELER, GRÜNDER VON LONELY PLANET

Daniel McCrohan
David Eimer

Inhalt

Reiseplanung 4

Beijing erkunden 56

Beijing verstehen 227

Praktische Informationen 275

Cityatlas 320

MARK READ / LONELY PLANET ©

MATT MUNRO / LONELY PLANET ©

(links) **Essen:** köstliches Highlight jeder Beijing-Reise (S. 37)

(oben) **Chinesicher Tee:** Vielfalt an Sorten und Aromen (S. 88)

(rechts) **Verbotene Stadt:** Detail eines Drachenreliefs auf der Stadtmauer (S. 62)

YONGYUAN DAI / GETTY IMAGES ©

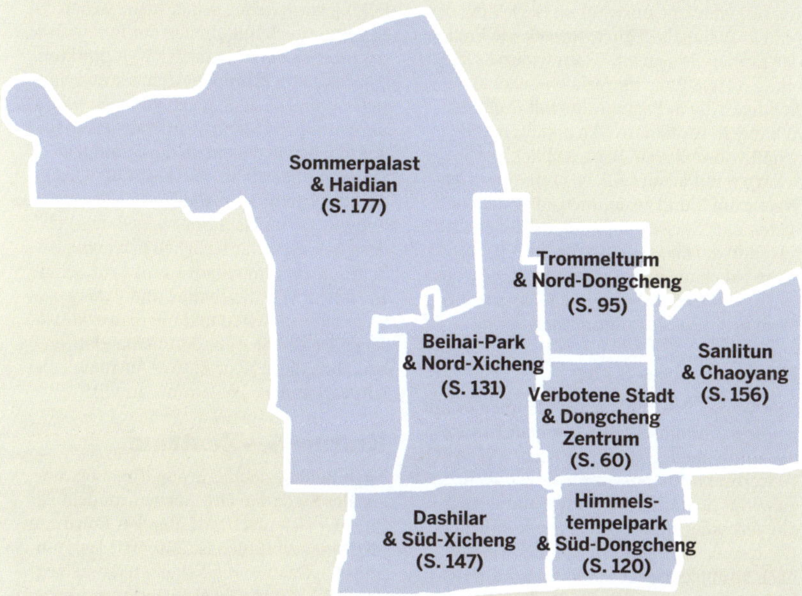

Willkommen in Beijing

Beijing blickt zurück auf eine ebenso prachtvolle wie berüchtigte Vergangenheit und eilt zugleich mit voller Kraft in Richtung Zukunft – eine vielgestaltige und anziehende Stadt.

Einfach nur lecker

Die unglaubliche Auswahl an Gerichten, der man in Beijing begegnet, spiegelt die Freude der Einheimischen am Essen wider. Es spielt eine zentrale Rolle im sozialen Leben der Beijinger, die in Restaurants mit Freunden abhängen, Familientreffen abhalten und Geschäfte abschließen. Beim Anblick der Speisekarten mit lokaler Küche läuft einem das Wasser im Mund zusammen, aber die Stadt bietet auch Speisen aus allen Regionen Chinas (und darüber hinaus). Beijings Restaurants haben alles für sich entdeckt: von der feurig-scharfen Sichuan-Küche bis zur türkisch beeinflussten uigurischen Küche.

Historisches Erbe

Nur wenige Orte auf der Welt können es mit Beijings grandiosem historischem Panorama aufnehmen. Es gibt hier sechs UNESCO-Welterbestätten (nur eine weniger als in ganz Ägypten). Im Zentrum befindet sich die Verbotene Stadt, ein unvergleichlicher Königspalast. Imposante Tempel streben nach kosmologischer Perfektion, während in den antiken *hutongs* im Stadtzentrum das Leben heute noch ebenso pulsiert wie vor Hunderten von Jahren. Um noch einen draufzusetzen, schlängelt sich die Ehrfurcht gebietende Große Mauer nördlich der Stadt über die Hügel.

Hingucker

Beijing kann neben seiner historischen Architektur auch mit einigen der innovativsten modernen Gebäude der Welt punkten. International führende Architekten reißen sich darum, diesem neuen globalen Impulszentrum ihren Stempel aufzudrücken, und Bauten, bei denen einem der Mund vor Staunen offen steht, wie das CCTV-Gebäude, das Galaxy Soho, die NCPA-Konzerthalle und das Olympiastadion, zeigen deutlich, dass Beijing keinerlei Scheu hat, seine Bedeutung als Hauptstadt Chinas zur Schau zu stellen. Wie die Tempel und Paläste aus vergangenen Zeiten und die realsozialistischen Denkmäler aus den 1950er-Jahren haben auch diese Neuzugänge Ausmaße, die laut verkünden: „Schaut her zu mir!"

Kulturelles Zentrum

Nach Beijing zieht es große Künstler, die aus der Stadt den Ort machen, an dem der Puls der sich rasch entfaltenden Kulturszene Chinas zu fühlen ist. Mit erstklassigen Museen, Galerien und einer stetig steigenden Zahl von Musikveranstaltungen kommt keine Langeweile auf. Beijing ist auch das Zentrum der traditionellen chinesischen Bühnenkunst. Ob in der Pekingoper, mit Akrobatik oder klassischem chinesischem Tanz – die Stadt weiß jeden zu bezaubern.

Warum ich Beijing so liebe

Von Daniel McCrohan, Autor

Ich liebe das Essen, die Restaurants, das preiswerte Bier und den Mangel an Tischmanieren. Ich liebe die *hutongs*, die Grünanlagen und Tai-Chi. Ich liebe es, Tee zu trinken, Tischtennis zu spielen, Drachen steigen zu lassen und überall mit dem Fahrrad hinfahren zu können, sogar zur Großen Mauer! Am meisten jedoch liebe ich Bejings Fähigkeit zu überraschen. Auch nach zehn Jahren entdecke ich hier beinahe jeden Tag etwas Neues: einen Satz, den ich noch nie gehört habe, eine Eigenart, die mir noch nie aufgefallen war, ein Geschäft, eine Kneipe oder, mit besonders viel Glück, einen alten Tempel, von dessen Existenz ich noch nichts wusste.

Mehr über unsere Autoren auf S. 343

Großes Bild: Imbissstände auf dem Donghuamen-Nachtmarkt (S. 86)

Beijings Top 13

Die Große Mauer *(S. 191)*

1 Die Große Mauer ist Chinas berühmtestes Monument und eines der großartigsten Bauwerke der Welt. Sie schlängelt sich über fast 9000 km durch Nordchina, aber es gibt keinen besseren Standort für eine Besichtigung als Beijing. Über den ganzen Stadtkreis verteilen sich über ein Dutzend Mauerabschnitte, von perfekt erhaltenen bis reizvoll verfallenen. Zu erreichen sind sie mit dem Bus, Zug oder Taxi, sogar mit dem Fahrrad. Unternehmungslustige können auf der Mauer tagelang wandern. DIE GROSSE MAUER BEI JINSHANLING

Die Große Mauer

Die Verbotene Stadt *(S. 62)*

2 Die größte Palastanlage der Welt ist mit ihren imposanten Hallen, prächtigen Toren und uralten Relikten die ultimative Form dynastischer Prachtentfaltung. Kein anderer Ort in Beijing steckt so voller Geschichte und Legenden. Besucher können stundenlang über die weitläufigen Plätze und durch die hohen Gänge schlendern, die zu reizenden Höfen, Gärten und Museen führen, und sich dabei des gewaltigen Ausmaßes eines Palastes bewusst werden, in dem 24 Kaiser residierten.

Verbotene Stadt & Dongcheng Zentrum

1

3

4

Tiananmen-Platz *(S. 71)*

3 Der größte öffentliche Platz der Welt ist eine weitläufige Steinplattenwüste im Herzen Beijings. Er ist außerdem ein bitteres Mahnmal für Chinas Demokratiebewegung, die im Juni 1989 von der Volksbefreiungsarmee zerschlagen wurde. Die strengen Sicherheitsmaßnahmen können abschreckend sein, der Symbolcharakter des Platzes ist jedoch so groß, dass nur wenige Besucher ihn auslassen. Frühmorgens findet hier die Fahnenzeremonie statt, und am Abend erstrahlen die umgebenden Gebäude im Lichterglanz.

GROSSE HALLE DES VOKES

Verbotene Stadt & Dongcheng Zentrum

Hutongs *(S. 249)*

4 Herz und Seele Beijings sind die *hutongs*, die reizvollen Gassen, die sich durch das Stadtzentrum ziehen. Die einzigartigen Sträßchen – einige gibt es seit fast 800 Jahren –, in denen noch immer viele Beijinger leben, verknüpfen die Hauptstadt nicht nur mit ihrer Vergangenheit, sondern bieten auch die Gelegenheit, das Beijinger Straßenleben in all seiner lärmenden und fröhlichen Herrlichkeit zu erleben. Durch die *hutongs* am Tag zu bummeln oder zu radeln und am Abend einige der vielen Bars und Restaurants zu besuchen, ist ein unerlässlicher Teil eines jeden Besuchs in Beijing.

Historische **hutongs**

Himmelstempelpark *(S. 122)*

5 Der Himmelstempelpark, der ultimative Ausdruck der ewigen chinesischen Suche nach Harmonie, ist reinste geometrische Perfektion: eine Ansammlung hinreißender Schreine – darunter die symbolträchtige Halle des Erntegebets –, in denen die Himmelssöhne, die Kaiser von China, um göttliche Eingebung beteten. Alles an ihnen – Farbe, Form und Klang – hat eine esoterische Bedeutung, die kaum fassbar ist. Der Himmelstempel liegt in einem herrlich beschaulichen Park, in dem die Beijinger spazieren gehen, singen und tanzen oder einfach unter den knorrigen Zypressen sitzen, die hier vor Jahrhunderten gepflanzt wurden.

HALLE DES ERNTEGEBETS

Himmelstempel & Süd-Dongcheng

Lamakloster *(S. 97)*

6 Das heitere Lamakloster ist Beijings größter, bedeutendster und zugleich stimmungsvollster buddhistischer Tempel, in dem einst zahllose Mönche aus der Mongolei und Tibet lebten. Hier wurde auch die Reinkarnation des Panchen Lama bestimmt. Er ist noch immer ein aktiver Tempel, auch wenn es mittlerweile mehr Touristen als Mönche gibt. Das Lamakloster hat fünf herrliche zentrale Hallen, die letzte birgt die weltgrößte Buddhastatue aus Sandelholz.

Trommelturm & Nord-Dongcheng

Sommerpalast *(S. 179)*

7 Der Sommerpalast, die kaiserliche Sommerresidenz, ist eine bezaubernde Ansammlung von Tempeln, Pavillons, Gärten, Seen, Brücken und Wandelgängen. Er ist weniger formell als die Verbotene Stadt, aber seine Bauwerke besitzen mehr als genug Eleganz und Schönheit, um einem den Atem zu rauben. Vom Berg der Langlebigkeit mit seinen zahlreichen Tempeln eröffnet sich ein großartiger Blick über Beijing, und bei einem Spaziergang um den Kunming-See lässt sich gut vorstellen, wie es wohl gewesen sein mag, die Anlage ganz für sich allein zu haben.

Sommerpalast & Haidian

6

Pekingente *(S. 38)*

8 Niemand sollte Beijing verlassen, ohne das berühmteste Gericht der Stadt probiert zu haben. Die Pekingente war einst nur Kaisern und hohen Beamten vorbehalten und tauchte erst Anfang des 20. Jhs. auch auf der Speisekarte der unteren Schichten auf. Heute gibt es etliche Spezialrestaurants für *kaoya* (Bratente), und das Gericht – saftiger und aromatischer als die Bratente zu Hause – gehört ebenso zu Beijing wie die Straßen selbst.

Essen

Trommel- & Glockenturm (S. 99)

9 Einst waren diese beiden herrlichen alten Türme, die einander an einem kleinen öffentlichen Platz gegenüberstehen und über eine der reizvollsten Ecken Beijings wachen (auch wenn Städteplaner bereits begehrliche Blicke darauf werfen), die offiziellen Zeitmesser der Stadt. Die Trommeln und Glocken wurden geschlagen bzw. geläutet, um die Zeit anzugeben. Oben auf dem Trommelturm kann man einer Vorführung auf nachgebauten Trommeln lauschen, die einem durch Mark und Bein geht, oder man erklimmt beide Türme, um aus der Vogelperspektive die umliegenden *hutongs* zu betrachten.

Trommelturm & Nord-Dongcheng

Chinesische Bühnenkunst (S. 26)

10 In Beijing gibt es wunderbare Unterhaltungsangebote, ob nun die komplizierte, höchst stilisierte Pekingoper oder purzelnde, wirbelnde und auf dem Hochseil balancierende Akrobaten, ganz zu schweigen von den kahl rasierten Shaolin-Mönchen, die ihre unvergleichlichen Kampfsportarten vorführen. Vorstellungen gibt es jeden Abend, es gibt also keine Entschuldigung, eine zu versäumen. Die Sprachbarriere sollte nicht abschrecken; die meisten Aufführungen sind leicht verständlich. Besonders Akrobatik ist ein umwerfendes Schauspiel. CHAOYANG-AKROBATIKTHEATER

Kunst & Kultur

Houhai-Seen (S. 135)

11 Die drei miteinander verbundenen Seen gehören zu den großen Erholungsgebieten Beijings und sind wunderbar, um die Einwohner bei Freizeitaktivitäten zu beobachten oder mitzumachen. Die Seen selbst, die von Bars und Restaurants umgeben sind, bieten das größte Freizeitvergnügen. Im Sommer sind sie voll mit Tretbooten, im Winter sind sie ein Paradies für Schlittschuhläufer. Möglich sind auch Angeln, Kajakfahren und Schwimmen (für Mutige). Aber am einfachsten ist ein Spaziergang um die Seen, um die Beijinger bei ihren Freizeitvergnügungen zu erleben. TOURISTEN AUF EINEM BOOT AUF DEN HOUHAI-SEEN

Beihai-Park & Nord-Xicheng

9

10

11

Panjiayuan-Markt (S. 173)

12 Am Ende der Reise sollte etwas Zeit für einen Besuch auf diesem Straßenmarkt mit seinen vielen Schätzen und kiloweise ungewöhnlichen Souvenirs bleiben. Der Panjiayuan ist der beste Ort, um sich mit Kunst, Kunsthandwerk und (meist gefälschten) Antiquitäten einzudecken. Selbst wenn man nichts kaufen will, ist es eine Freude, zwischen all dem Krempel zu schlendern.

Sanlitun & Chaoyang

12

13

798 Art District (S. 158)

13 Das 798 in den ausladenden Gebäuden einer stillgelegten Elektronikfirma hat sich zum führenden Kunstviertel der Stadt entwickelt. Es ehrt seine proletarischen Wurzeln mit aufgefrischten maoistischen Slogans in den Galerien und mit Statuen von stämmigen, kantigen Arbeitern in den Gassen. Die großräumigen Fabrikhallen sind ideal für ehrgeizige Projekte, die viel Platz brauchen. Da die Straßen von Cafés gesäumt sind, eignet sich das Viertel wunderbar für einen Mittagsimbiss, bevor man sich in die Welt der führenden Künstler Chinas stürzt. KÜNSTLERIN IN IHREM STUDIO IM 789 ART DISTRICT

Sanlitun & Chaoyang

Was gibt's Neues?

Hofhaushotels

In Beijing eröffnen immer mehr zauberhafte Hofhaushotels, was das Übernachten in der Hauptstadt so reizvoll macht wie noch nie. Zu den erwähnenswerten Neueröffnungen zählen das freundliche Jingshan Garden Hotel, das schicke Hulu Hotel und das beschauliche Graceland Yard auf dem Gelände eines kleinen, 500 Jahre alten Tempels. (S. 218)

72 Stunden visafrei

Transitreisende dürfen sich nun ohne Visum 72 Stunden in Beijing aufhalten. Dazu müssen sie einen fest gebuchten Flug in ein anderes Land nachweisen und dürfen das Stadtgebiet von Beijing nicht verlassen.

Dadu-Kunstmuseum

Die große Kunstgalerie – etwas unpassend im baumbestandenen *hutong* Guozijian Jie gelegen – wurde 2013 eröffnet und dürfte Beijings führende Galerie für zeitgenössische chinesische Ölgemälde sein. (S. 103)

Hutong-Museum Shijia

Ein neues, kleines Museum für *hutong*-Fans, das einen erfrischend ehrlichen und informativen Blick auf die Geschichte des Viertels um den historischen *hutong* Shijia mit seinen vielen Hofhäusern wirft. (S. 81)

Temple Hotel

Das denkmalgeschützte Hotel befindet sich auf dem Gelände eines aufgegebenen, 250 Jahre alten buddhistischen Tempels und ist der ungewöhnlichste Neuzugang unter den Luxusunterkünften. Das Ensemble wurde über fünf Jahre restauriert und von der UNESCO anerkannt. (S. 219)

Galaxy Soho

Beijing ist nach wie vor ein Spielplatz für topmoderne Architektur, aber der jüngste prominente Bau – das wunderbar kurvige, futuristisch anmutende Galaxy Soho – führte zu Kontroversen, als es in einem alten *hutong*-Viertel in der Nähe des Zhihua-Tempels entstand. Der Protest von Denkmalschützern konnte jedoch nicht verhindern, dass es für einen internationalen Preis des RIBA (Royal Institute of British Architects) in die engere Wahl kam.

Neue U-Bahn-Linien

Das ohnehin immens eindrucksvolle U-Bahn-Netz der Stadt wird immer weiter ausgebaut. In den letzten Jahren entstanden etliche neue Strecken, und noch viel mehr sind im Bau.

Preiserhöhung für Bus und U-Bahn

Zur Zeit der Recherche grassierten Gerüchte über eine massive Preiserhöhung für öffentliche Verkehrsmittel. Die Behörden werden sich wohl von den billigen Einheitsfahrpreisen verabschieden und sich für das Shanghaier Modell entscheiden, das auf Streckenlänge basiert.

Neuer Pep für die Wangfujing

Lange Zeit war Beijings berühmteste Einkaufsstraße, die Wangfujing Dajie, eine schäbige Ansammlung unscheinbarer Einkaufszentren (mit Ausnahme des funkelnden Oriental Plaza). Aber die umfängliche Sanierung zweier anderer Einkaufszentren – Beijing apm und Intime Lotte – hat etwas mehr Pfiff in die Straße gebracht. (S. 91)

Mehr Empfehlungen und Besprechungen siehe **www.lonelyplanet.com/beijing**

Gut zu wissen

Mehr zum Thema siehe Praktische Informationen (S. 275)

Währung
Yuan (¥; 元)

Sprache
Mandarin

Visa
Transitreisende dürfen sich 72 Stunden ohne Visum in Beijing aufhalten. Ansonsten sind Visa erforderlich. Standard ist ein 30-Tage-Visum. Meist ist eine einmalige Verlängerung möglich.

Geld
Die meisten Geldautomaten akzeptieren ausländische Karten. Die meisten großen Banken wechseln Geld. Kreditkarten werden nicht überall akzeptiert (außer in Hotels und Einkaufszentren), Bargeld sollte also immer mitgeführt werden.

Handys
Chinesische SIM-Karten können in entsprechenden Handys benutzt werden. Handys sind billig in China. Smartphones können über das chinesische 3G- und 4G-Netz (mit Roaming-Gebühren) oder über die vielen WLAN-Hotspots benutzt werden.

Zeit
MEZ plus sieben Stunden, Sommerzeit plus sechs Stunden

Touristeninformation
Meist nur für chinesische Touristen – Ausländer informieren sich besser in Hotels oder Hostels.

Tagesbudget

Günstig: unter 200 Yuan

- Bett im Hostel: 50–80 Yuan
- Ein Essen in Restaurants der Einheimischen: 20–40 Yuan
- Fahrkarte für Bus oder U-Bahn: 1–2 Yuan (vor den neuen Preisen)

Mittelteuer: 200–750 Yuan

- Normales Privatzimmer: 200–500 Yuan
- Ein Essen in Mittelklasserestaurants: 40–80 Yuan
- Kurze Taxifahrt: 15 Yuan
- Eintritt zu Hauptsehenswürdigkeiten: 20–60 Yuan

Teuer: über 750 Yuan

- Luxusunterkünfte: ab 1000 Yuan
- Ein Essen in internationalen Restaurants: ab 100 Yuan
- Drinks in Cocktailbars: 50–80 Yuan
- Führungen: 200–1000 Yuan

Vor der Reise

Drei Monate vorher Checken, ob alle Impfungen aktuell sind. Visum beantragen. Etwas Mandarin lernen.

Ein Monat vorher Den Stadtteil für den Aufenthalt wählen. Nach Hotelangeboten suchen. Mögliche Touren und Kurse aussuchen.

Eine Woche vorher Unterkunft, Touren und Kurse buchen. Mögliche Tagesausflüge planen.

Nützliche Websites

The Beijinger (www.thebeijinger.com) Restaurant- und Unterhaltungsverzeichnis, Blogs und Foren.

Timeout Beijing (www.timeoutbeijing.com) Konkurrent von The Beijinger mit schönerer Website.

Beijing Cream (http://beijingcream.com) Vergnüglicher Blog aus Beijing über aktuelle Nachrichten aus ganz China.

Sinica Podcast (http://popupchinese.com) Beliebter, unzensierter Nachrichten-Podcast aus Beijing.

Air Pollution (http://aqicn.org/city/beijing) Echtzeitberichte zur Luftqualität in Beijing (und anderen Städten).

Lonely Planet (www.lonelyplanet.com/china/beijing) Informationen, Hotelbuchungen, Forum und mehr.

REISEZEIT

April/Mai und Oktober/November sind angenehm. Dezember bis Februar ist es trocken und kalt. Juni bis September (Hauptsaison): heiß, aber mit erfrischenden Regengüssen.

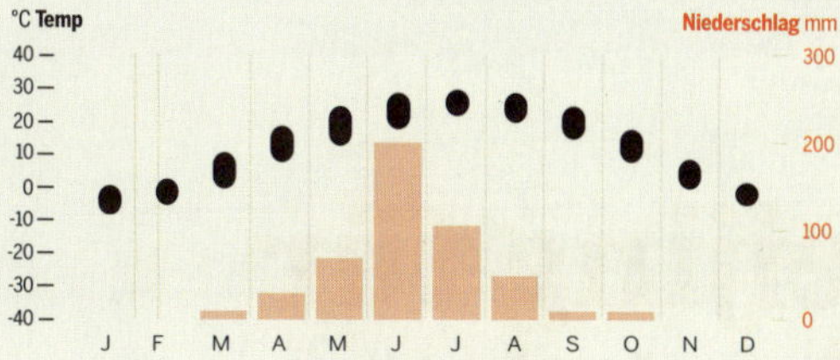

Abzocke

Einladung ins Teehaus Einladungen in ein Teehaus von netten jungen Frauen um den Tiananmen-Platz und die Wangfujing Dajie sollten abgelehnt werden – es ist eine teure Betrugsmasche.

Kunstausstellungen Bei ähnlichen Einladungen von „Kunststudenten" sollen Touristen überteuerte Kunst kaufen.

Rickschas Die Fahrer am Nordtor der Verbotenen Stadt sind besonders skrupellos. Die Fahrt für 3 Yuan scheint ein Schnäppchen zu sein – kostet aber letztlich 300 Yuan!

Taxis Wenn ein Fahrer im Zentrum *da biao* (Nutzung der Zeituhr) verweigert, sollte ein anderes Taxi genommen werden. Für lange Strecken, z. B. zur Großen Mauer, muss ein Festpreis ausgehandelt werden.

Was kostet wie viel?

- *Baozi* (gedämpfte Teigtasche) vom Straßenstand: 1–2 Yuan
- Eine Stunde im Internetcafé: 3–5 Yuan
- Große Flasche chinesisches Bier aus dem Laden: 4 Yuan
- Kleine Flasche chinesisches Bier in einer Bar: 20 Yuan
- Halbliterflasche Mineralwasser: 1–2 Yuan
- Lammspieß: 1–3 Yuan
- Bananen vom Marktstand: 4 Yuan pro *jin* (500 g)
- Leihfahrrad pro Tag: 30 Yuan
- Reparatur bei Reifenpanne: 3 Yuan

SPARTIPPS

Travelcard (交通一卡通; *jiaotong yikatong*; Kaution 20 Yuan) Die Karte bringt 60 % Preisnachlass auf alle Busfahrkarten. Gilt auch für die U-Bahn, aber ohne Ermäßigung (kann sich mit der neuen Preisstruktur ändern). In U-Bahnhöfen erhältlich.

Museumspass (博物馆通票, *bowuguan tongpiao*; www.bowuguan.bj.cn; 120 Yuan) Lohnt sich bei längerem Aufenthalt. Ermöglicht bis zu 50 % Ermäßigung für über 60 Sehenswürdigkeiten (nicht nur Museen) in der ganzen Stadt.

Beijing on a Budget Smartphone-App für preisbewusste Reisende.

Schlafen

Hostels sind am preiswertesten, sie sind gut für Reisende ausgestattet und haben englischsprachiges Personal. Hofhaushotels haben eine tolle Atmosphäre und liegen inmitten der *hutongs*, aber sie bieten nicht die Annehmlichkeiten (Pool, Fitness etc.) von Spitzenhotels in der gleichen Preiskategorie.

Zimmer können telefonisch oder direkt über die Hotelwebsites gebucht werden.

Nützliche Websites

airbnb (www.airbnb.com) Privatzimmer für Kurzaufenthalte (auch tageweise).

booking.com (www.booking.com) Hotels und Hostels.

ctrip (www.english.ctrip.com) Hotels mit ermäßigten Preisen.

Couch Surfing (www.couchsurfing.org) Umsonst bei Einheimischen wohnen.

Hostel Bookers (www.hostelbookers.com) Buchung und Bewertung von Hostels.

Mehr zum Thema **Schlafen** s. S. 215

Beijing für Einsteiger

Mehr zum Thema siehe Praktische Informationen (S. 286)

Checkliste

- Visum beschaffen
- Hotel buchen
- Name und Adresse des Hotels in chinesischen Schriftzeichen ausdrucken
- Für Kurse anmelden
- Prüfen, ob das Handy entsperrt ist, um eine chinesische SIM-Karte benutzen zu können
- Der Bank mitteilen, dass die Kreditkarten in China genutzt werden

Ins Reisegepäck

- Sprachführer und/oder chinesisches Wörterbuch
- Feuchtigkeitscreme (Beijing kann unglaublich trocken sein.)
- Smogmaske
- Im Sommer Sonnenhut und Sonnencreme
- Im Winter Wollpullover
- Schuhe mit guter Profilsohle für Wanderungen auf der Großen Mauer
- Kleiner Rucksack für Tagesausflüge

Top-Tipps für die Reise

- Vor der Reise so viel Chinesisch (Mandarin) wie möglich lernen.
- Fahrrad mieten, denn Beijing ist zum Radeln ideal.
- Name und Anschrift von jeglichem Zielort jeden Tag in chinesischen Schriftzeichen aufschreiben und immer die Geschäftskarte des Hotels mitnehmen, um wieder zurückzufinden.
- So viele unterschiedliche chinesische Speisen wie möglich probieren. In Beijing ist jede Küche vertreten, von der kaiserlichen Pekingente bis zu scharfen Sichuan-Gerichten. Und auf keinen Fall auf Leute hören, die vom Straßenessen abraten – ganz schlechter Tipp.

Kleidung

Jeans und Hemd oder T-Shirt sind die meiste Zeit des Jahres in Ordnung. Im Sommer sind Shorts okay. Im Hochsommer wird es sehr heiß, ein Sonnenhut ist also ratsam (auch Sonnencreme und Mückenschutz) und eine leichte Regenjacke für plötzliche Regengüsse. Im Winter sieht die Sache anders aus, empfehlenswert sind viele Kleidungsschichten: Thermounterwäsche, dickes Hemd, Pullover, Handschuhe, Wollmütze und eine Daunenjacke sowie Schuhe oder Stiefel mit dicken Sohlen. Zu jeder Zeit des Jahres sind Schuhe mit guter Profilsohle für Wanderungen auf der Großen Mauer nötig.

Vorwarnung

- Die Luftqualität kann für Leute, die auf Luftverschmutzung empfindlich reagieren, ein Problem sein. Eine Smogmaske ist hilfreich, auch sollte der Index für Luftqualität (www.aqicn.org) beobachtet werden.
- Eine Reise während der staatlichen Feiertage ist nicht ratsam, besonders um den Mai- und den Nationalfeiertag herum sind die Hauptsehenswürdigkeiten extrem überlaufen. Das chinesische Neujahrsfest ist hingegen relativ ruhig, da die meisten Menschen im Familienkreis feiern.
- Vorsicht vor skrupellosen Taxifahrern (immer auf Einschalten der Zeituhr bestehen), Rikschafahrern (immer zuvor einen Preis vereinbaren) und Englisch sprechenden Chinesen, die Touristen an größeren Sehenswürdigkeiten ansprechen und ihnen ein Teehaus oder eine Kunstgalerie zeigen wollen (eine teure Abzocke).

Etikette

Im Allgemeinen wird Etikette in China ziemlich locker gesehen.

➡ **Begrüßung und Verabschiedung** Hände schütteln, aber keinesfalls einen Wangenkuss. Zur Begrüßung sagt man „*ni hao*", zur Verabschiedung „*zai jian*".

➡ **Bitte um Hilfe** Die Frage nach einer Wegbeschreibung lautet „*qing wen …*" („kann ich Sie fragen …"). „*Duibuqi*" heißt „Entschuldigung".

➡ **Essen und Trinken** Am Esstisch wird dem Sitznachbarn beim Auffüllen des Tellers oder der Schüssel geholfen. Den Gastgebern und anderen am Tisch wird zugeprostet. Zu Beginn des Essens wird erst aus dem Glas getrunken, wenn das Zuprosten beginnt. Raucher bieten stets auch den anderen eine Zigarette an. Immer die Bezahlung des Essens oder der Getränke in einer Bar anbieten, aber nicht zu heftig darauf bestehen, wenn jemand anderes bezahlen möchte.

Geld

Geldautomaten gibt es überall, viele akzeptieren auch ausländische Bankkarten. Visa und MasterCard werden am häufigsten akzeptiert. Einkäufe können in der Regel nicht mit ausländischen Karten bezahlt werden (Ausnahmen sind Hotels, Spitzenrestaurants und moderne Einkaufszentren) – die Mitführung von Bargeld ist ein Muss.

Mehr zum Thema siehe S. 288.

Feilschen

Feilschen ist in Läden (außer in Supermärkten) üblich und wird auf Märkten erwartet. Aber es gibt keine verbindlichen Regeln. In Läden lassen sich nur kleine Beträge runterhandeln, aber auf Märkten – besonders Souvenirmärkten – wird nach Herzenslust gefeilscht. Die Verhandlungen sollten stets spielerisch geführt werden, und man sollte auch einfach weggehen; dann wird meist der echte „letzte Preis" genannt.

Sprache

Weniger Menschen als vermutet sprechen in Beijing Englisch, darunter auch Taxifahrer. Viele Menschen, die im Tourismus arbeiten, können aber zumindest etwas Englisch (besonders in Hotels und Hostels), als Tourist kommt man also auch ohne chinesische Sprachkenntnisse zurecht. Gleichwohl erweitert sich der Erfahrungsschatz immens, und man gewinnt den Respekt der Chinesen, wenn vor der Reise ein wenig Chinesisch gelernt wurde.

1 Wo würden Sie zu einem *yum cha* gehen?
哪里的早茶好？ Nalide zaocha hao?
In China sollte jeder im passenden Lokal eine kulinarische Erfahrung machen, die in Chinatowns der ganzen Welt typisch ist.

2 Bitte bringen Sie mir Messer und Gabel.
请拿一副刀叉来。 Qing na yifu daochalai.
Wer noch nicht die Kunst des Essens mit Stäbchen gemeistert hat, sollte sich nicht scheuen, in einem Restaurant nach Besteck zu fragen.

3 Bekomme ich eine Ermäßigung (für das Zimmer)?
这（房间）能打折吗？ Zhe (fangjian) neng dazhe ma?
In China wird immer um den Zimmerpreis im Hotel gefeilscht – Ermäßigungen von 10 bis 50 % vom Listenpreis sind die Norm, wenn man einfach an der Rezeption fragt.

4 Ich möchte gerne ein Fahrrad mieten.
我想租一辆自行车。 Woxiang zuyiliang zixingche.
Fahrräder sind ein prima Fortbewegungsmittel in chinesischen Städten und bei Touristenattraktionen. Sie können auch unschätzbar für die Erkundung ländlicher Gegenden sein.

5 Können Sie mir das in Pinyin aufschreiben?
请用拼音写。 Qing yong Pinyin xie.
Wer vor chinesischen Schriftzeichen zurückscheut, kann sich mit Pinyin (der offiziellen Schriftsprache von Mandain in lateinischem Alphabet) begnügen.

Trinkgeld

Trinkgeld wird nie verlangt oder erwartet. Nur in Luxushotels und internationalen Spitzenrestaurants kann ein Trinkgeld in Betracht gezogen werden. Es besteht kein Zwang, Reiseleitern zusätzlich zu ihrem Entgelt ein Trinkgeld zu geben – es doch zu tun ist eine völlig freiwillige Entscheidung.

Unterwegs vor Ort

Mehr zum Thema siehe Verkehrsmittel & -wege (S. 276)

Fahrrad (自行车; zixingche)

Die vergnüglichste und meist schnellste Fortbewegungsart. Fast jede Straße hat einen Fahrradweg. Leihfahrräder kosten 30 bis 50 Yuan pro Tag.

Laufen (走路; zoulu)

Die beste Art, die *hutongs* (engen Gassen) zu erkunden.

U-Bahn (地铁; ditie)

Schnell, modern und benutzerfreundlich (alle Schilder sind auf Chinesisch und Englisch), aber oft überfüllt, ein Sitzplatz ist also nicht garantiert. Eine Fahrt kostet 2 Yuan, aber eine Preiserhöhung steht an.

Bus (公共汽车; gonggong qiche)

Spottbillig und flächendeckend, aber für Leute ohne Chinesischkenntnisse schwer zu durchschauen und oft überfüllt. Eine Fahrt kostet 1 Yuan, mit Travelcard 0,4 Yuan. Eine Preiserhöhung steht an.

Taxi (出租车; chuzuche)

Im Vergleich zu westlichen Ländern billig (Grundgebühr: 13 Yuan), aber zu bestimmten Zeiten schwer zu finden. Staus verlangsamen die Fahrt.

Fahrrad-/Motorrikscha (三轮车; sanlunche)

Macht Riesenspaß, aber der Preis muss verhandelt werden (es gibt keine Zeituhr), Touristen zahlen manchmal viel zu viel.

Mini-Sprachführer

da di (打的) Mit dem Taxi fahren (umgangssprachlich)

da biao (打表) Die Zeituhr benutzen

qu ____ duoshao qian? Wie viel kostet es nach ____ ?

zuo che (坐车) Mit dem Bus fahren

qu ____ ma? Fährt er nach ____ ?

mai piao (买票) Eine Fahrkarte kaufen

yikatong (一卡通) Travelcard

shua ka (刷卡) Eine Travelcard einlesen

xia che (下车) Aussteigen aus einem Fahrzeug

dao le! (到了) Wir sind da!

kuai dao le (到了) Wir sind fast da

du che (堵车) Verkehrsstau

zu zixingche (租自行车) Ein Fahrrad leihen

you suo ma? (有锁吗?) Haben Sie ein Fahrradschloss?

da qi (打气) Einen Platten aufpumpen

Wichtige Strecken

Busse 专1 und 专2 Die beiden Buslinien fahren im Uhrzeigersinn um die Verbotene Stadt, südwärts über den Tiananmen-Platz nach Qianmen und wieder zurück.

U-Bahn-Linien 1 und 2 30 Jahre lang, bis 2002, waren dies die einzigen U-Bahn-Linien in Beijing. Sie sind für Touristen noch immer die nützlichsten, da sie die Verbotene Stadt, den Tiananmen-Platz, den Trommelturm, den Lamatempel, den Hauptbahnhof und die beiden Shoppingmeilen Xidan und Wangfujing anfahren.

Ein Taxi anhalten

- Es ist fast immer am besten, einfach ein Taxi am Straßenrand herbeizuwinken.
- Ist ein Taxi frei, leuchtet in der Windschutzscheibe das rote Schild „空车-for hire".
- Hotels können für Tagestouren außerhalb der Stadt bei der Taxisuche behilflich sein.

TOP-TIPPS

- In den hinteren Waggons der U-Bahn gibt es etwas mehr Bewegungsraum (aber wahrscheinlich immer noch keinen Sitzplatz).
- Auf jedem U-Bahnsteig gibt es an einem Ende öffentliche Toiletten.
- Verweigert ein Taxifahrer *da biao* (Benutzung der Zeituhr), sofort aussteigen und ein anderes Taxi suchen.
- Taxifahrer sprechen kein Englisch, also immer Namen und Adresse des gewünschten Zielorts in chinesischen Schriftzeichen mitführen. Und nicht vergessen, die Geschäftskarte des Hotels mitzunehmen, um wieder nach Hause zu finden!

Zeit der Fahrt

- **Stoßzeit** Ungefähr von 7.30 bis 8.30 Uhr und von 18 bis 19 Uhr. Dann ist die U-Bahn völlig verstopft, aber es wird auch schwierig, ein freies Taxi zu finden. Diese Zeiten sollten besser vermieden oder das Fahrrad genommen werden.
- **Regenschauer** Taxis sind bei Regen immer schwer zu finden.
- **Abends** In Gegenden mit vielen Bars und Restaurants kann es schwer werden, zwischen etwa 20 und 22 Uhr ein Taxi zu finden.

Etikette

- Kindern und älteren Menschen immer seinen Sitz anbieten, auch wenn es scheint, dass andere das nicht tun wollen.
- Fahrgäste jeden Alters (nicht nur Kinder) stürzen sich sofort, wenn sich die Waggontüren öffnen, auf freie Plätze.
- Die einsteigenden Fahrgäste lassen Aussteigenden keinen Vortritt.
- Fahrgäste in Bus und U-Bahn drängen sich direkt vor die Tür, um an der nächsten Haltestelle aussteigen zu können.

ANKUNFT IN BEIJING

Beijing Capital International Airport Der Airport Express (25 Yuan, 30 Min., 6.30–23 Uhr) fährt zu U-Bahnhöfen der Linien 10 und 2. Wer ein Taxi nutzen möchte (80–100 Yuan), sollte nur eines vom offiziellen Taxistand nehmen.

Bahnhof Beijing An der U-Bahn-Linie 2

Westbahnhof Beijing An der U-Bahn-Linie 9

Südbahnhof Beijing An der U-Bahn-Linie 4

Fahrscheine & Travelcards

- Zur Zeit der Recherche wurde in Beijing eine massive Fahrpreiserhöhung erwartet. Lange Zeit kostete jeder Einzelfahrschein 2 Yuan für die U-Bahn und 1 Yuan für alle Stadtbusse (mit Travelcard 0,4 Yuan). Die neue Preisstruktur soll sich nun nach Streckenlänge richten.
- Es lohnt sich, eine kostenlose Travelcard zu besorgen (一卡通; *yikatong;* Kaution 20 Yuan), die in jedem U-Bahnhof oder großen Busbahnhof erhältlich ist. Sie macht U-Bahn-Fahrten bequemer (und auch billiger, wenn sich die Fahrpreise erhöhen) und Busfahrten sogar um 60 % billiger, auch die zur Chinesischen Mauer. Travelcards können in vielen (aber nicht allen) U-Bahnhöfen und an Fahrkartenschaltern in Busbahnhöfen aufgeladen werden.
- Kinder unter der Größe von 120 cm fahren umsonst, aber sie müssen von einem Erwachsenen mit Fahrschein begleitet werden.

Mehr zum Thema **Unterwegs vor Ort** s. S. 283

Beijing erleben

Erster Tag

Himmelstempelpark & Süd-Dongcheng (S. 120)

Der Jetlag steckt ohnehin noch in den Knochen, also was soll's. In aller Frühe geht es zum **Himmelstempelpark**. Beijing besitzt etliche fabelhafte Stadtparks, aber dieser ist zweifellos der bezauberndste, und der frühe Morgen, wenn sich dort mehr Einheimische als Touristen tummeln, ist die beste Zeit für einen Besuch dort. Unbedingt sehenswert ist die prachtvolle **Halle des Erntegebets** – architektonische Perfektion aus der Ming-Dynastie und Juwel des Parks.

Mittagessen Traditionelle Nudeln im Old Beiing Zhajiang Noodle King (S. 127).

Verbotene Stadt & Dongcheng Zentrum (S. 60)

Nun geht's zum berühmtesten Platz Chinas, den Tiananmen-Platz, zu dem auch massenhaft chinesische Touristen pilgern. Der Nachmittag ist schließlich der Erkundung des riesigen Palastgeländes der Verbotenen Stadt gewidmet.

Abendessen Ein kurzer Spaziergang führt zum hübschen Hofhausrestaurant Little Yunnan (S. 87).

Trommelturm & Nord-Dongcheng (S. 95)

Der Abend beginnt mit Cocktails im **Mao Mao Chong** nur ein paar Schritte nördlich des Little Yunnan. Danach gibt's Livemusik im **Jiang Hu** oder **Mao Livehouse**.

Zweiter Tag

Die Große Mauer (S. 171)

Ganz früh morgens geht es heute raus zur Großen Mauer bei **Zhuangdaokou**. Es ist zwar nicht der abgelegenste Abschnitt der Mauer, aber die Busfahrt über Huairou dauert dennoch eine Weile.

Mittagessen Stärkung gibt's im Zaoxiang Yard (S. 199), einem kleinen Dorfgasthaus.

Die Große Mauer (S. 171)

Hinter dem Dorf führt ein steinerner Pfad zur Großen Mauer. Dort angekommen beginnt rechts der steile, 45-minütige Aufstieg nach oben auf das Bauwerk (der mit einem herrlichen Blick auf die Mauer belohnt wird, die sich in die Ferne schlängelt) und dann wieder hinab (15 Minuten) zur Hauptstraße bei **Huanghua Cheng**. Hier kann man einen anderen Abschnitt der Mauer erklimmen oder den Bus zurück nach Huairou nehmen.

Abendessen Authentisches Beijinger Essen im Baodu Huang (S. 161) am Busbahnhof.

Sanlitun & Chaoyang (S. 156)

Wer noch Energie hat, kann sich ein Taxi zum **Dos Kolegas** für ein Konzert im großen Biergarten nehmen.

Dritter Tag

Trommelturm & Nord-Dongcheng (S. 95)

Nach einem anstrengenden zweiten Tag folgt nun ein gemächlicher Bummel durch die nach Weihrauch duftenden Höfe des **Lamatempels** mit anschließendem Besuch des ebenso friedlichen **Konfuziustempels**. Vor dem Mittagessen erfrischt ein Kaffee im nahe gelegenen **Café Confucius**.

Mittagessen Tolle, preiswerte Menüs im vegetarischen Restaurant Xu Xiang Zhai (S. 108).

Trommelturm & Nord-Dongcheng (S. 95)

Ein Spaziergang durch die *hutongs* führt zum prachtvollen **Trommelturm**. Nach einem Trommelauftritt geht es weiter auf die andere Seite des Platzes, um den ebenfalls majestätischen Glockenturm zu besteigen.

Abendessen Weiter südlich im faszinierenden Royal Icehouse (S. 141) gibt es Abendessen.

Beihai-Park & Nord-Xicheng (S. 131)

Nach einem Jazzkonzert im nahen **East Shore Jazz Café** folgt eine Kneipentour durch die Bars am Ufer des Houhai-Sees.

Vierter Tag

Sommerpalast & Haidian (S. 177)

Am Vormittag geht es zum Sommerpalast am westlichen Stadtrand. Dorthin zog sich der kaiserliche Hof zurück, um der Beijinger Sommerhitze zu entkommen. Restaurants sind hier kaum vorhanden (aber zum Picknicken ist es toll), Mittagessen gibt es also im **798 Art District**, wo der Nachmittag verbracht wird.

Mittagessen At Café (S. 172): das Original unter den Künstlertreffs und immer noch einer der besten.

Sanlitun & Chaoyang (S. 156)

Ein Nachmittag im **798 Art District**: Beim Schlendern durch Galerien, einer Kaffeepause und einem Plausch mit jungen Künstlern lässt sich wunderbar nebenbei Ausschau nach originellen Souvenirs halten.

Abendessen Pekingente gibt's im Liqun Roast Duck Restaurant. (S. 127)

Dashilar & Süd-Xicheng (S. 147)

Der letzte Abend in Beijing ist den besten Darstellern der Stadt gewidmet. Wer auf Pekingoper steht, liegt mit der **Huguang-Versammlungshalle** richtig. Oder soll es doch Akrobatik sein? Dann auf ins **Tianqiao-Akrobatiktheater**. Fällt die Entscheidung schwer? Wie wär's dann mit einer Mischung aus beiden im **Teehaus Lao She?**

Wie wär's mit …

Kaiserliche Bauten

Verbotene Stadt Der Palast mit 9000 Zimmern in Hunderten von Gebäuden inmitten von Beijing ist Chinas besterhaltenes Zeugnis der kaiserlichen Vergangenheit. (S. 62)

Himmelstempelpark In diesem fantastischen kaiserlichen Park befindet sich die außergewöhnliche Halle des Erntegebets, ein perfektes Beispiel für die Architektur der Ming-Dynastie. (S. 122)

Sommerpalast Diese überwältigend harmonische Parklandschaft am Stadtrand besteht aus Hügeltempeln und eleganten Pavillons um einen See. (S. 179)

Trommel- & Glockentürme Sie stammen aus der Zeit der mongolischen Besetzung von Beijing und wachen noch immer über die *hutongs* (Gassen) der Umgebung. (S. 97)

Tor des Himmlischen Friedens Zwar hängt das Porträt Maos hier, der an diesem Ort die Volksrepublik China (VR China) ausrief, aber es handelte sich einst um das größte Tor zur alten kaiserlichen Stadt. (S. 75)

Kulturpalast der Werktätigen Der Name ist zwar nicht gerade vielversprechend, aber das kaum besuchte und kleine Areal war einst eine bedeutende Tempelanlage für die chinesischen Kaiser mit einigen prächtigen Hallen aus der Kaiserzeit. (S. 76)

Südostwachturm Der grandiose Bau aus der Ming-Dynastie erhebt sich über dem letzten erhaltenen Abschnitt der einstigen Stadtmauer. (S. 125)

Seide auf einem Markt in Beijing

Prinz-Gong-Villa Das Haus im kaiserlichen Stil ist das schönste Beispiel eines traditionellen Atriumhauses, nur in einem äußerst prächtigen Ausmaß. (S. 135)

Gesandtschaftsviertel Ausgesprochen nobel, aber eher im westlichen Stil gehalten statt im klassisch chinesischen – ein ziemlich deplatziertes Stück europäischer Kolonialarchitektur in Beijing. (S. 77)

Ming-Gräber Die von der UNESCO geschützten Gräber von 13 der 16 Kaiser der Ming-Dynastie gehören zu den größten und eindrucksvollsten kaiserlichen Bauten. (S. 207)

Parks

Park des Duftberges Herrlich im Frühherbst, wenn die Beijinger hier die Ahornblätter bewundern, die sich vor dem Hintergrund grüner Hügel rot färben. (S. 184)

Beihai-Park Dieser Park ist ein idealer Ort, um sich ein Boot für einen geruhsamen Nachmittag auf dem See zu mieten oder einen ausgiebigen Spaziergang zu unternehmen und die Einheimischen bei ihren Freizeitvergnügungen zu beobachten. (S. 133)

Himmelstempel Erstklassige Location zum Leutebeobachten, da dort die Beijinger Rentner im Schatten von Tausenden alten Zypressen zusammenkommen, um zu tanzen oder Tai-Chi zu betreiben. (S. 122)

Jingshan-Park Der Gipfel des künstlichen Hügels bietet einen schönen Blick über die Verbotene Stadt. (S. 75)

Ritan-Park Ein wohltuendes Refugium vom Getriebe des benachbarten Geschäftsviertels (CBD); am Sonnenaltar lassen die Leute Drachen steigen. (S. 159)

Ditan-Park Hier findet Beijings beliebtester Tempelmarkt während des Frühlingsfests statt. (S. 101)

Houhai-Seen Eigentlich ist es kein Park, aber dennoch einer der spannendsten Plätze Beijings; bei Tag ist es ein reger Tummelplatz und ab dem Abend Zentrum des Nachtlebens. (S. 135)

Märkte

Panjiayuan-Markt Ohne Frage der vergnüglichste Markt der Stadt, ein chaotisches Durcheinander aus Antiquitäten, Teppichen, Nippes, Möbeln und Mao-Kitsch. (S. 173)

Maliandao-Teemarkt Der ganze Tee aus China oder jedenfalls ein Großteil davon, und jede Menge Teeläden drumherum für Leute, die auf der Suche nach einem chinesischen Teeservice sind. (S. 154)

Seidenmarkt Für zahlreiche Besucher der Hauptstadt noch immer ein besonders wichtiges Ziel. Die gefälschten Kleider und Handtaschen sind so beliebt wie die echte Seide, die hier verkauft wird. (S. 173)

Hongqiao-Markt (Perlenmarkt) Hier finden sich Perlen über Perlen unterschiedlichster Qualität sowie jeder erdenkliche Krimskrams. (S. 130)

Tempel

Lamakloster Die eindrucksvolle, opulente Anlage, die einst ein königlicher Palast war und heute von betenden Mönchen bewohnt wird, ist Beijings beliebtester buddhistischer Tempel. (S. 96)

Konfuziustempel Ein zauberhaftes, stilles Refugium vom Lärm und Getriebe der chaotischen Straßen Beijings und umgeben von den atmosphärischen *hutongs*. (S. 101)

Tempel Dongyue Der besinnliche und sehr aktive taoistische Schrein ist der vielleicht merkwürdigste Tempel der chinesischen Hauptstadt, der morbideste ist er mit Sicherheit: Seine Hallen sind Geistern gewidmet und dem Gott, der über die 18 Ebenen der Hölle herrscht. (S. 159)

Tempel der Weißen Wolken Der Tempel der Weißen Wolken, 739 n. Chr. gegründet, ist das Zentrum der chinesischen Taoisten und Schauplatz eines fabelhaften Tempelmarkts während des Frühlingsfests. (S. 137)

Tempel Fayuan Ein abgeschiedener und sehr alter Schrein aus dem 7. Jh. n. Chr., der noch immer viele Gläubige anzieht. (S. 149)

Tempel Wuta Mit seinen fünf markanten Pagoden eine unverkennbare Kuriosität, die eher an einen indischen als an einen chinesischen Tempel erinnert. (S. 183)

Gut essen

Brian McKenna @ The Courtyard Die Lage direkt an der Verbotenen Stadt könnte gar nicht besser sein – unbedingt rechtzeitig einen Fensterplatz reservieren –, und auch das Essen und die Weinauswahl sind Spitzenklasse. (S. 89)

Temple Restaurant Moderne europäische Küche und zugleich

Weitere Highlights siehe auch:
- Essen (S. 45)
- Ausgehen & Nachtleben (S. 48)
- Unterhaltung (S. 51)
- Shoppen (S. 54)

eine großartige **Location** in den Räumlichkeiten eines ehemaligen Tempels. (S. 89)

Lost Heaven Die raffinierten Geschmacksnoten der Provinz Yunnan, serviert in der piekfeinen Umgebung des ehemaligen Gesandschaftsviertels (S. 128)

Duck de Chine Eine Frankreich-trifft-China-Version des Lieblingsvogels der Hauptstadt, serviert im Industrial-Chic-Ambiente. (S. 164)

Capital M Klassisch Mediterranes trifft auf Nordafrikanisches. Als Dreingabe gibt es in dieser Beijinger Außenstelle eines viel gerühmten Shanghaier Restaurants die Aussicht über den Tiananmen-Platz. (S. 128)

Source Noble Sichuan-Küche – wobei die Schärfe der Gewürze auf ein für westliche Gaumen taugliches Niveau heruntergeschraubt ist – in einem reizvollen Wohnhof im Herzen des *hutong*-Terrains. (S. 110)

Bratentenrestaurant Beijing Dadong Ultramodernes Restaurant, das den magersten Entenbraten der ganzen Stadt verspricht. (S. 89)

O'Steak Entspanntes Steakhaus unter französischer Leitung mit bestem Fleisch und Spitzenweinen. (S. 165)

Okra Minimalistische Einrichtung, aber das beste Sushi der Hauptstadt. (S. 165)

Museen & Galerien

Hauptstadtmuseum Das beste Museum Beijings; enthält wunderbar informative Ausstellungen zur Entwicklung der Stadt und ihrer Bräuche und all das in einem lichten, benutzerfreundlichen Umfeld. (S. 137)

798 Art District Ein Labyrinth aus Galerien, die der schrägen und wunderbaren Welt zeitgenössischer chinesischer Kunst gewidmet sind. Besucher werden entweder verwirrt oder fasziniert sein. (S. 158)

Poly Art Museum Hier sind einige antike Schätze ausgestellt, darunter umwerfende Bronzen, die nicht von eindringenden Armeen im 19. Jh. entwendet wurden. (S. 81)

Polizeimuseum Beijing Bordelle, Opiumhöhlen, Klassenverräter, Gangster und Spione: Vergangenheit und Gegenwart der Beijinger Unterwelt werden in diesem Museum in all ihrer faszinierenden, manchmal schauerlichen Pracht präsentiert. (S. 77)

Militärmuseum Wohl eher eine Propagandaangelegenheit, aber mit vielen Details zur kriegerischen Vergangenheit Chinas und jeder Menge Schusswaffen, Schwerter, Panzer, Raketen und Flugzeuge. (S. 185)

Beijinger Museum für Historische Architektur Kaum besuchtes, aber exzellentes Museum, das in einem ehemaligen Tempel der Ming-Dynastie untergebracht ist. Es erklärt anschaulich, wie die kaiserliche Stadt gebaut wurde. (S. 151)

Red Gate Gallery Die erste Galerie für moderne chinesische Kunst und mit ihren ausstellenden Künstlern noch immer ein Vorreiter. (S. 125)

Chinesisches Nationalmuseum Frisch renovierter, umfassender Überblick über 5000 Jahre chinesischer Geschichte und Kultur. (S. 74)

Chinesische Bühnenkunst

Tianqiao-Akrobatiktheater Die wohl beste Akrobatenshow in der Stadt und dazu noch weniger touristisch als andere Häuser. (S. 152)

Huguang-Versammlungshalle Fantastisches historisches Haus für die Pekingoper, wo das Publikum dicht am Geschehen sitzt und in tollen Logen auf die Bühne blicken kann. (S. 152)

Nationales Zentrum der Darstellenden Künste Eines der wichtigsten Zentren des Beijinger Kulturlebens und zugleich eines der markantesten Gebäude der Stadt, in dem die Spitzenorchester und klassischen Tanztruppen regelmäßig auftreten. (S. 144)

Teehaus Lao She Jeden Abend gibt's ein bisschen von allem: Pekingoper, Schattenspiele und Volksmusik, aber auch Wortgefechte, die traditionelle Beijinger Stand-up-Comedy. (S. 153)

China Puppentheater Hier werden an jedem Wochenende Schatten- und Puppenspiele dargeboten; toll für Kinder, die genug von Besichtigungen haben. (S. 116)

Livemusik

Yugong Yishan Chinesische und ausländische Bands und DJs und eine publikumsfreundliche Atmosphäre machen den Laden zu einem Spitzenhaus für Livemusik in der Hauptstadt. (S. 115)

Mao Livehouse Diese Veranstaltungsstätte ist groß genug, um sich wie bei einem richtigen Konzert zu fühlen, aber klein genug, um noch eine intime Atmosphäre zu haben; zuverlässige Kartenvorbestellung und ein klasse Soundsystem. (S. 116)

East Shore Jazz Café Die Nummer Eins für Jazzer mit erstklassiger Lage an den Houhai-Seen, einer relaxten Atmosphäre und cooler Musik bis spät in die Nacht. (S. 144)

Dos Kolegas Das abgefahrene, klasse Lokal liegt ein bisschen abseits, bietet dafür viele einheimische Punk- und Alternative-Bands. (S. 172)

Jiang Hu Intimes Lokal in einem alten Hof, in dem örtliche Indie- und Rockbands auftreten. (S. 115)

Temple Bar Die Besitzer sind tätowierte und gepiercte Metal- und Punkfanatiker, es handelt sich aber um ein freundliches Lokal, in dem ganz unterschiedliche Bands auftreten. (S. 115)

Jang Jin Jiu Tagsüber ein Café, in dem nach Sonnenuntergang eine Menge Folklore- und Minderheitenkünstler auftreten, vor allem Uighuren oder Mongolen, die sonst nirgendwo zu hören sind. (S. 115)

What? Bar Vor Jahren war das winzige Lokal der einzige Livemusikladen in der Stadt; es hat noch immer eine tolle Atmosphäre und ist prima, um neue Bands zu hören. (S. 90)

Monat für Monat

TOP-EVENTS

Frühlingsfest, Januar/Februar

Internationales Literaturfestival, März

Midi Festival, April

Nationalfeiertag, Oktober

Beijing Musikfestival, Oktober

Januar

Zu Jahresbeginn bibbert Beijing bei Temperaturen von –10 °C und noch darunter. Es sind jedoch auch weit weniger Besucher in der Stadt als sonst, sodass dies eine super Zeit ist, um die Verbotene Stadt ohne Menschenmassen zu erleben. Zum Schlittschuhlaufen geht es an die Houhai-Seen.

Westliches Neujahrsfest

元旦; Yuandan

In China ist das Frühlingsfest die eigentliche große Neujahrsfete. Das westliche Neujahrsfest am 1. Januar dient den Chinesen nur als willkommener Vorwand, um zu feiern und Spaß zu haben.

Februar

Kein guter Monat, was die Luftverschmutzung angeht, und es kann bitterkalt sein, das Frühlingsfest zeigt jedoch, dass der Winter dem Ende zugeht.

Frühlingsfest

春节; Chun Jie

Das 14-tägige, sehr auf die Familie ausgerichtete Frühlingsfest ist das größte Freudenfest in China und so wichtig wie Weihnachten im Westen. Feuerwerk erleuchtet den Nachthimmel, während praktisch pausenlos Knallfrösche hochgehen. Nach Möglichkeit sollte man diese besondere Zeit mit einer chinesischen Familie verbringen oder einen Tempelmarkt (庙会; *miaohui*) besuchen, beispielsweise im Tempel Dongyue (S. 159) oder im Tempel der Weißen Wolken (S. 137). 2016: 8. Februar. 2017: 28. Januar. 2018: 16. Februar.

Laternenfest

元宵节; Yuanxiao Jie

Es wird traditionell am letzten Tag des Frühlingsfestes gefeiert und ist die „geschmackvollste“ Festivität, bei der die Einheimischen köstliche *yuanxiao* (Klebreis-Teigtaschen mit süßer Füllung) verspeisen, während überall in der Stadt Feuerwerk veranstaltet wird und Knallfrösche hochgehen.

Valentinstag

请人节; Qingren Jie

China feiert zwar ein eigenes Fest für Verliebte (Qixi; 七夕; immer am siebten Tag des siebten Monats des Mondjahres), es ist jedoch nicht annähernd so beliebt wie die westliche Version, die auch hier am 14. Februar gefeiert wird. Wer vorhat, an diesem Tag auswärts zu essen, muss unbedingt rechtzeitig reservieren und der Angebeteten elf Rosen kaufen, nicht zwölf.

DER CHINESISCHE KALENDER

China lebt sowohl nach dem *yangli-* (gregorianischen) als auch dem *yinli*-(Mond-)Kalender. Traditionelle chinesische Feste richten sich nach dem Mondkalender und fallen nach dem gregorianischen Kalender jedes Jahr auf andere Tage.

März

Nun ist es fast so weit, dass die Winterklamotten weggepackt werden können. Inlandstouristen, die zum Frühlingsfest gekommen waren, sind verschwunden, dafür reisen nun reichlich Touristen aus dem Ausland an.

Internationales Literaturfestival

国际文学节; Guoji Wenxue Jie

Zu diesem ausgezeichneten Festival versammeln sich Schriftsteller und Bücherfreunde im Bookworm (www.chinabookworm.com). Das hochwertige Aufgebot an internationalen Autoren und lokalen Schriftstellern macht die Veranstaltung zu einem kulturellen Highlight des Jahres. Frühzeitig um Karten bemühen. Das Literaturfestival Capital M (www.m-restaurantgroup.com/capitalm), das ebenfalls im März stattfindet, hat ein ähnlich eindrucksvolles Programm zu bieten.

Guanyins Geburtstag

观世音生日, Guanshiyin Shengri

Am 19. Tag des zweiten Mondmonats wird der Geburtstag von Guanyin gefeiert, der buddhistischen Göttin des Mitgefühls. Ein guter Zeitpunkt, um buddhistische Tempel zu besichtigen. 2016: 26. März; 2017: 16. März.

April

Zweifellos einer der angenehmsten Monate in Beijing, denn der frische Wind fegt den Himmel sauber, und die Samen von Pappeln und Weidenkätzchen *(liuxu)* schweben wie Schneeflocken in der Luft. Außerdem wird es wärmer.

Grabreinigungstag

清明节, Qingming Jie

Dieser gesetzliche Feiertag fällt in der Regel auf den 5. April (in Schaltjahren auf den 4. April). Die Menschen nutzen ihn, um die Gräber ihrer verstorbenen Verwandten zu besuchen und zu reinigen. Sie legen Blumen auf die Gräber und verbrennen für die Verstorbenen eigens dafür gedrucktes Papiergeld (auch „Geistergeld“ genannt). Überall in der Stadt sieht man dieses brennende Geistergeld.

Midi Festival

迷笛音乐节, Midi Yinyue Jie

Chinas am längsten bestehendes Musikfestival findet am letzten Aprilwochenende normalerweise in Haidian (gelegentlich auch in Tongzhou, einem östlichen Außenbezirk von Beijing) statt. Dort sind inländische und internationale Bands sowie Electronic Acts zu hören. Eine tolle Gelegenheit, Kontakte mit örtlichen Musikfans zu knüpfen.

Frühlingsblumen-Schau

花展, Hua Zhan

Einheimische Blumenliebhaber strömen im April und Mai in den Zhongshan-Park (S. 77) und den Jingshan-Park (S. 75), wenn die Tulpen und Pfingstrosen dort in voller Blüte stehen.

Mai

Allmählich steigen die Temperaturen, denn der heftig heiße und feuchte Beijinger Sommer naht. Der Mai markiert auch den Beginn der Hochsaison für Touristen.

Maifeiertag

五一, Wuyi

Der Maifeiertag am 1. Mai ist der Auftakt für drei gesetzliche Feiertage, die die Chinesen offenbar dringend benötigen und an denen sie landesweit die touristischen Sehenswürdigkeiten überschwemmen.

Juni

Heiße und verschwitzte Tage, milde Nächte. Im Juni fällt in Beijing aber auch der meiste Regen. Die wichtigsten Touristenorte sind voll.

Drachenbootfest

端午节, Duanwu Jie

Das Fest findet am fünften Tag des fünften Mondmonats (in der Regel im Juni) statt. Drachenbootrennen werden gelegentlich auf Beijings Seen veranstaltet, und überall in der Stadt sind Leute zu sehen, die *zongzi* (köstliche Päckchen aus Klebreis und Fleisch oder vegetarisch, in ein Bambusblatt gewickelt) verputzen. 2015: 20. Juni; 2016: 9. Juni; 2017: 30. Mai.

SURGE Art Beijing

北京艺术节, Beijing Yishujie

Diese Kunstmesse (www.surgeart.com), die jedes Jahr an unterschiedlichen Veranstaltungsorten stattfindet, stellt aufstrebende zeitgenössische chinesische

Künstler vor und dient ihnen als Plattform für den Verkauf erschwinglicher Kunstwerke.

September

Die Menschenmassen an den wichtigsten Touristenstätten nehmen etwas ab, und die Hitze hat gnädig nachgelassen. In diesem Monat finden in der Hauptstadt jedoch gelegentlich größere Versammlungen der Kommunistischen Partei Chinas (KPCh) statt, was mit erhöhten Sicherheitsvorkehrungen rund um den Tiananmen-Platz verbunden ist.

Mittherbstfest

中秋节, Zhongqiu Jie
Beim Mittherbstfest, das auch als Mondfest bekannt ist, werden *yuebing* (Mondkuchen) verspeist, man bestaunt den Vollmond und trifft sich mit der Familie. 2015: 27. September; 2016: 15. September; 2017: 4. Oktober.

Oktober

Der Herbst ist eine günstige Zeit für einen Besuch Beijings, denn der Himmel ist klar und das Wetter vielleicht das beste des ganzen Jahres. Es kann allerdings auch voll werden, da inländische Touristen anlässlich der Goldenen Woche in die Hauptstadt strömen.

Nationalfeiertag

国庆节, Guoqing Jie
Die Menschenmassen strömen am 1. Oktober zu einer fetten Party auf den Tiananmen-Platz, es folgt

Oben: Der Ditan-Park (S. 101) ist für das Frühlingsfest geschmückt.
Unten: Volksmusikanten beim Frühlingsfest im Tempel Dongyue (S. 159)

RICHARD I'ANSON / GETTY IMAGES ©

TAO IMAGES LIMITED / GETTY IMAGES ©

eine einwöchige landesweit beliebte Urlaubswoche, bekannt als die Goldene Woche, in der die Chinesen ihr hart verdientes Geld für Reisen und Vergnügen ausgeben.

Beijing Musikfestival

北京国际音乐节, Beijing Guoji Yinyue Jie
Bei diesem Festival für klassische Musik (www.bmf.org.cn), das normalerweise im Oktober stattfindet, treten ausländische Orchester und Musiker auf. In den letzten Jahren findet das Festival zunehmende Beachtung und ist für die Kulturbeflissenen Beijings zu einem Pflichttermin geworden.

Dezember

Beijing kann mit Einbruch des Winters düster wirken, und es wird bitterkalt. Es bestehen jedoch reelle Aussichten für weiße Weihnachten, und man kann sich die Schlittschuhe schnappen und an die Houhai-Seen gehen, wobei die Eisschicht dort manchmal erst im Januar dick genug ist.

Weihnachtstag

圣诞节, Shengdan Jie
Weihnachten mag zwar kein offizielles chinesisches Fest sein, auf dem Kalender der Geschäfte ist dies jedoch durchaus ein bedeutsames Ereignis. Beijings Shopping-Meilen glitzern dann vor lauter Weihnachtsdeko, und jüngere Chinesen schalten in den Weihnachtsmodus.

Reisen mit Kindern

Die Chinesen lieben Kinder, und das zeigen sie offen. Beijing mag zwar weniger kinderfreundliche Einrichtungen als westliche Städte in vergleichbarer Größenordnung haben, aber die Bewohner scheuen keine Mühe, den Kindern der Besucher ihrer Stadt gerecht zu werden.

Gut zu wissen

➡ **Preisnachlässe** Kinder zahlen häufig nur den halben Preis, und sind sie kleiner als 1,20 m, müssen sie in der Regel gar nichts zahlen.

➡ **Fahrrad-Kindersitze** Babysitze und Helme können bei Bike Beijing ausgeliehen werden (S. 283).

➡ **Sicherheitsgurte** Nur auf dem Vordersitz in Taxis vorhanden, also sollte man überlegen, sich mit dem Kind auf dem Schoß nach vorne zu setzen.

➡ **Verlaufen** Kinder sollten immer eine Visitenkarte des Hotels bei sich tragen, in dem sie wohnen.

➡ **Kinderbetten** Nur in Spitzenklassehotels verfügbar.

Kleinkinder

Parks

Kleinkinder werden mit Vergnügen die hübschen Wege in Beijings Grünanlagen erkunden und zum Gesang örtlicher Bands herumtanzen. Auch für ein Familienpicknick eignen sich die zahlreichen Parks der Stadt perfekt, zum Beispiel der Park des Himmelstempels (S. 122), der Jingshan-Park (S. 75), der Ritan-Park (S. 159) oder der **Chaoyang-Park** (朝阳公园; Chaoyang Gongyuan).

Junge Kinder

Seen

Im Beihai-Park (S. 133) gibt es einen großen See, auf dem man Bootsfahrten unternehmen kann. Auf den Houhai-Seen (S. 135) kann man ebenfalls mit Tretbooten fahren, und im Winter frieren sie zu und werden zum größten Spielplatz im Zentrum von Beijing. Verleih von Schlittschuhen, Kufenfahrrädern und sogar Eis-Autoscooter! Das restliche Jahr über bietet sich als Alternative das Eisstadion Le Cool (S. 176) im Einkaufszentrum China World.

Schwimmen

Wasserrutschen gibt es in den Freibecken im Chaoyang-Park, **Tuanjiehu-Park** (团结湖公园; Tuanjiehu Gongyuan) mit seinem Mini-Strand oder im Qingnian-Hu-Park (S. 119). Wer es etwas größer liebt, begibt sich in die riesige Indoor-Anlage Happy Magic Water Park (S. 176).

Spielzeug

Im Toy Market hinter dem Hongqiao-(Perlen-)Markt (S. 130) gibt es eine Fülle an billigem Spielzeug, das schwirrt, surrt, piept und blinkt.

Kunst & Kunsthandwerk

In Jingcheng Baixing (S. 117) können Kinder sich im Malen üben oder sogar ihre eigenen traditionellen chinesischen Tonfiguren anfertigen.

Drachensteigen

Man kaufe einen handgefertigten Drachen im Three Stone Kite Shop (S. 145) und schließe sich in einem der Parks der riesigen Menge an, die begeistert Drachen steigen lässt.

Museen & Shows

Lohnend ist der Besuch im weitläufigen Museum für Wissenschaft & Technik (S. 160) oder im Naturhistorischen Museum von Beijing (S. 125), in dem es auch Dinosaurier gibt! Kinder werden das Chinesische Puppentheater (S. 116) oder eine Akrobatik-Show lieben.

Teenager

Wandern & Radfahren

Etwas ältere Kinder werden sich mit Freude in das Abenteuer stürzen, auf der Großen Mauer zu wandern. Wichtig ist dabei aber, dass sie über die Gefahren Bescheid wissen. Auch Radtouren durch die *hutongs* (schmale Gassen) können ein großer Spaß sein. Am besten wendet man sich an Bike Beijing (S. 283).

Wie die Einheimischen

Pfannkuchen von einer Fahrradrikscha essen, mit einem Federball „Fußball“ spielen und auf Kieselpfaden barfuß und rückwärts laufen: Das ist Beijing, wo die Leute die Dinge etwas anders angehen.

MATT MUNRO / LONELY PLANET ©

Zubereitung von *youtiao* (frittierte Teigstäbchen)

Essen

Beijinger Küche

Beijing hat so ziemlich jede Küche der Welt zu bieten, ob nun chinesisch oder international. Aber es gibt noch immer ein paar Restaurants, die echte alte Beijing-Gerichte auftischen.

Frühstück

Weg mit dem teuren englischen Frühstück und Kaffee im Hotel und auf in ein Restaurant (zwischen 6 und 8.30 Uhr), das am Eingang Bambuskörbe gestapelt hat. Das ist ein Zeichen, dass es Teigtaschen gibt, z. B. *yiti baozi* (ein Korb mit Teigtaschen) mit *yiwan zhou* (eine Schale Reisbrei). Das kostet weit unter einem Euro. Andere beliebte Frühstückskombinationen sind *youtiao* (油条; frittierte Teigstäbchen) mit *doujiang* (豆浆; Sojamilch) sowie *hundun* (馄饨; Wan-Tan-Suppe) mit *shaobing* (烧饼; geröstetes Sesambrötchen).

Snacks & Straßenimbisse

Abends locken *yangrou chuan* (羊肉串; Lammspießchen) – jedes Lokal mit dem großen roten Neonzeichen 串 serviert sie. Tagsüber sättigen *jianbing* (煎饼; herzhafte Pfannkuchen), die manchmal hinten auf einer Fahrradrikscha zubereitet werden.

Märkte

Westliche Supermärkte verbreiten sich immer mehr. Zum Glück gibt es noch einige schöne Märkte in Beijing, die frisches Obst verkaufen und wo die Einheimischen ihre Frösche und Fische aussuchen. Gut sind die Naschmärkte Rundeli (S. 140) nahe den Houhai-Seen oder Xinmin (S. 107) nördlich des Trommelturms.

Parkvergnügen

Gruppentanz

Die Einheimischen treffen sich oft in Parks zum Singen oder Tanzen. Angesagt ist Formationstanzen in Gruppen zu patriotischen Liedern. Passanten dürfen gerne mitmachen. Aber nicht nur in Parks wird getanzt; jede große gepflasterte Fläche in der Stadt, besonders öffentliche Plätze (nicht jedoch der Tiananmen-Platz) sind am frühen Abend beliebte Tanzflächen.

Drachen steigen lassen

Das seit jeher klassische chinesische Freizeitvergnügen ist so beliebt wie immer, und die Parks in Beijing sind ideal zum Mitmachen. Drachen gekauft – z. B. im Three Stone Kite Shop (S. 145) oder im Tian-Yi-Warenmarkt (S. 118) – und dann ab in irgendeinen Park; sehr schön ist die Nordostecke des Parks um den Himmelstempel (S. 122).

Spiele

Kartenspiele sind sehr populär, ebenso *jianzi*, bei dem ein übergroßer Federball mit den Füßen jongliert wird. Ältere Leute vergnügen sich mit *rouliqiu* (Tai-Chi-Softball). Bei all dem lassen die Einheimischen Besucher fast immer gerne mitmachen. Also nicht nur fotografieren, mitspielen!

Fitness

In allen Beijinger Parks gibt es Turnplätze mit einfachen Geräten, wie Klimmstangen und Beinbeuger. Der Houhai-Bewegungspark (S. 139) ist ein beliebter Platz am See. Zu einigen Plätzen gehört ein Kieselweg, auf dem barfuß gelaufen wird. Das soll gut für den Kreislauf sein, besonders beim Rückwärtslaufen.

Tai-Chi

Unter einigen Bäume in den Parks ist der Boden kahl und festgetreten. Das sind Bäume, unter denen Tai-Chi betrieben wird. Jeden Tag, meist früh am Morgen, stellt sich jemand unter den Baum und macht Tai-Chi-Übungen. Es ist ein faszinierender Anblick.

Weitere Aktivitäten

Radfahren

Radfahrer werden immer weniger, aber es gibt immer noch sehr viele, und Radfahren mit den Massen ist eine wunderbare Art, sich als Teil des Alltags der Stadt zu fühlen. Es ist auch ideal, um die *hutongs* (schmale Gassen) von Beijing zu erkunden.

Tischtennis

Es ist leicht zu verstehen, warum China weltweit führend im Tischtennis ist, ist der Sport dort doch überall verbreitet. In Schulen sind ganze Stockwerke dem Tischtennis vorbehalten, und in der ganzen Stadt, in den meisten Parks und Wohnvierteln stehen frei verfügbare Tischtennisplatten. Wer sich einmal im Ping-Pong kräftig schlagen lassen will, kann sich in den Jingshan-Tischtennispark (S. 93) begeben. Im Houhai-Bewegungspark (S. 139) stehen ebenfalls Tische.

Eisschwimmen

Jeden Tag des Jahres schwimmt eine Gruppe unverzagter Beijinger in den Houhai-Seen (S. 135). Eigentlich nichts Besonderes – nur ab Dezember, wenn die Temperaturen massiv sinken und die Seen zufrieren. Statt eine Winterpause einzulegen, stehen sie jeden Morgen früh auf, schlagen ein Loch ins Eis und nehmen das kälteste Bad, das es gibt. Im Houhai-Bewegungspark (S. 139) kann man sie beobachten oder, Gott bewahre, selbst ein Bad nehmen.

Nachtleben

KTV

Bars und Clubs sind eine westliche Errungenschaft. Die meisten Einheimischen gönnen sich bloß ein feudales Essen, wenn sie ausgehen wollen. Nach dem Essen gehen sie bestenfalls noch in eine Karaoke-Kaschemme, eine KTV. Die Gäste erhalten jeweils ihren eigenen Raum, was allein ziemlich langweilig ist. Aber wenn die Möglichkeit besteht, sich einer Gruppe chinesischer Freunde anzuschließen, dann los: Der Enthusiasmus. mit dem Chinesen Popklassiker schmettern, ist unglaublich. Die meisten KZV-Lokale haben auch englischsprachige Songs.

Baijiu

Das Zeug zu trinken ist alles andere als empfehlenswert – es haut um. Aber die wenigen alten Beijinger, die heftige Säufer sind, trinken meist nur *baijiu* (白酒), ein starker Schnaps aus Sorghumhirse. Wer zum *baijiu*-Trinken in einem einheimischen Restaurant (niemand trinkt *baijiu* in Bars) animiert wird, sollte vorsichtig sein. Die Regel ist, das Glas in einem Zug zu leeren und das mit *ganbei!* („trockenes Glas!") zu bekräftigen. Es dauert also nicht lange, bis man sternhagelvoll ist.

Beijing gratis

Auf den ersten Blick mag Beijing eine recht kostspielige Stadt sein. Aber wer etwas sucht, wird viele Sehenswürdigkeiten, Aktivitäten und lohnenswerte Erlebnisse finden, die kein Geld kosten.

Aktivitäten

Houhai-Seen

Hier kann man sich den Einheimischen anschließen, die um die Seen spazieren (S.135), kann ihnen beim Drachensteigenlassen zuschauen oder eine Partie Tischtennis spielen.

Hutongs

Die unzähligen alten Gassen laden dazu sein, sich die Schuhsohlen abzulaufen.

Parks

Es macht Spaß, den Jingshan-Park (S.75), den Zhongshan-Park (S.77), den Ditan-Park (S.101) und den Kulturpalast der Werktätigen (S.76) zu erkunden, und der Eintritt kostet nur 2–5 Yuan.

798 Art District

Dieser Kunstbezirk (S.158) in einer ehemaligen Fabrik gehört zu den besten Gratisfreuden in der Stadt.

Museen & Galerien

Um kostenlos hineinzukommen, den Pass mitbringen.

Hauptstadtmuseum

Das beste Museum der Stadt (S.137) mit einer Fülle an Galerien und Ausstellungen.

Militärmuseum

Waffen, Flugzeuge Panzer und mehr. (S.185)

Chinesisches Nationalmuseum

Dieses ausgezeichnete Museum (S.74) zeigt 5000 Jahre chinesische Geschichte.

Chinesisches Kunstmuseum

Kunstausstellungen aus ganz China. (S.79)

Hutong-Museum Shijia

Die Geschichte eines authentischen historischen *hutong*-Viertels von Beijing. (S.81)

Lu-Xun-Museum

Leben und Werk des Vaters der modernen chinesischen Literatur. (S.137)

Sehenswürdigkeiten

Tiananmen-Platz

Bummeln, morgens und abends die Zeremonie bewundern und auf dem größten öffentlichen Platz der Welt (S.71) beim Drachensteigenlassen zuschauen.

Mao-Mausoleum

Hier (S.74) darf man sich kostenlos und voller Ehrfurcht an den mumifizierten Überresten des Großen Steuermanns vorbeischieben.

Gesandtschaftsviertel

Gratis ist auch der angenehme Spaziergang in dieser eindrucksvollen europäischen Architektur. (S.77)

Ruinenpark der Ming-Stadtmauer

Der einzige verbliebene Überrest der Ming-Stadtmauer, die Beijing einst umschloss, darf kostenlos bewundert werden. (S.125)

Gratis-Mittwoch

Mittwochs haben die ersten 200 Besucher kostenlosen Eintritt zum Xiannong-Altar (S.151) sowie in die Tempel Zhihua (S.81), Wuta (S.183) und Wanshou (S.181).

MATT MUNRO / LONELY PLANET ©

Der Nudelteig wird gezogen.

Essen

Beijing ist für kulinarische Abenteuer eine großartige Stadt. In mehr als 60 000 Restaurants kann man die besten einheimischen Gerichte genießen, aber auch die Küche jeder anderen Region Chinas verkosten. Einige der unvergesslichen Beijing-Erlebnisse werden sich immer rund um den Esstisch abspielen. Also am besten es den Einheimischen nachmachen – die Stäbchen nehmen und ins Vergnügen eintauchen.

GUT ZU WISSEN

Preise

Die folgenden Preisspannen stehen für die Kosten einer Mahlzeit für eine Person.

¥	bis 40 Yuan
¥¥	40 bis 100 Yuan
¥¥¥	über 100 Yuan

Öffnungszeiten

Die Restaurants in Beijing sind meist von ca. 10 bis 23 Uhr geöffnet, einige auch rund um die Uhr und jeden Tag. Einige Lokale schließen nach dem Mittagessen und öffnen wieder um 17 Uhr. Chinesen essen meist früher zu Mittag, ab 11 Uhr, und zu Abend gegen 18 Uhr.

Speisekarten

Vorsicht: Einige Restaurants in touristischen Vierteln tricksen ausländische Gäste mit einer englischsprachigen Speisekarte (英文菜单; *yingwen caidan*) aus, auf der höhere Preise stehen als auf der chinesischen (中文菜单; *zhongwen caidan*). Die meisten Restaurants haben jedoch inzwischen bebilderte und/oder englischsprachige Speisekarten.

Service

In Restaurants, die nicht zur gehobenen Preisklasse gehören, kann es vorkommen, dass die Bedienung ein bisschen konfus und/oder nur halbherzig bei der Sache ist. Englisch wird selten gesprochen, außer in Restaurants, die ausländisches Essen servieren.

Rauchen

Es gibt in den meisten Beijinger Restaurants Nichtraucherschilder, was aber nicht bedeutet, dass sich alle danach richten. In vielen Esslokalen ist Rauchen immer noch üblich. Unsere Einträge weisen darauf hin, wenn ein Lokal rauchfrei ist.

Trinkgeld

In Beijing wird normalerweise kein Trinkgeld gegeben. Wer trotzdem eins liegen lässt, wird vermutlich vom Ober verfolgt, weil der glaubt, das Wechselgeld sei vergessen worden. Einige gehobene Restaurants mit westlicher Küche setzen ein Trinkgeld mit auf die Rechnung, ebenso wie Restaurants in Spitzenklassehotels.

TIM DRAPE / GETTY IMAGES ©

Pekingente

Pekingente

Wer Beijing verlässt, ohne eine Pekingente (北京烤鸭; *Beijing kaoya*) probiert zu haben, muss schon ein wahrer Pechvogel sein, denn ohne Zweifel ist die Pekingente eine Ikone der Hauptstadt. Ihre Anfänge reichen bis ins 13. Jh. und in die Yuan-Dynastie zurück, wo sie in den königlichen Kochbüchern auftaucht. Doch erst als die Herrschaft der Kaiser in China 1911 zu Ende ging und die ehemaligen Palastköche rund um Beijing Grillenten-Restaurants eröffneten, bekam auch der Großteil des gewöhnlichen Volkes die Chance, sie zu probieren.

Es ist ein langwieriger Prozess, die Ente traditionell zuzubereiten. Zuerst werden die Enten zwischen Haut und Körper mit Luft aufgepumpt. Die Haut wird angepiekst, sodann wird die Ente von allen Seiten mit kochendem Wasser übergossen. Manchmal wird die Haut mit Malzzucker eingerieben, um ihr einen bernsteinfarbenen Ton zu verleihen, bevor sie zum Trocknen an der Luft aufgehängt und dann im Ofen gegrillt wird. Durch das Braten wird das Fleisch außen knusprig, bleibt innen aber schön saftig. Die Ente wird akribisch in Scheibchen geschnitten und mit fermentierter Bohnenpaste, leichten Pfannkuchen, Gurkenscheiben und Frühlingszwiebeln serviert.

Vegetarier & Veganer

China blickt auf eine mehr als eintausendjährige Tradition taoistischer und buddhistischer Philosophie zurück, in der darauf verzichtet wird, Tiere zu essen. Wegen einer ebenso langen Geschichte von Armut und Hunger in China ist das Essen von Fleisch jedoch zum Zeichen für einen gewissen Status geworden, und viele Chinesen betrachten die vegetarische oder gar vegane Lebensweise als eine seltsame Idee aus dem Westen.

Dennoch findet man eine stetig wachsende Zahl vegetarischer (吃素的人; *chisuderen*) Esslokale, und auch in vielen buddhistischen Tempeln gibt es vegetarische Restaurants. Häufig bestehen vegetarische Gerichte gleichwohl aus Fleischimitaten auf der Basis von Tofu, Weizengluten und Gemüse. Einige dieser Gerichte sind echte Kunstwerke, bei denen die Zutaten so modelliert werden, dass sie wie Spareribs oder Brathähnchen aussehen, wobei die „Knochen" aus Karotten und Lotoswurzeln gebildet werden.

Etikette

Sieht man von formellen Banketten ab, dann ist Knigge in China ein Fremdwort. Die Tischmanieren sind sehr entspannt, und je mehr Essen und Trinken auf den Tisch kommt, desto ausgelassener wird die Stimmung. Am Ende ähnelt der Tisch einem Schlachtfeld mit leeren Flaschen, am Boden verstreuten Knochen und anderen Essensresten.

Viele Ausländer werden gefragt, ob sie es *la* (辣; scharf) mögen; wer gerne weniger scharf isst, sagt einfach *bu yao tai la* (nicht zu scharf). Für Chinesen sollte eine Mahlzeit aus einer Mischung verschiedener Geschmacksnoten, Texturen und Temperaturen bestehen; sie fangen mit kalten Salaten an, gefolgt von einer Auswahl an warmen Fleisch-, Fisch- und Gemüsegerichten. Die Ober gehen davon aus, dass die Gäste gleich bestellen, sobald sie ihren Platz eingenommen haben. Jedenfalls weichen sie einem nicht von der Seite, bis die Bestellung erfolgt. Wer sich etwas mehr Zeit lassen möchte, sagt *wo hui jiao ni* (ich rufe Sie).

Der Reis kommt häufig erst am Ende der Mahlzeit, wer jedoch vorher Reis wünscht, muss einfach nur fragen. Die Festland-Chinesen durchwühlen mit ihren Stäbchen das Gemeinschaftsessen, oder es werden Löffel benutzt, um das Essen herauszuschaufeln, doch es stochert keiner blind herum, um etwas Essbares zu erhaschen. Stattdessen schaut man erst, was man essen möchte, und dann geht's ohne Umwege direkt ans Ziel, ohne die Sachen drumherum zu berühren. Knochen können auf einem Nebengeschirr abgelegt werden oder sogar direkt auf dem Tisch. Wer nicht so genau weiß, was er tun soll, ahmt am besten einfach die anderen Leute am Tisch nach.

Straßenimbisse

Abseits der Hauptstraßen verbirgt sich eine Welt aus dampfenden Garküchen und Lokalen, in denen es wie in einem Bienenstock zugeht. Wer hier isst, macht's wie die meisten Beijinger. Zum Frühstück eignet sich ein *youtiao* (油条; gebackene Teigstäbchen), dazu *douzhi* (豆汁; Getränk mit Tofu) oder eine Schüssel *zhou* (粥; Reisbrei). Ein weiterer Snack sind die knusprigen, pfannkuchenähnlichen *jianbing* (煎饼). Die schweren, mit Fleisch gefüllten *roubing* (肉饼; gegartes Brot, gefüllt mit gehacktem Schweinefleisch) sind wahre Lebensretter und sehr günstig. Eine vegetarische Option ist *jiucai bing* (韭菜饼; Brot gefüllt mit Kohl, Schnittlauch, Lauch oder Fenchel und Ei). *Dabing* (大饼; ein Stück ungesäuertes Brot mit Sesamsamen) ist allgegenwärtig, ebenso wie *mantou* (馒头; gedämpftes Brot).

Hongshu (红薯; gebackene Süßkartoffeln) sind günstig, machen satt und werden im Winter verkauft. *Mala tang* (麻辣烫) ist eine würzige Nudelsuppe, die im Winter wunderbar wärmt und in der *doufu*-Stücke (豆腐; Tofu), Kohl und anderes Gemüse herumschwimmen – die Zutaten stehen auf Tabletts frei zur Auswahl. Interessant schmeckt auch ein *rou jiamo* (肉夹馍), ein Riesenbrötchen mit einer Füllung aus Fleisch, Chili und Knoblauchsprossen. Doch der wahrscheinlich beliebteste Beijinger Snack sind *kao yangrou chuan* (烤羊肉串; Lammspieße), die zu jeder Tages- und Nachtzeit in der ganzen Stadt verkauft werden.

Desserts & Süßes

Die Chinesen essen in der Regel keine Nachspeisen (甜点; *tiandian*), Obst gilt jedoch als passender Abschluss einer guten Mahlzeit. Unter westlichem Einfluss fand in einigen Beijinger

DIGIPUB / GETTY IMAGES ©

Oben: *Yang za* (Lamminnereien) werden auf dem Donghuame-Nachtmarkt zum Verkauf angeboten.

Links: Traditioneller nordchinesischer Hotpot

Restaurants auch Eiscreme Platz auf der Speisekarte, im Allgemeinen werden Süßigkeiten aber eher als Snack zwischendurch verzehrt und sind selten in Restaurants zu haben.

Regionale Küche

Alle Arten von Regionalküche kommen in Chinas Hauptstadt zusammen: vom fernen Tibet bis zum unwirtlichen Nordosten, dem trockenen Nordwesten und dem fruchtbaren Süden. Die beliebtesten Regionalküchen sind die aus Sichuan, Shanghai, Hongkong, Guangdong (Kantonesisch) und Beijing selbst. Wer die ganze kulinarische Palette Chinas probieren will, ist für den Anfang in Beijing genau richtig.

BEIJING

Die Beijing-Küche (京菜; *jingcai*) wird zu den „nördlichen Küchen" gezählt und gehört zu einer der vier Hauptrichtungen in Chinas Gastronomie. Abgesehen von der Pekingente haben viele beliebte Gerichte, so wie der Hotpot (火锅; *huoguo*), ihre Ursprünge in der Mongolei und kamen mit Dschingis Khan nach Beijing. In den bitteren Wintern Beijings sind warme, sättigende Gerichte überlebenswichtig. Sie bestehen typischerweise aus Weizen oder Hirse, deren verbreitetste Inkarnation köstliche gefüllte Teigtaschen (饺子; *jiaozi*) oder Nudeln sind, die in der Hauptstadt dem Reis vorgezogen werden. Beim Gemüse herrscht weniger Vielfalt, allgegenwärtig sind aber Kohl und Rüben sowie Süßkartoffeln und Kartoffeln. Süßwasserfisch und Hühnchen stehen sehr häufig auf der Speisekarte.

Zwei der berühmtesten kulinarischen Exporte der Region – mongolisches Grillen und mongolischer Hotpot oder Feuertopf – sind Abwandlungen von Gerichten der mongolischen Feldküchen. Von Berittenen erlegte Tiere wurden zerlegt und als primitives Barbecue zusammen mit Wildgemüsen und Zwiebeln auf den Eisenschilden der Soldaten über heißen Kohlen gegart. Eine andere Art zu kochen bestand damals darin, dass jeder Soldat seinen Helm als Kochtopf nutzte und ihn nach eigenem Geschmack mit Wasser, Fleisch, Gewürzen und Gemüse füllte. Heute gehört Hammelfleisch zu den Hauptzutaten eines mongolischen Eintopfs.

Grillen war in anderen Teilen Chinas als barbarische Untugend verpönt und ist bis heute in den nördlichen Gebieten üblicher als anderswo im Land. Die Zubereitung der nördlichen Küche besteht hauptsächlich aus Dämpfen, Backen und „Explosiv-Braten" (爆炒; *baochao*), eine sehr schnelle Garmethode, bei welcher der Wok über einer Flamme auf eine extrem hohe Temperatur gebracht wird und die Zutaten dann rasch pfannengerührt werden.

SICHUAN

Die Sichuan-Küche (川菜) ist berühmt für die schärfsten Gerichte Chinas; die Gerichte auf der Speisekarte sind mit Vorsicht zu genießen, dazu gleich ausreichend eisgekühltes Wasser oder Bier bestellen. Typische Sichuan-Gerichte werden in einer Würzmischung aus scharfen roten Chilischoten (die zu Beginn der Qing-Zeit von den Spaniern eingeführt wurden), Sternanis, Pfefferkörnern und „Blütenpfeffer" (花椒; *huajiao*), einem den Gaumen betäubenden Gewürz, geköchelt, damit das Aroma so richtig durchzieht. Fleisch wird häufig mariniert, in Essig eingelegt oder anderweitig verarbeitet, bevor es in den Wok wandert.

Sichuan liegt im Hinterland, weit entfernt von der Küste; deshalb sind hier Schweinefleisch, Geflügel, Hülsenfrüchte und *doufu* (豆腐; Tofu) typische Produkte, ergänzt durch eine Vielfalt wilder Würzaromen und alle möglichen Arten von Pilzen aus den Bergen sowie Bambussprossen. Es wird durchweg scharf gewürzt: Rote Chilischoten werden oft mit Sichuan-Pfefferkörnern, Knoblauch, Ingwer und Zwiebeln vermengt. Zu den typischen Gerichten dieser Region gehören über Kampferholz geräucherte Ente (樟茶鸭; *Zhangcha ya*), Oma Mas Tofu (麻婆豆腐; *Mapo doufu*) und würziges Huhn mit Erdnüssen *(宫保鸡丁; gong bao ji ding)*.

KANTONESISCH

Die kantonesische Küche (粤菜) ist gewöhnlich das, was Ausländer als chinesische Küche kennen, vor allem weil die meisten ausgewanderten Gastronomen aus Guangdong oder dem nahe gelegenen Hongkong kommen. Kantonesische Aromen sind meist milder als andere chinesische Duftnoten, und es gibt nur

Essen nach Stadtvierteln

wenige scharfe Gerichte. Gewöhnlich wird süß-sauer und mit verschiedenen Varianten von Austernsauce gekocht. Frische Zutaten haben in der kantonesischen Küche einen hohen Status; deswegen stehen in den meisten Restaurants auch Aquarien mit allem darin, was Flossen oder Schalen hat.

Kurzes Anbraten im Wok beziehungsweise Frittieren ist die beliebteste Art der Zubereitung, dicht gefolgt vom Dämpfen der Speisen.

Die Appetithäppchen Dim Sum (点心; *dianxin*) kommen ebenfalls aus Kanton und sind heute fester Bestandteil eines weltweit verbreiteten Sonntagsrituals: Zum *yum cha* (饮茶; kantonesisch für „Tee trinken") zu gehen, ist für die meisten Überseechinesen eine gute Gelegenheit, sich am Wochenende zu treffen. Dim Sum werden in allen Restaurants rund um Beijing angeboten.

Unter den teuren Gerichten – darunter einige richtig schmackhafte und andere, die wiederum nur was fürs Auge sind – rangieren Seeohren (鲍鱼; *baoyu*), Haifischflosse 鱼翅; *yuchi*) und Vogelnester (燕窝; *yanwo*). Tauben (鸽子; *gezi*) sind ebenfalls eine kantonesische Spezialität, die in verschiedenen Varianten zubereitet, üblicherweise aber gegrillt serviert wird.

SHANGHAI

In der Shanghai-Küche (上海菜) wird eher süßer und mit mehr Öl gekocht als in anderen Regionen Chinas. Es überrascht nicht, dass die Shanghai-Küche jede Menge Fisch und Meeresfrüchte enthält, insbesondere Kabeljau, Flussaal und Krabben. Fisch ist gewöhnlich *qingzheng* (清蒸; gedämpft), kann aber auch frittiert, in der Pfanne gebraten oder gegrillt sein.

Mit Krebsrogen gefüllte Teigtaschen (蟹黄饺子; *xiehuang jiaozi)* sind eine teure, aus Shanghai stammende Delikatesse. *Dazhaxie* (大闸蟹; Chinesische Wollhandkrabben) sind eine Spezialität aus Shanghai, die nur im Winter, zwischen Oktober und Dezember, auf den Tisch kommt. Angerichtet werden sie mit Soja, Ingwer und Essig und heruntergespült mit einem warmen Shaoxing-Reiswein. Sie schmecken köstlich, können aber manchmal etwas knifflig zu essen sein. Auf der Unterseite gelangt man durch eine kleine Öffnung ans Fleisch (nicht die Kiemen oder den Magen mitessen).

Einige Restaurants haben sich auf kaltes salziges Hühnchen spezialisiert, während das „betrunkene Hühnchen" seinen Namen der Marinade aus Shaoxing-Reiswein verdankt. *Bao* (煲; Tontopf) sind Eintöpfe, die lange Zeit gegart werden. Shanghais berühmtester Snack heißt *xiaolongbao* (小笼包), kleine Teigtaschen mit einer Füllung aus Fleisch und Brühe.

Vegetarische Gerichte enthalten *doufu;* außerdem Kohl in einer cremigen Sauce, *men* (焖; geschmorten) *doufu* und diverse Pilzarten, wie *xianggu baicai* (香菇白菜; Pilze umgeben von Baby-Pakchoi). Tigerhaut-Chilis (虎皮尖椒; *Hupi Jianjiao*) sind ein köstliches Gericht aus im Wok angebratenen grünen Paprikaschoten, die mit einer süßen Chilisauce serviert werden. Auch gebratene Pinienkerne und Mais (松子炒玉米; *songzi chao yumi)* sind ein typisches Gericht aus Shanghai.

UIGURISCHE KÜCHE

Die uigurische Küche (新疆菜) ist geprägt von den Einflüssen der wechselhaften Geschichte Xinjiangs. Zwar stand die Region über Jahrhunderte hinweg immer abwechselnd unter der Herrschaft der Chinesen und der Mongolen, doch spielen orientalische Zutaten und Zubereitungsweisen turkstämmiger und arabischer Ethnien eine weitaus größere Rolle in der uigurischen Küche. Dies findet unverkennbar in der Verwendung von Hammelfleisch für die Proteine und Weizen als Grundnahrungsmittel Ausdruck. Wenn Reis verarbeitet wird, dann oft nach zentralasiatischer Art als Pilaw *(plov)*. Nichtsdestotrotz kann die uigurische Küche als die schmackhafteste in

In einem betriebsamen Restaurant auf der Dashilar genießen die Gäste ein Gemeinschaftsmahl.

MAIDAN – ZAHLEN BITTE!

Die Chinesen sind besonders stolz auf ihre Großzügigkeit und zeigen diese auch gerne in aller Öffentlichkeit. Wenn nach dem Essen die Rechnung (买单; *maidan*) an den Tisch gebracht wird, laufen selbstlose Charaktere zu beinahe bühnenreifer Hochform auf. Jeder schubst die anderen zur Seite, und es kommt fast zum Handgemenge beim Streit darum, wer zahlen darf, aber meist gewinnt der Gastgeber, der sonst auch sein Gesicht verlieren würde.

Getrennt zu bezahlen ist nicht so üblich wie im Westen. Wer eine Verabredung zum Essen anregt, zahlt die Rechnung. In den meisten Lokalen wird Barzahlung erwartet; nur die Luxusrestaurants akzeptieren Kreditkarten.

ganz Zentralasien gelten, weil in ihr auch chinesische Geschmacksnoten nicht fehlen.

Das uigurische Brot ähnelt dem arabischen *khoubz* (Fladenbrot) und wird in indischen Tandoori-Öfen gebacken; hier heißen die Öfen deshalb *tanour*. Oft wird es mit Mohnsamen, Sesamsamen oder Fenchel bestreut und frisch aus dem Ofen verzehrt. Uigurische Bäcker machen auch ausgezeichnete *girde nan* (Bagels). Verschiedenste Nudeln werden aus Weizenmehl hergestellt; *laghman* (拌面; *ban mian*) kommen am häufigsten vor: Al dente gekocht werden sie mit Hammelfleisch, Paprika, Tomaten, Auberginen, grünen Bohnen und Knoblauch kombiniert. *Suoman* sind quadratische Nudeln, die in der Pfanne gebraten werden mit Tomaten, Paprika, Knoblauch und Fleisch, manchmal ziemlich würzig. *Suoman goshsiz* heißt die Variation für Vegetarier.

Kebabs, sowohl nach Schaschlik-Art (羊肉串; *yangrou chuan*) als auch aus dem Tandoori-Ofen, sind wie im Mittleren Osten und Zentralasien auch hier gang und gäbe. *Samsas* oder *samsis* (烤包子; *kao baozi*) sind die uigurische Version der Samosas: Nudel- oder Hefeteigtaschen mit Fleisch gefüllt und gebacken. Oft werden mit Fleisch gefüllte Teigtaschen, die sogenannten *chuchura* (饺子汤; *jiaozi tang*), entweder gedämpft oder frittiert.

Ausländische Köstlichkeiten

Mit der Entwicklung Beijings zu einer echten Weltstadt hat sich natürlich auch die kulinarische Szene dort verändert. Ehrgeizige Spitzenköche strömen in Scharen in die chinesische Hauptstadt. Wer hier Heimweh nach der Küche seiner Heimat bekommt, muss also gar nicht mehr weit reisen.

Koreanische und japanische Restaurants sind besonders häufig vertreten, viele Lokale haben sich auch auf die moderne mediterrane Küche oder westliches Standardessen wie Pizza, Pasta, Steaks und Hamburger spezialisiert. Aber auch wer sich nach afghanischem oder türkischem Essen, nach einem Burrito oder Rogan Josh sehnt, wird irgendwo in der Stadt schon fündig werden. Eine Restaurantliste gibt es immer in den monatlich erscheinenden Ausländerzeitschriften.

Selbstversorger

Selbst die anspruchsvollsten Hobbyköche können in Beijing alle Zutaten finden, die ihr Herz begehrt. Wer jedoch in einem Apartment wohnt, könnte sich eventuell darüber wundern, dass der Backofen in der Küche fehlt – Chinesen brauchen zum Kochen nicht unbedingt einen.

Wer westliches Essen sucht, wird in den folgenden Supermärkten und Läden fündig, die ausgefallene Köstlichkeiten wie importierten Käse, französischen Wein, englischen Tee und Erdnussbutter führen.

Carrefour (6b Beisanhuan Donglu; ⌚8.30–22.30 Uhr; S Liufang) Carrefour führt praktisch alles, was man brauchen könnte, hat auch Geldautomaten und akzeptiert Kreditkarten. Die Supermärkte sind täglich geöffnet und immer überfüllt.

Olé Karte S. 336 (48 Dongzhimenwai Dajie, UG Ginza Mall; ⌚10–22 Uhr; S Dongzhimen) Olé ist eine verlässliche Supermarktkette mit mehreren Zweigstellen, die in der ganzen Stadt verteilt sind. Diese Zweigstelle befindet sich in der Ginza Mall in Dongzhimen.

April Gourmet Karte S. 336 (1. OG, Lianbao Mansion, Xingfucun Zhonglu; ⌚8–24 Uhr; S Dongsi Shitiao) April Gourmet versorgt Besucher aus dem Westen, die das Essen ihrer Heimat vermissen. Hier gibt es Käse, frisches Brot, Butter, Wein, Saucen, westliche Suppen, Kaffee, Milch, Fleisch und Tiefkühlkost. Diese Filiale ist bis Mitternacht geöffnet.

Top-Tipps

Dali Courtyard (S. 110) Hervorragendes Hofrestaurant mit einem ständig wechselnden Angebot mild gewürzter Yunnan-Spezialitäten.

Bratentenrestaurant Beijing Dadong (S. 89) Die magerste Ente der Stadt ist hier in buntgeschäftiger Umgebung zu finden.

Najia Xiaoguan (S. 161) Dieses Beijinger Lokal der alten Schule wartet mit einem ausgefallenen Angebot beliebter Manchu-Gerichte auf.

Duck de Chine (S. 164) Pekingente, französisch angehaucht, in noblem Ambiente mit super Service.

Vegetarisches Restaurant Baihe (S. 107) Ruhiges Ambiente und originelle Gerichte in einem von Beijings wenigen, wenn auch zunehmend häufigeren, vegetarischen Restaurants.

Das Beste für jedes Budget

¥

Tan Hua Lamb BBQ (S. 107) In diesem coolen *hutong*-Lokal grillt man sich die Lammkeule selbst.

Zhang Mama (S. 105) Super beliebtes Sichuan-Restaurant mit ausgezeichnetem Preis-Leistungs-Verhältnis.

Bocata (S. 161) Ein zu Recht beliebtes Mittagslokal mit leckeren Sandwiches und Salaten und fantastischen Pommes.

Baozi Pu (S. 107) Alteingesessenes Lokal mit Teigtaschen und Nudelgerichten.

Yan Lan Lou (S. 161) Muslimisches Restaurant, in dem hervorragende handgezogene Nudeln hergestellt werden.

¥¥

Jin Ding Xuan (S. 108) Schmackhafte Dim Sum, das Lokal ist rund um die Uhr geöffnet.

Xiao Wang's Home Restaurant (S. 163) Eine Institution in Beijing, auf der Speisekarte stehen Gerichte aus ganz China.

Vineyard Café (S. 109) Familienfreundlich, bei Expats besonders beliebt.

Vegetarisches Restaurant Xu Xiang Zhai (S. 109) Historischer Rahmen, mittags und am frühen Abend gibt's leckeres Büffet zum Festpreis.

Pekingente Jingzun (S. 162) Hier kann nicht nur Ente, sondern auch aus einer großen Auswahl an weiteren Gerichten bestellt werden.

¥¥¥

Duck de Chine (S. 164) Hervorragende Pekingente in einem kunstvoll eingerichteten Lokal.

Temple Restaurant (S. 89) Fantastische Kulisse, Essen und Service sind einwandfrei.

Lost Heaven (S. 128) Spitzenküche aus Yunnan.

Capital M (S. 128) Auf mediterrane Klassiker spezialisiert.

Brian McKenna @ The Courtyard (S. 89) Ultimative Lage direkt neben der Verbotenen Stadt.

Die beste Pekingente

Bratentenrestaurant Liqun (S. 127) Marode Bude, der Vogel schmeckt jedoch köstlich.

Bianyifang (S. 129) Pekingente der alten Schule, weniger Touristen als in anderen Lokalen.

Duck de Chine (S. 164) Schickimicki-Peking trifft auf Pariser Ente.

Pekingente Jingzun (S. 162) Ohne Brimborium macht man hier mit Beijings berühmtem Gericht Bekanntschaft.

Bratentenrestaurant Qianmen Quanjude (S. 128) Immer überfüllt, aber die Ente ist von Top-Qualität.

Die besten Teigtaschen

Din Tai Fung (S. 162) Berühmtes taiwanesisches Restaurant und Kultstätte für Teigtaschen in jeglicher Form.

Teigtaschenrestaurant Baoyuan (S. 160) Kunterbunte Teigtaschen zur Freude aller Kinder.

Duyichu (S. 127) Schon seit Mitte der Qing-Dynastie werden hier saisonale Lieblingsgerichte serviert.

Hangzhou Xiaochi (S. 86) Preiswertes Essen in der Nähe der Verbotenen Stadt.

Goubuli (S. 152) Acht verschiedene Arten zur Auswahl und alle sehr lecker.

Die besten Hotpots

Lamm-Hotpot Yang Fang (S. 106) Hotpot im klassischen Beijinger Stil.

Little Sheep (S. 108) Mongolischer Hotpot auf der quirligen Ghost St.

Lao Che Ji (S. 188) Spezialität des Hauses sind trockene Hotpots (sie werden ohne die übliche Brühe serviert).

Chongqing Kongliang Huoguo (S. 108) Sehr feuriger Hotpot für echte und geübte Freunde scharfer Gewürze.

Rong-Tian-Schafsrücken (S. 105) Bescheidenes Esslokal, die Speisen schmecken jedoch absolut köstlich.

Die beste Regionalküche

Muslimisches Restaurant Crescent Moon (S. 82) Das wohl beste Esslokal mit uigurischer Küche in Beijing.

Jixiangniao Xiangcai (S. 162) Würzig-scharfe Hunan-Küche, immer gut besucht.

Chuan Ban (S. 83) Wahre Schärfefanatiker lieben dieses authentische Sichuan-Lokal mit seinen Speisen, die einem die Zunge betäuben.

In & Out (S. 162) Hier wird von den vielen großartigen Gerichten aus Chinas Südwesten das Beste angeboten.

Golden Peacock (S. 188) Südostasiatisch beeinflusste Dai-Küche aus der Provinz Yunnan steht hier auf der Speisekarte.

Die besten Nudeln

Yan Lan Lou (S. 161) Gerichte aus der chinesischen Nudel-Hochburg.

Liu Family Noodles (S. 151) Preiswert und fröhlich, ausgezeichnete Nudeln.

Old Beijing Zhajiang Noodle King (S. 127) Traditionelle Nudeln in einem Hotspot der Einheimischen.

Ausgehen & Nachtleben

Wer in einem der angesagten Schuppen einen Martini schlürft oder zur Musik eines bekannten europäischen DJs tanzt, kann sich kaum vorstellen, dass es in Beijing bis vor gut 20 Jahren noch keinerlei Bars oder Nachtclubs gab, abgesehen von einigen wenigen in einer Handvoll Hotels. Heute, wo mehr und mehr Einheimische ihre Vorliebe für Partys entdecken, bietet die Hauptstadt eine stetig wachsende Auswahl an hervorragenden Nachtlokalen.

Hutong-Bars

In den letzten Jahren sind im alten Stadtkern viele Bars aus dem Boden geschossen. Ehemalige Wohnhöfe wurden in einige der besten und belebtesten Ziele der Stadt für Nachtschwärmer verwandelt. Das reicht vom unkonventionellen Schuppen bis zu schicken Cocktailbars. Die Straße Nanluogu Xiang war richtungweisend dabei, die *hutongs* (schmale Gassen) zu einem festen Bestandteil des Beijinger Nachtlebens zu machen, inzwischen sind viele *hutongs* im Norden von Dongcheng beinahe ebenso beliebt.

Trinken wie die Einheimischen

Zwar gewinnen Wein und Whisky in der Mittelschicht an Boden, die beiden beliebtesten alkoholischen Getränke in Beijing sind jedoch *pijiu (*Bier*)* und *baijiu (*ein beißender, hochprozentiger weißer Schnaps). Die am häufigsten vorkommenden Biersorten sind Yanjing Beer (der Favorit bei den Einheimischen), Beijing Beer und Tsingtao. Keines dieser Biere ist sonderlich gut, und sie sind weniger schmackhaft als die meisten ausländischen Biere. Eine große Flasche Yanjing oder Tsingtao, die dem europäischen Lagerbier am ähnlichsten sind, gibt es auf der Straße für rund 3 Yuan; das Beijing-Bier gibt es in der Regel vom Fass.

Baijiu ist ein äußerst starker Schnaps mit einem unverwechselbaren Geschmack, den die wenigsten Ausländer vertragen. Wer allerdings gerne Abbeizmittel süffelt, wird diesen Schnaps lieben. Er ist auch billig, eine kleine Flasche des vor Ort gebrannten Erguotou kostet rund 5 Yuan.

KARAOKE

Karaoke ist der Zeitvertreib Nummer eins in China, und im ganzen Land gibt es über 100 000 Karaoke-Kneipen oder KTV, wie sie hier genannt werden. So befremdlich es scheinen mag, vor anderen Leuten neben einem laufenden Fernseher zu singen, ist es doch eine der besten Möglichkeiten, Einheimische kennenzulernen. Das Schmettern kitschiger Popsongs hat zudem ein überraschend hohes Spaß- und Suchtpotenzial.

Beijinger Club-Landschaft

Viele Gäste besuchen die Nachtclubs weniger zum Tanzen als um sich Drinks zu gönnen. Daher interessieren sich viele einheimische Gäste trotz der zunehmenden Anzahl internationaler DJs, die eingeflogen werden, nicht sonderlich dafür, was auf dem Plattenteller liegt. Das meiste, was man zu hören bekommt, ist Mainstream-House und Hip-Hop. Einige einheimische DJs tun jedoch ihr Bestes, um vielseitigere Sounds zu fördern, und veranstalten Partys in verschiedenen Locations in der Stadt. Details sind den örtlichen Programmheften zu entnehmen.

GUT ZU WISSEN

Öffnungszeiten

Die meisten Bars in Beijing öffnen am späten Nachmittag und schließen in der Regel um 2 Uhr. Viele Lokale haben aber auch länger geöffnet, besonders an den Wochenenden, während andere schon gegen Mitternacht dichtmachen. Kneipen öffnen deutlich früher und schließen gelegentlich auch recht früh wieder. Manche Clubs und Diskotheken haben je nach Lust und Laune auch die ganze Nacht über geöffnet.

Preise

Wie viel Geld man in den Bars der Stadt lässt, hängt sehr stark vom persönlichen Geschmack ab. Wer sich den Rachen unbedingt mit einem Guinness spülen möchte, zahlt mehr (40 Yuan bis 50 Yuan), als wenn er eine Flasche Tsingtao (20 Yuan bis 25 Yuan) bestellt. Die Preise für Mixgetränke beginnen in den meisten Bars bei rund 35 Yuan, in einer protzigen Lokalität muss man jedoch darauf gefasst sein, dass einem für einen ordentlichen Cocktail auch schon mal westliche Preise abgeknöpft werden – von 60 Yuan aufwärts. Viele der Beijinger Bars bieten Happy Hours an (in der Regel von 17 bis 20 Uhr), in dieser Zeit sind die Getränke preiswerter.

Ausgehen & Nachtleben nach Stadtvierteln

➡ **Trommelturm & Dongcheng Nord** Jede Menge *hutong*-Bars und Kneipen auf der und rund um die Gulou Dongdajie.

➡ **Beihai-Park & Xicheng Nord** Die Ufer des Houhai-Sees sind mit Kneipen übersät.

➡ **Sanlitun & Chaoyang** Hier konzentriert sich die Beijinger Clubszene mit exklusiven Cocktailbars.

➡ **Sommerpalast & Haidian** Der Wudaokou-Bezirk von Haidian ist Beijings Studentenhochburg, hier ist abends der Bär los.

Top-Tipps

Apothecary (S. 166) Große Palette an Cocktails, die liebevoll mit frischen Zutaten hergestellt werden.

El Nido (S. 111) Immer brechend voll und eine *hutong*-Bar, wie sie im Buche steht.

Lantern (S. 167) Hier arbeiten die besten DJs der Stadt, authentische stickige Untergrundatmosphäre.

Migas Bar (S. 165) Äußerst beliebte Dachterrasse im Sommer, hippes Publikum.

Great Leap Brewing (S. 166) Hier mischt man sich unter die Horden, die selbst gebraute Biere schlürfen.

Die besten *hutong*-Bars

El Nido (S. 111) Im Sommer einfach genial, um draußen einen Drink zu genießen.

Ball House (S. 111) Eine der einzigartigsten Bars in Beijing.

Great Leap Brewing (S. 110) Craft Beer in einem Lokal im Innenhof.

Mao Mao Chong Bar (S. 111) Kreative Cocktails, lockere Stimmung und genießbare Pizza.

If (S. 111) Unkonventionelles Ambiente (und Publikum) und eine coole Dachterrasse.

Die besten Cocktailbars

Apothecary (S. 166) Wurde zwar oft kopiert, aber die Qualität der Drinks zu schlagen dürfte äußerst schwierig sein.

Ichikura (S. 167) Insider-Bar mit der größten Whisky-Auswahl in Beijing.

Parlor (S. 166) Im Stil eines Shanghaier Speakeasy der 1920er-Jahre gehalten, mit Bedacht versteckt.

Revolution (S. 166) Winzige Bar, deren Einrichtung an Mao erinnert, und sehr kompetente Barkeeper.

Janes and Hooch (S. 166) Angesagter Treffpunkt für Einheimische mit großem Portemonnaie und Expats.

Die besten Clubs

Spark (S. 167) Echter Hotspot, der am Wochenende gerammelt voll ist.

Lantern (S. 167) Authentische Atmosphäre eines Underground-Clubs mit Top-DJs.

Destination (S. 169) Beijings einziger echter Schwulen-Club.

Mix (S. 169) Mainstream Hip-Hop für ein jüngeres Publikum.

Chocolate (S. 168) Großartig übertriebener Nachtclub im russischen Stil, in dem nach Mitternacht erst so richtig die Post abgeht.

Die besten Cafés

Za Jia (S. 111) Cooles Café mit Bar in einem historischen ehemaligen taoistischen Tempel.

Await Café (S. 144) Himmlische Kaffee-und-Kuchen-Location in einem super Ambiente.

Irresistible Café (S. 114) Der Name sagt alles, und auch das Essen ist gut.

Alley Coffee (S. 90) Innenhof-Café, ideal für eine Kaffeepause in der Verbotenen Stadt.

Bridge Café (S. 188) Rund um die Uhr geöffneter Treffpunkt mit guten Getränken und Speisen und freundlichem Personal.

Die besten Stadtviertel-Kneipen

Tree (S. 168) Große Auswahl an ausländischen Biersorten und obendrein ausgezeichnete Pizza.

Paddy O'Shea's (S. 168) Die beste Kneipe, um in der Hauptstadt Live-Sportübertragungen zu sehen.

Hippo (S. 115) Kneipe in einem winzigen Kabäuschen mit vielen ausländischen Biersorten.

First Floor (S. 167) Pub-Atmosphäre mitten in Sanlituns Kneipenviertel.

Das beste Bier

Great Leap Brewing (S. 166) Eine authentische, ausgezeichnete Beijinger Brauerei.

Slow Boat Brewery Taproom (S. 90) Ein Dutzend Biere vom Fass sind hier zu kriegen.

NBeer Pub (S. 141) Bietet eine breite Palette von Importbieren und auch einige einheimische Fassbiere.

Big Smoke (S. 167) Heimatstandort der Brauerei Jing A, der besten Brauerei in der Hauptstadt.

Unterhaltung

Beijing hat sehr viel mehr zu bieten als Kaiserpaläste, Tempel und Museen. Als Kulturhauptstadt Chinas ist es ein wahres Eldorado für Freunde der Kultur, von Ballett und zeitgenössischem Tanz bis hin zu Jazz oder Punk-Bands. Dann gibt es auch noch die zahlreichen traditionellen Kulturangebote der Stadt, wie die Pekingoper (jingju) *und akrobatische Darbietungen, außerdem Kino, Theater und die verschiedenen Sportmannschaften Beijings.*

Livemusik

Die Chinesen können sich zwar durchaus auch für taiwanesische Boygroups begeistern, aber gerade die Beijinger hatten schon immer eine ganz besondere Vorliebe für die ausdrucksstarke, gefühlvolle Seite der chinesischen Musikszene. Inzwischen lassen alle möglichen Musikrichtungen – Indie, Alternative, Punk, Metal, Folk und Jazz – Nacht für Nacht die Luft über den Dächern der Hauptstadt erzittern, und zwar an den unterschiedlichsten Veranstaltungsorten, von Höfen aus der Qing-Dynastie bis zum Freiluftkino. Im Sommer gibt es in Beijing auch gelegentlich ein Open-Air-Festival. In Sachen internationaler Rock und Pop steckt die Hauptstadt allerdings leider noch in den Kinderschuhen; hierher schaffen es nur wenige der angesagten Top-Acts.

Akrobatik & Pekingoper

Der 2000 Jahre alten Kunst der chinesischen Akrobatik (杂技; *zaji*) verdankt die Hauptstadt einige ihrer besten und aufregendsten Shows; es finden täglich unterschiedliche Vorführungen in verschiedenen Theatern statt. Die legendären Shaolin-Mönche mit ihren kahl rasierten Köpfen kommen regelmäßig durch Beijing und zeigen Darbietungen ihrer eindrucksvollen Kampfkünste.

Um einiges gemächlicher, aber nicht weniger faszinierend geht es bei der Pekingoper zu, auch bekannt als Beijing-Oper. Auf Ausländer mag sie zunächst schwer zugänglich wirken. Zu diesem geheimnisvollen Nimbus tragen auch die Kostüme, der Gesangsstil und natürlich die Sprache bei. Dabei lässt sich den Live-Aufführungen aber eigentlich sehr gut folgen. Die Handlungslinien sind einfach (nicht unähnlich einer shakespeareschen Tragödie, samt den komischen Elementen), und die Vorstellungen bieten eine weit interaktivere Erfahrung, als man es sich vorstellt.

Zuschauersport

Die Chinesen sind begeisterte Fußballfans (*zuqiu*), viele unterstützen auch die Top-Teams aus England, Italien und Spanien. Die Chinese Super League entwickelt sich zu einer eigenständigen Kraft in Asien, zunehmend kommen ausländische Spieler dazu, um den Standard zu heben. Die Lokalhelden sind die Beijing Guo'an, die ihre Heimspiele im Arbeiterstadion vor Fans bestreiten, die zu den stimmgewaltigsten in ganz China zählen dürften.

Noch beliebter als Fußball ist hier Basketball. Einige chinesische Spieler sind in die Fußstapfen der Nationalikone Yao Ming getreten und spielen in der NBA. Das Hauptstadtteam sind die Beijing Ducks, denen es gelingt, viele Zuschauer in die Wukesong-Arena in Haidian zu locken.

Unterhaltung nach Stadtvierteln

➡ **Verbotene Stadt & Zentrum von Dongcheng** Die erste Adresse für Kulturbegeisterte. Hier gibt es klassische Musik, Oper und Theater.

➡ **Trommelturm & Dongcheng Nord** Hier finden sich viele der besten Veranstaltungsstätten für Livemusik der Stadt.

➡ **Beihai-Park & Xicheng Nord** Beijings bedeutendster kultureller Knotenpunkt dank des eindrucksvollen National Centre for the Performing Arts.

➡ **Dashilar & Xicheng Süd** Von allen Spielstätten der Pekingoper bietet das Zunfthaus Huguang die stimmungsvollste Kulisse.

➡ **Sanlitun & Chaoyang** Akrobatik-Shows satt und Multiplex-Kinos.

Top-Tipps

Yugong Yishan (S. 115) Dank der großartigen Räumlichkeiten und der erstklassigen Buchungspolitik eine Spitzenadresse für Livemusik.

Nationales Zentrum der Darstellenden Künste (S. 144) Außergewöhnliches Gebäude, jetzt Beijings Kulturzentrum.

Tianqiao-Akrobatiktheater (S. 152) Die beweglichsten und anmutigsten Akrobaten der ganzen Stadt.

Huguang-Versammlungshalle (S. 152) Schöne, historische Spielstätte der Pekingoper.

Dos Kolegas (S. 172) Es lohnt sich zweifellos, hierher zu kommen, um alternative Bands jeglicher Art in einem absolut unkonventionellen Ambiente zu erleben.

Alternative, Punk & Metal

Dos Kolegas (S. 172) Fantastische Location mit großem Outdoor-Bereich. Hier steppt im Sommer der Bär.

Temple Bar (S. 115) Einheimische und ausländische Bands jeglicher Couleur in einem lauten Lokal.

Mao Livehouse (S. 116) Einheimische und ausländische Bands in einem der wenigen mittelgroßen Lokale der Stadt.

What? Bar (S. 90) Winziger Club, in dem Nachwuchsbands zu hören sind.

Star Live (S. 117) Super Location für internationale Bands, aber auch für Tanzpartys.

13 Club (S. 189) Metal-Fans strömen in diesen stilecht schmuddeligen Club.

Folk & Jazz

Jiang Jin Jiu (S. 115) Folk-Bands und Bands ethnischer Minderheiten aus entlegenen Landesteilen Chinas.

East Shore Jazz Café (S. 144) Das beste Lokal in der Stadt, um einheimische und ausländische Jazzmusiker zu erleben.

Jiang Hu (S. 115) Reizvolles intimes Innenhof-Lokal, in dem chinesische Bands auftreten.

Modernista (S. 114) Hipster-Treffpunkt mit Live-Jazz und Swing Dancing.

Klassische Musik & Tanz

Konzerthalle der Verbotenen Stadt (S. 91) Großartige Akustik und romantisches Ambiente.

Internationales Theater Poly Plaza (S. 172) Eine ambitionierte Bühne sowohl für chinesisches als auch für westliches Theater, Ballett, Oper und Folklore-Musik.

Konzerthalle der Nationalbibliothek (S. 189) Top-Veranstaltungsort für klassischen chinesischen Tanz.

GUT ZU WISSEN

Öffnungszeiten

Ballett, klassische Musik und chinesische Volkstanz- oder zeitgenössische Tanzaufführungen beginnen in den großen Konzerthallen in der Regel um 19.30 Uhr. In den Akrobatik- und Opernspielstätten gibt es auch häufig zwei Vorstellungen am Tag, die um 17.15 Uhr bzw. 18.30 Uhr und um 19.30 Uhr beginnen. Livemusik-Spielstätten öffnen ihre Tore etwa um 20 Uhr und sind bis spät geöffnet.

Informationen

Die Ausländerzeitschriften, die monatlich erscheinen und in der ganzen Stadt ausliegen, enthalten aktuelle Informationen zu Veranstaltungen und Infos darüber, wer wann und wo spielt.

Preise & Tickets

Manche Livemusik-Spielstätten verlangen kein Eintrittsgeld, außer wenn eine populäre Lokalband spielt oder ein internationaler Act dargeboten wird; dann allerdings empfiehlt es sich, Karten vorzubestellen. Auch wenn berühmte ausländische Orchester oder Balletttruppen in der Stadt sind, müssen Karten vorbestellt werden.

Pekingoper

Chang'an Grand Theatre (S. 91) Das Theater für echte Kenner und Liebhaber der Pekingoper.

Huguang-Versammlungshalle (S. 152) Ein herrlicher Veranstaltungsort mit dem Höchstmaß an Atmosphäre in ganz Beijing.

Mei Lanfang Grand Theatre (S. 145) Traditionelle Vorführungen in modernem Rahmen.

Theater Liyuan (S. 153) Gut geeignet für die erste Erfahrung mit der Pekingoper.

Teehaus Lao She (S. 153) Pekingoper, aber auch Schattenspiele und traditionelle Folklore-Musik.

Akrobatik & Schauspiel

Universal Theatre (S. 172) Das Stammhaus der Nationalen Akrobatiktruppe Chinas.

Theater Chaoyang (S. 172) Ziemlich touristisch, aber die Show ist durchweg eindrucksvoll.

Red Theatre (S. 130) Nonstop Kung Fu-Kämpfe, bei denen ein Junge lernt, ein Kriegermönch zu werden.

Chinesisches Puppentheater (S. 116) Schattentheater und Puppenspiele, überaus familienfreundlich.

Penghao-Theater (S. 116) Super anheimelndes Theater mitten im *hutong*-Territorium.

Shoppen

Ein großer Teil vom Reichtum des Landes ist in der Hauptstadt konzentriert, und so hat sich das Shoppen zu einer der Lieblingsbeschäftigungen der Jugend und der aufkommenden Mittelschicht entwickelt. Ob beinharter Shopaholic oder nur Schaufensterbummler, die Auswahl ist riesengroß, und glitzernde Einkaufszentren, Märkte, Einkaufsgassen mit Spezialgeschäften, Straßenverkäufer und Wanderhändler tun alles, um ein gutes Geschäft zu machen.

Kunst, Kunsthandwerk & Antiquitäten

Beijing ist eine Schatzgrube für Kuriositäten aller Art, wie beispielsweise bestickte Geldbörsen, Scherenschnitte, hölzerne und bronzene Buddhas, Papierlaternen, chinesische Musikinstrumente und Drachen. Auch Teppiche, Jade und Perlen unterschiedlicher Qualität gibt es in Hülle und Fülle.

Doch auch die Auswahl an Raubkopien ist groß: Nicht nur DVDs und Kleidung, sondern auch Antiquitäten, Keramikarbeiten und Teppiche werden in China gefälscht und kopiert, also Vorsicht beim Kauf der angeblichen Vase aus der Ming-Dynastie. Außerdem ist zu beachten, dass Objekte, die aus der Zeit vor 1795 stammen, offiziell nicht aus China ausgeführt werden dürfen.

Kleidung

Sichou (Seide) ist in Beijing eine wichtige Handelsware, und hier sind sowohl Seidenstoffe als auch Seidenkleidung zu sehr guten Preisen erhältlich. Wer ausreichend Zeit hat, kann sich bei einem der hervorragenden Schneider seine Kleidung maßanfertigen lassen, zum Beispiel auch traditionelle chinesische Roben (*qipao* oder *cheongsam* auf Kantonesisch). *Yangrongshan* (Kaschmir) aus der Inneren Mongolei ist in Beijing ebenfalls zu einem guten Preis zu haben.

Zeitgenössische Kunst

Die chinesische Kunst ist bei Sammlern auf der ganzen Welt nach wie vor begehrt, daher kann es sich durchaus lohnen, in Kunstwerke zu investieren. Wer sich im Juni in Beijing aufhält, kann auf der jährlichen Affordable Art Fair (Messe für bezahlbare Kunst) im 798 Art District Kunstwerke zu vernünftigen Preisen erwerben. Alle anderen können natürlich auch in namhaften Galerien wie der Red Gate Gallery fündig werden. Bei vielversprechenden Künstlern ist bei solchen Adressen realistischerweise mit Preisen von mindestens 1000 US$ für Kunstwerke zu rechnen, die im Wert wahrscheinlich noch steigen werden.

Tee

In Beijing bekommt man jede Teesorte aus Chinas gewaltiger Auswahl und auch das passende Teegeschirr, um die Tees nach Art der Einheimischen zu genießen. Die Preisunterschiede sind enorm, je nach Teesorte oder Dekor des Teegeschirrs. Egal, welches Budget zur Verfügung steht, man findet in der Stadt etwas Passendes und kann noch lange nachdem man wieder in heimischen Gefilden ist, seinen Tee schlürfen.

GUT ZU WISSEN

Öffnungszeiten

Die Geschäfte in Beijing öffnen in der Regel früher als im Westen und schließen später; normalerweise sind sie von 8 oder 8.30 Uhr bis 21 oder 22 Uhr geöffnet. Märkte unter freiem Himmel werden meist von der Morgendämmerung bis Sonnenuntergang abgehalten; sie können aber auch später anfangen und früher enden.

Feilschen

Man sollte immer im Kopf behalten, dass Ausländern in Beijing gern erhöhte Preise genannt werden. In Einkaufszentren sind die Preise normalerweise fix, aber auf allen Märkten ist Feilschen ein absolutes Muss. Es ist immer besser, mit einem Lächeln im Gesicht zu feilschen. Schließlich soll dabei ein Preis ausgehandelt werden, der beide Seiten glücklich macht.

Bezahlen

Die meisten großen Kaufhäuser akzeptieren westliche Kreditkarten, viele kleinere aber nur chinesische, also vor dem Bezahlen besser nachfragen. Auf den Märkten kann nur bar bezahlt werden.

Shoppen nach Stadtvierteln

➡ **Verbotene Stadt & Dongcheng Zentrum** Die Wangfujing Dajie ist Beijings bedeutendste Einkaufsstraße .

➡ **Trommelturm & Nord-Dongcheng** In dieser Gegend gibt es jede Menge trendige und ausgefallene Boutiquen.

➡ **Himmelstempelpark & Süd-Dongcheng** Auf dem Hongqiao-Markt schwimmt man geradezu in einem Perlenmeer, lohnend ist auch die aufgemöbelte Qianmen-Einkaufsstraße.

➡ **Dashilar & Xicheng-Süd** Einige der ältesten Warenhäuser der Stadt und das Zentrum für Antiquitäten, Kunst und Kunsthandwerk in Liulichang befinden sich hier.

➡ **Sanlitun & Chaoyang** Hier gibt es haufenweise Einkaufszentren und Beijings schönste Märkte.

Top-Tipps

Shard Box Store (S. 174) Einzigartige und exquisite Scherbenkästen in allen Größen.

Ruifuxiang (S. 154) Lieferanten aller Arten von Seide in jedem nur vorstellbaren Muster.

Plastered 8 (S. 117) Ironische T-Shirts mit Themen rund um Beijing.

Three Stone Kite Shop (S. 145) Familienbetrieb mit wunderschönen handgefertigten Drachen.

Geschäft für Musikinstrumente Yuehaixuan (S. 153) Ausgefallene Musikinstrumente aus ganz China.

Märkte

Panjiayuan-Markt (S. 173) Mit Abstand der beste Markt in der Stadt für Kunst, Kunsthandwerk und Antiquitäten.

Maliandao-Teemarkt (S. 154) Eine super Gelegenheit, um Chinas Lieblingsgetränk einzukaufen.

Hongqiao-(Perlen-)Markt (S. 130) Für seine Perlen berühmt, aber auch gut für den Klamottenkauf.

Centergate Como (S. 189) Hier kauft man Computer, Software und Telefone.

Kleidung

Kleidermarkt Sanlitun Yashow (S. 174) Gut für den Kauf von Bekleidung in größeren Größen und Accessoires.

Seidenmarkt (S. 173) Seide gehört zu den wenigen authentischen Produkten, die auf dieser Beijinger Institution feilgeboten werden.

Sanlitun Village (S. 173) Das Einkaufszentrum, in dem mittel- und hochpreisige Marken zu finden sind, ist selbst schon ein Hingucker.

3.3 Shopping Centre (S. 174) Trendige Boutiquen und Accessoires für Stilbewusste.

77th Street (S. 145) Hier kaufen Beijings Teenager und Studenten ein.

Shoppingstraßen

Wangfujing Dajie (S. 91) Die renommierteste Einkaufsstraße der Stadt.

Liulichang Xijie (S. 153) Antiquitäten, Kalligrafie und Chinesische Gemälde.

Dashilar (S. 154) Hier sind einige der ältesten Geschäfte der Hauptstadt zu Hause.

Nanluogu Xiang (S. 101) Am Wochenende völlig verrückt, aber gut geeignet für die Jagd nach Souvenirs.

Qianmen Dajie (S. 127) Frisch aufgemöbelte Straße hauptsächlich mit Marken aus dem mittleren Preissegment und etwas Seide.

Yandai Xiejie (S. 145) Souvenirs, gefakte Antiquitäten und ein paar skurrile Outlets.

Geschenkeläden

Shard Box Store (S. 174) Hier gibt es Porzellanfragmente antiker Vasen, die zu Schmuckstücken verarbeitet wurden.

Jingcheng Baixing (S. 117) Traditionelle Tonfigürchen, man kann auch selbst welche fabrizieren.

Plastered 8 (S. 117) Witzige und stylische T-Shirts mit Beijing-Motiven.

Three Stone Kite Shop (S. 145) Schöne handbemalte Drachen.

Esy Dragon Gift Shop (S. 117) Souvenirs in allen Preislagen.

Xian Yan Tang (S. 153) Traditionelle Schattenspielfiguren, gerahmt oder spielbereit.

Kunst

798 Art District (S. 158) Jede Menge Galerien in Beijings Kunstzentrum.

Red Gate Gallery (S. 125) Beijings erste zeitgenössische Kunstgalerie.

Rongbaozhai (S. 154) Traditionelle Rollbilder und Tuschemalerei, aber auch Tusche, Pinsel und Papier.

UCCA Design Store (S. 174) Drucke und Gemälde von einigen der bekanntesten chinesischen Künstler.

Tee

Maliandao Tea Market (S. 154) Alle Teesorten Chinas und gleich daneben auch preiswertes Teegeschirr.

Famous Tea of China (S. 118) Nettes Warenhaus, in dem es Tee in vorgefertigten Päckchen zu kaufen gibt.

Ten Fu's Tea Culture House (S. 82) Ein Museum für Chinas Tee, zugleich auch ein guter Ort, um Tee zu kaufen.

Celadon Story (S. 92) Perfektes blassgrünes Teegeschirr aus Porzellan.

Beijing erkunden

BEIJINGS HIGHLIGHTS

Stadtviertel auf einen Blick

❶ Verbotene Stadt & Dongcheng Zentrum, S. 60

Dieses historische Stadtviertel ist das Zentrum von Beijing, vollgepackt mit wichtigen Sehenswürdigkeiten. Zudem gibt es hier einige fabelhafte Unterkünfte. Besucher verbringen normalerweise einen Großteil der Zeit in diesem Viertel, in dem sich Kaiserpaläste, Tempel, realsozialistische Architektur, Parks und Museen drängen, wo aber auch die berühmteste Einkaufsstraße der Hauptstadt, Wangfujing Dajie, zu finden ist.

❷ Trommelturm & Nord-Dongcheng, S. 95

In diesem Teil der Stadt gibt es die meisten und besterhaltenen *hutongs* (schmale Gassen), die einen guten Einblick in das Leben

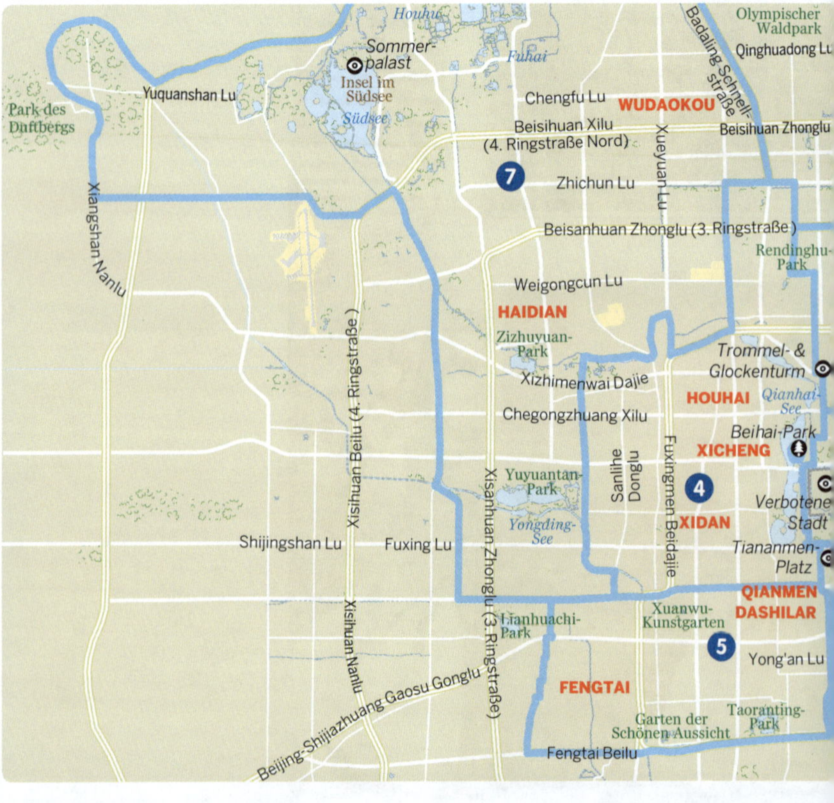

der Einheimischen bieten. In immer mehr *hutongs*, wie Nanluogu Xiang und Fangjia, werden angesagte Bars und Restaurants eröffnet. Mit reizvollen Hofhotels und einigen der wichtigsten, über das Viertel verteilten Sehenswürdigkeiten, ist dies der besucherfreundlichste Stadtteil, der sich prima als Ausgangsbasis für weitere Ausflüge eignet.

❸ Himmelstempelpark & Süd-Dongcheng, S. 120

Dieser Stadtteil erstreckt sich über den ehemaligen Distrikt Chongwen und vereint Prachtentfaltung – er wird von dem prunkvollen Himmelstempel dominiert – mit alltäglicher Bodenständigkeit, denn hier leben seit langer Zeit ganz normale Beijinger. Inzwischen findet man hier einige der besten Pekingenten-Restaurants der Stadt, außerdem eine Reihe hervorragender westlicher Esslokale und die restaurierte Shoppingstraße Qianmen Dajie.

❹ Beihai-Park & Nord-Xicheng, S. 131

Der Beihai-Park und die angrenzenden Houhai-Seen im Nordwesten der Verbotenen Stadt dienen den Beijingern als großer Spiel- und Tummelplatz. Tagsüber kann man hier wunderbar abschalten, abends zechen die Einheimischen in den umliegenden Kneipen und Restaurants. Nord-Xicheng, ein Stadtviertel mit Tempeln und vielen *hutongs*, verfügt auch über einige amüsante Unterkünfte, die sich in den Gassen verstecken. Hier ist auch Beijings bestes Museum zu finden, das Hauptstadtmuseum.

❺ Dashilar & Süd-Xicheng, S. 147

Die historische Einkaufsstraße Dashilar ist eine der Attraktionen dieses Viertels, das mit seinen vielen Hostels in den nahe gelegenen *hutongs* südwestlich vom Tiananmen-Platz als Beijings Backpacker-Eldorado gilt. Von hier aus ist es nur ein Katzensprung zu den wichtigsten Sehenswürdigkeiten. Im ehemaligen Xuanwu-Distrikt finden sich außerdem die besten Akrobatik- und Opernvorführungen der Stadt.

❻ Sanlitun & Chaoyang, S. 156

Dieses Viertel, groß, lärmend und mit vielen der angesagten Bars, Clubs und Restaurants rund um Sanlitun, ist einer der beliebtesten Treffpunkte für Nachtschwärmer. Zwar ist Chaoyang nicht so geschichtsträchtig wie andere Stadtteile, dafür gibt es hier die meisten Spitzenklassehotels und -geschäfte. Der 798 Art District etwas weiter draußen ist der Mittelpunkt der zeitgenössischen chinesischen Kunstszene.

❼ Der Sommerpalast & Haidian, S. 177

Hier befinden sich viele von Beijings Universitäten sowie Museen und Parks. Der quirlige Studentenbezirk Wudaokou bildet einen ansprechenden Kontrast zum majestätischen Sommerpalast und den stillen, ländlichen Freuden der Duftenden Berge am nordwestlichen Rand Haidians.

Verbotene Stadt & Dongcheng Zentrum

Highlights

❶ Die imposante Pracht und das kaum vorstellbare Ausmaß der berühmten **Verbotenen Stadt** (S. 62) bestaunen, der größten Palastanlage der Welt, in der 24 Kaiser von China in Folge gelebt haben

❷ Sich bei einem Besuch des berühmten **Tiananmen-Platzes** (S. 71) an den symbolischen Mittelpunkt des chinesischen Universums stellen

❸ Bei einer Fahrradtour durch die historischen Gassen rund um die Verbotene Stadt die **kaiserlichen *hutongs*** (S. 80) erkunden

❹ Sich in aller Frühe auf den Weg machen, um die herrlichen **kaiserlichen Parks** der Gegend nach allen Kräften auszukosten; der **Jingshan-Park** (S. 75) wird ganz schnell zum Lieblingspark.

❺ In einigen der besten **Museen und Galerien** der Hauptstadt herumstöbern, beispielsweise im Chinesischen **Nationalmuseum** (S. 74)

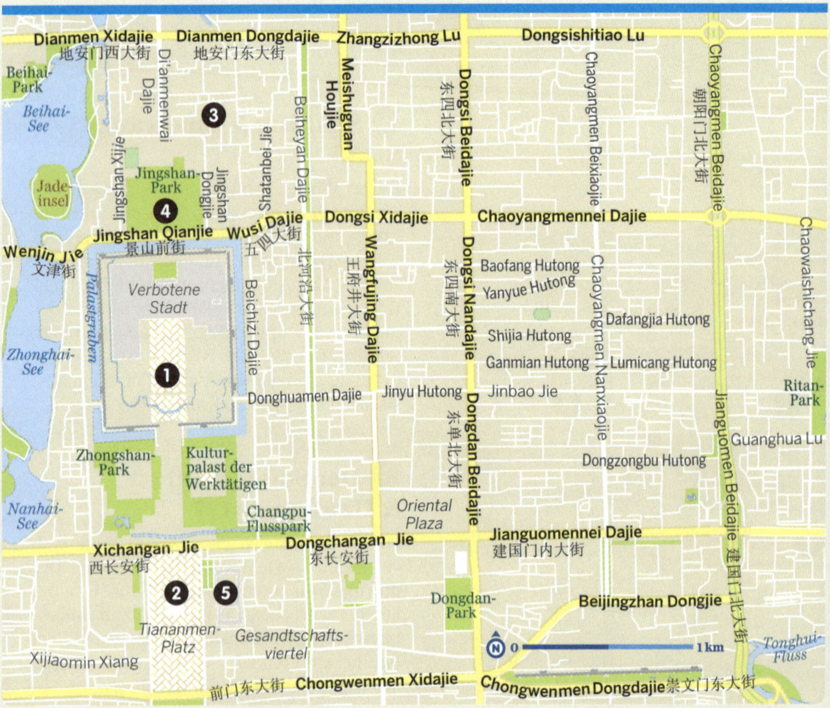

Mehr Details s. Karten S. 322 und S. 324

Erkundungstour

Dongcheng Zentrum, der historisch bedeutsamste Teil von Beijing, umfasst einen Großteil der einstigen Kaiserstadt, in deren Zentrum sich die Verbotene Stadt befindet: Über 500 Jahre lang herrschten die Kaiser von hier aus über China.

In den *hutongs* (Gassen), die sich nördlich und östlich der Verbotenen Stadt verzweigen, lebten einst die Mitglieder des Kaiserhofes. Diese faszinierenden Gassen lassen sich zu Fuß oder mit dem Fahrrad erkunden, und wer seinen Stützpunkt hierher verlegen möchte, kann in einem der bezaubernden Wohnhof-Hotels einchecken.

Für die Besichtigung der besten Sehenswürdigkeiten in diesem geschichtsträchtigen Viertel braucht man mindestens ein paar Tage; allein für die Verbotene Stadt sollte ein halber Tag angesetzt werden.

Essens-Optionen gibt es viele, die Küchen aus allen Regionen Chinas sind hier vertreten, zudem gibt es Straßenmärkte und einige schicke Restaurants. Das Nachtleben der Gegend ist allerdings eher unbedeutend.

Lokalkolorit

➡ **Essen** Authentische Beijinger Küche kann man sich im Zuo Lin You She (S. 82) oder Yuebin Fanguan (S. 83) schmecken lassen. Die Imbissmärkte in der Nähe von Wangfujing (S. 87) sind zwar amüsant, die Einheimischen finden sie jedoch touristisch und überteuert. Stattdessen also besser einen Barbecue-Spieß in einem Mini-Imbiss in den *hutongs* genießen; einfach nach dem roten Neonschild 串 Ausschau halten, und los geht's.

➡ **Parks** Jingshan-Park (S. 75) und Zhongshan-Park (S. 77) sind zwei der farbenprächtigsten Parks in Beijing – die Einheimischen, insbesondere die der älteren Generation, verbringen hier gerne den Vormittag mit Freunden bei Tanz, Gesang und Sport. Im April und Mai sind die Parks besonders beliebt, denn dann finden die jährlichen Blumenmessen statt, und alles steht in Blüte.

➡ **Formationstanz** Wer mag, schließt sich den vielen fitnessbewussten Damen an, die sich am frühen Abend auf öffentlichen Plätzen (außer dem Tiananmen) für ein bisschen Line Dance treffen. Beliebt ist hierfür etwa der Kirchplatz St Joseph (S. 79).

Anfahrt

➡ **U-Bahn** Tiananmen West, Tiananmen Ost, Wangfujing und Denghshikou sind gut gelegene U-Bahn-Stationen. Wenn dieses Buch gedruckt ist, dürfte auch die Verlängerung der Linie 8 südlich vom Chinesischen Kunstmuseum in Betrieb sein.

➡ **Bus** Die Buslinien 专1 und 专2 fahren die Verbotene Stadt im Uhrzeigersinn ab, mit einer südlichen Schleife über den Tiananmen-Platz nach Qianmen. Bus 5 verkehrt zwischen Deshengmen-Tor und Qianmen und fährt über den Trommelturm, den Jingshan-Park, die Verbotene Stadt und den Tiananmen-Platz.

Top-Tipp

Vorsicht bei Rikscha-Fahrern außerhalb des Nordtors der Verbotenen Stadt – regelmäßig legen sie Touristen herein, die dann unverhältnismäßig viel bezahlen (z. B. sagen sie „three", meinen aber „300"!). Grober Richtwert: Für eine Rikscha-Fahrt von hier bis zum Trommelturm oder zu den Houhai-Seen sollte man nicht viel mehr als 20 Yuan zahlen.

Historische Schätze

➡ Verbotene Stadt (S. 62)
➡ Chinesisches Nationalmuseum (S. 74)
➡ Vorderes Tor (S. 76)
➡ Tor des Himmlischen Friedens (S. 75)
➡ Kulturpalast der Werktätigen (S. 76)
➡ Tempel Zhihua (S. 81)

Mehr dazu s. S. 62 ➡

Gut essen

➡ Little Yunnan (S. 87)
➡ Muslimisches Restaurant Crescent Moon (S. 82)
➡ Zuo Lin You She (S. 82)
➡ Brian McKenna @ The Courtyard (S. 89)
➡ Temple Restaurant (S. 89)

Mehr dazu s. S. 82 ➡

Schön Shoppen

➡ Slow Lane (S. 92)
➡ Celadon Story (S. 92)
➡ Wangfujing Dajie (S. 91)
➡ Oriental Plaza (S. 91)
➡ Beijing apm (S. 92)

Mehr dazu s. S. 91 ➡

HUOGUANGLIANG / GETTY IMAGES ©

HIGHLIGHTS
DIE VERBOTENE STADT

Die erstaunliche Verbotene Stadt (紫禁城; Zijin Cheng; auch bekannt als Gu Gong (故宫), „alter Palast"), die Residenz von 24 chinesischen Kaisern über mehr als 500 Jahre und zwei komplette Dynastien (die Ming und die Qing) hinweg, ist die größte Palastanlage der Welt und gehört für die meisten Besucher Beijings zum Pflichtprogramm.

Der Palast im geografischen Zentrum von Chinas Hauptstadt nimmt im chinesischen Bewusstsein eine ganz besondere Stellung ein. Für die Kommunisten ist die Verbotene Stadt ein widersprüchliches Symbol: das Überbleibsel einer politisch unkorrekten, vorrevolutionären, unaufgeklärten Zeit, aber gleichzeitig auch der Inbegriff der chinesischen Zivilisation. Revolutionäre Eiferer wollten sie während der Kulturrevolution in Schutt und Asche legen. Dagegen schritt Premierminister Zhou Enlai ein – vielleicht, weil er schon das ferne Klimpern der Touristendollar vernahm – und beschwichtigte die aufgebrachten Rotgardisten.

Zwar kann man sich in einigen Stunden einen Überblick über die Verbotene Stadt verschaffen, aber es gibt dort so viel zu sehen, dass interessierte Besucher sich problemlos einen ganzen Tag dort aufhalten können – echte Fans kommen immer wieder. Über die Hälfte des Komplexes ist nicht öffentlich zugänglich, trotzdem bleibt noch ein riesiges Gelände rund um die höchst eindrucksvollen zeremoniellen Hallen übrig, die an der zentralen Achse aufgereiht sind. Diese sind bestaunenswert, aber auch die reizvollen Höfe, Pavillons und Minimuseen auf beiden Seiten der zentralen Achse sollte man sich auf keinen Fall entgehen lassen. Hier haben die Kaiser tat-

NICHT VERSÄUMEN

- Uhrensammlung
- Keramikgalerie
- Changyin-Pavillon (Oper)
- Westliche Paläste

PRAKTISCH & KONKRET

- Karte S. 322
- ☎ 85007114
- www.dpm.org.cn
- Eintritt Nov.–März 40 Yuan, April–Okt. 60 Yuan, Uhrenausstellung 10 Yuan, Schmuckhalle 10 Yuan, Audiotour 40 Yuan
- ⏲ Mai–Sept. 8.30–16 Uhr, Okt.–April 8.30–15.30 Uhr, montags geschlossen
- S Tiananmen West oder Tiananmen Ost

sächlich gelebt, und es macht Spaß, die Gänge und Höfe zu erkunden, die sie miteinander verbinden.

Information & Warnung

Nähert man sich dem Ticketschalter, wird man häufig von einem ganzen Schwarm aufdringlicher Fremdenführer umzingelt. Dabei ist zu beachten, dass deren Englischkenntnisse sehr unterschiedlich sind und dass ihre Ausführungen sehr langweilig und formelhaft sein können. Die bessere und preiswertere Alternative ist, einen automatisch per Funk aktivierten Audioguide auszuleihen, der in 30 Sprachen zu haben ist. Noch besser ist es natürlich, diesen Reiseführer hier zu verwenden!

Verwechseln Sie nicht das Tor des Himmlischen Friedens mit dem Eingang zur Verbotenen Stadt. Einige Besucher kaufen versehentlich ein Ticket für das Tor des Himmlischen Friedens, da ihnen nicht klar ist, dass sie damit nur Zugang zum oberen Teil dieses Tors haben. Die Ticketschalter für die Verbotene Stadt befinden sich links und rechts von dem breiten Weg, der im Norden zum Mittagstor führt (dem Südeingang zur Verbotenen Stadt) und liegen rund 100 m vor dem Südtor.

Restaurants, Cafés, Geldautomaten und Toiletten findet man in der Verbotenen Stadt.

Rollstühle (500 Yuan Kaution) und Buggys (300 Yuan Kaution) sind kostenlos ausleihbar. Rauchen ist in der gesamten Verbotenen Stadt nicht erlaubt.

In den letzten Jahren war die Verbotene Stadt jeden Montag für Instandhaltungsarbeiten geschlossen (außer an Nationalfeiertagen).

Geschichte

Die Verbotene Stadt wurde am Standort eines Palastes aus der Zeit Kublai Khans und der mongolischen Yuan-Dynastie errichtet. Der Ming-Kaiser Yongle legte zwischen 1406 und 1420 den Grundriss der Verbotenen Stadt fest und orientierte sich dabei an dem heute verfallenen Palast der Ming-Dynastie in Nanjing. Bei dem bombastischen Bau der Verbotenen Stadt beschäftigte der Kaiser ganze Armeen von Arbeitern und Handwerkern – nach manchen Schätzungen bis zu einer Million. Einst befand sich der Palast im Herzen der Kaiserstadt, eines viel größeren, aber inzwischen verschwundenen umschlossenen Gebietes, das für den Kaiser und sein Personal reserviert war. Die Mauer, die die Verbotene Stadt umgibt – erbaut aus 12 Mio. Ziegeln –, ist die letzte noch stehende Stadtmauer in Beijing.

Dieser gigantische Palastkomplex – nicht nur das größte, sondern auch das am besten erhaltene Ensemble historischer Gebäude in ganz China –

ZUTRITT ZUR VERBOTENEN STADT

Touristen können die Verbotene Stadt nur durch das südliche Tor betreten, das als das **Mittagstor** bekannt ist. Es ist ein gewaltiges U-förmiges Portal, das früher allein dem Kaiser vorbehalten war. Wenn dieser den Palast betrat oder verließ, erklangen Gongs und Glocken. Für die Normalsterblichen waren die weniger erhabenen Tore gedacht: Das Militär benutzte das westliche und Zivilisten das östliche Tor. Von seinem Tor aus inspizierte der Kaiser außerdem seine Armeen, erließ Urteile über Gefangene, verkündete den Kalender des neuen Jahres und beaufsichtigte das Auspeitschen missliebiger Minister.

Touristen können die Verbotene Stadt zwar nur durch das Mittagstor (das Südtor) betreten, aber sie dürfen sie durch das südliche, nördliche und östliche Tor wieder verlassen. Am südlichen und am nordöstlichen Tor in der Nähe des Zhongshan-Parks gibt es die Möglichkeit, Fahrräder abzuschließen.

MONTAGS GESCHLOSSEN

Montags ist die Verbotene Stadt i.d.R. geschlossen.

Verbotene Stadt

STADTSPAZIERGANG

Nach dem Eintritt durch das mächtige Mittagstor ist die Versuchung groß, geradewegs auf die Hauptattraktionen zuzusteuern, aber jetzt geht es erst einmal nach rechts für einen Blick auf die hervorragende **Keramik-Galerie** ❶, die sich in der knarzenden Halle der Literarischen Blüte befindet.

Dann zurück zur zentralen Anlage und durch das prächtige Tor der Höchsten Harmonie zu den Drei Großen Hallen: erst zu der größten, der **Halle der Höchsten Harmonie** ❷, gefolgt von der **Halle der Harmonie der Mitte** ❸ und der **Halle der Harmoniewahrung** ❹, hinter der sich die geschwungene kaiserliche Rampe aus Marmor erstreckt.

Hier geht es nach rechts in die faszinierende **Uhrenausstellung** ❺ und dann in den **Vollständigen Palast des Friedens und der Langlebigkeit** ❻, einer Verbotenen Stadt in Miniaturformat, die an der östlichen Achse der Hauptanlage errichtet wurde. Hier befindet sich die wunderschöne **Neun-Drachen-Mauer** ❼ und weiter nördlich eine Reihe von Hallen, die einige hervorragende Sammlungen enthalten und zusammenfassend als Schatzgalerie bekannt sind. Unbedingt lohnenswert ist auch ein Besuch im **Pavillon der Fröhlichen Melodien** ❽, einem prachtvollen dreistöckigen Opernhaus.

Danach geht es weiter bis ganz in den Norden dieses Bereichs und dann nach Westen in den **Kaiserlichen Garten** ❾ mit seinen alten Zypressen und hübschen Pavillons, bevor es durch das Westtor des Gartens (hinter dem Tausend-Jahre-Pavillon) wieder hinausgeht zum Erkunden der **Westlichen Paläste** ❿, einer faszinierenden Sammlung von Hofhäusern, in denen viele der Kaiser während ihrer Herrschaft lebten.

Diesen Bereich verlässt man an der südwestlichen Ecke, und dann geht es wieder zurück nach Norden durch das Tor der Himmlischen Reinheit, um die drei letzten Zentralen Hallen zu sehen – den **Palast der Himmlisch-Männlichen Klarheit** ⓫, die **Thron- und Empfangshalle der Kaiserin** ⓬ und den **Palast der Irdisch-Weiblichen Ruhe** ⓭ –, bevor es schließlich durch das Nordtor wieder hinausgeht.

DANIEL MCCROHAN

Wasserbehälter
Über 300 Wasserbehälter aus Kupfer und Messing sind über die ganze Palastanlage verteilt. Sie wurden zur Feuerbekämpfung verwendet. Im Winter verhinderten dicke wattierte Decken, dass sie zufroren.

EINGANG/AUSGANG

Der Eingang ist nur durch das Südtor (Mittagstor) möglich, aber hinaus kommt man durch das Süd-, Nord- oder Osttor.

Löwenwächter
Paare von Löwen bewachen bedeutende Gebäude. Der männliche Löwe hat eine Pranke auf einen Globus gelegt (und steht für die Macht des Kaisers über die Welt). Die Löwin hat eine Pranke auf ein Löwenbaby gelegt (und steht für die Fruchtbarkeit des kaiserlichen Hofes).

DANIEL MCCROHAN

DANIEL MCCROHAN

Kniende Elefanten

Am nördlichen Eingang des Kaiserlichen Gartens knien in einer anatomisch unmöglichen Position zwei Bronzeelefanten, die die Macht des Kaisers symbolisieren: Selbst Elefanten machten vor ihm einen Kotau.

DANIEL MCCROHAN

Neun-Drachen-Mauer

Diese wunderschöne glasierte Drachenwand, von denen in China nur noch drei existieren, sollte die Halle der Kaiserlichen Vorherrschaft vor bösen Geistern beschützen.

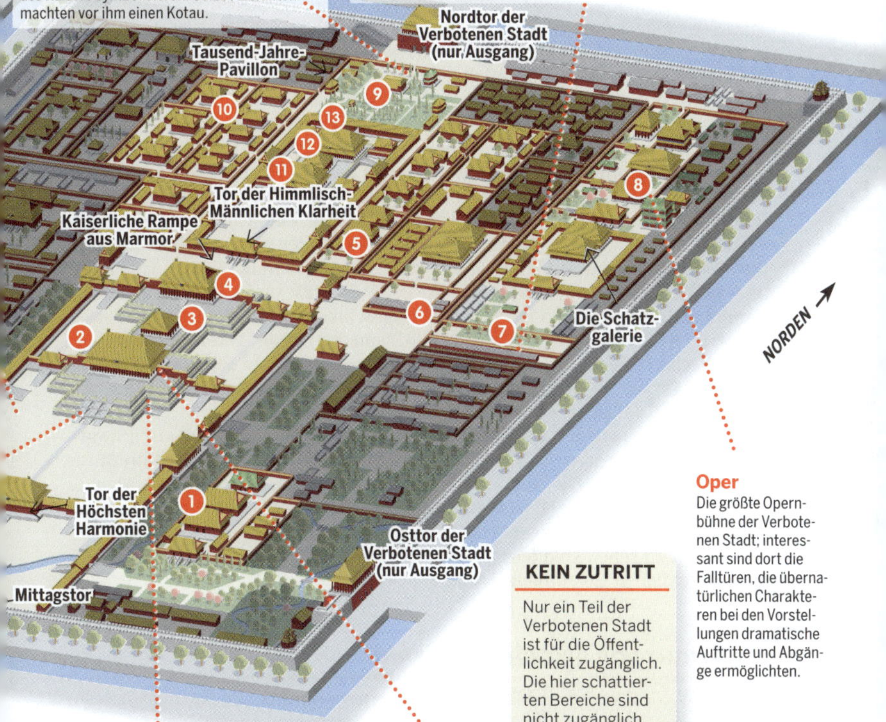

Oper

Die größte Opernbühne der Verbotenen Stadt; interessant sind dort die Falltüren, die übernatürlichen Charakteren bei den Vorstellungen dramatische Auftritte und Abgänge ermöglichten.

KEIN ZUTRITT

Nur ein Teil der Verbotenen Stadt ist für die Öffentlichkeit zugänglich. Die hier schattierten Bereiche sind nicht zugänglich.

Drachenkopf-Wasserspeier

Über tausend Drachenköpfe umgeben die erhöhten Marmorplattformen in der Mitte der Verbotenen Stadt. Sie waren – und sind heute noch – Teil des Entwässerungssystems.

DANIEL MCCROHAN

Dachwächter

Der kaiserliche Drache beschließt die Prozession. An der Spitze reitet eine Figur auf einem Phönix, der eine Reihe mythischer Kreaturen folgt. Je mehr Kreaturen, desto bedeutender das Gebäude.

DANIEL MCCROHAN

beherbergte zwei Kaiserdynastien (die Ming und die Qing), die nicht einen Fuß vor die Tore ihrer Prachtanlage setzten, wenn es sich irgendwie vermeiden ließ. In der dünnen Luft unter dieser Glasglocke blühte und gedieh ein elitärer Klüngel. Ein lähmender Kodex aus Verhaltensregeln, Protokollen und Aberglauben leistete seiner Weltfremdheit weiter Vorschub, als deren herausragendstes Merkmal man vielleicht seine Schar zwitschernder Eunuchen nennen könnte. Von hier aus regierten die Kaiser China, nicht selten unberechenbar und willkürlich, und gelegentlich geriet die Macht dabei in die Hände opportunistischer Höflinge und Eunuchen. Erst im Jahr 1911 klopfte schließlich die Revolution an die gewaltigen Tore und läutete das Ende der Mandschu-Qing und der dynastischen Herrschaft ein.

Seines Mythos beraubt (die Behörden in Beijing nennen die Anlage prosaisch das Palastmuseum oder *Gugong Bowuguan;* 故宫博物馆), ist der Palast heute auch für das Volk nicht mehr tabu. In früheren Zeiten hätte das Betreten des Palastes ohne offizielle Einladung den Besucher umgehend das Leben gekostet; da ist man heute mit 40 bis 60 Yuan sehr viel besser dran.

Die meisten der Gebäude, die heute zu sehen sind, entstanden nach dem 18. Jh. Der zum großen Teil aus Holz erbaute Palast war entflammbar wie Zunder und ständig von Feuer bedroht – kam bei einem Laternenfest oder einem Feuerwerk ein plötzlicher Windstoß aus der Wüste Gobi, flackerten sofort irgendwo Flammen auf. Manchmal zündelten auch Eunuchen und Höflinge, die dann durch die Reparaturrechnungen ein Vermögen absahnten. Aber nicht nur Gebäude gingen in Flammen auf, sondern auch seltene Bücher, Gemälde und Kalligrafien. Bibliotheken und andere Palastsäle und Gebäude, die entflammbare Gegenstände enthielten, wurden schwarz gefliest; die Farbe repräsentierte in der *wuxing*-Theorie (Fünf-Elemente-Lehre) Wasser, und seine symbolische Präsenz sollte Feuersbrünste abwehren. Ursprünglich gab es im Palast insgesamt 72 Brunnen (nur 30 davon sind erhalten geblieben) und ein kompliziertes Abwassersystem.

Im 20. Jh. wurde der Palast zweimal in großem Stil geplündert, und zwar einmal durch die japanischen Truppen und einmal durch die Kuomintang (KMT; Chiang Kaisheks Nationalpartei, die vorherrschende politische Macht nach dem Fall der Qing-Dynastie). Tausende Kisten voller Relikte wurden fortgeschleppt und nach Taiwan geschafft, wo sie im Nationalen Palastmuseum von Taipeh zu sehen sind (ein Besuch dort lohnt sich). Manche halten das für einen glücklichen Umstand in Anbetracht der Tatsache, dass die Kulturrevolu-

VORSICHT VOR RIKSCHA-GAUNERN!

Aufdringliche Rikscha- und Taxi-Werber warten am Nordtor, um sich müden Besuchern aufzudrängen, die die Anlage verlassen. Es ist natürlich immer amüsant, mit einer Rikscha zu fahren, zuvor sollte jedoch der Fahrpreis eindeutig ausgehandelt werden. Richtwert: Eine Fahrt mit der Rikscha sollte von hier zum Trommelturm rund 20 Yuan kosten.

Ein verbreiteter Trick besteht darin, dass „three" („drei") als Preis genannt wird. Man denkt, gemeint wären damit 3 Yuan (ein Schnäppchen!). Später behaupten die Fahrer jedoch, dass sie 300 Yuan gemeint haben! Am sichersten ist es daher, ihre Dienste gar nicht in Anspruch zu nehmen, sondern ein paar hundert Meter in irgendeine Richtung zu gehen und dann ein vorbeifahrendes Taxi heranzuwinken.

Alternativ beim Verlassen des Nordtors nach links zur nahe gelegenen Bushaltestelle gehen. Von hier fährt Bus 124 zum Trommelturm, während die Buslinien 专1 und 专2 die Runde durch die Verbotene Stadt und südlich vom Qianmen eine Schleife zur Südspitze des Tiananmen-Platzes fahren.

Thron, Halle der Mittleren Harmonie

tion einen großen Teil der kostbaren Kunstgegenstände Chinas zu Kleinholz verarbeitet hat.

Die Anlage

Der rechteckige Palast ist von einem malerischen, 52 m breiten Schlossgraben umgeben, der im Winter zufriert. Die mehr oder weniger symmetrische Anlage folgt einer Nord-Süd-Achse. Entlang dieser Achse, die Beijing in zwei Hälften teilt, reihen sich prachtvolle Tore und zeremonielle Hallen. Der Palast ist so unvorstellbar groß (über 1 Mio. m^2 mit 800 Gebäuden und 9000 Räumen), dass die Restaurierung eine niemals endende Sisyphusarbeit ist. Trotz der Bemühungen der Restauratoren sprießt auf manchem Hallendach das Gras. Bei vielen Hallen wurde die ursprüngliche Farbe überpinselt, während andere, wie die Halle zur Geistespflege (S. 69), eine abgenutzte und verblichene Authentizität bieten.

Betreten der Anlage

Tritt man durch das **Mittagstor** (午门; Wu Men) – das einzige der vier Tore, das jetzt als Eingang zur Verbotenen Stadt genutzt wird –, kommt man in einen riesigen Hof. Von hier aus überquert man den Goldwasserfluss (金水; Jin Shui), der in Form eines Tatarenbogens durch den Hof fließt und von fünf Marmorbrücken überspannt wird, auf dem Weg zu dem prachtvollen **Tor der Höchsten Harmonie** (太和门; Taihe Men). In diesem Hof hatten bei kaiserlichen Audienzen 100 000 Menschen Platz.

UHRENSAMMLUNG

Die **Uhrensammlung** gehört zu den Highlights der Verbotenen Stadt. Die Ausstellung befindet sich in der **Halle der Ahnenverehrung** (Fengxian Dian) und umfasst eine verblüffende Sammlung kunstvoller Uhren, zum großen Teil Geschenke aus dem Ausland an die Qing-Kaiser. Viele Stücke aus dem 18. Jh. wurden von James Cox oder Joseph Williamson (London) gefertigt und über Guangdong importiert; andere stammen aus der Schweiz, aus Amerika oder aus Japan. All diese exquisit gefertigten, mit Elefanten und anderen Geschöpfen verzierten Uhren zeigen große Kunstfertigkeit und Liebe zum Detail. Herausragend sind die **astronomische Uhr aus vergoldetem Kupfer**, ausgestattet mit einem funktionierenden Modell des Sonnensystems, und die **vergoldete Kupferuhr** mit einem Roboter, der chinesische Zeichen mit einem Pinsel malt. Ihre Raffinesse und Kunstfertigkeit haben den Hof der Qing-Dynastie sicherlich in Staunen versetzt.

Die **Halle der Uhrenausstellung** (钟表馆; Zhongbiao Guan) ist von 8.30-16 Uhr geöffnet; Vorführungen um 11 und um 14 Uhr. Eintritt 10 Yuan.

Erste Seitengalerien

Bevor man durch das Tor der Höchsten Harmonie tritt, um die Hauptattraktionen der Verbotenen Stadt zu erreichen, biegt man auf dem riesigen Platz nach Westen und Osten ab, um die **Galerie für Kalligrafie und Malerei** in der **Halle der Militärischen Tapferkeit** (武英殿; Wu Ying Dian) und die hervorragende **Keramikgalerie** in der knarzenden **Halle der Literarischen Blüte** (文化殿; Wen Hua Dia) zu betrachten.

Die Drei Großen Hallen

Erhaben auf einer dreistöckigen Marmorterrasse stehen die **Drei Großen Hallen** (三大殿; San Dadian), das prächtige Herz der Verbotenen Stadt. Die kürzlich restaurierte **Halle der Höchsten Harmonie** (太和殿; Taihe Dian) ist der bedeutendste und größte Bau der Verbotenen Stadt. Die im 15. Jh. erbaute und im 17. Jh. restaurierte Halle wurde bei zeremoniellen Anlässen wie dem Geburtstag des Kaisers, Krönungen und der Ernennung militärischer Anführer benutzt. In der Halle der Höchsten Harmonie steht ein üppig verzierter **Drachenthron** (龙椅; Longyi), von dem aus der Kaiser über seine zitternden Beamten waltete. In Anwesenheit des Kaisers musste der gesamte Hof neunmal mit der Stirn den Boden berühren („einen Kotau machen"). An der Rückseite des Throns befindet sich ein geschnitzter *xumishan*, das buddhistische Paradies, das die Erhabenheit des Throns betont.

Hinter der Halle der Höchsten Harmonie befindet sich die **Halle der Harmonie der Mitte** (中和殿; Zhonghe Dian), die dem Kaiser als Durchgangsbereich diente. Hier traf er seine letzten Vorbereitungen, probte Reden und empfing enge Vertraute. Ausgestellt werden zwei Sänften aus der Qing-Dynastie, mit denen sich der Kaiser innerhalb der Verbotenen Stadt fortbewegte. Der letzte Qing-Kaiser Puyi fuhr lieber mit dem Fahrrad und führte einige Änderungen auf dem Palastgelände ein, um sich leichter im Palast bewegen zu können.

Die dritte Halle, die **Halle der Harmoniewahrung** (保和殿; Baohe Dian), wurde für Bankette und später für kaiserliche Prüfungen verwendet. Die Halle hat keine Stützpfeiler, und hinten befindet sich eine 250 t schwere **kaiserliche Rampe aus Marmor** mit Drachen- und Wolken-Schnitzereien, die über Eis nach Beijing transportiert wurde. In den Außenhäusern lagerten Gold, Silber, Seide, Teppiche und andere Schätze.

Die Seitenhallen an den östlichen und westlichen Flanken der Drei Großen Hallen beherbergen für gewöhnlich, aber nicht immer, hervorragende **Ausstellungen**. Zu sehen gibt's alles von wissenschaftlichen Instrumenten über Alltagsgegenstände bis hin zu Gastgeschenken, die Würdenträger dem Kaiser darbrachten. Eine Halle enthält ein interessantes **Diorama** der gesamten Anlage.

Weitere wichtige Hallen

Die grundlegende Anordnung der Drei Großen Hallen wird auch in der nächsten Gebäudegruppe wieder aufgenommen, die man durch das **Tor der Himmlisch-Männlichen Klarheit** betritt. Diese Gebäude sind zwar kleiner im Maßstab, waren aber bedeutsamer im Hinblick auf die wahre Macht, die in China traditionell an der Hintertür, oder in diesem Fall am hinteren Tor, angesiedelt ist.

Das erste Gebäude ist der **Palast der Himmlisch-Männlichen Klarheit** (乾清宫; Qianqing Gong), ein Wohngebäude der Ming- und der frühen Qing-Kaiser und später Audienzsaal für ausländische Botschafter und hohe Beamte.

Unmittelbar dahinter befindet sich die **Halle der Einheit** (交泰殿; Jiaotai Dian) mit einer Klepsydra (Wasseruhr) aus dem Jahr 1745 mit fünf Bronzegefäßen und einer kalibrierten Waage. Hier sind außerdem eine mechanische Uhr von 1797 und eine Sammlung kaiserlicher Jadesiegel ausgestellt. Der **Palast**

der Irdisch-Weiblichen Ruhe (坤宁宫; Kun Ning Gong) war das Brautgemach des Kaiserpaares und „Einsatzort" des Palastharems.

Kaiserlicher Garten

Am nördlichen Ende der Verbotenen Stadt befindet sich der **Kaiserliche Garten** (御花园; Yu Huayuan), ein klassischer chinesischer Garten mit 7000 m² kunstvoll gestalteter Landschaft, darunter Felsgärten, Wege, Pavillons und uralte, verwachsene Zypressen. Bevor man das **Tor der Himmlischen Tapferkeit** (神武门; Shenwu Men) erreicht, sieht man unmittelbar vor dem **Shunzhen-Tor** (顺贞门; Shunzhen Men) ein paar **Bronzeelefanten**, deren Knie auf eine anatomisch unmögliche Weise gebeugt sind. Sie unterstreichen die Macht des Kaisers: Selbst Elefanten machen vor ihm einen Kotau!

Westliche & Östliche Paläste

Etwa ein halbes Dutzend kleinerer Palasthöfe liegen im Westen und Osten der drei kleineren zentralen Hallen. Sie sollten alle für die Öffentlichkeit zugänglich sein, aber zur Zeit der Recherche waren viele der östlichen Höfe wegen einer Generalüberholung geschlossen. In diesen kleineren Höfen haben die meisten Kaiser tatsächlich gelebt, und viele der Gebäude, vor allem die westlichen, sind mit kaiserlichen Möbeln ausstaffiert. Die **Halle zur Geistespflege** (养心殿; Yang Xin Dian) ist ein Highlight, während der **Palast der Gesammelten Eleganz** (储秀宫; Chu Xiu Gong) einige interessante Fotos des letzten Kaisers Puyi enthält, der hier zu Beginn des 20. Jh. als kindlicher Herrscher lebte.

Kuriose Details

Wer aufmerksam hinschaut, kann an den Gebäuden oder in unauffälligen Hofecken kuriose Details entdecken, die sonst leicht zu übersehen sind.

Die riesigen **Behälter aus Kupfer und Messing**, die über die ganze Verbotene Stadt verteilt sind, waren früher mit Löschwasser gefüllt. Insgesamt gibt es über 300 davon, alle in verschiedenen Stadien des Verfalls. Früher wurden sie im Winter in Decken gehüllt oder mit Feuern warm gehalten, damit sie nicht zufroren.

Paare von steinernen oder bronzenen **Löwenwächtern** schützen bedeutende Gebäude; zwei besonders schöne Exemplare stehen vor dem Tor der Höchsten Harmonie. Der männliche Löwe hat eine Pranke auf einen Globus gelegt (und repräsentiert die Macht des Kaisers über die Welt), während die Löwin ihre auf ein Löwenbaby gelegt hat (und die Fruchtbarkeit des kaiserlichen Hofes repräsentiert).

VOLLSTÄNDIGER PALAST DES FRIEDENS UND DER LANGLEBIGKEIT

Eine Verbotene Stadt im Miniformat, der sogenannte **Vollständige Palast des Friedens und der Langlebigkeit** (宁寿全宫; Ning Shou Quan Gong), wurde in die nordöstliche Ecke der Anlage gebaut. Während der Ming-Dynastie lebten hier die Kaiserinwitwe und die kaiserlichen Konkubinen. Jetzt befinden sich hier ruhigere Hofgebäude, die ausgezeichnete Museumsausstellungen enthalten, zusammenfassend als **Schatzgalerie** bezeichnet. Die Anlage ist von Süden in der Nähe der Uhrenausstellung zugänglich. Im Eingang befindet sich die glasierte **Neun-Drachen-Mauer**, eine von nur drei dieser Art, die es noch in China gibt.

Von hier arbeiten sich die Besucher durch den Vollständigen Palast des Friedens und der Langlebigkeit nach Norden vor und erkunden dabei Hallen und Höfe, bevor sie am nördlichen Ende der Verbotenen Stadt nach draußen entlassen werden. Nicht verpassen: der Pavillon der Fröhlichen Melodien, ein dreistöckiges hölzernes Opernhaus, das größte Theater des Palastes.

Über eintausend **drachenköpfige Wasserspeier** umgeben die erhöhten Marmorplattformen im Zentrum der Verbotenen Stadt. Sie waren und sind auch heute noch Teil des Entwässerungssystems. Wer das Pech hat, die Verbotene Stadt an einem Tag mit heftigen Regengüssen zu besuchen, sieht dafür wenigstens die Wasserspeier in Aktion.

Dachwächter schmücken zahlreiche bedeutende historische Gebäude in Beijing. Auch in der Verbotenen Stadt findet man auf den aufwärts gedrehten Dachvorsprüngen bedeutender Hallen Prozessionen mythischer Kreaturen, die den kaiserlichen Drachen am Ende der Reihe führen und beschützen. Je mehr mythische Bestien, desto wichtiger das Gebäude; neun Wächter sind das Maximum.

An der Rückseite der Halle der Harmoniewahrung schwingt sich die größte **kaiserliche Marmorrampe** der Stadt abwärts. Dieser wunderschön gemeißelte, 250 t schwere Marmorblock, der im Winter auf Eisplatten zum Palast transportiert wurde, gehörte zusammen mit einigen anderen zu den Blöcken, die als VIP-Zugangsrampe für die höher gelegenen Korridore dienten. Die Sänftenträger benutzten die Stufen auf den beiden Seiten, während der Kaiser über einer himmlischen Szenerie in Marmor gemeißelter Wolken und Drachen schwebte.

Bronzeschildkröten symbolisieren langes Leben und Stabilität, wie die große vor der Halle der Höchsten Harmonie. Sie hat einen abnehmbaren Deckel, und bei besonderen Gelegenheiten wurde darin Räucherwerk angezündet, sodass dicker Rauch aus dem Schildkrötenmaul quoll.

An verschiedenen Stellen der Anlage stößt man auf **Sonnenuhren**. Eine befindet sich östlich von der Halle der Höchsten Harmonie. Westlich von der Halle steht auf einer erhöhten Terrasse ein kleiner Pavillon mit einem **bronzenen Getreidemaß;** beides sind Sinnbilder kaiserlicher Gerechtigkeit.

Ziemlich versteckt in den unkrautbewachsenen Ecken der großen zentralen Höfe kann man hier und da fußballgroße **Anbindesteine** entdecken. Sie wurden vermutlich benutzt, um Pferde dort anzubinden.

TIM MAKINS / GETTY IMAGES ©

HIGHLIGHTS
TIANANMEN-PLATZ

Im Westen und Osten flankiert von 1950er-Jahre-Bauten im strengen Sowjetstil und rundum umgeben von weißen Zäunen, die das gewöhnliche Volk zu regelmäßigen Sicherheitsprüfungen sowie Taschendurchsuchungen lotsen, ist der größte öffentliche Platz der Welt (440 000 m²) eine riesige Pflastersteinwüste mitten im Herzen von Beijing. Er ist außerdem ein bitteres Mahnmal für Chinas unglückliche Demokratiebewegung, die im Juni 1989 von der Volksbefreiungsarmee zerschlagen wurde. Die strengen Sicherheitsmaßnahmen und die Rund-um-die-Uhr-Überwachung machen den Tiananmen-Platz (天安门广场; **Tiananmen Guangchang) nicht gerade zum entspannendsten Reiseerlebnis, aber sein Symbolcharakter ist so stark, dass nur wenige Besucher Beijing verlassen, ohne ihn zu besucht zu haben. Auf jeden Fall gibt es mehr als genug Platz, um sich die Beine zu vertreten, und der Blick kann einem den Atem rauben, besonders an einem klaren Tag mit blauem Himmel und bei Einbruch der Nacht, wenn der Platz beleuchtet wird.**

NICHT VERSÄUMEN

- Mao-Mausoleum
- Vorderes Tor
- Zeremonie des Fahnenhissens

PRAKTISCH & KONKRET

- Karte S. 322
- S Tiananmen West, Tiananmen Ost oder Qianmen

Geschichte

Der Tiananmen-Platz, so wie wir ihn heute sehen, ist eine moderne Anlage; vom Hauch der Geschichte ist hier wenig zu verspüren. Während der Ming- und Qing-Dynastien schob sich ein T-förmiger Ausläufer der Stadtmauer der Kaiserstadt (Huang Cheng), der sogenannte Tausend-Fuß-Korridor (Qianbu Lang), bis weit auf den heutigen Platz. Die Mauern verliefen von den zwei riesigen, inzwischen verschwundenen Toren, die südlich vom Tor des Himmlischen Friedens aufragten – dem Chang'an-Zuo-Tor und dem Chang'an-You-Tor – nach Süden zum ebenfalls inzwischen verschwundenen Daming-Tor (Daming Men). Das Daming-Tor, das zur Zeit der Qing-Dynastie Daqing-Tor und während der Republik Zhonghua-Tor genannt wurde, hatte drei Wachtürme

PROTESTE VON 1989

Der Tiananmen-Platz ist im Westen wegen der tragischen Ereignisse vom 4. Juni 1989 bekannt, als Live-Bilder im Fernsehen zu sehen waren, die zeigten, wie die Armee pro-demokratische Demonstranten gewaltsam vom Platz vertrieb. Zwar herrscht allgemein Einigkeit darüber, dass auf dem Platz selbst niemand getötet wurde, jedoch ist es sehr wahrscheinlich, dass in den umliegenden Straßen mehrere Hundert Demonstranten ums Leben kamen, als das Militär das Feuer auf sie eröffnete. Zum 10. Jahrestag der Proteste von 1989 war der Platz wegen Renovierung geschlossen und jedes Jahr werden um den 4. Juni die Sicherheitsvorkehrungen verstärkt.

Auch wenn es sich um einen öffentlichen Platz handelt, ist er eher in Regierungshand, als dass er dem Volk gehören würde. Überwachungskameras beobachten alles, was dort vor sich geht, und bei dem kleinsten Anzeichen einer Störung sind Polizisten auf Segways und in Zivil blitzschnell zur Stelle.

und aufwärts gedrehte Dachvorsprünge und wurde von einem Paar steinerner Löwen bewacht. Es wurde nach 1949 abgerissen; dieses Schicksal teilten auch das Chang'an-Zuo-Tor und das Chang'an-You-Tor. Östlich und westlich vom Tausend-Fuß-Korridor befanden sich offizielle Ämter und Tempel, darunter das Ministerium für Zeremonien, das Finanzministerium und die Tempel Honglu und Taichang.

Nach Mao Zedongs Vorstellungen sollte der Platz die Größe der Kommunistischen Partei ausdrücken. Während der Kulturrevolution nahm der Vorsitzende hier, versehen mit einem Armband der Roten Garden, die Paraden von bis zu einer Million Menschen ab. Der „Tiananmen-Zwischenfall" ist der offizielle Begriff für den Beinahe-Aufstand auf dem Platz, zu dem es bei der Trauerfeier für den Premierminister Zhou Enlai 1976 kam. Im September desselben Jahres drängte sich eine weitere Million Menschen auf dem Platz, um Mao die letzte Ehre zu erweisen.

Anlage

Der Tiananmen-Platz ist entlang einer Nord-Süd-Achse ausgerichtet. Das Vordere Tor (S. 76), auf das man hinaufsteigen kann, liegt im Süden, während das Tor des Himmlischen Friedens (S. 75) – jenes Tor, dem der Platz seinen Namen verdankt – im Norden auf der anderen Seite der Hauptstraße liegt. Mitten auf dem Platz steht das harmlos wirkende Mausoleum des Vorsitzenden Mao (S. 74), zu dem jeden Morgen Tausende einheimischer Touristen strömen.

Auf dem Platz steht der Besucher im symbolischen Mittelpunkt des chinesischen Universums. Die rechtwinklige Anordnung, flankiert von Hallen im Westen und Osten, spiegelt gewissermaßen den Grundriss der Verbotenen Stadt wider. In dieser Hinsicht liegt dem Platz ein konventioneller Plan zugrunde, der sich vor der traditionellen chinesischen Kultur verneigt, bei der Ausschmückung des Platzes und den Gebäuden stand aber eher die Sowjetunion Pate.

Aktivitäten

Frühaufsteher können bei Sonnenaufgang dem **Fahnenritual** zuschauen, ausgeführt von einem Trupp Soldaten der VBA, die so gedrillt wurden, dass sie exakt 108 Schritte pro Minute bei einer Schrittlänge von genau 75 cm marschieren. Die Soldaten marschieren im Stechschritt aus dem Tor des Himmlischen Friedens und über die Dongchang'an Jie, während der gesamte Verkehr angehalten wird. Das Gleiche erfolgt in umgekehrter

Richtung bei Sonnenuntergang. Am besten erkundigt man sich im Hotel nach den Zeiten für das Hissen und Einholen der Flagge, um rechtzeitig da zu sein, denn zu diesem Schauspiel kann es voll werden.

Auf dem Tiananmen-Platz ist das Fahrradfahren und auch das Schieben von Fahrrädern nicht mehr erlaubt, aber man kann auf beiden Seiten des Platzes die Nord-Süd-Straßen befahren. Auch das Drachensteigenlassen ist mittlerweile nicht mehr erlaubt.

Gefahren & Ärgernisse

Wer nicht vorhat, einen Stadtplan zu kaufen, sollte aufdringlichen Stadtplanverkäufern und deren Komplizen, den eifrigen Englischlernern, lieber aus dem Weg gehen. Ebenso sollte man möglichst nicht auf die „armen" Kunststudenten eingehen, die Touristen zum Besuch ihrer Ausstellungen drängen. Sie abzuwehren kann eine lästige Angelegenheit sein. Wer außerdem keine exorbitante Summe für eine Teezeremonie blechen will, sollte auch Einladungen in Teehäuser ablehnen.

SEHENSWERTES

VERBOTENE STADT HISTORISCHE STÄTTE

Siehe S. 62.

TIANANMEN-PLATZ PLATZ

Siehe S. 71.

TOR DES HIMMLISCHEN FRIEDENS HISTORISCHE STÄTTE

Siehe S. 75.

VORDERES TOR HISTORISCHE STÄTTE

Siehe S. 76.

CHINESISCHES NATIONALMUSEUM MUSEUM

Karte S. 322 (中国国际博物馆; Zhongguo Guoji Bowuguan; de.chnmuseum.cn; Guangchangdongce Lu, Tiananmen-Platz; 天安门，广场东侧路; Audioguide 30 Yuan, Kaffee im Café ab 20 Yuan, Tee ab 10 Yuan, Gebäck & Sandwiches 10–20 Yuan; ⏲Di–So 9–17 Uhr, letzter Einlass 16 Uhr; S Tiananmen Ost) GRATIS Beijingsführendes Museum ist in einem gewaltigen Gebäude aus den 1950er-Jahren an der Ostseite des Tiananmen-Platzes untergebracht und lohnt zweifellos einen Besuch. Wirklich hervorragend ist die Ausstellung über das **Alte China** im Untergeschoss. Allein in dieser Ausstellung könnte man problemlos ein paar Stunden zubringen. Hier sind viele Dutzend überwältigende Exponate zu sehen, die vom prähistorischen China bis hin zur Qing-Dynastie reichen. Alle werden in modernen, geräumigen Ausstellungsräumen mit dezenter Beleuchtung schön präsentiert.

Besonders zu beachten ist der 2000 Jahre alte Bestattungs-Jadepanzer, der für den offenbar gut ausgestatteten König Liu Xiu aus der Westlichen Han-Dynastie gefertigt wurde, sowie die lebensgroße Akupunktur-Statue aus dem 15. Jh. Ein weiteres herausragendes Exponat ist das 2000 Jahre alte nasenförmige *zun* (Weingefäß) aus Bronze. Ebenfalls sehenswert sind die Ausstellung historischer chinesischer Münzen im obersten Stockwerk und die Galerien mit Bronzekunst und buddhistischen Skulpturen, die ein Stockwerk tiefer zu finden sind.

Das weitläufige und kräftezehrende Museum verfügt im Erdgeschoss über ein Café (Südende) und ein Teehaus (Nordende). Wer sich den Eintrittspreis sparen möchte, muss seinen Pass mitbringen.

MAO-MAUSOLEUM MAUSOLEUM

Karte S. 322 (毛主席纪念堂; Mao Zhuxi Jiniantang; Tiananmen-Platz; Taschenaufbewahrung 2–10 Yuan, Kameraaufbewahrung 2–5 Yuan; ⏲Di–So 7.30–13 Uhr; S Tiananmen West, Tiananmen Ost oder Qianmen) GRATIS Mao Zedong starb im September 1976, kurze Zeit später wurde seine Gedenkhalle an der Südseite des Tiananmen-Platzes erbaut. Das gedrungene, sowjetisch beeinflusste Mausoleum liegt auf Beijings nord-südlicher Symmetrieachse, an der Stelle, an der einst das Zhonghua-Tor (Zhonghua Men) stand, ein

BEIJINGER MUSEUMSPASS

Für jeden, der eine Zeit lang in der Hauptstadt bleibt, ist der **Beijing Museumspass** (博物馆通票; Bowuguan Tongpiao; ☎6222 3793; www.bowuguan.bj.cn; 120 Yuan) eine vernünftige Investition, denn er spart nicht nur Geld, sondern auch das Schlangestehen für Tickets. Für 120 Yuan erhält man entweder freien Eintritt oder eine Ermäßigung (üblicherweise 50 %) für 65 Museen, Tempel und weitere Sehenswürdigkeiten für Touristen in und um Beijing. Abgedeckt durch den Museumspass werden die Große Mauer bei Badaling, das Vordere Tor, der Trommelturm, der Glockenturm, der Konfuziustempel, der Botanische Garten, das Eisenbahnmuseum, der Tempel Dongyue, der Tempel der Weißen Wolken, der Tempel Zhihua und vieles mehr. Nicht alles, was zur Wahl steht, ist einen Besuch wert, aber selbst wenn man nur einen kleinen Teil davon wahrnimmt, lohnt sich der Kauf bereits. Der Pass wird in Form eines Heftchens ausgegeben (auf Chinesisch mit minimalem Englisch) und gilt vom 1. Januar bis 31. Dezember eines Jahres. Je weiter das Jahr voranschreitet, desto schwieriger kann es werden, noch einen solchen Pass zu ergattern. Man bekommt ihn bei teilnehmenden Museen und Sehenswürdigkeiten, in einigen Postämtern oder, am einfachsten, in dem riesigen Buchladen Beijing Books Building (S. 146) am Serviceschalter, der beim Eintreten rechts liegt. Die Website und den Telefonservice zum Museumspass gibt es allerdings nur auf Chinesisch.

HIGHLIGHTS
TOR DES HIMMLISCHEN FRIEDENS

Das zweistufige, mit einem riesenhaften Porträt Maos geschmückte und von zwei **steinernen Löwen** aus der Ming-Dynastie bewachte Tor des Himmlischen Friedens (天安门; Tiananmen) im Norden des Tiananmen-Platzes ist ein machtvolles nationales Symbol. Im 15. Jh. erbaut und im 17. Jh. restauriert, war es das größte der vier Tore der Stadtmauer der Kaiserstadt. Von hier aus rief Mao am 1. Oktober 1949 die Volksrepublik China aus. Von diesem Tor aus lässt die heutige politische Clique die gewaltigen Truppenparaden an sich vorbeidefilieren.

Oben hat man eine hervorragende Aussicht auf den Platz und kann einen Blick auf die eindrucksvollen Balken und die aufgearbeiteten Malereien drinnen werfen; insgesamt stehen dort 60 mächtige hölzerne Säulen, und 17 riesige Lampen hängen von der Decke. Im Torturm ist außerdem eine faszinierende fotografische Dokumentation der Geschichte des Tors (allerdings nur mit chinesischen Beschriftungen) und des Tiananmen-Platzes zu sehen.

Es kostet nichts, durch das Tor zur Verbotenen Stadt zu gehen, aber wer auf den Turm klettern will, muss Eintritt zahlen. Der Kartenschalter befindet sich auf der Nordseite des Tors. Wer zur Verbotenen Stadt will, geht etwa 600 m weiter nach Norden zum Eingang am Mittagstor.

NICHT VERSÄUMEN

- Maos Riesenbild
- Ansichten des Tiananmen-Platzes
- Imposante Innenbalken
- Fotoausstellung

PRAKTISCH & KONKRET

- Karte S. 322
- Eintritt 15 Yuan, Taschenaufbewahrung 2–6 Yuan
- ⏲8.30–16.30 Uhr
- Ⓢ Tiananmen-West oder Tiananmen-Ost

großes und altes Tor, das im Zug der kommunistischen Entwicklung des Tiananmen-Platzes platt gemacht wurde. Mao wird in China vielerorts noch immer verehrt, und man kann Menschen sehen, die beim Anblick seines einbalsamierten Leichnams in Tränen ausbrechen.

Er ruht in einem gläsernen Sarg, in eine anachronistische rote Fahne mit Hammer und Sichel gehüllt, während Museumswärter mit weißen Handschuhen die Besucher ungeduldig in die anschließenden Räume weiterwinken, wo eine Orgie an Mao-Kitsch folgt – Feuerzeuge, Armbänder, Standbilder, Schlüsselanhänger, Flaschenöffner und was auch immer.

Taschen und Kameras müssen an der Ostseite des Mausoleums, vom Tiananmen-Platz über die Straße hinüber, abgegeben werden. Keinesfalls darf man den Pass vergessen, denn ohne Pass kommt man nicht hinein. Die Schlangen mögen furchtbar lang wirken, aber sie bewegen sich ständig vorwärts (in der Halle dürfen die Besucher nicht stehen bleiben), sodass es relativ flott weitergeht.

JINGSHAN-PARK PARK

(Karte S. 322 (景山公园; Jingshan Gongyuan; Jingshan Qianjie; Eintritt 2 Yuan, im Sommer 5 Yuan; ⏲6–21.30 Uhr; Ⓢ Tiananmen West, dann Bus 5) Beherrschendes Element des Jingshan – einem der schönsten Parks der Stadt – ist einer der wenigen Hügel in Beijings Stadtmitte; eine Aufschüttung aus der Erde, die für den Graben der Verbotenen Stadt ausgehoben wurde. Jingshan, der zu Gesandtschaftszeiten von Abendländern als Kohlehügel bezeichnet wurde, dient auch als Feng-Shui-Schutzschild, der den Palast vor bösen Geistern (oder Staubstürmen) aus dem Norden schützt. Es lohnt sich, auf den höchsten Punkt zu steigen, um einen großartigen Rundblick über die Hauptstadt und fürstliche Ausblicke über die rotbraunen Dächer der Verbotenen Stadt zu gewinnen.

An der Ostseite des Parks steht eine Robinie an der Stelle, wo sich der letzte Ming-Kaiser, Chongzhen, erhängte, als Aufständische begannen, über die Stadtmauern zu klettern. Der restliche Park ist einer der besten Orte in Beijing, um Leute zu beobachten. Frühzeitig sollte kommen, wer ältere Herrschaften sehen (oder sich ihnen anschließen) möchte, die hier ihr morgendliches Routineprogramm mit Tanz, Gesang oder Tai-Chi absolvieren oder mit übergroßen Federbällen „Ballhochhalten" spielen. Im April und Mai erblühen im Park wundervolle bunte Pfingstrosen und Tulpen, die den Mittelpunkt einer sehr beliebten Blumenmesse bilden (Eintritt 10 Yuan). Der Park hat drei Tore: Das Südtor liegt direkt gegenüber dem Nordtor der Verbotenen Stadt (nur Ausgang), das Westtor führt zum Osttor des Beihai-Parks, und außerhalb des Osttores gibt es ein paar nette Cafés.

KULTURPALAST DER WERKTÄTIGEN

PARK

Karte S. 322 (劳动人民文化宫, Laodong Renmin Wenhua Gong; Eintritt zum Park 2 Yuan; ⌚6.30–19.30 Uhr; Ⓢ Tiananmen Ost) Dem prosaischen Namen und der Lage mitten in der Stadt zum Trotz, ist dieser wenig besuchte Park zwischen Tiananmen-Platz und der Verbotenen Stadt eines der bestgehüteten Geheimnisse Beijings. Nur wenige Besucher unternehmen auf ihrem Weg zum Haupttor der Verbotenen Stadt den Abstecher hierher. Dabei war dies für den Kaiser der wichtigste Ort der Anbetung, da sich hier der **Kaiserliche Ahnentempel** (太庙; Tai Miao; Karte S. 322; Eintritt 10 Yuan) befindet, der wunderschön geschnitzte Decken aufweist.

Wem die Verbotene Stadt zu gewaltig oder zu überfüllt ist, der empfindet diese Tempelhallen als eine preiswertere, ruhigere und überschaubarere Alternative. Den Tempelbereich des Parks betritt man durch das bemerkenswerte Glasierte Tor (琉璃门; Liuli Men). Zur glanzvollen Vorderen Halle führen anschließend drei Treppen hinauf. Die mittlere Treppe war den Göttern vorbehalten, der Kaiser ging über die linke Treppe. Bemerkenswert ist die Tafel über der Vorderen Halle, die sowohl auf Chinesisch als auch auf Mandschu beschriftet ist. Leider sind weder diese Halle noch die Mittlere und Hintere Halle zugänglich. Der Nordteil des Parks grenzt an den Palastgraben, dort ist eine Bank zu finden, auf der man

HIGHLIGHTS
VORDERES TOR

Das Vordere Tor oder Qianmen (前门) besteht eigentlich aus zwei Toren. Das nördlichere der beiden ist das 40 m hohe **Zhengyang-Tor** (正阳门城楼; Zhengyang Men Chenglou). Es stammt aus der Ming-Dynastie und war das größte der neun Tore der Stadtmauer, welche die Innere Stadt oder Tatarenstadt (Mandschu) von der Äußeren Stadt oder Chinesenstadt trennte. Früher wurde das Tor, das während des Boxeraufstands um 1900 teilweise zerstört wurde, von zwei Tempeln flankiert. Mit dem Verschwinden der Stadtmauern steht das Tor etwas zusammenhanglos in der Gegend herum, aber man kann hinaufsteigen, um sich den Tiananmen-Platz oder den Geschützturm unmittelbar im Süden von oben anzusehen.

Auf den oberen Ebenen zeigen einige faszinierende historische Fotografien, wie der Bereich zu Beginn des letzten Jahrhunderts aussah, bevor die Stadtmauern und viele der umgebenden Tore und Tempel zerstört wurden. Die erklärenden Beschriftungen sind in Englisch und Chinesisch gehalten. Der **Geschützturm am Zhengyang-Tor** (正阳门箭楼; Zhengyangmen Jianlou) unmittelbar im Süden kann nicht bestiegen werden. Er stammt ebenfalls aus der Zeit der Ming-Dynastie und war ursprünglich durch eine halbrunde Umfassungsmauer (zerstört im letzten Jahrhundert) mit dem Zhengyang-Tor verbunden.

NICHT VERSÄUMEN

- Faszinierende historische Fotografien
- Ansichten des Tiananmen-Platzes

PRAKTISCH & KONKRET

- Karte S. 322
- Eintritt 20 Yuan, Audioguide 20 Yuan
- ⌚Di–So 9–16 Uhr
- Ⓢ Qianmen

sich im Angesicht einer schönen Aussicht niederlassen kann. Wer etwas Unkonventionelles erleben möchte, übt seine Rückhand nur einen Ballwurf von der Verbotenen Stadt entfernt im Königlichen Tenniszentrum (S. 94) in der Nähe des Osttores des Parks. Auch ein Südtor gibt es, dieses führt auf den Tiananmen-Platz, das Nordwesttor hingegen zur Verbotenen Stadt.

ZHONGSHAN-PARK
PARK

Karte S. 322 (中山公园; Zhongshan Gongyuan; Eintritt 3 Yuan, Frühlingsblumen- & Tulpenshow 10 Yuan; ⌚6–21 Uhr; Ⓢ Tiananmen West) Dieser friedliche Park, der nach Sun Zhongshan (Sun Yatsen) benannt ist, dem Vater des modernen China, befindet sich an der Südwestecke der Verbotenen Stadt und schaut teilweise auf den Wassergraben des Palasts (dort kann man Tretboote mieten), teils auf die hoch aufragenden Mauern. Der Park, ein erfrischender Auftakt oder Schlusspunkt zur Pracht der Verbotenen Stadt, enthielt früher einen heiligen Altar im Stil der Ming-Dynastie für den Gott des Landes und den Gott des Getreides (Shejitan), an dem der Kaiser seine Opfergaben darbrachte. Der **Rechteckige Altar** (Wuse Tu) ist noch erhalten, er wird an allen Seiten von verschiedenfarbig gekachelten Wänden eingerahmt.

Nicht weit vom Südeingang zum Park ragt ein dunkelblau gekacheltes *pailou* (traditionelles chinesisches Tor) mit dreifach geschwungenem Pagodendach empor. Ursprünglich erinnerte es an den deutschen Gesandten Freiherr von Ketteler, der 1900 von den Boxern ermordet wurde. Gleich rechts daneben (Osten) steht das 100 Jahre alte **Laijinyuxuan Teahouse** (S. 91). Nördlich davon, ebenfalls im Ostteil des Parks, befindet sich die Konzerthalle der Verbotenen Stadt (S. 91). Genau wie im Jingshan-Park sind auch hier die Monate April und Mai eine wunderschöne Besuchszeit dank der farbenprächtigen Frühlingsblumen- und Tulpen-Show. Durch den nordöstlichen Ausgang kommt man durch das Mittagstor und von dort in die Verbotene Stadt. Der Südausgang bringt einen in die Nähe des Tiananmen-Platzes. Ein Westtor gibt es ebenfalls.

GEDENKSTELE DER VOLKSHELDEN
DENKMAL

Karte S. 322 (人民英雄纪念碑; Renmin Yingxiong Jinianbei; Tiananmen-Platz; Ⓢ Tiananmen West, Tiananmen Ost oder Qianmen) Das nördlich von Maos Mausoleum und ebenfalls in der Mitte des Tiananmen-Platzes gelegene Denkmal für die Volkshelden wurde 1958 fertiggestellt. Der 37,9 m hohe Obelisk aus Qingdao-Granit ist mit Basreliefs verziert, die patriotische und revolutionäre Schlüsselszenen sowie Kalligrafien kommunistischer Größen wie Mao Zedong und Zhou Enlai zeigen.

GESANDTSCHAFTSVIERTEL
HISTORISCHE GEBÄUDE

Karte S. 322 (租界区; Ⓢ Chongwenmen, Qianmen oder Wangfujing) Das ehemalige Gesandtschaftsviertel, in dem die ausländischen Mächte im 19. Jh. ihre Botschaften, Schulen, Postämter und Banken errichteten, befindet sich östlich vom Tiananmen-Platz. Außer dem Polizeimuseum von Beijing, dem **ehemaligen französischen Postamt** (Karte S. 324) – jetzt ein Sichuan-Restaurant – und einigen anderen Häusern (heute Nobelrestaurants und Mitgliederclubs) sind die Gebäude des Gesandtschaftsviertels nicht öffentlich zugänglich, aber wer sich einfach durch die Straßen (Dongjiaomin Xiang, Taijichang Dajie und Zhengyi Lu) treiben lässt, erhält dennoch einen Eindruck von der ehemals europäischen Atmosphäre, die hier herrschte. Den Spaziergang für Anfänger probieren!

POLIZEIMUSEUM BEIJING
MUSEUM

Karte S. 322 (北京警察博物馆; Beijing Jingcha Bowuguan; ☎8522 5018; 36 Dongjiaomin Xiang; Eintritt 5 Yuan, Kombiticket 20 Yuan; ⌚Di–So 9–16 Uhr; Ⓢ Qianmen) Von der Propaganda einmal abgesehen, machen die fesselnden Ausstellungsstücke dieses Museum zu einer spannenden Darstellung von Beijings *da gai mao* (der regionale Ausdruck für die Polizei). Hier erfährt man, wie die erste Schule des Pekinger Büros für Öffentliche Sicherheit (PSB, Public Security Bureau) im Jahr 1949 vom **Tempel Dongyue** aus operierte und wie Offiziere mit den „Versprengten, Soldaten aufgelöster Armeen, Banditen, lokalen Raufbolden, Strolchen und Despoten ...“ umgingen, die von den Kuomintang (KMT) nach Beijing eingeschleust wurden. Ausgesprochen interessant sind auch die Berichte über die KMT-Spione Li Andong und Yamaguchi Takachi, die planten, das Tor des Himmelsfriedens mit Granaten zu beschießen, sowie die aufschlussreiche Analyse der Zerstörung des PSB Beijing während der „nationalen Katastrophe“ der Kulturrevolution. Polizeiwaffen gibt's

Stadtspaziergang
Tiananmen-Platz & Gesandtschaftsviertel

START TIANANMEN-PLATZ
ZIEL RAFFLES BEIJING HOTEL
LÄNGE 2KM; EINE STUNDE

Vom 1 **Tiananmen-Platz** (S. 71) über die Straße und die Stufen hinaufgehen in die 2 **Dongjiaomin Xiang** (东交民巷). Das rote Backsteingebäude linker Hand war früher das 3 **Französische Krankenhaus**. Durch einen grauen Torbogen sieht man rechts das frühere 4 **Gesandtschaftsviertel** (S. 77), heute eine Ansammlung trendiger Restaurants, die von Süden aus zugänglich sind.

Nach einer kurzen Wegstrecke hinter einer Mauer sieht man östlich auf Nr. 40 ein Gebäude mit grünem Dach, früher war hier die 5 **Niederländische Gesandtschaft** ansässig.

Ein Stück weiter steht rechts ein Gebäude mit gewaltigen Säulen, einst die First National City Bank of New York, heute das leicht verschrobene 6 **Polizeimuseum Beijing** (S. 77). Weiter geht es Richtung Osten zu dem Kuppelbau an der Ecke von Zhengyi Lu (正义路) und Dongjiaomin Xiang, früher die 7 **Yokohama Specie Bank**. Das graue Gebäude auf Nr. 19 ist die 8 **ehemalige Französische Post** (S. 77), heute ist dort das Sichuan-Restaurant Jingyuan Chuancai, das ideal ist für ein Mittagessen, bevor man zur ehemaligen 9 **Französischen Gesandtschaft** auf Nr. 15 mit ihrem großen roten Tor kommt.

An einem Schulhof erheben sich die Doppeltürme der neogotischen 10 **St.-Michaels-Kirche** bei Nr. 11, den grünen Dächern und dem verzierten roten Backsteinbau der alten 11 **Belgischen Gesandtschaft** zugewandt.

Man bummelt nördlich auf der Taijichang Dajie und hält Ausschau nach dem Backstein-Straßenschild in der Mauer der Taijichang Toutiao (台基厂头条), darin ist der alte Name der Straße eingehauen, 12 **Rue Hart**. An ihrer Nordseite (auf Nr. 3) befand sich früher die Österreich-Ungarische Gesandtschaft.

Am Nordende der Taijichang Dajie, auf der anderen Seite der viel befahrenen Dongchang'an Jie, steht das 13 **Raffles Beijing Hotel** (erbaut 1900), nur einen Steinwurf entfernt von der berühmten Einkaufsstraße 14 **Wangfujing Dajie**.

im vierten Stock zu sehen. Die Kombi-Eintrittskarte umfasst einige Laser-Schießübungen und ein Souvenir.

ST.-JOSEPHS-KIRCHE KIRCHE

Karte S. 324 (东堂; Dong Tang; 74 Wangfujing Dajie; Eintritt frei; ⌚6.30–17 Uhr; Ⓢ Dengshikou) Krönendes Bauwerk der Wangfujing Dajie und eine der vier Hauptkirchen in Beijing ist St.-Joseph, vor Ort als Dong Tang (Ostkathedrale) bekannt. Der ursprünglich während der Regierungszeit von Shunzhi 1655 errichtete Bau wurde 1720 durch ein Erdbeben beschädigt und anschließend neu gebaut. Die glücklose Kirche fing 1807 Feuer, wurde 1900 während des Boxeraufstands erneut zerstört und 1904 restauriert, nur um 1966 geschlossen zu werden. Inzwischen ist der Bau vollständig renoviert und zeugt von der langen Geschichte des Christentums in China.

Auf dem großen Platz vor der Kirche wimmelt es von Skateboard fahrenden Kindern, Frischvermählten, die für Fotografen posieren, und älteren Herrschaften, die sich am frühen Abend zu Formationstänzen treffen. Sonntags um 16 Uhr wird eine Messe auf Englisch abgehalten.

CHINESISCHES KUNSTMUSEUM MUSEUM

Karte S. 324 (中国美术馆; Zhongguo Meishuguan; 1 Wusi Dajie; ⌚9–17 Uhr, letzter Einlass 16 Uhr; Ⓢ National Art Museum) GRATIS Dieses umgestaltete Museum hat eine gesunde Dosis Fantasie und Flair abbekommen, interessante Ausstellungen aus ganz China und dem Ausland versprechen Farbe und Lebendigkeit. Beijings Kunstliebhaber konnten sich hier bereits auf einige erstklassige Präsentationen stürzen, von der Crème de la Crème des italienischen Designs über moderne Kunst aus dem Taipei Museum für Bildende Künste bis hin zu Ausstellungen mit Gemälden einiger chinesischer Minderheitengruppen.

Aufzüge ermöglichen auch Rollstuhlfahrern den Zugang. Im Erdgeschoss gibt es ein Café. Den Pass mitbringen, um eingelassen zu werden.

DONGAN-MEN-ÜBERRESTE RUINE

Karte S. 324 (明皇城东安门遗址; Ming Huang Cheng Donganmen Yizhi; l Ruinenpark der Fundamente der Kaiserstadtmauer, Ecke Donghuamen Dajie & Beiheyan Dajie; ⌚rund um die Uhr; Ⓢ Dengshikou oder National Art Museum) GRATIS In zwei Ausschachtungen am Straßenrand, ein paar Meter unter dem Straßenniveau, befinden sich hier an der Nord- und Südseite der Kreuzung die Überreste des einst prachtvollen Dongan Men – des Osttores der Kaiserstadt – sowie Teile der Kaiserstadtmauer und Teile einer Brücke, die einst über den Stadtkanal führte (heute eine Straße).

Die Ruinen sind nicht viel mehr als kleine Ziegelstapel, werden jedoch durch eine Reliefkarte an der Mauer zum Leben erweckt, auf der zu sehen ist, wie es hier früher einmal ausgesehen hat. Bevor Dongan Men dem Erdboden gleichgemacht wurde, war es ein sieben Durchgänge breites Tor mit einfacher Traufe und einem Walmdach mit Giebel, das mit gelben Ziegeln gedeckt war. Alles, was davon noch übrig ist, sind zwei Lagen mit 18 Ziegeln.

PUDU-TEMPEL BUDDHISTISCHER TEMPEL

Karte S. 322 (普渡寺; Pudu Si; Pudusi Dongxiang, direkt bei der Nanheyan Dajie, 南河沿大街普渡寺东巷) Der nicht mehr genutzte Tempel der Ming-Dynastie kann nicht betreten werden, der Vorplatz, der zu einem kleinen Park gehört, ist jedoch ein friedlicher Ort, wo es sich nach einer Shopping-Tour auf der Wangfujing Dajie gut ausruhen lässt. Der Bau der Haupthalle im Mandschu-Stil ist ungewöhnlich, von der erhöhten Lage des Parks hat man eine schöne Aussicht auf die umliegenden *hutongs*.

ALTES OBSERVATORIUM OBSERVATORIUM

Karte S. 324 (古观象台; Gu Guanxiangtai; Jianguomen-Brücke, 2. Ringstraße Ost (East 2nd Ring Rd); Erhuandong Lu, Jianguomen Qiao; 二环东路建国门桥; Eintritt 20 Yuan; ⌚Di–So 9–16.30 Uhr; Ⓢ Jianguomen) Dieses ungewöhnliche ehemalige Observatorium wurde auf den Befestigungen eines Wachturms errichtet, der sich an der alten Stadtmauer aus der Ming-Dynastie befindet, und reicht im Grunde zurück bis zu den Tagen Kublai Khans, als es sich nördlich vom jetzigen Standort befand. Wie die späteren Ming- und Qing-Kaiser zog auch Kublai bei der Planung militärischer Unternehmungen stets seine Astrologen zu Rate. Das gegenwärtige Observatorium – das einzige noch stehende Beispiel einer Reihe von Observatorien, die zur Zeit der Jin-, Yuan-, Ming- und Qing-Dynastien errichtet wurden – wurde zwischen 1437 und 1446 erbaut und diente sowohl astrologischen Vorhersagen als auch der Meeresnavigation.

Unten befindet sich ein hübscher Hof, flankiert von Hallen mit Ausstellungen

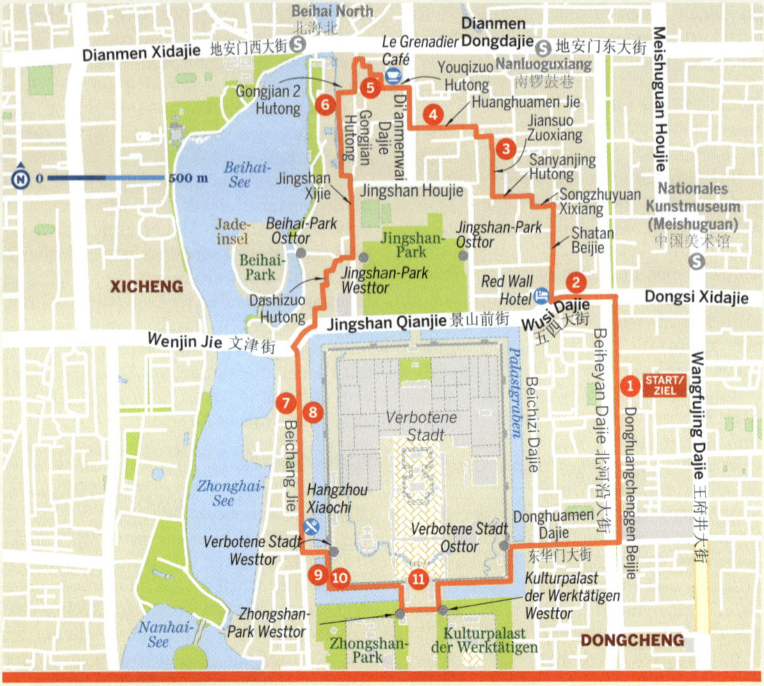

Besichtigung
Fahrradtour durch die Kaiserstadt

START BIKE BEIJING **ZIEL** BIKE BEIJING
LÄNGE 6KM; 1½ STUNDEN

Bei 1 **Bike Beijing** (S. 92) ein Fahrrad ausleihen und in Richtung des kaiserlichen *hutongs* östlich vom Jingshan-Park fahren, vorbei am 1918 erbauten 2 **Hong Lou**, wo Mao Zedong als Bibliothekar gearbeitet hat.

Rechts in die Shatan Beijie (沙滩北街), dann links in die Songzhuyuan Xixiang (嵩祝院西巷) abbiegen. Rechts halten, links abbiegen in den *hutong* Sanyanjing (三眼井胡同). Sehenswert: der kunstvolle Eingang aus der Qing-Zeit, der in eine Wand mit Fenster umgestaltet wurde. Kurz vor dem Ende rechts abbiegen in die Jiansuo Zuoxiang (吉安所左巷). Nr. 8 war einst 3 **Mao Zedongs Wohnhaus**.

Am Ende links abbiegen, die zweite rechts, dann wieder links in die Huanghuamen Jie (黄花门街). Nr. 43 ist der 4 **frühere Wohnhof des kaiserlichen Eunuchen Li Lianyin**, der ein Günstling der Kaiserinwitwe Cixi war.

Am Ende rechts, dann unter einem Teilbogen der alten Kaiserstadtmauer links abbiegen in den *hutong* Youqizuo (油漆作胡同).

Dem gewundenen 5 ***hutong*** folgen bis zum *hutong* Gongjian (恭俭胡同). Kurz darauf rechts abbiegen in den *hutong* Gongjian 2 (恭俭二胡同), eine Wohngasse, die sich an die 6 **Ostmauer des Beihai-Parks** schmiegt.

Der Jingshan Xijie (景山西街) bis zum Westtor des Jingshan-Parks folgen, rechts abbiegen, unterhalb des Parkplatzbogens weiterfahren in den *hutong* Dashizuo (大石作胡同), der sich bis zur Jingshan Qianjie (景山前街) schlängelt, und weiter zum Palastgraben der Verbotenen Stadt. Auf der Beichang Jie (北长街) weiterfahren, vorbei am früheren Eingang zum 7 **Tempel der Langlebigkeit und des Wohlstands** (heute Wohnhäuser) und zum geschlossenen 8 **Tempel Fuyou**.

Links abbiegen zum Westtor der Verbotenen Stadt, am 9 **Palastgraben** entlang und um die 10 **Palastmauern** herum weiterfahren zum 11 **Mittagstor**. Den Platz vor dem Tor überqueren, am Palastgraben nach Osten weiterfahren. Am Osttor vorbeifahren, dann auf die Donghuamen Dajie (东华门大街), links auf die Donghuangchenggen Nanjie (东黄跟城南街) und zu Bike Beijing zurückkehren.

(Beschriftungen nur vereinzelt in englischer Sprache). Ebenfalls im Hof befindet sich eine Armillarsphäre, die bis zum Jahr 1439 zurückreicht und von vier Drachen getragen wird.

Wer die Treppen bis zum Dach überwindet, sieht sich einer verblüffenden Sammlung von **astronomischen Instrumenten** gegenüber, die von Jesuiten entworfen wurden und mit Bronzedrachenskulpturen und anderen chinesischen Verzierungen geschmückt sind – eine Art astronomische Ost-West-Fusion.

POLY ART MUSEUM — MUSEUM

Karte S.324 (保利艺术博物馆; Baoli Yishu Bowuguan; ☎6500 8117; www.polymuseum.com; 10. Stock, Poly Plaza, 14 Dongzhimen Nandajie; Eintritt 20 Yuan, Audioguide 10 Yuan; ⏱9.30–17 Uhr, So geschl.; Ⓢ Dongsi Shitiao) Dieses kleine, aber exquisite Museum, zeigt ein prachtvolles Spektrum alter Bronzen aus der Shang- und der Zhou-Dynastie, deren Qualität die Messlatte für die Anfertigung von Bronzen sehr hoch gelegt hat. Interessant ist die komplizierte Maßeinteilung auf dem *Zun*-Gefäß in Form eines Phönix (倗季凤鸟尊) oder das *You* mit Göttlichen Gesichtern (神面卣) mit einem Elefantenkopf an der Seite des Gefäßes. Ähnlich eindrucksvoll sind die detailgenauen animistischen Motive auf dem *Gangbo You* (椢柏卣).

In einem angrenzenden Raum sind vier der zwölf Bronzetiere im westlichen Stil zu sehen, die bei der teilweisen Zerstörung des Alten Sommerpalastes geraubt und später vom Museum erworben wurden: Schwein, Affe, Tiger und Ochse. Der letzte Raum ist mit einer wunderschönen Sammlung stehender Bodhisattva-Statuen bestückt, die aus den Zeiten der Nördlichen-Qi-, Nördlichen-Wie- und Tang-Dynastie stammen.

Wer sich für die Architektur der Ming-Dynastie interessiert, sollte den nahe gelegenen **Kaiserlichen Getreidespeichern** (南新仓; Karte S.324; Nan Xin Cang) einen Besuch abstatten. Neun dieser Speicher aus dem Jahr 1409 wurden liebevoll restauriert. Früher enthielten sie Getreide und Reis für die Beijinger Adeligen, heute beherbergen sie noble Weinbars und Clubs, nur für Mitglieder.

TEMPEL ZHIHUA — BUDDHISTISCHER TEMPEL

Karte S.324 (智化寺; Zhihua Si; 5 Lumicang Hutong; Eintritt 20 Yuan, Audioguide 10 Yuan, Mi Eintritt frei; ⏱8.30–16.30 Uhr, Mo geschl.; Ⓢ Jianguomen oder Chaoyangmen) Beijings erhaltene Tempel haben leichtfertige Restaurierungen über sich ergehen lassen müssen, bei denen ihre Authentizität häufig verloren gegangen ist. Dieser altersschwache, nicht mehr genutzte Tempel am Ende eines selten besuchten *hutongs* verströmt jedoch noch die Atmosphäre des alten Peking, da er sich der üblichen Konservierungsbehandlung entziehen konnte, die der Erhebung von Eintrittsgeldern und den durchziehenden Touristengruppen unweigerlich vorausgeht.

Nicht mehr vorhanden ist die Kassettendecke der **Zhihua Halle** (sie befindet sich in den USA) und auch die Vier Himmlischen Könige sind vom **Zhihua Tor** (智化门; Zhihua Men) verschwunden, aber die **Halle der Schriften**, die von einer Seite des zentralen Hofes abgeht, enthält bis heute ein einmaliges, achtseitiges, reich geschnitztes hölzernes Dreharchiv aus der Zeit der Ming-Dynastie, einen wunderschönen sitzenden Buddha und eine herrliche, nicht restaurierte Decke. Das Highlight, die **Halle der Zehntausend Buddhas** (万佛殿; Wanfo Dian), befindet sich direkt an der Rückseite dieses Komplexes. Sie besteht aus zwei attraktiven Stockwerken mit Miniatur-Buddhafiguren in kleinen Nischen und Schränken für die Aufbewahrung der Sutras. Über dem Eingang wachen drei überwältigende holzgeschnitzte Gottheiten (ein 6 m hoher Tathagata-Buddha, flankiert von Brahma und Indra). Leider werden Besucher nicht mehr in den zweiten Stock hinaufgelassen.

Nach Möglichkeit sollte man den Besuch so planen, dass er in die Zeit der kostenlosen viertelstündigen **musikalischen Vorführungen** fällt, die täglich um 10 und um 15 Uhr in der Zhihua-Halle stattfinden. Gespielt wird auf traditionellen chinesischen Instrumenten, die Aufführung ist mit einer buddhistischen Zeremonie verbunden.

Bemerkenswert ist das unwirklich anmutende Nebeneinander von diesem Tempel aus dem 15. Jh. und den runden Formen und Schwüngen des Galaxy-Soho-Gebäudes aus dem Weltraumzeitalter, das heute dieses historische *hutong*-Viertel optisch beherrscht.

HUTONG-MUSEUM SHIJIA — MUSEUM

Karte S.324 (史家胡同博物馆; Shijia Hutong Bowuguan; 24 Shijia Hutong; 史家胡同24号; ⏱Di–So 9.30–16.30 Uhr) GRATIS Das kleine Museum, das in einem hübschen, renovierten Doppelhof untergebracht ist, einem früheren Kindergarten, verwendet alte Fotos,

Karten und Objekte sowie einige maßstabsgetreue Modelle, um die Geschichte des *hutongs* Shijia im Speziellen und Beijings *hutong*-Bezirks im Allgemeinen zu erläutern. Es gibt durchweg ausgezeichnete englische Beschriftungen. Besonders interessant ist das große, maßstabsgetreue Modell des gesamten Stadtviertels, in dessen Zentrum sich der *hutong* Shijia befindet.

LAO-SHE-MUSEUM — HISTORISCHES GEBÄUDE

Karte S.324 (老舍纪念馆; Lao She Jinianguan; 19 Fengfu Hutong; ⌚9–15.40 Uhr, montags geschlossen; Ⓢ Dengshikou) GRATIS In dem schnuckeligen, renovierten Hofhaus an einer Nebenstraße der Dengshikou Xijie wohnte Lao She (1899–1966), einer der beliebtesten Schriftsteller Beijings im 20. Jh. Das Leben Lao Shes – Autor von *Rikschakuli* und *Das Teehaus* und ehemaliger Lehrer an der Schule für Orientalische und Afrikanische Studien in London – wird durch Zeitungsausschnitte, Erstausgaben, Fotos und persönliche Gegenstände in einigen Hallen nachgezeichnet. An der letzten Hürde jedoch scheitert die Ausstellung und erwähnt den vielleicht bedeutungsvollsten Aspekt des Lebens von Lao She nur am Rande: seinen Tod, den er am 24. August 1966 durch Ertrinken im Taiping-See fand, nachdem er am Tag zuvor von Roten Garden geschmäht und auf üble Weise zusammengeschlagen worden war. Die Beschriftungen sind zum großen Teil in chinesischer Sprache.

TEN FU'S TEA CULTURE HOUSE — MUSEUM

Karte S.324 (天福茶文化馆; Tianfu Cha Wenhuaguan; 3 Jinyu Hutong; 金鱼胡同3号; ⌚9–22 Uhr) Das Museum ist offensichtlich ein Versuch, für die bereits überaus erfolgreiche Teemarke Ten Fu Werbung zu machen, aber dieser Teeladen mit Museum ist dennoch überaus interessant. Die Tees und das Teegeschirr im Erdgeschoss links liegen lassen (es sei denn natürlich, es meldet sich gerade die Kauflaune) und gleich die Treppe hinaufsteigen in den „Teekorridor", wo man eine kurze Einführung in die Geschichte und die Verfahren der chinesischen Teeproduktion erhält, einschließlich einiger beweglicher Miniaturmodelle der Teezubereitung.

Wieder unten angelangt, kann man Tees aus ganz China probieren und kaufen. Hier wird Tee in hübschen Geschenkpäckchen angeboten (20–30 Yuan), oder man kauft den Tee pro *liang* (50 g). Bemerkenswert ist die riesige, jeglicher Schwerkraft spottende Teekanne draußen vor der Tür.

HUTMUSEUM SHENG XI FU — MUSEUM

Karte S.324 (368 Dongsi Beidajie; 东四北大街368号; ⌚8.45–19 Uhr) GRATIS Dieser Ableger des berühmten Hutladens Sheng Xi Fu (S.92) besitzt auf der Rückseite ein schrulliges Hutmuseum (Eintritt frei), in dem man sich speziell über die Geschichte der Firma und der Hüte in China im Allgemeinen informieren kann.

ESSEN

★ MUSLIMISCHES RESTAURANT CRESCENT MOON — XINJIANG-KÜCHE ¥–¥¥¥

Karte S.324 (新疆弯弯月亮维吾尔穆斯林餐厅; Xinjiang Wanwanyueliang Weiwu'er Musilin Canting; 16 Dongsi Liutiao Hutong, 东四六条胡同16号, 东四北大街; Gerichte ab 18 Yuan; ⌚11–23 Uhr; 📵; Ⓢ Dongsi Shitiao) Ein chinesisches muslimisches Restaurant findet sich in Beijing praktisch in jeder Straße. Die meisten werden von Hui-Muslimen geführt, also von Han-Chinesen, weniger häufig von Angehörigen der ethnischen Minderheit der Uiguren aus der entlegenen Provinz Xinjiang im Westen. Crescent Moon ist das einzig Wahre – der Inhaber sowie sein gesamtes Team sind Uiguren, und das Restaurant zieht viele in Beijing lebende Uiguren und Leute aus Zentralasien ebenso wie eine Menge Expats aus der westlichen Welt an.

Es ist hier teurer als in den meisten anderen Xinjiang-Restaurants in Beijing, aber das Essen ist immer gut und es gibt eine englische Speisekarte. Spezialität ist die Lammkeule vom Barbecue (128 Yuan). Köstlich sind auch die Lammspieße (6 Yuan), es gibt Naanbrot (5 Yuan), hausgemachten Joghurt (12 Yuan) und eine große Nudelauswahl (18–25 Yuan). Man bekommt hier außerdem Xinjiang-Tee (30 Yuan pro Kanne), Bier (15 Yuan) und Wein (95 Yuan).

ZUO LIN YOU SHE — BEIJING-KÜCHE ¥

Karte S.324 (左邻右舍褡裢火烧; 50 Meishuguan Houjie; 美术馆后街50号; Teigtaschen pro *liang* 6–7 Yuan, Gerichte 10–30 Yuan; ⌚11–21.30 Uhr; 📵; Ⓢ National Art Museum) Dieses kleine Restaurant ohne Schnickschnack konzentriert sich auf die Beijinger Küche. Die Spezialität ist *dalian huoshao* (褡裢火烧), goldgelb gebackene fingerförmige Teigtaschen mit allen möglichen leckeren Füllungen; wir bevorzugen die Schweinefleischfüllung, es gibt aber auch Lamm, Rind und vegetarische Varianten. Serviert werden diese Taschen pro *liang* (两), wobei ein *liang* drei Taschen entspricht. Es wird gerne gesehen, dass man mindestens zwei *liang* (二两; *er liang*) von einer Füllung bestellt, damit sich die Zubereitung einer Sorte auch lohnt.

Weitere Spezialitäten sind eingelegter Fisch (酥鲫鱼; *su ji yu*), scharfe Tofu-Paste (麻豆腐; *ma doufu*) und frittierte Schweinefleischbällchen (干炸丸子; *gan zha wanzi*), dazu werden kostenlos sättigende Schalen mit Hirsebrei (小米粥; *xiao mi zhou*) serviert. Kein englisches Restaurantschild (auf das hölzerne Aushängeschild achten), und es wird kein Englisch gesprochen, die Speisekarte wurde jedoch weitgehend ins Englische übersetzt.

GRANDMA'S HANGZHOU ¥

Karte S. 324 (外婆家; Waipo Jia; 6. OG, Beijing APM Shopping Mall, 138 Wangfujing Dajie; 王府井大街138号apm6楼; Hauptgerichte 10–45 Yuan; ⏲10–14.30 & 16–21 Uhr; 🗐) Für alle Einkäufer auf der Wangfujing Dajie ist diese Beijinger Filiale der äußerst erfolgreichen Hangzhou-Restaurantkette praktisch, aber auch für alle anderen lohnt sich der Weg aus jedem Stadtteil hierher, denn das Lokal ist ein Knüller. Es ist preiswert, sauber und hell, und man sitzt bequem in Nischen, weshalb es auch bei Familien sehr beliebt ist. Zwar ist die Speisekarte englisch, es könnte jedoch sein, dass ein Vergrößerungsglas gebraucht wird, um sie auch entziffern zu können.

Zu den von uns wärmstens empfohlenen Gerichten gehören Grandma's Schweinefleisch (saftiger Schweineschmorbraten, in Hangzhou bekannt als *Dongpo rou*; 东坡肉), Hühnchen mit Tee-Aroma (mit dem berühmten Longjing-Grüntee aus Hangzhou gegart), Kartoffeln auf einer zischenden Eisenplatte, gegrillte Aubergine und Bio-Blumenkohl. Mit jedem Gericht jedoch, das mit dem roten Symbol eines erhobenen Daumens gekennzeichnet ist, kann man nichts falsch machen.

Das Lokal ist so beliebt, dass man in der Regel mindestens eine Stunde auf einen Tisch warten muss. Im Voraus reservieren geht nicht, man muss zum Eingang kommen und ein Ticket ziehen (wie auf dem Amt). Dazu muss man auf dem Touchscreen bestimmte Angaben machen: Ins erste Kästchen wird die Handynummer eingetragen, ins zweite Kästchen die Personenzahl. Anschließend links auf den roten Knopf drücken, auf dem steht 领号 (heißt „Nummer anfordern") und das Ticket entnehmen. Das Restaurant, das nun die Handynummer hat, schickt etwa fünf Minuten, bevor ein Tisch frei ist, eine SMS. Wer vor Ort kein Handy nutzen kann, muss wieder zum Eingang kommen und schauen, welche Nummer inzwischen dran ist. Unter der Woche muss man abends mit einer Wartezeit von einer Stunde rechnen, an den Wochenenden werden es meist zwei Stunden. Mittags ist weniger los. Grandma's befindet sich im der 6. Etage der modernen Shopping Mall, die auf Englisch als „Beijing apm" bekannt ist und in deren Erdgeschoss sich ein gewaltiger Apple Store befindet.

CHUAN BAN SICHUAN-KÜCHE ¥

Karte S. 324 (川办餐厅; 28 Dongzongbu Hutong, direkt bei der Chaoyangmen Nanxiaojie; 朝阳门南小街东总部胡同28号; Gerichte ab 20 Yuan; ⏲Mo–Fr 11–14 & 17–21 Uhr, Sa & So 11–23 Uhr; 🗐; Ⓢ Jianguomen) Jede chinesische Provinz hat in Beijing ihr eigenes offizielles Gebäude mit Restaurant für den Kader und Einheimische, die in der Hauptstadt arbeiten und sich nach einem heimatlichen Geschmack sehnen. In diesen Lokalen bekommt man oft eine besonders authentische Regionalküche serviert. Dieses Restaurant in den Regierungsbüros von Sichuan ist immer voll besetzt und tischt so gut wie jedes Sichuan-Gericht auf, das man sich wünscht.

Ein guter Platz für alle, die es feurig lieben: So gut wie jedes Gericht enthält eine ordentliche Ladung Chili und geradezu betäubenden Sichuanpfeffer, ob es nun Bambussprossen, Sichuan-Spezialitäten wie *lazi ji* (heißt hier „young chicken Chongqing style") oder gedünsteter Fisch mit Pfeffer und Taro ist (heißt hier „boiled fish in spicy and hot pepper"). Auch Gerichte mit Kaninchen oder Frosch stehen auf der Karte, beides sind regionale Delikatessen. Es gibt eine englische Speisekarte mit Fotos, aber kein englisches Schild. Das Restaurant befindet sich im Bürotrakt eines Gebäudes, dessen Eingang auf der Rückseite liegt.

YUEBIN FANGUAN BEIJING-KÜCHE ¥

Karte S. 324 (悦宾饭馆; 43 Cuihua Hutong, direkt bei der Wusi Dajie; 五四大街翠花胡同43号; Hauptgerichte 20–50 Yuan; ⏲11–21 Uhr) Dies war nach 1949 das erste Restaurant in Privatbesitz, das in Beijing eröffnete. Die Einrichtung ist so minimalistisch, dass es noch

1

2

ALAN COPSON / GETTY IMAGES ©

3

MATT MUNRO / LONELY PLANET ©

. Zhongshan-Park (S. 77)
unt bemalter Korridor im nach Sun at-sen benannten Park

2. Tiananmen-Platz (S. 71)
Blick von dem berühmten Platz auf das Tor des Himmlischen Friedens

3. *hutong* (S. 249)
Diese Überreste des alten Beijing verschwinden rapide aus dem Stadtbild.

immer die alte Kantinenatmosphäre verströmt, aber der Fokus liegt wie bei vielen der besten chinesischen Restaurants auf dem Essen, nicht auf der Einrichtung. Hierher kommen wirklich die Einheimischen, also einfach den Zigarettenrauch und das Ausspucken von Fischgräten ignorieren, einen Stuhl ranziehen, eine Flasche Yanjing-Bier (燕京啤酒; Yanjing *pijiu*) bestellen und mit Appetit futtern.

Die Speisekarte gibt es natürlich nur auf Chinesisch. Zu den Spezialitäten des Hauses gehören *guoshao ya* (锅烧鸭; gebratene Ente – offenbar das erste Gericht, das hier serviert wurde), *suanni zhouzi* (蒜泥肘子; Schweineschulter in Knoblauch und Essig), *mianjin pa baicai* (面筋扒白菜; klebrig gebratener Kohl), *qingchao xiāren* (清炒虾仁; pfannengerührte Shrimps) und *wu si tong* (五丝筒; Frühlingsrollen mit Hähnchenfleisch oder vegetarischer Füllung, serviert mit Fladen, Lauch und Hoisin-Sauce). Hinweis: Bevor man sich eine Flasche Bier öffnen lässt, sollte man nach dem Preis fragen. Es gibt nämlich billige Sorten, aber auch solche, bei denen eine Flasche knapp 20 Yuan kostet.

DONGZI LUROU HUOSHAO — HEBEI-KÜCHE ¥

Karte S. 324 (冬子驴肉火烧; 193 Chaoyangmen Nanxiaojie, 朝阳门南小街193号; Hauptgerichte 5–6 Yuan; ⏲7.30–23 Uhr; Ⓢ Dengshikou) Ein kleines schlichtes, aber sauberes Restaurant, das einige der besten *lurou huoshao* (驴肉火烧; Teigtaschen mit Eselfleisch; 6 Yuan) in Beijing serviert. Die ideale Beilage dazu sind Schüsseln mit *xiaomi zhou* (小米粥; Hirsebrei; 2 Yuan), oder man trinkt nur ein Bier (啤酒; *pijiu;* 4 Yuan). Kein englisches Aushängeschild, keine englische Speisekarte, und es wird auch kein Englisch gesprochen.

WUGE JICHI — BARBECUE ¥

Karte S. 324 (五哥鸡翅; 5 Nanbanqiao Hutong, gleich bei der Dongsi Batiao, 东四八条,南板桥胡同5号; Chicken Wings 6 Yuan; ⏲15–24 Uhr) Nicht gerade der freundlichste Platz, aber die super leckeren Chicken Wings in diesem winzigen Lokal sind es wert, den mürrischen Empfang auf sich zu nehmen. Keine Speisekarte, und man spricht kein Englisch, das macht aber nichts, denn das Einzige, was es hier in der Regel gibt, sind die Chicken Wings (鸡翅; *ji chi;* 6 Yuan pro Stück), also muss man nur verständlich machen, wie viele man möchte und ob scharf (辣; *la*) oder nicht scharf (不辣; *bu la*).

Um herzufinden, hält man sich auf der Dongsi Batiao östlich, biegt dann bei der Kreuzung mit dem winzigen *hutong* links ab, das nicht markierte Restaurant liegt linker Hand. Wer auf der Dongsi Batiao zur Slow Boat Brewery (auf Nr. 56) kommt, ist schon etwas zu weit gegangen.

DONGHUAMEN-NACHTMARKT — STRASSENIMBISS ¥

Karte S. 324 (东华门夜市; Donghuamen Yeshi; Dong'anmen Dajie, 东安门大街; Snacks 5–15 Yuan; ⏲16–22 Uhr; Ⓢ Wangfujing) Der geschäftige Nachtmarkt in der Nähe der Wangfujing Dajie ist allein schon sehenswert und obendrein ein regelrechter Lebensmittel-Zoo: Lamm-, Rind- und Hähnchenspieße, Maiskolben, geruchsintensiver *doufu* (Tofu), Zikaden, Grashüpfer, rote Bohnen, Wachteleier, Schlangen, Tintenfische, Obst, Porridge, Eierkuchen, Erdbeer-Kebab, Bananen, Käse aus der Inneren Mongolei, gefüllte Auberginen, Hühnerherzen, Pitabrot mit Fleisch gefüllt, Shrimps – und das ist nur der Anfang.

Es ist zwar keine sehr authentische Beijinger Erfahrung, aber die Verkäufer machen sich einen Spaß daraus, Ausländer davon zu überzeugen, Delikatessen wie Skorpion am Stiel zu probieren. Für einen Lammspieß muss man hier mit 5 Yuan rechnen, also mehr, als man dafür bei einem *hutong*-Verkäufer zahlen würde. Exotischere Spieße kosten bis zu 50 Yuan. Nudeln oder pikante Eierkuchen *(jianbing)* gibt's schon für rund 10 Yuan. Die Waren sind alle mit Preisen in Englisch ausgezeichnet.

HANGZHOU XIAOCHI — TEIGTASCHEN ¥

Karte S. 322 (杭州小吃; Hangzhou Xiaochi; 76 Beichang Jie, 北长街76号; Hauptgerichte 5–10 Yuan; ⏲6.30–20 Uhr; Ⓢ Tian'anmen West, weiter mit Bus 5) Lao Li, der exzentrische Manager der What? Bar zwei Türen weiter, schwört auf die gekochten Teigtaschen (蒸饺; *zheng jiao*) in diesem einfachen Restaurant. Man bekommt sie körbchenweise, und sie sind die perfekte Grundlage, um anschließend mit dem preiswerteren Bier in der What? Bar weiterzumachen.

Hier gibt es aber auch luftigere gedünstete Teigtaschen (小笼包; *xiaolong bao*) für denselben Preis (6 Yuan pro Körbchen) sowie Suppen – Tang (紫菜汤; *zicai tang*), Wonton (馄饨; *hun dun*) und Ei (鸡蛋汤, *jidan tang*) – und Nudeln mit Rind (牛肉面, *niurou mian*) oder pikante Glasnudeln (酸

AIRPOCALYPSE

Beijings Smog ist weltweit berühmt-berüchtigt, aber im Januar 2013 schlug die Luftverschmutzung sämtliche Rekorde. Der Monat erhielt von den Medien in aller Welt den Beinamen „Airpocalypse", denn die Feinstaubmessungen (bekannt als PM2,5) erreichten unglaubliche 750 Mikrogramm pro Kubikmeter (und an manchen Stellen sogar 900). Der US-Umweltschutzbehörde EPA zufolge gelten nur PM2,5-Werte unter 50 als „gut", während die Weltgesundheitsbehörde einen Wert von 25 als gesundheitlich unbedenklich einstuft.

Beijings Luft ist nicht immer so schlimm verschmutzt, und Reisende, die in einer Periode mit wunderschön blauem Himmel in die Stadt kommen, mögen sich über die ganze Aufregung wundern, aber die langfristigen Statistiken verheißen nichts Gutes. Zwischen April 2008 und März 2014 erlebte Beijing gerade einmal 25 „gute" Tage.

Reisende, besonders solche, die auf die Luftverschmutzung empfindlich reagieren, sollten überlegen, für ihren Besuch in der Stadt eine Smogmaske zu kaufen. Tipps zum Kauf solcher Masken sind auf der ausgezeichneten Website **Air Quality Index China** (www.aqicn.org) zu finden, dort werden auch die Echtzeit-Messergebnisse für Beijing und weitere Städte veröffentlicht.

Geschäfte in Beijing, die hochwertige Masken führen, sind beispielsweise Natooke (S. 283), Plastered 8 (S. 117) und **Torana Clean Air** (www.toranacleanair.com), mit zwei Filialen in der Stadt. Wer mit Kindern im Schlepptau anreist, sollte die Masken für sie vielleicht besser bereits zu Hause kaufen, da hochwertige, gut sitzende Masken für Kinder vor Ort schwieriger zu finden sind.

辣粉, *suan la fen*). Es gibt weder ein englisches Aushängeschild noch eine englische Speisekarte.

WANGFUJING SNACK STREET — STRASSENIMBISS ¥

Karte S. 324 (王府井小吃街, Wangfujing Xiaochijie; westlich von der Wangfujing Dajie, 王府井大街西侧; Gerichte & Snacks 10 Yuan; ⌚9.30–22 Uhr; ⓢWangfujing) Hinter einem verzierten Torbogen reihen sich in dieser Fußgängergasse gute und günstige Imbissbuden aneinander, an denen immer Betrieb herrscht. Hier gibt es Gerichte aus allen Regionen Chinas, wie *mala tang* (eine herzhafte Suppe aus Sichuan) und *zhajiangmian* (Beijinger Nudeln in einer Soße aus gebackenen Bohnen) sowie Spieße, herzhafte Eierkuchen und Unmengen von Nudelgerichten. Nicht an allen Buden hängen Preislisten aus, die meisten Gerichte kosten hier aber pro Portion etwa 10 Yuan.

XIN TIAN YUAN — CHINESISCHES FAST FOOD ¥

Karte S. 330 (新天苑; Tiananmen-Platz, Ostseite; 天安门广场东边; Mahlzeiten 20–40 Yuan; ⌚5–20.30 Uhr) Der Tiananmen-Platz ist einer der wenigen verbliebenen Orte in Beijing, wo Ausländer sich in preiswerten Restaurants noch immer ein duales Preissystem gefallen lassen müssen. In dieser Filiale der chinesischen Fast-Food-Kette Xin Tian Yuan wird das nicht passieren. Wer also weder Zeit noch Energie hat weiterzugehen, fällt am besten hier ein, um sich an einer Schale mit einem preiswerten Nudel- oder Reisgericht satt zu essen. Es gibt sogar Dosenbier (8 Yuan).

★LITTLE YUNNAN — YUNNAN-KÜCHE ¥¥

Karte S. 324 (小云南; Xiao Yunnan; ☎6401 9498; 28 Donghuang Chenggen Beijie, 东皇城根北街28号; Hauptgerichte 20–60 Yuan; ⌚10–22 Uhr; 📵) Little Yunnan, das von einem jungen, freundlichen Team geführt wird und sich in einem schnuckeligen, umgestalteten Hof befindet, gehört zu den bodenständigeren Yunnan-Restaurants in Beijing. Der große Speisesaal wirkt rustikal mit Holzbalken, Holzboden und Holzmobiliar. Spaß macht es auch, oben im Dachbereich zu sitzen, und auch draußen vor dem Eingang gibt es im Hof einige Plätze.

Einige Gerichte enthalten klassische Zutaten aus Südwestchina, es gibt Kreationen im Teesud, aber auch Flussfisch, Pilzgerichte und *la rou* (腊肉; gepökeltes Schweinefleisch – Südchinas Antwort auf den Bacon). Auch Yunnan-Reiswein wird serviert, genau wie das lokale Dali-Bier aus der Provinz. Das Restaurant hat ein englisches Aushängeschild und eine gut übersetzte englische Speisekarte.

ALLE TEESORTEN CHINAS

Zwar wird der meiste chinesische Tee tausende Kilometer entfernt in Südchina produziert, dennoch gibt es reichlich Gelegenheiten, in Beijing Tee zu probieren und zu kaufen. Für alle, die den Oolong nicht vom Pu-Erh unterscheiden können, nachfolgend ein Crashkurs über chinesische Teesorten.

Teesorten

- **Grüner Tee** (绿茶; *lü cha*) Dieser Tee ist in China am weitesten verbreitet, er wird am wenigsten oxidiert.
- **Schwarzer Tee** (红茶; *hong cha*) Er wird mehr außerhalb Chinas getrunken. Man lässt die Teeblätter vollständig oxidieren, was zu einem kräftigeren Geschmack führt.
- **Oolong-Tee** (乌龙; *wu long*) Bei diesem Tee liegt die Oxidationszeit zwischen den Standardwerten für Grün- und Schwarztee. Oft werden die einzelnen Teeblätter anschließend in winzige Kügelchen gerollt.
- **Nachfermentierter Tee** (黑茶; *hei cha*) Diese Tees werden einer zweiten Oxidation unterzogen, nachdem die Teeblätter fixiert wurden. Das Verfahren ist der Kompostierung nicht unähnlich. Die mit Abstand bekannteste Sorte ist der Pu-Erh, der häufig zu „Teeziegeln: oder „Teekuchen" gepresst wird.
- **Weißer Tee** (白茶; *bai cha*) Junge Blätter oder Teeknospen, die durch leichtes Welken nur minimal oxidieren, bevor der Oxidationsprozess durch Dörren unterbrochen wird.
- **Gelber Tee** (黃茶; *huang cha*) Impliziert in der Regel einen speziellen Tee, der ähnlich wie Grüntee verarbeitet wird, jedoch mit einer langsameren Trocknungsphase, bei der die feuchten Teeblätter ruhen und gelb werden dürfen.
- **Aromatisierter Tee** (香片; *xiang pian*) Tee (in der Regel grüner, machmal auch Oolong), der mit Blüten aromatisiert wird, am häufigsten mit Jasminblüten (茉莉花; *moli hua*). Manchmal werden die Teeblätter auch mit der Blüte zu einem Ball zusammengebunden (und einzeln verkauft), wobei die Blüte dann in der Teeschale „aufblüht".
- **Blütentee** (花茶; *hua cha*) Dieser enthält keine Teeblätter und ist daher koffeinfrei. Stattdessen werden dafür Teile von Blüten wie Chrysanthemen (菊花; *ju hua*) verwendet. Jasmintee ist allerdings kein Blütentee und enthält daher Koffein.

Wo in Beijing Tee trinken?

- Laijinyuxuan Teahouse (S. 91)
- Tangren Teahouse (S. 144)
- Black-Tea Tea Room (S. 115)
- Ehemaliges Wohnhaus von Qi Baishi (S. 103)
- Glockenturm-Teehaus (S. 100)

Tipps rund um den Tee

Beim Teekauf ist zu beachten, dass die Preise in der Regel pro *jin* (斤; 500 g) angegeben sind, während die meisten ihn pro *liang* (两; 50 g) kaufen; beim Kauf *yi liang* (ein *liang*) sagen.

Beim Teetrinken in einem Teehaus kann man sich die Schale oder Kanne so oft man möchte kostenlos mit heißem Wasser wieder auffüllen lassen. Wessen Hände nicht heißwasserbeständig sind, der lässt sich am besten dabei helfen '*jia re shuii*' (加热水; heißes Wasser nachgießen).

MAN FU LOU HOTPOT ¥¥

Karte S. 324 (满福楼; 38 Di'anmennei Dajie; 地安门内大街38号; rohe Zutaten 10–50 Yuan; ⌚11–22 Uhr) Dieses prächtig aussehende, aber preiswerte 20 Jahre alte Hotpot-Restaurant serviert den Mongolischen Hotpot – die milde Version mit Lamm, die aus den Steppen stammt, von Beijing jedoch als Spezialität übernommen wurde. Hier bekommt jeder Gast seinen eigenen kleinen konischen Messingtopf, um darin sein Essen zu garen. Am besten die klare Brühe wählen (*qing tang*; 清汤; 12 Yuan), die nicht scharf ist, und dann aus der Speisekarte (in Englisch und mit Fotos) Portionen roher Zutaten auswählen.

Jeder Gast sollte auch eine kleine Schüssel mit einem Dip aus Sesampaste (小料; *xiao liao*) bestellen, in die man das gegarte Essen vor dem Verzehr eintunkt. Auf dem Tisch sollte ein Kännchen mit Chiliöl (辣椒油; *lajiao you*) stehen (falls nicht, darum bitten). Man kann etwas davon unter die Sesampaste mischen, um sie ein wenig aufzupeppen.

BRIAN MCKENNA @ THE COURTYARD — FUSION ¥¥¥

Karte S. 324 (马克南四合轩; Makenan Sìhexuan; ☎6526 8883; www.bmktc.com; 95 Donghuamen Dajie, 东华门大街95号; Menüs ab 588 Yuan; ⌚11.30–14.30 & 18–22 Uhr; 🚭📄; S Tiananmen East oder Dengshikou) Dieser zehn Jahre alte Klassiker der feinen Beijinger Restaurantszene hat durch den im Vereinigten Königreich geborenen Küchenchef Brian McKenna neuen Auftrieb erhalten. Das Courtyard punktet noch immer mit einer unvergleichlichen Lage in einem Gebäude aus der Zeit der Qing-Dynastie neben dem Wassergraben der Verbotenen Stadt, aber McKenna hat zudem das Innenleben aufgemöbelt (es gibt jetzt mehr Tische mit Blick auf den Wassergraben), ebenso wie die Speisekarte (mit einigen innovativen Kreationen wie seinen Terrakotta-Kriegern aus Schokolade).

Die Kunstgalerie im Untergeschoss wurde in eine noble Zigarrenbar umgewandelt – dort kann man sich vor dem Essen einen Aperitif genehmigen. Reservierung ist empfehlenswert, insbesondere, wenn man einen Tisch mit Blick auf den Palastgraben möchte (die Mauern neben dem Graben werden abends beleuchtet). Es gibt eine Reihe von Menüs (in der Preisspanne von 588–1488 Yuan), auch ein vegetarisches Fünf-Gänge-Menü, man kann aber auch à la carte essen, und es gibt zu allem die passenden Weine.

TEMPLE RESTAURANT — EUROPÄISCH ¥¥¥

Karte S. 324 (嵩祝寺餐厅; Songzhu Si Canting; ☎8400 2232; www.trb-cn.com; Songzhu Temple, 23 Shatanbei Jie, direkt bei der Wusi Dajie, 五四大街沙滩北街23号, 嵩祝寺; Hauptgerichte 200–300 Yuan, Menüs 300–900 Yuan; ⌚11–14 & 17–24 Uhr; 🚭📄; S National Art Museum) Ein exquisites Restaurant, das zusammen mit dem gleichnamigen Hotel auf dem wunderschön renovierten Grund eines nicht mehr genutzten 600 Jahre alten Tempels steht und von dem berühmten Küchenchef Ignace Lecleir eröffnet wurde. Der Service ist tadellos, das Essen – Lachs, Hummer, Taube, Kalb – ist von erstklassiger Qualität (auch wenn einige über die kleinen Portionen motzen), und das Ambiente ist sicherlich einmalig.

Das Temple Restaurant hat außerdem eine der besten Weinkarten in der Stadt. Man kann sich die gesamte Speisekarte einschließlich des Mittagsmenüs für 135 Yuan im Internet anschauen. Reservierung wird empfohlen.

BRATENTENRESTAURANT BEIJING DADONG — PEKINGENTE ¥¥¥

Karte S. 324 (北京大董烤鸭店; Beijing Dadong Kaoyadian; ☎8522 1111; 5. OG, Jinbao Place, 88 Jinbao Jie, 东城区金宝街88号金宝汇购物中心5层; Entenbraten 268 Yuan; ⌚10–23 Uhr; 📄; S Dengshikou) Das ultramoderne Dadong rühmt sich selbst, das einzige Restaurant zu sein, dass Pekingente mit dem vollen Geschmack des klassischen kaiserlichen Gerichts zubereitet, dabei jedoch keinen fetten, sondern vielmehr den magersten Entenbraten in der Hauptstadt serviert. Einige finden die Ente hier ätzend überteuert und alles andere als authentisch. Für andere ist dies das beste Restaurant für Pekingente in China.

Es gibt sieben Filialen in Beijing (und eine in Shanghai): Am zentralsten gelegen sind diese hier am Regent Hotel und eine weitere, die in einem Teil der früheren Kaiserlichen Kornspeicher untergebracht ist. Alle sind gleichermaßen elegant. Anmerkung: Es ist nicht unbedingt der Entenbraten, der hier die Bank sprengt, sondern die anderen Gerichte, so köstlich sie auch schmecken. Beispielsweise zahlt man 102 Yuan für eine mittelgroße Portion kurz gebratener Bohnensprossen – also mit Bedacht bestellen.

AUSGEHEN & NACHTLEBEN

Beim Shoppen auf der Wangfujing findet man vier oder fünf Getränkebuden (geöffnet 8.30–24 Uhr) in der Fußgängerzone, wo die meisten Geschäfte sind. Sie bieten

auch schattige Sitzgelegenheiten und servieren preiswerte Softdrinks und Bier (ab 10 Yuan). Es gibt auch jede Menge Coffeeshops in den beiden wichtigsten Einkaufszentren der Stadt, Oriental Plaza und Beijing apm.

SLOW BOAT BREWERY TAPROOM — BAR

Karte S. 324 (悠航鲜啤; Youhang Xianpi; www.slowboatbrewery.com; 56-2 Dongsi Batiao; 东四八条56–2号; Fassbier 25–55 Yuan; ⌚Di–Do 17–24 Uhr, Fr 17 Uhr–open end, Sa 14 Uhr–open end, So 14–22 Uhr) Das Slow Boat, das sich ein Kopf-an-Kopf-Rennen mit der Great Leap Brewing um den Titel von Beijings beliebtester Fassbier-Bar lieferte, landete schließlich auf dem zweiten Platz, haut aber dennoch einige Biere raus, die absolut zur Spitzenklasse zu zählen sind. In der Regel kommen hier rund ein Dutzend selbst gebraute Biere (Craft Beer) aus dem Zapfhahn – auf der Website stehen Angaben zu jeder einzelnen Sorte – und häufig findet man ihr Label auch in anderen Kneipen der Stadt, die das Bier in Flaschen verkaufen.

Noch keine Ahnung, mit welchem Bier es losgehen soll? Dann am besten die „Staffel" mit fünf oder zehn Sorten bestellen, so kann man eine Auswahl an Bieren in Gläsern mit halber Füllmenge durchprobieren. Auch Cocktails und Softdrinks werden hier ausgeschenkt, und Snacks können ebenfalls bestellt werden. Der Nachteil dieses Lokals ist der Pommes-und-Ketchup-Geruch, der hier häufig in der Luft liegt.

WHAT? BAR — BAR, LIVEMUSIK

Karte S. 324 (什么酒吧; Shenme? Jiuba; ☎133 4112 2757; 72 Beichang Jie, 北长街72号, 故宫西门往北; Biere ab 20 Yuan; ⌚15–24 Uhr; ⓢTiananmen West, weiter mit Bus 5) Wer gerne auf Tuchfühlung mit den Bands geht, sollte dieses Lokal aufsuchen, das leicht übersehen wird. Das heißt nicht, dass dies der Himmel auf Erden für Groupies wäre. Es ist eher so, dass die Kneipe so klein ist, dass die Zuhörer praktisch bei den Musikern auf der Bühne sitzen. Freitags und samstags treten hier Bands auf (manchmal zusätzlich auch donnerstags und sonntags), und es ist eine gute Gelegenheit, örtliche Nachwuchstalente zu erleben.

Man kann aber auch einfach nur am Spätnachmittag herkommen, um in aller Ruhe etwas zu trinken. Wenn ein Gedeck berechnet wird, werden dafür rund 30 Yuan fällig, dabei ist jedoch ein Getränk inbegriffen.

ALLEY COFFEE — CAFÉ

Karte S. 324 (寻常巷陌咖啡厅; Xunchang Xiangmo Kafei Ting; Ecke Jingshan Dongjie & Shatan Houjie, 景山东街，沙滩后街61号; ⌚8.30–23 Uhr; 📶; ⓢNanluoguxiang oder National Art Museum) Dieses schnuckelige, touristenfreundliche Innenhof-Café eignet sich perfekt für eine Kaffeepause nach dem Besuch der Verbotenen Stadt oder des Jingshan-Parks. Es liegt schräg gegenüber vom Osttor des Jingshan-Parks, hat ein freundliches, Englisch sprechendes Personal und serviert frischen Kaffee (ab 25 Yuan), kaltes Bier und eine Mischung aus chinesischem

ⓘ TRICKBETRÜGER & DIE TEEHAUS-MASCHE

Uns erreichen immer wieder E-Mails von Pechvögeln, die in Beijing betrogen wurden. Mit Abstand am bekanntesten ist die Betrugsmasche mit der Teezeremonie: Touristen werden eingeladen (häufig von jungen Damen und manchmal unter dem Deckmäntelchen einer Führung vor Ort), in einem Teehaus Tee zu trinken, und erhalten anschließend eine Rechnung über mehrere Hundert Dollar. Viele Reisende bezahlen und realisieren erst später, dass sie massiv hereingelegt wurden. Tiananmen-Platz und Wangfujing Dajie sind die beiden Örtlichkeiten, an denen Ausländer bekanntermaßen gezielt ausgesucht werden. Als Richtwert kann man sich merken, dass eine Kanne Tee (für mindestens vier Personen) normalerweise zwischen 100 und 400 Yuan kostet, je nach Qualität des Tees. In der Regel sollte man den Preis von Speisen oder Getränken immer genau nachprüfen, bevor man etwas bestellt.

Ausländer werden am Tiananmen-Platz und in der Wangfujing Dajie auch immer wieder routinemäßig von „Kunststudenten" belästigt, die sie ködern wollen, in Ausstellungen überteuerter Kunstwerke zu gehen. Man sollte immer misstrauisch bleiben, wenn einen auf der Straße jemand in gutem Englisch anspricht, bis man sicher ist, dass wirklich nur eine Unterhaltung gewünscht wird.

und westlichem Essen inklusive eines herzhaften Frühstücks (bis 11 Uhr). Hier kann man auch Fahrräder ausleihen (50 Yuan pro Tag, Kaution 600 Yuan), und es gibt kostenloses WLAN.

★LAIJINYUXUAN TEAHOUSE TEEHAUS

Karte S. 322 (来今雨轩茶社; Laijinyuxuan Chashe; im Zhongshan-Park; 中山公园, Zhongshan Gongyuan; Tee pro Schale 38 Yuan, chinesische Biskuitkekse pro Portion 20 Yuan; ⌚9–21 Uhr) Dieses 100 Jahre alte Teehaus auf dem Gelände des Zhongshan-Parks hat in der Ostecke des Parks eine große Terrasse und ist ein angenehmer Ort, um eine Schale vom besten chinesischen Tee zu probieren. Einige bekannte Schriftsteller, Intellektuelle und Revolutionäre kamen hierher, um abzuhängen. Heute sind es natürlich überwiegend Touristen.

Für eine Kanne Tee zahlt man zwischen 180 und 380 Yuan, man bekommt aber auch eine Schale für weniger als 40 Yuan und kann diese, wie überall, so oft man möchte mit heißem Wasser wieder auffüllen lassen. Die traditionellen chinesischen Biskuitkekse (20 Yuan für 4 Stück) sind lecker und passen wunderbar zum Tee. Englische Teekarte.

OASIS CAFÉ CAFÉ

Karte S. 322 (绿洲咖啡; Luzhou Kafei; 1 Jingshan Qianjie, 景山前街1号; Kaffee 20 Yuan, Tee 30 Yuan, Bier 18 Yuan, Sandwiches 25 Yuan; ⌚8–21 Uhr) Eine angenehme Option für eine Pause nach dem Besuch der Verbotenen Stadt. Das Oasis hat keinen Innenhof (es gibt allerdings ein paar Tische auf dem Gehsteig), der Kaffee und der chinesische Tee (plus Cheesecake) sind aber gut und die freundliche Geschäftsleitung spricht Englisch.

☆ UNTERHALTUNG

KONZERTHALLE DER VERBOTENEN STADT KLASSISCHE MUSIK

Karte S. 322 (中山公园音乐堂; Zhongshan Gongyuan Yinyue Tang; ☎6559 8285; Zhongshan Park, 中山公园内; Tickets 30–880 Yuan; ⌚Konzertbeginn 19.30 Uhr; Ⓢ Tiananmen West) Ein wunderschöner, romantischer Veranstaltungsort für Konzerte klassischer und traditioneller chinesischer Musik an der Ostseite des Zhongshan-Parks. Ausgezeichnete Akustik.

CHANG'AN GRAND THEATRE PEKINGOPER

Karte S. 324 (长安大戏院; Chang'an Daxiyuan; ☎5166 4621; Chang'an Bldg, 7 Jianguomennei Dajie, 建国门内大街7号; Tickets 50–800 Yuan; ⌚Vorstellungsbeginn 19.30 Uhr; Ⓢ Jianguomen) Dieses große Theater mit dem unverkennbaren Modell einer Maske der Pekingoper vor dem Eingang bietet ein authentisches Erlebnis mit einem gebildeten Publikum, das sich während der täglichen Vorstellungen von Klassikern der Pekingoper sachkundig unterhält – ein Ort für Kenner, auch wenn auf einer Bühnenseite normalerweise englische Untertitel eingeblendet werden.

Eine Matinée, falls denn eine auf dem Programm steht, beginnt um 14 Uhr, die Abendvorstellungen um 19.30 Uhr. Die meisten Vorstellungen dauern rund zwei Stunden. Tickets direkt an der Theaterkasse kaufen. Die Vorstellungen sind selten komplett ausverkauft, gelegentlich allerdings die billigeren Plätze. Zu beachten: Bei einem Programmwechsel kann es vorkommen, dass ein paar Tage lang keine Vorstellungen stattfinden.

STAR CITY KINO

Karte S. 324 (新世纪影城; Xinshiji Yingcheng; ☎8518 5399; Untergeschoss, Oriental Plaza, 1 Dongchang'an Jie, 东长安街1号东方广场地下一层; Englischsprachige Filme ab 80 Yuan; Ⓢ Wangfujing) Dieses Kino mit sechs Sälen innerhalb des Oriental Plaza an der Wangfujing zeigt immer mindestens einen englischsprachigen Film.

SHOPPEN

Einheimische, Auswärtige und Touristen strömen in die Wangfujing Dajie, eine prestigeträchtige, teilweise als Fußgängerzone gestaltete Einkaufsstraße, die in den letzten Jahren eine dringend nötige Verschönerung erfahren und nun auch Hochglanz-Shopping-Malls zu bieten hat, wo hochrangige Marken ebenso vertreten sind wie Unmengen billiger Souvenir-Outlets.

ORIENTAL PLAZA EINKAUFSZENTRUM

Karte S. 324 (东方广场; Dongfang Guangchang; ☎8518 6363; 1 Dongchang'an Jie, 东长安街1号; ⌚10–22.30 Uhr; Ⓢ Wangfujing) In dem ausgedehnten, modernen und äußerst beliebten Einkaufszentrum sind Mittelklasse- und

Top-Modemarken aus Asien und dem Westen ebenso vertreten sind wie eine breite Palette an Imbissständen und westlichen Coffeeshops.

BEIJING APM EINKAUFSZENTRUM

Karte S.324 (新东安广场; Xindong'an Guangchang; ⏲9–22 Uhr) Im Erdgeschoss wird dieses moderne, sechsstöckige Einkaufszentrum von dem großen Apple Store beherrscht, der sich über zwei Etagen erstreckt. Hier findet man die wohlbekannten Klamottenläden (Zara, H&M, Gap), Uhrengeschäfte, Supermärkte, Restaurants und Cafés.

★CELADON STORY PORZELLAN

Karte S.322 (青瓷故事馆; Qīngcí Gushi Guan; 49 Donghuamen Dajie; 东华门大街49号; ⏲10–19 Uhr) In diesem reizenden kleinen Porzellangeschäft findet man ausgesuchte Stücke aus Chinas berühmtem, jadeähnlichem blassgrünen Porzellan. Kleine Teeschalen gibt es für 30 Yuan, ein komplettes Teegeschirr ab rund 300 Yuan. Das Personal spricht Englisch und ist nicht aufdringlich. Auf diesem Straßenabschnitt gibt es noch ein paar weitere Teeläden, wo man Tee, Teegeschirr und weitere Utensilien erwerben kann.

★SLOW LANE TEE, KLEIDUNG

Karte S.324 (细活裡; Xi Huo Li; 13 Shijia Hutong; 史家胡同13号; ⏲10–20 Uhr) Versteckt im historischen *hutong* Shijia liegt dieser ruhige, verführerische Laden, in dem schönes, handgefertigtes Teegeschirr und hochwertiger Tee sowie elegante Kleidung verkauft werden, vieles davon aus tibetischer Yak-Wolle. Ein Teeservice gibt es ab etwa 500 Yuan.

FREMDSPRACHIGE BUCHHANDLUNG BÜCHER

Karte S.324 (外文书店; Waiwen Shudian; 235 Wangfujing Dajie, 王府井大街235号; ⏲9.30–21.30 Uhr; Ⓢ Wangfujing) Dieser Buchladen hat eine gute Auswahl an englischsprachigen Romanen (Erdgeschoss) im Sortiment sowie eine Menge Bücher über chinesische Geschichte, Kunst und Architektur. Auch die Kinderbuchabteilung (Obergeschoss) ist ordentlich bestückt. Zudem gibt es Hunderte von Lonely-Planet-Reiseführern (allerdings keinen über China), und man kann in diesem Laden ebenfalls gut sowohl Postkarten als auch Stadtpläne von Beijing erwerben.

HUTLADEN SHENG XI FU HÜTE

Karte S.324 (盛锡福; Sheng Xi Fu; 196 Wangfujing Dajie; 王府井大街196号; ⏲8.30–21 Uhr) Es hieß einmal, wer wirklich etwas auf sich halte, würde nur Schuhe von Neiliansheng (S.155), Seide von Ruifuxiang (S.154) und Hüte von Sheng Xi Fu tragen. Sheng Xi Fu ist Chinas berühmtester Hutmacher. Die erste Niederlassung wurde 1911 in der Stadt Qingdao eröffnet, und seither wärmen die Hüte dieses Herstellers die Rüben der Chinesen.

Der Vorsitzende Mao bezog von hier seine berühmten Mützen, für rund 70 Yuan bekommt man eine hochwertige Nachbildung davon. Es gibt dicke Wintermützen (ab 150 Yuan) – perfekt geeignet für die Verhältnisse in Beijing Mitte Januar – sowie Fellhüte im russischen Stil, wobei einige Modelle einen um ein paar Tausend Yuan ärmer machen. Diese Filiale auf der Wangfujing ist eine von vielen. Eine andere Filiale etwas nördlicher hat auch ein kleines Hutmuseum, das man kostenlos besichtigen kann (S.82).

HAOYUAN-MARKT SOUVENIRS

Karte S.324 (豪园市场, Haoyuan Shichang; direkt westl. der Wangfujing Dajie, 王府井大街西侧; Ⓢ Wangfujing) Dieser kleine, quirlige Souvenirmarkt zweigt direkt von der Wangfujing Snack Street ab. Jede Menge Mao-Memorabilien, Pandas und Buddhas sowie weiterer billiger Touristenramsch. Wenn man es jedoch eilig hat und in letzter Minute noch etwas braucht, wird man vielleicht fündig. Feilschen ist ein Muss.

SPORT & AKTIVITÄTEN

BIKE BEIJING RADFAHREN

Karte S.324 (康多自行车租赁; Kangduo Zìxingche Zulin; ☎6526 5857; www.bikebeijing.com; 34 Donghuangchenggen Nanjie, 东皇城根南街34号; ⏲9–18 Uhr; Ⓢ China Museum of Art) Verleih einer Auswahl hochwertiger Fahrräder wie Mountainbikes (200 Yuan), Rennräder (400 Yuan) und normaler Citybikes (100 Yuan). Organisiert auch geführte Radtouren durch die Stadt (Halbtagestour ab 300 Yuan pro Person) und darüber hinaus, auch Touren zur Großen Mauer (900–1800 Yuan pro Person).

Die Tourenführer und die Verkäufer sprechen Englisch. Sie stellen auch Helme

INSIDERWISSEN

IN EINER REIHE

Fitness-Tanz ist in Beijing, ebenso wie im übrigen China, sehr beliebt. Es gibt verschiedene Formen, am weitesten verbreitet ist jedoch eine Art Line Dance, bei dem viele Leute (normalerweise Frauen mittleren Alters) synchron zu patriotischer Musik tanzen, die aus einem Lautsprecher erschallt. Dies dient vor allem der Fitness, eine weitere Motivation ist jedoch, traditionelle Tanzschritte weiterhin zu pflegen und das Gemeinschaftsgefühl zu stärken.

Die Gruppen versammeln sich in Grünanlagen und auf öffentlichen Plätzen oder auch einfach an einer breiteren Stelle des Gehsteigs, entweder frühmorgens oder, häufiger, am frühen Abend. Die Tänzer stellen sich in der Regel selbsttätig in Reih und Glied auf, wobei die Geübtesten vorne stehen und Anfänger (und ausländische Touristen) sich brav nach hinten stellen und versuchen, die Schritte nachzumachen. Regelmäßige Teilnehmer freuen sich immer über Gäste – einfach (hinten) einreihen und mitmachen.

Die besten Plätze für Formationstanz im Zentrum von Beijing sind der Platz vor der St.-Josephs-Kirche (S. 79), der kleine Platz am Straßenrand, der als **Ruinenpark der Kaiserstadt** (皇城根遗址公园; Huangchenggen Yizhi Gongyuan; Karte S. 324) bekannt ist, und der große **Platz** (Karte S. 328) zwischen Trommelturm und Glockenturm (hier waren zum Zeitpunkt unserer Recherche allerdings Renovierungsarbeiten im Gange).

(20 Yuan), Kindersitze (50 Yuan), Kinderanhänger (100 Yuan) und wirksame Fahrradschlösser (kostenlos) zur Verfügung. Die Preise gelten für den ersten Tag, an den Folgetagen halbieren sie sich. Je nach Fahrrad muss eine Kaution zwischen 500 und 2000 Yuan hinterlegt werden. Alternativ gibt man eine Kopie des Passes ab und nennt die genaue Adresse, unter der man vor Ort wohnt.

KUNG-FU-SCHULE MILUN — KAMPFSPORT

Karte S. 324 (北京弥纶传统武术学校, Beijing Milun Chuantong Wushu Xuexiao; ☎138 1170 6568; www.kungfuinchina.com; 33 Xitangzi Hutong, 西堂子胡同33号; Kursteilnahme 100 Yuan, 8er-Karte 600 Yuan; ⏲ Mo & Do 7–20.30 Uhr, Sa & So 5–18.30 Uhr; S Dengshikou) Hier gibt es Kurse zu verschiedenen Formen der traditionellen chinesischen Kampfsportarten in einem historischen Wohnhof in der Nähe des Wangfujing-Shopping-Bezirks. Im Sommer, vor allem im August, werden die Kurse im Ritan-Park abgehalten. Angeboten werden offene Kurse zu festen Zeiten, man kann aber auch Einzelunterricht vereinbaren. Der Unterricht erfolgt auf Chinesisch, aber mit einem englischen Dolmetscher.

Anmerkung: Der Hof wurde zum Zeitpunkt unserer Recherchen umfassend renoviert, sollte inzwischen jedoch wieder geöffnet sein. Man kann nur hoffen, dass von seinem Alt-Beijinger Charme nichts verloren gegangen ist.

DRAGONFLY THERAPEUTISCHES SPA — MASSAGE-BEHANDLUNGEN

Karte S. 324 (悠庭保健会所; Youting Baojian Huisuo; ☎6527 9368; www.dragonfly.net.cn; 60 Donghuamen Dajie, 东华门大街60号; ⏲11–23 Uhr; S Tian'anmen East) Ideal für eine Fußmassage nach der stundenlangen Lauferei durch die Verbotene Stadt. Der beliebte Laden bietet vielfältige Behandlungen zum Stressabbau an. Die zweistündige Hangover-Relief-Massage (358 Yuan) ist selbsterklärend, das richtige Rundum-Wohlfühlpaket jedoch nennt sich Royal Delight (538 Yuan), dabei sind zwei Masseure gleichzeitig am Werk. Eine einstündige Standard-Körper- oder Fußmassage kostet 188 Yuan.

JINGSHAN TISCHTENNIS-PARK — TISCHTENNIS

Karte S. 324 (东城全民健身第一园; Dongcheng Quanmin Jianshen Diyi Yuan; Jingshan Houjie, 景山后街; ⏲6–22 Uhr; S Nanluoguxiang oder Beihai Nord) Diese kleine Übungsanlage hat fünf kostenlos nutzbare Tischtennisplatten im Freien, wo einige heiße Ping-Pong-Partien ausgetragen werden. Nur die Tische werden gestellt. Die Spieler müssen Netz, Schläger und Bälle selbst mitbringen. Stammgäste – alle ausgesprochen scharf darauf, Ausländern zu zeigen, wer in Sachen Tischtennis die Welt regiert – bieten einem meist an, mitzuspielen und leihen dann auch die Schläger aus. Wer jedoch sein eigenes Match austragen möchte, bekommt in der 2. Etage des nahe gelegenen Tian-Yi-Markts (S.118) auch ein billiges Tischtennisset.

KÖNIGLICHES TENNIS-ZENTRUM TENNIS

Karte S.322 (皇家网球场; Huangjia Wangqiuchang; ☎6512 2856; Kulturpalast der Werktätigen, Osttor; 劳动人民文化宫东门, Laodong Renmin Wenhua Gong Dongmen; Mo–Fr 6–17 Uhr pro Stunde 80 Yuan, Sa & So 100 Yuan, Mo–Fr 17–24 Uhr 100 Yuan, Sa & So 120 Yuan; ⏲6–24 Uhr)
Hier können die Grundschläge nur ein paar Ballwürfe von der Verbotenen Stadt entfernt in dem kleinen Outdoor-Tenniszentrum in einmaliger Lage geübt werden. Die beiden Plätze befinden sich auf dem Gelände des Kaiserlichen Ahnentempels, einem als Kulturpalast der Werktätigen bekannten Park. Es gibt Umkleidekabinen, man muss die gesamte Ausrüstung jedoch selbst mitbringen.

Durch das Osttor in den Park gehen, dann steht man direkt vor dem Tenniszentrum. Das Osttor bleibt für die Tennisspieler bis spätnachts geöffnet.

Trommelturm & Nord-Dongcheng

Highlights

❶ Sich in dem labyrinthartigen Netz der historischen ***hutongs*** (Gassen) verlieren oder unseren *hutong*-Spaziergang ausprobieren (S.102)

❷ Durch die mit Weihrauch gefüllten Hallen und Höfe des **Lamaklosters** (S.97), Beijings größtem und imposantestem buddhistischen Tempel, streifen

❸ Einer Trommelvorführung in dem prachtvollen alten **Trommelturm** (S.99) lauschen und dann seinen ebenso eindrucksvollen Nachbarn, den **Glockenturm** (S.100), besteigen

❹ Die kitschig-hübschen Boutiquen auf der **Nanluogu Xiang** (S.101) durchstöbern und dann in einem der **Innenhof-Cafés** eine Kaffeepause einlegen

❺ Sich eine Lokalband in einer der vielen hervorragenden **Livemusik**-Lokalitäten in diesem Teil der Stadt anhören – als Ausgangspunkt bietet sich das **Jiang Hu** (S.115) an.

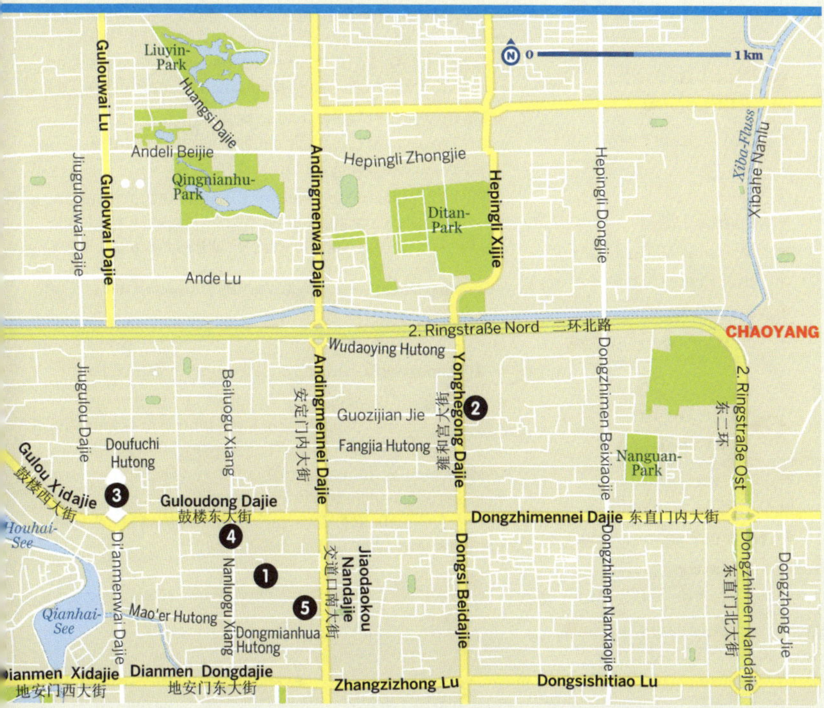

Mehr Details s. Karte S. 328

Top-Tipp

Es lohnt sich, ein Fahrrad zu mieten oder gar ein Secondhand-Rad zu erstehen; bei der Abreise kann man es verschenken. Mit dem Fahrrad lässt sich die Stadt am besten entdecken, und es gibt keine bessere Art, die *hutongs* zu erkunden.

Gut essen

- Vegetarisches Restaurant Baihe (S. 107)
- Yaoji Chaogan (S. 104)
- Zhang Mama (S. 105)
- Rong-Tian-Schafrücken (S. 105)
- Dali Courtyard (S. 110)
- Ghost Street (S. 108)

Mehr dazu s. S. 104

Schön ausgehen

- Great Leap Brewing (S. 110)
- El Nido (S. 111)
- Za Jia (S. 111)
- Irresistible Café (S. 114)
- Other Place (S. 114)
- Mai (S. 114)

Mehr dazu s. S. 110

Die beste Livemusik

- Jiang Hu (S. 115)
- Jiang Jin Jiu (S. 115)
- Yugong Yishan (S. 115)
- Temple Bar (S. 115)
- Mao Livehouse (S. 116)

Mehr dazu s. S. 115

Erkundungstour

Dieses *hutong*-reiche Viertel umfasst den nördlichen Bereich von Beijings historischem Distrikt Dongcheng (东城). So angenehm wie hier können Reisende nirgends sonst in der Hauptstadt unterkommen. Einfach ein Zimmer in einem *hutong*-Hostel oder einem der prächtigen Hofhotels suchen und das zauberhafte Viertel für eine Weile genießen.

Zwar gibt es hier weniger berühmte Sehenswürdigkeiten als in Dongcheng-Zentral, doch zu entdecken gibt es auch hier genug. Am schönsten ist es, sich beim ziellosen Umherstreifen in den Gassen zu verlieren.

Die hübschen Gassenboutiquen der Nanluogu Xiang verlocken zum Shoppen, was das Herz begehrt, und danach kann man in einem *hutong*-Café die Beine langmachen oder in einem umgebauten Hof etwas essen.

Abends verwandelt sich die Gegend in die schönste Ausgehmeile der Stadt. Die Bars hier sind eher cool als lärmig und liegen oft versteckt und schwer zu finden in den *hutongs*. In manchen kann man die angesagtesten Lokalbands live spielen hören.

Lokalkolorit

- **Essen** Um wirklich authentisches Beijinger Essen zu probieren, wird am besten zuerst unsere Beijing-Speisekarte (S. 106) studiert und dann nichts wie hin ins Yaoji Chaogan (S. 104) zu einigen Teigtaschen und Schweinelebereintopf oder ins Rong Tian (S. 105) für einen saftigen Hotpot mit Schafsrücken.
- **Musik** Was die Stadtjugend so hört und spielt, kann man sich in Lokalen mit Livemusik anhören wie dem Jiang Hu (S. 115) oder dem Jiang Jin Jiu (S. 115).
- **Parks** Zuerst im Ditan-Park (S. 101) beim Drachensteigen zuschauen und dann zusammen mit den Massen im Outdoor-Wasserpark im Qingnian-Hu-Park (S. 119) Abkühlung suchen.

Anfahrt

- **U-Bahn** Linien 2, 5, 6 und 8 bieten gute Verbindungen.
- **Bus** Bus 107 verbindet den Trommelturm mit dem Verkehrsknotenpunkt Dongzhimen. Bus 5 fährt vom Trommelturm nach Süden, vorbei am Beihai- und Jingshan-Park, an der Westseite der Verbotenen Stadt entlang und weiter zum Qianmen am südlichen Ende des Tiananmen-Platzes. Bus 113 fährt von der Andingmennei Dajie nach Süden und dann nach Osten zum Arbeiterstadion und nach Sanlitun.

HIGHLIGHTS LAMAKLOSTER

Beijings bedeutendster buddhistischer Tempel, das Lamakloster (雍和宫; Yonghe Gong), ist einer der schönsten tibetisch-buddhistischen Tempel außerhalb Tibets. Mit seinen drei verzierten Torbögen und fünf Haupthallen (jede größer als die vorhergehende), seinen Gebetsmühlen (im Uhrzeigersinn zu drehen), seinen bunten Fliesen, seinen chinesischen Löwen, Tantra-Statuen und Stelen mit mongolischen, mandschurischen, tibetischen und chinesischen Inschriften bietet der Tempel eine Einführung in die tibetisch-buddhistische Lehre.

NICHT VERSÄUMEN

- 18 m großer Sandelholz-Buddha
- Ausstellung im Jietai Lou
- Ausstellung im Banchan Lou

PRAKTISCH & KONKRET

- Karte S. 328
- 28 Yonghegong Dajie
- Eintritt 25 Yuan, englischer Audioguide 50 Yuan
- 9–16.30 Uhr
- S Yonghegong-Lamakloster

Geschichte

Einst war der Tempel Residenz des Prinzen Yin Zhen, der 1723 Kaiser wurde und damit seinen Wohnsitz in die Verbotene Stadt verlegte. Sein Name wurde auf Yongzheng geändert, und die Residenz wurde zum Yonghe-Palast (Yonghe Gong). 1744 wurde er zum Lamakloster umgewandelt und bot Mönchen aus der Mongolei und Tibet eine Heimstatt.

1792 errichtete Kaiser Qianlong, nachdem er einen Aufstand in Tibet niedergeschlagen hatte, ein Verwaltungssystem, bei dem zwei goldene Urnen eine Rolle spielten. Eine kam in den Tempel Jokhang in Lhasa und wurde zur Bestimmung der Reinkarnation des Dalai Lama verwendet, die andere wurde im Lamakloster für die Wahl des Panchen Lama verwahrt. So gewann das Lamakloster neue Bedeutung für die Kontrolle ethnischer Minderheiten.

Premierminister Zhou Enlai griff ein, als die Roten Garden bei ihrem Bildersturm den Tempel ins Visier nahmen. Heute ist der Tempel wieder ein Ort der Andacht und zieht Pilger aus dem ganzen Land an. Hier finden sich viele Gläubige, die sich in seinen Hallen niederwerfen.

AUSSTELLUNGEN IN DEN NEBENHALLEN

Nicht entgehen lassen sollte man sich die Sammlung bronzener tibetisch-buddhistischer Statuen im **Tempel Jietai Lou** (戒台楼). Die meisten Abbilder stammen aus der Qing-Dynastie, von verträumten Darstellungen der Grünen und der Weißen Tara bis hin zu exotischen tantrischen Stücken (z. B. Samvara) und Statuetten des grimmig schauenden Mahakala. Interessant ist auch die Sammlung tibetisch-buddhistischer Ornamente im **Tempel Banchan Lou** (班禅楼): hier gibt es ein fantastisches Aufgebot von *dorje* (tibetischen rituellen Zeptern), Mandalas und tantrischen Figuren und eine beeindruckende Auswahl zeremonieller Roben aus Seide und Satin.

Fotografieren ist in den Tempelgebäuden nicht gestattet, aber im Rest der Anlage kann man sich nach Herzenslust austoben. Englischsprachige Führer (80 Yuan) warten in dem Büro links vom Eingangstor oder in der Nähe des Tempeleingangs.

Yonghe-Tor

Die erste Halle (雍和门; Yonghe Men), birgt eine Statue von Maitreya, dem zukünftigen Buddha, flankiert von himmlischen Wächtern. Darüber hängt ein Paneel mit den Zeichen 心明妙现: „Wenn das Herz hell ist, wird der Herrliche erscheinen."

Im Hof dahinter liegt ein Teich mit einem bronzenen Mandala, welches das buddhistische Paradies darstellt. Die Halle rechts hinter dem Yonghe-Tor, die **Halle der Esoterischen Lehre** (密宗殿; Mizong Dian), gibt einen Einblick in die verworrenere Natur des Tempels. Dort steht die grimmige, vielarmige Gottheit Deweidejingang. Gegenüber liegt die **Halle der Auslegung der Sutras** (讲经殿; Jiangjing Dian), wo studiert und rezitiert wurde.

Halle der Harmonie

Friedvolle Andacht herrscht in der zweiten Halle (雍和殿; Yonghe Dian), mit ihrer Dreieinigkeit vergoldeter Statuen, die für den früheren, den jetzigen und den zukünftigen Buddha stehen.

Halle der Ewigen Hilfe

Die dritte Halle (永佑殿; Yongyou Dian) enthält Statuen von den Buddhas der Langlebigkeit und der Medizin (links). In der **Östlichen Seitenhalle** (东配殿; Dongpei Dian) finden sich kobaltblaue Buddhas und riesige hundeartige Kreaturen. Die tantrischen Statuen wurden teilweise verhüllt, um den Geschlechtsakt zu verdecken.

Halle des Rades des Gesetzes

Die vierte Halle (法轮殿; Falun Dian) beherbergt die Statue eines lächelnden Tsong Khapa (1357–1419), des Begründers des Gelukpa- oder Gelbmützen-Ordens, ganz in Gelb und von einem Oberlicht erleuchtet. Ebenfalls in der Halle befindet sich ein Thron, auf dem der Dalai Lama saß, wenn er lehrte.

Pavillon des 10 000-fachen Glücks

In der letzten Halle (万福阁; Wanfu Ge) befindet sich eine 18 m hohe Statue des Maitreya-Buddha im tibetischen Stil, gekleidet in gelben Satin und angeblich aus einem einzigen Stück Sandelholz gefertigt. Hinter der Statue liegt die **Kammer des Avalokiteshvara** (观音洞; Guanyin Dong), aus der eine kleine, blaugesichtige Statue der Guanyin hervorlugt. Der Pavillon des 10000-fachen Glücks ist durch einen Hochsteg mit dem **Yansui-Pavillon** (延绥阁; Yansui Ge) verbunden. Dieser umschließt eine Lotosblume, die eine Statue des Buddhas der Langlebigkeit birgt. Hinter dem Pavillon versammeln sich Anhänger der Weißen und Grünen Tara in der **Suicheng-Halle** (绥成殿; Suicheng Dian).

HIGHLIGHTS TROMMELTURM

Zusammen mit dem älter aussehenden Glockenturm, der dahinter steht, war der prachtvolle, rot bemalte Trommelturm (鼓楼; Gulou) früher der offizielle Zeitmesser der Stadt, in dem zu bestimmten Tageszeiten Trommeln geschlagen und Glocken geläutet wurden; der Turm war im Grunde so etwas wie der Big Ben von Beijing.

Der Trommelturm wurde 1272 erbaut und bezeichnete einst den Mittelpunkt der mongolischen Hauptstadt Dadu, wie Beijing damals hieß. Dieser erste Bau fiel einem Brand zum Opfer. 1420 wurde er etwas weiter östlich wieder aufgebaut. Der jetzige Bau ist eine Version dieses Turms von 1420 aus der späten Ming-Dynastie.

Wer sich die steilen Stufen innen hochkämpft, wird mit einem weiten Blick über die grau gedeckten Dächer in den umgebenden *hutong*-Gassen belohnt. Wohl den besten Blick auf den Trommelturm hat man von der Spitze des Glockenturms aus. Leider gilt das umgekehrt aber nicht, weil Besucher keinen Zutritt zu der nach Norden gewandten Seite der Trommelturm-Galerie haben.

Eine Turmbesteigung lohnt sich aber trotzdem, besonders wenn sie mit einer der regelmäßigen Trommelvorführungen zusammenfällt. Sie finden auf Reproduktionen der 25 Wachtrommeln der Ming-Dynastie statt, die in diesem Teil der Stadt ertönten. Die Ausstellung enthält eine der ursprünglich 25 Trommeln – die staubige, ramponierte und abgenutzte Trommel der Nachtwache (更鼓; Genggu). Zu sehen ist außerdem eine Replik einer Wasseruhr aus der Song-Dynastie, die im Turm zwar nie benutzt wurde, aber trotzdem interessant ist.

Die Zeiten der Trommelvorführungen, die nur wenige Minuten dauern, werden vom Ticketbüro bekannt gegeben. Zum Zeitpunkt der Recherche galten folgende Zeiten: 9.30 Uhr, 10.30 Uhr, 11.30 Uhr, 13.30 Uhr, 14.30 Uhr, 15.30 Uhr und 16.45 Uhr.

NICHT VERSÄUMEN

- Trommelvorführung
- Trommel der Nachtwache

PRAKTISCH & KONKRET

- Karte S. 328
- Gulou Dongdajie
- Eintritt 20 Yuan, kombiniert mit einer Karte für den Glockenturm 30 Yuan
- ⏲9–17 Uhr, letzte Tickets 16.40 Uhr
- S Shichahai oder Gulou Daijie

MARKMAGNUM / GETTY IMAGES ©

HIGHLIGHTS
GLOCKENTURM

Der schlichte Bau des Glockenturms (钟楼; Zhonglou) aus grauem Stein ist noch reizvoller als seine prächtige bessere Hälfte, der Trommelturm, nach dem diese Gegend benannt ist. Außerdem hat man von einem Balkon aus einen schönen Blick auf seinen Turmkollegen.

Zusammen mit den Trommeln im Trommelturm dienten die Glocken im Glockenturm während der Yuan-, Ming- und Qing-Dynastie und noch bis 1924 als Beijings offizielle Zeitmesser. Der Glockenturm wirkt älter als der Trommelturm, vielleicht weil er nicht bemalt ist. Tatsächlich sind beide gleich alt. Auch der Glockenturm entstand in der mongolischen Yuan-Dynastie, 1272, und wurde in den 1440er-Jahren wieder aufgebaut, nachdem er einem Brand zum Opfer gefallen war. Der aktuelle Bau stammt aus dem Jahr 1745.

Wie den Trommelturm kann man auch den Glockenturm über eine unglaublich steile Innentreppe besteigen. Die Ausblicke sind hier sogar noch besser, da der Bau weiter zurückversetzt in den umliegenden *hutongs* steht und weil man vom Aussichtsbalkon tolle Fotos vom Trommelturm machen kann. Zu bestaunen ist zudem die 600 Jahre alte und 63 Tonnen schwere Glocke, die im unrestaurierten Inneren hängt. Chinesische Glocken haben übrigens keine Klöppel, sondern werden stattdessen mit kräftigen Schlägeln von außen geschlagen.

Im Erdgeschoss des Turms (Südseite) befindet sich das **Bell Tower Tea House**, wo man eine Auswahl chinesischer Tees probieren (pro Person pro Stunde 50 Yuan) und auch Tee und Teegeschirr kaufen kann.

Der Trommel- und Glockenplatz zwischen beiden Türmen eignet sich wunderbar zum Leutebeobachten, sodass es sich lohnt, hier eine Weile zu verbringen, auch wenn man keinen der beiden Türme besteigen möchte. Es gibt hier auch ausgezeichnete Kneipen und Cafés, einige mit Dachaussicht über den Platz. Abends werden beide Türme wunderschön beleuchtet. Zum Zeitpunkt unserer Recherchen stand eine Sanierung des Platzes an.

NICHT VERSÄUMEN

- Die 63 Tonnen schwere Glocke
- Blick auf den Trommelturm

PRAKTISCH & KONKRET

- Karte S. 328
- Gulou Dongdajie
- Eintritt 20 Yuan, für beide Türme 30 Yuan
- 9–17 Uhr, letzter Einlass 16.40 Uhr
- S Shichahai oder Gulou Dajie

SEHENSWERTES

LAMAKLOSTER BUDDHISTISCHER TEMPEL

Siehe S.97.

TROMMELTURM HISTORISCHE STÄTTE

Siehe S.99.

GLOCKENTURM HISTORISCHE STÄTTE

Siehe S.100.

KONFUZIUSTEMPEL & KAISERLICHE AKADEMIE KONFUZIANISCHER TEMPEL

Karte S.328 (孔庙、国子监; Kong Miao & Guozijian; 13 Guozijian Jie; Eintritt 30 Yuan, Audioguide 30 Yuan; ⌚ 8.30–17.30 Uhr; S Yonghegong-Lama Temple) Einen Räucherstäbchenwurf vom Lamakloster entfernt steht Chinas zweitgrößter konfuzianischer Tempel, der in den letzten Jahren aufgemöbelt wurde, wobei der Eindruck einer fast jenseitigen Entrückung unverändert weiterbesteht. Hier herrscht eine große Gelassenheit, und die Tatsache, dass hier keine kultische Verehrung mehr stattfindet, verstärkt das Gefühl, die Zeit sei stehen geblieben. In seiner Ruhe und Abgeschiedenheit kann der Tempel eine angenehme Auszeit von Beijings häufig überfüllten Straßen bieten – ein Hafen des Friedens und der Ruhe.

Vorsintflutliche *bixi* (Fabeltiere in Gestalt schildkrötenähnlicher Drachen) starren von neu bemalten Pavillons herab, während sich stämmige und knorrige uralte Zypressen wie erstarrt in die Beijinger Luft recken. Auf der Rückseite des Tempels gibt es einen Stein-„Wald" aus 190 Stelen, auf denen mit 630000 Schriftzeichen die 13 konfuzianischen Klassiker niedergeschrieben sind. Ebenfalls auf Stelen verzeichnet sind die Namen der Kandidaten, die die höchste Stufe des offiziellen konfuzianischen Prüfungssystems erfolgreich bestanden haben.

Neben dem Konfuziustempel steht auf demselben Grundstück die Kaiserliche Akademie, wo der Kaiser einer Zuhörerschaft von Tausenden kniender Studenten, Professoren und Hofbeamten die konfuzianischen Klassiker auslegte – ein alljährlich stattfindendes Ritual. Die 1306 vom Enkel Kublai Khans erbaute ehemalige Hochschule war während der Yuan-, Ming- und Qing-Dynastie die höchste Akademie. Ebenfalls auf dem Gelände steht ein wunderbarer glasierter, dreitoriger Bogen mit einfach geschwungenem Pagodendach, der als *liuli paifang* (glasierter Torbogen) bezeichnet wird. Die dahinter liegende Biyong-Halle ist ein Bau mit doppeltem Pagodendach und gelben Kacheln, umgeben von einem Graben und gekrönt von einem glänzenden Goldknauf. Der überwältigende Innenraum birgt ein Pult in Zinnoberrot und Gold.

Auf der von Bäumen gesäumten Straße (Guozijian Jie) außerhalb des Geländes überleben tapfer noch einige von Beijings letzten *pailou* (verzierten Torbögen), und das gesamte *hutong*-Viertel hier ist inzwischen gut ausgestattet mit kleinen Cafés, schnuckeligen Restaurants und Boutiquen, ideal also, um in gemütlichem Tempo zu bummeln. Am Westende der Guozijian Jie steht ein winziger **Tempel des Feuergottes** (Huoshen Miao; Karte S.328), der 1802 erbaut wurde und heute von Beijingern bewohnt wird.

DITAN-PARK PARK

Karte S.328 (地坛公园; Ditan Gongyuan; Eintritt Park 2 Yuan, Altar 5 Yuan; ⌚6–21 Uhr; S Yonghegong-Lama Temple) Direkt nördlich vom Lamakloster, kosmologisch jedoch neben dem **Himmelstempel** (Tiantan), dem **Altar des Mondes** (Yuetan), dem **Altar der Sonne** (Ritan) und dem **Altar für den Gott des Landes und den Gott des Getreides** (Shejitan) anzusiedeln, ist Ditan der Tempel der Erde. Der Park, eine Stätte kaiserlicher Opfergaben für den Gott der Erde, verfügt nicht über den Glanz des Himmelstempelparks, es lohnt sich aber auf jeden Fall, einmal hindurchzuspazieren, wenn man nebenan im Lamakloster war.

Im Trainingspark (Nordostecke des Parks) trifft man auf Einheimische, die Drachen steigen lassen, singen, auf *erhu* (zweisaitigen Fideln) herumstreichen, Tai-Chi betreiben oder sich auf andere Art fit halten. Der große Freiluftaltar *(fangze tan)* des Parks hat einen quadratischen Grundriss und symbolisiert die Erde. Leider hat er durch eine kürzlich erfolgte Renovierung etwas von seiner früheren Authentizität verloren. Zum Chinesischen Neujahrsfest wird hier ein großes (ziemlich kommerzielles) Tempelfest veranstaltet.

NANLUOGU XIANG STRASSE

Karte S.328 (南锣鼓巷; S Nanluoguxiang) Seit die **Passby Bar** ihre Tore öffnete, hat sich die von Nord nach Süd verlaufende Gasse Nanluogu Xiang (übersetzt: Südliche Gong- und Trommel-Gasse, ausgesprochen etwa „*nan-lo-gu-sjang*") ganz schön gemausert: Das einst vernachlässigte und marode Aschenputtel, im Winter übersät von Kohlebriketts und Asche still bis auf den trockenen Husten

Stadtspaziergang
zu den historischen *hutongs* rund um die Nanluogu Xiang

START U-BAHNSTATION NANLUOGUXIANG
ZIEL TROMMELTURM & GLOCKENTURM
LÄNGE 2 KM, EINE STUNDE

Die U-Bahn-Station Nanluoguxiang verlassen, rechts in den *hutong* Chaodou (炒豆胡同) gehen. Ab Nr. 77 bildeten die nächsten Wohnhöfe das **1 ehemalige Herrenhaus von Seng Gelinqin**, einem General der Qing-Dynastie. Toll sind die riesigen *baogushi* (Trommelsteine) am Eingang zu Nr. 77 sowie die Tore der Nummern 75, 69, 67 und 63. Hinter Nr. 53 links in eine namenlose Gasse, dann links in den *hutong* Banchang (板厂胡同) abbiegen.

Bei Nr. 19 rechts abbiegen durch ein auffälliges **2 Korridortor** zum *hutong* Dongmianhua (东棉花胡同). Hier rechts abbiegen, dann links eine namenlose Gasse hinuntergehen, in der das Penghao-Theater ausgeschildert ist.

Links abbiegen in den *hutong* Beibingmasi (北兵马司胡同) und über die Nanluogu Xiang in den historischen **3 *hutong* Mao'er** (帽儿胡同) gehen. Im Irresistible Café eine Pause einlegen und die Eingänge zu den Wohnhöfen auf Nr. 5 und 11 bewundern, falls die Tore offen sind. Nr. 37, ein Stück weiter, war das **4 ehemalige Wohnhaus von Wan Rong**, die später Chinas letzten Kaiser Puyi heiraten sollte.

Rechts abbiegen in den *hutong* Doujiao (豆角胡同) und den gewundenen Weg (hinter der Great Leap Brewing vorbei) zum *hutong* Fangzhuanchang (方砖厂胡同) und weiter zum *hutong* Nanxiawazi (南下洼子胡同) mit seinem kleinen **5 Obst- und Gemüsemarkt** gehen. Weiter Richtung Norden zur Gulou Dongdajie (鼓楼东大街), links abbiegen und kurz vor dem rot bemalten **6 Trommelturm** (S. 99) rechts einbiegen in den *hutong* Caochang (草厂胡同). Die Straße neben dem Sea Love Café weitergehen, dann die zweite Straße links: Man sieht direkt vor sich den **7 Glockenturm** (S. 100). Der hübschen Gasse auf die Rückseite des Turms folgen und diesen einmal umrunden, um zu sehen, wie weit die örtliche Regierung mit ihren umstrittenen Plänen zur Sanierung des **8 Trommel- und Glockenplatzes** schon gekommen ist.

TIEFER EINTAUCHEN IN DIE CHINESISCHE KULTUR

Versteckt in einem Labyrinth schmaler Gassen, ist **The Hutong** (Karte S. 290; ☎159 0104 6127; www.thehutong.com; 1 Jiudaowan Zhongxiang Hutong, gleich neben dem *hutong* Shique, 北新桥石雀胡同九道弯中巷胡同1号; ⌚9–21 Uhr; Ⓢ Beixinqiao) zu finden, ein höchst empfehlenswertes Chinesisches Kulturzentrum, das von einer Gruppe äußerst sachkundiger Expats und qualifizierter Einheimischer betrieben wird. Die Kurse finden in einem friedlichen umfunktionierten Wohnhof statt und konzentrieren sich auf drei Hauptgebiete:

➡ **Kochkurse** Überaus beliebt, das Hauptgewicht liegt auf der Küche aus ganz China, angeboten werden jedoch auch Kurse zu anderen asiatischen Küchen.

➡ **City Tours** Zu den geführten Touren gehören die zweistündige „*hutong*-Tour" (120 Yuan) durch das Netzwerk der Beijinger Gassen, die „Fünf-Uhr-Tee-Tour" (280 Yuan), die auch einen Besuch des Maliandao-Teemarkts beinhaltet, und die 90-minütige „Kulinarische Markt-Tour" (100 Yuan).

➡ **Traditionelle Chinesische Medizin** Die Kurse werden von Alex Tan, einem australisch-chinesischen TCM-Fachmann, geleitet und reichen von Einführungen in Qigong, Yoga und Taoismus bis hin zu Chinesischer Medizin.

So findet man The Hutong

Die U-Bahn-Station Beixinqiao bei Ausgang C verlassen und links in den *hutong* Shique abbiegen. Die zweite rechts, also die nicht gekennzeichnete Jiudaowanxi Xiang (九道弯西巷), hinuntergehen, dann die erste links, anschließend die erste rechts und man sieht rechter Hand The Hutong.

dahinschlurfender Senioren und das Klingeln von Fahrrädern, hat sich seit dem Jahr 1999 und einer Komplettsanierung im Jahr 2006 in eine flippige, nimmermüde, quirlige Gegend voller Bars, WLAN-Cafés, Restaurants, Hotels und trendiger Läden verwandelt. Es ist jedoch auch ein Opfer seines eigenen Erfolgs. An einem Sommerwochende erlebt man hier mehr Menschen auf den Straßen, als man sich je hätte vorstellen können. Dennoch sollte man es sich nicht nehmen lassen, bei einem Gang durch die ruhigeren Gassen, die sich fächerförmig von der Hauptgasse erstrecken, Höfe aus der Qing-Dynastie und versteckte Cafés, Läden, Restaurants und Bars zu entdecken.

EHEMALIGES WOHNHAUS VON MAO DUN — HISTORISCHES BAUWERK

Karte S. 328 (茅盾故居; Mao Dun Guju; 13 Houyuan Ensi Hutong; ⌚Di–So 9–16 Uhr; Ⓢ Beixinqiao) GRATIS Das Fehlen englischer Beschriftungen ist etwas frustrierend, aber dieses kleine, bescheidene Museum gibt den Besuchern Gelegenheit, durch einen Wohnhof zu spazieren, in dem die Zeit stehen geblieben zu sein scheint. Mao Dun war das Pseudonym des Schriftstellers Shen Yanbing (1896–1981), Sohn einer Familie aus der Elite der Provinz Zhejiang, der in Beijing erzogen wurde. Von 1974 bis zu seinem Tod lebte er im hinteren Teil dieses Wohnhofs.

1920 war er einer der Mitbegründer der Gesellschaft für Literarische Studien, die es sich zur Aufgabe machte, den literarischen Realismus zu fördern. 1930 schloss Mao Dun sich der Liga Linksgerichteter Schriftsteller an und war nach der Machtergreifung der Kommunisten fest in der Bürokratie verwurzelt. Während der Kulturrevolution fiel er in Ungnade, begann in den 1970er-Jahren jedoch kurzzeitig wieder zu schreiben. Seine bekanntesten Werke sind *Seidenraupen im Frühling* (1932) und *Shanghai im Zwielicht* (1934). Bemerkenswert ist der viel gebrauchte Kühlschrank aus den 1940er-Jahren, der heute am Ende des Wohnhofs in einer Vitrine steht.

EHEMALIGES WOHNHAUS VON QI BAISHI — MUSEUM

Karte S. 328 (齐白石旧居纪念馆; Qí Baishi Jiuju Jinianguan; 13 Yu'er Hutong, direkt neben der Nanluogu Xiang, 南锣鼓巷，雨儿胡同 13 号; Eintritt 5 Yuan; ⌚9–16 Uhr, Mo geschl.; Ⓢ Nanluoguxiang oder Shichahai) Qi Baishi (1864–1957), bekannt für den verschmitzten, oft spielerischen Stil seiner Aquarelle, war ein einflussreicher chinesischer Maler, der ab 1917 in Beijing lebte. Dieser besondere Wohnhof – an der Stelle eines Wohnhauses des vierten Sohnes von Kaiser Hong Taiji aus der Qing-Dynastie, Ye Bushu (1627–1690), erbaut – war nur während seiner letzten beiden Lebensjahre sein Zuhause. Die Räume enthalten zahlreiche Exemplare seiner Rollbilder, ein Raum berichtet ausführlich (mit englischen Übersetzungen) über das Leben des Malers.

Der Wohnhof bietet sich auch als angenehmer Ort für eine Tasse Tee an. Es gibt kein echtes Café, aber es stehen Tische und Stühle herum, und auf der Getränkekarte (auch in Englisch) stehen einige preiswerte Tees (10-20 Yuan) und Kaffee (15 Yuan).

ARROW FACTORY GALERIE

Karte S.328 (箭厂空间; Jianchang Kongjian; 38 Jianchang Hutong, direkt neben der Guozijian Jie, 国子监街，箭厂胡同 38 号) Diese winzige, 15 m² große Einraum-Galerie befindet sich in einem ehemaligen Gemüseladen und ist heute ein unabhängig geführter Kunstraum für unkonventionelle Projekte moderner Kunst, die man rund um die Uhr und an sieben Tagen der Woche von der Straße aus sehen soll. Eintreten kann man nicht, aber die gesamte Front ist verglast, sodass man zu jedes Tages- oder Nachtzeit einen Blick hineinwerfen kann.

DADU-KUNSTMUSEUM GALERIE

Karte S.328 (大都美术馆; Dadu Meishuguan; www.dadumuseum.org/en; 28 Guozijian Jie, 国子监街 28 号; ⏲9–17 Uhr, Mo geschl.) Über vier Jahre dauerte der Bau dieser riesigen Kunstgalerie insgesamt, und zum Zeitpunkt unserer Recherchen stand ihre Eröffnung direkt bevor. Das Museum hat es sich zum Ziel gesetzt, in der Hauptstadt den ersten Platz als Ausstellungsort für zeitgenössische chinesische Ölmalerei einzunehmen. Leider gleicht das Gebäude selbst nicht gerade einem Ölgemälde: Zwar wurden Versuche unternommen, traditionelle Elemente in die Architektur zu integrieren, aber allein seine gewaltigen Ausmaße lasten schwer auf den umliegenden kleinen *hutongs*.

ESSEN

In diesem historischen Teil von Beijing gibt es zahlreiche Restaurantangebote, die sowohl alle Varianten der chinesischen Küche als auch jede Menge ausländischer Restaurants umfassen. Hier gibt es einige der stimmungsvollsten Restaurants der Hauptstadt, von wunderschön umgebauten Höfen bis zu den winzigen Imbisslokalen, die überall in den *hutongs* zu finden sind. Die Einheimischen gehen auch gern in die sehr beliebte sogenannte Geisterstraße (簋街; Gui Jie), wo zu jeder Tages- und Nachtzeit Hotpot und Meeresfrüchte verkauft werden.

YAOJI CHAOGAN BEIJING ¥

Karte S.328 (姚记炒肝店; 311 Gulou Dongdajie, 鼓楼东大街 311 号; Hauptgerichte 8–20 Yuan; ⏲6–22.30 Uhr; S Shichahai) Echtes Einheimischen-Lokal, in dem die authentischen Beijinger Gerichte in einer lärmenden,

GRILLSPIESSE

Das rote Neonzeichen 串, das abends vor Restaurants zu sehen ist, entspricht dem chinesischen Zeichen für *chuan* (串; Spieße) und bedeutet, dass das Restaurant Grillspieße serviert. Oft, aber nicht immer handelt es sich dabei um muslimische Restaurants und manchmal um einen winzigen Imbiss, der nur Spieße serviert. Dieses Essen ist bei den Einheimischen sehr beliebt; man zieht sich einfach einen Stuhl heran, bestellt eine Flasche heimisches Bier (啤酒; *pijiu;* 3 bis 5 Yuan) und legt eine Snackpause ein.

Es ist gut möglich, dass das Personal kein einziges Wort Englisch spricht. Darum gibt's hier eine Liste der beliebtesten Spieße und wie viel sie in der Regel kosten:

- **Lammspieße** 羊肉串, *yangrou chuan,* 1 Yuan
- **Gedämpfte Klöße** 馒头片, *mantou pian,* 1 Yuan
- **Hühnerflügel** 鸡翅, *ji chi,* 4–6 Yuan
- **Lammsehne** 肉筋, *rou jin,* 1 Yuan
- **Gerösteter Knoblauch** 大蒜, *da suan,* 1 Yuan

INSIDERWISSEN

TRADITIONELLER BEIJINGER JOGHURT

Auf den Einkaufstouren durch die *hutongs* (Gassen) stößt man auf verblüffende Reihen kleiner Tontöpfe, die mit dünnem weißen und blauen Papier abgedeckt sind und vor kleinen Tante-Emma-Läden aufgereiht stehen. Die Töpfe enthalten *lao Beijing suannai* (老北京酸奶), traditionellen Beijinger Joghurt, und sind eine perfekte Erfrischung, die man einfach so beim Gehen genüsslich schlürfen kann.

Die Preise variieren etwas, liegen aber in der Regel zwischen 3 und 4 Yuan, wenn man das Töpfchen gleich austrinkt und zurückgibt; nimmt man es mit, wird ein 1 Yuan zusätzlich fällig.

schmucklosen Atmosphäre serviert werden. Die Spezialität des Hauses ist *chaogan* (炒肝; Schweinelebergulasch; 6 bis 9 Yuan). Gut sind hier auch *zha guanchang* (炸灌肠; frittierte Cracker mit Knoblauch darauf; 6 Yuan) sowie *ma doufu* (麻豆腐; pikante Tofupaste; 10 Yuan). Die gedämpften Teigtaschen mit Schweinefleisch (包子; *baozi;* 3 Yuan für zwei Teigtaschen) sind hervorragend und schmecken besonders gut zum Frühstück, zusammen mit einer Schüssel *xiaomi zhou* (小米粥; Hirsebrei; 2 Yuan) oder dem bei den Einheimischen beliebten *douzhi* (豆汁; Sojamilch; 2 Yuan). Hier bekommt man auch eine ordentliche Schüssel von Beijings bekanntestem Nudelgericht *zhajiang mian* (炸酱面; 12 Yuan). Allerdings keine englische Speisekarte, kein englisches Schild.

ZHANG MAMA SICHUAN-KÜCHE ¥

Karte S. 328 (张妈妈特色川味馆; Zhang Mama Tese Chuanweiguan; 76 Jiaodaokou Nandajie, 交道口南大街 76 号; Hauptgerichte 10–20 Yuan; ⌚10.30–22.30 Uhr; Ⓢ Beixinqiao) Das ursprüngliche Zhang Mama im nahe gelegenen *hutong* Fensiting war bei den Beijingern so beliebt, dass es gezwungen war, zusätzlich diesen neuen, größeren Ableger mit zwei Stockwerken zu eröffnen. In dem kleineren ersten Lokal muss man bis zu einer Stunde auf einen Tisch warten. Hier hat sich die Wartezeit auf etwa 15 Minuten reduziert. Das Warten lohnt sich. Dies dürfte in Beijing das Sichuan-Restaurant mit dem besten Preis-Leistungs-Verhältnis sein.

Die Spezialität ist *mala xiangguo* (麻辣香锅; 48–58 Yuan), eine feurig scharfe, mit Chili bestreute Brühe entweder mit Huhn (香锅鸡; *xiangguo ji*), mit Garnelen (香锅虾; *xiangguo xia*) oder mit Rippchen (香锅排骨; *xiangguo paigu*), die in der Brühe vor sich hin köcheln, zusammen mit Gemüse, das noch zu der Mischung dazugegeben wird. Ein Topf ist ausreichend für zwei oder drei Personen. Ebenfalls wohlschmeckend sind *dandan mian* (担担面; pikante gebratene Nudeln; 8 Yuan) und die Reisgerichte; der Klassiker ist *gongbao iiding gaifan* (宫爆鸡丁盖饭; pikantes Hühnchen mit Erdnüssen; 12 Yuan), das dank des großzügig darübergestreuten Sichuan-Pfeffers überaus köstlich ist und im Mund prickelt. Keine englische Speisekarte; also keine Scheu haben, einfach auf das zu zeigen, was andere Gäste vor sich stehen haben. Die Chancen stehen gut, dass es pikant ist, mit Sicherheit jedoch köstlich.

YI LONG ZHAI XINJIANG-KÜCHE ¥

Karte S. 328 (伊隆斋; Ecke Mao'er Hutong & Doujiao Hutong, 帽儿胡同和豆角胡同的路口; Hauptgerichte 15–30 Yuan; ⌚11–24 Uhr; Ⓢ Shichahai) Dieses fröhlich-laute Restaurant ohne Schnickschnack ist auf die türkisch beeinflusste Küche der Provinz Xinjiang in Westchina spezialisiert. Man kann sich also auf jede Menge leckere Lammgerichte einstellen. Ausgezeichnet ist *kao yang tui* (烤羊腿; gegrillte Lammkeule; 25 Yuan), genau wie die *yang rou chuan* (羊肉串; Lammspieße; 3 Yuan). Die Foto-Speisekarte enthält auch eine gute Auswahl an Nudelgerichten (12–18 Yuan).

Ein weiteres typisches Gericht hier ist *da pan ji* (大盘鸡; wörtlich „großer Hähnchenteller“; 70 Yuan), der ausreicht, um vier oder fünf hungrige Mäuler zu stopfen, insbesondere wenn die Soße mit etwas *kao nang* (烤馕; Naanbrot; 5 Yuan) aufgetunkt wird. Wer nur zu zweit oder dritt unterwegs ist, bestellt eine kleine Portion (小盘鸡; *xiao pan ji;* 40 Yuan), die immer noch mächtig ist. Im Sommer kann man draußen im Hof sitzen.

RONG-TIAN-SCHAFSRÜCKEN HOTPOT ¥

Karte S. 328 (容天土锅羊羯子馆; Rongtian Tuguo Yangjiezi Guan; 8 Jingtu Hutong, bei der Beiluogu Xiang, 北锣鼓巷净土胡同 8 号; Schafsrücken pro *jin* 35 Yuan, andere Zutaten 8–12 Yuan; ⌚10.30–22 Uhr; Ⓢ Guloudajie) Raubeiniger Einheimischen-Favorit, bei dessen Schafsrücken-Hotpot einem das Wasser im Mund zusammenläuft. Hier werden Stücke vom Schafsrücken

(普通羊蝎子; *putong yangxiezi)* nach *jin* (500 g) bestellt. Zwei *jin* (二斤; *er jin*) dürften in der Regel reichen. Diese werden fertig gegart in einer kochenden Brühe an den Tisch gebracht – je länger sie jetzt noch köcheln, desto saftiger werden sie. Dann gibt man weitere rohe Zutaten in die Brühe wie in einen normalen chinesischen Feuertopf. Unsere liebsten Extras sind Süßkartoffeln (红薯; *hong shu*), Tofustücke (鲜豆腐; *xian doufu*), Pilze (木耳; *mu'er*), Rettich (白萝卜; *bai luobo*) und chinesischer Spinat (油麦菜; *you mai cai*). Die aromatische Flüssigkeit wird zum Schluss durch kostenlose frische Nudeln aufgesaugt. Wer bereit ist für die Nudeln, sagt „*fang mian*" (geben Sie die Nudeln dazu). Kein englisches Schild, keine englische Speisekarte, kein Englisch sprechendes Personal.

LAMM-HOTPOT YANG FANG HOTPOT ¥

Karte S.328 (羊坊涮肉; Yang Fang Shuan Rou; 270 Gulou Dongdajie, 鼓楼东大街 270 号; Brühe 8–15 Yuan, Dips & Soßen 2–5 Yuan, rohe Zutaten 6–25 Yuan; ⏲11–23 Uhr; Ⓢ Shichahai) Es gibt in China zwei Hauptsorten Hotpot: die lächerlich scharfe Version aus der feuerspuckenden Stadt Chongqing im Südwesten und die mildere Version, die in einem ungewöhnlichen konischen Kupfertopf gekocht wird und ursprünglich aus der Mongolei stammt, später jedoch als eine Beijinger Spezialität übernommen wurde. Yang Fang ist eine bodenständige Variante der zweiten Version und steht bei den Einheimischen hoch im Kurs.

Zuerst wird die Brühe bestellt, die man in seinem Topf haben möchte – klar (清汤锅底; *qing tang guode;* 8 Yuan) oder pikant (辣锅底; *la guode;* 15 Yuan); üblicher ist die klare Brühe. Dann um etwas Sesampasten-Soße zum Dippen bitten (小料; *xiao liao;* 5 Yuan); jeder Gast sollte eine für sich haben. Wer mag, bestellt dazu noch frisch zubereitetes Chili-Öl (鲜榨辣椒油; *xian zha la jiao you;* 2 Yuan), um es unter den Dip zu mischen; hiervon reicht eine Schüssel für alle.

INSIDERWISSEN

BEIJINGER SPEISEKARTE

Die nachfolgenden Gerichte sind alle Beijinger Klassiker, von denen man viele nur in Restaurants findet, die auf Beijing-Küche spezialisiert sind. Probieren sollte man Zuo Lin You She (S. 82), Yaoji Chaogan (S. 104) oder Baodu Huang (S. 161). Viele Bratenrestaurants servieren neben Entenbraten auch weitere Beijinger Spezialitäten.

➡ **Pekingente** (烤鸭; *kaoya*) Entenbraten, der im Westen als Pekingente bekannt ist, ist das berühmteste Beijinger Gericht. Die Ente ist hier fetter, aber sehr viel aromatischer als die „knusprige Ente", die typischerweise in Chinesischen Restaurants im Westen aufgetischt wird. Wie daheim jedoch wird sie mit Pfannkuchen, Gurkenscheiben und Pflaumensoße serviert.

➡ **Zha Jiang Mian** (炸酱面) Beijings bekanntestes Nudelgericht; dicke Weizennudeln mit Schweinehackfleisch und geraspelter Gurke, zusammengemischt in einer herzhaften, fermentierten Sojabohnenpaste. Chili-Öl (辣椒油; *la jiao you*) ist ein beliebtes optionales Extra.

➡ **Dalian Huoshao** (褡裢火烧) Gebratene fingerförmige Teigtaschen mit schmackhafter Füllung.

➡ **Ma Doufu** (麻豆腐) Pikante Tofupaste.

➡ **Zha Guanchang** (炸灌肠) Frittierte knusprige Cracker mit sehr kräftigem Knoblauch-Dip.

➡ **Chao Ganr** (炒肝) Gebratene Leber in einer sämigen Suppe.

➡ **Bao Du** (爆肚) Gekochte Kutteln, normalerweise vom Lamm. Wird manchmal in einer würzigen Brühe serviert.

➡ **Yang Za** (羊杂) Ähnlich wie *bao du*, enthält aber weitere Innereien vom Schaf, nicht nur Kutteln, und wird immer in Brühe serviert.

➡ **Rou Bing** (肉饼) Fleischpastete, normalerweise mit Schweine- oder Rindfleisch gefüllt und leicht gebraten.

➡ **Jiao Quan** (焦圈) Frittierte Teigringe, normalerweise mit einer Schale *dou zhi*.

➡ **Dou Zhi** (豆汁) Sauer schmeckendes Sojamilchgetränk.

Zum Schluss werden die rohen Zutaten gewählt, die man in der Brühe kochen möchte. Zu unseren Favoriten gehören hauchdünne Scheiben Lammfleisch (鲜羊肉; *xian yang rou;* 26 Yuan), Lotoswurzel in Scheiben (藕片; *ou pian;* 6 Yuan), Tofustücke (鲜豆腐; *xian doufu;* 6 Yuan), Süßkartoffel (红薯; *hong shu;* 6 Yuan) und Spinat (菠菜; *bo cai;* 6 Yuan). Es gibt kein englisches Aushängeschild, keine englische Speisekarten, und es wird auch kein Englisch gesprochen.

WU JIN CAFÉ WESTLICHES FRÜHSTÜCK ¥

Karte S. 328 (五金; Wujin Kafei; 38 Jianchang Hutong, direkt bei der Guozijian Jie, 国子监街、箭厂胡同 38 号; Frühstück inkl. Tee oder Kaffee 10–30 Yuan; ⌚8.30–12.30 Uhr, Mo geschl.; 📄; Ⓢ Andingmen) In diesem super einfachen Minicafé mit zwei Tischen bekommt man dicke Toastscheiben, hausgemachte Marmelade, Eier, Joghurtmüsli und Yunnan-Kaffee – und das ist alles. Wir haben ja gesagt, dass es super einfach ist. Im Sommer öffnet das Café zusätzlich am frühen Abend (17.30–21.30 Uhr) für ein bisschen Käse und Wein. Kein Schild.

LAMM-BBQ TAN HUA GEGRILLTES LAMM ¥

Karte S. 328 (碳花烤羊腿; Tan Hua Kao Yangtui; 63 Beixinqiao Santiao, 北新桥三条 63 号; Lamm pro *jin* 52 Yuan, Nebengerichte 2–18 Yuan; ⌚11–24 Uhr; Ⓢ Beixinqiao) Fleischliebende Beijinger strömen in dieses lärmige Lokal, wo man seine Lammkeule an seinem eigenen Bratspieß auf dem Tisch grillt und sich dann mit einem einfachen Besteck mit langen Griffen über die saftigsten Stücke hermacht. Die Tafeln stehen bis hinaus in den quirligen *hutong* und vermitteln das Gefühl einer Party, bei der an zahlreichen Grills geschlemmt wird.

Die Lammkeule (羊腿; *yang tui*) wird nach *jin* (500 g) bestellt. Drei *jin* (三斤; *san jin*) reichen für zwei oder drei Personen. Dazu gibt es eine Auswahl von kostenlosen kalten Gerichten und eine auf Kreuzkümmel basierende Gewürzmischung, durch die man seine Lammscheiben rollen kann. Weitere beliebte Nebengerichte sind gegrilltes Naan-Brot (烤馕; *kao nang;* 6 Yuan), sojagebratener Reis (酱油炒饭; *jiang you chao fan;* 10 Yuan) und einer Art Spätzle-Suppe (疙瘩汤; *geda tang;* 12 Yuan).

BAOZI PU TEIGTASCHEN ¥

Karte S. 328 (包子铺; 108 Gulou Dongdajie, 鼓楼东大街 108 号; Teigtaschen pro Körbchen 5–6 Yuan, Nudeln 10–12 Yuan, Reisgerichte 13–18 Yuan; ⌚6–21 Uhr; Ⓢ Shichahai) Baozi Pu – wörtlich „Teigtaschen-Laden" – ist bei Einheimischen sehr beliebt, vor allem zum Frühstück, und seit Jahren an dieser Ecke ansässig. Gedünstete Teigtaschen mit Schweinefleisch (包子; *baozi;* 6 Yuan pro Körbchen) sind die Spezialität des Hauses; wer sie vegetarisch möchte, bestellt *„su baozi"* (5 Yuan). Auch die gekochten Teigtaschen (蒸饺; *zheng jiao*) schmecken gut. Zum Runterspülen entweder ein traditionelles Sojamilchgetränk (豆浆; *dou jiang*) oder einen Reisbrei (紫米粥; *zi mi zhou*) bestellen.

Mittags mal die geschnittenen Nudeln mit Schweinefleisch (刀削面; *dao xiao mian*), die pikanten gebratenen Hackfleischnudeln (担担面; *dandan mian*) oder eines der vielen Reisgerichte (盖饭; *gai fan*) probieren. Es gibt weder ein englisches Schild noch eine englische Speisekarte; die Karte enthält aber immerhin ein paar kleine Fotos.

CHEZ GÉRARD DELIKATESSEN ¥

Karte S. 328 (40 Jianchang Hutong, direkt bei der Guozijian Jie, 国子监街，箭厂胡同 40 号; ⌚10–22.30 Uhr) Dieser kleine französische Delikatessenladen zwischen zwei Ladenfronten ist gut geeignet, um Leckereien für ein Picknick einzukaufen. Hier gibt es frisch gebackenes Brot, importierten Käse, kalten Braten und einige günstige Importweine.

XINMIN-NASCHMARKT MARKT ¥

Karte S. 328 (新民菜市场; Xinmin Caishichang; Jiugulou Waidajie, 就鼓楼外大街; ⌚5–12 Uhr) Große Markthalle, in der alles Essbare angeboten wird – perfekt, um für ein Picknick einzukaufen, und gute Fotomotive.

★ **VEGETARISCHES RESTAURANT BAIHE** CHINESISCH, VEGETARISCH ¥¥

Karte S. 328 (百合素食; Baihe Sushí; 23 Caoyuan Hutong, 东直门内北小街草园胡同甲 23 号; Hauptgerichte 25–60 Yuan, Tee pro Schale/Kanne ab 16/45 Yuan; ⌚11–22 Uhr; 🚭 📄; Ⓢ Dongzhimen oder Beixinqiao) Dieses friedliche, sehr geschmackvoll eingerichtete Wohnhof-Restaurant, das zugleich als exzellentes Teehaus dient, verströmt eine wunderbare Heiterkeit – nicht selten sind hier Mönche aus dem nahe gelegenen Lamakloster zu sehen, die zu einer Kanne Tee hierherkommen. Auf der komplett vegetarischen Speisekarte (mit englischen Übersetzungen) stehen fantasievolle Gerichte mit Fleischimitaten ebenso wie die eher konventionellen Gemüsegerichte und eine Reihe leckerer Nudelgerichte.

Der höfliche Service trägt zudem dazu bei, dass ein Besuch in diesem Lokal für Beijinger Verhältnisse außerordentlich beruhigend ist; das Lokal ist durchweg rauchfrei. Es gibt eine separate, umfangreiche Teekarte, und auch Gäste, die nur kommen, um Tee zu probieren, sind hier willkommen. So findet man hin: auf der Dongzhimen Beixiaojie ab der Kreuzung mit der Geisterstraße 100 m Richtung Norden gehen, dann links in den ersten *hutong* abbiegen. Das Restaurant befindet sich auf der rechten Seite, ausgeschildert ist es nur auf Chinesisch.

JIN DING XUAN KANTONESISCH ¥¥

Karte S. 328 (金鼎轩; 77 Hepingli Xijie, 地坛南门和平里西街 77 号; Dim Sum ab 10–20 Yuan, Hauptgerichte 30–100 Yuan; ⏲24 Std.; 🄼; Ⓢ Yonghegong-Lamakloster) Dieses gigantische, geschäftige, neonerleuchtete, rund um die Uhr geöffnete Restaurant auf drei Etagen am Südtor des Ditan-Parks serviert preisgünstige Dim Sum (点心; *dian xin*) sowie eine große Auswahl weiterer, meist kantonesischer Gerichte. Das Dim Sum gibt's in der zweiten Hälfte des Menüs „North & South Snacks".

STUFF'D WESTLICHE KÜCHE ¥¥

Karte S. 328 (塞; Sai; 9 Jianchang Hutong, direkt neben der Guozijian Jie, 国子监街，箭厂胡同 9 号; Würstchen 50 Yuan, Pasteten 60 Yuan, Pizza 60 Yuan, selbst gebrautes Bier 40 Yuan; ⏲11.30–14.30 & 18–22 Uhr, Di geschl.; 🄼) Hausgemachte Würstchen und selbst gebrautes Bier. Was will man mehr? Dieser schnuckelige kleine Ableger des nahe gelegenen Vineyard Cafés kommt etwas rustikaler daher, fast wie ein englischer Pub in einem restaurierten chinesischen *pingfang* (Bungalow). Mittags dreht sich alles um Würstchen und Bier, abends stehen auch Pasteten und Pizzen auf der Karte.

GEISTERSTRASSE

Wer miterleben möchte, wie die Beijinger ihre Restaurants nicht nur zum Essen aufsuchen, sondern sie in wahre Party-Locations verwandeln, schaut am besten in der **Geisterstraße** (簋街, Gui Jie; Karte S. 328; Ⓢ Beixinqiao) vorbei. An diesem 1,4 km langen Abschnitt der Dongzhimennei Dajie liegen über 150 Restaurants, die alle Welt anziehen, vom Hipster bis zum Büroangestellten, vom Herrenhandtaschenträger bis zu Familien und sogar Promis.

Geschlossen ist hier nie, was diesen Ort zu einer von Beijings quirligsten Straßen macht, die vor allem freitags und samstags einen Riesenspaß bietet. Der Verkehr wird zum Schneckentempo heruntergebremst, da die Mitarbeiter der Restaurants den Straßenrand säumen und versuchen, vorbeifahrende Autofahrer dazu zu bewegen, in ihrem Schuppen einzukehren. Menschentrauben drängen sich auf dem Gehsteig, wo sie auf einen freien Tisch warten, während in den voll besetzten Restaurants das schwitzende Personal herumrennt und den Gästen, die ihr Wochenende feiern, Essen und Bier bringt.

Auf der Geisterstraße wird so gut wie jede Art chinesischer Küche angeboten, am bekanntesten jedoch ist sie für die Hotpot- und Meeresfrüchte-Restaurants.

Das riesige **Xiao Yu Shan** (小渔山; Karte S. 328; 195 Dongzhimennei Dajie, 东直门内大街 195 号; ⏲ 10.30–6am) ist immer gerammelt voll mit Leuten, die Krebse und Shrimps knacken. Einen klassischen mongolischen Hotpot kann man gut im **Little Sheep** (小肥羊; Xiao Fei Yang; Karte S. 328; 209 Dongzhimennei Dajie, 东直门内大街 209 号; ⏲ 9–4 Uhr) probieren, das sein Lammfleisch aus der Inneren Mongolei bezieht. Wer sich für die schärfere Sichuan-Version des Hotpots interessiert, überquert die Straße und geht ins **Chongqing Kongliang Huoguo** (重庆孔亮火锅; Karte S. 328; 218 Dongzhimennei Dajie, 东直门内大街 218; Topf ab 35 Yuan, Zutaten zum Dippen 7–20 Yuan; ⏲ 9.30–3 Uhr).

Ihren englischen und daraus übersetzten deutschen Namen verdankt die Straße einer falschen Übersetzung ihres chinesischen Beinamens *Gui Jie* (簋街 簋), der eigentlich ein altes Essgefäß aus Bronze bezeichnet, das am Ostende der Dongzhimennei Dajie an der Zweiten Ringstraße aufgestellt ist, jedoch genauso ausgesprochen wird wie 鬼 – das chinesische Wort für „Geist".

Leider wurden die typischen roten Laternen, die jahrelang beide Straßenseiten säumten und der Straße einen einmaligen Look verpassten, von übereifrigen örtlichen Beamten 2014 abmontiert – angeblich ging von ihnen eine Brandgefahr aus.

INSIDERWISSEN

PFANNKUCHEN VON DER RIKSCHA

Einer der leckersten Snacks an den Imbiss-Buden in den Straßen von Beijing ist *jianbing* (煎饼), ein herzhafter Pfannkuchen, der mit Schnittlauch und Frühlingszwiebeln bestreut und mit Chili-Soße bestrichen wird, bevor er um knusprig gebratene Teigtaschen gewickelt wird. Diese Snacks werden entweder an winzigen Ständen oder auch von Rikschas herunter verkauft. Das Bestellen ist ganz einfach, weil die Verkäufer in der Regel nur eine Sorte anbieten. So muss man nur entscheiden, ob man den Pfannkuchen mit Chili *(yao lajiao)* oder ohne Chili *(bu yao lajiao)* möchte, und 5 Yuan rüberreichen.

Jianbing-Verkäufer kommen und gehen (besonders natürlich die, die ihr Geschäft mit der Rikscha betreiben), aber man findet sie auch außen an U-Bahn-Stationen. Einige lungern manchmal auch auf der Gulou Dongdajie herum, in der Nähe des *hutongs* Baochao.

Sollte wirklich mal kein Verkäufer zu finden sein, gibt es in der 153 Yonghegong Dajie auch eine ständige kleine ***jiānbing*-Bude** (煎饼; Karte S.328; 153 Yonghegong Dajie; 雍和宫大街 153 号; 5–6 Yuan; ⏲7–19 Uhr). Etwa 500 m südlich vom Lamakloster werden aus dem Frontfenster des Restaurants Chunbing Jingwei Cai (春饼京味菜) heraus Pfannkuchen verkauft, wobei man hier ausnahmsweise auch die Möglichkeit hat, aus verschiedenen Kombinationen zu wählen: Empfehlenswert sind Hirse (小米; *xiao mi* – am beliebtesten), Mungobohne (绿豆; *lü dou*), Klebreis (糯米; *nuo mi*) oder lila Klebreis (紫米; *zi mi*).

Wenn man dann schon mal da ist: am linken Fenster werden verdammt gute *baozi* (gedünstete Teigtaschen; 1,50 Yuan pro Stück) angeboten.

VEGETARISCHES RESTAURANT XU XIANG ZHAI
VEGETARISCH ¥¥

Karte S.328 (叙香斋; Xu Xiang Zhai; 26 Guozijian Jie, 国子监街 26 号; Büffet 68 Yuan, Hauptgerichte 30–80 Yuan; ⏲Büffet 11.30–14 & 17.30–21 Uhr, à la carte 13.30–15.30 & 19.30–21 Uhr; 📄; Ⓢ Yonghegong Lama Temple) Das Büffet zum Festpreis, das es mittags und am frühen Abend gibt, ist sehr beliebt und preiswert. Es gibt eine sorgfältige Auswahl schön präsentierter Kreationen mit Fleischimitaten und weitere Standard-Gemüsegerichte, die einen Querschnitt der vegetarischen Küche Chinas bieten. Serviert wird das alles in einem eleganten Speisesaal am historischen *hutong* Guozijian Jie. Die Speisekarte ist englisch, und das Preis-Leistungs-Verhältnis stimmt.

CAFÉ SAMBAL
MALAYSISCH ¥¥

Karte S.328 (☎6400 4875; 43 Doufuchi Hutong, 旧鼓楼大街豆腐池胡同 43 号; Hauptgerichte 60–90 Yuan; ⏲11–23 Uhr; 🚭 📄; Ⓢ Guloudajie) Dieses coole malaysische Restaurant in unmittelbarer Nähe der Jiugulou Dajie ist in einem clever umfunktionierten Wohnhof am Beginn des *hutongs* Doufuchi untergebracht. Die minimalistische Bar öffnet sich zu einem schmalen Speisebereich, der im Winter vorübergehend überdacht, im Sommer jedoch offen ist. Klassische malaysische Küche. Es lohnt sich, Rindfleisch-Rendang (78 Yuan) oder die verschiedenen Sambals (ab 90 Yuan) zu probieren. Die Weinkarte ist ebenso ordentlich wie die Mojitos (55 Yuan).

CAFÉ DE LA POSTE
FRANZÖSISCH ¥¥

Karte S.328 (云游驿; Yunyou Yi; 58 Yonghegong Dajie, 雍和宫大街 58 号; Hauptgerichte 80–100 Yuan; ⏲12.30–15 & 18–24 Uhr, Küche bis 22.30 Uhr; 📄; Ⓢ Yonghegong-Lama Temple) Hinter dem Lamakloster nur ein Stück die Straße hinunter liegt dieses bei Expats seit Langem beliebte Lokal. Entspannte Atmosphäre und freundlicher Service zeichnen Beijings original französisches Bistro aus. Ein kleiner Bar-Bereich öffnet sich zu einem intimen, hübsch beleuchteten Speisebereich, das Essen ist unprätentiös und herzhaft.

Das Fleisch der Steaks (ab 90 Yuan) ist wirklich hervorragend, aber auch der Salade Lyonnais (52 Yuan) ist sehr ordentlich, und unter den Desserts findet sich unter anderem der bekannte Kuchen „Death by Chocolate" (52 Yuan). Wochentags gibt es ein Mittagsmenü, an den Wochenenden Brunch, und die Weinkarte macht Eindruck. Die Bar ist lange geöffnet, die Gäste stehen im Sommer bis hinaus auf den Gehsteig, und wenn man statt Wein Fassbier oder Pastis bestellt, ist dies eines der billigsten Lokale, um etwas zu trinken.

VINEYARD CAFÉ
WESTLICHE KÜCHE ¥¥

Karte S.328 (葡萄院儿, Putao Yuanr; www.vineyardcafe.cn; 31 Wudaoying Hutong, 五道营胡同 31 号; Hauptgerichte 60–90 Yuan; ⏲11–15 & 18–22 Uhr, Mo geschl.; 🚭 📄; Ⓢ Yonghegong-Lama Temple) Dieses bei Expats auf der Hitliste ganz vorn rangierende, familienfreundliche

Café-Restaurant war das erste Lokal, das im zunehmend beliebten *hutong* Wudaoying eröffnete. Auf der Speisekarte, die man sich auf der Website komplett anschauen kann, stehen westliche Standardgerichte wie Nudeln, Pasteten, gute Steaks und ordentliche Pizzen. Es gibt eine gute Weinkarte und auch Importbiere.

Das Lokal hat einen hübschen Wintergarten, einen Nichtraucherbereich und jede Menge Sofas, in denen man versinken kann. Besonders beliebt ist es zum Brunch und Mittagessen.

NOODLE IN PANASIATISCH ¥¥

Karte S. 328 (吃面; Chi Mian; Xiaojingchang Hutong, direkt bei der Gulou Dongdajie, 鼓楼东大街81 号小经厂胡同; Hauptgerichte 28–78 Yuan; ⌚12–22 Uhr; 📖; S Andingmen) Teilweise wird dieses winzige Lokal von den Mitgliedern einer örtlichen Punkband betrieben, Einrichtung im Retro-Stil, gepolsterte Stühle und, wie zu erwarten, energiegeladene Musik. Die panasiatische Speisekarte – überwiegend Eintöpfe, Currys und Nudelgerichte – ist recht klein, was jedoch zum Hausmannskost-Feeling beisteuert. Es wird Englisch gesprochen. Eine englische Speisekarte ist auch vorhanden.

TASTE CHINESISCH ¥¥

Karte S. 328 (咂摸; Zamo; 106 Nanluogu Xiang, 南锣鼓巷 106 号; Hauptgerichte 30–80 Yuan; ⌚11–2 Uhr, die Küche schließt gegen 22 Uhr; 📖) Das Essen hier ist nichts Außergewöhnliches, auch wenn es wirklich lecker ist. Was das Lokal jedoch aus der Menge auf der Nanluogu Xiang heraushebt, ist das denkmalgeschützte Gebäude und die Möglichkeit, auf der Dachterrasse mit Blick hinunter auf den Einkaufswahnsinn Platz zu nehmen. Das europäisch beeinflusste, zweistöckige Gebäude ist in dieser Gegend ungewöhnlich und stammt aus dem frühen 20. Jh. Zum Essen kann man innen in jedem der Stockwerke oder oben auf der Terrasse sitzen.

Das Essen ist gemischt chinesisch mit einigen fragwürdigen chinesisch-westlichen Kombinationen wie Pekingenten-Pizza. Es gibt eine englische Speisekarte, abends entpuppt sich das Lokal zusätzlich als Bar.

DALI COURTYARD YUNNAN-KÜCHE ¥¥¥

Karte S. 328 (大理; Dali; ☎8404 1430; 67 Xiaojingchang Hutong, Gulou Dongdajie, 鼓楼东大街小经厂胡同 67 号; Menü 150 Yuan; ⌚12–14 & 18–22.30 Uhr; S Andingmen) Die reizvolle Lage im restaurierten Wohnhof eines *hutongs* macht es zu einem der angenehmeren Esslokale in Beijing, speziell im Sommer (im Winter verschließen sie den Hof mit einem unattraktiven provisorischen Dach). Das Restaurant ist auf die raffinierten Geschmacksrichtungen der Yunnan-Küche spezialisiert. Speisekarte gibt es keine. Stattdessen zahlt man 150 Yuan (Getränke gehen extra) und genießt, wozu der Küchenchef an diesem Tag inspiriert wurde. Er enttäuscht nur selten.

Von der Gulou Dongdajie nördlich auf den *hutong* Xiaojingchang abbiegen und in der ersten Gasse links nach den roten Laternen Ausschau halten.

SOURCE SICHUAN-KÜCHE ¥¥¥

Karte S. 328 (都江园; Dujiangyuan; ☎6400 3736; 14 Banchang Hutong, 板厂胡同 14 号; Menü 188 & 268 Yuan; ⌚11–14 & 17–22 Uhr; 📖; S Nanluoguxiang) Noble Sichuan-Küche mit Überraschungen, serviert in einem Wohnhof, in dem früher einmal ein berühmter General der Qing-Dynastie wohnte. Das Source ist gut geeignet, um sich an die Freuden von einigen der schärfsten chinesischen Gerichte zu wagen, denn die Köche neigen hier dazu, mit dem Chili sehr großzügig umzugehen. Man wählt unter verschiedenen Menüs, die Karte ändert sich jeden Monat, und es gibt eine umfangreiche Weinkarte.

AUSGEHEN & NACHTLEBEN

Dieses Stadtviertel mit seinem Geflecht aus historischen hutongs ist unser Lieblingsausgehviertel in Beijing. Ständig tauchen neue Kneipen auf (und verschwinden wieder), also bummelt man am besten herum und schaut, was man so vorfindet. Zu den Top-Ausgehmeilen gehören Nanluogu Xiang und die ruhigere nördliche Verlängerung Beiluogu Xiang, der hutong Baochao (direkt westlich von der Beiluogu Xiang), die Gegend um Trommelturm und Glockenturm und der hutong Fangjia (Richtung Lamakloster). Nicht zu vergessen sind die Houhai-Seen, an denen es ebenfalls viele Kneipen gibt und die nur einen kurzen Spaziergang entfernt liegen.

★ **GREAT LEAP BREWING** BAR

Karte S. 328 (大跃啤酒; Dayue Pijiu; www.greatleapbrewing.com; 6 Doujiao Hutong, 豆角胡同 6 号; Bier pro Pint/0,5 l 25–50 Yuan; ⌚14–24 Uhr;

Ⓢ Shichahai) Diese ursprüngliche Beijinger Lokalbrauerei ist eine erfrischend einfache Wohnhofbar, die von dem amerikanischen Bierenthusiasten Carl Setzer geführt wird. Untergebracht ist sie in einem etwas versteckt gelegenen, wunderschön renovierten, über 100 Jahre alten Wohnhof der Qing-Dynastie, und es gibt hier eine wunderbare Auswahl einmaliger Biere, die weitgehend aus regionalen Zutaten gebraut werden. Man kann die bekannten Favoriten wie helles Bier und Porter süffeln oder die chinesisch beeinflussten Getränken wie Honey Ma ausprobieren, ein Gebräu mit Sichuanpfeffer, das die Zunge heftig zum Prickeln bringt.

Außer Bier gibt es hier nichts – nur in Flaschen abgefülltes Wasser und pikante Erdnüsse werden gratis verteilt. (Eine Alternative für diejenigen, die lieber etwas anderes trinken und auch etwas essen möchten, ist das neuere und größere Lokal (S. 166) draußen in Sanlitun.) Wer die U-Bahn-Station Shichahai Richtung Süden verlässt, geht links den *hutong* Mao'er hinunter, dann links den *hutong* Doujiao und hat das Lokal bald erreicht. Von der Nanluogu Xiang aus Richtung Westen den *hutong* Jingyang (景阳胡同), erst rechts, dann links halten, dann wieder rechts und links in den *hutong* Doujiao abbiegen.

EL NIDO BAR

Karte S. 328 (59 号酒吧; Wushijiu Hao Jiuba; 59 Fangjia Hutong Dongdajie, 方家胡同 59 号; Biere ab 10 Yuan; ⌚18 Uhr – open end; Ⓢ Andingmen) Diese freundliche winzige Bar kann tatsächlich mit über 100 Sorten Importbier auftrumpfen. Eine Getränkekarte gibt es nicht; man sucht sich einfach selbst aus dem Kühlschrank sein Bier aus. Die Preise für ausländische Biere gehen bei 30 Yuan los, während Harbin-Bier nur 10 Yuan pro Flasche kostet. Es werden auch einige importierte Spirituosen angeboten, darunter mehrere Sorten Absinth. Es gibt ein paar Plätze draußen vor der Bar, aber wenn es zu voll ist (es ist wirklich winzig), kann man die Straße weitergehen bis zu Nr. 46, wo in einer kleinen Sackgasse ein paar Bars und Cafés liegen.

ZA JIA BAR

Karte S. 328 (杂家; www.zajia.cc; Hong-En-Tempel, Doufuchi Hutong, 豆腐池胡同宏恩观; ⌚13–2 Uhr; Ⓢ Guloudajie) Das wunderschöne Za Jia wurde in das Eingangstor des Hong En Guan (宏恩观) gebaut, eines 600 Jahre alten ehemaligen taoistischen Tempels, der jetzt vor allem als Markt für Haushaltswaren genutzt wird. Tagsüber ist es ein Café (Kaffee ab 25 Yuan), abends eine Bar (Bier ab 20 Yuan). Der Innenraum ist so cool wie einzigartig und erstreckt sich über mehrere Ebenen bis in die Traufen. Die Atmosphäre ist freundlich und entspannt. Manchmal finden hier kostenlose Filmvorführungen und Kunstausstellungen statt, lediglich bei Livemusik an den Wochenenden wird ein Eintrittsgeld erhoben (30 bis 50 Yuan).

BALL HOUSE BAR

Karte S. 328 (波楼酒吧; Bolou Jiuba, Lao Mo; 40 Zhonglouwan Hutong, 钟楼湾胡同 40 号; ⌚14–2 Uhr; Ⓢ Guloudajie) Das Ball House finden nur Eingeweihte; per Zufall ist es unmöglich zu entdecken. Es gibt kein Schild, und die Bar liegt etwas zurückgesetzt vom eigentlichen *hutong* (der um den Glockenturm herum verläuft) am Ende eines schmalen Pfades, der so aussieht, als führte er nur zu einem normalen Wohnbereich. Draußen hängt Wäsche auf der Leine, und Fahrräder lehnen an der Wand, aber wenn man die Tür am Ende des Pfades aufstößt, kommt man in einen riesigen, wunderschön restaurierten Raum über mehrere Ebenen und eines der ungewöhnlichsten Lokale der Stadt. Über den Raum verteilt stehen Billardtische (30 Yuan pro Stunde) und Tischfußballtische (kostenlos) – daher der Name –, aber es gibt hier auch genügend Eckchen und Winkel für diejenigen, die keine Lust auf die Spieltische haben und sich lieber ein ruhiges Plätzchen suchen möchten. Biere ab 15 Yuan. Cocktails ab 40 Yuan.

MAO MAO CHONG BAR BAR

Karte S. 328 (毛毛虫; Mao Mao Chong; 12 Banchang Hutong, 板厂胡同 12 号; Biere ab 35 Yuan, Cocktails ab 40–50 Yuan; ⌚19–24 Uhr, Mo & Di geschlossen; 🚭; Ⓢ Nanluoguxiang) Dieses kleine, aber besonders bei den in Beijing lebenden Ausländern gefragte Lieblingslokal sieht innen urig aus, bietet Cocktails zu einem guten Preis, und Rauchen ist hier nicht erlaubt. Die Pizzen (40–65 Yuan) der Mao Mao Chong Bar werden in den höchsten Tönen gelobt.

IF BAR

Karte S. 328 (如果酒吧; Ruguo Jiuba; 67 Beiluogu Xiang, 北锣鼓巷 67 号; Biere ab 20 Yuan; ⌚13–2 Uhr; Guloudajie) Das leicht schrullige If (oder

1

3

1. Glockenturm (S. 100)
Die gewaltige Glocke wiegt 63 Tonnen.

2. Nanluogu Xiang (S. 101)
Lampions in der beliebten Einkaufsstraße

3. Köstlichkeiten (S. 104)
Gerichte aus Yunnan im Restaurant Dali Courtyard

INSIDERWISSEN

HUTONG-CAFÉS

Schnuckelige Internet-Cafés hatten vor einiger Zeit in Beijing Hochkonjunktur und es gibt heute Dutzende ausgezeichneter Lokale dieser Art, insbesondere in und um die *hutongs* (Gassen) von Nord-Dongcheng. Einige Cafés wurden in umfunktionierten Wohnhöfen eingerichtet, die meisten bieten kostenloses WLAN, frischen Kaffee (ab 20 Yuan), günstige lokale Biersorten (ab 15 Yuan) und eine begrenzte Auswahl an überwiegend westlichem Essen (Gerichte ab 30 Yuan). Sie stellen zudem in Beijing die günstigste Gelegenheit dar, um chinesischen Tee zu probieren (ab 30 Yuan pro Schale, wobei unbegrenzt Wasser nachgefüllt werden kann). Nachfolgend unsere derzeitigen Lieblinge.

Irresistible Café (诱惑咖啡厅; You Huo Kafeiting; Karte S. 328; 14 Mao'er Hutong, 帽儿胡同 14 号; ⌚11–24 Uhr, Mo & Di geschl.; 📶) Großer Wohnhof. Tschechisches Bier. Gutes, gesundes Essen.

Café Confucius (秀冠咖啡; Xiu Guan Kafei; Karte S. 328; 25 Guozijian Jie, 国子监街 25 号; ⌚8.30–20.30 Uhr; 📶) Buddhistisches Ambiente. Sehr freundlich.

Other Place (Karte S. 328; 1 Langjia Hutong, 朗家胡同 1 号; ⌚ 12–24 Uhr; 📶) Cooles Personal. Coole Musik. Cooler Hof. Kein Essen.

Essence (萃饮咖啡; Cuiyin Kafei; Karte S. 328; 47 Zhonglouwan Hutong, direkt beim Drum and Bell Square; 钟鼓楼广场，钟楼湾胡同 47 号; ⌚10–22 Uhr) Kaffee in Top-Qualität. Kleine Dachterrasse mit Blick auf den Trommelturm.

Le Grenadier (石榴树下; Shíliushu Xia; Karte S. 332; 7 Youqizuo Hutong, direkt bei der Di'anmen Neidajie; 地安门内大街，油漆作胡同 7 号; ⌚ 11–21 Uhr, Mi geschl.) Ruhige Location. Billiger Kaffee. Sitzplätze auf dem Dach. Französische Küche.

Three Trees Coffee (三棵树; San Ke Shu; Karte S. 328; 89 Nanluogu Xiang; 南锣鼓巷 89 号; ⌚ 9.30–22 Uhr) Gemütlicher, unkonventioneller Rückzugsort vom Einkaufswahnsinn auf der Nanluogu Xiang.

Siif, wie manche es wegen der Beschilderung draußen nennen, die sowohl das spanische „si" als auch das englische „if" enthält) war die erste Kneipe, die auf der Beiluogu Xiang eröffnete. Die Bar erstreckt sich über drei jeweils recht kleine Etagen, die mit eigenartig geformten Möbeln eingerichtet sind. Außerdem hat sie eine Wandvertäfelung, die an Löcherkäse erinnert, und Böden mit beunruhigenden Glasflächen, durch die man in das darunterliegende Stockwerk schauen kann.

Es gibt kostenloses Billard und Kicker (5 Yuan) sowie eine hübsche kleine Dachterrasse mit Blick über den *hutong*. Eine kleine Tanzfläche ist im Untergeschoss des If untergebracht.

MAI BAR

Karte S. 328 (麦; 40 Beiluogu Xiang, 北锣鼓巷 40 号; Cocktails ab 45 Yuan, Biere ab 30 Yuan; ⌚18–2 Uhr; **S** Guloudajie) Die erste echte Cocktailbar der Gegend. Das Mai ist abgefahren, freundlich und liegt in einem wunderschön renovierten Teil eines alten Hofgebäudes. Und vor allem mixt der Manager hervorragende Cocktails.

MODERNISTA BAR

Karte S. 328 (老摩; Lao Mo; 44 Baochao Hutong, 宝钞胡同 44 号; ⌚ 16–2 Uhr, Mo geschl.; **S** Guloudajie) Dieses kleine Lokal im Stil einer europäischen Tapas-Bar zieht mit seiner Livemusik (überwiegend Jazz) und mit seinen kulturellen Veranstaltungen, wie Filmvorführungen, Tanzkursen und Mah-Jong-Abenden, überwiegend gut gekleidete, kunstbeflissene Gäste an. Die Getränke sind preisgünstig, Biere und Pastis ab 15 Yuan und Importweine ab 30 Yuan. Im oberen Stockwerk überblickt man die kleine Bühne. Es gibt eine kleine Tapas-Speisekarte (30–50 Yuan).

SALUD BAR

Karte S. 328 (老伍; laowu; ☎6402 5086; 66 Nanluogu Xiang, 南锣鼓巷 66 号; Biere ab 20 Yuan, Cocktails ab 30 Yuan; ⌚15 Uhr – open end; **S** Andingmen) Die größte und quirligste Bar an der Nanluogu Xiang wendet sich zwar bevorzugt an in Beijing lebende Ausländer, am Wochenende aber wird es hier knallvoll, wenn ein gemischtes Publikum aus Einheimischen und Ausländern bis in die frühen Morgenstunden Party macht. Die hauseigenen Rumsorten (20 Yuan) mit besonderem Aroma werden in reagenzglasähnlichen Gefäßen serviert und können einen umhauen.

MADO BAR

Karte S.328 (麻朵; Ma Duo; 60 Baochao Hutong; 宝抄胡同 60 号; Biere ab 15 Yuan; ⌚Sommer 14–2 Uhr, Winter 19–2 Uhr; S Shichai oder Gulou Dajie) Freundliche Bar ohne Schnickschnack mit preiswerten Getränken und großer Dachterrasse.

HIPPO BAR

Karte S.328 (河马啤酒; Hema Píjiu; 19 Beixinqiao Santiao; 北新桥三条 19 号; ⌚15–2 Uhr; S Beixinqiao) Winzige, unscheinbare Bar mit einem Kühlschrank voller Importbier (ab 20 Yuan) und gefährlich billigen Shots (10 Yuan).

NIAN BAR BAR

Karte S.328 (辇酒吧; Nian Jiuba; 21 Cheniandian Hutong, direkt neben der Andingmennei Dajie; 安定门内大街, 车辇店胡同 21 号; ⌚18–24 Uhr, Wochenende 18–2 Uhr) Wahrscheinlich die billigste Bar im Viertel, Shots kosten hier 10 Yuan, genau wie ein kleines Bier. Freitags zahlt man 50 Yuan und trinkt so viel man möchte.

BLACK TEA TEAROOM TEEHAUS

Karte S.328 (巷口红茶馆; Xiangkou Hongchaguan; 65 Beiluogu Xiang; 北锣鼓巷 65 号; Tee ab 28 Yuan pro Schale; ⌚10–22 Uhr, Mo geschl.) Dem Namen zum Trotz gibt es in diesem einladenden kleinen Teehaus außer schwarzem Tee noch jede Menge anderer chinesischer Teesorten. Die Teekarte ist ins Englische übersetzt, eine Hälfte des Pärchens, das die Teestube betreibt, spricht aber auch Englisch und kann einem ebenfalls bei der Wahl behilflich sein. Eine kleine Teeauswahl wird auch zum Kauf angeboten und man freut sich, wenn der Tee vor dem Kauf probiert wird.

UNTERHALTUNG

★JIANG HU LIVEMUSIK

Karte S.328 (江湖酒吧; Jiang Hu Jiuba; 7 Dongmianhua Hutong, 东棉花胡同 7 号; Eintritt ab 30–50 Yuan; ⌚19–2 Uhr, montags geschlossen; S Nanluoguxiang) Einer der coolsten Orte, um chinesische Indie- und Rockbands zu hören. Das von einem posaunespielenden, musikliebenden Manager geführte Jiang Hu liegt in einem kleinen Hof und ist an guten Abenden brechend voll. Gemütlich, cool und ein schönes Plätzchen für einen Drink in einem Hof, selbst wenn gerade keine Band spielt. Biere ab 25 Yuan.

★JIANG JIN JIU LIVEMUSIK

Karte S.328 (疆进酒吧; Jiangjinjiu Jiuba; 2 Zhongku Hutong, 钟库胡同 2 号 (鼓楼北门; Eintritt ab 20 Yuan, Biere ab 15 Yuan, Cocktails ab 25 Yuan; ⌚13–2 Uhr; S Guloudajie, Shichahai) Das winzige, sehr entspannte Lokal ist einer der besten Plätze, um die Volksmusik der ethnischen Minderheiten Chinas zu hören, insbesondere die der Uiguren und Mongolen. Livemusik gibt es nur von Donnerstag bis Sonntag und in der Regel kostenlos, auch wenn freitags und samstags manchmal ein Unkostenbeitrag genommen wird, wenn eine beliebtere Gruppe auftritt. Daumen drücken, dass das Lokal der Abbruchbirne im Zug der Trommelturm-Sanierung entgehen wird.

Durch seine sehr solide Reservierungsstrategie und ein annehmbares Platzangebot gehört das Lokal zu den besten in der Stadt, um Livemusik zu hören.

YUGONG YISHAN LIVEMUSIK

Karte S.328 (愚公移山; ☎6404 2711; www.yugongyishan.com; 3-2 Zhangzizhong Lu, West Courtyard, 张自忠路 3-2, 号段祺瑞执政府旧址西院; Eintritt ab 50 Yuan; ⌚19–2 Uhr; S Zhangzizhonglu) Angeblich spukt es hier mehr als anderswo in Beijing. Das historische Gebäude war einst Residenz der Qing-Dynastie, dann Sitz von Feldherren vergangener Zeiten und später in den 1930er-Jahren Stützpunkt der japanischen Besatzungsmächte. Würden hier nicht jede Woche chinesische und internationale Bands und Solisten auftreten bzw. DJs heiße Scheiben auflegen, dann könnte man wahrscheinlich die Gespenster heulen hören. Dank des angenehmen Reservierungssystems und einer anständigen Bühne ist das YY wahrscheinlich einer der besten Veranstaltungsorte für Livemusik in Beijing.

TEMPLE BAR LIVEMUSIK

Karte S.328 (坛酒吧; Tan Jiuba; Gebäude B, 206 Gulou Dongdajie, 鼓楼东大街 206 号; Biere ab 25 Yuan, Cocktails ab 30 Yuan; ⌚17–open end; S Shichahai) Ein großer Raum über einem rund um die Uhr geöffneten Internet-Café mit einer langen Theke in einer Ecke, einer niedrigen Bühne in einer anderen Ecke und Tischen, Stühlen und Sofas, die überall sonst verteilt stehen. Die drei musikbegeisterten Geschäftsführer sorgen für ordentliche Werbung durch örtliche Bands, und die Auftritte kosten häufig nichts. Bei der abendlichen

INSIDERWISSEN

HAT FÜR TROMMEL UND GLOCKE DIE LETZTE STUNDE GESCHLAGEN?

Trotz fünfjähriger Proteste von Anwohnern und Aktivisten für den Schutz des Kulturerbes schienen zum Zeitpunkt unserer Recherchen die umstrittenen Pläne zur Sanierung des *hutong*-reichen Stadtviertels beim Trommel- und Glockenturm schließlich doch voranzukommen.

Der ursprüngliche Plan, den Bereich zur „Beijing Time Cultural City" mit Einkaufszentrum im Untergrund umzuwandeln, wurde dankenswerter Weise fallen gelassen. Zum Zeitpunkt unserer Recherchen war noch immer unklar, wie die Entwicklungspläne genau aussehen, aber mit dem Abriss wurde bereits begonnen.

Die örtliche Bezirksregierung sagte, sie wolle dem Trommel- und Glockenplatz sein „ursprüngliches Aussehen" wiedergeben und dazu Stadtpläne aus der Qianlong-Periode (18. Jh.) verwenden. Die Angaben zu den Details dieses Plans blieben aber vage.

Obwohl keines der zum Abriss vorgesehenen Gebäude älter als 70 oder 80 Jahre war, argumentieren die Kritiker, das Ergebnis einer luxuriösen Aufwertung der Gegend, durch die sie wieder aussehen solle wie während der Glanzzeit der reichen Qing-Dynastie, würde sicher alles andere als authentisch wirken. Wenn man nach der 2007 erfolgten Sanierung des Qianmen-Bereichs geht – früher der größte zusammenhängende *hutong*-Komplex und heute eine Shoppingmeile im Disneyland-Qing-Stil – scheinen die Behörden nicht allzu viele Skrupel zu haben, einer Gemeinde Herz und Seele zu entreißen.

Happy Hour (17–22 Uhr) heißt es bei örtlichen Biersorten „eines kaufen, eines gratis".

Kein Aushängeschild, durch den dekorativen Torbogen bei 206 Gulou Dongdajie gehen, weiter bis Gebäude B, am Ende eines kleinen Parkplatzes rechts, dann rechter Hand die Treppe hinauf.

MAO LIVEHOUSE — LIVEMUSIK

Karte S. 328 (光芒; Guangmang; 111 Gulou Dongdajie, 鼓楼东大街 111 号; Eintritt ab 60 Yuan, Bier ab 20 Yuan; ⌚20 Uhr – open end; Ⓢ Shichahai) Diese mittelgroße Musikbühne gegenüber dem Nordeingang der Nanluogu Xiang ist groß genug, um den zahlreichen Aufführungen den Hauch eines echten Spektakels zu verleihen, und zugleich klein genug, um ein persönliches Ambiente zu schaffen. Das Dekor ist nüchtern und die Akustik einwandfrei. Hier spielen alle Arten von Bands, allerdings können die ausländischen Bands den Eintrittspreis in astronomische Höhe treiben.

PENGHAO-THEATER — THEATER

Karte S. 328 (蓬蒿剧场; Penghao Juchang; ☎6400 6452; www.penghaotheatre.com; in einer Gasse neben 35 Dongmianhua Hutong, 东棉花胡同 35 号; Tickets ab 50 Yuan; Ⓢ Nanluoguxiang) In diesem kleinen, zwanglosen, nicht gewerbsmäßigen Theater, das versteckt in einer schmalen, namenlosen Gasse zwischen dem *hutong* Dongmianhua und dem *hutong* Beibinmasi liegt, treten manchmal Studenten der nahe gelegenen Schauspielakademie auf. Das Theater wird gleichzeitig als Café benutzt (nur Getränke), ist einfach hinreißend und hat außerdem ein paar herrliche Sitzbereiche auf der Dachterrasse im Schatten eines 200 Jahre alten Baumes, der einen Teil des Gebäudes durchschneidet. Vorwiegend stehen hier moderne Theaterstücke auf dem Programm, die sowohl auf Chinesisch als auch gelegnetlich auf Englisch aufgeführt werden. Weitere Informationen gibt es auf der Website. Das Personal spricht etwas Englisch.

CHINESISCHES PUPPENTHEATER — THEATER

(中国木偶剧院; Zhongguo Mu'ou Juyuan; ☎6425 4847; www.puppetchina.com; Ecke Anhua Xili & Nördliche 3. Ringstraße, 北三环中路安华西里; Ⓢ Anhuaqiao) Das auf Familien ausgerichtete Theater setzt auf Schattenspiel, Marionettentheater, Musik- und Tanzvorführungen, alles nur samstags und sonntags. Es gibt zwei Theatersäle. Im größeren (大剧场; *da juchang;* Tickets 180–380 Yuan, Vorführungen um 10.30 und 14.30 Uhr) werden Musik- und Tanzshows gezeigt. Puppentheater gibt's im kleinen Saal (小剧场; *xiao juchang;* Tickets gibt's für 100 Yuan, Vorführungen um 10, 11, 12, 13.30 und 14.30 Uhr). Kein Englisch.

Das Puppentheater befindet sich in der Nördlichen 3. Ringstraße (North 3rd Ring Rd.) Die U-Bahn-Station Anhuaqiao (Linie 8) bei Ausgang D1 verlassen und in östlicher

Richtung etwa 500 m auf der Hauptstraße gehen, bis man das märchenhafte, schlossähnliche Theatergebäude sieht.

STAR LIVE LIVEMUSIK

Karte S. 328 (星光现场; Xingguang Xianchang; www.clubtango.cn; 3. OG, Tango-Nachtclub, 79 Hepingli Xijie, 糖果 3 层, 和平西街 79 号; Eintritt ab 50 Yuan; ⏲18.30 Uhr–open end; 🚻; ⓈYonghegong Lama Temple) Als einziger mittelgroßer Veranstaltungssaal in Beijing bringt das Star Live ein paar internationale Bands auf die Bühne. Auch Tanzpartys werden hier gelegentlich veranstaltet. Teilt sich ein Gebäude mit dem rund um die Uhr geöffneten KTV Tango (Karaoke).

SHOPPEN

Der überaus beliebte *hutong* Nanluogu Xiang bietet einen bunten Mix aus Kleidung und Geschenken, die in trendigen Boutiquen verkauft werden. Es kann viel Spaß machen, hier nach Souvenirs zu suchen, an den Wochenenden im Sommer sollte man sich aber besser fernhalten, weil dann der Shopping-Wahnsinn seinen Höhepunkt erreicht und die Straße so vollgestopft ist, dass es kaum ein Durchkommen gibt. Am Nordende ist die Gulou Dongdajie seit einiger Zeit gerade bei jungen Beijingern sehr beliebt für den Kauf von Vintage-Kleidung, Skater-Mode und Musikequipment. Yonghegong Dajie, die Straße, an der das Lamakloster liegt, ist voll mit Geschäften rund um das Thema Buddhismus, in denen Gebetsfahnen, Räucherstäbchen und Buddhafigürchen zu den Klängen tibetanischer Mantramusik feilgeboten werden.

RUIFUXIANG SEIDENKLEIDUNG

Karte S. 328 (瑞蚨祥; Ruifuxiang; 50 Di'anmen Waidajie, Dongdajie, 地安门外大街 50 号; ⏲10–20.30 Uhr; ⓈShichahai) Relativ neue Zweigstelle des bereits 150 Jahre alten Ruifuxiang-Seidengeschäftes. Hier gibt es alles Mögliche aus Seide, angefangen bei Accessoires wie Schals und Tüchern (ab 150 Yuan) bis hin zu Slippern und Hüten (ab 50 Yuan). Man kann hier sehr gut Kleidung im chinesischen Stil kaufen (*qipao*-Kleider für Frauen beginnen bei etwa 500 Yuan), darunter auch sehr niedliche Outfits für Kinder (ab 100 Yuan). Die Qualität ist gut, und die Preise, die angeschrieben sind, sind alle durchaus angemessen, wenn man bedenkt, wie berühmt die Marke ist.

JINGCHENG BAIXING TONFIGUREN

Karte S. 328 (京城百姓 （泥塑陶艺); 44 Guozijian Jie; 国子监街 44 号; ⏲ 9–21 Uhr; ⓈYonghegong Lama Temple, Andingmen) Der kleine Laden auf der historischen Guozijian Jie verkauft wunderschön bemalte traditionelle Tonfiguren, die sich bestens als erschwingliche China-Souvenirs eignen. Was diesen Laden jedoch von anderen, ähnlichen Läden abhebt, sind die draußen aufgestellten Tische und Stühle, an denen die Kunden ihre eigenen Figuren bemalen und sogar modellieren können. Wer sein eigenes Figürchen herstellen möchte, sagt: *„neng ni su ma?"* (能泥塑吗? – „Kann ich etwas mit Ton modellieren?"). Wer eine Figur nur bemalen möchte, sagt: *„neng cai hui ma?"* (能彩绘吗? – „Kann ich etwas bemalen?"). Beides ist kostenlos, nur wenn man die eigenen Werke mitnehmen möchte, werden 10 Yuan fällig (bei größeren Figuren auch mehr).

Die professionell bemalten Figuren, deren Preise bei 10 Yuan beginnen, gibt es in allen Formen und Größen, die drei Haupttypen jedoch sind der Beijinger Kaninchengott (兔儿爷; *tu er ye*), der Brüllende Shandong-Tiger (山东泥叫虎; *Shandong ni jiao hu*) und die menschlichen Tianjin-Figuren (天津泥人; *Tianjin ni ren*).

ESY DRAGON GIFT SHOP SOUVENIRS

Karte S. 328 (石怡集; Shi Yi Ji; 19 Nanluogu Xiang, 南锣鼓巷 19 号; ⏲9.30–21.30 Uhr; ⓈNanluoguxiang) Hier gibt es eine große Auswahl an Souvenirs von ordentlicher Qualität, aber überwiegend kleinere Dinge und daher alles recht günstig. Im Sortiment sind Stifte, Lesezeichen und dekorative chinesische Knoten für unter 15 Yuan, während Schlüsselanhänger mit chinesischen Motiven bei 20 Yuan anfangen. Untersetzersets oder chinesische Stoffslipper für Kinder gibt es schon für unter 80 Yuan.

PLASTERED 8 KLEIDUNG

Karte S. 328 (创可贴 T- 恤; Chuangketie Tixu; www.plasteredtshirts.com; 61 Nanluogu Xiang, 南锣鼓巷 61 号; ⏲10–22 Uhr; ⓈNanluoguxiang) Dieser kultige T-Shirt-Shop auf der Nanluogu Xiang, der einem Briten gehört, druckt ironische Interpretationen der chinesischen Kultur auf hochwertige T-Shirts und Tops (ab 158 Yuan) und hat auch ordentliche Smogmasken auf Lager (ab 180 Yuan).

FAMOUS TEA OF CHINA TEE

Karte S. 328 (福建茶行; Fujian Chahang; 123 Gulou Dongdajie; 鼓楼东大街 123 号; ⊙8–22 Uhr) Der kleine Teeladen wird von einem freundlichen Paar geführt, das so gut wie kein Englisch spricht, gegenüber ausländischen Touristen jedoch sehr entgegenkommend ist. Die meisten Teesorten werden nach Gewicht verkauft. Der Preis wird pro *jin* (500 g) angegeben, der Tee jedoch meist pro *liang* (50 g) verkauft. Wer ein Teeservice kaufen möchte, findet ebenfalls eine kleine Auswahl.

Der Laden bietet zudem Tee in kleinen, fertig gepackten Päcken an (perfekte Geschenke), und es gibt niedliche kleine Pu-Erh-Tee-„Kuchen", die für 10 Yuan pro 10 Stück verkauft werden, wobei einer für eine Schale Tee reicht. Man kann hier einzelne Teeschalen kaufen (ab 3 Yuan) sowie einzelne *gaiwan* (Schalen mit Deckel, die als Teekanne genutzt werden, ab 20 Yuan). Bemerkenswert ist auch das pfiffige kleine Reise-Teeservice (旅行茶具; *lüxing chaju;* 60 Yuan).

C ROCK MUSIK

Karte S. 328 (C Rock 音乐光盘店; C Rock yinyue guangpan dian; 99 Gulou Dongdajie, 鼓楼东大街 99 号; ⊙11–23 Uhr; S Andingmen) Der Mini-Laden ist in dieser Gegend die beste Adresse, für chinesische Musik aller Arten (und etwas internationale Musik), aber hauptsächlich lokale Rockbands und volkstümliche Musik. CDs kosten zwischen 23 und 100 Yuan.

TIAN-YI-WARENMARKT MARKT

Karte S. 328 (天意商场; Tianyi Shangchang; 158 Di'anmen Waidajie, 地安门外大街 158 号; ⊙9–19.30 Uhr; S Shichahai) Wer hierherkommt, sucht eher nicht nach Geschenken für die Lieben zu Hause, sondern nach Ersatz für ein verlorenes Zubehörteil oder die Handschuhe, die er für überflüssig gehalten hatte. Hier gibt es alles, von Elektronik und Spielzeugen (Erdgeschoss) über Schmuck und Souvenirs (1. OG), Teesets und Sportausrüstungen inklusive Drachen und Tischtennissets (2. OG), Kleidung (3. OG) und Schuhen einschließlich Flipflops und chinesischen Turnschuhen der alten Schule (4. OG).

JH 2ND-HAND BIKE SHOP FAHRRÄDER

Karte S. 328 (金典新桥信托商行; Jindian Xinqiao Xìntuo Shanghang; 43 Dongsi Beidajie, 东四北大街 43 号; ⊙9–17 Uhr; S Beixinqiao) Hier findet man alles, von schäbigen alten in Tianjin hergestellten Flying Pigeons und Shanghai Forevers (manchmal schon ab 100 Yuan), bis zu liebevoll restaurierten, in Großbritannien hergestellten Raleighs, für die bis zu 5000 Yuan fällig werden können. Auch einige neue Fahrräder sind zu haben, die Qualität ist jedoch nicht so gut wie im nahe gelegenen Giant Shop. Draußen vor dem Laden bieten junge Burschen ebenfalls gebrauchte Fahrräder an. Da heißt es hart feilschen.

GIANT FAHRRÄDER

(捷安特; Jie'ante; Karte S. 328; 77 Jiaodaokou Dongdajie, 交道口东大街 77 号; ⊙9–19 Uhr; S Beixin-

INSIDERWISSEN

TRADITIONELLE TON-FIGÜRCHEN

Tonfigürchen sind in China beliebte Souvenirs, die man überall in Beijing in den Geschenkeläden findet. Lohnend ist beispielsweise ein Besuch im Jingcheng Baixing in der Nähe des Lamaklosters.

Hier die drei bekanntesten Figuren:

➡ **Beijinger Kaninchengott** (兔儿爷; *tu er ye*) Diese Kaninchenfiguren mit langen Ohren gibt es seit der Spätzeit der Ming-Dynastie (17. Jh.), sie stellen vermutlich den Kaninchengott dar, der von Chang'e (dem Mondgott) nach Beijing entsandt wurde, um die Stadt vor einer tödlichen Seuche zu schützen. Heute repräsentieren die Figürchen Gesundheit.

➡ **Menschliche Tianjin-Figuren** (天津泥人; *Tianjin ni ren*) Diese Figuren, die durch plumpe, verspielte kinderähnliche Gesichter gekennzeichnet sind, entstanden vor rund 180 Jahren in der Stadt Tianjin und wurden von einem berühmten Bildhauer namens Zhang Mingshen entworfen (1826–1906).

➡ **Brüllender Shandong-Tiger** (山东泥叫虎; *Shandong ni jiao hu*) Diese Ton-Tiger aus der Stadt Gaomi in der Provinz Shandong besitzen ein Stückchen Schaffell, das die Vorder- und Hinterbeine verbindet und ein brüllendes Geräusch von sich gibt, wenn man es drückt (kleine Kinder lieben es).

qiao) Giant, eines von einer Reihe ordentlicher Fahrradgeschäfte an diesem Straßenabschnitt, hat die größte Auswahl an neuen Fahrrädern und Fahrradzubehör. Die Preise beginnen bei etwa 600 Yuan. Auch Verleih von praktisch neuen Mountainbikes (pro Tag 100 Yuan inkl. Helm; Kaution 1500 Yuan). Fahrradverleih heißt auf Chinesisch: 租车 *(zu che)*.

SPORT & AKTIVITÄTEN

NATOOKE — RADFAHREN

Karte S. 328 (耍（自行车店), Shua (Zixíngche Dian); www.natooke.com; 19-1 Wudaoying Hutong, 五道营胡同 19 — 1 号; ⏲10–19 Uhr; Ⓢ Yonghegong Lama Temple) Das coolste Fahrradgeschäft in Beijing. Natooke verkauft Eingangräder (ab 2800 Yuan), verleiht aber auch eine kleine Auswahl an Gebrauchträdern (pro Tag 50 Yuan, Kaution pro Tag 500 Yuan), einschließich Fixies. Hier kann man auch hochwertige Smogmasken erwerben. Der Laden veranstaltet zudem Fahrrad-Events in und um Beijing – auf der Website nachlesen.

BLACK SESAME KITCHEN — KOCHKURSE

Karte S. 328 (☎136 9147 4408; www.blacksesamekitchen.com; 3 Heizhima Hutong, direkt neben der Nanluogu Xiang; 南锣鼓巷黑芝麻胡同 3 号) Beliebte Kochkurse mit vielen verschiedenen Rezepten aus ganz China. Kein Schild; Gelegenheitsgäste werden nicht gerade zum Vorbeischauen ermuntert, da die Kurse in einem Wohnhof stattfinden. Vorherige Buchung ist erforderlich. Man kann hier sogar essen (Menü 300 Yuan pro Person) – erhält Bombenkritiken! –, aber auch dafür muss im Voraus gebucht werden.

CULTURE YARD — SPRACHKURSE

Karte S. 328 (天井越洋; Tianjing Yueyang; ☎8404 4166; www.cultureyard.net; 10 Shique Hutong, 石雀胡同 10 号; ⏲ 10–19 Uhr, So geschl.; Ⓢ Beixinqiao) Das Kulturzentrum, das versteckt in einem *hutong* liegt, konzentriert sich auf Chinesisch-Sprachkurse. Hauptprogramm ist ein sechswöchiger Kurs (3600 Yuan), man kann die Kurse aber auch auf die eigenen Bedürfnisse zuschneiden. Ideal für Touristen ist der Kurs „Survival Chinese" (viermal zwei Stunden für 400 Yuan).

QINGNIAN-HU-PARK — SCHWIMMEN

Karte S. 328 (青年湖公园; Qingnian Hu Gongyuan; Qingnianhu Lu, direkt neben der Andingmenwai Dajie, 安定门外大街，青年湖路; Erwachsener/Kind 40/30 Yuan; ⏲Mai–Sept. 6–22 Uhr; Ⓢ Andingmen) Im Sommer strömen die Einheimischen in den Qingnian-Hu-Park, wo es Schwimmbecken im Freien gibt mit Wasserrutschen und einem flachen Becken für die Kleinen. Abends mit Flutlicht ausgestrahlt. Was an Schwimmzeug benötigt wird, kann man hier kaufen, außerdem gibt es Imbissbuden mit gegrillte Kebabs, Snacks und sogar Bier.

GESUNDHEITSCLUB MAO'ER LAOLI — MASSAGE

Karte S. 328 (帽儿老李足疗保健馆; Mao'er Laoli Zuliao Baojian Guan; 3 Mao'er Hutong, 帽儿胡同 3 号; ⏲11–24 Uhr) Der kleine Massage-Salon innerhalb eines Teils eines alten Wohnhofs direkt neben dem historischen *hutong* Mao'er, ist sehr preiswert. Eine halbstündige Fußmassage kostet 49 Yuan, eine einstündige Ganzkörpermassage gibt es ab 89 Yuan. Angeboten werden auch Schröpfbehandlungen (39 Yuan) und tibetanische „Feuerdrachen"-Therapie (50 Yuan) – dabei wird echtes Feuer verwendet. Viel Englisch wird hier nicht gesprochen, aber die Massage-Übersicht ist auf Englisch übersetzt.

Das Schild ist chinesisch, das Wort „Massage" steht jedoch dabei. Durch das Tor gehen und weiter durch ein wunderschönes altes, geschnitztes Tor in den hinteren Hof, wo der Club linker Hand zu finden ist.

JINSE FEILUN BIKE SHOP — FAHRRADVERLEIH

Karte S. 328 (金色飞轮自行车商行; Jinse Feilun Zixingche Shanghang; 35 Gulou Dongdajie; 鼓楼东大街 35 号; ⏲8–22 Uhr) Der kleine Laden verleiht ganz normale Fahrräder (pro Tag 30 Yuan) und Elektroroller (60 Yuan). Es wird kein Englisch gesprochen.

Himmelstempelpark & Süd-Dongcheng

Highlights

❶ Den **Himmelstempelpark** (S. 122) auf gar keinen Fall verpassen, denn die Ansammlung von Hallen und Altären, die Chinas Kaiser auf der Suche nach göttlicher Führung aufsuchten, ist einmalig und überwältigend, und auch der umliegende Park ist etwas Besonderes.

❷ Die berühmte **Pekingente** in den Restaurants (S. 127) der Stadt genießen, in der sie ihren Siegeszug begann

❸ Sich durch einen Spaziergang entlang dem einzigen noch existierenden Stück der alten **Stadtmauer** (S. 125) in die Zeit des kaiserlichen Chinas zurückversetzen

❹ Perlen in allen Formen und Farben auf dem **Hongqiao-(Perlen-)Markt** (S. 130) ergattern

❺ Mit den Einheimischen die Shops auf der restaurierten **Einkaufsstraße** (S. 127) durchstöbern

Mehr Details s. Karte S. 330

Erkundungstour

Dieses Viertel, das sich südlich und südöstlich der Verbotenen Stadt erstreckt und zu dem auch der nicht mehr bestehende Distrikt Chongwen gehört, ist nicht so angesagt wie der Rest Dongchengs (东城) – kaum Nachtleben –, aber hier sind die *laobaixing* (gewöhnlichen Leute) zu Hause. Ein guter Ausgangspunkt ist der Himmelstempelpark. Nachdem man sich die Sehenswürdigkeiten angesehen hat, kann man erst durch den Park selbst spazieren und dann nach Norden zur Qianmen-Gegend. Alternativ können sich Shoppingfans zum Hongqiao-Markt nördlich des östlichen Parktores aufmachen, wo fünf Etagen voller Perlen, Schmuck, Jade und mehr auf Käufer warten. Die Dachterrasse bietet einen herrlichen Blick über den Himmelstempelpark.

Der letzte verbliebene Teil der Beijinger Stadtmauer, liegt eine kurze U-Bahn-Fahrt nördlich des Himmelstempelparks. Von hier aus geht's nach Westen durch die letzten noch existierenden *hutongs* (schmalen Gassen) des Viertels nach Qianmen, wo Museen und die beliebte autofreie Einkaufsstraße Qianmen Dajie liegen. In der Nähe gibt es einige der ältesten und traditionsreichsten Bratentenrestaurants von Beijing und ein wachsendes Angebot an Restaurants mit gehobener westlicher Küche. Auf der 23 Qianmen Dongdajie stehen imposante Gebäude im europäischen Stil, in denen früher ausländische Botschaften untergebracht waren.

Lokalkolorit

- ***hutongs*** Ein Besuch der verfallenden Gassen und Durchgänge östlich der Qianmen Dajie (S. 127) lohnt sich sehr.
- **Pekingente** Wer Pekingente essen will, wo es die Einheimischen tun, sollte ins Bianyifang (S. 129) gehen.
- **Parkleben** Die stille Beschaulichkeit des Longtan-Parks östlich vom Himmelstempelpark ist eines der bestgehüteten Geheimnisse Beijings.

Anfahrt

- **U-Bahn** Linie 2 hält an der Qianmen-U-Bahn-Station und der Chongwenmen-U-Bahn-Station, wo sie die Nord-Süd-Linie 5 kreuzt. Zum Himmelstempelpark fährt Linie 5 (Haltestelle Tiantandongmen); Ruinenpark der Ming-Stadtmauer und Südöstlicher Eckturm: am Chongwenmen aussteigen. Von der U-Bahn-Station Qianmen gelangt man zur Qianmen Dajie und dem umliegenden Gebiet.
- **Bus** Bus 20 fährt vom Bahnhof Beijing Süd über den Himmelstempel und Qianmen nach Wangfujing, Dongdan und zum Bahnhof Beijing.

Top-Tipp

Wer wie die Einheimischen früh aus den Federn steigt, um in den Himmelstempelpark zu gehen, sobald er bei Sonnenaufgang seine Tore öffnet, kann nicht nur die Senioren Beijings bei Spaß und Spiel sehen – wenn sie Tai-Chi und Formationstänze praktizieren –, sondern erlebt den Park in herrlich friedvoller Stille und hat zudem die Nase vorn im Hinblick auf die Massen, die hierherströmen, sobald um 8 Uhr die Sehenswürdigkeiten öffnen.

Gut essen

- Lost Heaven (S. 128)
- Capital M (S. 128)
- Duyichu (S. 127)

Mehr dazu s. S. 127

Die beste Pekingente

- Bratentenrestaurant Liqun (S. 127)
- Bianyifang (S. 129)
- Bratentenrestaurant Qianmen Quanjude (S. 128)

Mehr dazu s. S. 127

Schön shoppen

- Hongqiao-(Perlen-)Markt (S. 130)
- Qianmen Dajie (S. 127)
- Toys City (S. 130)

Mehr dazu s. S. 130

HIGHLIGHTS
HIMMELSTEMPELPARK

Der einzigartige Komplex der Hallen und Altäre in dem 276 ha großen Himmelstempelpark (天坛公园; Tiantan Gongyuan) ist das vollkommenste Beispiel der Ming-Architektur. Alljährlich pilgerten die chinesischen Kaiser – die Söhne des Himmels – hierher, um in einer geheimnisvollen Zeremonie von Gebeten und rituellen Opfern göttliche Vergebung und gute Ernten zu erflehen und um Buße für die Sünden ihres Volkes zu tun. Alles an dieser Anlage ist einzigartig, und im Zusammenspiel von Form, Farbe und Klang liegt eine bedeutungsvolle Symbolik. Ebenso harmonisch ist der Park selbst, eine Oase im lärmenden Trubel von Beijing.

Es handelt sich eher um einen Altar als einen Tempel, weshalb man keine Gläubigen im Gebet antreffen wird. Der Himmelstempel ist vom Wesen her konfuzianisch und an seinen kosmischen Obertönen werden Numerologen, Geisterbeschwörer und Abergläubische – ganz zu schweigen von Akustikingenieuren und Zimmerleuten – ihre Freude haben. Von oben gesehen sind die Bauten rund und die Fundamente viereckig; dieses Muster stammt von dem chinesischen Glauben, dass der Himmel rund und die Erde quadratisch sei. Daher ist das nördliche Ende des Parks halbrund und das südliche Ende ist eckig. Der Tempel der Erde, auch Ditan genannt, im Norden Beijings steht am nördlichen Kompasspunkt und der Himmelstempel am südlichen.

Es gibt vier Tore in den Park, eins in jeder Himmelsrichtung, und man kann den Park durch jedes davon betreten. Der Kaiser näherte sich dem Tempel durch das **Zhaoheng-Tor** (昭亨门; Zhaoheng Men) im Süden; danach richtet sich die Reihenfolge der wichtigsten Sehenswürdigkeiten.

NICHT VERSÄUMEN

- Halle des Erntegebets
- Echomauer

PRAKTISCH & KONKRET

- Karte S. 330
- ☎67012483
- Adresse: Tiantan Donglu
- Parkeintritt/Kombikarte Hauptsaison 15/35 Yuan, Nebensaison 10/30 Yuan, Audiotour 40 Yuan (Kaution 100 Yuan)
- Park 6–20 Uhr; Sehenswürdigkeiten April–Okt. 8–17.30 Uhr, Park 6–20 Uhr, Sehenswürdigkeiten Nov. –März 8–17 Uhr
- 🚭
- S Tiantandongmen

Man kann den Park entweder mit der günstigsten Eintrittskarte für den Park selbst (15 Yuan) betreten und später eine 20-Yuan-Karte nachkaufen, die jede wichtige Sehenswürdigkeit einschließt, oder gleich das Kombiticket (35 Yuan) für den Park und alle Sehenswürdigkeiten erwerben.

Himmelsaltar

Der 5 m hohe **Himmelsaltar** (圜丘; Yuan Qiu; Karte S. 316) wurde 1530 erbaut und 1740 umgebaut. Er sah früher ganz anders aus: Seine erste Inkarnation war in dunkelblau glasierten Steinen gehalten, bevor er in Hellgrün erstrahlte. Die aktuelle Struktur aus weißem Marmor ist in drei Schichten angelegt; ihre Geometrie dreht sich um die kaiserliche Zahl Neun. Ungerade Zahlen galten als himmlisch, und neun ist die größte einstellige ungerade Zahl. Die oberste Schicht, die den Himmel symbolisierte, enthält neun Steinringe. Jeder Ring besteht aus dem Mehrfachen von neun Steinen, sodass der neunte Ring aus 81 Steinen besteht. Die mittlere Schicht (die Erde) enthält den 10. bis 18. Ring. Die untere Schicht (die Menschheit) umfasst den 19. bis 27. Ring. Auch die Anzahl der Stufen und Balustraden ist durch neun teilbar. Wenn man im Zentrum der oberen Terrasse steht und etwas sagt, wird der Klang von den Marmorbalustraden zurückgeworfen, sodass die Stimme (neunmal?) lauter klingt.

Echomauer

Nördlich vom Altar, rund um das Kaiserliche Himmelsgewölbe, steht die **Echomauer** (回音壁; Huiyin Bi) mit einem Durchmesser von 65 m. Ihre Form besitzt ungewöhnliche akustische Eigenschaften, sodass ein Flüstern deutlich hörbar von einem Ende zum anderen wandert (wenn einem nicht gerade eine Reisegruppe oder ein Großmaul mit einem Mobiltelefon in den Weg gerät). Im Hof sind die **Drei Echosteine** (三音石; Sanyin Shi) zu sehen. Es heißt, wenn man in die Hände klatscht oder laut ruft, während man auf den Steinen steht, wird der Klang vom ersten Stein einmal, vom zweiten Stein zweimal und vom dritten Stein dreimal zurückgeworfen. Bei dieser Attraktion können die Schlangen lang werden.

Kaiserliches Himmelsgewölbe

Das achteckige **Kaiserliche Himmelsgewölbe** (皇穹宇; Huang Qiong Yu) wurde zur selben Zeit erbaut wie der Himmelsaltar. Bei seinem Bau wurde ähnlich verfahren wie bei der älteren Halle des Erntegebets. Früher enthielt das Gewölbe noch Geistertafeln, die bei der Zeremonie zur Wintersonnenwende benutzt wurden. Hinter dem Kaiserlichen Himmelsgewölbe steht der Neun-Drachen-Wacholder, ein altersgrauer Baum, dessen Stamm mit sehnigen und gedrehten Knoten übersät ist. Vom Kaiserlichen Himmelsgewölbe führt die **Brücke der Roten Palaststufen** (丹陛桥; Danbi Qiao) nach Norden zur Halle des Erntegebets.

FEIER ZUR WINTERSONNENWENDE

Der Kaiser, der Sohn des Himmels (天子; Tianzi), besuchte das Kaiserliche Himmelsgewölbe zweimal im Jahr, aber die wichtigste Zeremonie wurde vor der Wintersonnenwende abgehalten. Der Kaiser und sein Gefolge begaben sich in völliger Stille die Qianmen Dajie hinunter zum Kaiserlichen Himmelsgewölbe. Normalsterbliche durften der Zeremonie nicht beiwohnen und blieben in ihren Häusern. Zu der Prozession gehörten Elefanten- und Pferdewagen, Reihen von Lanzenträgern, Adeligen, Beamten und Musikern in Festkleidung, und überall wehten Flaggen. Die 12 m lange Sänfte des Kaisers war fast 3 m breit, und es waren zehn Träger nötig. Am folgenden Tag wartete der Kaiser in einem gelben Seidenzelt am südlichen Tor, während Beamte die heiligen Tafeln zum Altar brachten, wo die Gebete und Opferrituale stattfanden. Man glaubte, dass dieses Ritual über die Zukunft des Landes entschied, darum galt jede Störung im Ablauf der Feierlichkeiten als böses Omen.

Der Letzte, der versuchte, dieses Ritual zu vollziehen, war im Jahr 1914 Yuan Shikai, der sich Hoffnungen auf den Kaiserthron machte.

MIT BLICK AUF DIE SONNE

Es mag zunächst etwas ungewöhnlich erscheinen, Beijings wichtigsten Schrein im Herzen des ehemaligen Chongwen-Distrikts zu errichten, einem notorisch heruntergekommenen Arbeiterviertel vor den Mauern der Kaiserstadt, insbesondere da sich die überwiegende Mehrheit der anderen wichtigen Tempel der Hauptstadt weiter nördlich befindet. Aber Chongwen liegt im Süden, und das bedeutet, es richtet den Blick auf die Sonne und steht im Zeichen des *yang* (des männlichen und positiven Prinzips). Mit dem Segen eines derart positiven Feng-Shui (Geomantie; wörtlich „Wind und Wasser") ist es kaum mehr verwunderlich, dass der Himmelstempel genau an dieser Stelle errichtet wurde.

Halle des Erntegebets

Das Highlight der Anlage ist die **Halle des Erntegebets** (祈年殿; Qinian Dian; Eintritt 20 Yuan), die auf einer aus drei Ebenen bestehenden Marmorterrasse thront und ein dreistufiges Dach aus blauvioletten Kacheln trägt. Die 1420 erbaute Halle brannte 1889 bis auf die Grundmauern nieder, und bei der Suche nach den Schuldigen rollten Köpfe (obwohl vermutlich ein Blitzschlag die Ursache war). Im darauffolgenden Jahr wurde ein originalgetreuer Nachbau auf der Grundlage architektonischer Methoden der Ming-Dynastie errichtet, wobei die Baumeister für die Stützpfeiler Douglasien verwendeten.

Die vier zentralen Pfeiler symbolisieren die Jahreszeiten, die zwölf im nächsten Ring stehen für die Monate des Jahres, und die zwölf äußeren repräsentieren den Tag, aufgeteilt in zwölf „Wachen". In die Decke eingelassen ist ein Drache, Symbol des Kaisertums. Beim Anblick der Muster, Schnitzereien und Vergoldungen dieser Decke und ihres Wirbels aus Farben kann einem fast schwindlig werden. Noch erstaunlicher wirkt all das durch die Tatsache, dass die hölzernen Pfeiler die Decke ohne Nägel oder Zement tragen – eine reife Leistung für ein Gebäude, das 38 m hoch ist und 30 m im Durchmesser misst.

Weitere Gebäude

Im **Pavillon der Tieropfer** (Zaisheng Ting) mit seinem zweigeteilten, grün gekachelten Dach wurden Ochsen, Schafe, Hirsche und andere Tiere geopfert. Heute ist er verschlossen und wird nicht mehr benutzt, kann aber von außen bewundert werden. Von hier erstreckt sich ein **Langer Wandelgang** (Chang Lang), wo Chinesen sitzen und Karten spielen, Radio hören, Keyboard spielen, Schritte aus Pekingopern oder Tänze üben oder jonglieren. Bei der **Göttlichen Musikverwaltung** (Shenyue Shu) im Westen des Parks wurde Opfermusik geprobt, und in dem trockenen Wassergraben des grünen **Fastenpalastes** (Zhai Gong) leben wilde Katzen.

Der Park

Im Park gibt es etwa 4000 Zypressen (manche 800 Jahre alt, ihre Zweige auf Pfähle gestützt), die Schatten spenden. Wie es üblich ist für chinesische Parks, wurden die Unvollkommenheiten und die wildwachsende Unregelmäßigkeit der Natur zum großen Teil beseitigt, und der harmonisierende Eingriff des Menschen wurde mit obsessiv geraden Linien und regelmäßigen Arrangements hervorgehoben. Die daraus resultierende Ordnung, Ausgewogenheit und Harmonie sind von unvergleichlicher, wenn auch beklemmender Schönheit.

SEHENSWERTES

HIMMELSTEMPELPARK PARK

Siehe S. 122.

NATURHISTORISCHES MUSEUM BEIJING MUSEUM

Karte S. 330 (北京自然博物馆; Beijing Ziran Bowuguan; ☎6702 7702; 126 Tianqiao Nandajie; Eintritt 10 Yuan; ⏲Di–So 9–17 Uhr, letzter Einlass 16 Uhr; Ⓢ Qianmen oder Tiantandongmen) Den Haupteingang dieses bombastischen, von Kletterpflanzen überwucherten Museums zieren Porträts der großen Naturwissenschaftler wie Darwin und Linnaeus. Die Ausstellungsstücke im Innern reichen von Dinosaurierfossilien und -skeletten, darunter einem *Mamenchisaurus jingyanensis* (einem gigantischen Sauropoden, der einst China durchstreifte), bis hin zu kleinen Krabbeltierchen, einem Aquarium mit Nemo-artigen Clownfischen und einer Ausstellung über die Ursprünge des Lebens auf der Erde.

RUINENPARK DER MING-STADTMAUER STADTMAUER

Karte S. 330 (明城墙遗址公园; Ming Chengqiang Yizhi Gongyuan; Chongwenmen Dongdajie; ⏲rund um die Uhr; Ⓢ Chongwenmen) Dieses Teilstück der restaurierten inneren Ming-Stadtmauer verläuft an der Nordflanke der Chongwenmen Dongdajie entlang, und sie schließt an einen schmalen Parkstreifen an. Es ist der klägliche Rest der ursprünglich 24 km langen Stadtmauer, die man in den 1960er-Jahren abzureißen begann, um für neue Straßen und die U-Bahn Platz zu schaffen.

Die Mauer erstreckt sich vom einstigen Standort des Chongwen Men (崇文门; Chongwen-Tor), einem der neuen Tore der inneren Stadtmauer, bis zum südöstlichen Eckturm und biegt dann ein kurzes Stück nach Norden ab, wo sie entlang der Jianguomen Nandajie bis zur Beijingzhan Dongjie verläuft. Chongwen Men hieß auch Shui Men (税门; Steuertor), weil sich die Steuerbehörde der Hauptstadt direkt außerhalb des Tores befand. Man kann den Park in seiner gesamten Länge begehen und dabei dessen recht planlos wirkende Anlage und die inneren Steinschichten der eingestürzten Mauerteile begutachten. Die restaurierten Teile sind nur gut 2 km lang, haben eine Höhe von rund 15 m und werden nach jeweils 80 m von Vorbauten unterbrochen, die bis zu 39 m hervorragen. Am interessantesten sind sicherlich die noch in einem eher maroden Originalzustand belassenen Abschnitte – bei einigen Ziegeln kann man sogar noch Einschusslöcher erkennen.

SÜDÖSTLICHER ECKTURM & RED GATE GALLERY WACHTURM, GALERIE

Karte S. 330 (东南角楼、红门画廊; Dongnan Jiaolou & Hongmen Hualang; ☎6527 0574; Eintritt 10 Yuan; ⏲8–17.30 Uhr; Ⓢ Jianguomen, Chongwenmen) Dieser prächtige Befestigungsbau mit dem grünen Ziegeldach, einem doppelt geschwungenen Pagodendach, der gebieterisch südlich vom Alten Observatorium aufragt, geht auf die Zeit der Ming-Dynastie zurück. Es lohnt sich, die Festungsmauer zu besteigen, um von dort die Aussicht zu genießen – neben den mit Kameras bewaffneten chinesischen Trainspottern, die begierig das rollende Material erwarten, das im Beijinger Bahnhof ein- und ausfährt. Man sollte auch unbedingt nach den **Namenszügen** Ausschau halten, die während des Boxeraufstands von den alliierten Streitkräften in die Mauern geritzt wurden.

Gut zu entziffern ist etwa der Name eines gewissen P Foot, auch „USA" ist auf das Mauerwerk gekritzelt. Namen wie André, Stickel und ein offenbar in kyrillischer Schrift notierter Name zeugen von

INSIDERWISSEN

VOM STADTTOR ZUR U-BAHN-HALTESTELLE

Die Namen der U-Bahn-Stationen Qianmen, Chongwenmen und Jianguomen erinnern an einige der gewaltigen und beeindruckenden Tore der Tatarenstadt, die die Kaiserstadt von der Chinesenstadt dahinter trennte. Heute zeugen nur noch das Vordere Tor und der Südöstliche Eckturm von dieser Mauer. Die Straße, die von der Jianguomen-Station eine Schleife nach Süden macht und dem Wassergraben der Stadt folgt, kennzeichnet den Umriss der eingeebneten Stadtmauer der Chinesenstadt, deren Tore *(men)* nur noch in den Straßennamen überlebt haben, zum Beispiel Guangqumen Nanbinhe Lu, Zuo'anmen Xibinhe Lu und Yongdingmen Dongbinhe Lu. Überreste der Mauer sind immer noch im Ruinenpark der Ming-Stadtmauer zu sehen.

INSIDERWISSEN

BEIJINGS VERLOREN GEGANGENE STADTMAUERN

Da Beijing sich rasant und schonungslos entwickelt, fällt es zunehmend schwer, zu glauben, dass die Hauptstadt noch vor rund 40 Jahren von den Stadtmauern umgeben war, die sie 500 Jahre lang vor Invasoren geschützt hatten.

Zwei Mauern bewachten Beijing damals: eine äußere und eine innere Stadtmauer. Heute ist von der ursprünglichen äußeren Stadtmauer nichts mehr übrig geblieben, während von der inneren Stadtmauer noch einige Überbleibsel erhalten sind, am bemerkenswertesten davon der als Ruinenpark der Ming-Stadtmauer bekannte Abschnitt (S. 125). Das Fehlen der Stadtmauern macht den Verlust an Kulturerbe in Beijing vielleicht am deutlichsten.

Die äußere Stadtmauer verschwand zuerst. Anfang der 1950er-Jahre wurde mit dem Abriss begonnen, und 1961 waren die Spuren der Geschichte eines halben Jahrtausends verschwunden. Die innere Stadtmauer verschwand sehr viel langsamer, erst Mitte der 1970er-Jahre wurden Teile der Mauer und ihre Tore und Wachtürme niedergerissen.

Mao Zedong war es, der die Entfernung der Mauern anordnete. Als Rechtfertigung hieß es, sie stünden den neuen Straßen und dem U-Bahn-System im Weg, die gebaut werden sollten (Linie 2 folgt dem Verlauf der inneren Stadtmauer). Maos Entscheidung, einen so wichtigen Teil von Beijings Identität auszulöschen, könnte aber auch von dem Wunsch angeregt worden sein, die Größe früherer Dynastien auszuradieren.

Der Widerstand gegen den Plan war ungewöhnlich heftig, wenn man Maos Widerwillen gegenüber öffentlicher Kritik bedenkt. Angeführt wurde er von dem inzwischen verstorbenen Liang Sicheng, einem berühmten Architekten, der als Vater der modernen chinesischen Architektur bekannt wurde. Liang argumentierte, Beijing könne sich auch zu einer modernen Stadt entwickeln, wenn es seine Stadtmauern behielte. Er hatte mit größter Wahrscheinlichkeit Recht. Nanjing und Xi'an sind Beispiele für chinesische Städte, die sich trotz der Erhaltung ihrer Stadtmauern entwickelt haben.

Es gelang Liang jedoch nicht, Mao zu überzeugen, und durch eine bittere Ironie der Geschichte fiel Liangs eigenes *siheyuan* (traditioneller Wohnhof) 2012 der Abrissbirne zum Opfer.

der internationalen Zusammensetzung der vereinten Streitkräfte der acht Staaten, die Beijing 1900 unterstützten. Auf einem Ziegel ist das Datum „Dec 16 1900“ verzeichnet. Die alliierten Streitkräfte nahmen die Festung nach einem längeren Gefecht ein. Bemerkenswert sind die Abzugsgräben, die über die gesamte Länge aus der Mauer ragen. Erreichbar ist der Eckturm von Westen über die Eisenbahnbrücke, die für die erste Eisenbahn erbaut wurde, die in Beijing verkehrte.

Der Eckturm wird von insgesamt 144 Geschützöffnungen durchbrochen, und man sieht noch die Überreste von zwei Haltevorrichtungen für Flaggen sowie von ein oder zwei Kanonen. Daran anschließend folgt ein 100 m langer Abschnitt der ursprünglichen inneren Stadtmauer, hinter dem sich die restaurierte Ming-Stadtmauer bis zum Chongwenmen und nördlich bis zur Beijingzhan Dongjie erstreckt.

Im höchst eindrucksvollen Turminneren ist erstaunliche Zimmermannsarbeit zu sehen: Dort erheben sich riesige rote Pfeiler, auf denen massive Balken ruhen. Im 1. Stock befindet sich die **Red Gate Gallery**, eine in Beijing bereits seit langem etablierte Galerie für moderne Kunst. Die Galerie im 3. Stock zeigt eine faszinierende Fotoausstellung über alte Tore in Beijing, während im 4. Stock weitere Gemälde zu sehen sind. Wenn man sagt, dass man die Red Gate Gallery besichtigen möchte, wird der Eintritt von 10 Yuan für den Eckturm normalerweise erlassen.

EISENBAHNMUSEUM BEIJING — MUSEUM

Karte S. 330 (北京铁路博物馆; Beijing Tielu Bowuguan; ☎6705 1638; 2a Qianmen Dongdajie, 前门东大街2a号; Eintritt ¥20; ⌚Di–So 9–17 Uhr; ⓢQianmen) Das Eisenbahnmuseum ist im ehemaligen Qianmen-Bahnhof untergebracht, der Beijing früher mit Tianjin verband. Es bietet einen fesselnden geschichtlichen Überblick über die Entwicklung der Hauptstadt und Chinas Eisenbahnsystem mit vielen Fotos und Modellen. Der Platzmangel sorgt allerdings dafür, dass es in dem Museum gar nicht wirklich viele Eisenbahnen gibt, immerhin aber das Modell einer Fahrerkabine von Chinas Hochgeschwindigkeitszügen in Originalgröße, in das man auch hineinklettern kann (10 Yuan).

Hardcore-Eisenbahnfans sollten sich auf die Socken machen zum **Chinesischen Eisenbahnmuseum** (中国铁道博物馆; Zhongguo Tiedao Bowuguan; ☎6438 1519; 1 Jiuxianqiao Bei Lu, Chaoyang District; 朝阳区酒仙桥北路1号院北侧; Eintritt 20 Yuan; ⏲Di–So 9–16 Uhr; 🚌403) in einem entfernten Außenbezirk im Nordosten von Beijing. Das Museum ist groß und hat sehr viel mehr Eisenbahn-Action zu bieten.

STADTPLANUNGSMUSEUM BEIJING

MUSEUM

Karte S. 330 (北京市规划展览馆; Beijingshi Guihua Zhanlanguan; ☎6701 7074; 20 Qianmen Dongdajie; Eintritt 30 Yuan; ⏲Di–So 9–17 Uhr; Ⓢ Qianmen) Hierher verirren sich nicht allzu viele Besucher, aber es wurde einiges dafür getan, dieses moderne Museum besucherfreundlich zu machen. Es stimmt zwar, dass es alle Hebel in Bewegung setzt, um die herzzerreißende, *hutong*-vertilgende Metamorphose Beijings im besten Licht zu präsentieren, aber auf der dritten Etage befindet sich ein fantastisches, riesiges Modell der Hauptstadt, auf einer Reihe noch größerer Satellitenfotos aufgestellt – eine großartige Methode, um einen Eindruck von den Größenverhältnissen der stetig wachsenden Stadt zu bekommen. Zu den Exponaten zählen auch ein maßstabsgetreues Modell der Verbotenen Stadt und 3-D-Filme, die das Beijing der Zukunft propagieren.

QIANMEN DAJIE

HISTORISCHE STRASSE

Karte S. 330 (前门大街; Ⓢ Qianmen) Diese alte Durchgangsstraße (früher bekannt als Zhengyangmeng Dajie oder „Der Sonnentorstraße zugewandt"), die im Look einer Straßenszene der späten Qing-Dynastie restauriert wurde, hat sich mit der Zeit zu einer Art Touristenvergnügungsviertel entwickelt und ist der allerletzte Schrei bei einheimischen Besuchern der Stadt. Allerdings tut sich hier auch etwas, es eröffnen immer mehr (meist überteuerte) Restaurants und Geschäfte, und der nachgebaute Ehrenbogen Qianmen (das Original wurde in den 50er-Jahren abgerissen) sieht sehr schön aus.

ESSEN

OLD BEIJING ZHAJIANG NOODLE KING

NUDELN ¥

Karte S. 330 (老北京炸酱面大王; Lao Beijing Zhajiang Mian; 56 Dongxinglong Jie, 东兴隆街56号; Nudeln ab 18 Yuan, andere Gerichte ab 28 Yuan; ⏲10.45–22 Uhr; 📖; Ⓢ Chongwenmen) Gekünstelter Beijing-Stil der alten Schule – man beachte die beiden Rikschas vor dem Eingang –, aber immer gut gefüllt (besonders mittags) mit Einheimischen, die die typischen Nudeln mit Bohnenpaste verspeisen, die hier angeboten werden. Die Soße, Frühlingszwiebeln und das gewählte Fleisch oder die vegetarischen Optionen werden gesondert serviert, und man mischt sie selbst mit den Nudeln.

WEDOME

CAFÉ ¥

Karte S. 330 (味多美; Weiduomei; ☎6715 9205; 12 Tiyuguan Lu, 体育馆路12号; Kaffee & Tee ab 10 Yuan; ⏲7.30–21 Uhr; 🚭; Ⓢ Tiantandongmen) Wer nach dem Shoppen oder einer Besichtigungstour in dieser Gegend nach einem Plätzchen sucht, um die müden Knochen auszuruhen, zieht sich am besten in die 2. Etage dieses Cafés gegenüber dem Osttor des Himmelstempelparks zurück. Große Auswahl an Kaffee, Tee und Säften sowie Kuchen und Sandwiches.

DUYICHU

TEIGTASCHEN ¥¥

Karte S. 330 (都一处; ☎6702 1671; 38 Qianmen Dajie, 前门大街38号; Gerichte ab 32 Yuan; ⏲6.30–21.30 Uhr; 📖; Ⓢ Qianmen) Das Restaurant Duyichu, heute wieder in der Straße, in der es Mitte der Qing-Dynastie eröffnet hatte, ist auf leckere Teigtaschen spezialisiert, die sogenannten *shaomai* (42–52 Yuan). Besonders gut sind die mit Shrimps und Lauch oder die vegetarischen, und alles wird sehr ansprechend angerichtet. Aber auch jahreszeitliche Variationen werden geboten, wie Zuckermais und Bohnen im Sommer oder Rindfleisch und Süßkartoffel im Winter.

Auf der Karte stehen auch andere Gerichte als Teigtaschen. Der Service ist eher lässig, und am Wochenende muss man mit einer Warteschlange rechnen.

★ BRATENTENRESTAURANT LIQUN

PEKINGENTE ¥¥¥

Karte S. 330 (利群烤鸭店; Liqun Kaoyadian; ☎6702 5681, 6705 5578; 11 Beixiangfeng Hutong, 前门东大街正义路南口北翔凤胡同11号; Entenbraten für 2/3 Personen 255/275 Yuan; ⏲10–22 Uhr;

🚭📋; Ⓢ Qianmen) Beim Betreten dieses kompakten Wohnhof-Restaurants wird man von dem feinen Anblick von reihenweise Enten begrüßt, die an Haken in den Backöfen glühen. Die hier angebotene köstliche Ente ist so gefragt, dass man unbedingt vorher anrufen muss, um einen Vogel und einen Tisch zu reservieren (andernfalls bleibt nur, außerhalb der Spitzenzeiten aufzukreuzen und mit einer Stunde Wartezeit zu rechnen).

Innen ist es etwas schmuddelig (die Toiletten sind nicht gerade preisverdächtig), und der Service kann chaotisch sein, aber das Essen macht das alles mehr als wett. Das Restaurant liegt schön versteckt im östlichen Qianmen und ist durch ein Labyrinth zerbröckelnder *hutongs* zu erreichen, die es irgendwie geschafft haben, der totalen Zerstörung zu entgehen. Die Enten-Schilder weisen den Weg.

★ LOST HEAVEN — YUNNAN-KÜCHE ¥¥¥

Karte S. 330 (花马天堂; Huama Tiantang; ☎8516 2698; 23 Qianmen Dongdajie, 前门东大街23号; Gerichte ab 68 Yuan; ⏲11–14 & 17.30–22.30 Uhr; 🚭📋; Ⓢ Qianmen) Lost Heaven, der Beijinger Ableger des berühmten Shanghaier Restaurants, ist auf die Volksküche der Provinz Yunnan spezialisiert. Während die Gewürze etwas abgeschwächt wurden, bleiben Aroma und Geschmack fein und leicht und versetzen einen garantiert in Chinas milden Südwesten. Die Lage im eleganten ehemaligen Gesandtschaftsviertel ist ein zusätzlicher Bonus, im Sommer mit Außenterrasse.

Empfehlenswert ist der Schweinebraten im Bananenblatt im Dai-Stil (68 Yuan) oder einer der vielen herrlichen Salate, wie der marinierte Rindfleischsalat mit Paprika oder der birmanische Teeblättersalat. Letztlich sind alle Gerichte auf der umfangreichen Speisekarte verlockend, und der Service ist aufmerksam. Für abends besser reservieren.

BRATENTEJRESTAURANT QANMEN QUANJUDE — PEKINGENTE ¥¥¥

Karte S. 330 (前门全聚德烤鸭店; Qianmen Quanjude Kaoyadian; ☎6701 1379; 30 Qianmen Dajie, 前门大街30号; Entenbraten 296 Yuan; ⏲11–13.30 & 16.30–20 Uhr; 📋; Ⓢ Qianmen) Die beliebteste Filiale von Beijings bekanntestem Entenlokal – man muss nur die Fotos betrachten von Fidel Castro bis Zhang Yimou. Die Enten sind zwar nicht die besten in der Stadt, werden jedoch in Öfen gebraten, die mit Obstbaumholz befeuert werden, sodass die Vögel einen einzigartigen Duft verströmen und sehr saftig, wenn auch etwas fett sind.

Hier machen sich viele Touristenhorden breit (inländische wie ausländische), und wegen des Andrangs ist es vernünftig, im Voraus zu reservieren. Der Service kann etwas herrisch sein, und dem riesigen Lokal auf zwei Stockwerken mangelt es an Atmosphäre.

CAPITAL M — MEDITERRAN ¥¥¥

Karte S. 330 (M餐厅; M Canting; ☎6702 2727; 3. G, 2 Qianmen Dajie, 前门步行街2号; Hauptgerichte ab 198 Yuan; ⏲11.30–15 & 17.30–22 Uhr;

INSIDERWISSEN

DIE EVOLUTION DER 23 QIANMEN DONGDAJIE

Die 23 Qianmen Dongdajie ist heute für ihre gehobenen Restaurants und als Veranstaltungsort exklusiver Modeschauen bekannt, aber hier gibt es viel mehr als Spitzenköche und Supermodels. Die eleganten Gebäude im neoklassischen Stil, die rund um ein Viereck gruppiert sind, haben eine einzigartige Geschichte. Erbaut wurden sie 1903, um die US-Botschaft aufzunehmen. Die ursprüngliche amerikanische Gesandtschaft befand sich an der nahe gelegenen Dongjiaomin Xiang und wurde 1900 während des Boxeraufstandes schwer beschädigt, als sie und andere ausländische Botschaften monatelang belagert wurden.

Die US-Botschaft blieb an dieser Adresse, bis sich die amerikanischen Diplomaten 1949 nach der kommunistischen Machtübernahme in China nach Taiwan davonmachten. Der nächste Bewohner war der Dalai Lama, der hier sein offizielles Domizil in Beijing hatte, bis auch er 1959 aus China floh und nach Indien ging. Später wurden die Gebäude Teil des chinesischen Außenministeriums und dienten 1971 als Schauplatz von Geheimgesprächen zwischen den USA und China, die zu Präsident Nixons historischem Besuch im darauffolgenden Jahr und dem Beginn der Normalisierung der Beziehungen zwischen Beijing und Washington führten.

INSIDERWISSEN

LEIDENSCHAFT „ENTE“

Zhang Liqun, Inhaber des Bratentenrestaurants Liqun, ist 63 Jahre alt und bringt seit 30 Jahren Pekingente auf den Tisch.

Wie sind Sie Koch für gebratene Ente geworden? Obwohl ich ein Beijinger der dritten Generation bin, war ich in meinem ersten Leben Bauer. Ich verließ im Jahr 1968 mitten in der Kulturrevolution die Schule und wurde auf einen Bauernhof in Shanxi zum Arbeiten geschickt. Nach meiner Rückkehr nach Beijing verspürte ich einfach den Drang, köstliches Essen zu kochen. Ein Freund, der bereits im Bratentenrestaurant Quanjude arbeitete, verhalf mir schließlich im Jahr 1982 zu einem Job in seinem Team.

Dauert es lange, bis man die Zubereitung einer Pekingente beherrscht? Ich fing ganz unten in der Küchenhierarchie an. Zuerst lernt man alles über Enten, z. B. wie sie herangefüttert und geschlachtet werden, allerdings töten heute die Köche die Tiere nicht mehr selbst. Danach lernt man alles über die Zutaten, die den Geschmack verfeinern. Schließlich lernt man, wie man die Ente gart. Es dauert ungefähr drei Jahre, bis einer sein Metier aus dem Effeff beherrscht. Koch für gebratene Ente zu sein ist eine echte Herausforderung, da dieser Beruf viel Fingerspitzengefühl erfordert.

Warum haben Sie Ihr eigenes Restaurant aufgemacht? Bis 1992 war ich für die Eröffnung neuer Quanjude-Filialen verantwortlich und kochte nicht mehr selbst; ich hatte also viel freie Zeit und beschloss deshalb, mein eigenes Restaurant zu eröffnen. Quanjude, ein viel größeres Unternehmen, hatte nichts dagegen; zu der Zeit aber verkauften wir die Ente für 30 Yuan das Stück, und es war die gleiche Qualität wie heute.

Was ist das Erfolgsgeheimnis Ihres Restaurants? Wir bereiten die Ente auf herkömmliche Art zu und weichen nach 20 Jahren erst recht nicht davon ab; pro Tag braten wir 50 Enten. An Feiertagen und zum Chinesischen Neujahr braten wir sogar 100 Enten pro Tag.

Braten Sie die Enten immer noch selbst? Nur, wenn es ganz besonders hektisch zugeht. Manchmal koche ich zu Hause, aber dann kommt keine gebratene Ente auf den Tisch, denn davon sehe ich im Restaurant schon genug.

🚭📄; Ⓢ Qianmen) Die Terrasse dieses noblen, aber entspannten Restaurants mit seiner schlichten Speisekarte mediterraner Favoriten bietet eine schöne Aussicht auf das Qianmen-Tor und den Tiananmen-Platz. Der Preis für das Mittagsmenü unter der Woche ist angemessen (188 Yuan). Das Lokal befindet sich an der ersten Abzweigung nach links am Beginn der Qianmen Dajie; einfach nach dem „M“ Ausschau halten, das neben dem Gebäude hängt. Im Voraus reservieren.

Die Speisekarte des Restaurants reist durch Frankreich, Italien, Griechenland und Nordafrika. Wir mögen besonders die Tagines und den sizilianischen Meeresfrüchte-Eintopf, ebenfalls lecker sind jedoch auch die Spezialitäten des Hauses, wie Lammkeule und Spanferkel. Wer keinen Tisch auf der Terrasse ergattern konnte, kann das Essen ebenso gut in dem großen, lichtdurchfluteten Speisesaal genießen. Am Wochenende gibt es ein Brunch-Angebot mit zwei oder drei Gängen für 248 bzw. 288 Yuan.

BIANYIFANG

PEKINGENTE ¥¥¥

Karte S. 330 (便宜坊烤鸭店; Bianyifang Kaoyadian; ☎6708 8680; 3. OG China New World Shopping Mall, 5 Chongwenmenwai Dajie, 崇文门外大街5号新世界商场二期三层; Entenbraten 198 Yuan; ⏰11–21.30 Uhr; 🚭📄; Ⓢ Chongwenmen) Bianyifang beansprucht für sich, das älteste Pekingenten-Restaurant zu sein, wobei es auf eine Tradition verweist, die bis in die Regierungs zeit des Qing-Kaisers Xianfeng zurückreicht. Die Vögel werden hier im *menlu*-Stil gebraten (also in einem geschlossenen Ofen im Gegensatz zu dem halboffenen, in dem die Enten zum Braten hängen), und das Fleisch ist lecker und zart.

Eine halbe Ente kostet hier 108 Yuan (Beilagen gehen extra), und die Speisekarte enthält auch Gerichte mit Entenleber, -herz und -füßen. Im Bianyifang ist tatsächlich jedes genießbare Stück von der Ente zu haben. Das Lokal ist außerdem komplett rauchfrei und weniger touristisch als die anderen Entenrestaurants in dieser Gegend.

UNTERHALTUNG

RED THEATRE AKROBATIK

Karte S.330 (红剧场; Hong Juchang; ☎6714 2473; 44 Xingfu Dajie, 幸福大街44号; Tickets 200–680 Yuan; ⏲Vorstellungen um 17.15 & 19.30 Uhr; ⓈTiantandongmen) Täglich steht hier die Show *Die Legende von Kung Fu* auf dem Programm, die den Werdegang eines Jungen erzählt, der zum Kriegermönch wird. Zwischen gekonnten, energiereichen Kampfszenen werden gefühlvollere Tanzsequenzen eingestreut und jede Menge „Wie machen die das bloß?"-Einlagen, wie das Balancieren auf Speeren und weitere Darbietungen, die den Körper (heraus-)fordern. Um das Theater zu finden, nach dem komplett roten Bau Ausschau halten, der etwas zurückversetzt von der Straße steht.

SHOPPEN

HONGQIAO-(PERLEN-)MARKT MARKT

Karte S.330 (红桥市场; Hongqiao Shichang; ☎6711 7429; 36 Hongqiao Lu, 红桥路36号; ⏲9.30–19 Uhr; ⓈTiantandongmen) Neben einem bunt gemischten Waren-Kosmos (Schuhe, Kleidung, Kosmetika, Elektronik und Taschen) gibt's auf dem Hongqiao-Markt wohl mehr Perlen als in der gesamten Südsee. Die Palette ist riesig (Süßwasser, Salzwasser, weiße und schwarze), und die Preise variieren unglaublich, je nach Qualität. Hinter dem Markt ist die **Toys City** (红桥天乐玩具市场; Hongqiao Tianle Wanju Shichang; Karte S.330; ⏲8.30–19 Uhr), die randvoll ist mit Kuscheltieren, Autos, Baukästen, Spielekonsolen, X-Boxes und Computerspielen.

Im 3. Stock gibt es die preiswerteren Perlen, die zumeist aus der Provinz Zhejiang stammen, sowie weiteren Schmuck und Jade. Die hochwertigeren, teureren Perlen findet man auf den deutlich gediegeneren Etagen 4 und 5, wo es auch eine Dachterrasse gibt, von der aus man einen ausgezeichneten Überblick über den Himmelstempel hat. Die Preise sind in der Regel hoch, die Verkäufer, die alle etwas Englisch sprechen, sind gerissene Feilscher.

SPORT & AKTIVITÄTEN

NTSC TENNIS CLUB TENNIS

Karte S.330 (国家体育总局训练局网球俱乐部; Guojia Tiyu Zongju Xunlianju Wangqiu Julebu; ☎8718 3401; 50 Tiantan Donglu, 天坛东路50号; Nicht-Mitglieder pro Stunde 300 Yuan; ⏲9–21 Uhr; ⓈTiantandongmen) Tennis *(wang qiu)* ist ein zunehmend beliebter Sport in Beijing, daher besser vorher anrufen und einen Platz reservieren.

Beihai-Park & Nord-Xicheng

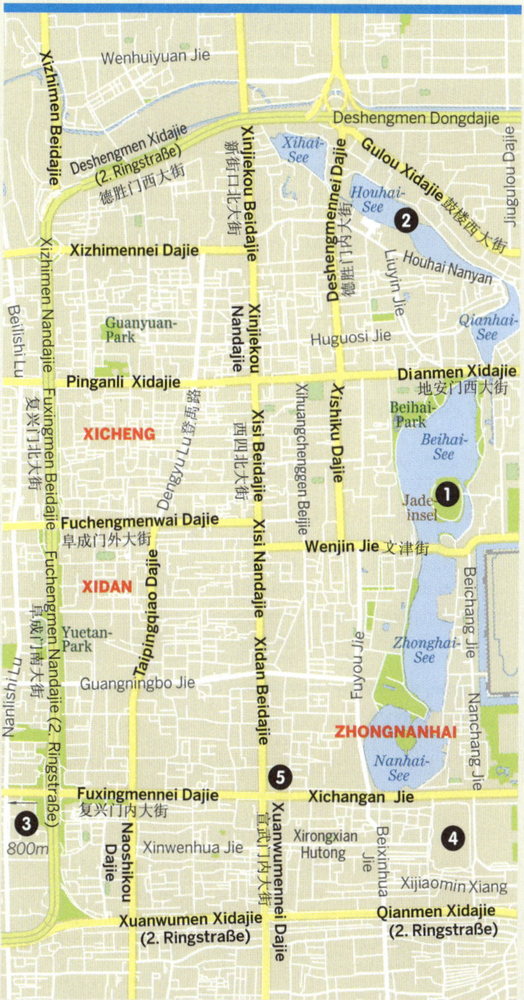

Eine detailliertere Karte gibt es auf S.332.

Highlights

❶ Aus der Stadtwüste in den einst den Kaisern vorbehaltenen **Beihai-Park** (S.133) entfliehen, einem der schönsten kaiserlichen Parks der Stadt mit einer faszinierenden tausendjährigen Geschichte, der von seinem namensgebenden See beherrscht wird und mit Tempeln gespickt ist

❷ Die **Houhai-Seen** (S.135), die tagsüber in stiller Idylle daliegen und an denen abends das Partyleben tobt, als eine beliebte Spielwiese der Beijinger erleben und einige der ältesten und am besten erhaltenen *hutongs* (Gassen) der Stadt entdecken

❸ An einem Morgen im eindrucksvollen **Hauptstadtmuseum** (S.137) viel Wissenswertes über die Entwicklung dieser großartigen Stadt erfahren

❹ Eine Vorstellung im **Großen Nationaltheater** (S.144) besuchen oder einfach nur das Gebäude selbst bestaunen

❺ Wie die Beijinger im **77th Street** (S.145), Xidans einzigartigem unterirdischen Einkaufszentrum, shoppen

Top-Tipp

Wenn es Abend wird, verwandeln sich die Houhai-Seen in ein Tollhaus, in dem sich Menschenmengen durch die Straßen schieben und Animateure versuchen, Leute in ihre überteuerten Lokale zu schleusen. Wer gern einmal einen typisch chinesischen feuchtfröhlichen Abend erleben möchte, ist hier genau richtig. Wer jammernden Karaoke-Tönen lieber aus dem Weg geht, findet in den *hutongs*, die vom Ufer wegführen, ruhigere Bars und Cafés, zum Beispiel in den Gassen an der Südwestseite der Silberbarrenbrücke.

Gut essen

- Royal Icehouse (S. 141)
- Kao Rou Ji (S. 141)
- Le Petit Saigon (S. 141)

Mehr dazu s. S. 140

Schön ausgehen

- East Shore Jazz Café (S. 144)
- NBeer Pub (S. 141)
- Golden Sail Water Sports Club (S. 138)
- Tangren Teahouse (S. 144)

Mehr dazu s. S. 141

Leute gucken

- Beihai-Park (S. 131)
- Houhai-Bewegungspark (S. 139)
- Houhai-Park (S. 139)

Mehr dazu s. S. 135

Erkundungstour

Der wesentliche Teil der Kaiserstadt lag in diesem Teil Xichengs (西城; wörtlich „Weststadt") und verlieh ihm eine Erhabenheit, die bis heute andauert. Hierher verirren sich weniger Besucher als nach Dongcheng im Osten, aber wie dieses ist Xicheng von Tempeln durchsetzt und von *hutongs* (schmalen Gassen) durchzogen.

Jede Tour muss an den Seen beginnen, die den östlichen Teil des Distrikts beherrschen. Am besten sieht man sich den Beihai-Park an und verbringt dort eine Stunde auf dem See, bevor es durch das nördliche Tor des Parks zu den Sehenswürdigkeiten und *hutongs* geht, die um die Seen Qianhai, Houhai und Xihai verteilt sind, die gemeinsam als „Shichahai" bzw. „Houhai" bezeichnet werden. Am frühen Abend laden die Restaurants an den Seen dazu ein, einen Happen zu essen und sich dann den flanierenden Massen anzuschließen, um in einer der vielen Bars und Cafés an den Ufern etwas zu trinken.

Am Morgen des zweiten Tages lockt die Fuchengmennei Dajie, eine mit weniger bekannten Tempeln gesäumte Straße; der imposanteste ist der Tempel Miaoying der Weißen Pagode. Dann kann man sich in die *hutongs* dahinter stürzen. Der schönste Tempel des Distrikts aber liegt südwestlich von hier: der taoistische Tempel der Weißen Wolke. Seine Besichtigung lässt sich gut mit einem Besuch des empfehlenswerten Hauptstadtmuseums kombinieren. Abends gibt es kulturelle Angebote von Jazz über klassische Musik bis zur Pekingoper.

Lokalkolorit

- **Einen Drachen steigen lassen** Der Beihai-Park ist hierfür ein prima Gelände. Zubehör gibt's im Three Stone Kite Shop (S. 145).
- ***hutongs*** Die Gassen sind weniger kommerziell und bieten eine Gelegenheit, Beijings Straßenleben kennenzulernen. Die *hutongs* am Rundeli-Naschmarkt (S. 141) sind faszinierend, ebenso die hinter dem Tempel Miaoying der Weißen Pagode (S. 136).
- **Eislaufen** Wenn im Winter die Houhai-Seen zufrieren, zieht man sich am besten wie die Beijinger Schlittschuhe an.

Anfahrt

- **U-Bahn** Die Stationen Beihai Nord (Linie 6) und Shichahai (Linie 8) liegen am günstigsten, um zum Beihai-Park und den Houhai-Seen zu gelangen, aber man erreicht diese auch mit der Linie 2 (die den Distrikt umfährt) und Linie 4 (die von Nord nach Süd verläuft). Linie 1 führt durch den Süden des Distrikts.
- **Bus** Bus 1 fährt entlang der Xichang'an Jie, Fuxingmennei Dajie und Fuxingmenwai Dajie zum Hauptstadtmuseum. Bus 22 fährt von Tiananmen West nach Xidan und dann nach Norden zur Xinjiekou.

HIGHLIGHT
BEIHAI-PARK

Der Beihai-Park (北海公园; Beihai Gongyuan) mit seiner außergewöhnlichen Geschichte als ehemaliger Palast des großen Mongolenherrschers Kublai Khan und als Hintergarten der darauffolgenden Kaiser der Yuan-Dynastie ist die bevorzugte grüne Oase der Beijinger in diesem Teil der Stadt. Mit dem ruhigen See Beihai (wörtlich „Nordsee") in der Mitte und Tempeln, Pavillons und Geisterwänden, die über den Park verteilt sind, bietet er den Besuchern die in Beijing seltene Chance, neben dem Besichtigen von Sehenswürdigkeiten auch den Spaß nicht zu kurz kommen zu lassen, egal ob man nun in einem Boot auf dem See herumgondelt, ein Picknick macht oder einfach müßig den Tänzern, Tai-Chi-Praktizierenden und dem vorbeiziehenden Volk zusieht.

Man kann den Park durch das **Südtor** an der Wenjin Jie, das **Nordtor** an der Di'anmen Xidajie oder das **Osttor** betreten, das versteckt in den *hutongs* zwischen diesem Park und dem Jingshan-Park liegt. Es gibt außerdem ein selten benutztes **Westtor** (ebenfalls an der Wenjin Jie), das man nutzen kann, wenn man den See komplett umrunden will – dazu muss man den Park verlassen (aber das Park-Ticket behalten!) und durch das Südtor wieder betreten.

Fußmüde können sich von einem Elektrowagen von einer Sehenswürdigkeit zur nächsten bringen lassen (10 Yuan pro Fahrt). Es gibt auch eine kleine Fähre, die über den See fährt (10 Yuan).

NICHT VERSÄUMEN

- Tempel Yongan
- Xitian Fanjing

PRAKTISCH & KONKRET

- Karte S. 332
- ☎ 6403 1102
- Park-Ticket Haupt-/Nebensaison 10/5 Yuan, Kombi-Ticket Haupt-/Nebensaison 20/15 Yuan
- ⏲ Park 6–21 Uhr, Sehenswürdigkeiten bis 17 Uhr
- S Xisi oder Nanluogu Xiang

Jadeinsel

Die Jadeinsel in der südöstlichen Ecke des Sees besteht aus der angehäuften Erde, die ausgehoben wurde, um den See zu erschaffen – diese Aktion wird gelegentlich Kublai Khan zugeschrieben. Dominiert wird die Insel von der 36 m hohen **Weißen Pagode**, die

DER PALAST DES GROSSEN KHANS

Kublai Khan, der Enkel des noch dominanteren Dschingis Khan, eroberte 1271 China und begründete die Yuan-Dynastie. Er suchte sich den heutigen Beihai-Park als Standort für seinen Palast aus. Heute ist von seinem ehemaligen Heim nur noch ein großes Gefäß aus grüner Jade aus dem Jahr 1265 im **Runden Fort** (团城; Tuan Cheng) in der Nähe des Südeingangs zum Park erhalten geblieben. Leider war das Runde Fort, in dem sich auch die **Chengguang-Halle** (Chengguang Dian) mit einer weißen Jadestatue des Sakyamuni aus Myanmar (Burma) befindet, zum Zeitpunkt der Recherche bereits seit 2012 geschlossen, ohne Angabe, wann es voraussichtlich wieder eröffnet wird. Der Park ist seit dem 10. Jh., als er als kaiserlicher Garten angelegt wurde, mit dem Machtzentrum Chinas verknüpft. Noch heute ist er dem Nervenzentrum des Landes so nahe, wie es nur geht.

Unmittelbar südlich vom Park befindet sich Zhongnanhai, das streng bewachte Gelände am See, wo Chinas Präsident und hochrangige Funktionäre der Kommunistischen Partei Chinas (CCP) in behaglicher Nähe zueinander wohnen.

ursprünglich 1651 anlässlich eines Besuches des Dalai Lamas erbaut und 1741 wiederaufgebaut wurde, nachdem sie durch ein Erdbeben zerstört worden war. Man erreicht die Pagode über eine Landverbindung in der Nähe des Süd- und Osttors oder mit einem Boot (10 Yuan) vom nordwestlichen Ufer aus, wenn man vom nördlichen Tor kommt. Hier gibt es auch Tretboote (80 Yuan pro Std., 200 Yuan Kaution) zu mieten.

Tempel Yongan

Das wichtigste Gebäude auf der **Jadeinsel** ist der eindrucksvolle **Tempel Yongan** (永安寺; Yongan Si; Karte S. 332; in der Kombi-Eintrittskarte enthalten), dessen Name übersetzt „Tempel des Ewigen Friedens" lautet. Man betritt ihn von Süden aus durch die Halle der Himmelskönige (Tianwang Dian) und geht dann am Trommel- und Glockenturm vorbei zur **Halle des Buddhistischen Rades** (Falun Dian) mit seinem zentralen Abbild des Sakyamuni und flankiert von Bodhisattvas und 18 *luohan* (Buddhisten, insbesondere Mönche, die die Erleuchtung erreicht haben und bei ihrem Tod ins Nirwana eingegangen sind). An der Rückseite des Tempels liegt ein Bambushain, und eine recht steile Treppe führt hinauf durch einen Schmuckbogen, der mit den Zeichen „Long Guang" (龙光) auf der einen Seite und „Zizhao" (紫照) auf der anderen Seite verziert ist. Wer weiter hochklettert, erreicht die **Zhengjue-Halle** (Zhengjue Dian), die eine Statue von Milefo und Weituo enthält.

Die nächste Halle, die **Pu'an-Halle** (Pu'an Dian), enthält eine Statue von Tsongkhapa, dem Begründer des Gelbmützen-Ordens des tibetischen Buddhismus, flankiert von Statuen des fünften Dalai Lama und des Panchen Lama. Acht goldene Abbilder auf jeder Seite umfassen tantrische Statuen und die Göttin Heinümu, geschmückt mit einem Halsband aus Schädeln. Die letzte Treppe führt zur Weißen Pagode.

Xitian Fanjing

Der Tempel **Xitian Fanjing** (西天梵境; Westliches Paradies; Karte S. 332) ist einer der interessantesten von ganz Beijing (der Eintritt ist in der Kombi-Eintrittskarte enthalten). In der ersten Halle, der Halle der Himmelskönige, trifft man auf Milefo, Weituo und die vier Himmelskönige.

Die **Dacizhenru-Halle** (Dacizhenru Dian) reicht zurück bis zur Ming-Dynastie und enthält drei riesige Statuen von Sakyamuni, dem Amithaba-Buddha und Yaoshi Fo (Medizin-Buddha). Leider ist die goldene Statue der Guanyin im rückwärtigen Teil der Halle nicht zugänglich. Die Halle ruht auf riesigen Holzpfeilern (den *nanmu*), und man kann immer noch erkennen, wo früher die ursprünglichen Steinpfeiler standen. Ganz hinten im Tempel stehen ein glasierter Pavillon und eine riesige Halle, die leider ebenfalls nicht zugänglich sind.

In der Nähe erstreckt sich die **Neun-Drachen-Mauer** (Jiulong Bi; Karte S. 332; Eintritt in der Kombi-Eintrittskarte inbegriffen), eine 5 m hohe und 27 m lange Geisterwand aus farbigen glasierten Kacheln.

SEHENSWERTES

BEIHAI-PARK — PARK

Siehe S. 133.

HOUHAI-SEEN — SEEN

Karte S. 332 (后海; Houhai; S Shichahai, Nanluogu Xiang, Jishuitan) GRATIS Zu diesen drei Seen, die auch Shichahai (什刹海) genannt, meist aber mit der Sammelbezeichnung „Houhai" bedacht werden, gehören Qianhai (Vorderer See), Houhai (Hinterer See) und Xihai (Westsee). Gemeinsam bilden sie eines der beliebtesten Areale der Hauptstadt für Freiluftaktivitäten. Besonders im Sommer wimmelt es hier von Einheimischen und Auswärtigen, was zum Leute-Gucken geradezu einlädt.

Tagsüber wandern Senioren an den Seeufern entlang, nutzen die überall aufgestellten Trainingsgeräte, angeln, lassen Drachen steigen oder sitzen einfach nur zusammen und halten ein gemütliches Schwätzchen. Wenn dann abends die Restaurants, Bars und Cafés rund um die Seen aufmachen, verwandelt sich die Gegend in ein beliebtes typisch chinesisches Amüsierviertel, samt Neonlichtern in Hülle und Fülle und Karaoke-Darbietungen, die in den Gassen ringsum widerhallen. Inzwischen wimmelt es, sobald die Mittagssonne verschwindet, auf den Seen nur so von Tretbooten, die eine Runde nach der anderen drehen.

Der ganze Rummel ist eine Riesengaudi, und wer den Massen entkommen will (an der Silberbarrenbrücke staut sich alles), kann stattdessen einfach die zahlreichen *hutongs* erkunden, die sich östlich und westlich an die Seen anschließen, oder weiter nach Nordwesten zum ruhigeren Xihai gehen. Besonders gut eignet sich die Gegend zum Radfahren, und an den Seeufern finden sich viele Geschäfte, in denen Räder stundenweise vermietet werden (10 Yuan pro Std., 200 Yuan Kaution). Auch Tretboote gibt es überall zu mieten (80 Yuan pro Std., 300 Yuan Kaution), für diejenigen, die sich eher vom Wasser locken lassen. Manche Einheimische schwimmen auch in den Seen, sogar mitten im Winter!

Im Winter sehen die Seen majestätisch aus und verwandeln sich in die beste Eislaufarena von ganz Beijing (meist für etwa sechs Wochen im Januar und Februar). Der Qianhai ist am beliebtesten, aber manche gehen auch auf dem Houhai Schlittschuh laufen; einheimische Verkäufer bieten alles an, was dazu nötig ist. Man muss zahlen, um den Eislaufbereich zu betreten (wochentags/Wochenende & abends 15/20 Yuan). Wer Schlittschuhe und dergleichen mieten will, muss zusätzlich eine entsprechende Magnetkarte an den Kiosken an den Eingangstoren kaufen. Die Karte kostet 200 Yuan Kaution. Was man davon nicht ausgibt, bekommt man zurück. Schlittschuhe (20 Yuan pro Tag), Stuhlschlitten (20 Yuan pro Tag) und selbst Kufen-Fahrräder (40 Yuan pro Std.) oder Eis-Autoscooter (20 Yuan pro 10 Min.) können gemietet werden. Außerdem gibt es eine riesige Eis-Rutsche (5 Yuan für einmal rutschen).

RESIDENZ DES PRINZEN GONG — HISTORISCHES GEBÄUDE

Karte S. 332 (恭王府; Gongwang Fu; ☎8328 8149; 14 Liuyin Jie; Eintritt 40 Yuan, Führung inkl. kurze Opernvorführung & Teezeremonie 70 Yuan; ⌚März–Okt. 7.30–16.30 Uhr, Nov.–März 8–16 Uhr; S Ping'anli) Dieses Wohnhaus, das angeblich als Vorbild für die Villa in Cao Xueqins Klassiker *Der Traum der roten Kammer* aus dem 18. Jh. diente, ist eine der größten privaten Wohnanlagen Beijings. Mit seinen Felsgärten, Pflanzen, Teichen, Pavillons und detailreich geschnitzten Bögen zählt es nach wie vor zu den schönsten Rückzugsorten der Hauptstadt; allerdings kann es hier durch die vielen Reisegruppen manchmal recht voll werden.

EHEMALIGE RESIDENZ VON SONG QINGLING — MUSEUM

Karte S. 332 (宋庆龄故居; Song Qingling Guju; ☎6402 3195; 46 Beiheyan Lu; Eintritt 20 Yuan; ⌚9–17 Uhr; S Jishuitan) Madame Song wird von den Chinesen liebevoll verehrt als die Ehefrau von Sun Yatsen, dem Begründer der Republik China. Wie ein verzaubertes Dornröschenschloss liegt das Haus, in dem einst der Vater von Puyi (dem letzten Kaiser von China) lebte, in einem malerischen Garten. Gezeigt werden persönliche Gegenstände, Bilder, Kleidung und Bücher. Das seitliche Gebäude beherbergt eine Sammlung zu Madame Songs faszinierendem Leben, unter anderem ein Wagen, den ihr Stalin schenkte, und es gibt gute Beschriftungen in englischer Sprache.

EHEMALIGE RESIDENZ VON MEI LANFANG — MUSEUM

Karte S. 332 (梅兰芳纪念馆; Mei Lanfang Jinian Guan; ☎8322 3598; 9 Huguosi Jie; Eintritt 10 Yuan; ⌚Di–So 9–16 Uhr; S Ping'anli) Das

INSIDERWISSEN

TAI-CHI-TIPPS

Taijiquan (wörtlich „Faust des höchsten Letzten"), auch bekannt als Tai-Chi, ist für seine fließenden, anmutigen Bewegungen berühmt. Es handelt sich um eine alte chinesische sportliche Disziplin, die von Legionen von Chinesen im ganzen Land ausgeübt wird.

Es besteht erhebliche Uneinigkeit darüber, was Tai-Chi eigentlich ist – ein Kampfsport, eine Form der Meditation, ein Stil des Qigong (Übung zum Kanalisieren des Chi oder der Energie) oder eine Art Ausgleichssport? Tatsächlich kann Tai-Chi all dies oder alles zugleich sein, je nachdem, was man sich davon verspricht und wie tief man in seine Geheimnisse vordringt.

Gesundheitsfördernd wirkt Tai-Chi, indem es die Beinmuskeln stärkt, die Gelenke schmiert, Herz und Kreislauf trainiert und die Beweglichkeit fördert. Außerdem entspannt es den Körper und löst dadurch Stress, lockert die Gelenke und hilft, das *qi* zum Zirkulieren zu bringen.

Wer Tai-Chi als Meditationssystem praktiziert, fühlt sich danach sowohl in sich ruhend als auch fokussiert. Tai-Chi führt in die taoistischen Meditationstechniken ein, denn die Kunst hängt eng mit der Philosophie des Taoismus zusammen. Wer Tai-Chi beherrscht, hat es viel leichter, andere Kampfsportarten zu erlernen, da man auf einer Bewegungsart aufbauen kann, die allen Kampfkünsten gemeinsam ist.

Praktische Hinweise

- Beim Ausführen von Tai-Chi-Übungen entsteht die Bewegung stets aus der Hüfte – man sagt, sie werde „aus der Hüfte geführt" – und setzt sich dann fließend bis in die Hände fort.
- Für eine korrekte Ausführung bedarf es vor allem einer guten Konzentration, Körperkraft ist von nachrangiger Bedeutung.
- Beim Gehen einer Form (wie die Ausführung der Figuren in Folge genannt wird) bleibt der Oberkörper, abgesehen von wenigen Figuren mit bewusster Beugung, aufgerichtet.
- Der Kopf bleibt gerade: Er wird nicht zur Seite geneigt, und das Kinn wird weder angehoben noch gesenkt. Der Übende stellt sich dabei vor, der Kopf hinge mit dem Scheitelpunkt an einem Faden.
- Die Schultern bleiben entspannt und die Knie leicht gebeugt, so dass sich der Körperschwerpunkt nach unten verlagert.

Wo lernen?

Kung-Fu-Schule Milun (S. 93)

Jinghua-Wushu-Verband (S. 176)

The Hutong (S. 103)

Mekka für alle Fans der Pekingoper. Das ehemalige *siheyuan* (traditionelle Hofhaus) des Schauspielers Mei Lanfang (1894–1961) liegt an der Ecke eines *hutongs*, der nach den nahe gelegenen Überresten des Tempels Huguo benannt ist (护国寺; Huguo Si; es ist nur noch eine Halle vorhanden, und sie ist nicht öffentlich zugänglich).

Die Pekingoper wurde im Westen durch Mei Lanfang bekannt, der *dan* (weibliche Rollen) spielte und auch Charlie Chaplin beeinflusst haben soll. Sein ehemaliges Wohnhaus dient heute als Museum, in dem eine Fülle von Kostümen, Möbeln, Opernprogrammen und Videopräsentationen seiner Opernaufführungen gezeigt wird.

TEMPEL MIAOYING DER WEISSEN PAGODE BUDDHISTISCHER TEMPEL

Karte S. 332 (妙应寺白塔; Miaoying Si Baita; ☎6616 0211; 171 Fuchengmennei Dajie; Eintritt 20 Yuan; ⏲Di–So 9–17 Uhr; Ⓢ Fuchengmen, dann Bus 13, 101, 102 oder 103 zum Baita Si) Der Tempel Miaoying stammt aus dem Jahr 1271 und schlummert unter seiner gewaltigen, markanten kalkweißen Pagode der

Yuan-Dynastie, welche die umliegenden *hutongs* überragt. Als sie errichtet wurde, war sie das höchste Gebäude von Dadu (so lautete der Name Beijings während der Yuan-Dynastie), und noch heute ist sie die höchste Pagode tibetanischer Bauart in China.
Der Tempel wird schon seit einigen Jahren generalsaniert und war zum Zeitpunkt der Recherche noch geschlossen; zu den Highlights eines früheren Besuches zählte unter anderem die abwechslungsreiche Sammlung buddhistischer Statuen des Tempels. In der Halle des Großen Erleuchteten (大觉宝殿; Dajue Baodian) zum Beispiel glitzerten majestätisch Hunderte tibetisch-buddhistische Figuren. Nach dem Tempelbesuch kann man in den Dschungel aus Gassen rund um den Tempel eintauchen und noch ein wenig vom Flair des bodenständigen Lebens und der Straßenmärkte in den *hutongs* schnuppern.

TEMPEL DER ALTEN KAISER

TAOISTISCHER TEMPEL

Karte S.332 (历代帝王庙 Lidai Diwang Miao; 131 Fuchengmennei Dajie, 阜成门内大街131号; Eintritt 20 Yuan) Dieser selten besuchte Ahnentempel, der 1530 als Zwilling eines im 14. Jh. in Nanjing errichteten Tempels erbaut wurde, wurde nach einer umfassenden Sanierung 2004 wiedereröffnet. In den letzten 80 Jahren waren hier verschiedene lokale Schulen untergebracht, nachdem er nach dem Untergang der Qing-Dynastie verlassen worden war.

Der Tempelkomplex ist gewaltig – die Haupthalle ist die zweitgrößte ihrer Art in Beijing (nach der Halle der Höchsten Harmonie der Verbotenen Stadt) –, und auch wenn die Atmosphäre hier etwas leblos wirkt, ist die eindrucksvolle Architektur einen kleinen Abstecher vom nahe gelegenen Tempel Miaoying wert. Etwas Besonderes sind die gewaltigen Schildkröten der Marmorstelen und die glasierten Öfen, in denen Opfergaben aus Papier und Seide verbrannt wurden.

TEMPEL GUANGJI

BUDDHISTISCHER TEMPEL

Karte S.332 (广济寺; Guangji Si; 25 Fuchengmennei Dajie, 阜城门内大街25号) GRATIS Dieser kleine, lässige Tempel, der heute der Chinesischen Buddhistischen Gesellschaft als Hauptquartier dient, ist ein Ming-Nachbau des ursprünglichen Tempels der Jin-Dynastie; hier herrscht ein reges Treiben von Gläubigen.

LU-XUN-MUSEUM

MUSEUM

Karte S.332 (鲁迅博物馆; Lu Xun Bowuguan; ☎6616 4080; 19 Gongmenkou Ertiao; ⌚Di–So 9–16 Uhr; Ⓢ Fuchengmen) GRATIS Lu Xun (1881–1936) gilt als der Vater der modernen chinesischen Literatur. Geboren in Shaoxing in der Provinz Zhejiang und begraben in Shanghai, lebte er über zehn Jahre lang in Beijing. Als Schriftsteller artikulierte Lu Xun, der zunächst eine Medizinausbildung durchlief, eine tiefe Sehnsucht nach Reformen, indem er gnadenlos die Schwächen des chinesischen Charakters in Geschichten wie *Die Arznei* und *Tagebuch eines Verrückten* bloßstellte. Das moderne zweistöckige Museum hier stellt sehr detailreich sein Leben dar.

Die Ausstellungsstücke werden gut präsentiert und haben englische Beschriftungen. Interessant ist auch das ehemalige kleine Hofhaus Lu Xuns, links vom Museum, wenn man davorsteht. Das Zimmer hinten mit Blick auf den Hof war sein Arbeitszimmer. Direkt am Eingang seines Hauses liegt ein kleiner Buchladen, der englische Übersetzungen von einigen seiner Werke führt (etwa 50 Yuan pro Buch).

HAUPTSTADTMUSEUM

MUSEUM

(首都博物馆; Shoudu Bowuguan; ☎6339 3339; www.capitalmuseum.org.cn; 16 Fuxingmenwai Dajie; ⌚Di–So 9–17 Uhr; Ⓢ Muxidi) GRATIS Hinter dem umwerfenden Äußeren des neuen Hauptstadtmuseums verbergen sich einige erstklassige Galerien, darunter eine faszinierende Sammlung historischer Buddhastatuen und eine umfangreiche Ausstellung chinesischen Porzellans. Es gibt außerdem eine interessante chronologische Geschichte Beijings, eine Ausstellung, die den kulturellen Relikten der Pekingoper gewidmet ist, eine fesselnde Ausstellung über Beijinger Volksbräuche und Ausstellungen von antiken Bronzen, Jade, Kalligrafien und Gemälden.

Mit dem Pass kommt man kostenlos in das Museum hinein. Das kleine Teehaus auf der zweiten Etage verkauft hübsche Teeservices (ab 500 Yuan) und serviert Tee (ab 15 Yuan pro Tasse).

Von Ausgang C1 der U-Bahn-Station Muxidi (Linie 1) aus taucht das Museum schon bald auf der rechten Seite auf (200 m).

TEMPEL DER WEISSEN WOLKEN

TAOISTISCHER TEMPEL

(白云观; Baiyun Guan; ☎6346 3887; 9 Baiyunguan Jie; Eintritt 10 Yuan; ⌚8.30–16.30 Uhr;

INSIDERWISSEN

DRACHENBOOTE & KAJAKS

Beijings allgemeiner Mangel an Wasser bringt es mit sich, dass es nicht in dem gleichen Maße mit Drachenbootrennen in Zusammenhang gebracht wird wie Hongkong. Aber die Houhai-Seen bilden eine Ausnahme. Hier ist Beijings internationales Drachenbootrennteam zu Hause, zu dem Einheimische wie Ausländer gehören. Ab April trainiert es jeden Sonntagnachmittag an seiner Basis, dem **Golden Sail Water Sports Club** (金饭, Jinfan; Karte S. 332; ☎134 2607 6511, 6401 2664; 81A Houhai Xiyan, 后海西沿81A号; Bier 30 Yuan, Cocktails 45 Yuan, Kaffee 35 Yuan; ⏲13–1 Uhr, nur im Sommer; Ⓢ Jishuitan). Der Besitzer vermietet auch Kajaks (80 Yuan pro Std., 200 Yuan Kaution, April bis September), und der Club hat eine hübsche Terrasse mit Blick auf den Houhai-See, die dazu einlädt, weit weg von dem belebteren südlichen Ende der Seen draußen ein spätnachmittägliches Bier zu genießen.

Ⓢ Muxidi) Der Tempel der Weißen Wolken, der früher das taoistische Zentrum des nördlichen China war, wurde im Jahr 739 gegründet, aber die meisten Tempelhallen stammen aus der Zeit der Qing-Dynastie. Es ist eine lebendige, riesige und faszinierende Anlage aus Schreinen und Höfen. Um sie kümmern sich taoistische Mönche, die ihre Haare zu Knoten oben auf dem Kopf frisiert haben.

In der Nähe des Tempeleingangs reiben Gläubige ein blankpoliertes Steinrelief – das soll Glück bringen. Die Hallen im Tempel, Zentrum der taoistischen Quanzhen-Schule und Sitz der Taoistischen Gesellschaft Chinas, sind einem ganzen Schwung taoistischer Funktionäre und höherer Beamter gewidmet. Die Halle des Jadekaisers feiert ebendiesen, der die berühmteste aller taoistischen Gottheiten darstellt, während taoistische Hausfrauen sich gelegentlich an der Halle des Gottes des Wohlstand versammeln, um sich ihre finanzielle Zukunft vorhersagen zu lassen. Die Wände der Schreinhalle für die angesehenen Würdigen sind mit Abbildern der taoistischen Hölle geschmückt.

Wer während des Frühlingsfestes (Mond-Neujahr) im Tempel vorbeischaut, wird mit dem Spektakel eines prächtigen Tempelmarktes *(miaohui)* belohnt.

Der Tempel liegt 1 km zu Fuß von der U-Bahn-Station Muxidi (Linie 1) entfernt. Von Ausgang C1 geht es vorbei am Hauptstadtmuseum und dann nach rechts in die Baiyun Lu. Die zweite Straße links nach dem Überqueren des Kanals ist die Baiyunguan Jie; der Tempel liegt auf der linken Seite.

NATIONALES ZENTRUM DER DARSTELLENDEN KÜNSTE (NCPA) — KONZERTHALLE

Karte S. 332 (国家大剧院; Guojia Dajuyuan; ☎6655 0000; www.chncpa.org/ens; Eintritt 30 Yuan, Konzertkarten 100–400 Yuan; ⏲Di–So 9–17 Uhr; Ⓢ Tiananmen West) Manche Spötter vergleichen das NCPA, das manchmal auch Großes Nationaltheater genannt wird, mit einem Ei (auch wenn es eher an eine gewaltige Quecksilberperle erinnert), während Anhänger der Moderne von ihm hingerissen sind. Perfekt für alle, die gern ein Konzert an einem surrealen Ort erleben möchten.

Man kann sich das knollige Innere ansehen, darunter die Titanstahlrippung der Innenträger (jeder der 148 Träger wiegt 8 Tonnen), und die drei Hallen besichtigen. Informationen zu Konzerten gibt's auf der Website.

GROSSE HALLE DES VOLKES — PARLAMENT

Karte S. 332 (人民大会堂; Renmin Dahuitang; Eintritt 30 Yuan, Taschenaufbewahrung 2–5 Yuan; ⏲8.30–15 Uhr (die Zeiten variieren); Ⓢ Tiananmen West) An der westlichen Seite des Tiananmen-Platzes liegt dort, wo sich früher der Tempel Taichang, der Jinyiwei (Geheimdienst der Ming-Dynastie) und das Rechtsministerium befanden, die Große Halle des Volkes, in der die Legislative, der Nationale Volkskongress, tagt. Die Architektur von 1959 ist monolithisch und einschüchternd – ein passendes Symbol für die politische Macht Chinas.

Drinnen können Besucher einen Blick in 29 seiner leblosen Räume werfen, die nach den Provinzen des chinesischen Universums benannt sind. Außerdem befindet sich hier der Bankettsaal, in dem 1972 US-Präsident Richard Nixon dinierte, sowie das 10 000-Plätze-Auditorium mit dem vertrauten roten Stern, eingebettet in einer Galaxie von Deckenlampen. Das Eintrittskartenbüro liegt auf der Südseite des Gebäudes. Die Taschen müssen abgegeben werden, aber Kameras sind erlaubt.

Besichtigung
Radtour um die Seen

START YINDING QIAO (SILBERBARREN-BRÜCKE)
ZIEL YINDING QIAO (SILBERBARREN-BRÜCKE)
LÄNGE 3 KM; 1 STD.

Neben der Silberbarrenbrücke gibt es einen Laden, der Fahrräder vermietet. Die Tour eignet sich aber auch gut als Spaziergang.

Von der Brücke aus geht es zunächst nach Norden, dann links in den *hutong* Ya'er, wo bald der öffentlich zugängliche buddhistische 1 **Tempel Guanghua** aus der Yuan-Dynastie auftaucht. An der scharfen Rechtskurve des *hutongs* nach links (bei Nr. 46) in eine schmale Gasse, die zum Seeufer führt, vorbei am 1719 erbauten 2 **Tempel Dazanglonghua** (links), heute ein Kindergarten.

Am See geht es nach rechts, vorbei an den 3 **ehemaligen Ställen von Prinz Zaifeng** (bei Nr. 43) und 4 **Prinz Chuns Haus** (bei Nr. 44), wo Chinas letzter Kaiser Puyi geboren wurde. Links liegt der 5 **Houhai-Bewegungpark**, wo die Einheimischen gerne Tischtennis spielen oder in den Seen schwimmen. Dann taucht 6 **Song Qingliangs ehemalige Residenz** auf, die jetzt ein Museum ist.

Fährt man gegen den Uhrzeigersinn um den See, kommt man zu einem kleinen Platz, dem 7 **Houhai-Park**, einem beliebten Ort für Gruppentänze. Über die Zugangsrampe rechts hinten am Platz hinauf und dann nach links gelangt man in den *hutong* Yangfang, dann nach rechts in die Liuyin Jie und links in den *hutong* Daxiangfeng, entlang der gewaltigen 8 **Rückwand von Prinz Gongs Haus**.

Jetzt geht es kreuz und quer durch die *hutongs*: zuerst ab nach rechts (an der Mauer entlang) in den *hutong* Zhanzi, links halten, aber geradeaus weiter, wo der *hutong* nach rechts verläuft, und ganz am Ende rechts in die schmalste Gasse. Diese Gasse entlang, in die erste Straße (*hutong* Dongmeichang) links. Links halten, dann rechts, an der Kreuzung links auf den *hutong* Qianjing. Der kleine Hof bei Nr. 8 rechts war die 9 **ehemalige Residenz von Kaiser Puyis Schwester Yunxin.**

Den *hutong* Qianjing entlang geht es jetzt zurück zum Seeufer und nach rechts wieder in Richtung Silberbarrenbrücke.

CHINESISCHES NUMISMATISCHES MUSEUM — MUSEUM

Karte S. 332 (中国钱币博物馆; Zhongguo Qianbi Bowuguan; ☎6608 4178; 17 Xijiaomin Xiang; Eintritt 10 Yuan; ⏲Di–So 9–16 Uhr, geschlossen, während der NPC tagt; Ⓢ Tiananmen West) Dieses faszinierende Museum beleuchtet auf drei Etagen die Geschichte der Technologie der Geldproduktion in China, angefangen bei den spatenförmigen Münzen aus der Zeit der Frühlings- und Herbstannalen bis zur Münz- und Papierwährung der heutigen Zeit. Es gibt klobige Goldmünzen, mit wunderschönen chinesischen Zeichen beschriftete Münzen, „Geld-Halsketten" mit Schnüren aus kleinen Bronzemessern und alle fünf Sätze des Renminbi unserer Zeit, von denen nur zwei noch in Umlauf sind.

WACHTURM XIBIANMEN — WACHTURM

Karte S. 332 (西便门角楼; Xibianmen Jiaolou; Ⓢ Changchunjie) GRATIS Das Gegenstück des südöstlichen Eckturms, der Wachturm Xibianmen, ist weniger eindrucksvoll als sein soliderer und bekannterer Bruder, aber dafür kann man hier inmitten des lärmenden Verkehrs einen Abschnitt der alten Stadtmauer erklimmen.

SÜDLICHE KATHEDRALE — KIRCHE

Karte S. 332 (南堂; Nantang; 141 Qianmen Xidajie; ⏲Messe auf Englisch So 10.30 & 15 Uhr; Ⓢ Xuanwumen) GRATIS Beijings Südliche Kathedrale – die erste Kirche, die mitten in der Hauptstadt erbaut wurde – wurde auf dem Gelände des Hauses des Jesuitenmissionars Matteo Ricci errichtet, der den Katholizismus nach China brachte. Seit ihrer Fertigstellung 1703 wurde die Kirche dreimal zerstört, unter anderem 1775 niedergebrannt; während des Boxeraufstands 1900 wurde sie von anti-christlichen Truppen verwüstet.

ESSEN

GUANSHI CHIBA — BARBECUE ¥

Karte S. 332 (管氏翅吧; 20 Di'anmen Xidajie; 地安门西大街20号; Spieße 2–8 Yuan, Suppen 10–12 Yuan; ⏲11–23 Uhr) Lockeres, helles, lautes und unterhaltsames Grillspieß-Lokal – ideal für eine Mittagspause oder ein simples Abendessen nach einer Tour durch den Beihai-Park oder an die Houhai-Seen.

Die Spezialität des Hauses sind Hühnerflügel (鸡翅; *ji chi*), die nach einem Geheimrezept zubereitet werden. Die Lammspieße (羊肉串; *yangrouchuan*) sind ebenfalls köstlich, und die leicht angegrillten Brotscheiben (馒头片; *mantou pian*) sind perfekt zum Dippen in eine der Suppen; unser Favorit ist die Nudelsuppe (疙瘩汤; *geda tang*), die für vier Leute reicht. Keine englische Karte. Stattdessen muss man das chinesische Ankreuz-Menü ausfüllen. Weitere Grillspieße: 烤尖椒 (*kao jianjiao;* grüne Pfefferschoten), 烤茄子 (*kao qiezi;* Aubergine) und 烤大蒜 (*kao dasuan;* Knoblauch). Schärfegrad nicht vergessen: 不辣 (*bu la;* geringe Schärfe) oder 微辣 (*wei la;* mittlere Schärfe).

WANG PANG ZI DONKEY BURGER — HEBEI ¥

Karte S. 332 (王胖子驴肉火烧; Wang Pangzi Lürou Huoshao; 80 Gulou Xidajie; 鼓楼西大街80号; Teigtaschen 9 Yuan, Suppen 2–10 Yuan; ⏲24 Std.) Dieses kleine, 24 Stunden geöffnete Lokal, das vielen als das beste Eselfleisch-Lokal der Stadt gilt, hat sich auf Blätterteigtaschen spezialisiert, gefüllt mit mild gewürzten Eselfleischfasern, die auf Chinesisch 驴肉火烧 (*lürou huoshao*) heißen.

Zwei Blätterteigtaschen pro Person plus eine Suppe sind mehr als genug zum Sattwerden. An Suppen gibt es beispielsweise 西红柿鸡蛋汤 (*xihongshi jidan tang;* Ei und Tomaten), 紫菜鸡蛋汤 (*zicai jidan tang;* Ei und Algen), 小米粥 (*xiaomi zhou;* Hirsebrei) und natürlich 驴肉汤 (*lürou tang;* Eselfleischsuppe). Trotz des englischen Schilds gibt es hier keine englische Speisekarte.

LIJI FENGWEI MEISHI CANTING — CHINESISCH-MUSLIMISCH ¥

Karte S. 332 (李记风味美食餐厅; Ya'er Hutong; 鸦儿胡同 (烟袋斜街西口); Hauptgerichte 20–40 Yuan, Snacks 1–10 Yuan; ⏲Frühstücksklöße 5–9 Uhr, Hauptrestaurant 10–23 Uhr) Dieses beliebte Lokal wird meist einfach Liji genannt und hat zwei Filialen, die nahe beieinander am *hutong* Ya'er liegen und beide chinesisch-muslimische Gerichte und Snacks servieren, bei denen das Preis-Leistungs-Verhältnis einfach stimmt.

Das erste auf dem Weg von der Silberbarrenbrücke ist das Hauptrestaurant, in das man sich hineinsetzt (langes grün-gelbes Schild). Es hat eine englische Speisekarte, auf der Grillspieße, Lammgerichte und Nudeln angeboten werden, und ist einfach, aber sauber. Ein Stück dahinter liegt eine kleinere, ältere Filiale, die sich auf gekochte

Kutteln (爆肚; *baodu*) spezialisiert hat und daneben noch einen Stand für Klöße zum Mitnehmen bietet, der zur Frühstückszeit sehr beliebt ist: Besonders lohnen sich die Rindfleisch-Zwiebel-Klöße (牛肉大葱包子; *niurou dacong baozi;* 2 Yuan pro Stück). Hier werden außerdem sehr gute Sesambrötchen (烧饼; *shaobing;* 1 Yuan pro Stück) gebacken, die man sich mit Lamm füllen lassen kann (烧饼夹肉; *shaobing jia rou;* 7 Yuan pro Stück).

RUNDELI-NASCHMARKT

MARKT ¥

Karte S.332 (润得立菜市场; Rundeli Caishichang; 4 Sihuan Hutong, in einer Nebenstraße der Deshengmennei Dajie; 德胜门内大街四环胡同; ⌚7–19 Uhr) Auch bekannt als Sihuan-Markt (四环市场; Sihuan Shichang). Auf diesem riesigen Essensmarkt im Freien gibt es frisches Obst und Snacks in Hülle und Fülle – perfekt für ein Tretboot-Picknick auf den Houhai-Seen –, außerdem Fisch, Frösche, Krabben und Hummer. Auch chinesischer Tee ist im Angebot. Die Preise für Nahrungsmittel wie Obst sind meist in *jin* (500 g) angegeben.

★ROYAL ICEHOUSE

SHANDONG ¥¥

Karte S.332 (皇家冰窖小院; Huangjia Bingjiao Xiaoyuan; ☎6401 1358; 5 Gongjian Wuxiang, Gongjian Hutong; 恭俭胡同5巷5号; Hauptgerichte 30–60 Yuan; ⌚11.30–14 & 17.30–21.30 Uhr; 📋) Dieses faszinierende Restaurant liegt versteckt in dem *hutong* an der Ostwand des Beihai-Parks in einem der früheren königlichen Eishäuser der Stadt, wo vor der Zeit der Kühlschränke im Sommer massive Eisblöcke, die vom Kaiserhof genutzt wurden, gelagert waren.

Man kann sich die unterirdischen Eiskeller ansehen (die jetzt zum Kühlen des Weins genutzt werden); dorthin geht es durch die rote Bogentür.

Das Hauptrestaurant ist mit Gegenständen aus dem alten Beijing dekoriert; in Schweineblasen hängt hausgemachter *baijiu* (Sorghum-Likör). Das Essen besteht aus kaiserlicher Küche, allerdings mit einem kräftigen Shandong-Einschlag (der ursprüngliche Koch stammte aus der Provinz Shandong), darum gibt es ein paar Crossover-Gerichte. Aber alles schmeckt sehr gut. Die Speisekarte ist auf Englisch. Zu den Spezialitäten gehören sautierter Tofu mit Schinken und Erbsen, geschmortes Huhn in Chilisauce und ein Gericht namens „der fünfte Topf", ein Eintopf aus Schweinefleisch und Gemüse.

Von der Di'anmen Xidajie geht es den *hutong* Gongjian entlang nach Süden, dann nach rechts in die 5 Gongjian Wuxiang, dann liegt das Lokal direkt vor einem.

LE PETIT SAIGON

FRANZÖSISCH, VIETNAMESISCH ¥¥

Karte S.332 (西贡在巴黎; Xigong Zai Bali; ☎6401 8465; 141 Jiugulou Dajie, 旧鼓楼大街141号; Hauptgerichte 40–80 Yuan; ⌚10.30–23 Uhr; 📶📋; Ⓢ Shichahai) Dieses moderne Bistro – im Sommer mit schöner Dachterrasse – bietet eine Mischung aus klassischer vietnamesischer Küche mit *pho* (vietnamesische Suppe), Zitronenhühnchen und Garnelen in Tamararindensauce und französischer Küche mit Boeuf Bourgignon und Gänseleber. Die Desserts sind besonders gut. Das Dekor und die beachtliche Weinkarte sind unverfälscht französisch, sodass sich hier Franzosen wie zu Hause fühlen. Wer einen ordentlichen Kaffee (ab 19 Yuan) trinken will, sei es mit europäischer oder vietnamesischer Note, wird hier auch nicht enttäuscht.

KAO ROU JI

CHINESISCH-MUSLIMISCH ¥¥

Karte S.332 (烤肉季; Qianhai Dongyan; 前海东沿银锭桥; Hauptgerichte 40–80 Yuan; ⌚1. OG 11–22 Uhr, 2. OG 11–14 & 17–20.30 Uhr; E) Es gibt gebratene Ente (118 Yuan) und eine Reihe von Gerichten aus ganz China zu vernünftigen Preisen, aber die Hauptattraktion hier ist der Hammelbraten – und die Seeblicke von der zweiten Etage.

Das Lokal gibt es schon seit Jahren (es wurde bereits in unserer allerersten Ausgabe von Lonely Planet *China* 1984 erwähnt), und dank der idyllischen Lage mit Blick auf den Qianhai-See ist es beliebt wie eh und je. Es ist etwas teurer als nötig, aber das Bestellen ist einfach dank der englischen Foto-Speisekarte, und die Atmosphäre macht einfach Spaß. Ein Tisch am Fenster in der 2. Etage (nur bis 20.30 Uhr geöffnet), mit einem Teller gebackenem Hammelbraten vor sich – himmlisch! Wer knapp bei Kasse ist, der ist mit den frisch gerösteten Sesambrötchen (2 Yuan pro Stück), die auf der Karte „Sesame Cakes" heißen, gut bedient.

AUSGEHEN & UNTERHALTUNG

NBEER PUB

BAR

Karte S.332 (牛啤堂; Niu Pi Tang; Huguo Xintiandi, 85 Huguosi Dajie; 护国寺大街85号护国新天

1. Hauptstadtmuseum (S. 137)
Die kühne Eleganz des Museums bildet den Rahmen für einige bedeutende Kunstwerke (Architekt Cui Kai).

2. Beihai-Park (S. 133)
Brücke über den ruhigen Beihai-See zur Jadeinsel

3. Tempel der Weißen Wolken (S. 137)
Das einstige taoistische Zentrum Nordchinas ist ein betriebsamer Komplex von Schreinen und Höfen.

4. Nationales Zentrum der Darstellenden Künste (S. 138)
Das NCPA, auch „Ei" genannt, verkörpert Chinas globale Ambitionen.

ZHAOLINGHE / GETTY IMAGES ©

ARCHITECT: PAUL ANDREU / CHRISTIAN KOBER / GETTY IMAGES ©

CHRISTIAN KOBER / GETTY IMAGES ©

地一层; Flaschen ab 25 Yuan, gezapft 35–50 Yuan; ⌚15–2 Uhr) Dieses Lokal ist noch recht neu in der Brauereiszene, aber es rühmt sich des größten Bierkühlschranks in Beijing und bietet Hunderte importierter Real Ales sowie etwa ein Dutzend frisch gezapfte Lokalbiere (hinter einer Theke aus Lonely-Planet-Reiseführern!). Wer verschiedene lokal gebraute Biere probieren möchte, bestellt ein „Flight", das ist ein Probierset mit sechs kleinen Gläsern (68 Yuan), oder man bedient sich einfach am Kühlschrank. Nicht verpassen: die gewaltigen, saftigen Kebabs, die auf der kleinen Speisekarte stehen.

NBeer liegt im Erdgeschoss eines kürzlich erbauten mehrstöckigen Komplexes namens Xintiandi am westlichen Ende der Huguosi Dajie. Manchmal kann man im Sommer auf der Terrasse hinten sitzen und den Blick auf die Jingang-Halle (金刚殿; Jingang Dian) genießen, die ursprünglich 1284 erbaut wurde und die das Einzige ist, was vom Tempel Huguo, nach dem dieser *hutong* benannt ist, noch existiert.

HOUHAI BAR STRIP — BAR

Karte S. 332 (后海银锭桥; Silberbarrenbrücke; ⌚12 Uhr – open end) Wer nachts an den neonerleuchteten Bars entlangschlendert, die die Seen auf beiden Seiten der Silberbarrenbrücke (银锭桥; Yinding Qiao) säumen, kann einen Blick auf die Partyszene der betuchten Beijinger werfen.

Diese fabelhaft gelegenen, meist geruhsamen Lokale mit Dachterrassen, die die Seen überblicken, verwandeln sich abends in lärmige Gitarren- und Karaoke-Bars, mit Lautsprechern, die das Seeufer beschallen. Drinnen singen die Kunden Songs, spielen Würfelspiele oder kippen einfach Schnäpse, bis sie nach Hause getragen werden müssen. Alle Bars sind ähnlich, darum bummelt man am besten einfach herum, bis man eine sieht, die einem gefällt. Die Getränkepreise fangen hoch an, sind aber verhandelbar. Je weiter man sich von der Silberbarrenbrücke entfernt, desto ruhiger werden die Bars.

TANGREN TEAHOUSE — TEEHAUS

Karte S. 332 (唐人茶道听茶轩; Tangren Chadaoyin Chaxuan; 15 Qianhai Nanyan, 前海南沿15号; Tee pro Tasse ab 40 Yuan; ⌚9.30–1 Uhr) Dieses putzige Teehaus mit einem attraktiven Blick von der Dachterrasse über den Qianhai-See liegt an einem ruhigeren Abschnitt des Sees, fern von den lärmigeren Bars. Hier kann man wunderbar chinesischen Tee probieren.

Die Preise sind hoch – sogar das Quellwasser, mit dem der Tee aufgegossen wird, muss extra bezahlt werden (ab 10 Yuan pro Tasse) – aber dafür wird man durch die Lage, den Service und das Ambiente mehr als entschädigt. Die Holzeinrichtung ist reizvoll, ebenso wie die Teekarte, eine Bambusschriftrolle, die es auch auf Englisch gibt. Die Tees werden links nach der Teesorte (Oolong, grün, schwarz etc.) aufgeführt, zu der sie gehören.

AWAIT CAFÉ — CAFÉ

Karte S. 332 (那间咖啡; Najia Kafei; 59 Xisi Nandajie, 西四南大街59号; Kaffee 20 Yuan, Bier 15 Yuan, Hauptgerichte 35–65 Yuan; ⌚9–24 Uhr; 📶) Das Await, wirklich eines der entzückendsten Cafés in diesem Teil Beijings, steht neben einer Kirche, und sein Hauptraum wirkt durch seine hohen Decken und seine gelassene, stille Atmosphäre wie ein kleines Kirchenschiff. Der Kaffee ist himmlisch, die hausgemachten Käsekuchen sind göttlich, und es gibt auch eine Reihe westlicher Hauptgerichte (Nudeln, Pizzen, Salate, Suppen).

Es gibt drei Räume, auf zwei Stockwerke verteilt, sowie eine kleine Terrasse auf der dritten Etage, die im Sommer geöffnet ist. Der einzige Nachteil ist die unzuverlässige WLAN-Verbindung.

★EAST SHORE JAZZ CAFÉ — JAZZ

Karte S. 332 (东岸; Dong'an; ☎8403 2131; 2. OG Shichahai Nanyan, 地安门外大街 什刹海南沿2号楼2层, 地安门邮局西侧; Biere ab 30 Yuan, Cocktails ab 45 Yuan; ⌚15–2 Uhr; Ⓢ Shichahai) Cui Jians Saxophonist, dessen Quartett hier auftritt, eröffnete dieses lässige Café in einer der Nebenstraßen der Di'anmen Waidajie, nahe am Qianhai-See. Hier treten von Mittwoch bis Sonntag (ab 22 Uhr) die besten chinesischen Jazzbands auf, in einem entspannten, gemütlichen Ambiente. In den Sommermonaten ist eine kleine Dachterrasse mit einem schönen Ausblick auf den See geöffnet. Das Gedeck kostet keinen Aufpreis.

NATIONALES ZENTRUM DER DARSTELLENDEN KÜNSTE — KLASSISCHE MUSIK

Karte S. 332 (国家大剧院; Guojia Dajuyuan; ☎6655 0000; www.chncpa.org/ens; 2 Xichang'an Jie, 西长安街2号; Tickets 80–880 Yuan; Vorstellungen ⌚19.30 Uhr; Ⓢ Tiananmen West) Bei den Beijingern als „Alien-Ei" bekannt,

GEHEIMTIPP

IM UNTERGRUND

Die Scharen der Teens und Twenty-Somethings, die sich im 77th Street drängen, wissen es womöglich nicht, aber ihr Lieblingskonsumtempel war einmal ein Teil des womöglich größten Luftschutzbunkers der Welt. Aufgeschreckt durch die Aussicht eines möglichen Atomkriegs mit der Sowjetunion oder den USA, ordnete Mao Zedong 1969 an, ein riesiges Labyrinth unterirdischer Tunnel unter Beijing zu graben. Die Aufgabe wurde in typischer Kulturrevolutionsmanier – durch manuelle Arbeit – erledigt; der letzte Schliff erfolgte 1979, just als die USA ihre Botschaft in der Hauptstadt wieder öffneten und Russland in Afghanistan einmarschierte.

Es gehen Gerüchte um, dass sich ein Tunnel bis nach Tianjin (in 130 km Entfernung) erstreckt, während ein anderer zum Sommerpalast führt. Heute glaubt man, dass manche Tunnel immer noch zu geheimen offiziellen Zwecken genutzt werden, während der Rest der unterirdischen Stadt durch den Bauboom, der seit den 1990er-Jahren ausgebrochen ist, nicht mehr sicher ist. Doch ein paar Teile der Anlage wurden für kommerzielle Zwecke umfunktioniert, wie das Einkaufszentrum 77th Street, eine passende Metapher dafür, wie sehr China sich mittlerweile dem Konsumdenken ergeben und wie weit es den Maoismus hinter sich gelassen hat.

manchmal auch als Großes Nationaltheater bezeichnet, lockt dieser spektakuläre, von Paul Andreu entworfene Kuppelbau ebenso viele architekturinteressierte Touristen wie Musikbegeisterte in seine Hallen. In erster Linie ist es jedoch der Veranstaltungsort schlechthin für klassische Musik aus dem In- und Ausland. Ballett, Oper und klassischer chinesischer Tanz gehören ebenfalls zum Veranstaltungsprogramm.

MEI LANFANG GRAND THEATRE
PEKINGOPER, THEATER

Karte S. 332 (梅兰芳大戏院; Mei Lanfang Daxiyuan; ☎5833 1288; 32 Ping'anli Xidajie, 平安里西大街32号; Tickets 30–380 Yuan; ⏲Vorstellungen 19.30 Uhr; Ⓢ Chegongzhuang) Die Theaterbühne, nach dem berühmtesten Opernmacher Chinas benannt, hat im Jahr 2007 ihre Pforten geöffnet und gehört seither mit zu den beliebtesten und wandlungsfähigsten Veranstaltungsorten in Beijing. Neben traditionellen Opernaufführungen stehen auch Shakespeare-Produktionen und modernes Theater auf dem vielseitigen Programm. Die Vorstellungen beginnen täglich um 19.30 Uhr. Die Tickets müssen zwischen 10 und 19.30 Uhr in dem Ticket-Büro in der Lobby gekauft werden.

SHOPPEN

THREE STONE KITE SHOP
DRACHEN

Karte S. 332 (三石斋风筝; Sanshizhai Fengzheng; ☎8404 4505; 25 Di'anmen Xidajie, 地安门西大街甲25号; ⏲9–21 Uhr; Ⓢ Nanluogu Xiang) Drachen auf Bestellung für die ehemaligen Qing-Kaiser: Der Urgroßvater des zuvorkommenden Besitzers dieses Ladens fertigte früher die Drachen für die kaiserliche Familie Chinas an. Die meisten Drachen hier sind handgefertigt und handbemalt, aber die Auswahl ist inzwischen begrenzt, nachdem der Besitzer die Hälfte seines Ladens nutzt, um andere, zugegebenermaßen attraktive, Souvenirs anzubieten.

Drachen gibt es ab etwa 180 Yuan. Hier gibt es auch alles, was man braucht, um seinen neuen Drachen steigen zu lassen, ebenso wie gerahmte Drachen im Miniformat, die ein hübsches Geschenk abgeben.

YANDAI XIEJIE
EINKAUFSSTRASSE

Karte S. 332 (烟袋斜街; Yandai Xiejie, in einer Nebenstraße der Di'anmen Neidajie, 地安门内大街烟袋斜街) Wem die nahe gelegene Nanluogu Xiang zu hektisch ist, der findet hier ebenfalls einen Großteil der Waren, wenn auch in geringerem Umfang. Am Wochenende ist hier immer noch viel los, aber der Trubel ist aushaltbar. In den Läden an diesem nachgebauten „Alt-Beijinger" *hutong*, der zu den Seen hinunterführt, gibt es fast nur Souvenirs – T-Shirts, Seidentücher, Stoffschuhe, Papierfächer, nachgemachte Antiquitäten etc. –, aber es macht mehr Spaß, sie hier einzukaufen als in einem der riesigen mehrstöckigen Souvenirmärkte der Stadt. Hierher geht's vom Trommelturm nach Süden, die Di'anmenwai Dajie entlang; es ist der erste *hutong* rechts.

77TH STREET EINKAUFSZENTRUM

Karte S. 332 (77街; Qishiqi Jie; ☎6608 7177; 2. UG–3. OG, 180 Xidan Beidajie, 西单北大街180号地下2–3层; ⏲10–22 Uhr; ⓈXidan) Wer die Treppen zu diesem einzigartigen unterirdischen Einkaufszentrum hinuntersteigt, entdeckt, wo normale Teenager und Twenty-Somethings in Beijing ihre Klamotten und Accessoires kaufen. Man gelangt in eine riesige, runde, drei Stockwerke hohe Ansammlung aus Hunderten von Läden. Neben poppigen T-Shirts, Gürteln und Taschen gibt es auch Schuhgeschäfte satt, einen Lebensmittelladen, ein Kino und sogar eine Eislaufbahn. Hier herumzulaufen macht einen Heidenspaß, aber am Wochenende gleicht das Ganze einem Irrenhaus.

Vom Ausgang A der U-Bahn-Station Xidan geht es direkt nach rechts – nach den orangefarbenen Schildern „77th Street Plaza“ Ausschau halten. Wer bereits oberirdisch unterwegs ist: Das Einkaufszentrum liegt unter dem Xidan Culture Square.

BEIJING BOOKS BUILDING BÜCHER

Karte S. 332 (北京图书大厦, Beijing Tushu Dasha; ☎6607 8477; 17 Xichang'an Jie, 西长安街17号; ⏲9–21 Uhr; ⓈXidan) Riesiger Laden, vollgestopft mit Büchern aller Art. Bücher auf Englisch und in ein paar weiteren Fremdsprachen gibt es im Untergeschoss. Auch ein ansehnliches Sortiment an Lonely-Planet-Reiseführern ist hier zu finden sowie zahlreiche Kinderbücher.

Dashilar & Süd-Xicheng

Highlights

❶ Die historische Einkaufsstraße **Dashilar** (S. 149) erkunden, in der immer noch einige der ältesten und angesehensten Läden der Stadt zu finden sind. Ob Seide oder traditionelle Aphrodisiaka – hier gibt es alles.

❷ Die faszinierenden *hutongs* (Gassen) westlich der Meishi Jie durchstreifen – den ehemals berüchtigten **Rotlichtbezirk des alten Peking**

❸ Das größte muslimische Viertel Beijings rund um die **Niujie-Moschee** (S. 149) erkunden

❹ Das **Beijinger Museum für Historische Architektur** (S. 151) besuchen, um zu entdecken, wie das kaiserliche Beijing erbaut wurde.

❺ Einen Blick in den wenig besuchten **Tempel Fayuan** (S. 149) werfen, einen der ältesten und friedlichsten buddhistischen Schreine der Stadt

Mehr Details s. Karte S. 334

Top-Tipp

Die Restaurants am südlichen Ende der Dashilar sind nicht zu empfehlen; viele versuchen immer noch, Ausländern über eine besondere englische Speisekarte höhere Preise abzuknöpfen als den Einheimischen. Günstiger kommt man an der Dazhalan Xijie davon. Ein guter Tipp sind meist Lokale, in denen viele Einheimische essen. Auch vor Leuten, die einem im Bereich der Dashilar einen Besuch bei einer Teezeremonie andrehen wollen, sollte man sich in Acht nehmen; diese Gaunerei schlägt ein empfindliches Loch in die Reisekasse.

Gut essen & trinken

- Turpan Restaurant (S. 151)
- Goubuli (S. 152)
- Liu Family Noodles (S. 151)

Mehr dazu s. S. 151

Schön ausgehen

- Akrobatiktheater Tianqiao (S. 152)
- Huguang-Versammlungshalle (S. 152)
- Teehaus Lao She (S. 153)

Mehr dazu s. S. 152

Toll shoppen

- Geschäft für Musikintrumente Yuehaixuan (S. 153)
- Ruifuxiang (S. 154)
- Maliandao-Teemarkt (S. 154)

Mehr dazu s. S. 153

Erkundungstour

Die Dashilar (大栅栏) und Süd-Xicheng (南西城) erstrecken sich über den ehemaligen Distrikt Xuanwu, und die Qianmen Dajie bildet die Grenze dieser Gegend zum benachbarten Dongcheng. Die wichtigsten Sehenswürdigkeiten konzentrieren sich in zwei Bereichen: in der Dashilar und im muslimischen Distrikt rund um die Niu Jie mit den nahe gelegenen *hutongs*.

Nach einem Bummel durch die Läden in der Dashilar locken die Restaurants auf der Dazhalan Xijie. Die *hutongs*, die von der Dazhalan Xijie abgehen, bildeten früher den Rotlichtbezirk des alten Peking; ein Abstecher dort hinein lohnt sich.

Vom westlichen Ende der Dazhalan Xijie ist es ein kurzer Spaziergang zur Liulichang, der vorrangigen Einkaufsstraße für Antiquitäten, Kalligrafien und traditionelle chinesische Kunst und ein Muss für Kuriositätenjäger. Eine Vorstellung in einem der Akrobatik- oder Pekingoperntheater bringt den Tag zu einem würdigen Abschluss.

Ein guter Start für einen zweiten Tag ist ein Ausflug in das Beijinger Museum für historische Architektur. Von dort ist es nur ein kurzes Stück mit dem Taxi zur Niu Jie, der Hauptstraße des muslimischen Hui-Viertels von Beijing. Die Moschee des Viertels zeigt eine Mischung aus chinesischen und arabischen Stilelementen. Die muslimischen Restaurants laden zu einem Snack ein. Der nahe gelegene Tempel Fayuan ist ein stiller Schrein, der von fantastischen *hutongs* umgeben ist.

Lokalkolorit

- **Taoranting-Park** Dieser Park nördlich von Beijing Südbahnhof ist die grüne Lunge des Viertels und ein wunderbarer Rückzugsort vom urbanen Trubel.
- ***hutongs*** Die ruhigeren Gassen zwischen der Dazhalan Xijie und Qianmen Xidajie lohnen einen Besuch.
- **Markt** In den Straßen rund um den Maliandao-Teemarkt (S. 154) kaufen die Beijinger ihren Tee und ihr Teeservice.

Anfahrt

- **U-Bahn** Zur Dashilar an der Haltestelle Qianmen der Linie 2 aussteigen. Zur Liulichang geht's mit derselben Linie bis nach Hepingmen. Linie 4 verläuft von Nord nach Süd durch das Viertel bis zum Beijing Südbahnhof; die Haltestelle Caishikou liegt in Laufweite zur Nui Jie und zum Tempel Fayuan.
- **Bus** Von der Niu Jie aus gelangt man mit dem Bus 10 zur Wangfujing Dajie, der über Tiananmen, Xidan und die Changchun Jie fährt.

SEHENSWERTES

DASHILAR EINKAUFSSTRASSE

Karte S. 334 (大栅栏; Dazhalan; Ⓢ Qianmen) Diese jahrhundertealte Einkaufsstraße, die auch als Dazhalan Jie bekannt ist, befindet sich unmittelbar westlich der Qianmen Dajie. Zwar hat sie leider bei einer „Verschönerung", die diese Bezeichnung nicht wirklich verdient, einen großen Teil ihres Charmes eingebüßt, doch viele Läden existieren hier schon seit Jahrhunderten und ziehen immer noch viele Beijinger an. Manche haben sich auf esoterische oder außergewöhnliche Waren spezialisiert, wie alte Kräuterheilmittel oder handgearbeitete Stoffschuhe, und machen einen Schaufensterbummel zu einer faszinierenden Entdeckungsreise.

TEMPEL FAYUAN BUDDHISTISCHER TEMPEL

Karte S. 334 (法源寺; Fayuan Si; 7 Fayuansi Qianjie; Eintritt 5 Yuan; ⌚8.30–16 Uhr; Ⓢ Caishikou) Dieser zauberhafte Tempel, in dem eine Atmosphäre der Verehrung und Andacht herrscht, reicht zurück bis ins 7. Jh. Der Tempel folgt der typischen buddhistischen Anlage samt Trommel- und Glockenturm. Es lohnt sich, einen Blick auf den ungewöhnlichen, **aus Kupfer gegossenen Buddha** in der Pilu-Halle (der vierten Halle) zu werfen; er wird getragen von vier weiteren Buddhafiguren, die ihrerseits über einer Schar von Buddhafiguren thronen.

In der Guanyin-Halle befindet sich eine **tausendhändige und tausendäugige Guanyin** aus der Ming-Dynastie, während in der hinteren Halle ein riesiger **liegender Buddha** ruht. Ursprünglich wurde der Fayuan gebaut, um Soldaten der Tang-Dynastie zu ehren, die im Kampf gegen die nördlichen Stämme gefallen waren. Er ist immer noch aktiv und zudem Sitz der **Chinesischen Buddhistischen Akademie**, weswegen sich hier zahlreiche Mönche aufhalten. Vom Eingang der Niujie-Moschee geht's 100 m nach links, dann in den ersten *hutong* nach links abbiegen. Nach einem zehnminütigen Spaziergang gelangt man zum Tempel.

NIUJIE-MOSCHEE MOSCHEE

(牛街礼拜寺; Niujie Libai Si; ☎6353 2564; 88 Niu Jie; Eintritt 10 Yuan, für Muslime Eintritt frei; ⌚8.30 Uhr–Sonnenuntergang; Ⓢ Caishikou) Die größte Moschee von Beijing, deren Ursprünge im 10. Jh. liegen und in der sich an Freitagen die Gläubigen drängen (zu Gebetszeiten ist sie für Nicht-Muslime geschlossen), ist das Zentrum der Gemeinde der etwa 10 000 muslimischen Hui-Chinesen, die in der Nähe leben. Interessant ist ein Blick auf das **Gebäude zum Beobachten des Mondes** (望月楼; Wangyuelou), von wo aus der Mondkalender errechnet wurde.

Die Moschee vereint den traditionellen chinesischen Tempelstil mit diversen Schnörkeln aus dem Nahen Osten – die Geisterwand an der Nui Jie, die den Eingang bewacht, ist ein Merkmal aller chinesischen Tempel jeden Glaubens. Die Hauptgebetshalle darf von Nicht-Muslimen nicht

INSIDERWISSEN

DIE HUI

Die 25 Mio. Muslime in China gehören meist einer von zwei Gruppen an: den Uiguren, einer rebellischen, turksprachigen Minderheit im äußersten Westen Chinas, deren Wurzeln in Zentralasien liegen, oder den Hui. In der Gegend der Niu Jie leben Angehörige beider Gruppen, aber vor allem wird dieser Distrikt mit den Hui assoziiert.

Die etwa 10 Mio. Hui sind Abkömmlinge arabischer Händler, die vor über 1000 Jahren über die Seidenstraße kamen, und technisch gesehen gehören sie zu einer Minderheit. Doch sie leben überall über China verstreut und sind im Lauf der Jahrhunderte so oft Mischehen mit den Han-Chinesen eingegangen, dass sie von diesen ethnisch oft nicht mehr zu unterscheiden sind. Sie haben auch keine eigene Sprache, sondern sprechen nur Mandarin.

Dennoch lassen sie sich leicht ausmachen: Viele Hui-Frauen tragen ein Kopftuch und die Männer weiße Scheitelkäppchen. Meist bringt man sie mit dem Betreiben von Restaurants in Verbindung; selbst im kleinsten chinesischen Städtchen findet sich noch ein Hui-Lokal. Schweinefleisch sucht man dort auf der Speisekarte jedoch vergeblich, und manche Hui servieren auch keinen Alkohol. Abgesehen von der Gegend rund um die Niu Jie trifft man die Hui in Beijing daher am ehesten in Imbissständen und winzigen Lokalen, die es in der ganzen Stadt gibt und in denen *yang'rou chuan* (Lammspieße) serviert werden.

Stadtspaziergang
Qianmen zur Liulichang

START EISENBAHNMUSEUM BEIJING
ZIEL LIULICHANG DONGJIE
STRECKE 2,5 KM; EINE STUNDE

Der Weg beginnt am 1 **Eisenbahnmuseum Beijing** im historischen Gebäude des Bahnhofs Qianmen. Von hier geht es nach Süden zum 2 **Qianmen-Ehrenbogen** (Wupailu) mit fünf Durchgängen, der in den 1950er-Jahren abgerissen und vor den Olympischen Spielen 2008 neu aufgebaut wurde. Er steht am Anfang der 3 **Qianmen Dajie**, einer Straße, die auf den Stil des alten Peking getrimmt wurde.

An der Qianmen Dajije sind einige 4 **restaurierte alte Ladengebäude** zu sehen, dann geht es nach rechts auf die historische Einkaufsstraße 5 **Dashilar** (alias Dazhalan Jie). In der ersten Gasse links befindet sich Liubiju, ein traditioneller Beijinger *laozihao* (alter, etablierter Laden), der für seine eingelegten Beilagen berühmt ist.

Wer sich durch die Massen auf der Dazhalan Jie schiebt, entdeckt rechts unter Nr. 5 6 **Ruifuxiang** (S. 154), einen Beijinger Seidenladen, dessen Tradition bis ins Jahr 1893 zurückreicht. Im Innern ist noch die Eingangshalle mit ihren grauen Ziegeln und dekorativen Verzierungen zu bewundern.

Auf der anderen Seite der Meishi Jie geht es auf die 7 **Dazhalan Xijie**, die früher als Straße des Tempels der Guanyin bekannt war. Hungrige können einen der vielen Essensverkäufer hier ansteuern. An der Gabelung mit der Yingtao Xiejie (樱桃斜街) geht es nach rechts, wo eine 8 **Tafel** auf den ehemaligen Tempel der Guanyin (Nr. 6 bis 8 Yingtao Xiejie) verweist, der an diesem Ort stand.

Weiter geht's ca. 100 m auf der Yingtao Xiejie an der Taitou Xiang (抬头巷; Kopf-Hoch-Gasse) vorbei bis zum 9 **Haus Nr. 27 an der Yingtao Xiejie**. Hier sind noch die roten Schriftzeichen „Lang lebe die Revolution" (革命万岁) zu erkennen, eine verblassende Parole aus der Kulturrevolution.

Wer nun einen Schlenker nach rechts macht und am Ende der Yingtao Xiejie scharf links abbiegt, kommt zur 10 **Liulichang Dongjie**, Beijings erster Adresse für Antiquitäten.

betreten werden. Man sollte beim Betreten der Moschee unbedingt auf korrekte Kleidung achten (keine Shorts oder kurzen Röcke tragen).

XIANNONG-ALTAR & BEIJINGER MUSEUM FÜR HISTORISCHE ARCHITEKTUR

MUSEUM

Karte S.334 (先农坛、北京古代建筑博物馆; Xiannongtan & Beijing Gudai Jianzhu Bowuguan; ☎6304 5608; 21 Dongjing Lu; Eintritt 15 Yuan; ⌚9–16 Uhr; S Taoranting) An diesem Altar westlich des Himmelstempels wurden feierliche kaiserliche Zeremonien durchgeführt und Opfer dargebracht. In der sogenannten **Jupiterhalle** (太岁殿; Taisui Dian) – der prächtigsten noch stehenden Halle – ist das hervorragende Beijinger Museum für historische Architektur untergebracht, das gut über die Elemente traditioneller chinesischer Bautechniken informiert.

Karten von Beijing von vor 1949 lassen noch die gewaltigen Ausmaße des im Jahr 1420 erbauten Altars erkennen. Viele seiner ursprünglichen Bauten sind auch heute noch zu sehen, wenn auch nur noch als eine stille und wenig besuchte Aufstellung von Überresten. Das Museum bietet die Chance, seine Kenntnisse über *dougong* (Stützen) und *sunmao* (Zapfenverbindungen) aufzufrischen, hinter die Geheimnisse der Hofhäuser von Beijing zu schauen und dabei detaillierte Modelle herausragender Tempel und Pagoden aus dem ganzen Land zu bewundern. Es findet sich dort ein großartiges maßstabsgetreues Modell der alten Stadt mit ihren Stadtmauern, und es gibt überall englische Beschriftungen. Mittwochs kommen die ersten 200 Besucher kostenlos hinein.

INSIDERWISSEN

TOD DURCH TAUSEND SCHNITTE

Der inzwischen abgeschaffte Distrikt Xuanwu verdankte seinen Namen dem prachtvollen alten Tor Xuanwu Men (宣武门), das schon lange abgerissen ist. Doch die Einheimischen bezeichneten es despektierlich mit seinem schimpflichen Spitznamen „Tor der Bestrafung" (刑门; Xing Men), weil es sich in der Nähe der kaiserlichen Hinrichtungsstätte Caishikou (菜市口) befand, wo Übeltäter dem „Tod durch tausend Schnitte" (einem qualvollen langsamen Zerschneiden des Körpers) unterworfen wurden. Der Name Caishikou lebt als U-Bahn-Haltestelle der Linie 4 fort.

ESSEN

LIU FAMILY NOODLES

NUDELN ¥

Karte S.334 (刘家人刀削面; Liu Jiaren Daoxiaomian; 6 Tieshuxie Jie, 铁树斜街6号; Nudeln ab 8 Yuan; ⌚11–15 & 17–22 Uhr; 📋; S Qianmen) Eine Seltenheit in dieser Gegend: ein Restaurant, das Touristen willkommen heißt, ohne überteuerte Preise zu verlangen. Im Gegenteil, die Preise könnten viel niedriger nicht sein, während die freundliche Eigentümerin eifrig bedacht ist, ihr (begrenztes) Englisch zu üben. Hier gibt es schmackhafte Nudel- und Kaltgerichte, und zu finden ist das Lokal über das englische Schild „Best Noodles in China".

LONG TABLE

WESTLICH ¥

Karte S.334 (长桌; Changzhuo; ☎6302 8699; 55 Dazhalan Xijie, 大栅栏西街55号; Gerichte ab 29 Yuan; ⌚8–1 Uhr; 📶📋; S Qianmen) Dieser angesagte Backpacker-Treff mit seinen graffitibedeckten Wänden und seinen Reihen von Holzbänken befindet sich lediglich einen (etwas weiteren) Steinwurf vom Tiananmen-Platz entfernt. Tagsüber fungiert das Lokal als Café, in dem günstige westliche Speisen serviert werden, z.B. ein ganztägig angebotenes Frühstück, Burger, Nudeln und Pizza; wenn es dann auf die Nacht zugeht, wird das Soundsystem aufgedreht, und alles wird immer lärmiger, je mehr billiges Bier (10 Yuan) zügig durstige Kehlen hinunterrinnt.

TURPAN RESTAURANT

XINJIANG ¥¥

(吐鲁番餐厅; Tulufan Canting; ☎8316 4691; 6 Niu Jie, 牛街6号; Kebabs ab 12 Yuan, Gerichte ab 35 Yuan; ⌚6–9 Uhr, 10.30–14.30 & 16.30–20.30 Uhr; S Caishikou) Dieses riesige Restaurant ist die Anlaufstelle für die lokalen Hui, die in Scharen hierherströmen, angelockt von den großen, saftigen und fleischigen Lammkebabs (nicht zu vergleichen mit den winzigen Spießen, die es auf der Straße gibt). Außerdem gibt es authentische uigurische Gerichte aus dem fernen Xinjiang, beispielsweise gesalzene Rindfleischrollen mit süßer Jamswurzel (46 Yuan), und verschiedene Halal-Gerichte.

Das gebratene Lamm muss man im Voraus bestellen, die gebratene Lammkeule

INSIDERWISSEN

CHINAS ÄLTESTES KINO

Die erste Stadt Chinas, in der Kinofilme gezeigt wurden, mag Shanghai gewesen sein – dank eines spanischen Schaustellers, der 1896 einen Projektor in einem Teehaus aufstellte –, doch Chinas erstes richtiges Kino wurde an der Dashilar in Beijing eröffnet. Die ersten Filme liefen im **Daguanlou-Kino** (大观楼影城; Daguanlou Yingcheng; Karte S. 334; 36 Dazhalan Jie, 大栅栏街36号; Karten 40–50 Yuan; ⌚9–23 Uhr; Ⓢ Qianmen) schon 1903. Bedenkt man, wie viel von Chinas architektonischem Erbe verschwunden ist, kommt es einem kleinen Wunder gleich, dass das Kino nicht nur immer noch existiert, sondern sogar noch Filme zeigt, darunter einige westliche.

Das Kino wurde von Ren Qingtai eröffnet, der ein Pionier auf dem Gebiet der Fotografie war, bevor er die laufenden Bilder entdeckte. 1905 führte Ren bei Chinas erstem Film – einem Auszug aus einer Pekingoper – Regie, und er gründete das erste Filmstudio des Landes im Fengtai-Distrikt im Südwesten von Beijing. Angesichts der bedeutsamen Rolle, die er in Chinas Filmgeschichte spielte, ist es nur recht und billig, dass er als Inspiration für den 2000 erschienenen chinesischen Film *Shadow Magic* diente, der von den frühen Tagen des Kinos in der Hauptstadt erzählt.

Das **Old Cinema Café** im Erdgeschoss zeigt eine kleine Ausstellung zur Geschichte des Kinos, dazu Fotos alter chinesischer Kinostars und ein paar uralte Kameras und Projektoren, und lädt zu einer Shoppingpause bei einer Tasse Kaffee (25 Yuan) ein. Trotz seiner ruhmreichen Vergangenheit ist das Kino auch heute noch einer der billigsten Orte der Stadt, um sich einen Film anzusehen.

mit Gewürzen zu 58 Yuan ist ihren Preis jedoch mehr als wert. In einer Gruppe macht der Restaurantbesuch am meisten Spaß. Es gibt eine bebilderte Speisekarte.

GOUBULI TEIGTASCHEN ¥¥

Karte S. 334 (狗不理; ☎6353 3338; 31 Dazhalan Jie, 大栅栏街31号; Teigtaschen ab 56 Yuan; ⌚8–22 Uhr; Ⓢ Qianmen) In dieser Gegend sind vernünftige und preisgünstige Esslokale schwer zu finden, darum werden sich Fans der chinesischen Teigtaschen über diesen Außenposten des angesehenen Tianjin-Restaurants freuen. Zwar sind die Teigtaschen etwas teurer als in den meisten kleinen Restaurants der Gegend, aber dafür stehen acht verschiedene Sorten zur Auswahl, darunter Fleisch, Krabben, Krebs und vegetarisch, und jede Portion besteht aus acht Teigtaschen. Es gibt eine bebilderte Speisekarte und jede Menge kalte Beilagen.

★ UNTERHALTUNG

AKROBATIKTHEATER TIANQIAO AKROBATIK

Karte S. 334 (天桥杂技剧场; Tianqiao Zaji Juchang; ☎6303 7449; 95 Tianqiao Shichang Lu Jie, 天桥市场街95号; Tickets 180–380 Yuan; ⌚Vorstellungen 17.30 & 19.15 Uhr; Ⓢ Taranting) Das 100 Jahre alte Theater liegt westlich vom Himmelstempelpark. Hier zeigt die Beijinger Akrobatik-Truppe mit die besten Kunststücke der Stadt in einer einstündigen Show, und die Location ist weniger touristisch als die anderen Bühnen. Weil das Theater so klein ist, kommen die Zuschauer ganz nah an das Bühnengeschehen heran. Beeindruckend ist vor allem der Seiltanz. Der Eingang befindet sich an der östlichen Seite des Gebäudes.

HUGUANG-VERSAMMLUNGSHALLE PEKINGOPER

Karte S. 334 (湖广会馆; Huguang Huiguan; ☎6351 8284; 3 Hufang Lu, 虎坊桥路3号; Tickets 180–680 Yuan, Opernmuseum 10 Yuan; ⌚Vorstellungen 20 Uhr, Opernmuseum 9–17 Uhr; Ⓢ Caishikou) Die geschichtsträchtigste und stimmungsvollste Bühne der Stadt, um die Pekingoper zu erleben. Das reich verzierte Interieur in Rot, Grün und Gold, die Tische und der Steinboden sind überaus sehenswert. Die mit einem Baldachin überdachte Bühne ist von Balkonreihen umgeben. Gegenüber dem Theater befindet sich ein winziges Opernmuseum mit Opernpartituren, alten Katalogen und anderen opernrelevanten Exponaten.

Daneben gibt es auch Farbillustrationen zum *lianpu* (maskenbildnerische Beispiele für typische Gesichter in der Pekingoper) – darunter auch das *hou lianpu* (Affengesicht) und das *choujue lianpu* (Clowngesicht). Die Ursprünge des Theaters gehen bis auf das Jahr 1807 zurück; 1912 wurde hier unter der Führung von Dr. Sun Yatsen die Chinesische Nationalpartei Kuomintang gegründet. Die Aufführungen ziehen jede Menge chinesische Touristen an, die als Gruppe gebucht haben. Nur wenig wird ins Englische übersetzt, aber es ist nicht schwer zu verstehen, worum es geht.

TEEHAUS LAO SHE — DARSTELLENDE KÜNSTE

Karte S. 334 (老舍茶馆; Laoshe Chaguan; ☎6303 6830; www.laosheteahouse.com; 3. OG, 3 Qianmen Xidajie, 前门西大街3号3层; Abendtickets 180–380 Yuan; ⏲Vorstellungen 19.50 Uhr; Ⓢ Qianmen) Im Teehaus Lao She, das nach dem gefeierten Schriftsteller benannt ist, finden tagsüber und abends Vorstellungen statt, hauptsächlich auf Chinesisch, in denen eine Kombination aus verschiedenen chinesischen darstellenden Künsten gezeigt wird. Am beliebtesten sind die Abendvorstellungen mit Pekingoper, Volkskunst und -musik, Akrobatik und Zauberei (19.50–21.20 Uhr). Darüber hinaus werden noch Teezeremonien, häufig Volksmusik-Aufführungen und täglich Marionettentheater geboten.

Die Preise richten sich nach der Art der Aufführung und der Platznummer. Um das aktuelle Programm abzufragen, ruft man am besten an oder schaut ins Internet. Zwei steinerne Löwen bewachen das Gebäude.

LIYUAN-THEATER — PEKINGOPER

Karte S. 334 (梨园剧场; Liyuan Juchang; ☎6301 6688; Qianmen Jianguo Hotel, 175 Yong'an Lu, 永安路175号前门建国饭店; Tickets ohne Tee 200–280 Yuan, mit Tee 580 Yuan; ⏲Vorstellungen 19.30 Uhr; Ⓢ Caishikou) Dieses touristische Theater in der Lobby des Qianmen Jianguo Hotel (S. 224) bietet täglich Aufführungen für Neulinge auf dem Gebiet der Pekingoper. Wer will, kann parallel zur Aufführung eine überteuerte Teezeremonie buchen. Der Zuschauerraum ist nicht traditionell, sondern ähnelt eher einem Kinosaal (nur die Bühne selbst ist authentisch). Hier wird man auf sanfte Art an die besondere Kunstform herangeführt.

SHOPPEN

Die Dashilar und Süd-Xicheng zählen zu den besten Shopping-Gegenden der Hauptstadt. Nach der Dashilar (S. 149) ist die Liulichang („Fabrik für glasierte Kacheln") die bekannteste Antiquitätenstraße von Beijing, auch wenn die dort angebotenen Waren zum großen Teil Imitate sind. Ein Besuch dort lohnt sich schon allein wegen der urigen Dorfatmosphäre. Neben Replikaten monochromer Qing-Schalen und Kitsch aus der Zeit der Kulturrevolution lässt es sich wunderbar durch alte chinesische Bücher, Gemälde, Pinsel, Tinte und Papier stöbern. Man sollte auf aufdringliches Verkaufspersonal und überteuerte Preise gefasst sein. Wer vorhat, sich ein *chop* (Siegel) mit seinem Namen machen zu lassen, wird hier fündig.

Am westlichen Ende der Liulichang Xijie verkauft eine Ansammlung eher unkonventioneller Läden Krimskrams, buddhistische Statuen, Pamphlete und Poster aus der Zeit der Kulturrevolution, Schuhe für gebundene Füße, Seide, Handarbeiten und vieles mehr. Der Maliandao-Teemarkt weiter westlich ist ein absolutes Muss für Teeliebhaber.

★ GESCHÄFT FÜR MUSIKINSTRUMENTE YUEHAIXUAN — MUSIKINSTRUMENTE

Karte S. 334 (乐海轩门市部; Yuehaixuan Menshibu; ☎6303 1472; 97 Liliuchang Dongjie, 琉璃厂东街97号; ⏲9.30–18 Uhr; Ⓢ Hepingmen) Fantastisches, zuvorkommendes Handelshaus, das sich auf traditionelle chinesische Musikinstrumente spezialisiert hat, wie die zitherähnlichen *guzheng* (zum Teil mit kunstvollen Schnitzereien versehen), *erhu* und *banhu* (zweisaitige chinesische Violinen) und *gu* (Trommeln). Hier gibt es auch herrliche Gongs und viele esoterische Musikinstrumente aus Tibet und der Mongolei. Das Geschäft liegt auf der östlichen Seite der Liliuchang Dongjie.

XIAN YAN TANG — SCHATTENSPIEL-MARIONETTEN

Karte S. 334 (贤燕堂; ☎136 931 33759; 102 Liliuchang Dongjie, 琉璃厂东街102号; ⏲9–18 Uhr; Ⓢ Hepingmen) In diesem kleinen Laden, versteckt in einer winzigen Gasse, die mit Mustern seiner handgearbeiteten Waren gesäumt ist, gibt es traditionelle Schattenspiel-Marionetten in allen Formen und Größen. Wem es nicht unbedingt wichtig ist, sich zu Hause selbst am Schattenspiel zu versuchen, der kann hier auch eine gerahmte Variante erstehen (auch als Mitbringsel beliebt).

Der Laden liegt gegenüber dem Geschäft für Musikinstrumente Yuehaixuan auf der östlichen Seite der Liliuchang Dongjie.

INSIDERWISSEN

EHEMALIGER ROTLICHTBEZIRK

Heute sind die Dazhalan Xijie sowie die umgebenden *hutongs* ein Treffpunkt der Backpacker in Beijing. Doch über Hunderte von Jahren hinweg waren diese unschuldig aussehenden Gässchen berüchtigt als der Rotlichtbezirk (红灯区; *hongdengqu*) des alten Pekings.

Der Bereich rund um den *hutong* Bada, einer Ansammlung von acht Gassen, hatte sich bereits im 18. Jh. einen schlüpfrigen Ruf erworben. Beim Sturz der Qing-Dynastie im Jahr 1912 säumten geschätzt über 300 Bordelle die Sträßchen. Hier gab es Freudenmädchen aller Art, von kultivierten Kurtisanen, die Gedichte rezitieren und anmutig tanzen konnten und deren Kunden Aristokraten und Beamte des Hofes waren, bis zu alltäglicheren Typen für die breite Masse. Dies war das Vergnügungsviertel für die Einheimischen; die kleine ausländische Gemeinschaft hatte ihren eigenen Bereich mit Bordellen, Spelunken und Opiumhöhlen in dem heute noch existierenden *hutong* Chuanban in der Nähe der U-Bahn-Station Chongwenmen.

Der *hutong* Bada verdankte seinen zweifelhaften Ruhm der Tatsache, dass er sich außerhalb der Stadtmauer befand (die Kaiser wollten keine übel beleumundeten Häuser in der Nähe des Kaiserpalastes dulden), aber immer noch nah genug bei der Kaiserstadt, dass die Kunden leicht dorthin gelangen konnten. Doch der Sturz der Kaiser läutete den Anfang vom Ende für den alten Rotlichtbezirk ein. Nur etwas über einen Monat nach der Gründung der Volksrepublik China im Oktober 1949 marschierten Soldaten in das Gebiet ein, schlossen die Bordelle und „befreiten" die Prostituierten, die dort arbeiteten.

Viele der acht Gassen, aus denen der *hutong* Bada bestand, sind abgerissen und/oder wieder neu aufgebaut worden. Doch die Shanxi Xiang steht immer noch, und das historische Gebäude, das heute das Hostel Leo Courtyard (S. 224) beherbergt, war früher eines der vornehmsten Bordelle der Hauptstadt. Nur Schlafsäle gab es damals noch nicht.

RUIFUXIANG — SEIDE

Karte S. 334 (瑞蚨祥丝绸店; Ruifuxiang Sichoudian; ☎6303 5313; 5 Dazhalan Jie,大栅栏街5号; ⏲9.30–20 Uhr; Ⓢ Qianmen) Dieses Geschäft in einem historischen Gebäude an der Dashilar ist einer der besten Orte in der Stadt, um nach Seide zu stöbern. Es gibt eine riesige Auswahl an Shandong-Seide, Brokat und Satinseide. Die Preise für Seide beginnen bei 168 Yuan pro Meter, aber der Großteil der Stoffe ist teurer. In der 2. Etage wird traditionelle chinesische Kleidung von der Stange verkauft.

Es gibt eine weitere Filiale von Ruifuxiang an der Dianmenwai Dajie (S. 117).

MALIANDAO-TEEMARKT — TEE

(马连道茶城; Maliandao Chacheng; ☎6334 3963; 11 Maliandao Lu, 马连道路11号; ⏲8.30–18 Uhr; Ⓢ Beijing Westbahnhof) Maliandao ist der größte Teemarkt im nördlichen China, und es gibt Tee, so viel das Herz begehrt aus dem ganzen Land, darunter Pu'erh und Oolong. An der Maliandao Lu selbst liegen Hunderte von Teeläden, in denen die Preise für Tee und Teegeschirr niedriger sind als in den Teeläden in den Touristengegenden.

Auch wenn sich der Markt vor allem an Großhändler wendet, ist er ein Mekka für alle, die sich für Tee interessieren und sich hier ein wenig umsehen wollen, und die Verkäufer sind gern bereit, einen hereinzubitten und eine kleine Kostprobe zu geben. Hier werden auch Teegeschirre verkauft, zu sehr unterschiedlichen Preisen je nach Design, Glasur und verwendetem Porzellan. Eine einzelne Teetasse gibt es ab 150 Yuan, einfache Teegeschirre werden auf dem Markt oder in den Läden ringsum für 450 Yuan angeboten. Die Maliandao Lu liegt südlich vom Westbahnhof Beijings. Wer den Eingang zum Teemarkt sucht, schaut einfach nach der Statue von Lu Yu, dem Weisen aus dem 8. Jh., der das erste Buch über den Anbau, die Zubereitung und das Trinken von Tee schrieb.

RONGBAOZHAI — KUNST

Karte S. 334 (荣宝斋; ☎6303 6090; 19 Liulichang Xijie, 琉璃厂西街19号; ⏲9–17.30 Uhr; Ⓢ Hepingmen) Das Geschäft erstreckt sich über zwei Etagen und nimmt ein ganzes Stück der Straße ein. Hier werden u. a. Rollbilder, Holzdrucke, Papier, Tinte und

Pinsel von gelangweiltem Personal ziemlich einfallslos präsentiert – eine Folge der Tatsache, dass es sich hier um einen staatlichen Betrieb handelt –, und englische Sprachkenntnisse sind kaum vorhanden. Die Preise sind normalerweise festgelegt, aber meistens lässt sich ein Rabatt von 10 % aushandeln.

Im Erdgeschoss gibt es Keramik, Kunst und Kalligrafiezubehör. In der Etage darüber gibt es traditionelle chinesische Tinten- und Rollbilder.

CATHAY BOOKSHOP BÜCHER, KUNST

Karte S. 334 (中国书店; Zhongguo Shudian; ☎6303 2104; 34 Liulichang Xijie, 琉璃厂西街34号; ⌚9–18 Uhr; Ⓢ Hepingmen) Dies ist die größere der beiden Niederlassungen des Cathay Bookshop an der Südseite der Liulichang Xijie und einen näheren Blick wert, denn hier gibt es eine große Auswahl an farbigen Kunstbüchern über chinesische Malerei, Keramik und Möbel sowie dicke Bände über Religion (die meisten Bücher sind auf Chinesisch). Oben findet man weitere Kunstbände, Steinabreibungen (wobei von einem Steinrelief mit einem Stift auf Papier das Muster abgerieben wird) und antiquarische Bücher.

Es gibt eine weitere, kleinere Filiale ganz in der Nähe an der Liulichang, die Kunstzubehör, Scherenschnitte und Lesezeichen verkauft, unter anderem mit Fotografien aus dem Haushalt des ehemaligen Qing-Kaisers, darunter Schnappschüsse von Reginald Fleming Johnson (dem schottischen Lehrer des letzten Kaisers), von Puyi beim Schattenboxen, von Eunuchen und von Cixi, kostümiert als Avalokiteshvara (Guanyin). Beide Filialen akzeptieren Kreditkarten.

TONGRENTANG CHINESISCHE MEDIZIN

Karte S. 334 (同仁堂; ☎6303 1155; 24 Dazhalan Jie, 大栅栏街24号; ⌚8–19.30 Uhr; Ⓢ Qianmen) Dieser internationale Laden für Kräutermedizin verkauft seit 1669 Pillen und Tränke. In der Qing-Dynastie war der Laden eine kaiserliche Apotheke, und seine Medikamente basieren auf geheimen Rezepten für die kaiserliche Familie. Hier gibt's Heilmittel für alles, von Erschrecken bis zur Enzephalitis, wenn man der Werbung des Ladens glauben darf. Traditionelle Ärzte stehen an Ort und Stelle für Konsultationen zur Verfügung.

Wer den Laden sucht, braucht nur nach dem Paar *qilin* (Fabelwesen, die sich in Zeiten der Harmonie auf der Erde zeigen) zu suchen, die draußen Wache stehen.

NEILIANSHENG SCHUHGESCHÄFT SCHUHE

Karte S. 334 (内联升鞋店; Neiliansheng Xiedian; ☎6301 4863; 34 Dazhalan Jie, 大栅栏街34号; ⌚9–20 Uhr; Ⓢ Qianmen) Es heißt, dies sei der älteste Stoffschuhladen in ganz China (eröffnet im Jahr 1853); selbst Mao Zedong und andere Berühmtheiten ließen sich hier ihre Schuhe anfertigen. Auch Besucher können üppig bestickte Schuhe erwerben oder auch die einfachen Stoffpantoffeln, wie sie die Senioren von Beijing gern tragen (ab 215 Yuan). Es werden außerdem niedliche gemusterte Hausschuhe für Kinder (ab 58 Yuan) angeboten.

Alle Schuhe werden in einer Fabrik gefertigt, die über 100 Arbeiter beschäftigt. Die Sohlen der Schuhe mögen mittlerweile für die Beanspruchung durch unsere neuzeitlichen Straßen nachgerüstet worden sein, doch Laden wie Personal sind nach wie vor unbeirrt vom alten Schlag.

Sanlitun & Chaoyang

Highlights

❶ Chinas pulsierende Kunstszene im **798 Art District** (S. 158) entdecken

❷ An den Kunst-, Kunsthandwerks- und Antiquitätenständen auf dem herrlich chaotischen **Panjiayuan-Markt** (S. 173) auf Schatzsuche gehen

❸ Im **Apothecary** (S. 166), einer der schicken Bars in Sanlitun, deren Anzahl stetig zunimmt, einen Cocktail schlürfen

❹ Beijings gehobene Küche in Restaurants wie zum Beispiel dem **Duck de Chine** (S. 164) genießen

❺ Im **Tempel Dongyue** (S. 159), einem faszinierend morbiden taoistischen Schrein, über die Endlichkeit des Lebens nachsinnen

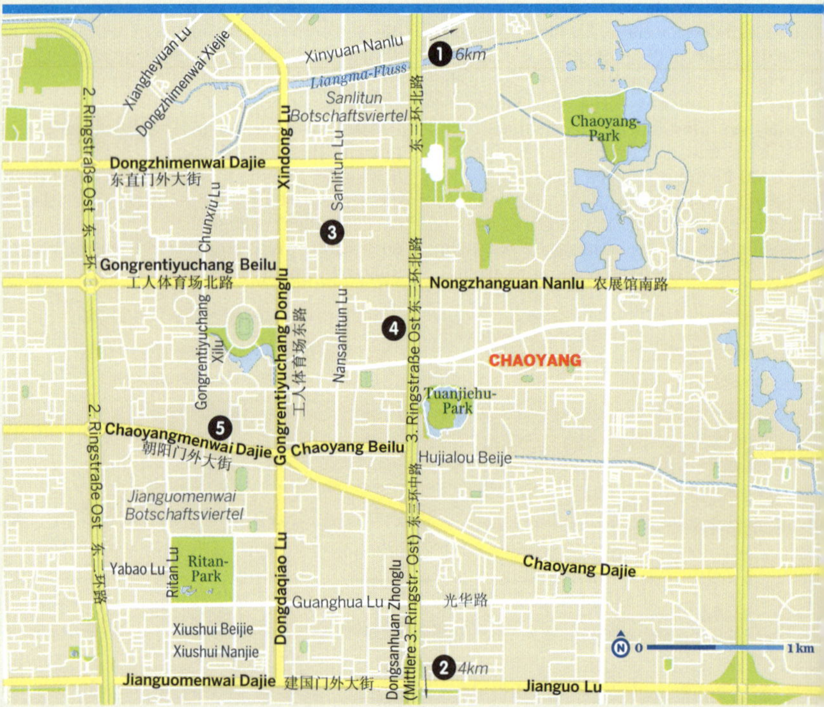

Mehr Details s. Karte S. 336

Erkundungstour

Die einzigen echten Sehenswürdigkeiten im ausgedehnten Distrikt Chaoyang (朝阳) sind der Tempel Dongyue und der Ritan-Park, eine wahre Oase, allerdings ist auch ein halbtägiger Ausflug zum 798 Arts District praktisch ein Muss. Wenn diese Stationen abgehakt sind, wird es Zeit, sich auf die hedonistischeren Genüsse Chaoyangs zu konzentrieren: Shoppen, Essen und Ausgehen.

Chaoyang lockt mit einigen der modernsten und auffallendsten Einkaufszentren Beijings sowie einigen der besten Märkte. Einen halben Tag kann man hier problemlos beim Shoppen verbummeln, samt einer gemütlichen Brunch- oder Mittagspause.

Für den Abend ist die Auswahl an Restaurants groß: Ob man's lieber bodenständig angeht und bei Teigtaschen bleibt, sich für ein schickes Restaurant aufbrezeln oder die internationale Küche von Afrikanisch bis Thai kosten will, in Chaoyang bleiben keine Wünsche offen.

Satt und zufrieden geht's im Taxi zu einer der vielen Bars der Gegend, um bei ein, zwei Cocktails zu diskutieren, wo sich am besten die Nacht durchtanzen lässt.

Lokalkolorit

➡ **Essen** Wer den Expats und wohlhabenden Auswärtigen aus dem Weg gehen und mit echten Beijingern essen will, der ist im Baodu Huang (S. 161) richtig.

➡ **Kunst** Der 798 Art District lohnt einen Besuch, echte Kunstliebhaber sollten sich auch etwas weiter nordöstlich umsehen, in den weniger touristischen Galerien von Caochangdi (S. 158).

➡ **Parks** Der Ritan-Park (S. 159) ist ein Lieblingsort der Beijinger, die hierher kommen, um Drachen steigen zu lassen, Karten zu spielen und ihre täglichen Leibesübungen zu machen. Außerdem gibt es noch den Chaoyang- und den Tuanjiehu-Park; in beiden finden die Schwimmbäder regen Zuspruch.

Anfahrt

➡ **U-Bahn** Die meisten Bars, Restaurants und Clubs in Sanlitun befinden sich zwischen den Stationen Dongsi Shitiao und Tuanjiehu. Von beiden dauert der Weg zu Fuß 10 bis 15 Minuten.

➡ **Verkehrsknotenpunkt Dongzhimen** Hier endet der Airport Express, zwei U-Bahn-Linien treffen zusammen, und Busse fahren in jeden Winkel der Stadt, einschließlich der Großen Mauer.

➡ **Bus** Bus 113 fährt an Sanlitun und dem Arbeiterstadion vorbei nach Norden, die Jiaodaokou Nandajie hinauf (zur Nanluogu Xiang). Bus 120 fährt vom Osttor des Arbeiterstadions nach Wangfujing und Qianmen. Bus 701 fährt die ganze Länge der Gongrentiyuchang Beilu entlang und dann weiter nach Westen zum Beihai-Park.

Top-Tipp

Die Märkte hier sind sehr auf Touristen eingestellt, weshalb man sich auf Feilschen gefasst machen muss. Es gibt keine festen Regeln dafür, um wie viel der Anfangspreis unterboten werden sollte. Am besten geht man einfach irgendwann weg und versucht so, ein echtes „letztes Angebot" herauszuholen.

Gut essen

- ➡ Najia Xiaoguan (S. 161)
- ➡ Pekingente Jingzun (S. 162)
- ➡ Teigtaschenrestaurant Baoyuan (S. 160)
- ➡ Baodu Huang (S. 161)
- ➡ In & Out (S. 162)

Mehr dazu s. S. 160 ➡

Schön ausgehen

- ➡ Migas Bar (S. 165)
- ➡ Apothecary (S. 166)
- ➡ Great Leap Brewing (S. 166)
- ➡ Revolution (S. 166)
- ➡ Janes and Hooch (S. 166)

Mehr dazu s. S. 165 ➡

Toll shoppen

- ➡ Panjiayuan-Markt (S. 173)
- ➡ Sanlitun Village (S. 173)
- ➡ Seidenmarkt (S. 173)
- ➡ Kleidermarkt Sanlitun Yashow (S. 174)
- ➡ Shard Box Store (S. 174)

Mehr dazu s. S. 173 ➡

MATT MUNRO / LONELY PLANET ©

HIGHLIGHTS
798 ART DISTRICT

Der 798 Art District (798 艺术区; Qi Jiu Ba Yishu Qu), auch bekannt als Da Shanzi (大山子), ist ein großes Areal nicht mehr genutzter Fabriken, die von Ostdeutschen erbaut wurden. Heute befindet sich hier Beijings größte Ansammlung von Galerien für zeitgenössische Kunst. Der Komplex feiert seine proletarischen Wurzeln in der kommunistischen Hochzeit der 1950er-Jahre durch maoistische Parolen, die das Innere von Galerien zieren, und Statuen von Arbeitern, die in den Gassen stehen. Die ehemaligen Fabrikhallen sind wie gemacht für Multimedia-Installationen und andere ehrgeizige Projekte.

NICHT VERSÄUMEN

- UCCA
- Timezone 8 (S. 172)

PRAKTISCH & KONKRET

- Ecke Jiuxianqiao Lu & Jiuxianqiao Beilu, 酒仙桥路
- Galerien 10–18 Uhr, die meisten sind Mo geschlossen
- 403 oder 909

Anfahrt

Von Ausgang C der U-Bahn-Station Dongzhimen geht's mit dem Bus 909 (2 Yuan) 6 km nach Nordosten zur Dashanzi Lukou Nan (大山子路口南), wo das große rote Zeichen mit der 798 leuchtet. Die Busse fahren bis 20.30 Uhr. Es gibt englisch beschriftete Hinweistafeln mit Lageplänen. In ganz 798 sind überall Cafés zu finden, die chinesische und westliche Gerichte anbieten.

Galerien

Zu den Highlights gehören **BTAP** (Ceramics Third St; Di–So 10–18 Uhr), eine der ersten Galerien des 798; **UCCA** (798 Rd; Di–So 10–19 Uhr), eine Galerie mit viel Geld und Ausstellungssälen, einem schicken Laden und einem Kino, in dem fast täglich Filme zu 15 Yuan gezeigt werden; **Pace** (797 Rd; Di–So 10–18 Uhr), ein großer Raum mit ein paar Spitzenausstellungen, und **Galleria Continua** (südlich von der 797 Rd; Di–So 11–18 Uhr), ein weiterer großer Raum unter einem hoch aufragenden Ziegelschornstein.

Caochangdi

Eine weitere ausgedehnte Kolonie von Kunstgalerien befindet sich 3 km nordöstlich vom 798 Art District in Caochangdi (草场地). Bus 909 setzt seine Fahrt bis dorthin fort.

SEHENSWERTES

798 ART DISTRICT GALERIE

Siehe S. 158.

TEMPEL DONGYUE TAOISTISCHER TEMPEL

Karte S. 336 (东岳庙; Dongyue Miao; 141 Chaoyangmenwai Dajie; Eintritt 10 Yuan, mit Führer 40 Yuan; ⏲April–Okt. 7.30–17.30 Uhr, Nov.–März 8.30–16.30 Uhr, Mo ganzjährig geschlossen; S Chaoyangmen, Dongdaqiao) Ein Besuch im düsteren taoistischen Schrein des Tempels Dongyue, einem der ungewöhnlichsten Tempel der Hauptstadt, der dem Ostgipfel (Tai Shan) von Chinas fünf taoistischen Bergen gewidmet ist, ist eine etwas unheimliche, aber faszinierende Erfahrung. Der tief in der Yuan-Dynastie verwurzelte, aktive Tempel wird von taoistischen Mönchen mit ihren charakteristischen Haarknoten unterhalten und wirkt völlig unberührt von den benachbarten Hochhäusern aus Glas und Stahl.

Vor dem Betreten lohnt sich ein Blick auf den fabelhaften **Paifang** (Ehrentor) des Tempels im Süden, der durch die geschäftige Hauptstraße Chaoyangmenwai Dajie von seinem Schrein getrennt wird.

Kaum durch den Eingang, landet man in einer taoistischen Unterwelt, wo gepeinigte Seelen über ihre Verfehlungen und ihre Erlösung nachdenken. In der **Abteilung Leben und Tod** oder der **Abteilung letzte Anklage** hat man Gelegenheit, über die Endlichkeit des Lebens zu meditieren oder sich in der **Abteilung für wandernde Geister** oder der **Abteilung zur Anwendung von 15 Arten eines gewaltsamen Todes** zu gruseln.

Aber der Tempel hat auch seine freundlichen Seiten: Die Glücklosen finden vielleicht einen Hoffnungsschimmer in der **Abteilung zur Vermehrung von Glück und Langlebigkeit**. Ornithologen finden Gleichgesinnte in der **Abteilung für fliegende Vögel**, während die Gebrechlichen in der **Abteilung für tief sitzende Erkrankungen** Heilung suchen können. In der **Tierabteilung** tummelt sich eine bunte und lebhafte Fauna. Englischsprachige Beschriftungen erläutern die jeweiligen Funktionen der Abteilung.

Die anderen Hallen dieses Areals sind nicht minder faszinierend: Die riesige **Daiyue-Halle** (Daiyue Dian) wurde dem Gott von Taishan geweiht, der die 18 Ebenen der Hölle verwaltet. Zu Festzeiten, besonders am Mondneujahrsfest sowie am Mittherbstfest, sprüht der Tempel nur so vor Leben.

Direkt außerhalb der Anlage steht auf einem kleinen Parkplatz im Osten der hübsche, aber ziemlich einsame **Jiutian Puhua Gong** (九天普化宫), eine kleine Tempelhalle, die als Einzige von zwei weiteren taoistischen Tempeln hier überlebt hat. Die im Jahr 1647 erbaute Halle, die jetzt vermutlich leer steht, enthielt einmal über 70 Statuen aus Ton und Holz, die Leizu (雷祖) gewidmet waren, dem taoistischen Donnergott. Leider ist sie für die Öffentlichkeit nicht zugänglich. Auf der Plattform vorn ragen zwei eindrucksvolle Steintafeln empor.

RITAN-PARK PARK

(日坛公园; Ritan Gongyuan; Ritan Lu; Eintritt frei; ⏲6–21 Uhr; S Chaoyangmen, Jianguomen) Ritan bedeutet „Altar der Sonne", und der Park ist eine echte Oase im Herzen von Beijings Geschäftsdistrikt. Er wurde 1530 als einer von mehreren Parks angelegt, die jede Himmelsrichtung abdeckten. Dazu gehören auch der Park des Himmelstempels und der des Tempels der Erde (Ditan-Park). Heute ist der Altar des Ritan-Parks kaum noch mehr als eine erhöhte Plattform, aber die Parkanlage ringsum ist wunderschön und ein willkommenes Refugium, um dem Tohuwabohu draußen zu entkommen.

Hier ist Platz für alle möglichen Aktivitäten: Tanzen, Singen, Drachensteigenlassen, Felswändeerklimmen (25 Yuan pro Std. oder 60 Yuan pro Tag), Tischtennisspielen und Angeln im Teich (5 Yuan pro Std.). Oder man kann einfach herumflanieren und die Flora bewundern oder sich in eines der Cafés des Parks setzen; hervorragend ist das **Stone Boat** (石舫咖啡; Shifang Kafei; Karte S. 336; ☎6501 9986; Bier & Kaffee ab 25 Yuan, Cocktails ab 40 Yuan; ⏲April–Okt. 10–22 Uhr, Nov.–März 10–18 Uhr; S Jianguomen), das an einem großen, künstlich angelegten Teich liegt, in dem kunstvoll Felsen verteilt wurden.

CCTV-GEBÄUDE ARCHITEKTUR

Karte S. 336 (央视大楼; Yangshi Dalou; 32 Dongsanhuan Zhonglu; S Jintaixizhao) Der verblüffende CCTV-Tower, der wie ein gewaltiges Paar Beine aussieht und von den Beijingern Da Kucha (大裤衩) oder „Große Unterhose" genannt wird, ist eine architektonische Fantasie, die der Schwerkraft zu trotzen scheint. Dies wurde durch ein ungewöhnliches Design ermöglicht, bei dem eine dreidimensionale gekrümmte Schleife durch ein unregelmäßiges Gitter auf der Oberfläche gestützt wird. Entworfen von Rem Koolhaas und Ole Scheeren, ist das Gebäude ein kühnes Statement der Moderne (trotz seines Spitznamens) und eine einzigartige Ergänzung von Beijings Skyline.

Leider darf man das Gelände nicht betreten, außer man kann einen Besucherausweis über jemanden ergattern, der dort arbeitet, und die bewaffneten Polizisten, die die Tore bewachen, lassen nicht mit sich spaßen. Die strengen Sicherheitsmaßnahmen sind zum Teil auf das Feuer von Februar 2008 zurückzuführen, das durch verirrte Feuerwerkskörper von CCTVs eigenem Feuerwerk zum Laternenfest ausbrach und das kostspielige Television Cultural Center im Norden der Anlage in Brand setzte. Obwohl die Flammen fünf Stunden lang tobten und ein weithin sichtbares Schauspiel boten, war nichts davon im Fernsehen zu sehen, und es sprach sich schnell herum, dass CCTV seine eigene Berichterstattung über das Inferno zensiert hatte (die „Netzbürger" Beijings bemerkten trocken, dass CCTV eine der größten Nachrichten des Jahres kreiert habe, nur um dann nicht darüber zu berichten). Zusammen mit dem Beijing Mandarin Oriental verbrannten ein Besucherzentrum und ein Theater im Flammenmeer, aber der Großen Unterhose ist nichts passiert.

VOGELNEST & WASSERWÜRFEL — ARCHITEKTUR

(国家体育场、国家游泳中心; Guojia Tiyuchang & Guojia Youyong Zhongxin; Vogelnest 50 Yuan, Wasserwürfel 30 Yuan; ⌚Nov.–März 9–17 Uhr, April–Okt. 9–18.30 Uhr; Ⓢ Olympic Sports Centre) Sieben Jahre nach den Olympischen Spielen von 2008 ist das Herumlaufen im Olympischen Sportzentrum unter der Woche etwa so, als hätte man sich unverhofft in einen Distrikt Brasilias oder einen dieser Zombie-Filme verirrt, in denen die Menschen praktisch ausgerottet sind. Ein paar Veranstaltungen finden in dem markanten Nationalstadion, das umgangssprachlich auch Vogelnest (鸟巢; Niaochao) genannt wird, auch heute noch statt, aber meist steht es leer, und man sieht mehr Sicherheitspersonal und optimistische Straßenverkäufer als Besucher. Dennoch ist es immer noch ein wegweisendes, wenn auch verlassenes Stück Architektur.

Doch das ist das Schicksal der meisten olympischen Projekte, wenn das große Ereignis erst vorbei ist, und dem Vogelnest ist es besser ergangen als vielen anderen Schauplätzen der Olympischen Spiele von 2008, die zum Teil nur noch verfallende Bauten inmitten verwilderten Ödlands sind. Der von Blasen überzogene Wasserwürfel nebenan ist ebenfalls einen Blick wert. Er beherbergt jetzt den Happy Magic Water Park (S. 176). Vom Stadtzentrum hierher sind es etwa 7 km.

CHINESISCHES MUSEUM FÜR WISSENSCHAFT UND TECHNIK — MUSEUM

(中国科技馆; Zhongguo Kejiguan; 5 Beichendong Lu, 北辰东路 5 号; 30 Yuan, Eintritt für 1 Kind kostenlos; ⌚Di–So 9.30–17 Uhr; Ⓢ South Gate of Forest Park) Diese imposante Anlage liegt 8 km nördlich vom Stadtzentrum und ist der große Renner bei Kindern. Es gibt hier eine Reihe von spielerischen wissenschaftlichen Anordnungen, einen Wissenschaftsspielplatz für Kinder und modernste 3-D- und 4-D-Kinos. Von der U-Bahn-Station am Südtor des Waldparks geht es nach Osten, dann ist es die zweite Straße rechts (10 Minuten).

ESSEN

Die Ansiedlung von Botschaften und vielen ausländischen Unternehmen sowie der Bar- und Unterhaltungsdistrikt Sanlitun bringen es mit sich, dass Chaoyang die höchste Konzentration internationaler Restaurants, ausländerfreundlicher chinesischer Restaurants und gehobener Speiselokale in Beijing aufweisen kann.

TEIGTASCHENRESTAURANT BAOYUAN — TEIGTASCHEN ¥

Karte S. 336 (宝源饺子屋; Baoyuan Jiaozi Wu; ☎6586 4967; 6 Maizidian Jie, 麦子店街 6 号; Hauptgerichte ab 28 Yuan, Teigtaschen ab 13 Yuan; ⌚ 11.15–22 Uhr; 🚭 📋; Ⓢ Liangmaqiao, Agricultural Exhibition Centre) Kinder haben hier ihren Spaß, aber auch die Eltern kommen auf ihre Kosten: Dieses hervorragende Teigtaschenrestaurant beeindruckt seine Gäste mit einer riesigen Auswahl an vielfarbigen *jiaozi* (饺子; gekochte Teigtaschen), darunter viele vegetarische Optionen. Die Teigfarben sind alle natürlich (für das Orange werden Karotten verwendet, für das Grün Spinat) und ergänzen das Aroma der Füllungen, das mit den besten Beijinger Teigtaschenlokalen mithalten kann.

Die Teigtaschen werden nach *liang* (etwa 50 g) bestellt und bezahlt. Ein *liang* ergibt sechs Teigtaschen. Es wird nicht viel Englisch gesprochen, aber es gibt ein englisches Schild und eine englische Speisekarte. Nichtraucherlokal.

BAODU HUANG
BEIJING-KÜCHE ¥

Karte S. 336 (爆肚皇; 15 Dongzhimenwai Dajie, 东直门外大街 15 号; Hauptgerichte 18–35 Yuan; ⌚11–14 & 17–21 Uhr; Ⓢ Dongzhimen) In diesem eher nüchternen Restaurant in einem Wohnblock, wo sich die Beijinger mit offensichtlichem Appetit und lautem Schmatzen durch die authentischen Beijinger Gerichte futtern (nach dem grünen Schild mit vier gelben Zeichen Ausschau halten), muss man mit Schlangestehen rechnen. Die Spezialität ist *baodu* (爆肚; gekochte Lammkutteln; 18 oder 35 Yuan je nach Portionsgröße). Wer sich daran nicht heranwagt, sollte stattdessen das köstliche *niurou dacong roubing* (牛肉大葱肉饼; Rindfleisch-und-Zwiebel-Bratling; 8 Yuan) probieren.

Die blanchierten Gemüse sind beliebte Nebengerichte; zur Auswahl stehen *chao baicai* (焯白菜; blanchierter Kohl; 6 Yuan), *chao fensi* (焯粉丝; blanchierte Glasnudeln;6 Yuan) oder *chao dong doufu* (焯冻豆腐; blanchierter Tofu; 6 Yuan). Wer keinen Fleischbratling bestellt hat, kann sich stattdessen für ein *zhima shaobing* (芝麻烧饼; gebratenes Sesambrötchen; 1,5 Yuan) entscheiden. Echte Beijinger knabbern außerdem an *jiao quan* (焦圈; frittierten Teigringen; 1 Yuan), die sie mit of *dou zhi* (豆汁; saurer Sojamilch) herunterspülen. Aber es wird auch *pijiu* (啤酒; lokales Bier; 5 Yuan) angeboten. Es wird kein Englisch gesprochen, es gibt keine englische Speisekarte und kein englisches Schild.

YAN LAN LOU
GANSU-KÜCHE ¥

Karte S. 336 (燕兰楼; ☎6599 1668; 4. OG, 12 Chaoyangmenwai Dajie, 朝阳门外大街 12 号昆泰商厦 4 楼; Nudeln 18–38 Yuan; ⌚9.30–14 & 16.30–21.30 Uhr; Ⓢ Dongdaqiao) Das Yan Lan Lou ist berühmt für seine handgezogenen Nudeln, eine Spezialität der Provinz Gansu im Nordwesten Chinas, und besonders beliebt ist das Lokal bei der Hui-Beföklerung von Beijing (Muslime, die ursprünglich aus dem Nordwesten stammen); Schweinefleisch sucht man hier vergebens. Das Lokal liegt in der vierten Etage eines Gebäudes gegenüber dem Computer-Einkaufszentrum Bainaohui (S. 174). Hier wird wenig Englisch gesprochen, aber es gibt eine bebilderte Speisekarte.

Von der Nudelauswahl abgesehen zeigen die anderen Gerichte auf der Karte den Einfluss der muslimischen Küche von Ningxia und Xinjiang. Sie sind teurer als die Nudelgerichte, aber die über Holzkohle gegrillte Lammkeule (48 Yuan) ist auf jeden Fall einen Versuch wert. Dies ist außerdem eines der wenigen Lokale der Hauptstadt, das Yakfleisch serviert.

BOCATA
CAFÉ ¥

Karte S. 336 (☎6417 5291; 3 Sanlitun Lu, 三里屯北路 3 号; Sandwiches ab 28 Yuan, Kaffee ab 22 Yuan; ⌚11.30–24 Uhr; 📶📄; Ⓢ Tuanjiehu) Toller Geheimtipp fürs Mittagessen, insbesondere im Sommer, denn das Lokal liegt mitten in Sanlituns Barstraße und gegenüber von Beijings trendigster Einkaufsgegend. Wie der Name schon sagt, steht hier die spanisch-mediterrane Küche im Mittelpunkt. Dazu gehören iberischer Schinken und Käse und ordentliche Salate (ab 28 Yuan) sowie fantastische Pommes, aber die meisten Gäste entscheiden sich für die leckeren Ciabatta-Sandwiches.

Kaffee, Säfte und Smoothies sind ebenfalls Teil des Verwöhnprogramms, und auf der großen baumbestandenen Terrasse herrscht bei Sonnenschein viel Betrieb.

UIGHUR WILLOW
XINJIANG-KÜCHE ¥

Karte S. 336 (新疆红柳餐厅; Xinjiang Hongliu Canting; ☎5622 1508; 39 Shenlu Jie, 神路街 39 号日坛国际贸易中心; Hauptgerichte ab 22 Yuan, Kebabs 10 Yuan; ⌚10–23 Uhr; 📄; Ⓢ Chaoyangmen) Freundliches und gemütliches Lokal am Ende einer kleinen Gasse praktisch direkt gegenüber dem Nordtor des Ritan-Parks, in der zahlreiche Restaurants nachts zum Leben erwachen. Hier verkehren fast nur Uiguren, ein Volk, das aus Xinjiang im fernen Westen Chinas stammt. Alkohol gibt's hier nicht, dafür aber uigurische Klassiker wie *polo* (Pilaf), *laghman*-Nudeln und die unvermeidlichen Kebabs.

Es gibt eine kleine englische Speisekarte, aber Experimentierfreudige können auch einfach auf das zeigen, was andere essen.

NAJIA XIAOGUAN
MANDSCHU-KÜCHE ¥¥

Karte S. 336 (那家小馆; ☎6567 3663; 10 Yong'an Xili, abseits der Jianguomenwai Dajie, Chunxiu Lu, 建国门外大街永安西里 10 号; Hauptgerichte 40–90 Yuan; ⌚11.30–21 Uhr; 📄; Ⓢ Yong'anli)

Dieses hervorragende Restaurant in einem sanierten zweistöckigen Innenhof versprüht einen Hauch von traditionellem chinesischem Teehaus und den Charme des alten Peking. Die Speisekarte basiert auf einem alten kaiserlichen Kochbuch, bekannt als die *Goldene Suppenbibel,* und die Gerichte sind durchwegs gut (und angesichts der Qualität ihren Preis wert).

Das kaiserliche Mandschu-Motto könnte leicht abgeschmackt wirken, wird aber so augenzwinkernd und geschmackvoll ausgespielt, dass man nicht das Gefühl hat, in einem reinen Touristenschuppen gelandet zu sein. Vorausbuchen ist nicht nötig (und zu Spitzenzeiten auch gar nicht möglich), aber man sollte mit einer Wartezeit von mindestens einer halben Stunde für einen Tisch rechnen. Das Warten lohnt sich. Kein englisches Schild, und viel Englisch spricht das Personal auch nicht, aber die Speisekarte ist auf Englisch.

PEKINGENTE JINGZUN
PEKINGENTE ¥¥

Karte S.336 (京尊烤鸭; Jingzun Kaoya; ☎6417 4075; 6 Chunxiu Lu, 春秀路 6 号; Hauptgerichte 36–96 Yuan; ⌚11–22 Uhr; 📋; Ⓢ Dongzhimen, Dongsi Shitiao) Sehr beliebtes Restaurant, in dem es das berühmteste Gericht Beijings gibt. Die Ente ist hier mit 128 Yuan samt allem, was dazugehört, äußerst preisgünstig. Sie kann zudem im Freien auf der Holzterrasse verspeist werden. Für die, denen gerade nicht nach Ente ist, gibt es außerdem eine große Auswahl an Gerichten aus ganz China, die alle gut sind. Wer einen Platz auf der Terrasse ergattern möchte, sollte im Sommer auf jeden Fall im Voraus buchen. Das Personal spricht etwas Englisch.

IN & OUT
YUNNAN-KÜCHE ¥¥

Karte S.336 (一坐一忘; Yi Zuo Yi Wang; ☎8454 0086; 1 Sanlitun Beixiaojie, 三里屯北小街 1 号; Hauptgerichte ab 28 Yuan; ⌚11–22 Uhr; 📋; Ⓢ Agricultural Exhibition Centre) Modisches, aber freundliches Restaurant, das sich auf die vielen kulinarischen Richtungen der ethnischen Minderheitsgruppen in der südwestlichen Provinz Yunnan spezialisiert hat. Die Aromen sind authentisch, und angesichts der Beliebtheit des Lokals sind die Preise überraschend vernünftig, außer bei den Pilzgerichten (Pilze aus Yunnan stehen in ganz Asien hoch im Kurs). Besonders gut sind die klassischen Über-die-Brücke-Nudeln (45 Yuan) oder die hervorragenden Dongba-Rinderrippen (56 Yuan). Besonders Gruppen sollten reservieren.

DIN TAI FUNG
TEIGTASCHEN ¥¥

Karte S.336 (鼎泰丰; Ding Tai Feng; ☎6553 1536; 6f Shin Kong Place, 87 Jianguo Lu, 建国路 87 号新光天地店 6 楼; Teigtaschen ab 23 Yuan, Nudeln 28–55 Yuan; ⌚11.30–21 Uhr; 🚭📋; Ⓢ Dawanglu) Die ursprüngliche Taipei-Niederlassung dieser gehobenen Teigtaschen-Gastronomiekette wurde von der *New York Times* einmal zu einem der zehn besten Restaurants der Welt gekürt. Seinen Rang hat das Lokal inzwischen eingebüßt, aber die Teigtaschen hier sind noch immer etwas ganz Besonderes. Die *xiaolongbao* – superdünne Teigtaschen mit Fleisch- und Gemüsefüllungen, in einer köstlichen, sehr heißen Brühe schwimmend – sind ausgezeichnet.

Auf der Karte des Din Tai Fung finden sich außerdem auch *jiaozi* (gefüllte Teigtaschen) mit Wollhandkrabbenfleisch und *shaomai* sowie köstliche Suppen und Nudelgerichte. Das Nichtraucherlokal rühmt sich darüber hinaus eines wirklich kinderfreundlichen Ambientes. Daher ist es hier am Wochenende brechend voll mit Familien. Das Lokal befindet sich auf der obersten Etage der piekfeinen Shin Kong Place Mall, zusammen mit zahlreichen weiteren Lokalen.

HONG LU
BEIJING-KÜCHE ¥¥

Karte S.336 (红炉; ☎6595 9872; 60 Sanlitun Nanlu, 三里屯南路 6 号楼南侧 60 米; Gerichte ab 28 Yuan; ⌚11–22 Uhr; 🚭📋; Ⓢ Tuanjiehu) Eine gute Gelegenheit, um authentische Beijinger Gerichte in einer sauberen Umgebung zu probieren (dies ist ein Nichtraucherlokal). Der Rinderschmorbraten (56 Yuan) ist wunderbar zart, das Mandschu-Bannerman-Lamm (56 Yuan) ist überaus aromatisch, und eine halbe Ente gibt es für 88 Yuan. Der Pflaumensaft ist eine gesunde Begleitung zum Essen. Es gibt kein englisches Schild, also stattdessen nach der leuchtend roten Tür Ausschau halten.

Hier gibt es viele Gerichte mit Innereien – auf die die Beijinger ganz wild sind –, aber die englische Speisekarte bewahrt Besucher davor, bei der Bestellung dem einheimischen Geschmack näher zu kommen, als es ihnen lieb ist.

JIXIANGNIAO XIANGCAI
HUNAN-KÜCHE ¥¥

Karte S.336 (吉祥鸟湘菜; ☎6552 2856; Jishikou Donglu, 吉市口东路; Gerichte ab 28 Yuan; ⌚11–21.30 Uhr; 📋; Ⓢ Chaoyangmen) Es gibt einfach nicht genug Restaurants in Beijing, die *xiang cai* (湘菜) servieren, wie die berüchtigt scharfe Küche der Provinz Hunan bezeichnet wird. Doch unter denen, die zur Wahl stehen, ist dieses große, feurige Restaurant vielleicht das beste. Das geschmorte Schweinefleisch mit brauner Sauce (42 Yuan), in China bekannt unter dem Namen *hongshao rou* (红烧肉), ist die Spezialität des Hauses und war das Lieblingsgericht von Mao Zedong, der aus Hunan stammte.

Aber auch den Fischkopf mit kleingeschnittener Paprika (78 Yuan) und die Rippchen (128 Yuan) sollte man sich nicht entgehen lassen, und auch die Hotpots sind beliebt. Hier wird nicht viel Englisch gesprochen, aber es gibt eine bebilderte, auf Englisch beschriftete Speisekarte. Besonders mittags wird es hier voll. Kein englisches Schild; die chinesischen Zeichen in Neonrot weisen den Weg.

NANJING IMPRESSIONS — NANJING-KÜCHE ¥¥

Karte S. 336 (南京大牌档; Nanjing Dapaidang; ☎8405 9777; 4. OG Shimao Shopping Centre, 13 Gongrentiyuchang Beilu, 工体北路 13 号世茂百货 4 层; Hauptgerichte ab 28 Yuan; ⏲11–14 & 17–22 Uhr; 📖; Ⓢ Tuanjiehu) Hier soll den Gästen der Eindruck eines traditionellen Nanjinger Straßenrestaurants vermittelt werden, was nicht leicht ist, da das Lokal auf der 4. Etage eines Einkaufszentrums liegt. Aber die Atmosphäre ist einladend, und das Essen ist authentisch und sehr preisgünstig. Die Größe der Gerichte lädt dazu ein, gleich mehrere zu probieren, und die meisten sind sehr gut.

Man kreuzt entweder Gerichte auf der Speisekarte an oder sieht sich an den Essensständen im Restaurant um und zeigt auf das, was man will. Eine Spezialität sind hier Entengerichte – insbesondere die Enteneigtaschen –, ebenso die verschiedenen Klebreisgerichte, wie *jiangmi kourou* (江米扣肉; ein Berg von Klebreis mit Streifen von Schweinebauch; 32 Yuan).

RUMI — PERSISCH ¥¥

Karte S. 336 (入迷; ☎8454 3838; 1a Gongrentiyuchang Beilu, 工体北路 1-1 号; Hauptgerichte ab 69 Yuan; ⏲11–24 Uhr; 📖; Ⓢ Tuanjiehu) Das Interieur des einzigen persischen Restaurants in ganz Beijing besteht aus kühlen, weißen Wänden und entsprechenden Möbeln, doch das Essen schmeckt authentisch, darunter Gerichte wie *ghormeh sabzi,* ein Rindfleisch- oder Gemüseeintopf, hervorragende Shish-Kebabs (ab 99 Yuan), auch vegetarische, und guter Hummus. Alkohol wird hier nicht ausgeschenkt, aber jeder kann seine eigene Flasche mitbringen; das Korkenziehen ist hier kostenlos.

Es werden auch Shishas angeboten (ab 58 Yuan), und es gibt eine große Terrasse an der Straßenseite.

XIAO WANG'S HOME RESTAURANT — CHINESISCH ¥¥

Karte S. 336 (小王府; Xiao Wangfu; ☎6591 3255; 2 Guanghua Dongli, 光华东里 2 号; Hauptgerichte 28–88 Yuan; ⏲11–22.30 Uhr; 📖; Ⓢ Jintaixizhao) Dieses saubere und gut geführte Restaurant besteht schon seit fast 20 Jahren und hat sich im Laufe der Zeit vergrößert. Inzwischen nimmt es Teile von drei Etagen eines altmodischen, niedrigen Wohngebäudes ein. Das Angebot umfasst eine gemischte chinesische Küche, und besonders die zu Recht berühmten Schweinerippchen mit Pfeffer und Salz sollte man sich nicht entgehen lassen. Die Pekingente (158 Yuan) ist hier preiswert.

Das Restaurant bietet ein paar Balkonplätze. Es hat ein englisches Schild, liegt aber etwas versteckt in einer kleinen Gasse und ist darum nicht ganz leicht zu finden. Am besten geht's von der Guanghua Lu.

CARMEN — SPANISCH ¥¥

Karte S. 336 (卡门; Kamen; ☎6417 8038; Nali Patio Nordseite, 81 Sanlitun Lu, 三里屯路那里花园北外 1 层; Hauptgerichte ab 70 Yuan; ⏲mittags–1 Uhr; 📖; Ⓢ Tuanjiehu) Beijings geschäftigste Tapas-Bar ist ein langes, schmales Lokal mit Tischen, die dicht an die Wände geschmiegt stehen. Nicht die beste Wahl für ein intimes Dinner, aber es gibt eine große Auswahl an Tapas, spanischem Schinken und Käse und mediterran inspirierten Hauptgerichten, darunter die gewaltige Paella (199 Yuan), von der leicht vier Leute satt werden können. Große Auswahl an Weinen. Das Lokal liegt um die Ecke von dem beliebten Terrassenhof Nali Patio. Jeden Abend wird ab 19.30 Uhr live aufgespielt.

DESERT ROSE — ZENTRALASIATISCH ¥¥

Karte S. 336 (沙漠玫瑰, Shamo Meigui; ☎8569 3576; 1-07, 39 Shenlu Jie, 神路街 39 号院 1 号楼 1-07; Hauptgerichte ab 45 Yuan; ⏲9–1 Uhr; 🚭📖; Ⓢ Chaoyangmen) Dieses von Aserbaidschanern betriebene Lokal ist das beste zentralasiatische Restaurant der Hauptstadt. Es kombiniert die zentralasiatische Küche mit türkischen und russischen Einflüssen. Es gibt eine breite Auswahl fantastischer Kebabs (ab 50 Yuan) sowie verschiedene Pilaw-Versionen, ein für Zentralasien typisches Gericht aus Reis und Fleisch. Nichtraucherlokal ohne Alkoholausschank.

Tabakfreunde können auf die Terrasse ausweichen, im Lokal selbst dürfen Shishas geraucht werden. Unbedingt die verschiedenen Tees und Gebäcksorten probieren!

MEIZHOU DONGPO JIULOU SICHUAN-KÜCHE ¥¥

Karte S.336 (眉州东坡酒楼; ☎5968 3370; Chunxiu Lu, 春秀路; Hauptgerichte ab 26 Yuan; ⏲6.30–9, 10.30–14 & 17–22 Uhr; 📵; Ⓢ Dongzhimen, Dongsi Shitiao) Die preiswerte Sichuan-Restaurantkette ist eine der günstigeren Optionen in dieser relativ teuren Gegend der Stadt. Trotz niedriger Preise serviert es hochwertige, meist den Gaumen betäubende Sichuan-Gerichte in einer sauberen, gemütlichen Atmosphäre. Die Speisekarte ist auf Englisch und hat Fotos sowie sehr praktische Schärfeangaben in Form von Chili-Symbolen. Bier kostet hier 12 Yuan pro Flasche.

INDIAN KITCHEN INDISCH ¥¥

Karte S.336 (北京印度小厨餐厅; Beijing Yindu Xiao Chu Canting; ☎6462 7255; 2.OG, 2 Sanlitun Beixiaojie, 三里屯北小街 2 号二楼; Hauptgerichte 45–88 Yuan; ⏲11–14.30 & 17.30–23 Uhr; 📵; Ⓢ Agricultural Exhibition Center) Immer noch das bewährteste Lokal der Stadt für indisches Essen, das bei Expats wie Einheimischen gleichermaßen beliebt ist. Auch der Service ist gut.

PURPLE HAZE THAI ¥¥

Karte S.336 (紫苏庭; Zisu Ting; ☎6413 0899; 55 Xingfu Yicun, abseits der Gongrentiyuchang Beilu, 工人体育场北路幸福一村 55 号; Hauptgerichte ab 48 Yuan; ⏲11.30–22.30 Uhr; 🍽📶📵; Ⓢ Dongsi Shitiao) Das trendigste und sympathischste Thai-Restaurant der Stadt und außerdem das autenthischste, da es dem Grundsatz folgt, keinesfalls an der Schärfe zu sparen. Die ausgezeichneten Cocktails leisten erste Hilfe bei einer brennenden Zunge. An Wochenenden sicherheitshalber einen Tisch vorbestellen.

ELEPHANT RUSSISCH ¥¥

Karte S.336 (大笨象; Daben Xiang; ☎8561 4013; Ritan Beilu, 日坛北路; Hauptgerichte ab 42 Yuan; ⏲9–4 Uhr; 📵; Ⓢ Chaoyangmen) Nettes russisches Restaurant, in dem bis in die frühen Morgenstunden etwas los ist, dank seiner riesigen Speisekarte mit russischen Gerichten und billigem Wodka (ab 10 Yuan pro Glas). Es serviert Essen bis 1 Uhr und hat eine große Terrasse für den Sommer.

BELLAGIO TAIWANESISCH ¥¥

Karte S.336 (鹿港小镇; Lugang Xiaozhen; ☎6551 3533; 6 Gongrentiyuchang Xilu, 工体西路 6 号; Hauptgerichte 30–85 Yuan; ⏲11–5 Uhr; 📵; Ⓢ Chaoyangmen) Trotz des italienischen Namens handelt es sich um ein raffiniertes taiwanesisches Restaurant mit Öffnungszeiten bis tief in die Nacht bzw. in den frühen Morgen hinein. Es liegt praktischerweise an der Ausgehmeile in der Gongrentiyuchang Xilu (Gongti Xilu). Die große Speisekarte umfasst taiwanesische Lieblingsgerichte, wie Hühnchen mit drei Saucen (54 Yuan) sowie eine breite Palette vegetarischer Gerichte. Aber der eigentliche Grund, hierherzukommen, sind die wunderbaren Desserts mit gehobeltem Speiseeis.

Unbedingt empfehlenswert: die roten Bohnen mit Kondensmilch auf gehobeltem Eis (27 Yuan) und die frischen Mangowürfel auf gehobeltem Eis (36 Yuan). Auch der Kaffee ist spitze. Tagsüber und am Abend zieht es Beijinger und Ausländer mit großem Portemonnaie an. Nach Mitternacht strömen die Nachteulen in Scharen hierher.

BITEAPITTA MITTLERER OSTEN ¥¥

Karte S.336 (吧嗒饼; Bada Bing; Unit 201, 2. OG, Tongli Bldg, 43 Sanlitunbei Lu, 三里屯北路 43 号同里花园 201 号; Hauptgerichte 50–100 Yuan; ⏲11–1 Uhr; 📵; Ⓢ Tuanjiehu) In diesem einfachen Restaurant-Café mit Gerichten aus dem Mittleren Osten gibt es ein anständiges Mittagessen, und auch Nachtschwärmer werden hier noch satt (wenn es an den Wochenenden voll ist, bleibt es bis 1 Uhr geöffnet). Im Angebot sind Pitabrot-Sandwiches, plus Hummus, Falafel, Shawarma und Salate, außerdem verschiedene Kebabs sowie Kaffee orientalischer Art.

DUCK DE CHINE PEKINGENTE ¥¥¥

Karte S.336 (全鸭季; Quanyaji; ☎6521 2221; Courtyard 4, 1949, in der Nähe der Gongrentiyuchang Beilu, 工体北路四号院; Hauptgerichte 78–488 Yuan; ⏲11–14 & 17.30–22.30 Uhr; 📵; Ⓢ Tuanjiehu) Dieses sehr raffinierte und schicke Restaurant in einer sanierten Hofanlage im Industriestil, die unter dem Namen 1949 bekannt ist, wendet sowohl chinesische als auch französische Methoden zum Braten von Enten an und serviert herausragende

Entengerichte, darunter eine schlankere Version der klassischen gebratenen Pekingente (238 Yuan). Nach Ansicht der Expats und wohlhabender Einheimischer, die hier gerne speisen, gibt es im Duck de Chine die beste Ente der Stadt.

Der Service ist so gut, wie er in Beijing nur sein kann, während die Weinliste lang und teuer ist. Der mit sauren Pflaumen versetzte Kürbis passt wunderbar dazu. Vorbestellen wird empfohlen.

MOSTO EUROPÄISCH ¥¥¥

Karte S. 336 (摸石头, Mo Shitou; ☎5208 6030; 81 3. OG, Nali Patio, Sanlitun Lu, 三里屯路 81 号 D308 那里花园 3F; Hauptgerichte ab 135 Yuan; ⏰ mittags–14.30, 18–22 Uhr; 🚭 📋; Ⓢ Tuanjiehu) Im Mosto, das nach wie vor beliebt ist, besonders mittags dank seines verlockenden Mittagstischs (zwei Gänge für 95 Yuan), gibt es ordentliche, hübsch präsentierte Gerichte mit einem vage mediterranen Thema. Das Mosto bietet Sitzplätze draußen auf der Terrasse oder drinnen rings um die offene Küche. Es gibt eine gute Weinliste, ausgezeichnete Desserts und einen aufmerksamen Service, und drinnen ist Nichtraucherbereich. Am Wochenende vorbestellen.

O'STEAK FRANZÖSISCH ¥¥¥

Karte S. 336 (欧牛排法式餐厅; Ou Niupai Fashi Canting; ☎8448 8250; 55–7 Xingfucun Zhonglu, 幸福村中路 55–7 杰座大厦底层; Steaks ab 88 Yuan; ⏰11–23 Uhr; 📋; Ⓢ Dongsi Shitiao) Hervorragende Steaks in entspannter Atmosphäre in diesem von Franzosen geführten Newcomer, an dem Fleischliebhaber auf der Suche nach einem ordentlichen Stück zu einem anständigen Preis ihre helle Freude haben werden. Zum Steak der Wahl gibt's diverse Saucen, außerdem Salate und Vorspeisen, wie Schnecken nach Burgunder Art (69 Yuan), und sehr verlockende Nachspeisen, wenn man dafür noch Platz hat.

Die Weinliste ist umfangreich – kaum überraschend angesichts der Beliebtheit des Lokals bei der französischen Gemeinde Beijings. Unten befindet sich ein Nichtraucherbereich.

OKRA JAPANISCH ¥¥¥

Karte S. 336 (☎6593 5087; Courtyard 4, 1949, in der Nähe der Gongrentiyuchang Beilu, 工人体育场北路 4 号院 1949 内(盈科中心南面); Hauptgerichte ab 120 Yuan, Sushi ab 30 Yuan pro Stück; ⏰18–22.30 Uhr Di–So; 🚭 📋; Ⓢ Tuanjiehu) Das schnittige, minimalististische Design kann zuerst etwas kühl wirken, aber der Koch hier kennt sich mit Fisch aus, und Sushi und Sashimi sind so frisch wie in Beijing nur möglich. Man kann dem Koch bei der Arbeit über die Schulter schauen und dabei einen Cocktail oder einen Sake genießen. Das Probiermenü (450 bis 850 Yuan, sechs oder zehn Gerichte) ist hier vielleicht die beste Option.

AUSGEHEN & NACHTLEBEN

Die Zeiten, in denen Sanlitun der Dreh- und Angelpunkt des Beijinger Nachtlebens war, sind lange vorbei. Heutzutage wirkt die Hauptstraße Sanlitun Lu eher schäbig – nachts kommen die Werber für Massagesalons und die Prostituierten heraus –, und bei den Bars darf man nicht wählerisch sein. Aber versteckt in den neuen, ultramodernen Einkaufszonen des Village befindet sich der eigentliche Hotspot der Gegend: Nali Patio (Karte S. 336), ein kleiner, moderner Hof, umgeben von beliebten Bars, Cafés und Restaurants. Angesagt sind auch Courtyard 4 (unmittelbar südlich der Gongrentiyuchang Beilu) und das Arbeiterstadion, in dem sich die meisten der beliebtesten Nachtclubs Beijings befinden. In der Gegend rund um die Jianguomenwai Dajie liegen schicke Cocktailbars für die Partygänger des Geschäftsviertels.

MIGAS BAR BAR

Karte S. 336 (米家思; Mi Jia Si; ☎5208 6061; 6. OG, Nali Patio, 81 Sanlitunbei Lu, 三里屯北路 81 号那里花园 6 层; Bier ab 30 Yuan, Cocktails ab 60 Yuan, Hauptgerichte ab 98 Yuan; ⏰mittags–14.30 & 18–22.30 Uhr, Bar 18 Uhr–open end; 📶; Ⓢ Tuanjiehu) Ein gutes spanisches Restaurant, eine gemütliche Bar und eine verführerische Dachterrasse – drei Gründe, weshalb das Migas nach wie vor eines der beliebtesten Lokale der Gegend ist. Im Sommer bietet die Terrasse Cocktails und Ausblicke auf die Stadt, und an Wochenenden ist sie knallvoll. Freitags legen DJs auf, und dienstags gibt's Livemusik, und an den meisten Abenden ist das separate Restaurant ebenfalls gut gefüllt.

Die Tapas sind ausgezeichnet, wenn auch nicht so preisgünstig wie im nahe gelegenen Carmen, und das dreigängige Mittagsmenü (95 Yuan) ist ein vernünftiges Angebot. Es gibt eine umfangreiche Weinliste mit für Sanlitun guten Preisen, und der Service hat sich verbessert, aber Wartezeiten sind wegen der Beliebtheit des Lokals unvermeidlich.

APOTHECARY COCKTAILBAR

Karte S. 336 (酒术; Jiu Shu; ☎5208 6040; www.apothecarychina.com; 3. OG, Nali Patio, 81 Sanlitunbei Lu, 三里屯北路 81 号那里花园 3 层; Cocktails ab 65 Yuan; ⏲18 Uhr–open end; 📶; Ⓢ Tuanjiehu) Das Apothecary ist Anwärter auf den Titel „beste Cocktailbar der Stadt", und seine liebevoll gemixten Drinks – darunter geniale hauseigene Kreationen – sowie eine elegante, aber lässige Atmosphäre haben eine wachsende Zahl von Nachahmern in der Stadt hervorgebracht. Doch nur wenige können es mit der hier gepflegten Liebe zum Detail – die Geschichte jedes Drinks wird auf der Karte vermerkt – oder der Qualität der Cocktails des Apothecary aufnehmen.

Der Service kann langsam sein, und es gibt eine ziemlich bizarre Regel, nach der man an der Bar nicht stehen darf. Dafür gibt es aber auch gutes Essen, und vor allem geht es hier viel weniger steif zu als bei den Fünf-Sterne-Hotelbar-Konkurrenten.

BEIJINGS BESTE BIBLIOTHEK

Die Beijinger Institution **Bookworm** (书虫; Shuchong; Karte S. 336; ☎6586 9507; www.beijingbookworm.com; Gebäude 4, Nansanlitun Lu, 南三里屯路 4 号楼; Hauptgerichte ab 60 Yuan; ⏲9 Uhr–Mitternacht; 🚭 📶 📵; Ⓢ Tuanjiehu) ist eine Mischung aus Bar, Café, Restaurant, Buchhandlung und Bibliothek und eines der kulturellen Epizentren der Hauptstadt. Es ist viel mehr als nur ein Café der Extraklasse; bei einem Kaffee kann man sich durch die über 16 000 Bücher wühlen. Das Essen ist nicht teuer, wenn auch uninspiriert, und es gibt eine ordentliche Weinauswahl.

Im Bookworm finden auch Lesungen, Lyrikabende und ein Quizabend am Montag sowie ein sehr angesehenes jährliches Buchfestival statt. Jeder namhafte Autor, der in Beijing zu Gast ist, stellt sich hier dem Publikumsgespräch. Auf der Website sind die kommenden Veranstaltungen aufgeführt. Im Sommer ist die Dachterrasse offen, und es gibt einen Nichtraucherbereich.

GREAT LEAP BREWING BAR

Karte S. 336 (大跃啤酒, Dayue Pijiu; ☎6416 6887; Ziming Mansion Unit 101, 12 Xinzhong Jie, 新中街乙 12 号紫铭大厦 101 室; Bier ab 25 Yuan, Burger ab 40 Yuan; ⏲So–Do 11.30–1, Fr & Sa 11.30–2 Uhr; 🚭📶; Ⓢ Dongsi Shitiao) Ein Hotspot für Hipster und alle, die gern ein gutes Bier trinken. Die Holzbänke und die lange Bar des Great Leap sind an den meisten Abenden gerammelt voll. Dies ist erste Beijinger Lokalbrauerei; normalerweise sind zwölf Fassbiere im Angebot, das sich je nach Jahreszeit ändert, sowie Sandwiches und Burger dazu. Es gibt eine weitere Zweigstelle in einer Nebenstraße der Nanluogu Xiang (S. 111).

REVOLUTION BAR

Karte S. 336 (革命酒吧; Geming Jiuba; ☎6415 8776; Westseite des Yashow-Marktes, Gongti Beilu, 工体北路雅秀市场西侧; Bier ab 35 Yuan, Cocktails ab 45 Yuan; ⏲So–Di 17–1, Mi–Sa 17–2 Uhr; Ⓢ Tuanjiehu) Aufgeschlossenes, nettes Kabuff mit Kulturrevolutionsmotiv: An den Wänden hängen Fotos von Mao, und im Fernseher laufen patriotische chinesische Filme aus den 60ern. Aber die beeindruckende Auswahl an Cocktails und Single-Malt-Whiskys, alle zu einem vernünftigen Preis, locken mehr als der Große Vorsitzende. Happy Hour von 17 bis 20 Uhr.

JANES AND HOOCH COCKTAILBAR

Karte S. 336 (☎6503 2757; Lot 10, Courtyard 4, Gongti Beilu, 工体北路 4 号机电院; Cocktails ab 65 Yuan; ⏲19–2 Uhr; Ⓢ Tuanjiehu) Die Bar der Stunde, bei den Einheimischen ebenso beliebt wie bei westlichen Besuchern. Man kann seinen Drink an der schicken langen Bar im Erdgeschoss schlürfen oder sich oben an einen Tisch setzen. Die Getränke sind gut, wenn auch nicht außergewöhnlich, der Service ist effizient. An den Wochenenden wird es hier sehr voll.

PARLOR COCKTAILBAR

Karte S. 336 (香; Xiang; ☎8444 4135; 39–9 Xingfu'ercun, Xindong Lu, 新东路幸福二村 39–9 号; Cocktails ab 60 Yuan; ⏲ 18 Uhr–open end; Ⓢ Dongsi Shitiao) Das absichtlich versteckt gelegene Parlor versucht, die Atmosphäre einer altmodischen Shanghaier Flüsterkneipe wieder aufleben zu lassen, und das weitgehend mit Erfolg dank seiner Fliegen tragenden Bartender, einer soliden Holzbar und des Dekors der wilden Zwanziger. Die Bar liegt am Ende einer Gasse, die zu einem

INSIDERWISSEN

LOKALBRAUEREIEN & BARBECUES

Im Jahr 2010 kam in Beijing eine Revolution ins Rollen, und zur Abwechslung ging es einmal nicht um Politik, sondern um Bier. Als Great Leap Brewing (S. 166) anfing, eigene Biere aus Zutaten zu brauen, die zu 100 % aus heimischer Produktion stammten, begründete dies die Craft-Beer-Szene der Hauptstadt. Mittlerweile gibt es in Beijing mindestens fünf Mikrobrauereien.

Great Leap, Slow Boat Brewery (S. 90) und 京 A Brewing (Jing A, oder Capital A Brewing) sind davon mit Abstand die besten. Da sich Lokalbiere sowohl bei Einheimischen als auch bei Ausländern wachsender Beliebtheit erfreuen, bieten in der Stadt immer mehr Lokale diese Biere an. Die Folgenden servieren als zusätzlichen Bonus Barbecues der alten Schule nach amerikanischer Art:

Big Smoke (Karte S. 336; ☎6416 5195; 1. OG, Lee World Bldg, 57 Xingfucun Zhong Lu, 幸福村中路57号利世商务楼一层; Bier ab 35 Yuan; ⏲ 11–24 Uhr; 📶; Ⓢ Dongsi Shitiao) In dem Brauereilokal von Jing A Brewing, bei den vielleicht besten Braumeistern Beijings, gibt es das hervorragende Flying Fist IPA oder ein Workers Pale Ale und dazu ein von den US-Südstaaten inspiriertes Barbecue.

Home Plate Bar B-Que (本垒美式烤肉; Benlei Meishi Kaorou; Karte S. 336; ☎400 096 7670; Lot 10, Courtyard 4, 三里屯机电院 10 号; Biere ab 30 Yuan, Gerichte ab 30 Yuan; ⏲ 11–1 Uhr; Ⓢ Tuanjiehu) Hier gibt's deftige Gerichte – saftige Burger, Pommes frites mit Käse und Chili – aber die Hauptattraktion ist das Bier. Die Draft-Slow-Boat-Ales beginnen bei 45 Yuan. Hervorragend: das First Immortal Double IPA.

Local (Karte S. 336; ☎6591 9525; Courtyard 4, 工体北路4号机电院; Biere ab 20 Yuan, Mixgetränke ab 40 Yuan; ⏲So & Mo mittags–1, Di–Do mittags–3, Fr & Sa mittags–4 Uhr; 📶; Ⓢ Tuanjiehu) Jing-A- und Slow-Boat-Biere vom Fass und in Flaschen, außerdem Buffalo Wings (scharf gewürzte, frittierte Hähnchenflügel), Tex-Mex-Gerichte und preisgünstige Steaks. Happy Hour täglich bis 21 Uhr.

Parkplatz führt, unmittelbar vor der Bank of China auf der Xingfuercun, hinter einer Holztür.

Oben liegt eine ganz andere Welt mit Privaträumen. Hier kommt nur herein, wer auf großem Fuß lebt; für den Zutritt muss man mindestens 50 000 Yuan hinblättern.

FIRST FLOOR — BAR

Karte S. 336 (壹楼; Yi Lou; ☎6413 0587; EG Tongli Studios, Sanlitun Houjie, 三里屯后街同里 1 层; Bier ab 20 Yuan, Cocktails ab 40 Yuan; ⏲10–2 Uhr; Ⓢ Tuanjiehu) Gediegene Bar mit Pub-Atmosphäre, die eine ältere Expat-Kundschaft sowie eine wachsende Zahl Beijinger anlockt. Bietet eine große Auswahl an ausländischen Bieren und ist dank der Terrasse draußen weniger verraucht als ihr Zwilling einen Stock höher, das **Second Floor** (Karte S. 336). Happy Hour täglich von 17–21 Uhr; an Wochenenden bis 4 Uhr morgens geöffnet.

ICHIKURA — COCKTAILBAR

Karte S. 336 (☎6507 1107; 36 Dongsanhuan Beilu, 东三环北路 36 号; Whisky & Cocktails ab 60 Yuan; ⏲18–1.30 Uhr; Ⓢ Hujialou) Für Kenner die beste Anlaufstelle für einen Whisky in ganz Beijing. In der winzigen Bar im japanischen Stil sind die Drinks die Hauptsache, mit einer riesigen Auswahl an Single Malts und japanischen Whiskys, wobei der schweigsame Barmann einem auch jeden Cocktail zusammenmixen kann, der einem nur einfällt. Eine Treppe hoch an der Nordseite des Theaters Chaoyang.

LANTERN — NACHTCLUB

Karte S. 336 (灯笼俱乐部; Denglong Julebu; Gongrentiyuchang Xilu, 工人体育场西门向北 100 米; Eintritt 30–100 Yuan; ⏲21 Uhr–open end; Ⓢ Dongsi Shitiao) Dieses Lokal kommt einem Underground-Dance-Club in der Hauptstadt noch am nächsten. Hier spielen die besten lokalen DJs (und gelegentliche ausländische Gäste) eine vielseitigere Mischung aus Techno und House als anderswo. Der Kartenpreis ist unterschiedlich und hängt davon ab, wer auflegt.

SPARK — NACHTCLUB

Karte S. 336 (☎6587 1501; B108, The Place, Guanghua Lu, 光华路9号世贸天阶 B108; Eintritt 100–200 Yuan; ⏲Fr & Sa 22 Uhr–open end, So–Di

KTV

Karaoke oder, wie es hier genannt wird, KTV ist die Nummer eins auf der Beliebheitsskala der Freizeitaktivitäten der Chinesen. In Beijing gibt es Hunderte von Karaoke-Kneipen, und wer die Chance bekommt, mit ein paar chinesischen Freunden eine zu besuchen, sollte mit beiden Händen zugreifen. Die Begeisterung, mit der die Einheimischen ihre Lieblingspopklassiker in einem kleinen Raum voller Kumpels herausschmettern, ist durchaus faszinierend.

Wer Mandarin spricht, kann die neuesten Mando-Hits imitieren. Englischsprachige Gäste werden sich mit einer kleinen Auswahl an älteren Hits begnügen müssen, aber es findet sich immer irgendetwas. Die Preise hängen von der Raumgröße und der Tageszeit ab. Am Wochenende ist es immer ratsam, vorher Plätze zu reservieren.

Tango KTV (糖果; Tangguo; Karte S. 328; ☎6428 2288; 79 Hepinglixi Jie, 和平里西街 79 号, 地坛公园南门; kleiner Raum für 5–6 Personen werktags/Wochenende abends 120/180 Yuan pro Std., nach Mitternacht 90/110 Yuan; ⊙ 24hr) Am Südtor des Ditan-Parks.

Melody KTV (麦乐迪; Mailedi; Karte S. 336; ☎6551 0808; A-77 Chaoyangmenwai Dajie, 朝阳门外大街 A-77 号; kleiner Raum für 5–6 Personen werktags/Wochenende abends ab 160/260 Yuan pro Std.; ⊙ 11–6 Uhr), südlich des Arbeiterstadions.

Partyworld KTV (钱柜; Qiangui; Karte S. 336; ☎6588 3333; Fanli Bldg, 22 Chaoyangmenwai Dajie, 朝阳门外大街 22 号泛利大夏; kleiner Raum für 5–6 Personen werktags/Wochenende abends 200/400 Yuan pro 3 Std.; ⊙ mittags–5.30 Uhr), zu Fuß zu erreichen von der U-Bahn-Station Chaoyangmen; Zugang über die Chaowaishichang Jie.

22–2.30, Mi & Do 22–3.30 Uhr; Ⓢ Dongdaqiao, Yonganli) Das Spark gehört zu einer taiwanesischen Clubkette. Es hat die Beijinger Clubszene im Sturm erobert und seine Konkurrenten hinter sich gelassen. Hierher kommen die Reichen und Schönen, um zu Mainstream-House und Electro zu grooven, oft aufgelegt von DJs aus dem Ausland, trotz der ungewöhnlichen Lage des Clubs im Keller eines Einkaufszentrums. Unter der Woche ist der Eintritt günstiger.

TREE — BAR

Karte S. 336 (树酒吧; Shu Jiuba; ☎6415 1954; 43 Sanlitun Beijie, 三里屯北街 43 号; Bier ab 20 Yuan; ⊙22–2 Uhr; Ⓢ Tuanjiehu) Das zurückhaltende Tree ist seit Langem ein Geheimtipp bei einem gemischten Publikum aus Chinesen, hier lebenden und arbeitenden Ausländern und Touristen. Es gibt eine feine Auswahl an belgischen Bieren (ab 45 Yuan), und die dünnen, knusprigen Pizzen (ab 55 Yuan) gehören zu den besten der Stadt. Sie kommen frisch aus dem mit Holzfeuer geheizten Pizzaofen. Gleich um die Ecke liegt das dazugehörige **Nearby the Tree** (树旁边酒吧; Shu Pangbian Jiuba; Karte S. 336; Xingfu Sancun Yixiang, abseits der Sanlitunbei Lu, 三里屯北路幸福三村一巷; Bier ab 20 Yuan; ⊙22–2 Uhr; Ⓢ Tuanjiehu), Happy Hour 18–21 Uhr.

CHOCOLATE — NACHTCLUB

Karte S. 336 (巧克力; Qiaokeli; ☎8561 3988; 19 Ritan Beilu, 日坛北路 19 号; ⊙21–6 Uhr; Ⓢ Chaoyangmen) Rund um den Ritan-Park sind eine Reihe russischer Bars angesiedelt, doch hier schaffen die opulenten Goldverzierungen, die kitschigen Tanzvorstellungen (22 Uhr und Mitternacht) und die Party-Techno-Rhythmen eine Szenerie, die am ehesten das Flair des Moskauer Nachtlebens wiedergibt. Einen Wodka gibt es ab 20 Yuan, Bier zu 30 Yuan. Nach Mitternacht ist hier richtig was los.

Wer in einer Gruppe kommt, tut es am besten den Russen gleich und bestellt eine Flasche Wodka (ab 180 Yuan).

PADDY O'SHEA'S — SPORTBAR

Karte S. 336 (爱尔兰酒吧; Ai'erlan Jiuba; ☎6415 6389; 28 Dongzhimenwai Dajie, 东直门外大街 28 号; Bier ab 25 Yuan; ⊙10–2 Uhr; 📶; Ⓢ Dongzhimen) Eins der besten Lokale, um Sportveranstaltungen im Fernsehen zu verfolgen (insbesondere Fußball der Premier League, aber auch Rugby, Tennis und Formel 1). Es gibt zahlreiche Bildschirme, sodass man mehrere Kanäle gleichzeitig im Auge haben kann. Es ist etwa so irisch wie ein Guinness-Plakat, aber es gibt eine ordentliche Bar mit Sitzplätzen, der Service ist herzlich und effizient; einfaches Pub-Essen.

Kilkenny und Guinness gibt's vom Fass, dazu eine ordentliche Auswahl an Whiskys (ab 35 Yuan). Happy Hour ist montags bis freitags von 15 bis 20 Uhr. Darüber liegt außerdem praktischerweise ein indisches Restaurant, bei dem man bestellen kann.

DESTINATION NACHTCLUB

Karte S. 336 (目的地; Mudidi; 7 Gongrentiyuchang Xilu, 工体西路 7 号; Eintritt 60 Yuan; ⏲20 Uhr–open end; Ⓢ Chaoyangmen) Ein Club für Jungs, die lieber Jungs mögen, und Mädels, die es mal ohne Jungs krachen lassen wollen; hinter der Bar sind Teddybären zu bewundern. Das nüchterne Design mit den Betonwänden schreckt dabei niemanden ab; am Wochenende ist der Club gesteckt voll. Es ist der einzige Schwulen- und Lesbentreff in Beijing, muss deswegen also keine Konkurrenz fürchten.

MESH COCKTAILBAR

Karte S. 336 (Gebäude 1, Village, 11 Sanlitun Lu, 三里屯路 11 号院 1 号楼; Cocktails ab 70 Yuan; ⏲17–2 Uhr; Ⓢ Tuanjiehu) Die schicke Designer-Bar gehört zum supertrendigen Opposite House Hotel. Das Interieur besteht aus einer weißen Bar, Spiegeln, raffiniert inszenierter Beleuchtung und Raumteilern aus Maschengeflecht – diese Raumgestaltung ist nicht etwa aufdringlich, sondern kann in der richtigen Nacht sogar Spaß machen. Die Litschi-Martinis hier sind zu Recht beliebt. Donnerstags ist Gay Night.

XIU BAR

Karte S. 336 (秀酒吧; Xiu Jiuba; 6. OG Park Life, Yintai Centre, 2 Jianguomenwai Dajie, 建国门外大街 2 银泰中心柏悦酒店 6 层; Cocktails ab 80 Yuan; ⏲18–2 Uhr; Ⓢ Guomao) Mit ihrer großen offenen Holzterrasse, ihrem Pavillon und den Wasserdekorationen ist das Lokal auf der 6. Etage des Park Hyatt im Sommer den anderen todschicken Hotelbars eine Nasenlänge voraus. Es wäre ruhig, fast schon friedvoll, würden sich hier nicht die wohlbetuchten Chinesen und Expats drängen. Die Cocktails sind ordentlich, wenn auch nicht die besten in Beijing, und es gibt Livemusik und DJs.

D LOUNGE BAR

Karte S. 336 (酒术; Jiu Shu; Courtyard 4, Gongrentiyuchang Beilu, 工体北路 4 号院; Cocktails ab 60 Yuan; ⏲19 Uhr–open end; Ⓢ Tuanjiehu) Die hohen Decken und unverputzten Ziegelwände des coolen Lokals verbreiten Fabrikschick, ergänzt durch ein futuristisches Element in Form der strahlenden weißen Bar. Die Getränke sind gut gemacht, und die Atmosphäre ist trendy, aber nicht schickimicki (allerdings beschweren sich manche über das unausstehliche Personal). Nicht ganz leicht zu finden, da nicht ausgeschildert; einen Hinweis gibt das kleine „d".

MIX NACHTCLUB

Karte S. 336 (密克斯; Mikesi; ☎6530 2889; Arbeiterstadion, Nordtor, Gongrentiyuchang Beilu, 工人体育场北路， 工人体育场北门; Eintritt So–Do 30 Yuan, Fr & Sa 50 Yuan; ⏲20–6 Uhr; Ⓢ Dongsi Shitiao) Mainstream-Hip-Hop und R&B sind die Zugpferde in diesem beliebten Treff. Gelegentlich legen hier bekannte Gast-DJs auf, und die Tanzfläche ist voll. Das Mix hat eine jüngere Klientel als das nahe gelegene Vics, und die Musik ist im Allgemeinen besser.

VICS NACHTCLUB

Karte S. 336 (威克斯; Weikesi; ☎5293 0333; Arbeiterstadion, Nordtor, Gongrentiyuchang Beilu, 工人体育场北路， 工人体育场北门; Eintritt So–Do 50 Yuan, Fr & Sa 100 Yuan; ⏲20.30–5 Uhr; Ⓢ Dongsi Shitiao) Zwar ist das Vics nicht der spektakulärste Nachtclub, aber es ist nach wie vor und schon seit Jahren das Lieblingslokal junger (und älterer und schmierigerer) Partygänger, folglich also eine Art Institution. Zu hören ist meist Standard-R&B und -Hip-Hop. Mittwochs findet die berühmt-berüchtigte Ladies Night statt (für Frauen sind dann alle Getränke vor Mitternacht kostenlos). Wer nicht mal hier jemanden abschleppen kann, wird es niemals schaffen.

Der Club liegt innerhalb des Nordtores des Arbeiterstadions. Die angeschlossene **V Sports Bar** (Arbeiterstadion, Nordtor, Gongrentiyuchang Beilu, 工人体育场北路， 工人体育场北门; Bier ab 30 Yuan, Cocktails ab 50 Yuan; ⏲17–5 Uhr; Ⓢ Dongsi Shitiao) bietet Poolbillard und Darts, und auf den vielen Bildschirmen laufen Live-Fußballspiele.

ALFA NACHTCLUB

Karte S. 336 (阿尔法; A'erfa; 6 Xingfu Yicun, 幸福一村 6 号, 工体北门对面; Bier ab 25 Yuan, Cocktails ab 45 Yuan; ⏲17–2 Uhr; Ⓢ Dongsi Shitiao) Inzwischen einer der am längsten existierenden Bar-Clubs in Beijing. Hat eine hübsche, umschlossene Terrasse, wo man eine Shisha rauchen kann (120 Yuan). Freitags ist das Alfa ein beliebter Treffpunkt der Gay-Szene.

1

LUIS CASTANEDA INC. / GETTY IMAGES ©

2

4

TAO IMAGES LIMITED / GETTY IMAGES ©

. „Vogelnest" (Nationalstadion) S. 160)
ach den berauschenden Tagen der Olympischen piele von 2008 ist es ruhiger geworden um eses architektonische Wahrzeichen.

. 798 Art District (S. 158)
iesen Raum im Art District schmückt ein Slogan us der Kulturrevolution.

. Tempel Dongyue (S. 159)
ote „Wunschkarten" in dem etwas unheimlichen, szinierenden taoistischen Tempel

. Panjiayuan-Markt (S. 173)
ne wahre Fundgrube für Kunst und Kunsthand- erk in Beijing. Täglich geöffnet, aber am Wochen- nde ist am meisten los.

3

ANTON HAZEWINKEL / GETTY IMAGES ©

Q BAR BAR

Karte S.336 (Q 吧; oberste Etage, Eastern Inn Hotel, Nansanlitun Lu, 三里屯南路麦霓啤酒吧南100 米; Cocktails ab 60 Yuan; ⏲18 Uhr–open end; Ⓢ Tuanjiehu) Neu renovierte und sympathische Cocktailbar mit großer Dachterrasse. Zugang durch das Eastern Inn Hotel.

AT CAFÉ CAFÉ

(☎5978 9943; 798 Rd; Hauptgerichte ab 38 Yuan; ⏲10–24 Uhr) Das erste Café des 798 und immer noch ein beliebter Treff für Künstler und Besucher. Es serviert westliche Gerichte wie Pasta und Pizza und guten Kaffee (ab 28 Yuan). Die Terrasse lädt zu einem abendlichen Drink ein.

TIMEZONE 8 CAFÉ

(☎5978 9917; 798 Road; Hauptgerichte ab 55 Yuan, Sushi ab 32 Yuan; ⏲7–2 Uhr) Cooles Café und der beste Ort, um im 798 etwas zu essen. Das Timezone hat zwar nicht mehr den ehemals angeschlossenen Buchladen, aber seine riesigen Sandwiches, Burger und ganztägigen Frühstücke sowie eine Sushi-Bar locken die Besucher immer noch in Strömen an. Im Sommer ist die Terrasse draußen voll.

☆ UNTERHALTUNG

★DOS KOLEGAS LIVEMUSIK

(两个好朋友; Liangge Hao Pengyou; 21 Liangmaqiao Lu, 亮马桥路 21 号（汽车电影院内）; Eintritt 30 Yuan, Bier ab 15 Yuan; ⏲Mo–Sa 20–2, So 10–21 Uhr; Ⓢ Liangmaqiao dann 🚌909) Das fabelhafte Künstlerlokal ein paar Kilometer nordöstlich von Sanlitun neben Beijings Autokino hat einen großen Garten mit Sitzplätzen im Hof und bietet neben abendlichen Barbecues hervorragende Livemusik. Ideal, um einheimische Bands zu hören (Punk, Rock, Metal), besonders im Sommer, wenn der ganze Gig draußen stattfindet.

UNIVERSAL THEATRE (HIMMEL-&-ERDE-THEATER) AKROBATIK

Karte S.336 (天地剧场; Tiandi Juchang; ☎6416 0757; 10 Dongzhimen Nandajie, 东直门南大街 10 号; Tickets 180–680 Yuan; ⏲Vorstellung 19.15 Uhr; Ⓢ Dongsi Shitiao) Junge Artisten der Landesakrobatiktruppe vollführen hier ihre Verrenkungen, bis die Gelenke auszukugeln scheinen. Da hier gerne ganze Reisegruppen buchen, ist eine Reservierung unbedingt erforderlich. Je weiter die Plätze von der Bühne entfernt sind, desto teurer sind die Karten. Diese gibt's in einem tristen weißen Gebäude, das wie ein Flughafen-Tower aussieht.

INTERNATIONALES THEATER POLY PLAZA KLASSISCHE MUSIK

Karte S.336 (保利大厦国际剧院; Baoli Dasha Guoji Juyuan; ☎6500 1188, Durchwahl 5621, 6506 5343; 14 Dongzhimen Nandajie, 东直门南大街 14 号; Tickets 180–880 Yuan; ⏲Vorstellung 19.30 Uhr; Ⓢ Dongsi Shitiao) Bei der U-Bahn-Station Dongsi Shitiao lockt die Bühne mit einer Reihe von Vorstellungen, darunter Ballett, klassische Musik, Oper sowie traditionelle chinesische Volksmusik. Es werden auch immer mehr Stücke von ausländischen Bühnenautoren aufgeführt.

THEATER CHAOYANG AKROBATIK

Karte S.336 (朝阳剧场; Chaoyang Juchang; ☎6507 2421; 36 Dongsanhuan Beilu, 东三环北路 36 号; Tickets 280–880 Yuan; ⏲Vorstellungen 17.15 & 19.15 Uhr; Ⓢ Hujialou) Ein auch für ausländische Besucher zugängliches Theater, in dem Akrobatik-Truppen aus ganz China auftreten und ihre Kunststücke zeigen. Vorstellungen buchbar über das jeweilige Hotel.

MEGABOX KINO

Karte S.336 (美嘉欢乐影城; Meijia Huanle Yingcheng; ☎6417 6118; UG1 Sanlitun Village (Süd), 19 Sanlitun Lu, 三里屯路 19 号三里屯 Village 南区地下 1 层; Tickets 80–120 Yuan; ⏲Vorstellungen mittags–Mitternacht; Ⓢ Tuanjiehu) Das MegaBox – wohl der beste Ort der Stadt, um sich Hollywood-Blockbuster in englischer Sprache anzusehen – ist ein Multiplex-Kino im Untergeschoss des trendigen Einkaufszentrums Sanlitun Village. Hier laufen ständig mindestens ein oder auch zwei Filme in englischer Sprache, und das Kinoerlebnis ist nicht anders als das, was man im Westen vorfindet (allerdings spricht das Personal hier kaum Englisch).

EAST GATE CINEMA KINO

Karte S.336 (东环影城; Donghuan Yingcheng; ☎6418 5935; Gebäude B, Untergeschoss, East Gate Plaza, Dongzhong Jie, 东中街东环广场 B 座地下一层; Tickets 80–120 Yuan; Ⓢ Dongsi Shitiao) Hier kommen die neuesten der großen chinesischen und ausländischen Kinofilme auf die Leinwand. Ausländische Filme werden mit dem Originalton und chinesischen Untertiteln gezeigt.

SHOPPEN

Im Distrikt Chaoyang liegen einige der protzigsten Einkaufszentren der Stadt, ebenso wie viele der beliebtesten Märkte für Besucher, darunter der Seidenmarkt und Yashow, zwei Hallenmärkte für Kleidung und Souvenirs, die sich über mehrere Etagen erstrecken und an den Wochenenden förmlich aus den Nähten platzen. Die wichtigsten Einkaufsgegenden sind Sanlitun und Guomao, aber Läden aller Art sind auch über den ganzen Distrikt verteilt. Der Panjiayuan-Markt liegt am Rand von Chaoyang und ist der beste Souvenirmarkt der Stadt.

SANLITUN VILLAGE

EINKAUFSZENTRUM

Karte S.336 (19 Sanlitun Lu, 三里屯路 19 号; ⏲10–22 Uhr; S Tuanjiehu) Diese aufsehenerregende Ansammlung von Einkaufszentren mittlerer Größe ist ein Highlight sowohl für Shopper als auch für Architekturinteressierte. Das Village (offiziell Taikooli; Taiguli; 太古里) überragt eine ehemals schäbige Zone mit Spelunken und machte die Gegend zu einem Treffpunkt für Einheimische wie Ausländer. Die Anlage besteht aus zwei Teilen, **South Village** (Karte S.336) und **North Village** (Karte S.336).

Das South Village wurde vor einigen Jahren vollendet und beherbergt Beijings ersten Apple Store, den größten Adidas-Laden der Welt und diverse westliche Bekleidungsgeschäfte des mittleren Preissegments sowie Cafés, Restaurants und das Multiplex-Kino MegaBox. Das nahe gelegene North Village enthält eher Luxuslabels und einheimische Designerboutiquen, darunter Emporio Armani, Comme des Garçons, Balenciaga und Shanghai Trio, und liegt neben Beijings Schickimicki-Boutiquehotel Opposite House.

SEIDENMARKT

KLEIDUNG, SOUVENIRS

Karte S.336 (秀水市场, Xiushui Shichang; 14 Dongdaqiao Lu, 东大桥路 14 号; ⏲9.30–21 Uhr; S Yong'anli) Der sechs Etagen umfassende Seidenmarkt ist gehobener als früher, ist aber immer noch randvoll mit gefälschter Kleidung, Taschen, Elektronik und Schmuck, auch wenn einige Anbieter inzwischen von Spitzenlabels verklagt wurden, die es satt haben, dass ihre Waren hier in derartigen Mengen gefälscht werden. Die Seide, die auf der 3. Etage verkauft wird, ist einer der wenigen echten Artikel, die man hier findet.

Die Busladungen von Touristen, die tagtäglich hier abgesetzt werden, erschweren

INSIDERWISSEN

KUNST, KUNSTHANDWERK & ANTIQUITÄTEN

Der **Panjiayuan-Markt** (潘家园古玩市场; Panjiayuan Guwan Shichang; westlich von Panjiayuan Qiao, 潘家园桥西侧; ⏲ Mo–Fr 8.30–18, Sa & So 4.30–18 Uhr; S Panjiayuan) ist in Beijing eine wahre Fundgrube für *yishu* (Kunst), *gongyi* (Kunsthandwerk) und *guwan* (Antiquitäten). Einige Stände sind jeden Tag geöffnet, aber der Markt als Ganzes ist am schönsten und lebhaftesten an den Wochenenden, an denen es hier alles gibt, von Kalligrafien, Memorabilien aus der Zeit der Kulturrevolution und Zigarettenreklameplakaten bis zu Buddhaköpfen, Keramik, Möbeln im Stil der Qing-Dynastie und Teppichen im tibetanischen Stil.

Auf dem Panjiayuan-Markt tummeln sich jeden Tag 3000 Händler und bis zu 50 000 Besucher, die alle eifrig auf Schatzsuche sind. Die ernsthaften Sammler kommen schon früh; kaum dämmert der Morgen, gehen sie schon auf die Jagd nach kostbaren Altertümern. Wer es ihnen gleichtun will, muss früh aus den Federn. Vielleicht findet man nicht die erhoffte seltene Qianlong-*doucai*-Stielschale oder die *qinghua*-Vase aus der späten Yuan-Dynastie, aber was man hier zu sehen bekommt, ist nicht mehr und nicht weniger als ein Kompendium chinesischer Kuriositäten und ein Querschnitt durch den gesammelten Krimskrams aus dem Reich der Mitte. Dieser Markt ist das reine Chaos und kann an den Nerven zehren, wenn man Menschenmassen lieber aus dem Weg geht oder ungern feilscht, was das Zeug hält. Hier sollte man auch die Faustregel „nicht mehr als die Hälfte zahlen" vergessen – manche Anbieter fangen mit dem zehnfachen Preis an! Lieber erst ein paarmal herumgehen, Preise vergleichen und abwägen, bevor man sein Geld hinblättert. Von Ausgang B der U-Bahn-Station Panjiayuan geht es 200 m nach Westen zum Haupteingang des Marktes.

ein effektives Feilschen. Aber der Markt ist eine Fundgrube für Kaschmir, T-Shirts, Jeans, Hemden, Röcke und natürlich Seide. Auf der obersten Etage befindet sich ein Gastronomiebereich.

KLEIDERMARKT SANLITUN YASHOW — KLEIDUNG, SOUVENIRS

Karte S. 336 (三里屯雅秀服装市场; Sanlitun Yaxiu Fuzhuang Shichang; 58 Gongrentiyuchang Beilu, 工体北路 58 号; ⏲10–20.30 Uhr; Ⓢ Tuanjiehu) Fünf Stockwerke mit allem, was man jemals brauchen könnte, und gleichermaßen beliebt bei Expats und Besuchern. Im Untergeschoss: Schuhe, Handtaschen und Koffer. Big Shoes ist praktisch für alle, die Probleme haben, Schuhe in ihrer Größe zu finden. Im Erdgeschoss: Mäntel und Jacken. Im 1. Obergeschoss: Hemden, Anzüge und Damenbekleidung. Im 2. Obergeschoss: Seide, Kleidung. Im 3. Obergeschoss: Teppiche, Stoffe, Schmuck, Souvenirs und Spielzeug. Hier lohnt es sich zu feilschen.

Wer seine neuerworbene Seide oder Stoffe zu etwas Tragbarem verarbeiten lassen möchte, findet Schneider im 2. Obergeschoss. Rings um den Markt liegen zudem DVD-Läden.

SHARD BOX STORE — SCHMUCK

Karte S. 336 (慎德阁; Shendege; ☎8561 8358; 4 Ritan Beilu, 日坛北路 4 号; ⏲9–19 Uhr; Ⓢ Dongdaqiao) Mit Porzellanfragmenten aus der Ming- und Qing-Dynastie, die während der Kulturrevolution zerstört wurden, fertigt dieser faszinierende Familienbetrieb wunderschöne und einzigartige Scherbenkästen, Flaschen und Schmuck an. Die Kästen gibt es in allen Größen, angefangen bei winzigen Kästen (25 Yuan) zum Aufbewahren von Ringen oder Manschettenknöpfen bis zu großen (780 Yuan). Hier kann man auch Schmuck reparieren lassen und kaufen, meist aus Tibet und der Mongolei.

UCCA DESIGN STORE — KLEIDUNG, SOUVENIRS

(尤伦斯当代艺术中心; Youlunsi Dangdai Yishu Zhongxin; ☎5780 0224; 4 Jiuxianqiao Lu, 酒仙桥路 4 号 798 艺术区; ⏲Di–So 10–19 Uhr; 🚌909) Ein Mekka für Stilexperten. Hier findet man Drucke in limitierter Auflage und Lithografien berühmter einheimischer Künstler ebenso wie stylische Kleidung (einschließlich Kinderkleidung), Schmuck, Bücher über Kunst und Design und alle möglichen skurrilen Geschenke und Andenken. Der Laden liegt neben der UCCA-Galerie (S. 158) im 798 Art District.

ALIEN'S STREET MARKET — KLEIDUNG

Karte S. 336 (老番街市场; Lao Fan Jie Shichang; Chaowaishichang Jie, 朝外市场街; ⏲9.30–18 Uhr; Ⓢ Chaoyangmen) Auf diesem etwas überfüllten Markt unmittelbar nördlich vom Ritan-Park findet sich eine große Auswahl an Kleidung und jede Menge Accessoires aller Art. Hier findet man fast alles, und der Markt ist sehr beliebt bei reisenden russischen Händlern, was bedeutet, dass es Kleidung in größeren Größen als sonst gibt und dass die Händler einen auf Russisch ansprechen. Unbedingt feilschen!

3.3 SHOPPING CENTRE — EINKAUFSZENTRUM

Karte S. 336 (服饰大厦; Fushi Dasha; 33 Sanlitun Beijie, 三里屯北街 33 号; ⏲11–23 Uhr; Ⓢ Tuanjiehu) Mit seiner Auswahl an trendigen Boutiquen und Accessoire-Läden sowie Massage- und Maniküresalons zwischen dem Nord- und Südblock des noch trendigeren Sanlitun Village bedient dieses Einkaufszentrum die modebewusste Jugend von Beijing. Entsprechend hoch sind hier die Preise, aber bei 300 Läden ist dies eine wunderbare Gelegenheit für einen Schaufensterbummel.

EINKAUFSZENTRUM CHINA WORLD — EINKAUFSZENTRUM

Karte S. 336 (国贸商城; Guomao Shangcheng; 1 Jianguomenwai Dajie; 建国门外大街 1 号; ⏲10–21.30 Uhr; Ⓢ Guomao) Neben dem erstklassigen China World Hotel befindet sich dieses beliebte, wenn auch etwas öde Einkaufszentrum, das vollgepackt ist mit Spitzenlabels wie Burberry, Marc Jacobs und Prada, aber es gibt auch Boutiquen, Schmuckgeschäfte und Fast-Food-Restaurants. Das Eisstadion Le Cool (S. 176) liegt im Untergeschoss.

COMPUTER-EINKAUFSZENTRUM BAINAOHUI — ELEKTRONIK

Karte S. 336 (百脑汇电脑市场; Bainaohui Diannao Shichang; 10 Chaoyangmenwai Dajie, 朝阳门外大街 10 号; ⏲9–20 Uhr; Ⓢ Dongdaqiao) Vier Etagen, vollgestopft mit elektronischen Spielereien, darunter Computer, MP3-Player, CD-Rohlinge, DVDs, Videospiel-Hardware, -Software und anderes Zubehör. Die Preise sind durchaus konkurrenzfähig, und hier lässt es sich gut feilschen, man sollte sich aber keine allzu großen Rabatte ausrechnen. Neben diesem Einkaufszentrum finden sich ein paar Geschäfte, in denen es Handys und lokale SIM-Karten zu kaufen gibt.

Ein weiteres Bainaohui-Einkaufszentrum befindet sich auf der anderen Straßenseite am Tempel Dongyue.

PLACE EINKAUFSZENTRUM
Karte S. 336 (世贸天阶; Shimao Tianjie; 9a Guanghua Lu, 光华路甲 9 号; 10–22 Uhr; S Yong'anli) Das Place wird von seinem gigantischen Außenwand-Videobildschirm beherrscht, der besonders die Jugend fasziniert. Es gibt hier eine höchst beliebte Filiale von Zara, außerdem French Connection, Miss Sixty und eine Reihe von Coffeeshops. Hierher gelangt man auch über die Dongdaqiao Lu und Jintong Xilu.

SPORT, AKTIVITÄTEN & KURSE

THERAPIEZENTRUM BODHI MASSAGE
Karte S. 336 (菩提会所; Puti Huisuo; 6417 9595; 17 Gongrentiyuchang Beilu, 工体北路 17 号; 11–0.30 Uhr; S Dongsi Shitiao) Das heitere Umfeld bietet eine willkommene Gelegenheit, dem Tohuwabohu des Beijinger Straßenverkehrs für eine Weile zu entfliehen und ein paar Gänge herunterzuschalten. Die Entspannung tritt in einem gemütlichen Zimmer mit Privatsphäre bereits ein, bevor einer der zahlreichen Massagetherapeuten mit seiner Arbeit beginnt. Zu Bodhis Angebotspalette gehören Aromatherapie, ayurvedische, thailändische und chinesische Massagen sowie eine großartige Fußreflexzonenmassage und verschiedenste Gesichtsbehandlungen.

Snacks und Getränke sind gratis, und man kann in allen Zimmern DVDs anschauen, während man in Form geknetet wird. Die Preise beginnen bei 188 Yuan für eine einfache Ganzkörpermassage, allerdings kosten Thaimassagen und ayurvedische Massagen 328 Yuan. Unter der Woche gibt es Massagen nachmittags manchmal günstiger.

DRAGONFLY THERAPEUTISCHES SPA MASSAGE
Karte S. 336 (8529 6331; Kerry Centre, 1 Guanghua Lu; 嘉里中心光华路 1 号; 10–23 Uhr) Schicke, professionelle Einrichtung im Untergeschoss des Kerry Centre.

INSIDERWISSEN

GUO'AN, GUO'AN, BEIJING GUO'AN!'

Man sieht zwar selten Kinder auf den Straßen Beijings Fußball spielen (da ist eher Basketball angesagt), dafür wird Fußball als Zuschauersport immer beliebter. Bis vor Kurzem gaben sich chinesische Fußballfans damit zufrieden, die großen europäischen Ligen im Fernsehen anzuschauen. Inzwischen aber sehen sich immer mehr Fans Live-Fußballspiele in der chinesischen Super League, der wichtigsten Liga Chinas, an. In Beijing bedeutet das, die Spiele von **Beijing Guo'an** (www.fcguoan.com), dem einzigen Team der Hauptstadt, zu verfolgen. Obwohl es nicht wie Guangzhou Evergrande und Shanghai Shenhua über das große Geld oder große Namen verfügt, gehört es zu den erfolgreichsten Fußballvereinen Chinas. Vor allem aber hat es eine leidenschaftliche Fanbasis, und seine Heimspiele im **Arbeiterstadion** (工人体育场; Gongren Tiyuchang) sind immer gut besucht. Bei großen Spielen können gut und gerne über 30 000 Zuschauer kommen. Für einen Sportfan besteht ein prima Abend aus einem solchen Live-Spiel und der anschließenden Party in den Bars und Clubs der Gegend, auch wenn der Fußball nicht besonders hochwertig ist.

Die Saison dauert von März bis November. Spieltage sind Donnerstag, Freitag, Samstag oder Sonntag. Anstoß ist in der Regel um 19.30 Uhr. Die bevorstehenden Spiele von Guo'an werden auf Englisch auf www.worldfootball.net aufgeführt. Die Eintrittskarten werden online durch chinesischsprachige Websites oder über das Telefon (nur auf Chinesisch) vertrieben, aber sie sind so schnell ausverkauft, dass es sich gar nicht lohnt, es über diese offiziellen Kanäle zu versuchen. Üblicherweise geht man einfach etwa eine Stunde vor dem Anstoß zum Stadion und kauft sich bei den Ticketverkäufern eine Karte. Man muss dann allerdings mit mindestens dem doppelten oder dreifachen Kartenpreis rechnen, und das bedeutet, die Karte wird einen etwa 100 bis 150 Yuan kosten.

Wer während seines Beijing-Aufenthalts selbst Fußball spielen möchte, kann sich an die Verantwortlichen bei **China ClubFootball** (www.clubfootball.com.cn) wenden.

YOGA YARD YOGA

Karte S. 336 (瑜珈苑; Yujia Yuan; ☎6413 0774; www.yogayard.com; 6. OG, 17 Gongrentiyuchang Beilu, 工体北路 17 号 6 层; ⏲7–19.45 Uhr; Ⓢ Dongsi Shitiao) Das freundliche Personal spricht Englisch; angeboten werden traditionelle Hatha-Yoga-Kurse für Anfänger und Fortgeschrittene. Die Kosten für die 90-minütigen Lektionen belaufen sich auf jeweils 150 Yuan; Mittagskurse kosten 100 Yuan.

JINGHUA-WUSHU-VERBAND KAMPFKUNST

Karte S. 336 (京华武术协会; Jinghua Wushu Xiehui; ☎135 2228 3751; Untergeschoss, Pulse Club, Kempinski Hotel, Liangmaqiao Lu, 亮马桥路凯宾斯基地下一层脉搏俱乐部; ⏲Sa & So 17.30–19 Uhr; Ⓢ Liangmaqiao) Die Kurse werden im Trainingsraum des Pulse Club im Untergeschoss des Gebäudes neben dem Kempinski Hotel angeboten. Sie werden auf Englisch von Lehrern gehalten, die in den traditionellen Shaolin-Formen ausgebildet sind. Unterrichtet werden *Wushu*, Qigong und Tai-Chi. Zehn Stunden kosten 1200 Yuan; eine einzelne Stunde kostet 150 Yuan. Es gibt auch Lektionen für Kinder (ab fünf Jahren).

Wer nicht im Kempinski wohnt, kann den Pulse Health Club für 300 Yuan am Tag benutzen und Aerobik-, Yoga- und Bauchtanzkurse belegen oder Squash spielen.

HAPPY MAGIC WATER PARK SCHWIMMEN

(水立方嬉水乐园; Shuilifang Xishui Leyuan; Olympic Green, abseits der Beichen Lu, 北辰路奥林匹克公园内; Eintritt Wasserpark Erw./Kind 200/160 Yuan, nur Schwimmen 50 Yuan; ⏲10–20 Uhr; Ⓢ Olympic Green) Anders als die meisten Sportstätten der Olympischen Spiele von 2008 hat das National Aquatics Centre von Beijing, alias der Wasserwürfel, nun auch nach den Spielen einen Verwendungszweck gefunden. In dem blasenartigen Bau, der aussieht wie ein Ding aus einer anderen Welt, befindet sich jetzt Beijings größter Hallen-Wasserpark. Kinder nutzen begeistert seine neonfarbigen Plastikrutschen, Tunnel, Wasserstrahldüsen und Schwimmbecken in einem kunstvollen, surrealen Unterwasser-Styling.

Es gibt einen gemächlichen Fluss, einen 12 m hohen „freien Fall" in einer Plastikröhre und ein Wellenbecken, das ans Meer erinnern soll. Mit 50 Yuan ist man für zwei Stunden im normalen Becken dabei, aber wer es auf den kompletten Wasserrutschenspaß abgesehen hat, braucht das 200-Yuan-Ticket. Der Park liegt 7 km nördlich vom Stadtzentrum.

EISSTADION LE COOL EISLAUFEN

Karte S. 336 (国贸溜冰场; Guomao Liubingchang; ☎6505 5776; UG 2, China World Shopping Mall, 1 Jianguomenwai Dajie, 建国门外大街 1 号; 30–50 Yuan pro 90 Min.; ⏲10–22 Uhr; Ⓢ Guomao) Wie viele Eislaufstadien in Beijing ist auch das Cool nicht sehr groß. Es ist jedoch gut zu erreichen und bestens für Kinder geeignet. Wer große Menschenmengen vermeiden will, kommt am besten morgens oder abends. Die Leihgebühr für Schlittschuhe ist im Eintrittspreis enthalten, der je nach Tageszeit variiert. Es werden individuelle 30-Minuten-Unterrichtsstunden angeboten, sie kosten 120 Yuan.

BERLITZ SPRACHKURSE

Karte S. 336 (北立兹; Beilizi; ☎6593 0478; www.berlitz.com; Raum 801, Sunjoy Mansion, 6 Ritan Lu, 日坛路 6 号新旅大夏 8 层; Ⓢ Jianguomen, Yong'anli) Berlitz unterrichtet einzeln und in Gruppen; Gruppenunterricht muss meist im Voraus selbst organisiert werden.

BRIDGE SCHOOL SPRACHKURSE

Karte S. 336 (桥学校; Qiao Xuexiao; ☎6506 4409; www.bridgeschoolchina.com; Raum 903, e-Tower, Guanghua Lu, 光华路内 12 号楼吗 01 大夏 9 层; ab 90 Yuan pro Std.; Ⓢ Jintaixizhao) Gruppen- und Einzelunterricht. Hat feste Unterrichtsstunden, an denen man je nach Vorkenntnissen teilnehmen kann.

Sommerpalast & Haidian

Highlights

❶ Den Spuren der ehemaligen Kaiser von China durch den prächtigen **Sommerpalast** (S. 179) folgen

❷ Im **Park des Duftbergs** (S. 181) auf Tuchfühlung mit der herrlichen Natur gehen

❸ Einen Abend lang durch die geschäftigen Restaurants und Clubs von Beijings Studentenhochburg **Wudaokou** (S. 189) ziehen

❹ Durch die Bambuswedel der hervorragenden Pflanzensammlung im **Botanischen Garten Beijing** (S. 181) streifen

❺ Den **Tempel Wuta** als Startpunkt nutzen und die vielen Tempel der Gegend erkunden (S. 183)

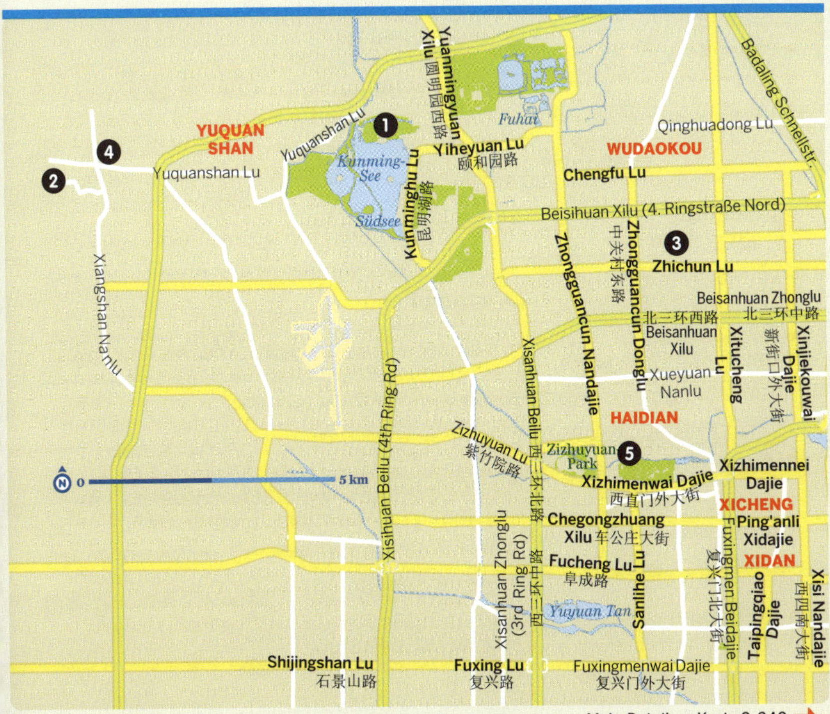

Mehr Details s. Karte S. 340

Erkundungstour Sommerpalast & Haidian

Haidian breitet sich in einem riesigen Bereich im Westen und Nordwesten von Beijing aus und muss daher häppchenweise in Angriff genommen werden.

Es wäre ein Leichtes, einen ganzen Tag damit zuzubringen, die prächtigen Gärten, Tempel, Pavillons und Wandelgänge zu erkunden. Unbedingt den Hügel des Langen Lebens besteigen, von dort hat man eine super Aussicht über Beijing. Vom Palast ist es nur eine kurze Fahrt mit Bus oder Taxi zum Park des Duftbergs, der im Herbst besonders schön ist. Naturfans werden auch den nahe gelegenen Botanischen Garten besuchen wollen.

Abends geht man nach Wudaokou, der Gegend in Beijing, wo so richtig der Punk abgeht. Von den Universitäten umgeben ist dies das Studentenviertel der Hauptstadt mit vielen Cafés und Kneipen sowie einigen der besten koreanischen und japanischen Restaurants.

Haidian ist eines der besten Stadtviertel in Beijing, um Tempel abzuklappern. Als Ausgangspunkt bietet sich der von Indien beeinflusste Tempel Wuta an. Von dort geht es nach Westen zum Tempel Wanshou und weiter Richtung Nordosten zum Tempel der Großen Glocke. Den Tag beendet man in stiller Einkehr im Tempelkloster der Azurnen Wolken innerhalb des Parks des Duftbergs.

Lokalkolorit

- **Beliebte Treffpunkte** Besonders angesagt sind das Lush (S. 188) und das Bridge Café (S. 188).
- **Shoppen** Viele schräge Bekleidungsläden für hippe Studenten.
- **Parks** In Haidian liegen viele Parks zwischen den Hochhäusern versteckt; wer eine Pause von den Stadtlandschaften braucht, findet hier einen schönen Platz.

Anfahrt

- **U-Bahn** Es ist einfach, in Haidian von A nach B zu gelangen. Linie 4 hat in Xizhimen Anschluss an Linie 2 und verläuft dann nach Norden. Wenn die westliche Vorstadtlinie fertig ist, wird sie den Sommerpalast, den Botanischen Garten und den Park des Duftbergs mit U-Bahn-Linie 10 verbinden. Wer nach Wudaokou und Dazhongsi will, nimmt Linie 13, die in Xizhimen auch Anschluss an Linie 2 hat. Linie 10 verläuft von Osten nach Westen durch Haidans Zentrum, Linie 2 durch den Süden der Gegend.
- **Bus** Praktische Buslinien sind u. a. 331, die Wudaokou mit dem Alten Sommerpalast und dem Sommerpalast, dem Botanischen Garten Beijing, dem Tempel des Schlafenden Buddha und dem Park des Duftbergs verbindet. Bus 375 verbindet Wudaokou mit der Xizhimen-U-Bahn-Station.

Top-Tipp

China hat eine spezielle Universität (民族大学; Minzu Daxue) für seine vielen ethnischen Minderheiten, und rings um diese Universität befinden sich einige der authentischsten Restaurants für die Küche ihrer Heimatregionen. Dreh- und Angelpunkt ist die Weigong Jie, wo man fantastisches Dai-Essen (die Dai sind eine Minderheit aus dem äußersten Süden der Provinz) sowie ausgezeichnete uigurische und mongolische Lokale findet. Man fährt zunächst mit der Linie 4 nach Weigongcun und geht dann zu Fuß 400 m Richtung Süden.

Gut essen

- Japanisches Restaurant Isshin (S. 188)
- Salang-Bang (S. 188)
- Golden Peacock (S. 188)
- Lao Che Ji (S. 188)

Mehr dazu S. S. 185

Schön ausgehen

- Lush (S. 188)
- La Bamba (S. 185)
- Wu (S. 189)

Mehr dazu s. S. 188

Die schönsten Tempel

- Tempel Wanshou (S. 181)
- Tempel Wuta (S. 183)
- Tempel der Azurnen Wolken (S. 184)
- Tempel der Großen Glocke (S. 183)

Mehr dazu s. S. 181

ZHAOLINGHE / GETTY IMAGES ©

HIGHLIGHTS SOMMERPALAST

Den kaiserlichen Sommerpalast (颐和园; Yihe Yuan) im Nordwesten der Hauptstadt muss jeder Besucher Beijings gesehen haben. Diese Erfrischung für den kaiserlichen Hof, welcher der sommerlichen Mattigkeit der Verbotenen Stadt entfliehen wollte, ist ein Wunderwerk des Landschaftsbaus: eine Mischung aus eindrucksvollen Tempeln, Gärten, Pavillons, Seen, Brücken, Tortürmen und Wandelhallen und dazu jede Menge andere Sehenswürdigkeiten.

Halle der Freude und der Langlebigkeit

Diese **Halle** (Renshou Dian) liegt am Osttor und enthält einen Thron aus Hartholz. Den Hof davor schmücken Bronzetiere, darunter das Fabeltier *qilin* (ein Hybridwesen, das nur in Zeiten der Harmonie auf dieser Erde erscheint).

Kunming-See

Drei Viertel des Parks bestehen aus Wasser, dem Kunming-See (Kunming Hu). Einen Blick wert ist das **Marmorboot** (清晏船; Qingyuan Chuan), das am nordwestlichen Ufer vor Anker liegt. Ursprünglich wurde es 1755 erbaut und 1893 auf Geheiß der Kaiserwitwe Cixi wiederaufgebaut (wobei sie Gelder verbrauchte, die für den Bau von Schiffen für die chinesische Flotte gedacht waren). Ein großer Teil davon besteht aus Holz, das so angemalt wurde, dass es wie Marmor aussieht. In der Nähe stehen fünf Bootshäuser aus der Qing-Dynastie und der **Torturm der Traufen, die die Wolken zurückhalten** (Suyun Yan), in dem sich einmal eine alte Silberstatue des Guanyu (des Kriegsgottes) befand.

Es fahren Boote (15 Yuan) vom nördlichen Ufer zur Insel im Südlichen See, wo der **Tempel des Drachenkönigs** (龙王庙; Longwang Miao) steht. Hierher kamen die Kaiser

NICHT VERSÄUMEN

- Hügel des Langen Lebens
- Langer Wandelgang

PRAKTISCH & KONKRET

- Karte S. 340
- 19 Xinjian Gongmen
- Ticket 20 Yuan, Kombiticket 50 Yuan, Audioguide 40 Yuan
- ⏲ 7–19 Uhr, Sehenswertes 8–17 Uhr im Sommer, 8.30–16.30 Uhr im Winter
- S Xiyuan, Beigongmen

AUFSTIEG, FALL UND AUFSTIEG DES SOMMER-PALASTES

Erbaut wurde der Palast von Kaiser Qianlong an einer Stelle, an der sich lange ein kaiserlicher Garten befunden hatte. Mit der gleichen Entschlossenheit, die er bei der Erweiterung der Grenzen Chinas gezeigt hatte, verpflichtete er im Jahr 1749 100 000 Arbeiter, um die Gärten zu vergrößern und den Kunming-See zu vertiefen, während er zu Ehren des 60. Geburtstages seiner Mutter dem Hügel des Langen Lebens seinen Namen verlieh. Zum Glück hatte Qianlong schon lange das Zeitliche gesegnet, als britische und französische Soldaten 1860 am Ende des Zweiten Opiumkrieges den Palast verwüsteten. Sie plünderten und zerstörten auch viele der Tempel und Pavillons. Die Kaiserwitwe Cixi baute den Palast wieder auf, doch um 1900 wüteten hier im Kielwasser des Boxeraufstandes erneut ausländische Soldaten. Erst nach 1949 und der kommunistischen Machtergreifung wurde der Bau saniert.

Ursprünglich trug der Sommerpalast den Namen „Garten des reinen Wassers". Seinen heutigen Namen erhielt er 1888 von der Kaiserwitwe Cixi.

in Zeiten der Dürre, um vor der Statue um Regen zu flehen. Es sind auch Tretboote (vier/sechs Personen 60/80 Yuan pro Std., 300 Yuan Kaution) und Boote mit Elektromotor (100 Yuan pro Std., 400 Yuan Kaution) zu mieten.

Langer Wandelgang

Der in Konzeption und Ausführung beeindruckende **Lange Wandelgang** (长廊; Chang Lang) ist an den Seiten offen, aber ein Dach schützte die Kaiser vor den Elementen, und er erstreckt sich mit vier Pavillons, die am Weg liegen, über 700 m weit zum Fuß des Hügels des Langen Lebens. Die Balken, die Wände der Pavillons und ein Teil der Decke sind mit 14 000 Gemälden geschmückt, die Szenen aus der chinesischen Geschichte, den chinesischen Mythen sowie aus klassischen literarischen Texten zeigen. Das ständige Hochschauen führt zwar früher oder später zu einem steifen Nacken, aber das ist es wert.

Hügel des Langen Lebens

Neben dem Kunming-See am anderen Ende des Langen Wandelgangs ragt der 60 m hohe Hügel des Langen Lebens empor; seine Hänge sind von Tempeln und Pavillons übersät, die entlang einer Nord-Süd-Achse ausgerichtet sind. Die bedeutendsten von ihnen sind der **Pavillon des Buddhistischen Wohlgeruchs** (佛香阁; Foxiang Ge) und die **Halle der Ziehenden Wolken** (排云殿; Paiyun Dian), die durch Wandelgänge verbunden sind. Auf der Spitze wartet der **buddhistische Tempel Meer der Weisheit** (智慧海; Zhihui Hai) mit glasierten Kacheln, die Buddha darstellen. Fantastische Ausblicke auf Beijing.

Westlicher Damm

Eine gute Möglichkeit, den Massen zu entgehen, die hier zusammenströmen, ist ein Spaziergang auf den **Westlichen Damm** (西堤, Xidi) und ein anschließender Rundgang um den See. Der Damm ist mit zauberhaften Weiden- und Maulbeerbäumen gesäumt, und der Weg führt an der grau-weißen marmornen **Jadegürtelbrücke** (玉带桥; Yudai Qiao) vorbei, die aus dem 18. Jh. stammt. Die anmutige **Brücke mit 17 Bögen** (十七孔桥; Shiqikong Qiao) verbindet das östliche Ufer mit der Insel im Südlichen See.

Wenchang-Galerie

Südlich vom Haupteingang liegt die **Wenchang-Galerie** (文昌阁; Wenchang Ge). Hier sind die Handschrift der Kaiserwitwe Cixi (Kalligrafien) sowie Porzellan, Bronze und eine Jadegalerie und andere Artefakte aus der Qing-Zeit zu sehen.

SEHENSWERTES

SOMMERPALAST HISTORISCHE STÄTTE

Siehe S. 179.

TEMPEL WANSHOU BUDDHISTISCHER TEMPEL

Karte S. 335 (万寿寺; Wanshou Si; Suzhou Jie; Eintritt 20 Yuan; Di–So 9–16.30 Uhr; S National Library oder Gongzhufen, dann 944) Der beschauliche und wenig besuchte Tempel Wanshou oder Tempel des Langen Lebens aus der Ming-Dynastie, der sich an der südöstlichen Ecke der Suzhou Jie (an der 3. Ringstraße) befindet und von einer roten Mauer umgeben ist, wurde ursprünglich zum Aufbewahren buddhistischer Texte geweiht. Der Name des Tempels erinnert an den Hügel des Langen Lebens (Wanshou Shan) des Sommerpalastes, und das kaiserliche Geleit machte bereits seit den Zeiten der Qing auf dem Weg vom und zum Palast hier Rast, um ein Tässchen Tee zu trinken.

Der Tempel war einer von insgesamt fast 50, die einst die Kanalstrecke vom westlichen Rand der Stadtmauer der Kaiserstadt (bei Xizhimen) bis zum Sommerpalast säumten. Jetzt ist er fast der einzige von ihnen, der noch existiert (eine weitere namhafte Ausnahme ist der Tempel Wuta). Nach dem Fall der Qing-Dynastie 1912 begann der Tempel Wanshou zu verfallen, und die Wanshou-Halle brannte ab. Als ob das noch nicht gereicht hätte, wurde der Tempel während der Kulturrevolution als Armeekaserne genutzt.

In der kleinen Halle (früher der Trommelturm des Tempels) gibt es eine interessante Einführung in die Geschichte des Tempels, gleich links, wenn man die Anlage betritt. Auf dem Weg durch die Halle der Deva-Könige, die zum zweiten Hof führt, ist auf der rechten Seite eine Illustration zu sehen, die sämtliche Tempel zeigt, die einst den Kanal säumten. Die Namen sind nur auf Chinesisch zu lesen, aber wer ein wenig sucht, kann den Tempel finden, in dem er sich gerade befindet (万寿寺), oder den benachbarten Tempel Yanqing (延庆寺; Yanqing Si), den nahe gelegenen Tempel des Drachenkönigs (龙王庙; Longwang Si) und auch den prächtigen Tempel Wuta (auf der Karte mit seinem früheren Namen, 真觉寺,

ABSTECHER

BOTANISCHER GARTEN BEIJING

Der gepflegte **Botanische Garten Beijing** (北京植物园; Beijing Zhiwuyuan; Eintritt 5 Yuan, Kombiticket 50 Yuan; 6–20 Uhr im Sommer, letzter Einlass 19 Uhr, 7.30–17 Uhr im Winter, letzter Einlass 16 Uhr; S Xiyuan oder Yuanmingyuan, dann 331), in dem die Blüten im Frühling förmlich explodieren, erstreckt sich vor der Kulisse der Westberge und etwa 1 km nordöstlich vom Park des Duftbergs. Ein schönes Ziel, um zwischen Bambuswedeln, Kiefern, Orchideen, Flieder und Chinas größter botanischer Sammlung zu spazieren. Das spitzenmäßige **Gewächshaus des Botanischen Garten Beijing** (Beijing Zhiwuyuan Wenshi; Eintritt im Kombiticket enthalten; 8–16.30 Uhr), das auch ein Regenwaldhaus besitzt, hat die stolze Zahl von 3000 verschiedenen Pflanzenarten zu bieten.

Einen etwa 15-minütigen Fußmarsch vom Vordertor (der Beschilderung folgen), aber noch auf dem Gelände des Gartens, steht der **Tempel des Schlafenden Buddha** (Wofo Si; Eintritt 5 Yuan oder mit dem Kombiticket; 8–16.30 Uhr im Sommer, 8.30–16 Uhr im Winter). In dem Tempel, der ursprünglich während der Tang-Dynastie erbaut wurde, gibt es eine riesige, 54 Tonnen schwere Liegefigur von Sakyamuni. Wie es heißt, wurden für das Gießen dieser Figur „7000 Menschen versklavt". Sakyamuni wird an der Schwelle zum Tod dargestellt, bevor er ins Nirvana eingeht. Auf beiden Seiten von Buddha sind einige Paar riesiger Schuhe aufgestellt, die verschiedene Kaiser Sakyamuni als Geschenk brachten für den Fall, dass er einen Spaziergang unternehmen wollte.

An der Ostseite des Gartens befindet sich das **Cao-Xueqin-Denkmal** (Cao Xueqin Jinianguan; 39 Zhengbaiqi; 8.30–16.30 Uhr im Sommer, 9–16 Uhr im Winter), wo Cao Xueqin seine letzten Lebensjahre verbrachte. Cao (1715–63) gilt als der Verfasser des Klassikers *Der Traum der Roten Kammer*, einer umfangreichen und weitschweifigen Familiensaga, die in der Qing-Periode spielt. Wer noch kurz in den Westteil des Gartens abschwirrt, findet das kleine **Chinesische Honigbienen-Museum** (中国蜜蜂博物馆; Zhongguo Mifeng Bowuguan; März–Okt. 8.30–16.30 Uhr).

ABSTECHER

ALTER SOMMERPALAST

Der **Alte Sommerpalast** (圆明园; Yuanming Yuan; 28 Qinghua Xilu; Eintritt. 10 Yuan, Kombi-Ticket 25 Yuan, Karte 6 Yuan; ⏲7–18 Uhr; Ⓢ Yuanmingyuan) wurde im 12. Jh. angelegt. Später wurden die in allem beschlagenen Jesuiten von Kaiser Qianlong beauftragt, Paläste in europäischem Stil für die Gärten zu entwerfen, einschließlich kunstvoller Brunnen und barocker Statuen.

Im Jahr 1860 plünderten britische und französische Truppen während des Zweiten Opiumkrieges den Palast und setzten ihn in Brand, was in chinesischen Geschichtsbüchern stets als ein Tiefpunkt der Demütigung durch ausländische Truppen angeführt wird. Die meisten der hölzernen Palastgebäude wurden bei diesem Feuer niedergebrannt, und nur wenig entging den Flammen; allerdings waren die solideren europäischen Palastgebäude der Jesuiten aus Stein gebaut, so ist dort noch heute ein melancholisch stimmendes Gewirr aus zerbrochenen Säulen und Marmorstücken zu sehen. Um diese Überreste zu sehen, ist das teurere Kombi-Ticket erforderlich.

Über die düsteren Marmorruinen der **Palastanlage** (Xiyanglou Jingqu) kann man im **Garten des ewigen Frühlings** (Changchun Yuan) im Nordosten des Parks in der Nähe des Osttors meditieren. Früher gab es hier über zehn Gebäude, die von Giuseppe Castiglione und Michael Benoist entworfen wurden. Die Gebäude wurden bei der Plünderung durch die Briten und Franzosen 1860 nur teilweise zerstört und waren offenbar noch nutzbar. Aber nach und nach wurden die Ruinen bis in die 70er-Jahre des letzten Jahrhunderts von den Anwohnern abgetragen und die Teile weggeschleppt.

Die **Ruinen des Großen Brunnens** (Dashuifa) selbst gelten als die am besten erhaltenen Überreste. Vor dem Hauptgebäude aus dem Jahr 1759 befand sich ein Löwenkopfbrunnen. Gegenüber befindet sich der **Guanshuifa,** fünf große Steinmauern, die mit europäischen Reliefs von Militärflaggen, Rüstungen, Schwertern und Waffen verziert sind. Die Mauern wurden in den 70er-Jahren des letzten Jahrhunderts auf dem Gelände der Peking-Universität entdeckt und später an ihren ursprünglichen Standort zurückgebracht. Unmittelbar östlich der Ruinen des Großen Brunnens befand sich ein Bogen mit vier Säulen, von dem immer noch Überreste zu bestaunen sind.

Westlich von den Ruinen des Großen Brunnens befinden sich die Überreste des **Haiyantang-Wasserspeichers** (Haiyantang Xushuichi Taiji), wo in einem Turm das Wasser für die eindrucksvollen Brunnen gespeichert und riesige Vorrichtungen zum Hochpumpen des Wassers eingesetzt wurden. Der Metallspeicher hieß im Volksmund das „Blechmeer" (Xihai).

Der **Haiyantang,** auch Wasseruhr genannt, an dem zwölf bronzene Menschenfiguren mit Tierköpfen nacheinander jeweils zwei Stunden lang Wasser spien, wurde im Jahr 1759 errichtet. Die zwölf Tierköpfe dieser Anlage sind inzwischen in Sammlungen im Ausland gelandet, und Beijing versucht, sie zurückzuerlangen (vier der Tierköpfe werden im Poly Art Museum ausgestellt). Direkt westlich davon befindet sich das **Fangwaiguan,** ein Gebäude, das für eine kaiserliche Konkubine in eine Moschee umgebaut wurde. Ebenfalls in der Nähe befindet sich die kunstvolle Anlage eines früheren Labyrinthes, der sogenannte **Garten der Gelben Blüten**, die ebenfalls sehr sehenswert ist.

Der Palastgarten erstreckt sich über eine riesige Fläche – 2,5 km von Osten nach Westen –, sodass Besucher auf lange Fußwege gefasst sein sollten. Außer den Ruinen gibt es noch den westlichen Abschnitt, den **Garten der Leuchtenden Vollkommenheit** (Yuanming Yuan) und im südlichen Gelände den **Garten der 10 000 Frühlinge** (Wanchun Yuan).

Bus 331 fährt vom südlichen Tor (bei Ausgang B der U-Bahn-Station Yuanmingyuan) zum östlichen Tor des Sommerpalastes und dann weiter zum Botanischen Garten, bis er schließlich den Park des Duftbergs erreicht.

dargestellt), die allesamt noch immer erhalten sind, wenigstens zum Teil.

Doch der Höhepunkt beim Besuch dieses Tempels ist die kostbare Sammlung bronzener buddhistischer Statuen in der „Ausstellung buddhistischer Kunst zur Zeit der Ming- und Qing-Dynastie", die in zwei kleinen Hallen auf den beiden Seiten des zweiten Hofes gezeigt wird. Die Ausstellung führt den Besucher durch das buddhistische Pantheon mit Statuen von Sakyamuni, Manjusri, Amitabha, Guanyin (in Bronze und *dehua* – weiß glasiertem Porzellan) und exotischen tantrischen Stücken. Ebenfalls bemerkenswert ist die *kapala*-Schale, die aus einem menschlichen Schädel gefertigt wurde, sowie *dorje* und *purbhas* (tibetische zeremonielle Dolche). In weiteren Hallen gibt es Museumsausstellungen mit Porzellan und Jade aus der Ming- und Qing-Zeit zu sehen.

Ebenfalls sehenswert sind die buddhistischen Statuen aus Stein und Ton, die sich in der großen namenlosen zentralen Halle hinten im zweiten Hof befinden. Es gibt vier hervorragende zentrale Stücke plus etwa einem Dutzend *arhats* (Buddhismusschüler) an den Seiten. Im Pavillon im hinteren Teil der Anlage befand sich früher eine 5 m hohe goldlackierte Messingstatue, die schon lange verschwunden ist; stattdessen steht dort jetzt eine Miniaturpagode aus einer Legierung aus Gold, Silber, Zink und Blei.

Mittwochs werden die ersten 200 Besucher kostenlos eingelassen.

Wer genau hinschaut, kann beim Verlassen des Tempels weiter nach Osten den Kanal hinunter die nahe gelegenen Überreste des Tempels Yanqing und des Tempels des Drachenkönigs ausmachen. Es dauert etwa 20 Minuten, um von hier zum Tempel Wuta zu laufen.

TEMPEL WUTA — BUDDHISTISCHER TEMPEL

Karte S. 335 (五塔寺; Wuta Si; 24 Wutasi Cun, 五塔寺村 24 号; Eintritt 20 Yuan, Audioguide 10 Yuan; ⌚9–16 Uhr; S National Library) Der unverwechselbare Tempel Wuta (Fünf-Pagoden-Tempel) im indischen Stil, der zum Zeitpunkt unserer Recherchen renoviert wurde, ist ein äußerst lohnenswertes Ziel für eine Besichtigung. Dafür sorgt nicht nur der ungewöhnliche architektonische Stil – namensgebend sind die fünf attraktiven Pagoden, die den Tempel krönen –, sondern auch die großartige Sammlung von Steinreliefs in der gesamten Anlage.

Das Äußere der Haupthalle, früher als Tempel Zhenjue (真觉寺; Zhenjue Si) bekannt, ist mit *dorje* verziert, Hunderten von Buddha-Bildnissen und Heerscharen verschiedener Kreaturen zwischen Spuren roter Farbe. Während der Ming-Zeit besaß der Tempel mindestens sechs Hallen, die während der Qing-Zeit alle in Gelb gekachelt wurden. Heute noch zu sehen ist die Terrasse, auf der die Große Schatzhalle stand. Der aus dem Jahr 1473 stammende Tempel ist für Beijing äußerst ungewöhnlich und schon für sich genommen einen Besuch wert, das Highlight jedoch ist die außergewöhnliche Sammlung von Steinreliefs, von denen einige an der Rückseite des Tempelkomplexes sorgfältig untergebracht sind, während viele andere einfach so auf dem Tempelgelände verstreut herumstehen. So stößt man auf Grabsteine, Tierstatuen, menschliche Gesichter, Steinstelen und einige riesige *bixi* (Fabeltiere in Gestalt schildkrötenähnlicher Drachen, die man in Konfuzianischen Tempeln häufig sieht). Die Reliefs wurden von verschiedenen Orten in Beijing zusammengetragen und Ende des letzten Jahrhunderts zu ihrem Schutz hierhergebracht. Die meisten stammen aus der Zeit der Qing- und Ming-Dynastie, es gibt aber auch einige Stücke aus der Yuan-, Tang-, Jin- und sogar der Östlichen Han-Dynastie, einige davon sind beinahe 2000 Jahre alt. Viele, wenn auch nicht alle, sind mit englischen Beschriftungen versehen. Dort, wo nur chinesische Beschriftungen vorhanden sind, wurde zumindest die Entstehungszeit in arabischen Ziffern angegeben.

Genau wie im Tempel Wanshou haben auch hier mittwochs die ersten 200 Besucher freien Eintritt. Ausgang C an der U-Bahn-Station Nationalbibliothek (National Library) nehmen, dann die erste Straße links abbiegen, um hierherzukommen.

Anzumerken ist noch, dass man von hier durch das Nordtor in den Beijinger Zoo gelangt. Den Kanal auf der dekorativen Bogenbrücke überqueren.

TEMPEL DER GROSSEN GLOCKE — BUDDHISTISCHER TEMPEL

Karte S. 341 (大钟寺; Dazhong Si; ☎6255 0819; 31a Beisanhuan Xilu; Ticket 20 Yuan; ⌚Di–So 9–16.30 Uhr; S Dazhongsi) Dieser renovierte, berühmte Schrein hieß ursprünglich Tempel Juesheng und diente den Qing-Kaisern, die hierher kamen, um Regen zu erbitten, zur Rast. Heute ist der Tempel nach seiner gewaltigen, aus der Ming-Zeit stammende Glocke (6,75 m hoch und satte 46,5 t schwer) benannt, die mit buddhistischen Sutras beschrieben ist, die wiederum aus über 227000 chinesischen Schriftzeichen bestehen, und mit Sanskrit-Sprüchen verziert ist. Die Glocke wurde im Jahr 1406 während der Herrschaft von Kaiser Yongle gegossen, und der Turm wurde im Jahr 1733 errichtet. Für den Transport der Glocke von der Gießerei zum Tempel wurde ein flacher Kanal gegraben; als dieser schließlich im Winter zufror, wurde die Glocke mit dem Schlitten über das Eis geschoben. Heute wird die Glocke nur einmal im Jahr am Mondneujahrsfest geläutet.

Wer ein Faible für Glocken hat, wird bei den Ausstellungen zum Glockengießen und bei den Sammlungen von Glocken aus Frankreich, Russland, Japan, Korea und anderen Ländern ins Schwärmen geraten. Ausgestellt werden darüber hinaus Replikas der Glocken und Glockenspiele des Markgrafen Xi von Zeng sowie eine Sammlung buddhistischer und taoistischer Glocken, darunter *vajra*-Glocken und Windspiele, die an Tempeldächern und Pagoden hängen.

KUNST & ARCHÄOLOGIEMUSEUM ARTHUR M SACKLER — MUSEUM

Karte S. 341 (赛克勒考古与艺术博物馆; Saikele Kaogu Yu Yishu Bowuguan; Peking University; ⌚9–16.30 Uhr; S East Gate of Peking University) GRATIS Auf dem Campus der Peking-Universität (Zutritt durch den Westeingang) wur-

ABSTECHER

PARK DES DUFTBERGS

Ganz in der Nähe des Sommerpalastes befinden sich die Westberge von Beijing (西山; Xi Shan), eine weitere ehemalige Sommerfrische der Kaiser. Der Teil der Xi Shan, der Beijing am nächsten gelegen ist, heißt **Park des Duftbergs** (香山公园; Xiang Shan Gongyuan; Sommer/Winter 10/5 Yuan, Kombi-Ticket 15 Yuan; ⌚6–19 Uhr; S Xiyuan, Yuanmingyuan, dann 🚌331).

Man kann zu Fuß die Hänge bis zum **Räucherbeckengipfel** (Xianglu Feng) hinaufklettern oder den **Sessellift** nehmen (einfach/hin & zurück 60/120 Yuan, 9.30–15.30 Uhr). Vom Gipfel aus bietet sich ein weiter Blick auf die Landschaft, und wer weiter in die Westberge wandert, lässt die Massen schnell hinter sich. Im Herbst, wenn die verfärbten Ahornblätter die Hänge in leuchtendes Rot tauchen, strömen die Beijinger in Scharen hierher.

In der Nähe des Nordtores zum Park des Duftbergs, aber immer noch innerhalb des Parks, steht das grandiose **Tempelkloster der Azurnen Wolken** (Biyun Si; Eintritt. 10 Yuan; ⌚8–16.30 Uhr), das bis zur Zeit der Yuan-Dynastie zurückreicht. Die **Bergtorhalle** (Shanmen) enthält zwei riesige Schutzgottheiten, Heng und Ha; dahinter liegen ein kleiner Hof sowie der Trommel- und Glockenturm, die zu einer Halle mit einer herrlichen Statue des Milefo führen – sie ist aus Bronze, aber kohlschwarz vor Alter. Einzig sein großer Zeh glänzt von der Berührung zahlloser neugieriger Finger.

In der **Sun-Yatsen-Gedenkhalle** (Sun Zhongshan Jinian Tang) stehen eine Statue und ein Glassarg, den die UdSSR 1925 zum Tod Suns (des ersten Präsidenten der Republik China) gestiftet hat. Ganz hinten befindet sich die marmorne **Vajra-Thron-Pagode** (Jingang Baozuo Ta), in der Sun Yatsen nach seinem Tod beigesetzt wurde, bevor seine Leiche an ihre letzte Ruhestätte in Nanjing überführt wurde. Die **Arhats-Halle** (Luohan Tang) ist einen Besuch mehr als wert; sie enthält 500 *luohan*-Statuen (die vom Zyklus der Wiedergeburt Befreiten), die alle eine eigene Persönlichkeit besitzen.

Südwestlich vom Tempel der Azurnen Wolken befindet sich der **Tempel der Einsicht** (Zhao Miao) im tibetischen Stil, und nicht weit davon steht eine Pagode mit glasierten Kacheln. Beide haben 1860 und 1900 die Heimsuchungen durch ausländische Truppen überstanden, die nichts als Plünderungen im Sinn hatten.

Auf der Anfahrtsstraße zum nördlichen Tor gibt es Dutzende billiger Restaurants und Imbissstände – mehr Auswahl für eine mittägliche Stärkung als bei jeder anderen Sehenswürdigkeit in diesem Teil der Stadt.

Irgendwann nach 2015 soll auch die U-Bahn über den Sommerpalast und den Botanischen Garten bis hierher fortgeführt werden.

INSIDERWISSEN

SCHLAUES BEIJING

Die Bewohner Haidians gehören zu den gebildetsten in ganz China. Es gibt nicht nur über 60 Universitäten in diesem Stadtteil, sondern in Haidian liegt auch Zhongguancun, Chinas Äquivalent zum kalifornischen Silicon Valley.

Bei so vielen IT-Nerds, Studenten und Akademikern, die in Haidian arbeiten und leben, wundert es nicht, dass diese Gegend schon lange mit Intelligenz assoziiert wird. Bereits 1937 beschrieb Lao She – der Vater der modernen chinesischen Literatur – das Stadtviertel in seinem klassischen Roman *Rickscha Kuli* als „Akademikerdorf".

Mit der Gründung der **Peking-Universität** (Karte S. 341) und der **Qinghua-Universität** (Karte S. 341) 1908 bzw. 1911 begann Haidians Weg zum akademischen Ruhm. Noch immer sind dies Chinas prestigeträchtigste Universitäten, inzwischen haben sich neuere Universitäten hinzugesellt, die dachten, sie könnten Studenten anziehen, wenn sie am selben Ort wie ihre berühmten Kollegen ansässig sind. Nach 1949 und der Gründung der Volksrepublik China wurden hier auch Regierungsinstitutionen angesiedelt.

In den Cafés und Restaurants von Wudaokou trifft man auf viele der jungen (und nicht mehr ganz so jungen) hellen Köpfe Beijings. Alternativ lässt sich auch ein Besuch im Kunst- & Archäologiemuseum Arthur M. Sackler mit einem Bummel über den attraktiven Campus der Peking-Universität verbinden, auf dem sich das Museum befindet.

de eine ausgezeichnete Sammlung von Relikten zusammengetragen, allerdings wären ein paar englische Beschriftungen angesichts der Bedeutung dieser Sammlung eine gute Idee gewesen. Zu den Exponaten gehört das Skelett des Jinniushan-Menschen, der über 250 000 Jahre alt sein soll, Bronze-Artefakte, Jade-Objekte und eine Fülle weiterer Relikte aus der Zeit der Uranfänge Chinas. Für freien Eintritt den Pass mitbringen.

Anschließend unbedingt über den schönen historischen Campus spazieren, eine angenehme Möglichkeit, dem verrückten Chaos Beijings eine Weile den Rücken zu kehren.

MILITÄRMUSEUM — MUSEUM

Karte S. 335 (军事博物馆; Junshi Bowuguan; 9 Fuxing Lu; Eintritt. 20 Yuan; ⏲April–Okt. 8.30–17.30 Uhr, Nov.–März 8.30–17 Uhr, montags geschlossen; Ⓢ Military Museum) Militärbegeisterte werden an diesem bulligen Monolithen von einem Gebäude, der mit einem kommunistischen Stern geschmückt ist, ihre helle Freude haben. Im unteren Bereich finden sich Flieger aus der Zeit des Kalten Krieges, Panzer und Boden-Luft-Raketen, das obere Stockwerk hingegen starrt vor noch mehr Waffen.

In der Halle des Krieges findet sich für den Widerstand gegen die US-Aggression ein wahres Meisterstück kommunistischer Propaganda.

Zum Zeitpunkt der Recherche für dieses Buch war das Hauptgebäude im Rahmen eines umfassenden Renovierungsprojektes geschlossen, aber im Vorhof wurde eine große Sammlung von Panzern, Flugzeugen, Artillerie und Militärfahrzeugen gezeigt; der Eintritt ist kostenlos (Ausweis mitbringen).

RUINENPARK DER STADTMAUER DER YUAN-DYNASTIE — PARK

Karte S. 341 (元大都城垣遗址公园; Yuan Dadu Chengyuan Yizhi Gongyuan; Ⓢ Xitucheng) GRATIS Der Name ist eine ambitionierte Fehlbezeichnung, denn es gibt hier nur wenige echte Relikte aus der Zeit der Yuan-Dynastie. Dieser schmale Parkstreifen entlang dem Fluss des Kleinen Mondes (Xiaoyue He) erinnert an einen Abschnitt der Mongolischen Stadtmauer, der längst verschwunden ist. Mit 9 km Länge ist dies die längste Parkanlage Beijings, die sich hervorragend für einen entspannenden Spaziergang anbietet.

ESSEN

LA BAMBA — MEXIKANISCH ¥

Karte S. 341 (☎8286 6755; Wudaokou, Huaqing Jiayuan East Gate, 五道口华清嘉园东门北侧 12-3; Gerichte ab 18 Yuan; ⏲10.30–5 Uhr; 📶🗐) Das La Bamba, das dank täglicher Specials

MING TANG-EVANS / GETTY IMAGES ©

1. Botanischer Garten Beijing (S. 181)
Tropengewächshaus im Botanischen Garten nördlich vom Park des Duftbergs

2. Sommerpalast (S. 179)
Blick über den mit Riesenseerosen übersäten Kunming-See auf den majestätischen Sommerpalast

3. Tempel Wuta (S. 183)
Fußabdruck Buddhas als Relief in dem beeindruckenden Tempel im indischen Stil

KRZYSZTOF DYDYNSKI / GETTY IMAGES ©

LOVEGULI / GETTY IMAGES ©

bei den Speisen und Getränken an den Wochenenden brechend voll und auch an den anderen Abenden gut besucht ist, ist ein wichtiger Studententreffpunkt. Es gibt sicher authentischeres mexikanisches Essen, aber billiges Bier (ab 20 Yuan) und Billard sind ebenso attraktiv wie die Burritos. Auf der Speisekarte stehen auch viele westliche Klassiker.

BRIDGE CAFÉ CAFÉ ¥

Karte S. 341 (桥咖啡; Qiao Kafei; ☎8286 7026; 12-8 Huaqing Jiayuan, 华清嘉园 12-8; Gerichte ab 33 Yuan; ⊙rund um die Uhr; 📶📋; ⓈWudaokou) Freundlich, quirlig und lichterfüllt, ein Top-Café sowohl für ein westliches Frühstück und Panini als auch für hausgemachte Pasta und leckere Pizza oder Kaffee und Getränke zu jeder Tages- und Nachtzeit. Es befindet sich im 2. Stock; durch die Tür neben dem Geschenkeladen gehen und dann die Treppe hinauf.

JAPANISCHES RESTAURANT ISSHIN JAPANISCH ¥¥

Karte S. 341 (日本料理一心; Riben Liaoli Yi Xin; ☎6119 3606; Room 403, West Bldg, 35 Chengfu Lu, 成府路 35 号院内西楼 403 室; Sushi ab 14 Yuan, Gerichte ab 36 Yuan; ⊙11–22 Uhr; 📋; ⓈWudaokou) Das Isshin, das schon seit längerer Zeit bei den Einheimischen hoch im Kurs steht, lohnt einen Besuch, wenn man in der Gegend ist. Mit seinem durchdachten Design, der entspannten Atmosphäre und vernünftigen Preisen ist es ein Ort, an dem sich Geschäftsleute, japanische Expats und Studenten gleichermaßen zu Hause fühlen. Die Sushi-Bar ist eher etwas für Gäste, die allein essen, während die Sushi-Schüsseln (48 Yuan) inklusive Salat so richtig satt machen.

Auf der umfangreichen Speisekarte des Isshin stehen Hotpots, Udon-Nudeln und Teriyaki-Gerichte. Zu finden ist das Restaurant von der Straße zurückversetzt, etwa 50 m nördlich der Ampelanlage an der Kreuzung Chengfu Lu und der Haltestelle Wudaokou.

GOLDEN PEACOCK DAI-KÜCHE ¥¥

Karte S. 341 (金孔雀德宏傣味餐厅; Jin Kongque Dehong Daiwei Canting; ☎6893 2030; Weigongcun, 魏公村韦伯豪家园南门对面; Gerichte ab 18 Yuan; ⊙11–22 Uhr; 📋; ⓈWeigongcun) In diesem unprätentiösen, beliebten Restaurant (früh kommen oder reservieren) unbedingt den Ananasreis und das scharfe Rindfleisch probieren. Das Lokal ist auf die Küche der Dai spezialisiert, einer ethnischen Minderheit im Südwesten Chinas, die viele Aromastoffe, wie Zitronengras, verwendet, wie dies in der südostasiatischen Küche üblich ist. Reiswein passt hervorragend zu den Gerichten.

Dank der Nähe zur Minzu Daxue (民族大学), Chinas Universität für seine 55 offiziellen ethnischen Minderheiten, ist Weigongcun eine super Ecke, um die Küche weiterer Minderheiten zu probieren, insbesondere auch die koreanische, mongolische und Xinjiang Küche.

SALANG-BANG KOREANISCH ¥¥

Karte S. 341 (舍廊房; Shelang Fang; ☎8261 8201; 3. OG, Dongyuan Plaza, 35 Chengfu Lu, 成府路 35 号东源大厦 3 层; Gerichte ab 30 Yuan; ⊙11–2.30 Uhr; ⓈWudaokou) Immer gut besucht von koreanischen Expat-Studenten, die sich nach heimatlichem Geschmack sehnen, ist dies eines der beliebtesten koreanischen Lokale in Wudaokou. Die verschiedenen Hotpots einschließlich des Klassikers *shiguo banfan* (Reis, Gemüse, Fleisch und ein Ei, in einem Tontopf serviert) beginnen bei 30 Yuan. Alternativ kann man sich Meeresfrüchte und Fleisch aussuchen und am Tisch selbst grillen. Bebilderte Speisekarte.

LAO CHE JI SICHUAN-KÜCHE ¥¥

Karte S. 341 (老车记; ☎6266 6180; 5. OG, Wudaokou U-Centre, 36 Chengfu Lu, 成府路 36 号五道口购物中心 5 层; Mahlzeiten für 2 Pers. ab 85 Yuan; ⊙11–22 Uhr; 🚭; ⓈWudaokou) Die Spezialität ist *Malaxiangguo* (麻辣香锅), eine Art trockener Hotpot, wo man selbst Fleisch, Fisch und Gemüse zugibt, der jedoch ohne die brodelnde Brühe auskommt, die man beim Standard-Hotpot bekommt. Drei verschiedene Schärfegrade stehen zur Auswahl, wer mit feuriger Schärfe nicht gut klarkommt, wählt den niedrigsten Schärfegrad. Man kann hier auch eine Schale Nudeln für 10 Yuan bekommen. Bebilderte Speisekarte.

AUSGEHEN & NACHTLEBEN

LUSH BAR

Karte S. 341 (☎8286 3566; 1 Huaqing Jiayuan, Chengfu Lu, 华清嘉园 1 号楼 2 层; Biere ab 20 Yuan, Cocktails ab 35 Yuan; ⊙8–4 Uhr; 📶; ⓈWudaokou) Für die Studentenhorden in

INSIDERWISSEN

BIERGARTEN WUDAOKOU

Wenn Beijing aus der Froststarre des Winters erwacht, kommen auch seine Einwohner wieder hervor. Sobald in Wudaokou der Sommer einkehrt, verwandelt sich die Gegend unmittelbar westlich der U-Bahn-Haltestelle in einen äußerst beliebten **Biergarten** (Karte S. 327). Die Einheimischen sammeln sich um die Tische, trinken Bier vom Fass und futtern *shaokao* (Barbecue) von den umgebenden Imbissständen. Die Party beginnt am späten Nachmittag und dauert bis tief in die Nacht. Dabei wird es immer lauter und lärmiger, je mehr von den 10-Yuan-Bieren in durstigen Kehlen verschwunden sind.

Wudaokou, ob ausländische oder einheimische, führen alle Wege ins Lush. Tagsüber dient es als Café mit westlicher Speisekarte, einschließlich Frühstück (40 Yuan) und Sandwiches und Salaten (ab 45 Yuan). Wenn es dunkel wird, bietet es jeden Abend etwas anderes, beispielsweise Livemusik, ein Pub-Quiz oder eine offene Bühne für angehende Dichter und Sänger.

Täglich von 20–22 Uhr ist Happy Hour und montags Martini-Nacht. Die Bar befindet sich über dem Meet Fresh Café.

WU NACHTCLUB

Karte S. 341 (五; 1/F, NW Corner, Wudaokou U-Centre, Chengfu Lu, 成府路 36 号五道口购物中心一层西北角; Biere ab 20 Yuan; ⏲20–5 Uhr; Ⓢ Wudaokou) Das Wu richtet sich ganz entschieden an die Leute von der Uni mit täglichen Getränke-Specials und Partymusik. Es ist dennoch deutlich gehobener als die übrigen Clubs in der Gegend. Sein sauberes, modernes Ambiente bildet einen Kontrast zum schäbigen Look der meisten Lokale in Wudaokou. Es befindet sich im Erdgeschoss der U-Centre-Einkaufszentrums, sehr nahe an der U-Bahn-Station.

PROPAGANDA NACHTCLUB

Karte S. 341 (☎8286 3991; Huaqing Jiayuan, 华清嘉园; ⏲ 20.30–5.30 Uhr; Ⓢ Wudaokou) Billige Drinks, Hip-Hop-Musik und die Gelegenheit zum kulturellen Austausch mit Einheimischen lockt Wudaokous studentische Bevölkerung in diesen Club, der zwar nicht gerade einnehmend wirkt, aber bereits lange besteht. Der Eintritt ist frei. Der Club liegt etwa 100 m nördlich vom Osttor des Huaqing Jiayuan.

UNTERHALTUNG

KONZERTHALLE DER NATIONALBIBLIOTHEK KLASSISCHE MUSIK, TANZ

Karte S. 335 (国家图书馆音乐厅; Guojia Tushuguan Yinyueting; ☎8854 5531; 33 Zhongguangcun Nandajie, 中关村南大街 33 号; Tickets 80–580 Yuan; Ⓢ National Library) In diesem eindrucksvollen Saal, der zum Zeitpunkt der Recherchen umfassend aufgemöbelt wurde, werden nicht nur Liederabende und Konzerte veranstaltet (viele von Musikern aus Übersee), hier kann man auch sehr schön klassische chinesische Tanzvorführungen sehen, in denen Sequenzen im Stil der Kampfkunst mit traditioneller Tanzchoreografie kombiniert werden.

13 CLUB LIVEMUSIK

Karte S. 341 (13 俱乐部; 13 Julebu; ☎8668 7151; 161 Chengfu Lu, 成府路 161 号; Eintritt ab 30 Yuan; ⏲18 Uhr–open end; Ⓢ Wudaokou) Eine dunkle, unwirtliche Kneipe in einer dazu passenden schmutzigen Gasse. Hier wird viel Metal gespielt; wer also ein Fan von Gitarrensolos ist und gerne das Metal-Sign macht, ist hier genau richtig. Nach dem roten Schild Ausschau halten.

UME INTERNATIONAL CINEPLEX KINO

Karte S. 341 (☎8211 5566; 44 Kexueyuan Nanlu, 科学院南路 44 号; Tickets 65–100 Yuan; Ⓢ Renmin University) Schickes Multiplex-Kino, in dem die neuesten Filme aus dem Westen gezeigt werden (zumindest solche, die den chinesischen Zensoren in den Kram passen). Vor dem Kinobesuch besser sicherstellen, dass der Film nicht chinesisch synchronisiert wurde.

SHOPPEN

CENTERGATE COMO ELEKTRONIK

Karte S. 341 (科贸电子城; Kemao Dianzicheng; 18 Zhongguancun Dajie, 中关村大街 18 号; ⏲9–19 Uhr; Ⓢ Zhongguancun) Zhongguancun ist Chinas Silicon Valley, und in der Zhongguancun Dajie und den umliegenden Straßen gibt es viele Einkaufszentren, in denen digitale und elektronische Produkte verkauft werden. Dies ist eines der größten, zehn

Stockwerke mit Händlern, die zu vernünftigen Preisen Computer-Software und -Hardware, Spiele, Handys sowie MP3-Player und iPods anbieten.

Nicht alles ist Originalware, aber man kann hier handeln. Laptop-Reparaturen werden im 2. Stock ausgeführt. Im 8. Stock gibt es einen Food Court.

SPORT & AKTIVITÄTEN

FRIENDSHIP HOTEL SCHWIMMEN, TENNIS

Karte S. 341 (☎6849 8888, Nebenstelle 32; 1 Zhongguancun Nandajie, 友谊宾馆 中关村南大街 1 号; ⏲ 7–22.30 Uhr; Ⓢ Renmin University) Das ehrwürdige Friendship Hotel hat ein Schwimmbecken mit olympiatauglichen Ausmaßen, das früher einmal ein Freibecken war, doch inzwischen leider überdacht wurde. Die Nutzung kostet 150 Yuan pro Tag oder wie lange man eben bleibt. Man kann auch Tennisplätze mieten (400 Yuan pro Stunde), und es gibt einen Fitnessraum und Sauna.

CHINA STUDY ABROAD SPRACHKURSE

Karte S. 341 (☎8286 3166; www.chinastudyabroad.org; Huaqing Jiayuan, Gebäude 7, 803B, 成府路华清嘉园 7 号楼 803B 室; Ⓢ Wudaokou) Diese professionelle Organisation bietet das volle Spektrum an chinesischen Sprachlernprogrammen, angefangen bei Sommerkursen über Privatunterricht bis zu langfristigen Kursen, um Einstufungstests an der Uni zu bestehen.

Die Große Mauer

Geschichte

Die Große Mauer (长城; Changcheng), die weltweit zu den eindrucksvollsten Kultdenkmälern schlechthin zählt, ist ein Ehrfurcht einflößendes Symbol für die Großartigkeit von Chinas früherer Geschichte. Die rund 2000 Jahre alte Mauer - oder, um genauer zu sein: die Mauern, da es nie ein ununterbrochenes Bauwerk war - windet sich durch 17 Provinzen, Fürstentümer und autonome Regionen. Um die Besteigung dieser berühmtesten aller Bastionen in Angriff zu nehmen, eignet sich kein Ausgangspunkt besser als Beijing.

Die offizielle chinesische Geschichtsschreibung betont gerne die Einheit und Einheitlichkeit der Mauer durch alle Zeiten. Tatsächlich jedoch gibt es mindestens vier unterschiedliche Mauern. Der Bau der „originalen" Mauer begann während der Qin-Dynastie (221–207 v.Chr.), als China unter Kaiser Qin Shihuang erstmals geeint wurde. Mehrere Hunderttausend Arbeiter, davon viele politische Gefangene, arbeiteten zehn Jahre lang am Bau der Mauer. Schätzungsweise 180 Millionen Kubikmeter gestampfte Erde wurden verarbeitet, um das Kernstück der Mauer zu bilden, und wie zumindest die Legende berichtet, wurden auch die Gebeine toter Arbeiter als Baumaterial verwendet.

Nach dem Sturz der Qin wurde die Arbeit an der Mauer während der Han-Dynastie (206 v.Chr. - 220 n.Chr.) fortgeführt. Dann geschah die nächsten 1000 Jahre nicht mehr viel bis zur Jin-Dynastie (1115–1234), als die drohende Gefahr durch Dschingis Khan zum Weiterbau ansporne. Die endgültige Form, in der heutige Besucher die Mauer zumeist sehen, erhielt sie während der Ming-Dynastie (1368–1644), als sie über einen Zeitraum von 100 Jahren mit Stein, Ziegel und Zinnen verstärkt wurde, was die zwei bis drei Millionen Menschen, die dort schufteten, teuer zu stehen kam. Während dieser Periode waren dort rund eine Million Soldaten stationiert.

Die große Ironie der Mauer liegt darin, dass sie Chinas Feinde nur selten von einer Invasion abhielt. Die Mauer war nie ein völlig durchgehender Bau, es gab unvermeidliche Lücken, durch die Dschingis Khan 1215 in Beijing einreiten konnte.

So war die Mauer militärisch zwar alles andere als wirkungsvoll, auf andere Art jedoch sehr nützlich: Sie diente als „Schnell-Weg", um Menschen und Ausrüstung in bergigem Gelände zu transportieren. Ihr Leuchtfeuerturm-System, bei dem Rauchsignale durch Verbrennen von Wolfskot erzeugt wurden, übermittelte Nachrichten über feindliche Bewegungen schnell in die Hauptstadt. Nachdem sich jedoch die Mandschus als Qing-Dynastie (1644–1911) in Beijing niedergelassen hatten und die Bedrohung durch die Mongolen längst der Vergangenheit angehörte, bestand kein großer Bedarf mehr, die Mauer zu erhalten, weshalb sie nach und nach zerfiel.

Zerfall & Restaurierung

Der Verfall der Mauer beschleunigte sich während des Krieges mit Japan und später während des Bürgerkriegs, bevor 1949 das neue China gegründet wurde. Die Kommunisten, die das Problem noch verschlimmerten, hatten anfangs wenig Interesse an der Mauer. Mao Zedong ermunterte sogar die Menschen, die in der Nähe der Mauer wohnten, sie als kostenlose Quelle für Baumaterial zu nutzen, was inoffiziell auch heute noch so gehandhabt wird. Erst 1984 ordnete Maos Nachfolger Deng Xiaoping an, die Mauer streckenweise zu restaurieren und unter den Schutz der Regierung zu stellen.

Die klassischen Postkartenansichten der Mauer - wie sie sich, makellos mit Ziegeln verkleidet, tapfer und solide bis zum Horizont über die Berge schlängelt - vermitteln nicht das wahre Bild der heutigen Bastion. Während die Abschnitte in der Nähe von Beijing und einige weitere so restauriert wurden, dass sie dem einstigen Glanz des Bauwerks annähernd nahekommen, sind gewaltige Mauerabschnitte entweder nur noch Trümmer oder, besonders im Westen, einfache Erdhaufen, die alles Mögliche darstellen könnten.

Besichtigung der Mauer

Der stark restaurierte Abschnitt bei Badaling ist der touristischste Teil der Mauer. Mutianyu und Jinshanling sind ebenfalls restaurierte Abschnitte. Sie wirken zwar alles andere als authentisch, haben jedoch den großen Vorteil, sehr viel einfacher zugänglich zu sein (mit Seilbahn, Geländern etc.). Huanghua Cheng und Zhuangdaokou sind teilweise restauriert, teilweise „naturbelassen" und bieten kurze, aber anspruchsvolle Wandermöglichkeiten. Zu den unrestaurierten Abschnitten der „unberührten Mauer" gehören Gubeikou und

Die Große Mauer

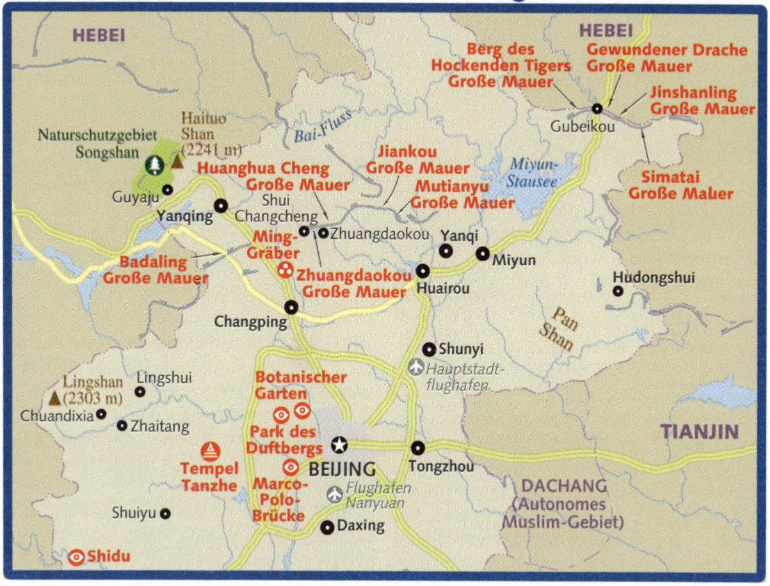

Jiankou, aber auch viele weitere. Alle diese Abschnitte sind mit öffentlichen Verkehrsmitteln gut erreichbar (nach Badaling kann man sogar mit dem Zug fahren!), auch wenn sich manche Leute lieber ein Auto mieten, um das Ganze zu beschleunigen. Es empfiehlt sich, an der Mauer zu übernachten.

Ausflüge, die von Jugendherbergen oder spezialisierten Reiseveranstaltern angeboten werden, sind solchen normaler Hotels oder Reiseunternehmen bei Weitem vorzuziehen, da sie mehr auf die Bedürfnisse von Abenteuerreisenden aus dem Westen eingehen und auf versteckte Extras verzichten wie einen Abstecher zu den Ming-Gräbern (eine verbreitete Zugabe) oder einen lästigen Umweg zu einer Edelsteinfabrik oder einem Zentrum für Traditionelle Chinesische Medizin. Die folgenden seriösen Firmen und Organisationen bieten Ausflüge zur Mauer an, die uns gefallen:

Bespoke Beijing (www.bespokebeijing.com) Luxusreisen und -touren.

Great Wall Hiking (www.greatwallhiking.com) Lokale Wanderreisen.

China Hiking (www.chinahiking.cn) Erschwingliche Wander- und Campingreisen unter der Leitung eines chinesisch-belgischen Paares.

Beijing Hikers (www.beijinghikers.com) Wanderverein, der preiswerte Wanderreisen organisiert.

Bike Beijing (www.bikebeijing.com) Fahrradtouren.

Beijing Sideways (www.beijingsideways.com) Touren im Motorrad-Seitenwagen.

Mutianyu

Mutianyu (慕田峪) ist ein kürzlich restauriertes Abschnitt der Mauer , der von vielen Touristen besucht wird und von Beijing aus recht einfach zu erreichen ist. Er ist auch für Familien gut geeignet mit Seilbahn, Sessellift und einer überaus beliebten Rutsche. Hierher kommen deutlich weniger Reisegruppen als nach Badaling, sodass die Menschenmengen sehr viel überschaubarer sind.

Erkundung der Mauer

Bei diesem 3 km langen Mauerabschnitt, der für seine Wachtürme aus der Ming-Zeit und seine ausgezeichnete Aussicht berühmt ist, handelt es sich weitgehend um einen kürzlich restaurierten Bau aus Zeiten der Ming-Dynstie, der auf einem früheren Bau

WIE LANG IST SIE DENN NUN?

Die Chinesen nennen die Große Mauer die „10 000-Li-Mauer" (万里长城; Wanli Changcheng). Nachdem ein „Li" ungefähr 500 m entspricht, wäre die Mauer also etwa 5000 km lang. Modernere Berechnungen kommen jedoch auf deutlich mehr. Ein Bericht von Chinas staatlicher Verwaltung des Kulturerbes schätzte im April 2009 die unterbrochene Länge der Mauer aus der Zeit der Ming-Dynastie auf 8851 km. Die Ming-Dynastie war aber nur eine (wenn auch die bedeutendste) von 13 Dynastien, die im Lauf der Geschichte zur Mauer beigetragen haben. Eine neuere und sorgfältigere Untersuchung hat errechnet, dass die Gesamtlänge aller Teilstücke der Großen Mauer, die jemals standen, einschließlich solcher Abschnitte, die parallel liefen und solcher Abschnitte, die komplett durch die Witterung zerstört wurden, 21 119 km umfasst.

der Nördlichen Qi-Dynastie errichtet worden war. Mit 26 Wachtürmen ist die Mauer hier eindrucksvoll und gut zu bewältigen, und trotz ihrer Beliebtheit beschränkt sich der Großteil der Souvenirhändler auf die unteren Bereiche.

Vom Ticketschalter in Mutianyu führen drei oder vier Treppenwege hinauf zur Mauer, außerdem eine **Seilbahn** (缆车; *lan che*; einfach/hin und zurück 60/80 Yuan, Kinder zum halben Preis) und ein **Sessellift** (索道; *suodao*; Kombiticket mit Rutsche 80 Yuan), der auf den Schildern hier als „ropeway" bezeichnet wird, außerdem wird eine **Fahrt auf der Rutsche** (滑道; *hua dao*; einfach 60 Yuan) angeboten. Dadurch ist dieser Abschnitt ideal für alle, die nicht zu viele Treppen gehen können oder die Kinder im Schlepptau haben.

Top-Tipp

Wer mit dem Bus 916快 nach Huairou fährt, sollte tunlichst den Schlepper ignorieren, der so gut wie immer an der Haltestelle Nanhua Shichang in den Bus steigt und versucht, ausländische Touristen zu einer teuren Fahrt zur Großen Mauer im Kleinbus zu überreden. Manchmal trägt er zur Unterstützung seiner Masche ein Hemd, das dem des Busfahrers ähnelt.

Anfahrt

➡ **Bus** Von der Bushaltestelle Dongzhimen Wai fährt Bus 867 jeden Vormittag zweimal den Abstecher nach Mutianyu (16 Yuan, 2½ Std., Abfahrten 7 und 8.30 Uhr, nur vom 15. März–15. Nov.), und von Mutianyu gehen nachmittags auch wieder zwei Fahrten zurück (14 und 16 Uhr). Oder über Huairou fahren: vom Dongzhimen Verkehrsknotenpunkt (Dongzhimen Shuniuzhan) mit Bus 916快 (das Schriftzeichen ist „*kuai*" und bedeutet „schnell") nach Huairou (12 Yuan, 1 Std., 6.30–19.30 Uhr). An der Haltestelle Mingzhu Guangchang (明珠广场) aussteigen, die erste Straße rechts gehen, dort wartet ein Pulk von Minivans, um Fahrgäste nach Mutianyu (pro Person 10–20 Yuan, 30 Min.) zu bringen.
Anmerkung: Nach 13 Uhr muss man wahrscheinlich einen eigenen Wagen chartern (60 Yuan für eine einfache Fahrt). Die Minivans für die Rückfahrt stehen ab ca. 18 Uhr immer seltener zur Verfügung. Der letzte Bus 916快 zurück nach Beijing verlässt Huairou etwa um 19 Uhr. Falls man ihn verpasst, nimmt man ein Taxi von Huairou bis zur U-Bahn-Station Shunyi (顺义地铁站; Shenyi Ditie Zhan; etwa 100 Yuan) der Linie 15 oder zurück bis Dongzhimen (220 Yuan).

➡ **Taxi** Tagesfahrt von Beijing etwa 600–700 Yuan

Gut zu wissen

➡ **Lage** 90 km von Beijing

➡ **Preis** Erwachsene/ermäßigt 45/25 Yuan

➡ **Öffnungszeiten** 7–18.30 Uhr im Sommer, 7.30–17.30 Uhr im Winter

ESSEN

In Mutianyu gibt es eine Subway-Filiale (direkt beim Parkplatz), außerdem viele Obst- und Snackbuden.

RESTAURANT YI SONG LOU CHINESISCH ¥¥
(翼松楼餐厅; Yi Song Lou Canting; Hauptgerichte 20–60 Yuan; ⏲8.30–17 Uhr; 📋) Dieses Restaurant ist direkt oben beim Haupteingang gelegen. Das chinesische Essen ist okay.

SCHLAFEN

Etwa 500 m unterhalb vom Eingang Mutianyu gibt es ein halbes Dutzend Pensionen im Dorf. Alle haben englische Aushängeschilder und wurden kürzlich renoviert. Für ein Zimmer etwa 100 Yuan einplanen.

BRICKYARD ECO RETREAT PENSION ¥¥¥
(瓦厂; Wa Chang; ☎6162 6506; www.brickyardatmutianyu.com; Beigou Village, Huairou District 怀柔区渤海镇北沟村; Zi 1480–1980 Yuan, Suite 3990 Yuan; ❄📶) Eine Fabrik für glasierte Kacheln aus den 1960er-Jahren wurde renoviert und in eine wunderschöne Pension umfunktioniert – fünf entzückende Zimmer, jedes mit Blick auf die Große Mauer. Im Preis inbegriffen sind das Frühstück, die Nutzung des Spa und Shuttle-Dienste zur Mauer und in die umliegenden Dörfer. Brickyard befindet sich im Dorf Beigou (北沟村; Beigou Cun), etwa 2 km vom Abschnitt Mutianyu der Großen Mauer entfernt. Reservierung unbedingt erforderlich.

Gubeikou

Die entlegene historische Stadt Gubeikou (古北口) ist heute nur noch ein Dorf, war früher jedoch für den Nordosten Chinas ein wichtiges, schwer bewachtes Tor nach Beijing. Das Dorf, das durch einen Kamm zweigeteilt ist, auf dem sich die Große Mauer entlangzieht und durch den ein kleiner Tunnel führt, umfasst viele alte Wohnhöfe (und zusätzlich viele nachgebaute) sowie ein halbes Dutzend kleiner Tempel (20 Yuan, Kombiticket). Verschiedene Abschnitte der Mauer treffen in dem Dorf und drum herum in einer Art Große-Mauer-Kreuzung zusammen, weshalb man hier viele Wandermöglichkeiten hat. Ein kurzer, steiniger Mauerabschnitt stammt aus der weit zurückliegenden Zeit der Nördlichen Qi-Dynastie (550–577 n. Chr.). Die weiteren Abschnitte stammen aus der Ming-Zeit. Auf oder neben der Mauer gibt es ausgetretene Feldwege, sodass das Wandern hier weniger gefährlich ist als auf anderen unrestaurierten Mauerabschnitten. Dennoch gilt: immer gut aufpassen.

Erkundung der Mauer

Es gibt hier zwei Hauptabschnitte der Mauer: **„Der sich windende Drache"** (蟠龙; Pan Long) auf dem Kamm, der das Dorf Gubeikou in zwei Teile teilt und schließlich zum Mauerabschnitt Jinshanling führt, und **„Berg des hockenden Tigers"** (卧虎山; Wo Hu Shan) auf der anderen Seite vom Fluss Chao (durch den Tunnel gehen, die Brücke über den Fluss überqueren und über die Treppe gehen, die bald rechts auftaucht). Beide Abschnitte bieten märchenhafte Wandermöglichkeiten, auch wenn der „Hockende Tiger" außerordentlich steil ist. Es gibt noch weitere kurze, verstreute Mauerabschnitte wie den, der vom „Sich windenden Drachen" hinter dem Great Wall Box House bergab verläuft. Die Mauer ist hier weniger deutlich definiert als an anderen Stellen in der Nähe von Beijing, aber die Kulisse ist großartig, was das Wandern zu einer wahren Freude macht. Die Wege entlang des Abschnitts „Der sich windende Drache" sind mit gelb aufgesprühten Markierungen versehen, die noch von einem Große-Mauer-Marathon stammen, der hier vor einigen Jahren stattfand, sodass die Orientierung hier einfacher ist als an anderen Mauerabschnitten.

Top-Tipp

Selbst wer nicht im Great Wall Box House übernachtet, sollte dort auf ein Getränk oder eine Schüssel Nudeln reinschauen und bei der Gelegenheit Joe oder Sophie über Wanderwege ausfragen.

Anfahrt

➡ **Bus** Mit Bus 980快 vom Verkehrsknotenpunkt Dongzhimen (Dongzhimen Shuniuzhan) zur Endhaltestelle Miyun (密云汽车站; Miyun qichezhan; 15 Yuan, 90 Min., 6–19 Uhr) fahren. Das Zeichen 快 (*kuai*) bedeutet „schnell". Den Busbahnhof verlassen, die Straße überqueren und rechts zur Bushaltestelle der Linie 密25 gehen. Das Zeichen 密 (Mi) steht für Miyun. Mit Bus 密25 nach Gubeikou fahren (9 Yuan, 70 Min.). Der letzte Bus 密25 zurück nach Miyun fährt um 17.30 Uhr. Der letzte Bus 980 zurück nach Dongzhimen fährt um 19 Uhr.

➡ **Taxi** Tagesfahrt von Beijing etwa 1000–1200 Yuan

Gut zu wissen

➡ **Lage** 130 km von Beijing

➡ **Preis** Eintritt 25 Yuan (wird selten erhoben)

➡ **Öffnungszeiten** keine offiziellen Öffnungszeiten

ESSEN & SCHLAFEN

Alle Touristenunterkünfte befinden sich in der kürzlich sanierten Südhälfte des Dorfes (vor dem Gubeikou-Tunnel), das heute als **Dorf der Volksbräuche** (ist allerdings weniger putzig, als es klingt) bezeichnet wird. Direkt vor dem Tunnel aussteigen (wer die Haltestelle verpasst, kann von der nächsten Haltestelle aus durch den Tunnel zurückgehen) und rechts durch den Torbogen gehen. Es gibt Dutzende *nongjiayuan* (农家院; Dorf-Pensionen). Man muss daher nicht im Voraus irgendetwas buchen, sondern kann einfach dort aufkreuzen und sich das aussuchen, was einem gefällt. Alle Unterkünfte haben englische Aushängeschilder, es wird aber kaum Englisch gesprochen. In einem einfachen Zimmer mit Bad ist ungefähr mit 80/120/150 Yuan für ein EZ/DZ/3BZ zu rechnen. In allen Pensionen kann außerdem auch gegessen werden (Hauptgerichte 20–40 Yuan).

★ **GREAT WALL BOX HOUSE** PENSION ¥¥
(团园客栈; Tuan Yuan Kezhan; ☎8105 1123; http://en.greatwallbox.com; No 18 Dongguan, Gubeikou Village; 古北口镇东关甲18号; werktags/Wochenende, inkl. Abendessen B 180/200 Yuan, EZ 200/220 Yuan, 2BZ 500/550 Yuan) Dieses wunderbare Haus wird von einem jungen, freundlichen, Englisch sprechenden Paar geführt, Joe und Sophie, und es befindet sich in einem 100 Jahre alten Wohnhofgebäude, eine stillgelegte Schachbrettfabrik, die Joe liebevoll restauriert und in eine Pension umgewandelt hat. Die Zimmer liegen um einen langen, gepflegten Innenhofgarten und sind groß (der Schlafsaal ist riesig), hell und makellos sauber. Unglaublicherweise verläuft ein kleiner, überwachsener Abschnitt der Großen Mauer an einer Seite des Grundstücks entlang.

Das Gemeinschaftsbad ist modern (mit Sitztoiletten), es gibt einen kleinen Küchen-Essbereich und zwölf entzückende Katzen. Joe und Sophie geben zuverlässige Auskünfte über Wandermöglichkeiten und verleihen Mountainbikes (pro Stunde/Tag 10/40 Yuan). Außerdem kochen sie leckere vegetarische Gerichte. Vor dem Gubeikou-Tunnel aussteigen und anstatt durch den Torbogen zu gehen, auf der Landstraße in südliche Richtung laufen. Nach etwa 500 m ist rechts das Box-House-Schild zu sehen.

Jiankou

Für überwältigende Wanderungen entlang des vielleicht außergewöhnlichsten Abschnitts der „unberührten Mauer" bei Beijing sollte man den hinteren Abschnitt der Großen Mauer bei Jiankou ansteuern (后箭扣长城; Hou Jiankou Changcheng). Er ist vom Dorf Xizhazi (西栅子村; Xizhazi Cun) über die Stadt Huairou erreichbar. Es ergeben sich betörende Panoramablicke in alle Richtungen der Großen Mauer, wenn sich das bröckelnde Mauerwerk dramatisch über den Bergkamm schlängelt, die Kulisse ist absolut großartig. Die Mauer ist hier jedoch völlig unrestauriert, daher ist es gefährlich und genau genommen auch verboten, hier zu wandern. Unbedingt festes Schuhwerk mit rutschfesten Sohlen tragen und diesen Abschnitt keinesfalls bei Regen begehen, insbesondere nicht bei Gewitter. Bei gutem Wetter bietet die Gegend bei Jiankou (箭扣) wunderbare Möglichkeiten, entlang der Mauer zu wandern und zu campen.

Erkundung der Mauer

Das Dorf Xizhazi ist eigentlich eine Ansammlung von fünf Weilern oder *dui* (队), aufgereiht in einem Tal, an dessen linker Seite ein bewaldeter Hang liegt, auf dessen Kamm die Große Mauer verläuft. Die Mauer ist von verschiedenen Punkten in diesem Tal aus erreichbar. Wer die ganze Strecke bis zur Großen Mauer bei Mutianyu wandern möchte, geht – an der Mauer angekommen – links. Die Mauer hat hier verschiedene Besonderheiten, die nach ihrem Erscheinungsbild benannt wurden. Dazu gehören das **Ochsenhorn** (牛角边; Niu Jiao Bian; 90-Minuten-Wanderung bis Mutianyu), das eine große U-förmige 180-Grad-Schleife beschreibt, der **Spitze Nordturm** (正北楼; Zheng Bei Lou; 3½ Stunden bis Mutianyu), er ist der höchste Turm, der von Weiler Nr. 5 aus linker Hand zu sehen ist, die **Pfeilnocke** (剪扣; Jiankou; 6 Stunden), ein tiefer Durchlass im Bergkamm, und der **Auffliegende Adler** (鹰飞到仰; Ying Fei Dao Yang; 9 Stunden), drei Leuchtfeuertürme, von denen zwei (die Adlerflügel) auf dem höchsten Punkt des Berges über dem tiefer stehenden, mittleren (Adlerkopf) stehen.

Bus H25 hat seine Endstation am Ende der Talstraße bei Weiler Nr. 5 (五队, *wu dui*). Von hier gibt es Wege zum Auffliegenden Adler (hinter dem Dorf) und zur Pfeilnocke (zurück Richtung Weiler Nr. 4). Bevor der Bus hier angelangt ist, fährt er durch einen dekorativen Torbogen am Taleingang. Hier muss man aussteigen, um eine Eintrittskarte für den landschaftlich schönen Bereich zu kaufen (25 Yuan). Weiler Nr. 1 (一队; *yi dui*) befindet sich linker Hand direkt hinter dem Torbogen. Von hier ist es ein Fußmarsch von etwa 90 Minuten bis zum Ochsenhorn.

Top-Tipp

Wer nicht übernachten und auch nicht zu einem anderen Mauerabschnitt wandern möchte, lässt den Taxifahrer warten (erst danach bezahlen!), da es im Dorf Xizhazi schwierig ist, ein Taxi zu bekommen.

Anfahrt

➡ **Bus** Mit Bus 916快 vom Verkehrsknotenpunkt Dongzhimen bis zur Endhaltestelle Huairou (怀柔汽车站; Huairou qichezhan, 12 Yuan, 90 Min., 6.30–19.30 Uhr). Beim Verlassen des Busbahnhofs nach links gehen, an der Kreuzung rechts und an der ersten Bushaltestelle Bus 862 nach Yujiayuan (于家园; 2 Yuan; fünf Haltestellen) besteigen, dann mit Bus H25 weiterfahren nach Xizhazi (西栅子; 8 Yuan, 70 Min.). Achtung, der H25 fährt nur zweimal pro Tag, um 11.30 und 16.30 Uhr. Die H25-Busse zurück verlassen Xizhazi um 6.30 und 13.15 Uhr, mit öffentlichen Verkehrsmitteln allein ist das also an einem Tag nicht machbar.

➡ **Taxi** Tagesfahrt von Beijing etwa 700–900 Yuan; von Huairou zum Dorf Xizhazi für die einfache Fahrt mindestens 120 Yuan einplanen.

Gut zu wissen

➡ **Lage** 100 km von Beijing

➡ **Preis** Eintritt 20 Yuan

➡ **Öffnungszeiten** keine offiziellen Öffnungszeiten

ESSEN & SCHLAFEN

YANG ER PENSION ¥

(杨二; ☎136 9307 0117, 6161 1794; Xizhazi Village No 1; 西栅子村一队; Zi 100 Yuan; ❄📶) Der erste *nongjiāyuan* (农家院; Wohnhof im ländlichen Stil), zu dem man kommt, wenn man aus dem Dorf Xizhazi den Weiler Nr. 1 erreicht. Die Zimmer liegen um einen Hof mit Gemüsebeet und sind einfach, mit eigenem Bad. Die Speisekarte (Hauptgericht 25–50 Yuan) enthält einige Fotos. Es wird kein Englisch gesprochen.

ZHAO SHI SHAN JU (JIANKOU) PENSION ¥

(赵氏山居; ☎135 2054 9638, 6161 1762; www.jkwall.com – nur Chinesisch; Zi 100–220 Yuan; ❄📶) Dieses Haus, das letzte Anwesen im Tal (im Weiler Nr. 5 des Dorfes Xizhazi), ist bei chinesischen Wanderern sehr beliebt (es wird kaum Englisch gesprochen). Großer schattiger Essbereich mit schöner Aussicht auf die Große Mauer. Die Zimmer sind ordentlich und sauber und für jeweils zwei bis vier Schlafgäste ausgelegt. Die meisten haben ein Bad. Auf der Hauptstraße bis hinter die Endstation des Busses gehen, dann ist das Haus rechts zu sehen. Die Speisekarte ist mit Fotos versehen (Hauptgericht 20–40 Yuan).

Huanghua Cheng

Weniger touristisch als die anderen Abschnitte der Großen Mauer in der Nähe von Beijing ist Huanghua Cheng (黄花城), ein äußerst lohnender und unglaublich steiler Mauerabschnitt. Er schlängelt sich über die Berge östlich und westlich eines kleinen Speichersees und bietet spektakuläre Ausblicke in die umliegende Landschaft. Dieser nur teilweise restaurierte Abschnitt ist angenehm frei von fliegenden Händlern, die den Besuch bei anderen Mauerabschnitten zu einem anstrengenden Erlebnis machen können. Es gibt hier auch gute Wandermöglichkeiten.

Erkundung der Mauer

Huanghua Cheng ist bemerkenswert wenig überlaufen. Besucher können hier recht ungestört dieses klassische und gut erhaltene Beispiel einer Ming-Verteidigungsanlage bewundern mit ihren hohen und breiten Festungswällen, intakten Brüstungen und stämmigen Leuchtfeuertürmen in relativ isolierter Lage. Die phasenweise erfolgten lückenhaften Restaurierungsarbeiten ließen den bröckelnden, vornehmen Charme der Mauer und ihre Authentizität weitgehend unangetastet. An einigen Stellen löst sich die Mauer in Geröll auf und einige Treppenstufen sind verfallen.

Von der Straße entweder westlich (links) Richtung Zhuangdaokou laufen oder östlich (rechts) den erschreckend steilen Abschnitt hinaufgehen, der vom Speichersee hinauf- und schließlich bis nach Jiankou weiterführt (nach etwa zwei Tagen). Für die östliche Strecke über den kleinen Damm gehen, den geschäftstüchtigen Einheimischen bezahlen, der ganz inoffiziell Eintrittskarten für 3 Yuan verkauft, und den Weg neben dem Speichersee nehmen. Die Treppen direkt hinter dem kleinen Laden-plus-Café hinaufsteigen bis zu einer Metallleiter, über die man die Mauer erreicht. Die Mauer führt steil bergauf mit einer Reihe weiterer Wachtürme, bevor sie etwas bergab führt, um anschließend nur noch steiler zu werden als zuvor.

Um Richtung Westen zu gehen, ist es am einfachsten, den Weg zur Mauer hinaufzugehen, der hinter dem Tenglong-Hotel beginnt. Auf dieser Seite ist die Mauer beinahe ebenso steil und an einigen Stellen zusätzlich glatt und rutschig. Die Ausblicke von oben sind überwältigend, und man kann von hier zum Dorf Zhuangdaokou (30 Min.) gehen; hierzu die Mauer an der tiefsten Stelle nach links verlassen.

Anreise

➡ **Bus** Vom Verkehrsknotenpunkt Dongzhimen (Dongzhimen Shuniuzhan) Bus 916快 nach Huairou (11 Yuan, 1 Std., 6.30–19.30 Uhr) nehmen. An der Haltestelle Nanhuayuan Sanqu (南花园三区) aussteigen, etwa 200 m geradeaus weitergehen (dabei eine Straße überqueren) zur nächsten Bushaltestelle, Nanhuayuan Siqu (南花园四区). Hier den Bus H14 besteigen, der unterwegs ist nach Er Dao Guan (二道关), und in Huanghua Cheng aussteigen (8 Yuan, 1 Std., bis 18.30 Uhr). Der Bus fährt nur etwa einmal pro Stunde, Taxifahrer drücken sich an der Bushaltestelle herum (100 Yuan, einfache Fahrt). Der letzte 916快 von Huairou zurück nach Beijing verlässt Huairou etwa um 19 Uhr.

➡ **Taxi** Tagesfahrt von Beijing etwa 700–800 Yuan

Gut zu wissen

➡ **Lage** 77 km von Beijing

➡ **Preis** 3 Yuan (inoffiziell)

➡ **Öffnungszeiten** keine offiziellen Öffnungszeiten

ESSEN & SCHLAFEN

TENGLONG-HOTEL PENSION ¥

(滕龙饭店; Tenglong Fandian; ☎6165 1929; Zi mit/ohne Bad 100/60 Yuan) Eines von einer Reihe kleiner Gästehäuser. Die meisten stehen auf der Flussseite der Straße, dieses freundliche Haus jedoch, das über die Stufen links direkt vor der Mauer zu erreichen ist, schmiegt sich auf der anderen Straßenseite an den Hang und bietet eine schöne Aussicht auf die Mauer. Die Zimmer sind einfach, aber sauber und für jeweils zwei bis drei Schlafgäste ausgelegt. Es wird kein Englisch gesprochen, aber das Restaurant hat eine englische Speisekarte (Hauptgerichte 15–40 Yuan).

Zhuangdaokou

Zhuangdaokou (撞道口), ein kleines Dorf gleich auf der anderen Bergseite östlich von Huanghua Cheng, bietet Zugang zu einem wenig besuchten und völlig unrestaurierten Abschnitt der „unberührten Mauer". Es ist auch möglich, von hier aus auf einem restaurierten Mauerabschnitt nach Huanghua Cheng zu wandern, was jedoch nur wenige tun – erstaunlich, wenn man bedenkt, wie unkompliziert das ist. Der „unberührte" Abschnitt zum Speichersee in Shui Changcheng bröckelt so vor sich hin und wird von kleinen Bäumen und Sträuchern überwuchert, man kann aber noch darauf wandern – einfach besonders gut aufpassen.

Erkundung der Mauer

Der Bus sollte einen am Ende des Dorfes Zhuangdaokou aussteigen lassen, wo die Straße einen kleinen Bach überquert. In dem Laden in der Nähe Wasser und Proviant kaufen, dann rechts halten und auf der Landstraße am Bach entlanggehen und hinter den Häusern hinauf, bis zu einem felsigen Weg, der zur Mauer hinaufführt. Bei der Mauer (20 Minuten) rechts gehen, es folgt die einstündige Wanderung auf einem restaurierten, aber sehr steilen Abschnitt der Mauer, der schließlich bei Huanghua Cheng zur Straße hinunterführt, wo man wieder den Bus H14 zurück nach Huairou besteigen kann. Oder aber links gehen, um zwei Stunden über einen bröckelnden Abschnitt der von Büschen bedeckten Mauer zum **Große-Mauer-Seeufer-Schutzgebiet**

Huanghuacheng (黄花城水长城旅游区; Huanghuacheng Shuichangcheng Lǚyouqu; Eintritt 45 Yuan; ⏲8–17.30 Uhr) zu wandern, auch bekannt als Shui Changcheng (水长城). Von dort aus fährt der Bus H21 zurück nach Huairou. Diese Route ist extrem schwierig zu gehen. Gut aufpassen.

Anreise

➡ **Bus** Vom Verkehrsknotenpunkt Dongzhimen (Dongzhimen Shuniuzhan) mit Bus 916快 nach Huairou (11 Yuan, 1 Std., 6.30–19.30 Uhr). An der Haltestelle Nanhuayuan Sanqu (南花园三区) aussteigen, etwa 200 m geradeaus gehen (dabei eine Straße überqueren) bis zur nächsten Bushaltestelle Nanhuayuan Siqu (南花园四区). Bus H21, der von hier nach Shui Changcheng (水长城) fährt, hält in Zhuangdaokou (8 Yuan, 1 Std., alle 30 Min. bis 18.30 Uhr). Der letzte Bus 916快 von Huairou zurück nach Beijing verlässt Huairou etwa um 19 Uhr.

➡ **Taxi** Tagestour ab Beijing etwa 700–800 Yuan

Gut zu wissen

➡ **Lage** 80 km von Beijing

➡ **Preis** keine Eintrittsgebühr

➡ **Öffnungszeiten** keine offiziellen Öffnungszeiten

ESSEN & SCHLAFEN

ZAOXIANG YARD PENSION ¥

(枣香庭院; Zaoxiang Tingyuan; ☎135 2208 3605; Zi 80–150 Yuan) Das moderne Gästehaus ist in einem 70 Jahre alten Wohnhof eingerichtet mit traditionellen Elementen, wie hölzernen Fensterrahmen und Fensterscheiben aus Papier, aber auch einigen Extras, die in letzter Zeit dazukamen, wie Dusche und Essbereich (auch im Hof kann man essen; englische Speisekarte; Hauptgerichte 20–50 Yuan). Ein Zimmer verfügt über ein Bad. Das Haus steht auf der rechten Seite der Hauptstraße, direkt vor dem Bushaltepunkt. Auf dem Weg zur Großen Mauer gibt es noch drei weitere Pensionen.

Jinshanling

Der Abschnitt Jinshanling (金山岭) der Großen Mauer ist komplett restauriert, von Beijing jedoch so weit entfernt, dass dorthin weniger Touristen kommen als zu anderen restaurierten Abschnitten. Es gibt hier einige ungewöhnliche Merkmale wie Sperrwände (Mauern innerhalb der Mauer), und jeder Wachturm trägt eine Beschriftung auf Englisch mit genauen Angaben zur historischen Bedeutung dieses Mauerteils. Die Landschaft kann hier nüchterner und kahler sein als beispielsweise in Jiankou oder Gubeikou, aber sie ist sicher kraftvoller und lässt keinen Zweifel, dass es sich um ein entlegenes Gebiet handelt. Dies ist auch der Endpunkt einer abenteuerlichen 6½-Stunden-Wanderung ab Gubeikou.

Erkundung der Mauer

Das Wandern auf diesem restaurierten Mauerabschnitt ist unkompliziert. Es gibt ein Osttor und ein Westtor (etwa 2 km voneinander entfernt), d.h. man kann einen Rundweg gehen (90 Minuten), ohne denselben Weg zurückgehen zu müssen. Vom Osttor auf der Mauer rechts gehen bis zum Westtor, dann wieder rechts hinunter zur Straße. Bei Bedarf kann auch die **Seilbahn** (缆车; *lan che*; einfach/hin und zurück 30/50 Yuan) am Ticketschalter des Westtors genutzt werden. Um zu unrestaurierten Abschnitten zu kommen, an der Mauer rechts gehen und dann einfach immer weiter. Dieser Abschnitt führt schließlich nach Gubeikou (6½ Std.), auch wenn man die Mauer für ein oder zwei Stunden verlassen muss, um ein kleines Militärlager zu umgehen.

Anreise

➡ **Bus** Es gibt einen direkten Bus von der U-Bahn-Station Wangjing West (Linie 13), der an einer Stelle hält, von der aus ein Fußweg in etwa 30 Minuten zum Ticketschalter Jinshanling führt. Die U-Bahn-Station bei Ausgang C verlassen und über die rechte Schulter schauen, um das rote Schild für „Tourist Bus to Jinshanling Great Wall" (金山岭长城旅游班车; Jinshanling Changcheng lüyou banche) zu finden. Von hier fahren halbstündlich Busse nach Jinshanling (32 Yuan, 90 Min., 7.30–16 Uhr). Vom Bushaltepunkt (eine Tankstelle an der Schnellstraße) unter der Schnellstraße hindurch zurückgehen und noch etwa 2 km bis zum Ticketschalter des Osttors. Achtung: Beim Zurückgehen (den Bereich des Osttors nach rechts verlassen) sammelt der Bus Fahrgäste auf derselben Seite der

1

3

1. Jiankou (S. 196)
Dieser nicht restaurierte Abschnitt der Mauer, der sich über einen Bergkamm schlängelt, ist sehr malerisch.

2. Badaling (S. 202)
Dieser belebte Abschnitt der Mauer ist am einfachsten erreichbar.

3. Große Mauer (S. 191)
Die Frage ist nicht ob, sondern in welchem Zustand man die Mauer sehen möchte: restauriert und kinderfreundlich oder verwildert und baufällig?

PANORAMA MEDIA / GETTY IMAGES ©

DAVID ALLAN BRANDT / GETTY IMAGES ©

Schnellstraße wieder ein, wo er sie hat aussteigen lassen, nicht auf der Seite mit der Polizeistation. Der letzte Bus zurück verlässt die Tankstelle um 16.20 Uhr.

➡ **Taxi** Tagesfahrt von Beijing etwa 1000–1200 Yuan

Gut zu wissen

➡ **Lage** 142 km von Beijing

➡ **Preis** Sommer/Winter 65/55 Yuan

➡ **Öffnungszeiten** keine offiziellen Öffnungszeiten

ESSEN

Neben dem Eingang durch das Osttor (东门; Dongmen) gibt es ein Café im Stil einer Hotellobby (Kaffee 30 Yuan, Bier 12 Yuan, Hauptgerichte 12–60 Yuan) mit einer englischen Speisekarte und freundlichem Personal, das mit begrenztem Englisch sein Bestes gibt.

Badaling

Allein schon bei der Erwähnung dieses Namens läuft es Hardcore-Mauerwanderern kalt den Rücken hinunter, aber Badaling (八达岭) ist der Teil der Mauer, den man am einfachsten erreicht (sogar per Bahn!), sodass dies bei knapp bemessener Zeit die einzige Option ist. Dann bekommt man es mit riesigen Touristenmengen, vielen fliegenden Souvenirhändlern und einer Mauer zu tun, die in den 1980er-Jahren komplett renoviert wurde und der es somit an historischer Authentizität fehlt. Der Mauerabschnitt Badaling ist jedoch höchst fotogen, hat gute Einrichtungen für Touristen (Restaurants, barrierefreien Zugang, Seilbahn etc.) und lässt sich auf einem Halbtagesausflug von Beijing aus besichtigen.

Erkundung der Mauer

Beijings meistbesuchtes Stück ziegelverkleideter Bastion hakt alle zweifelhaften Klischees der Großen Mauer auf einmal ab: Souvenirbuden, fliegende Händler, die ihre T-Shirts verschachern, Restaurants, übermäßig restauriertes Mauerwerk, wenig Authentizität, Geländer und Touristenhorden. Auf der Plus-Seite ist zu vermerken, dass die Kulisse naturbelassen und eindrucksvoll wirkt und dass die Mauer, die sich in klassischer Manier über die Berge schlängelt, extrem fotogen daherkommt. Sie geht auf die Ming-Zeit zurück (1368–1644), musste jedoch in den 1950er- und 1980er-Jahren besonders heftige Restaurierungen über sich ergehen lassen, als sie im Wesentlichen nachgebaut wurde.

Es gibt eine **Seilbahn** (缆车; *lan che*; einfach/hin und zurück 80/100 Yuan, Betriebszeit 8–16.30 Uhr) unten vom Parkplatz am Westende und eine **Rutsche** (30 Yuan; wird hier auf den Schildern als „Sliding Car" bezeichnet), die zum Parkplatz am Ostende hinunterführt. Ein behindertengerechter Zugang ist ebenfalls vorhanden. Am Parkplatz West stehen Geldautomaten.

Top-Tipp

Einen großen Bogen um den Bärenpark machen.

Anfahrt

➡ **Bus** Linie 877 (12 Yuan, 1 Std., 6–17 Uhr) fährt auf der Nordseite des Deshengmen-Tors (德胜门) nach Badaling ab, etwa 500 m östlich von der U-Bahn-Station Jishuitan. Er fährt zum Parkplatz Ost in Badaling. Von hier geht es etwas bergauf, dann links durch einen überdachten Bereich mit Souvenirläden, am Ende wieder links und bergauf zum Ticketschalter, der sich zwischen zwei großen befestigten Torbögen befindet.

➡ **Zug** Die einfachste und angenehmste Option, nach Badaling zu kommen, ist eine Zugfahrt. Der Bahnhof Badaling liegt vom Parkplatz West ein kurzes Stück bergab; beim Verlassen des Bahnhofs links zur Mauer gehen (etwa 1 km). Die Morgenzüge (6 Yuan, 70–80 Minuten) fahren im **Nordbahnhof Beijing** (北京北站; Beijing Beizhan; Karte S. 332; ☎5186 6223) ab, zu dem es von U-Bahn-Station Xizhimen zu folgenden Zeiten Verbindungen gibt: Dienstag bis Donnerstag 6.12, 8.34, 10.57 und 12.42 Uhr; Freitag bis Montag 6.12, 7.58, 9.02, 10.57, 13.14 und 13.35 Uhr. Nachmittagszüge kommen zurück um 13.40, 15.08, 17.30, 19.34 und 21.33 Uhr (Dienstag bis Donnerstag) und um 13.40, 15.52, 16.14, 17.30, 20.06 und 21.31 Uhr (Freitag bis Montag).

➡ **Taxi** Für Hin- und Rückfahrt mit etwa 600–700 Yuan rechnen

CAMPING AUF DER MAUER

Auch wenn, streng genommen, das Campen auf der Großen Mauer nicht erlaubt ist, tun es viele Leute dennoch. Einige Wachtürme sind eine ausgezeichnete Basis, um Zelte aufzuschlagen oder einfach einen Schlafsack auszurollen. Dabei jedoch unbedingt darauf achten, kein Feuer zu entzünden und nichts zurückzulassen. Prima Plätze zum Campen finden sich auch auf den Mauerabschnitten Zhuangdaokou, Jiankou und Gubeikou.

In Beijing gibt es jede Menge Möglichkeiten, Campingausrüstung zu kaufen, eine der besten jedoch, was Qualität und Auswahl betrifft, ist **Sanfo** (三夫户外; Sanfu Huwai; ☎6201 1333; www.sanfo.com; 3–4 Madian Nancun, 北三环中路马甸南村4之3–4号; ⏲9–21 Uhr). Es gibt überall in der Stadt weitere Filialen, aber diese hier in einer Seitenstraße des mittleren Abschnitts der Nördlichen 3. Ringstraße hebt sich davon ab, weil hier drei Outlets nebeneinanderliegen sowie einige kleinere und billigere Campingläden gleich nebenan. Die U-Bahn-Station Jiandemen (Linie 10) bei Ausgang D verlassen, rechts gehen und etwa 800 m Richtung Süden gehen, dann die 3. Ringstraße unterqueren, die Campingläden kommen auf der rechten Seite.

Eine kleinere, einfacher erreichbare **Filiale** (三夫户外; Sanfu Huwai; Karte S. 332; 9–4 Fuchengmen Dajie; 阜成门大街9–4; ⏲10–20 Uhr) gibt es etwa 200 m südlich von der U-Bahn-Station Fuchengmen.

Gut zu wissen

- **Lage** 70 km von Beijing
- **Preis** Erwachsene/ermäßigt 45/25 Yuan
- **Öffnungszeiten** 6–19 Uhr im Sommer, 7–18 Uhr im Winter

ESSEN

An den Hauptstraßen zum Mauereingang gibt es Dutzende Restaurants, überwiegend Fast-Food-Filialen oder Imbissbuden.

YONG HE KING FAST FOOD ¥

(永和大王; Yonghe Dawang; Hauptgerichte 15–30 Yuan; ⏲10–21 Uhr; 📋) Gleich oberhalb vom Parkplatz West, zwischen KFC und Subway, bei Yong He King einfach mal die chinesische Fast-Food-Version probieren: Reisgerichte, Teigtaschen, Nudeln.

Wandern auf der Großen Mauer

Beijing liegt in unmittelbarer Nähe einer Reihe von Abschnitten der Großen Mauer, es gibt hier in der Gegend also mehrere ausgezeichnete Wandermöglichkeiten für Möchtegern-Abenteurer. Nachfolgend haben wir eine Liste einiger unserer Lieblingswanderungen auf der Großen Mauer in Hauptstadtnähe zusammengestellt. Keine davon darf jedoch auf die leichte Schulter genommen werden. Die Mauer ist an einigen Stellen unglaublich steil, bröckelt teilweise vor sich hin, ist häufig den Elementen sehr stark ausgesetzt, und die unrestaurierten Abschnitte haben in der Regel keine Seitenbegrenzungen. Unbedingt feste Schuhe mit rutschfesten Sohlen tragen und mit Rucksack gehen, um beide Hände beim Klettern frei zu haben. Jede Menge Wasser mitnehmen.

Von Jiankous Ochsenhorn bis Mutianyu

- 2 Stunden (plus 1 Stunde zur Mauer hinauf)

Konkurrenzlos mit ihrer unverfälschten Kulisse der „naturbelassenen Mauer“, ist das Wandern auf der Mauer bei Jiankou ein hartes Stück Arbeit. Die kurze Strecke, die auch den 180-Grad-Bogen umfasst, der als Ochsenhorn bekannt ist, ist ähnlich anspruchsvoll, geht jedoch bei Mutianyu bald in einen leichteren, restaurierten Abschnitt über. Zugang zur Mauer vom Weiler Nr. 1 im Dorf Xizhazi (西栅子村一队; Xizhazi Cun Yidui). Vom Dorf bis zur Mauer geht man etwa eine Stunde; ab dem Schild, das besagt „dieser Abschnitt der Großen Mauer ist für die

Öffentlichkeit gesperrt", einem schmalen Feldweg bergauf folgen und anschließend einen hübschen Kiefernwald durchqueren. Bei einer kleinen Lichtung geradeaus (und leicht bergab) gehen, nicht bergauf nach rechts. Später, wenn die Mauer erreicht ist, links gehen. Zum Ochsenhorn hinaufsteigen bzw. -klettern und dieses umrunden, bevor es (sehr rutschig) bergab geht bis Mutianyu, wo Seilbahn, Rutsche und Rückfahrt nach Beijing warten.

Zhuangdaokou bis Huanghua Cheng

➡ 1 Stunde (plus 20 Minuten zur Mauer hinauf)

Eher ein Katzensprung als eine Wanderung und ein weitgehend restaurierter Teil der Mauer, aber er bietet hinreißende Ausblicke auf die Mauer bei einem Speichersee, sobald der Gipfel erklettert ist. Zugang zur Mauer vom Dorf Zhuangdaokou; am Dorfende bei dem kleinen Fluss rechts abbiegen, dem Fluss folgen (rechts vom Fluss), dann rechts abbiegen, zwischen den Häusern bergauf gehen, um einen Steinweg hochzusteigen. Wenn die Mauer erreicht ist, rechts gehen, bis es auf Höhe des Speichersees hinunter zur Straße geht. Hier fahren Busse nach Huairou, beispielsweise die Linie H14 (bis 18 Uhr).

Zhuangdaokou bis Shui Changcheng

➡ 2 Std. (plus 20 Minuten zur Mauer hinauf)

Vom Dorf Zhuangdaokou zur Mauer hinaufsteigen und auf der Mauer links gehen, um mit dem gefährlichen, aber märchenhaften Abschnitt der zerfallenden Bastion belohnt zu werden. Bei einem Eckturm teilt sich die Mauer schließlich, hier links gehen. Bald nachdem ein weiterer Turm erreicht ist, von dem aus man weit unten den Speichersee sehen kann, stürzt die Mauer in Trümmern den Berg hinunter und ist nicht weiter begehbar. Anstatt sein Leben zu riskieren, sollte man doch besser den Weg links nach unten nehmen, der direkt vor dem Turm abgeht. Dieser Weg führt wieder auf die Mauer, es ist aber ebenso möglich, von hier aus weiter bergab zur Straße zurückzugehen, wo vom unteren der beiden großen Parkplätze der Bus H21 zurück nach Huairou fährt.

Die Schleife „Der sich windende Drache"

➡ 2½ Stunden

Diese landschaftlich reizvolle und gut zu bewältigende Wanderung beginnt und endet in der Stadt Gubeikou und folgt einem gewundenen Stück der Mauer, das als „Der sich windende Drache" bekannt ist. Vom Dorf der Volksbräuche (Südhälfte von Gubeikou) zum neu gebauten **Gubeikou-Tor** (古北口关; Gubeikou Guan) hinaufgehen, direkt vor dem Tor jedoch rechts abbiegen auf einen Feldweg. Hier sollten noch gelb aufgesprühte Kleckse zu sehen sein, die vom letzten Marathon übrig geblieben sind, der hier stattfand. Dieser Markierung folgen. Der erste Mauerabschnitt, der erreicht wird, ist einer der wenigen noch erhaltenen steinernen Abschnitte der **Mauer der Nördlichen Qi-Dynastie** (1500 Jahre alt!). Bald grenzt er an das gemauerte Erbe der Ming-Dynastie, auf der es nun weitergeht (an einer Stelle allerdings muss man gelben Pfeilen folgen, die links von der Mauer hinunterführen, bevor es später wieder hinaufgeht). Nach etwa 90 Minuten Gehzeit sollte rechter Hand eine große Kehre in der Mauer auftauchen (die Drachenwindung), die von drei Türmen gekrönt wird. Der erste und dritte Turm sind recht gut erhalten mit Mauern, Fenstern und einem Teil des Dachs (klasse Campingplatz). Beim dritten Turm (dem **Jiangjun-Turm**) links gehen, den Turm umrunden, dann die Stufen hinuntergehen bis zu einer Stelle, die mit einem gelben „X" markiert ist, dort rechts gehen (beim Marathon ging es hier geradeaus weiter). Dieser Weg führt zurück nach Gubeikou (30 Minuten), auf der Straße nach rechts gehen.

Gubeikou bis Jinshanling

➡ 6½ Stunden

Dieses Abenteuer, für das ein Tag anzusetzen ist, umfasst alles von einem Stück alter Steinmauer über eine unrestaurierte zusammenstürzende Ziegelmauer bis hin zu einem bildschönen, kürzlich renovierten Abschnitt sowie einen 90-minütigen Abstecher durch die Landschaft. Sehr viel Wasser und genügend Proviant mitnehmen. Anfangs den Weg der Wanderung zur Schleife „Der sich windende Drache" folgen, anstatt die Mauer jedoch direkt nach dem **Jiangjun-Turm** zu verlassen, eine Stunde weitergehen bis zu dem eindrucksvollen **24-Fenster-Turm** (heute sind nur noch 15 Fenster übrig). Hier den gelben Pfeilen von der Mauer hinunter folgen, um einen militärischen Sperrbereich zu umgehen, und etwa 25 Minuten über die Felder gehen. Dann bei der ersten Gelegenheit bei einem weiteren gelben Pfeil neben einem Gemüsefeld rechts gehen und auf dem Weg wieder zur Mauer hinauf. Nach etwa einer halben Stunde wird das **Qing-Yun-Bauernhaus** erreicht, wo eventuell Ess- und Trinkbares gekauft werden kann (jedoch nicht darauf verlassen). Von hier aus geht es in 25 Minuten zur Mauer hinauf (an der Gabelung ist der linke Weg der leichtere). An der Mauer durch den hübschen Eingang gehen, um auf die andere Seite des Turm zu gelangen, anschließend auf der Mauer zu dem restaurierten Abschnitt bei Jinshanling weitergehen. Am **Xiliang-Zhuandao-Turm** muss bei einer Dame ein Ticket gekauft werden, von dort geht es in etwa 30 Minuten zum **Kleinen Jinshan-Turm** (von dort den Weg oder die Seilbahn zum Westtor hinunter) oder in etwa 90 Minuten zum **Ostturm mit Fünf Löchern** (von hier den Weg hinunter zum Osttor, von dort sind die Busse zur Rückfahrt nach Beijing in einem 30-minütigen Fußmarsch zu erreichen).

Tagesausflüge

Ming-Gräber S. 207
Von der UNESCO geschützte Begräbnisstätte von 13 Kaisern Chinas.

Chuandixia S. 208
Hinreißendes, gut erhaltenes Dorf aus der Ming-Dynastie in einem abgeschiedenen Tal.

Tanzhe-Tempel S. 209
Großer, historischer buddhistischer Tempel inmitten bewaldeter Hügel.

Marco-Polo-Brücke & Wanping S. 212
Eine 900 Jahre alte Steinbrücke neben einer einzigartigen Festungsstadt der Ming-Dynastie.

Ming-Gräber

Erkundung

Die von der UNESCO geschützten Ming-Gräber (十三陵; Shisan Ling) sind die letzte Ruhestätte für 13 der 16 Kaiser der Ming-Dynastie und ein tolle Gelegenheit für einen faszinierenden Halbtagsausflug. Die Gräber, jedes eine riesige Tempelanlage mit einem gewaltigen Grabhügel dahinter, liegen am südlichen Hang des Bergs Tianshou. Nur drei der Gräber sind öffentlich zugänglich, und nur in einem wurden die unterirdischen Grabkammern freigelegt. Aber all das ist eindrucksvoll genug, um sich zu wundern, wie viele kostbare Schätze hier wohl noch vergraben sein mögen.

Top-Tipp

Die geplante Verlängerung der U-Bahn-Linie Changping wird bis zu den Ming-Gräbern reichen und mit etwas Glück vielleicht sogar schon in Betrieb sein, wenn das Buch erschienen ist.

Anreise

➡ **Bus** Der Bus 872 (9 Yuan, 1 Std., 7.10–19.10 Uhr) fährt an der Nordseite des Desheng-men-Tors (德胜门) ab und zu allen Sehenswürdigkeiten (außer zum Zhao Ling) bis zum Chang Ling. Der letzte Bus zurück fährt um 18 Uhr.

Unterwegs vor Ort

➡ **Bus** Mit dem Bus ist alles gut zu erreichen: Der Bus 872 hält in Da Gong Men (大宫门), von wo es zu Fuß durch das dreibogige Große Palasttor (大宫门) zum Seelenweg geht. Am Ende des Seelenwegs fährt man von Hu Zhuang (胡庄) aus weiter mit dem Bus 67 (von der ersten Bushaltestelle rechts) bis zur Endstation Zhao Ling (1 Yuan); von dort führt der Weg durchs Dorf bis zu den Gräbern. Zurück auf dem gleichen Weg geht's entweder mit dem nächsten Bus 67 oder zu Fuß (2 km; am Ende der Straße links, dann nochmal links) zum Ding Ling, wo der Bus 314 zum Chang Ling (1 Yuan) abfährt.

Gut zu wissen

➡ **Lage** 50 km von Beijing

➡ **Eintritt** 35–65 Yuan, Kombiticket 135 Yuan

➡ **Öffnungszeiten** 8–17.30 Uhr

SEHENSWERTES

CHANG LING — GRABMAL

(长陵; Eintritt 50 Yuan, Audioguide 50 Yuan) Chang Ling ist die Grabstätte des ersten der 13 Kaiser, die in den Ming-Gräbern bestattet sind. Dort ruhen die Leichname von Kaiser Yongle (1402–1424), seiner Frau und 16 Konkubinen. Es ist das größte, imposanteste und bedeutendste der Gräber. Alle Grabstätten sind nach dem gleichen kaiserlichen Bauplan angelegt: Ein Haupttor (棱恩门; *lin'en men*) führt zum ersten der Höfe und zur Haupthalle (棱恩殿; *ling'en dian*).

Dahinter stehen die Tore zum Seelentor (明楼; Ming Lou), hinter dem sich der von einer Festungsmauer (宝成; *bao cheng*) umgebene Grabhügel erhebt. Oben auf einer dreistufigen Marmorterrasse steht das Prachtstück der Anlage, die Halle der Himmlischen Gunst (灵恩殿; Ling'en Dian) mit einem atemberaubenden Innenraum mit großen Säulen aus *nanmu* (Zedernholz), einer neueren Statue von Yongle und verschiedenen in Ding Ling ausgegrabenen Artefakten. Wie bei allen drei Gräbern kann auch hier der Seelenturm im hinteren Teil der Anlage für einen Blick über die Hügel der Umgebung bestiegen werden.

DING LING — GRABMAL

(定陵; Eintritt 65 Yuan, Audioguide 59 Yuan) Ding Ling, die Grabstätte von Kaiser Wanli (1572–1620), seiner Ehefrau und seinen Konkubinen, ist auf den ersten Blick weniger eindrucksvoll als Chang Ling, da viele der Hallen und Tore zerstört wurden. Es ist das einzige Grab, das jemals geöffnet wurde, aber viele der kostbaren Artefakte waren nach Lagerung in einem riesigen, nicht abgedichteten Raum, in den Wasser sickerte, ruiniert. Andere Kostbarkeiten – darunter die Leichen von Kaiser Wanli und seiner Gefolgschaft – wurden während der Kulturrevolution von den Roten Garden geraubt und verbrannt.

Es handelt sich jedoch um die einzige Grabstätte, in der Besucher in die großen, aber nun leeren Grabkammern hinabsteigen können.

Das kleine **Museum der Ming-Gräber** (明十三陵博物馆; Ming Shisanling Bowuguan; Eintritt mit Ticket für Ding Ling) gleich hinter dem Kartenschalter von Ding Ling zeigt ein paar wertvolle erhaltene Artefakte sowie Repliken zerstörter Originale.

Ming-Gräber

Ming-Gräber

ZHAO LING GRABMAL

(昭陵; Eintritt 35 Yuan) Zhao Ling ist das kleinste Grab, und viele der Gebäude sind jüngere Nachbauten. Es wird seltener besucht als die anderen Grabstätten, daher ist es dort auch um einiges ruhiger. Die *bao cheng* (宝成; Festungsmauer), die um den Grabhügel herum verläuft, ist in ihrer Größe und Form ungewöhnlich. Das Grab selbst, die Ruhestätte des Kaisers Longqing (1537–1572), liegt am oberen Ende des kleinen Dorfs Zhaoling (昭陵村; Zhaoling Cun).

SEELENWEG STRASSE

(神道; Shendao; Eintritt 35 Yuan) Ein 1 km langer Abschnitt des Seelenwegs, der 7 km langen Straße zu den Gräbern, ist eine kostenpflichtige Touristensehenswürdigkeit. Er beginnt im Süden mit einem dreibogigen Triumphbogen, dem **Großen Palasttor** (大宫门; Dagong Men), und führt durch den **Stelenpavillon** (碑亭; Bei Ting), in dem ein riesiger *bixi* (mythischer, schildkrötenartiger Drache) die größte Stele Chinas trägt. Danach folgt die berühmte Garde aus zwölf großen Steinfiguren von Tieren und Beamten.

ESSEN

RESTAURANT MING CHANG LING CHINESISCH ¥

(明长陵餐厅; Ming Ching Ling Canting; Chang-Ling-Ming-Grab; ⏲8.30–15 Uhr) Einfaches, aber sauberes Restaurant mit englischsprachiger Speisekarte gleich neben dem Kartenschalter von Chang Ling.

NONGJIAFAN KUAICAN CHINESISCH ¥

(农家饭快餐; Hauptgerichte 20–40 Yuan; ⏲8.30–17.30 Uhr) Kleines Restaurant am Parkplatz von Ding Ling (kein englischsprachiges Schild und auch keine englische Speisekarte). Serviert werden hier u. a. *xihongshi jidan mian* (西红柿鸡蛋面; Nudeln mit Ei und Tomate; 20 Yuan), *zhajiang mian* (炸酱面; Beijinger Nudeln mit Schwein; 20 Yuan), *huiguo rou* (回锅肉; scharfes, gepökeltes Schwein; 28 Yuan), *gongbao jiding* (宫爆鸡丁; scharfes Huhn mit Erdnüssen; 26 Yuan) und *yuxiang rousi* (鱼香肉丝; süß-scharfes Schweineragout; 26 Yuan).

Chuandixia

Erkundung

Das Dorf Chuandixia aus der Zeit der Ming-Dynastie, eine hinreißende Ansammlung aus zauberhaften historischen Hofhäusern, liegt 90 km westlich von Beijing in einem von hohen Bergen beschatteten Tal. Das Umfeld ist entzückend: Terrassengärten und -felder sowie alte Häuser und Gassen, die sich den Hang hinaufschlängeln. Zwei Stunden reichen völlig, um das Dorf zu erkunden, aber mit einer Übernachtung lässt sich der historische Charme ohne all die Tagesausflügler viel besser genießen.

Top-Tipp

Wochenenden sollten möglichst vermieden werden; es kann dann unangenehm überfüllt sein.

Anreise

➡ **Bus** Der Bus 892 fährt häufig von einer Haltestelle 200 m westlich des U-Bahnhofs Pingguoyuan (Ausgang D und dann rechts) bis nach Zhaitang (斋堂; 16 Yuan, 2 Std., 6.30–17.50 Uhr). Die letzten 6 km nach Chuandixia geht es mit dem Taxi weiter (20 Yuan). Es gibt einen Bus direkt nach Chuandixia, der um 7 Uhr vom U-Bahnhof Pinguoyuan abfährt. Zurück von Chuandixia zum Pingguoyuan fährt er um 18.40 Uhr. Aber es gibt auch zwei Busse, die von Chuandixia nach Zhaitang fahren (3 Yuan, 9.30 und 15.30 Uhr). Der letzte Bus von Zhaitang zurück zum Pinguoyuan fährt um 17 Uhr. Wer ihn versäumt, zahlt etwa 200 Yuan für ein Taxi.

Gut zu wissen

➡ **Lage** 90 km von Beijing

➡ **Eintritt** 35 Yuan

➡ **Öffnungszeiten** Keine

SEHENSWERTES

In den Hügeln östlich des Dorfs steht der kleine **Guandi-Tempel** (关帝庙; Guandi Miao) aus der Qing-Dynastie. Panoramafotos vom Dorf lassen sich am besten oben vom Hügel südlich von Chuandixia (links vor dem Dorf) Richtung **Göttinnentempel** (娘娘庙; Niangniang Miao) schießen.

HOFHÄUSER HISTORISCHE HÄUSER

Die Hauptattraktion von Chuandixia sind die Hofhäuser und die Treppen und Gassen, die sie verbinden. Es ist nett, durch die gepflasterten Gassen zu schlendern und durch alte Tore zu blicken. Viele der Häuser stammen aus der Qing-Dynastie, andere aus der Ming-Zeit. Einige beherbergen heute Restaurants oder Pensionen, Besucher können also in einem 500 Jahre alten chinesischen Hofhaus essen, Tee trinken oder übernachten.

MAOISTISCHE SLOGANS HISTORISCHE STÄTTE

Chuandixia ist ein Museum maoistischer Graffiti und Slogans, besonders den Hang hoch zwischen den besser erhaltenen Häusern. Bemerkenswert ist der sehr deutliche Slogan in roter Schrift gleich hinter dem Gutsherrenhof (das bedeutendste Hofhaus im Dorf), der lautet: 用毛泽东思想武装我们的头脑 (*yong Maozedong sixiang wuzhuang women de tounao;* „Mao Zedongs Gedankengut wappnet unseren Geist.").

ESSEN & SCHLAFEN

Die Schilder von Restaurants und Pensionen sind deutlich auf Englisch beschriftet. Am besten ist es, umherzuschlendern und sich das Passende auszusuchen. Die meisten Restaurants haben eine englischsprachige Speisekarte. Spezialitäten sind hier Walnüsse, Aprikosen und Lammkeule.

CUAN YUN INN CHINESISCH ¥¥

(爨韵客栈; Chuanyun Kezhan; 23 Chuandixia, 爨低下村23号; Hauptgerichte 20–60 Yuan; ⌚8–20.30 Uhr) Hier gibt es die beste Lammkeule (烤羊腿; *kao yang tui;* 200 Yuan); rechts an der Hauptstraße am Eingang des Dorfs.

GASTHAUS GUCHENGBAO GASTHAUS ¥

(古城堡客栈; Gu Chengbao Kezhan; ☎136 9135 9255; Zi. 100 Yuan, mit Bad 120 Yuan; Hauptgerichte 20–40 Yuan) Das 400 Jahre alte Haus liegt hoch über dem Dorf und bietet einen schönen Blick vom Terrassenrestaurant. Die Zimmer liegen um den Hinterhof und sind einfach, aber reizend. Jedes kann im Winter mit Feuer beheizt werden und hat ein traditionelles steinernes Bett (*kang*), in dem bis zu vier Personen schlafen können.

Das Gemeinschaftsbad hat keine Dusche, aber ein neues Zimmer mit schöner Aussicht ist mit einem kleinen Duschraum ausgestattet. Das Haus liegt ganz oben links im Dorf von der Rechtskurve der Straße aus gesehen.

Tanzhe-Tempel

Erkundung

Der 1700 Jahre alte Tanzhe-Tempel (潭柘寺; Tanzhe Si), der größte und einer der ältesten in der Region Beijing, stammt

1

Ming-Gräber (S. 184)
einstatuen am Seelenweg, der zu den ng-Gräbern führt

2. Tanzhe-Tempel (S. 188)
Lachender Buddha in einem der ältesten und größten Tempel von Beijing

3. Chuandixia (S. 185)
Das Dorf aus der Ming-Dynastie in einem malerischen Tal bietet eine hinreißende Mischung aus Charme und Historie.

aus der Jin-Dynastie (265–420 n. Chr.), wurde aber seither umfassend umgebaut. Er hat eine sehr hübsche Lage zwischen Bäumen in den Bergen, und das ansteigende, terrassierte Tempelgelände wird von hohen Zypressen und Kiefern überragt, von denen viele so alt sind, dass ihre langen Äste von Metallstützen abgesichert werden müssen. Am schönsten ist ein Besuch etwa Mitte April, wenn die Magnolien blühen.

Anreise

➡ **Bus** Der Bus 931 fährt vom U-Bahnhof Pingguoyuan (die erste Bushaltestelle vom Ausgang D rechts) bis zum Tanzhe-Tempel (5 Yuan, 1 Std.). Der letzte Bus zurück fährt um 18 Uhr.

Gut zu wissen

➡ **Lage** 30 km von Beijing

➡ **Eintritt** 55 Yuan

➡ **Öffnungszeiten** 8–17 Uhr

SEHENSWERTES

TANZHE-TEMPEL BUDDHISTISCHER TEMPEL

(潭柘寺; Tanzhe Si) Der Tempel selbst steht am Fuß eines bewaldeten Hügels inmitten von Terrassenhöfen und Gängen, die an den drei miteinander verbunden Achsen verlaufen, jeweils in der Mitte, im Osten und im Westen. An der zentralen Achse steht die Haupthalle des Tempels, die **Mahavira-Halle**, hinter der sich ein großer Hof öffnet, in dem ein 1000 Jahre alter Ginkgo-Baum steht, der sogenannte **Kaiserbaum**. Am rechten Hofrand befindet sich ein hübsches **Teehaus** mit Tischen auf einem Holzbalkon. Der zweistöckige **Pilu-Pavillon** hinten am Hof ist der höchste Punkt des Tempels (mit großartiger Aussicht). An der westlichen Achse stehen zwei schöne, achteckige **Altäre**, an der östlichen die Unterkunft des Klostervorstehers, wo auch die Kaiser bei ihrem Besuch nächtigten.

PAGODENWALD FRIEDHOF

(下塔林; Xia Talin) Diese erstaunliche Ansammlung von 75 alten Stupas, überwiegend aus der Ming-Dynastie, einige aber auch noch aus Zeiten der Liao- (907–1125) und sogar der Jin-Dynastie (265–420), steht in einem etwas vernachlässigten Garten neben der Bushaltestelle. Die aus Ziegeln in verschiedenen Größen und Formen erbauten Stupas bergen die sterblichen Überreste von hoch angesehenen Mönchen aus unterschiedlichen Epochen. Es gibt tatsächlich insgesamt vier solcher Friedhöfe in der Gegend, aber dieser ist der größte und zugleich am besten erhaltene.

ESSEN & SCHLAFEN

An der Straße zum Tempel gibt es billige *nongjiayuan* (农家院; Dorfgasthäuser), die Zimmer für 100 Yuan und Mahlzeiten für etwa 40 Yuan anbieten.

JIAFU FANDIAN TEMPELGASTHAUS ¥

(嘉福饭店; ☎6086 2781; Anle-Halle, Tanzhe-Tempel; 潭柘寺安乐堂; Zi. ab 360 Yuan; ❄) Ein echtes Juwel: ein normales, bezahlbares Gasthaus, das auf dem Grundstück des Anle Tang (安乐堂; Halle des Friedens und der Glückseligkeit) liegt, einer alten Tempelhalle, die nun nicht mehr zum gebührenpflichtigen Komplex gehört. Die Zimmer mit Bad im Jiafu Fandian sind einfach, aber adrett und liegen um den Hinterhof.

Im vorderen Hof steht eine seltene Weißstämmige Kiefer (白皮松; *baipi song*). Essen wird serviert, aber niemand spricht Englisch. Das Haus liegt unterhalb der Treppe rechts kurz vor dem Kartenbüro. Links vom Kartenbüro befindet sich das **Jiafu Binshe** (嘉福宾舍; ☎6085 1998; Tanzhe-Tempel; 潭柘寺; Zi. ab 799 Yuan; ❄📶), ein kleines Hofhaushotel mit mehr Komfort, aber weniger Charme.

Marco-Polo-Brücke & Wanping

Erkundung

Die Hauptattraktion ist hier die berühmte 900 Jahre alte Marco-Polo-Brücke (卢沟桥; Lugou Qiao), aber ein überraschender Bonus ist auch die Gelegenheit, vom einen Ende der Brücke die gewaltige, kriegsgeschundene aus der Ming-Dynastie stam-

SHIDU

Shidu (十渡), ein malerisches Tal mit hohen, nadelförmigen Felsformationen, die den Fluss Juma säumen, ist am schönsten während der Regenzeit im Sommer. Es gibt hier (potenziell) tolle Wandermöglichkeiten, aber die meisten Menschen kommen hierher, um ganz einfache Vergnügungen zu genießen: Paddeln, Rummelplätze für Kinder, Bungee-Jumping und Grillen am Fluss.

Shidu bedeutet „zehn Übergänge“: Vor dem Bau der neuen Straße und der Brücken mussten die Leute auf dem Weg durch die Schlucht von Zhangfang (张坊) nach Shidu den Fluss Juma zehnmal überqueren.

Jeder Übergang *(du)* ist wie ein kleines Dorf. Am meisten ist an der neunten Überquerung (九渡; *jiu du*) los. Dort gibt es den Juma-Vergnügungspark, eine Seilbahn, eine Seilrutsche, Bootsfahrten und massenhaft Restaurants. An den anderen Übergängen sind die Attraktionen bescheidener: Bambusflöße, Bootsfahrten usw. Das Tal lässt sich zu Fuß am Fluss entlang oder mit Bussen von Übergang zu Übergang durchqueren. Der achte Übergang (八渡; *ba du*) hat eine ruhigere, dörfliche Atmosphäre und ist auch netter zum Übernachten, z. B. im **Jiayun Nongjiayuan** (佳运农家院; ☎134 3686 0728; Zi. 80 Yuan) mit Zimmern um einen kleinen Innenhof. Es liegt etwa 100 m nach der Bushaltestelle *ba du*.

Der Bus 836 fährt ab dem U-Bahnhof Liuliqiao-Ost (vom Ausgang E 200 m zurück bis zur Bushaltestelle) nach Shidu (20 Yuan, 2 Std., 6–17 Uhr). Es sollte die Endhaltestelle sein, aber es ist besser, den Busfahrer zu fragen, da einige der Busse nicht so weit fahren.

Im Dorf Zhangfang, etwa 30 Minuten vor Shidu, kann der **Alte Schlachtentunnel Zhangfang** (张坊古战到; Zhangfang Gu Zhandao; Eintritt 20 Yuan) besichtigt werden, eine 1000 Jahre alte unterirdische Militäreinrichtung, die 1991 zufällig entdeckt wurde. Der Bus 836 hält hier auf dem Weg nach Shidu; der Eingang zum Tunnel befindet sich im wieder aufgebauten alten Tor, 200 m weiter von der Bushaltestelle.

mende Mauer der einst stark bewehrten Stadt Wanping (宛平城; Wanping Cheng) zu sehen.

Anreise

➡ **Bus** Der Bus 662 fährt vom U-Bahnhof Changchunjie (Linie 2) hierher. Die Bushaltestelle befindet sich gleich rechts vom Ausgang A1. Von der Bushaltestelle Lu Gou Xin Qiao (卢沟新桥; 1 Yuan, 30 Min.) geht es dann zu Fuß neben der Tankstelle rechts, dann links auf der Straße zur Brücke und zum Westturm (400 m).

➡ **U-Bahn** Der U-Bahnhof Dawayao (Linie 14) liegt etwa 1 km zu Fuß vom Osttor Wanpings. Vom Ausgang A geht es an der Kreuzung nach links und 600 m die Hauptstraße entlang, dann nach rechts in die Chengnei Jie (城内街), die zur Mauer führt.

Gut zu wissen

➡ **Lage** 15 km vom Zentrum Beijings

➡ **Eintritt** 20 Yuan

➡ **Öffnungszeiten** 9–18 Uhr

SEHENSWERTES

MARCO-POLO-BRÜCKE BRÜCKE

(卢沟桥; Lugou Qiao; 20 Yuan; ⏲9–18 Uhr) Die 266 m lange Granitbrücke, vom berühmten Reisenden selbst beschrieben, ist die älteste Brücke in der Gegend von Beijing und mit insgesamt 485 individuell gemeißelten Steinlöwen geschmückt. Sie wurde 1189 gebaut, allerdings 1969 verbreitert, und überspannt den Fluss Yongding. Sie bildete einst den Hauptzugang zur Stadt vom Südwesten aus.

Trotz der enthusiastischen Beschreibung Marco Polos hätte die Brücke wohl kaum eine größere Bedeutung in der chinesischen Geschichte erlangt, hätte es nicht den Zwischenfall an der Marco-Polo-Brücke gegeben, der einen Krieg mit Japan auslöste. Am 7. Juli 1937 besetzten japanische Truppen rechtswidrig einen Eisenbahnknotenpunkt außerhalb von Wanping. Japanische und chinesische Soldaten begannen eine Schießerei, was Japan den Vorwand für den Angriff und die Besetzung Beijings lieferte.

WANPING STADTMAUER

(宛平城; Wanping Cheng) GRATIS Die doppeltorige Festungsstadt aus der Ming-Dynastie ist angesichts der Tatsache, dass sie noch innerhalb der 5. Ringstraße Beijings liegt, ein erstaunlicher Anblick und noch immer bewohnt. Zwar stehen nur noch wenige der originalen Häuser (die Bewohner leben in relativ neuen Ziegelbungalows), aber die 2 km lange und 6 m hohe, von Kämpfen gezeichnete Mauer stammt von 1640.

Man kann nicht auf der Mauer laufen, aber immerhin außen oder innen um sie herum; in die Stadt kommt man durch das Westtor neben der Marco-Polo-Brücke oder durch das Osttor am anderen Ende der einzigen richtigen Straße der Stadt. An der Außenseite der südlichen Mauer sind noch die großen Geschosslöcher vom Zwischenfall an der Marco-Polo-Brücke zu sehen.

KRIEGSMUSEUM DES WIDERSTANDS DES CHINESISCHEN VOLKS GEGEN DIE JAPANISCHE AGGRESSION MUSEUM

(中国人民抗日战争纪念馆; Zhongguo Renmin Kang Ri Zhanzheng Jinianguan; Eintritt mit Reisepass frei, Audioguide 120 Yuan; ⏲9–16.30 Uhr) GRATIS Das große, moderne Propagandamuseum an der Nordseite der Hauptstraße in Wanping ist dem Zwischenfall vom 7. Juli (wie er hier genannt wird) und dem anschließenden Krieg mit Japan gewidmet. Mit englischen Beschriftungen.

ESSEN

JING CHUAN SICHUAN-KÜCHE ¥

(京川; Hauptgerichte 20–40 Yuan; ⏲11–22 Uhr) Das einfache Sichuan-Restaurant gleich hinter dem Osttor von Wanping hat eine Speisekarte mit Fotos, eine Dachterrasse und kaltes Bier.

Schlafen

Beijings zunehmend beeindruckendes Hotelangebot hat für jeden etwas: unzählige Hostels, Businesshotels und all die Fünf-Sterne-Hotels internationaler Ketten, die in einer Stadt dieser Größe nicht fehlen dürfen. Das Sahnehäubchen sind jedoch die zauberhaften Hofhaushotels, die eine wunderbare Gelegenheit bieten, die hutongs *(Gassen) von Beijing zu erleben.*

Hostels

Hostels bieten viel mehr als nur Betten und niedrige Preise. Viele verbergen sich in historischen Häusern in den *hutongs* von Beijing, haben komfortable Einzel- und Doppelzimmer und Personal, das auf die Bedürfnisse ausländischer Reisender eingestellt ist. Die Angestellten sprechen meist gutes Englisch und haben tolle Reisetipps. Hostels verleihen oft Fahrräder, haben kostenloses WLAN und bieten häufig lohnenswerte Tagesausflüge und Touren u. a. zur Großen Mauer an.

Hofhaushotels

Historisches Ambiente bieten diese Hotels, in denen die Gäste in die Welt der *hutongs* und der unnachahmlichen Hofhäuser eintauchen können. Der Nachteil sind die eher kleinen Zimmer, aber die typisch Beijinger Atmosphäre und den Charme der Hofhaushotels können andere Hotels dafür nie erreichen.

Luxushotels

Im oberen Preisbereich gibt es in den meisten Teilen der Stadt (außer in Nord-Dongcheng) unglaublich viel Auswahl. Alle großen internationalen Fünf-Sterne-Ketten sind vertreten.

Standardhotels

Chinesischen Mittelklassehotels fehlt es an Atmosphäre, sie können aber recht günstig sein, da sie oft großzügige Rabatte anbieten. Die Zimmer sind sauber (aber manchmal verraucht) und haben TV, Internetzugang über Kabel und kleine Badezimmer. Das Personal in solchen Hotels spricht nur selten Englisch.

Leider nehmen viele der billigsten Pensionen der Stadt, die *zhaodaisuo* (招待所), noch immer keine Ausländer auf, weil ihnen das ganze Brimborium mit der polizeilichen Anmeldung ausländischer Gäste zu viel ist.

Privatzimmer & Langzeitvermietungen

In Privatunterkünften lässt sich prima chinesische Kultur erleben (und Sprachkenntnisse verbessern). Beijing hat eine große Couchsurfing-Gemeinde, andere Zimmer für Kurzaufenthalte sind auf www.airbnb.com zu finden. Mietwohnungen sind in Beijing preiswert – ab 4000 Yuan pro Monat für eine Wohnung mit zwei Schlafzimmern. Wer Chinesisch spricht, kann bei jedem Makler nachfragen. Ohne Sprachkenntnisse kann man sich auf dem Unterkunftslink der Websites der Beijinger Ausländerzeitschriften umtun.

Websites

Folgende Websites sind für die Unterkunftsbuchung in Beijing hilfreich:

- **www.ctrip.com** Hotelbuchungen.
- **www.booking.com** Hotelbesprechungen und -buchungen.
- **www.hostelworld.com** Hostelbesprechungen und -buchungen.
- **www.chinahomestay.org** Privatzimmer.
- **www.chinastudyabroad.org** Privatzimmer.
- **www.thebeijinger.com** Langzeitvermietungen.
- **www.lonelyplanet.com/china/beijing/hotels** Hotelbesprechungen und -buchungen.

GUT ZU WISSEN

Preiskategorien

Die folgenden Preiskategorien gelten für ein Standarddoppelzimmer pro Nacht:

¥ unter 400 Yuan

¥¥ 400–1000 Yuan

¥¥¥ über 1000 Yuan

Ermäßigungen

Rabatte von 30 bis 40 % sind in normalen chinesischen Mittelklassehotels die Norm. Die Preisgestaltung von Hostels, Hofhaus- und Boutiquehotels ist meist überschaubarer, sie berechnen nur den Listenpreis. Buchung übers Internet – besonders bei den großen, etablierten Seiten wie www.ctrip.com oder www.booking.com – führt oft dazu, dass der beste Preis gefunden wird.

Reservierungen

Hotelzimmer sind einfach zu finden, es ist jedoch sinnvoll, an Feiertagen im Voraus zu buchen. Hofhaushotels sollten immer im Voraus gebucht werden, da sie oft nur vier oder fünf Zimmer haben.

Einchecken

Beim Einchecken muss ein Formular ausgefüllt werden. Eine Kopie wird an das Amt für Öffentliche Sicherheit (PSB; Gong'anju) geschickt. Der Reisepass wird gescannt oder fotokopiert.

Trinkgeld

In Mittel- und Spitzenklassehotels wird ein Bedienungsaufschlag von 15 % erhoben. Trinkgeld wird nur in Spitzenhotels erwartet.

Top-Tipps

Temple Hotel (S. 219) Stil und Ruhe in einer buddhistischen Tempelanlage.

Great Wall Box House (S. 196) Renoviertes Dorfhostel an der Großen Mauer.

Qianmen Hostel (S. 223) Fröhliches, nettes Hostel in einem historischen Haus.

Courtyard 7 (S. 222) Voller Charme der Qing-Dynastie.

Graceland Yard (S. 223) Boutiquehotel in früherem Tempel.

Das Beste für jedes Budget

¥

Qianmen Hostel (S. 223) Historisches Hostel in Dashilar.

Beijing Downtown Backpackers (S. 220) Tolle Lage, tolles Personal.

Three-Legged Frog Hostel (S. 223) Bodenständige und freundliche Budgetunterkunft.

Nostalgia Hotel (S. 221) Trendige Alternative zu Hostels.

¥¥

Great Wall Box House (S. 196) Wunderbare Pension an der Großen Mauer.

Orchid (S. 221) Bevorzugtes *hutong*-Hotel der Hipster.

Jingshan Garden Hotel (S. 218) Ruhiges Hofhaus im Zentrum Beijings.

¥¥¥

Temple Hotel (S. 219) Einzigartiger, von der UNESCO geschützter umgebauter Tempel.

Opposite House Hotel (S. 225) Ein cooleres Hotel gibt's wohl nicht.

Emperor (S. 222) Pool auf dem Dach mit Blick auf den Tiananmen-Platz.

Aman at Summer Palace (S. 226) Luxus pur am Stadtrand.

Cote Cour (S. 220) Exquisite Zimmer um einen Magnolienhof.

Courtyard 7 (S. 222) Viel Geschichte, unglaublich viel Stil.

Die schönsten Hofhaushotels

Courtyard 7 (S. 222) Einstiges Wohnhaus aus der Qing-Dynastie.

Temple Hotel (S. 219) Luxushotel auf dem Gelände eines buddhistischen Tempels.

Graceland Yard (S. 223) Einfacher Umbau eines Tempels mit 500 Jahre Geschichte.

Jingshan Garden Hotel (S. 218) Hübsches Hofhaus in einem ruhigeren Stadtteil.

Hulu Hotel (S. 218) Trendiges neues Haus.

Die schönsten *hutong*-Hostels

Qianmen Hostel (S. 223) Ein Hostel mit Geschichte.

Beijing Downtown Backpackers (S. 220) Bestes Hostel in Nanluogu Xiang.

Three-Legged Frog Hostel (S. 223) Freundlich und preiswert.

Red Lantern House West Yard (S. 223) Sehr gute Hostelkette im ruhigeren Xicheng.

Feel Inn (S. 218) Ganz nah an der Verbotenen Stadt gelegen.

Die schönsten Rückzugsorte

Great Wall Box House (S. 196) Dezent, freundlich und an der Großen Mauer.

Brickyard Eco Retreat (S. 195) Gepflegte Unterkunft nahe der Großen Mauer.

Zaoxiang Yard (S. 199) Freundliche, familiengeführte Pension, 20 Minuten zu Fuß von der Mauer.

Wo übernachten?

Stadtteil	Vorteile	Nachteile
Verbotene Stadt & Dongcheng Zentrum	Viel Historie. Höchste Konzentration an Sehenswürdigkeiten. Gute Mischung aus normalen Hotels und *hutong*-Unterkünften.	Manche Stadtteile sind eher Wohnviertel, es kann also abends gespenstisch still werden. Wenig Nachtleben.
Trommelturm & Nord-Dongcheng	Beijings begehrtester Stadtteil. Ideal für die Erkundung der *hutongs*. Viele Hofhaushotels. Cafés, Bars und Livemusik vor der Haustür.	Für Budget-Backpacker manchmal zu teuer. Keine Fünf-Sterne-Hotels.
Himmelstempelpark & Süd-Dongcheng	Eher ein authentisches anstatt ein touristisches Viertel. Ruhig.	Null Nachtleben und kaum herausragende Restaurants.
Beihai-Park & Nord-Xicheng	Reichlich *hutong*-Leben, und die Gegend um die Seen ist verkehrsarm, also recht ruhig. Weniger touristisch als der Dongcheng-Bezirk.	Karaoke-Bars können abends die Stimmung am See stören. Eher begrenzte Auswahl an Unterkünften, Restaurants und Bars.
Dashilar & Süd-Xicheng	Backpackerparadies. Tolle Hostelauswahl, einige historisch. *Hutong*-Flair ist rund um Dashilar noch vorhanden.	Die umfassende Sanierung hat der Gegend etwas von ihrem Charakter genommen (besonders um Qianmen) und die Preise in Restaurants in die Höhe getrieben. Hostelzimmer sind aber noch billig.
Sanlitun & Chaoyang	Toll zum Shoppen, Essen und fürs Nachtleben.	Der Gegend fehlen Atmosphäre und historische Bezüge.
Sommerpalast & Haidian	Weniger touristisch.	Ziemlich abgelegen.

Verbotene Stadt & Dongcheng Zentrum

FEEL INN HUTONG-HOSTEL ¥

Karte S. 322 (非凡客栈;Feifan Kezhan; ☎6528 7418, 139 1040 9166; beijingfeelinn@gmail.com; 2 Ciqiku Hutong, an der Nanheyan Dajie, 南河沿大街，磁器库胡同 2 号; B 50–80 Yuan, 2BZ 240–300 Yuan; ❄@📶) Das kleine, dezente Hostel Feel Inn liegt versteckt in den Gassen, wo auch der kaum bekannte Pudu-Tempel steht, und ist doch nur ein paar Schritte von den Starattraktionen wie der Verbotenen Stadt, dem Tiananmen-Platz und den Läden in der Wangfujing Dajie entfernt. Es hat einfache, saubere Zimmer, ein kleines Bar-Restaurant und WLAN im ganzen Haus.

BEIJING SAGA INTERNATIONAL YOUTH HOSTEL HUTONG-HOSTEL ¥

Karte S. 324 (北京实佳国际青年旅社; Beijing Shijia Guoji Qingnian Lushe; ☎6527 2773; www.sagayouthhostelbeijing.cn; 9 Shijia Hutong, 史家胡同 9 号; B 70 Yuan, DZ mit/ohne Bad ab 259/200 Yuan, 3BZ 319 Yuan; ❄@📶; S Dengshikou) Das freundliche Hostel in einer interessanten Lage im historischen *hutong* Shijia ist zwar ein grauer Klotz, aber innen hat es etwas Charakter, und das Personal ist sehr hilfsbereit. Die Zimmer sind schlicht, aber gepflegt, und es gibt ein ständiges Restaurant mit Bar. Verleiht Fahrräder (50 Yuan) und bietet tolle Ausflüge zur Großen Mauer an.

BEIJING CITY CENTRAL INTERNATIONAL YOUTH HOSTEL HOSTEL ¥

Karte S. 324 (北京城市国际青年旅社; Beijing Chengshi Guoji Qingnian Lushe; ☎6525 8066, 8511 5050; www.centralhostel.com; 1 Beijingzhan Jie, 北京站街 1 号; B im 4–8-Betten-Schlafsaal 60 Yuan, EZ & DZ mit Gemeinschaftsbad 138/178 Yuan, DZ 298–348 Yuan; ⊖❄@📶; S Bahnhof Beijing) Das nächstgelegene Hostel vom Bahnhof Beijing aus ist recht praktisch, wenn man keine Lust hat, den schweren Rucksack in nettere Stadtteile zu schleppen. Die Zimmer sind ziemlich schlicht, aber sauber und relativ groß. Zudem gibt es eine große Café-Bar mit kostenlosem WLAN, Computerterminals, Billardtischen und westlichem Essen.

Die Zimmer mit Gemeinschaftsbad sind im eigentlichen Hostel, die mit eigenem Bad im zugehörigen Hotel (gleiche Rezeption).

YMCA HOTEL HOTEL ¥

Karte S. 324 (创世商务酒店; Chuangshi Shangwu Jiudian; ☎6528 7782; 3 Dongdan Beidajie, 东单北大街 3 号; 2BZ 338–688 Yuan) Das gut geführte Haus ist adrett, sauber und bietet für den Preis recht große Zimmer. Die fensterlosen Zweibettzimmer (338 Yuan) sind preiswert. Alle Zimmer hier haben WLAN, TV, Wasserkocher und einen sauberen Duschraum. Gutes Englisch spricht allerdings niemand.

★JINGSHAN GARDEN HOTEL HOFHAUSHOTEL ¥¥

Karte S. 324 (景山花园酒店; Jingshan Huayuan Jiudian; ☎8404 7979; www.jingshangardenhotel.com; 68 Sanyanjing Hutong, an der Jingshan Dongjie; 景山东街，三眼井胡同 68 号; Zi. 650–750 Yuan; ❄@📶) Die reizende, schmucklose, zweistöckige Pension hat helle, geräumige Zimmer um einen großen, beschaulichen Innenhof voller Blumen. Die Zimmer im ersten Stock sind teurer als die im Erdgeschoss, einige haben vom Badezimmer aus einen Blick auf den Jingshan-Park. Zu finden ist es vom Jingshan Park aus über den *hutong* Sanyuanjing, dann rechts in die erste Gasse bis zum Ende.

CITY WALLS COURTYARD HUTONG-HOSTEL ¥¥

Karte S. 324 (城墙旅舍; Chengqiang Lushe; ☎6402 7805; www.beijingcitywalls.com; 57 Nianzi Hutong, 碾子胡同 57 号; B/EZ/2BZ 100/240/480 Yuan; ❄@📶; S Nanluoguxiang) Das ruhige Hostel ist eher teuer, aber dennoch eine attraktive Wahl. Dafür sorgen die beschauliche Hofhausatmosphäre und die fabelhafte, authentische *hutong*-Lage abseits von touristischeren Gegenden und in einer der geschichtsträchtigsten Viertel der Stadt. Alle Zimmer haben ein Bad.

Das Gassenlabyrinth kann verwirrend sein: Von der Jingshan Houjie geht es zum *hutong*-Eingang gleich östlich des Jingshan-Tischtennisparks. Dort geht es den *hutong* entlang, der rechts und dann links abbiegt; das Hostel liegt dann links.

HULU HOTEL HOFHAUSHOTEL ¥¥

Karte S. 324 (壶庐宾馆; Hulu Binguan; ☎6543 9229; www.thehuluhotel.com; 91 Yanyue Hutong, an der Dongsi Nandajie, 东四南大街，演乐胡同 91 号; Zi. 798–1198 Yuan) Ein stilvoller Neuzugang in Beijings stets wachsendem Angebot an Hofhaushotels. Das umgebaute *hutong*-Haus ist durchweg minimalistisch: in kühlem Grau gestrichene Deckenbalken, Badezimmer mit Schieferplatten und ein geschickt renovierter Innenhof, der seine alt-Beijinger Wurzeln mit modernem, komfortablen Design verbindet. Die Atmosphäre ist gelassen, und das junge Personal spricht exzellent englisch. Es gibt drei Zimmerkategorien (der Preis steigt mit der Größe), alle haben große Doppelbetten – Zweibettzimmer gibt es nicht.

PARK PLAZA HOTEL ¥¥

Karte S. 324 (北京丽亭酒店; Beijing Liting Jiudian; ☎8522 1999; www.parkplaza.com/beijingcn; 97 Jinbao Jie, 金宝街 97 号; DZ ab 900 Yuan; ; SDengshikou) Wer sich kein Fünf-Sterne-Hotel leisten kann oder will, erhält in dem freundlichen Haus nicht nur eine tolle Lage, sondern auch den Komfort eines modernen und gut ausgestatteten Vier-Sterne-Hotels. Es liegt versteckt hinter dem glamouröseren Schwesterhotel Regent Beijing.

★TEMPLE HOTEL DENKMALGESCHÜTZTES HOTEL ¥¥¥

Karte S. 324 (东景缘; Dongjing Yuan; ☎8401 5680; www.thetemplehotel.com; 23 Shatan Beijie, an der Wusi Dajie, 五四大街，沙滩北街 23 号; DZ 2000 Yuan, Suite 3000–4500 Yuan) Das einzigartige, denkmalgeschützte Hotel ist mit keinem anderen Beijinger Hotel zu vergleichen: Es gehört zu einem Restaurierungsprojekt, das wegen der Konservierungsarbeiten von der UNESCO anerkannt wurde. Ein Team restaurierte über fünf Jahre die Reste des Zhizhu Si (智珠寺; Tempel der Weisheit), ein teilweise verlassener, 250 Jahre alter buddhistischer Tempel, und baute ihn zu einer der verlockendsten Unterkünfte der Hauptstadt um.

Es gibt acht Zimmer, jedes makellos ausgestattet und jedes mit einer eigenen Geschichte. Einige waren einst Teil der Mönchsunterkünfte in der Qing-Dynastie, andere haben eher einen fabrikmäßigen Stil, was auf ihre ehemalige Funktion als Teil einer Fernsehfabrik in den 1960er-Jahren verweist. Die zweistöckigen Suiten blicken direkt auf die großartige Haupthalle des Tempels, die nun für Kunstausstellungen und private Veranstaltungen genutzt wird. Die Zimmer sind riesig, und die Atmosphäre in der Hofhausanlage ist gelassen.

★RED CAPITAL RESIDENCE HOFHAUSHOTEL ¥¥¥

Karte S. 324 (新红资客栈, Xinhongzi Kezhan; ☎8401 8886, 8403 5308; www.redcapitalclub.com.cn; 9 Dongsi Liutiao, 东四六条 9 号; Zi. mit Frühstück 1050 Yuan; ; SZhangzizhonglu) Das winzige, aber einzigartige Hotel in einem hinreißenden Hofhaus aus der Qing-Dynastie gehört dem amerikanischen Aktivisten und Autor Laurence Brahm. Es ist mit Artefakten aus der Zeit

OASEN AN DER GROSSEN MAUER

Neben den Unterkünften, die im Kapitel zur Großen Mauer aufgeführt sind, bieten folgende Luxusherbergen eine gewisse Exklusivität nahe den abgelegeneren Teilen des bekanntesten Bauwerks Chinas.

Commune by the Great Wall (长城脚下的公社; Changcheng Jiaoxia de Gongshe; ☎8118 1888; www.communebythegreatwall.com; Zi. ab 2500 Yuan;) Das Commune ist richtig teuer, aber der überkragende, geometrische Bau, die Lage und die tollen Panoramen sind spitzenmäßig. Das zu Kempinski gehörende Commune an der Großen Mauer von Shuigan nahe der Badaling-Straße mag zwar einen proletarischen Namen haben, aber Design und Aufmachung sind nur für die Reichen gedacht. Einen Kinderclub gibt's auch.

Shambhala at the Great Wall (新红资避暑山庄; Xinhongzi Bishushanzhuang; ☎8401 8886, 8403 5308; www.redcapitalclub.com.cn; 28 Xiaguandi Village, 怀柔县雁栖镇下关地村 28 号, Yanxi; Zi. mit Frühstück ab 1050 Yuan;) Das tibetanisch angehauchte Shambhala liegt weitab von der Zivilisation und gehört den gleichen Leuten, die auch das wunderbare Hofhaushotel Red Capital Residence im Stadtzentrum betreiben. Die Gebäude, einst Teile eines mandschurischen Jagdhauses, wurden in Steinhäuser im tibetanischen Stil umgebaut. Das Restaurant serviert tibetanische, nepalesische und indische Küche.

Die Häuser liegen in einem Teil eines 20 ha großen Anwesens mit Bergkulisse und Resten der Großen Mauer.

des Bürgerkriegs ausgestattet und bietet reichlich Erinnerungen an eine vergangene Zeit. Zur Wahl stehen drei Zimmer mit Krimskrams, der auch gut ins Museum passen würde.

Die Zimmer und Bäder sind klein, aber wunderschön eingerichtet. Wahrhaft einzigartig ist hingegen die Zigarrenbar in einem unterirdischen Luftschutzraum unter dem Hof. Reservierung ist ratsam. Das Red Capital betreibt auch ein herrlich rustikales Hotel an der Großen Mauer.

★COTE COUR HOFHAUSHOTEL ¥¥¥

Karte S. 324 (北京演乐酒店, Beijing Yanyue Jiudian; ☎6523 3958; www.hotelcotecourbj.com; 70 Yanyue Hutong, 演乐胡同 70 号; DZ/Suite mit Frühstück 1166/1995 Yuan; ❄@📶; Ⓢ Dengshikou) Dank der ruhigen, heiteren Atmosphäre und des hübschen Hofs mit Magnolien ist das *hutong*-Hotel mit 14 Zimmern eine zauberhafte Unterkunft. Die Einrichtung ist edel – besonders in der Suite –, und es gibt reichlich Platz zum Entspannen im Innenhof oder auf der großen Dachterrasse – ideal für einen abendlichen Drink bei Kerzenlicht.

Das Personal ist reizend und freundlich, Fahrräder werden für 50 Yuan verliehen. Auch Nichtgäste können im stilvollen Dachrestaurant essen (6-Gänge-Menü 298 Yuan; 18.30–22 Uhr). Das Hofhaus ist etwa 500 Jahre alt und war einst das Haus einer Musikertruppe, die am kaiserlichen Hof auftrat.

RAFFLES BEIJING HISTORISCHESHOTEL ¥¥¥

Karte S. 324 (北京饭店莱佛士酒店; Beijing Fandian Laifoshi Jiudian; ☎6526 3388; www.raffles.com/beijing; 33 Dongchang'an Jie, 东长安街 33 号; Zi. ab 1800 Yuan; 🚭❄@📶🏊; Ⓢ Wangfujing) Das siebenstöckige Raffles zwischen zwei trostlosen Gebäuden (an der Ostseite das Beijing Hotel aus den 1970er-Jahren, an der Westseite eine klotzige Fassade aus der Sowjetzeit) verströmt Prestige und Würde. Das denkmalgeschützte Haus wurde 1900 als Grand Hotel de Pekin erbaut und blieb seinen historischen Wurzeln treu.

Von der eleganten und von Kronleuchtern erhellten Lobby führt eine graziöse Treppe hinauf zu makellosen Doppelzimmern. Sie sind geräumig, gut proportioniert und mit Möbeln im historischen Stil und großen Badezimmern ausgestattet. Im Erdgeschoss befindet sich die geschichtsträchtige Writer's Bar, einst ein Treffpunkt der kommunistischen Parteikader, darunter auch Mao Zedong, und heute ein prachtvolles Ambiente für den „High Tea" (14.30–17.30 Uhr, 158-168 Yuan).

REGENT BEIJING LUXUSHOTEL ¥¥¥

Karte S. 324 (北京丽晶大酒店; Beijing Lijing Dajiudian; ☎8522 1888; www.regenthotels.com; 99 Jinbao Jie, 金宝街 99 号; Zi. ab 1600 Yuan; 🚭❄@📶🏊; Ⓢ Dengshikou) Die Zimmer in diesem opulenten 500-Betten-Hotel sind für die luxuriöse und hochmoderne Einrichtung recht preiswert. Hinzu kommen Wellness- und Freizeitanlagen. Fünf Restaurants runden das beeindruckende Angebot ab.

RED WALL GARDEN HOFHAUSHOTEL ¥¥¥

Karte S. 324 (红墙花园酒店; Hongqiang Huayuan Jiudian; ☎5169 2222; www.rwghotel.com; 41 Shijia Hutong, 史家胡同 41 号; DZ 1400–1600 Yuan, Suite 1780 Yuan; ❄@📶; Ⓢ Dengshikou) Trotz der Lage in einem alten *hutong* ist an dem nachgebauten Hofhaushotel nichts historisch. Aber es bietet auf seinen zwei Stockwerken an zwei Seiten eines großen, hübsch gestalteten Innenhofs Luxuszimmer der Spitzenklasse samt komfortablen Betten und einigen schönen traditionellen chinesischen Holzmöbeln. WLAN ist im ganzen Haus vorhanden, und Rauchen ist überall verboten. Es gibt außerdem eine kleine Bar und auch ein recht gutes Restaurant.

HILTON BEIJING WANGFUJING LUXUSHOTEL ¥¥¥

Karte S. 324 (北京王府井希尔顿酒店; Beijing Wangfujing Xi'erdun Jiudian; ☎5812 8888; www.wangfujing.hilton.com; Xiaowei Hutong, an der Wangfujing Dongdajie, 王府井东大街校尉胡同; DZ 1550 Yuan; 🚭❄@📶🏊; Ⓢ Wangfujing) Das moderne und edle Hilton ist eines der besten Fünf-Sterne-Hotels in Beijing. Der Service ist spitzenmäßig, und die Zimmer gehören zu den größten der Stadt.

Trommelturm & Nord-Dongcheng

BEIJING DOWNTOWN BACKPACKERS HUTONG-HOSTEL ¥

Karte S. 328 (东堂客栈, Dongtang Kezhan; ☎8400 2429; www.backpackingchina.com; 85 Nanluogu Xiang, 南锣鼓巷 85 号; B 75–85 Yuan, EZ 160 Yuan, 2BZ 160–210 Yuan, Suite 300 Yuan; ❄@📶; Ⓢ Beixinqiao) Das Downtown Backpackers war das erste Hostel in der Nanluogu Xiang und ist seinen Ursprüngen bis heute treu geblieben. Die Zimmer sind schlicht, daher billig, aber sauber und ordentlich, und die Mitarbeiter kennen die Bedürfnisse westlicher Reisender. Es gibt einen Fahrradverleih (pro Tag 20 Yuan) und empfehlenswerte Wanderausflüge zur Großen Mauer (280 Yuan) sowie etliche andere Stadttouren. Im Preis ist Frühstück enthalten.

NOSTALGIA HOTEL

HOTEL ¥

Karte S. 328 (时光漫步怀旧主题酒店; Shiguang Manbu Huaijiu Zhuti Jiudian; ☎6403 2288; www.sgmbhotel.com; 46 Fangjia Hutong; 安定门内大街，方家胡同 46 号; Zi. Sommer 388–408 Yuan, Winter 360–380 Yuan) Das flippige Hotel in einem kleinen Kunstkomplex im trendigen *hutong* Fangjia ist eine preisgünstige Alternative zu Hostels. Die Zimmer im Nostalgia sind mit Retro-Nippes geschmückt, und jedes hat ein anderes handgemaltes Wandbild. Die Badezimmer sind blitzblank.

Das Personal an der Rezeption spricht Englisch, es gibt einen Aufzug, aber kein Restaurant. Zu finden ist das Hotel im Kunstkomplex, der nach seiner Adresse (46 Fangjia Hutong) benannt ist, ganz hinten links.

CONFUCIUS INTERNATIONAL YOUTH HOSTEL

HUTONG-HOSTEL ¥

Karte S. 328 (雍圣轩青年酒店; Yongshengxuan Qingnian Jiudian; ☎6402 2082; 38 Wudaoying Hutong; 雍和宫大街，五道营胡同 38 号; B/EZ/DZ/2BZ 80/120/138/158 Yuan) Das Confucius ist eine der billigsten für Ausländer offenen Unterkünfte in dieser Gegend. Es hat ein paar einfache, schmucklose Zimmer um einen kleinen, überdachten Innenhof. Kein Restaurant.

★ORCHID

HOFHAUSHOTEL ¥¥

Karte S. 328 (兰花宾馆; Lanhua Binguan; ☎8404 4818; www.theorchidbeijing.com; 65 Baochao Hutong, 鼓楼东大街宝钞胡同 65 号; DZ 700–1200 Yuan; ❄@📶; Ⓢ Gulou Dajie) Das von einem Kanadier und einer Tibeterin geführte Haus mag zwar nicht so viel Historie wie andere Hofhaushotels bieten, aber es wurde sehr schön renoviert, hat einen beschaulichen Hof und eine Dachterrasse mit Blick auf den Trommel- und den Glockenturm in der Ferne. Es gibt nur Doppelzimmer, die klein, aber geschmackvoll eingerichtet sind, samt Unterhaltungstechnik von Apple TV.

> **ENGLISCHKENNTNISSE**
>
> Gute Englischkenntnisse sind beim Hotelpersonal noch immer selten. In Hostels sprechen die Leute üblicherweise hervorragend Englisch, ebenso in Fünf-Sterne-Hotels – in den Unterkünften dazwischen eher nicht.

Angeboten werden auch Touren zur Großen Mauer, und es werden Taxis für Stadttouren (halb-/ganztags 400/600 Yuan) und für Ausflüge zur Großen Mauer (700 Yuan) organisiert. Das Orchid ist schwer zu finden: Es liegt in einer namenlosen, schulterbreiten Gasse gegenüber von Mr. Shi's Dumplings.

★DUGE

HOFHAUSHOTEL ¥¥

Karte S. 328 (杜革四合院酒店; Duge Siheyuan Jiudian; ☎6445 7463; www.dugecourtyard.com; 26 Qianyuan Ensi Hutong, 交道口南大街前园恩寺胡同 26 号; Zi. klein/groß 897/1817 Yuan; ❄@📶; Ⓢ Nanluoguxiang, Beixinqiao) In dem Hofhaus aus dem 19. Jh. lebte ursprünglich ein Minister der Qing-Dynastie, es wurde aber von einem belgisch-chinesischen Paar in ein hervorragendes Designhotel umgebaut. Jedes der sechs Zimmer ist individuell mit modernen und künstlerischen Details, aber durchgehend mit traditionellem chinesischem Motiv eingerichtet. Einige der Holzmöbel – Himmelbetten, dekorative chinesische Wandschirme – sind richtig schön.

Die Zimmer liegen um kleine, romantische und von Bambus gesäumte Höfe, aber viel Platz gibt es nicht – die kleinen Zimmer sind wirklich sehr klein.

PEKING YOUTH HOSTEL

HUTONG-HOSTEL ¥¥

Karte S. 328 (北平国际青年旅社; Beiping Guoji Qingnian Lushe; ☎8403 9098; pekinghostel@vip.163.com; 113 Nanluogu Xiang, 南锣鼓巷 113 号; B/2BZ ab 180/500 Yuan; ❄@📶; Ⓢ Nanluoguxiang) Die schicken, bunten, aber eher beengten Zimmer liegen hinter dem blumenreichen Peking Café zur Nanluogu Xiang raus. Die Preise spiegeln eher die gute Lage des Hauses wider, weniger Größe und Qualität der Zimmer oder die Qualität des Services (das Personal kann etwas lahm sein, besonders im viel besuchten Café), aber es ist dennoch eine gute Wahl.

Alle üblichen Hostel-Angebote gibt es hier, darunter Fahrradverleih und Ausflüge zur Großen Mauer.

161 LAMA TEMPLE COURTYARD HOTEL HOFHAUSHOTEL ¥¥

Karte S. 328 (北京 161 酒店–雍和宫四合院店; ☎8401 5027; beijing161lthotel@hotmail.com; 46 Beixinqiao Santiao; 北新桥三条 46 号; Zi. 440 & 550 Yuan) Das Hotel mit Hostel liegt in einem *hutong*, in dem abends die Restaurants für viel Trubel sorgen. Es hat elf Zimmer, jedes mit einem anderen Motiv einer Touristenattraktion Beijings. Die Zimmer sind mit einer großen Fototapete dekoriert, die dem Thema entspricht, und sie sind klein, aber blitzblank, ebenso die Badezimmer. In den teureren Zimmern findet sich ein traditioneller Teetisch aus Holz, der auch als zusätzliches Bett genutzt werden kann.

In der Lobby gibt es ein kleines Café und ein paar Tische im hübschen Hof.

OLD BEIJING SQUARE HOTEL HOFHAUSHOTEL ¥¥

Karte S. 328 (未名精品酒店; Weiming Jingpin Jiudian; ☎8402 5337; weimingjiudian@163.com; 38 Baochao Hutong; 宝抄胡同 38 号; DZ mit Gemeinschaftsbad 480 Yuan, DZ 680–980 Yuan, Suite 1380 Yuan) Das neue Hofhaushotel wurde mit viel Geschmack und Charme umgebaut; eine Menge natürliches Licht strömt durch das Glasdach auf den Innenhof. Die Zimmer sind klein (die Badezimmer winzig), aber gut möbliert, und das Personal ist reizend. Das Hotel liegt versteckt in einer unbeschilderten Gasse abseits des *hutongs* Baochao neben einem billigen Hotel, das keine ausländischen Gäste aufnimmt.

★COURTYARD 7 HOFHAUSHOTEL ¥¥¥

Karte S. 328 (四合院酒店; Siheyuan Jiudian; ☎6406 0777; www.courtyard7.com; 7 Qianggulouyuan Hutong, an der Nanluogu Xiang, 鼓楼东大街南锣鼓巷前鼓楼苑胡同 7 号; Zi. 900–1500 Yuan; ❄@; ⓢNanluoguxiang) Die makellosen Zimmer, die mit traditionellen chinesischen Möbeln eingerichtet sind, blicken auf mehrere 400 Jahre alte Höfe unterschiedlicher Größe, die im Lauf der Zeit von Regierungsministern, reichen Kaufleuten und sogar einem Armeegeneral bewohnt wurden. Trotz des historischen Hintergrunds haben die Zimmer modernen Komfort, wie Fußbodenheizung, Breitbandinternet, WLAN und Kabel-TV.

Die Lage in einem *hutong* – in einer ruhigen Seitengasse, aber in nächster Nähe zur trendigen Nanluogu Xiang – ist ebenfalls toll. Frühstück ist im Preis enthalten.

Himmelstempelpark & Süd-Dongcheng

EMPEROR HOTEL ¥¥¥

Karte S. 330 (皇家驿站; Huangjia Yizhan; ☎6701 7791; www.theemperor.com.cn; 87 Xianyukou St, Qianmen Commercial Centre, 前门商业区鲜鱼口街 87 号; Zi. 1200 Yuan; ❄📶🏊; ⓢQianmen) Das moderne, nagelneue Hotel hat ein Spa und einen Pool auf dem Dach, wo Gäste in der Sonne faulenzen und dabei einen schönen Blick auf den Tiananmen-Platz genießen können. Die coolen, ganz in Weiß gehaltenen Zimmer sind zwar nicht groß, aber der Preis ist für ein Hotel dieser Qualität anständig, und die Lage ist ideal. Das Personal ist zuvorkommend und die Atmosphäre zwanglos.

Beihai-Park & Nord-Xicheng

SLEEPY INN HUTONG-HOSTEL ¥

Karte S. 332 (丽舍; Li She; ☎6406 9954; 103 Deshengmennei Dajie; 德胜门内大街 103 号; B/2BZ 100/298 Yuan; 📶) Die Ausstattung mag zwar nicht so gut sein wie in anderen größeren Hostels, aber die Lage am Xihai-See ist wunderbar und das Personal freundlich. Die Zimmer sind einfach, aber sauber, es gibt einen Fahrradverleih und kostenloses WLAN (aber keine Computer). Das Haus hat ein kleines Café, aber kein Restaurant. Zu erreichen über die Deshengmennei Dajie Richtung Süden, dann vor der Steinbrücke rechts. 50 m weiter kommt rechts das Sleepy Inn in Sicht.

RED LANTERN HOUSE WEST YARD HOFHAUSHOTEL ¥

Karte S. 332 (红灯笼; Hong Denglong; ☎6617 0870; 12 Xisi Beiertiao, 西四北二条 12 号; EZ 280 Yuan, DZ & 2BZ 360, Suite 450 Yuan; ❄@📶; ⓢXisi) Das West Yard, einst das einnehmendste Haus der Red-Lantern-Kette, war zur Zeit der Recherche wegen umfassender Renovierung geschlossen, wird aber bei Erscheinen des Buchs wohl wieder geöffnet sein. Es lag um zwei hübsche, ruhige Innenhöfe und die Zimmer waren umsichtig und komfortabel im Stil des alten Beijing eingerichtet. Reservierung ist ratsam. Zu finden ist es ab dem U-Bahnhof Xisi über die Xisi Beidajie Richtung Norden; es liegt zwei *hutongs* weiter auf der linken Seite.

RED LANTERN HOUSE HUTONG-HOSTEL ¥

Karte S.332 (仿古园, Fanggu Yuan; ☎8328 5771; www.redlanternhouse.com; 5 Zhengjue Hutong, 正觉胡同 5 号; B im 4–6-Betten-Schlafsaal 85 Yuan, DZ 220 Yuan; ❄@📶; S Jishuitan) Saubere und einfache Zimmer um einen netten überdachten Hof und eine fantastische, nicht touristische *hutong*-Lage machen das freundliche Hostel zur guten Wahl. Alle Zimmer haben Gemeinschaftsbäder. Wenn das Hostel voll ist oder wenn man ein eigenes Bad wünscht, kann man sich nach dem lässigen, aber weniger reizvollen Schwesterhaus Red Lantern House East Yard (DZ/3BZ 330/420 Yuan) erkundigen. Es liegt ein paar Minuten zu Fuß weiter in einer Seitengasse des *hutongs* Zhengjue.

DRUM TOWER YOUTH HOSTEL HOSTEL ¥

Karte S.332 (鼓韵青年旅舍; Guyun Qingnian Lushe; ☎8401 6565; www.24hostel.com; 51 Jiugulou Dajie, 旧鼓楼大街 51 号; B im 6-Betten-Schlafsaal mit/ohne Bad 80/60 Yuan, DZ & 2BZ mit/ohne Bad 280/200 Yuan; ❄@📶; S Gulou Dajie) Das große, zuverlässige Hostel in der Nähe des Trommelturms wurde zur Zeit der Recherche umfassend renoviert, wird aber bei Erscheinen des Buchs wieder geöffnet sein. Es hatte saubere, funktionale Zimmer, eine Dachterrasse und ein hauseigenes Bar-Restaurant.

★GRACELAND YARD HOFHAUSHOTEL ¥¥

Karte S.332 (觉品酒店; Juepin Jiudian; ☎159 1115 3219; www.graceland-yardhotel.com; 9 Zhengjue Hutong; 正觉胡同 9 号; EZ/DZ/2BZ/Suite 599/699/799/1000 Yuan, Dachzi. 899 Yuan; @📶) Graceland ist ein ausnehmend schön renoviertes Hofhaushotel auf dem Gelände des verlassenen, 500 Jahre alten Zhengjue-Tempels. Jedes der acht Zimmer ist etwas anders – es gibt Einzel-, Doppel- und Zweibettzimmer sowie ein paar fabelhafte Dachzimmer und eine Suite. Alle sind stilvoll und traditionell mit buddhistischen Motiven eingerichtet. Ein Restaurant gibt es nicht, auch kein Frühstück, aber im *hutong*-Umfeld gibt es reichlich Esslokale.

SHICHAHAI SHADOW ART HOTEL HOTEL ¥¥

Karte S.332 (什刹海皮影酒店; Shichahai Piying Jiudian; ☎136 8303 2251, 8328 7846; www.shichahaitour.com; 24 Songshu Jie, 松树街 24 号; 2BZ & DZ 630–930 Yuan) Das schicke, hochmoderne Boutiquehotel passt irgendwie nicht in das verwitterte Umfeld der alten *hutongs*, aber es bietet einen sehr komfortablen Aufenthalt in einem interessanten Wohnviertel um die Houhai-Seen. Die Zimmer sind individuell eingerichtet und verbinden modernes Design mit einem Hauch chinesischer Tradition.

In der Lobby, die wie ein Teehaus angelegt ist, gibt es eine kleine Bühne, auf der jeden Dienstag, Donnerstag und Samstag abends Schattenspiele aufgeführt werden (nur für Gäste). Es gibt kein Restaurant, aber Frühstück in der Lobby ist im Preis enthalten.

Das ebenfalls schicke Schwesterhotel, das **Shichahai Sandalwood Boutique Hotel** (什刹海紫檀酒店; Shichahai Zitan Jiudian; Karte S.332; ☎8322 6686; www.sch-hotel.com; 42 Xinghua Hutong; 兴华胡同 42 号; Zi. 1020–1300 Yuan) im *hutong* Xinghua, fünf Minuten zu Fuß entfernt, hat größere und teurere Zimmer.

Dashilar & Süd-Xicheng

★QIANMEN HOSTEL HOFHAUSHOSTEL ¥

Karte S.334 (前门客栈; Qianmen Kezhan; ☎6313 2370, 6313 2369; www.qianmenhostel.net; 33 Meishi Jie, 煤市街 33 号; B im 6–8-Bett-Schlafsaal 70 Yuan, B im 4-Bett-Schlafsaal 80 Yuan, mit/ohne Bad DZ & 2BZ 280/240 Yuan, 3BZ 380/300 Yuan; ❄@📶; S Qianmen) Das denkmalgeschützte Haus mit coolem Innenhof, das nur fünf Minuten zu Fuß südwestlich vom Tiananmen-Platz liegt, hat ein relaxtes Ambiente und tüchtiges Personal. Die Zimmer sind einfach und nicht groß, aber wie die Schlafsäle und die Gemeinschaftsbäder sauber; zur Zeit der Recherche wurde alles gerade renoviert. Ein recht gutes Café gibt's hier auch.

Trotz der belebten Lage kann man hier gut abschalten und die hohen Decken, originalen Holzschnitzereien und reizenden alten Gebäude genießen. Der freundliche und erfahrene Genghis Kane tut sein Bestes, um den hohen Standard zu halten. Fahrräder werden für 20 Yuan pro Tag vermietet und auch Touren zur Großen Mauer angeboten.

THREE-LEGGED FROG HOSTEL HUTONG-HOSTEL ¥

Karte S.334 (京一食青年旅舍; Jingyi Shi Qingnian Lushe; ☎6304 0749; www.threeleggedfroghostel.com; 27 Tieshu Xiejie, 铁树斜街 27 号; B im 6-Bett-Schlafsaal mit Bad 65 Yuan, B im 10-Bett-Schlafsaal 55 Yuan, DZ & 2BZ 220 Yuan, 3BZ 270 Yuan, FZ 339 Yuan; ❄📶; S Qianmen) Was es mit dem Namen („dreibeiniger

Frosch“) auf sich hat, ist ein Rätsel, aber die relativ großen Schlafsäle mit sechs Betten und Bad sind sehr preisgünstig, und die Zimmer sind sauber, wenn auch beengt. Alle Zimmer liegen um einen niedlichen Hof, der im Sommer angenehm ist. Der Besitzer ist hilfsbereit – das Hostel richtet sich an ausländische Reisende –, und vorne im Gemeinschaftsraum gibt's westliches Frühstück und abends Bier.

LEO COURTYARD HOFHAUSHOSTEL ¥

Karte S.334 (上林宾馆, Shanglin Binguan; ☎8316 6568; www.leohostel.com; 22 Shanxi Xiang, 陕西巷胡同 22 号; B im 4-Bett-Schlafsaal ohne Bad 60 Yuan, B im 8/10-Bett-Schlafsaal mit Bad 55/60 Yuan, DZ/2BZ 140/160 Yuan, 3BZ 180 Yuan; ❄📶; Ⓢ Qianmen) Das Leo ist ein hervorragendes, historisches und labyrinthisches Gebäude mit einer pikanten Vergangenheit, in der Kurtisanen und die kaiserliche Elite eine Rolle spielen. Wie in den meisten Hofhaushotels sind die Zimmer ein wenig altmodisch und die Schlafsäle eher klein. Das vormals verschnarchte Personal hat jedoch einen Zahn zugelegt und ist nun hilfsbereit, und die Badezimmer sind sauber. Das Haus liegt in einer Gasse an der Dazhalan Xijie.

Das zugehörige Bar-Restaurant nebenan ist prima für einen abendlichen Drink.

LEO HOSTEL HUTONGHOSTEL ¥

Karte S.334 (广聚园宾馆, Guangjuyuan Binguan; ☎6317 6288, 6303 3318; www.leohostel.com; 52 Dazhalan Xijie, 大栅栏西街 52 号; B im 4-Bett-Schlafsaal mit/ohne Bad 80/70 Yuan, B im 6-Bett-Schlafsaal 65 Yuan, B im 10-Bett-Schlafsaal 55 Yuan, B im 14-Bett-Schlafsaal 45 Yuan, DZ & 2BZ 240 Yuan, 3BZ 270 Yuan; ❄@📶; Ⓢ Qianmen) Das Leo Hostel hat weitaus weniger Atmosphäre als das altehrwürdige Schwesterhaus Leo Courtyard, aber die Schlafsäle und Zimmer sind moderner und schlichtweg besser (trotz einiger klumpiger Matratzen), auch wenn das Flair eher steril ist. Es gibt einen recht großen Gemeinschaftsraum, in dem annehmbares Essen serviert wird, und das Hostel liegt dicht am Tiananmen-Platz und den Sehenswürdigkeiten drum herum. Es ist immer gut gebucht, Reservierung ist daher ratsam.

QIANMEN JIANGUO HOTEL HOTEL ¥¥¥

Karte S.334 (前门建国饭店; Qianmen Jianguo Fandian; ☎6301 6688; www.qianmenhotel.com; 175 Yong'an Lu, 永安路 175 号; DZ & 2BZ 1500–1800, Suite 2200–3500 Yuan; 🚭❄@📶; Ⓢ Caishikou) Teile des renovierten Hotels mit einem Hauch Pekingoper sind recht elegant, und bei Reisegruppen ist es beliebt, aber der Umbau schlägt sich auf die Preise nieder. Das Geschäft brummt, das Personal ist also immer auf Trab. Die Zimmer sind geräumig, hell und gepflegt, und es gibt großzügige Rabatte (bis zu 50%).

Das Liyuan-Theater liegt rechts vom überkuppelten Atrium hinter dem Hotel.

Sanlitun & Chaoyang

SANLITUN YOUTH HOSTEL HOSTEL ¥

Karte S.336 (三里屯青年旅馆; Sanlitun Qingnian Luguan; ☎5190 9288; www.itisbeijing.com; Chunxiu Lu, 春秀路南口往北 250 米路东; B im 4/6-Bett-Schlafsaal 80/70 Yuan, DZ & 2BZ mit/ohne Bad 280/220 Yuan; ❄@📶; Ⓢ Dongsishitiao, Dongzhimen) Das einzige anständige Hostel in Sanlitun hat tüchtiges, freundliches Personal und ist immer gut belegt. Die Zimmer und Schlafsäle sind funktional und sauber, allerdings riechen die Gemeinschaftsbäder etwas unangenehm. Geboten werden Touren zur Großen Mauer und Leihfahrräder (30 Yuan pro Tag). Im Som-

FÜNF-STERNE-LUXUS

Wer im Westen Beijings so richtig viel Geld ausgeben will (oder ein Spesenkonto hat), findet etliche internationale Fünf-Sterne-Hotels in der Financial Street (金融街; Jinrong Jie).

Das **Ritz-Carlton** (北京金融街丽嘉酒店; Beijing Jinrongjie Lijia Jiudian; Karte S.334; ☎6601 6666; www.ritzcarlton.com; 1 Jinchengfang Dongjie; 金城坊东街 1 号; Zi. ab 2000 Yuan) ist wohl das feinste Hotel, aber es gibt hier auch u.a. ein exzellentes **Westin** (金茂北京威斯汀大饭店; Jinmao Beijing Weisiting Dafandian; Karte S.334; ☎6606 8866; www.starwoodhotels.com; 9 Jinrong Dajie; 金融大街乙 9 号; Zi. ab 1500 Yuan) und ein **Intercontinental** (北京金融街洲际酒店; Beijing Jinrongjie Zhouji Jiudian; Karte S.334; ☎5852 5888; www.ihg.com; 11 Financial St; 金融街 11 号; Zi. ab 1500 Yuan).

mer öffnet draußen eine Terrasse und es gibt ein preiswertes Bar-Restaurant mit Billardtisch.

HOTEL IBIS

HOTEL ¥

Karte S.336 (宜必思酒店; Yibisi Jiudian; ☎6508 8100; www.ibis.cn-accorhotels.com; 30 Zhongfang Jie (Sanlitun Nanlu), 中纺街 30 号 (三里屯南路); Zi. 349 Yuan; ❄ @ 📶; Ⓢ Dongdaqiao) Die Zimmer in diesem Kettenhotel sind kompakt und modern, wenn auch langweilig. Es liegt in Laufnähe der Restaurants, Bars und Einkaufsstraßen von Sanlitun und eines U-Bahnhofs. Die Lage allein macht es schon lohnenswert. Es gibt WLAN und Internetanschlüsse, aber Englisch wird kaum gesprochen.

YOYO HOTEL

HOTEL ¥

Karte S.336 (优优客酒店; Youyou Kejiudian; ☎6417 3388; www.yoyohotel.cn; Gebäude 10 Dongsanjie Erjie, 三里屯北路东三街二街中 10 楼; Zi. 339–379 Yuan; ❄ @ 📶; Ⓢ Tuanjiehu) Dieses Hotel hat das Flair eines Boutiquehotels, aber die Zimmer, besonders die Badezimmer, sind winzig. Für die Lage sind sie jedoch recht preiswert und reichen völlig aus, wenn man sich nicht die ganze Zeit im Hotel aufhalten will. Das Personal spricht etwas Englisch und ist freundlich, obwohl es meist gehetzt wirkt. In den Zimmern gibt's WLAN und ADSL-Internet.

HOLIDAY INN EXPRESS

HOTEL ¥¥

Karte S.336 (智选假日酒店; Zhixuan Jiari Jiudian; ☎6416 9999; www.holidayinnexpress.com.cn; 1 Chunxiu Lu, 春秀路 1 号; r ¥598; ❄ @ 📶; Ⓢ Dongsishitiao, Dongzhimen) Das Hotel in guter Lage hat mehr Persönlichkeit als die meisten Kettenhotels. Die 350 Zimmer sind hell, pastellfarben und sauber und haben hervorragende Betten (mit großen, prallen Kissen). Alle sind mit Breitbild-TV, kostenlosem WLAN und Internetzugang über Kabel ausgestattet. In der Lobby stehen den Gästen Computer zur Verfügung. Das Personal ist freundlich und spricht etwas Englisch.

A HOTEL

HOTEL ¥¥

Karte S.336 (☎6586 5858; www.a-hotel.com.cn; Osttor des Arbeiterstadions, 工人体育场东门; Zi. 780–1080 Yuan; ❄ 📶; Ⓢ Dongsishitiao, Tuanjiehu) Die neue Unterkunft liegt günstig für Restaurants und Nachtleben und ist wie ein Boutiquehotel für wenig Geld gestylt. Die grellen Tapeten und gestreiften Teppiche in den Fluren sollten ignoriert werden, da die Zimmer selbst groß und mit Betten im traditionell chinesischen *kang*-Stil, runden Badewannen und großen Fernsehern ausgestattet sind. WLAN gibt's im ganzen Haus. Es liegt gegenüber vom Osttor des Arbeiterstadions.

★ OPPOSITE HOUSE HOTEL

BOUTIQUEHOTEL ¥¥¥

Karte S.336 (瑜舍; Yushe; ☎6417 6688; www.theoppositehouse.com; 11 Sanlitun Lu, 三里屯路 11 号院 1 号楼, Gebäude 1, Village; Zi. 2300–3100 Yuan; 🚭 ❄ @ 📶 🏊; Ⓢ Tuanjiehu) Das Boutiquehotel der Swire Group ist superschick: offene Badezimmer, Badewannen aus amerikanischer Eiche, wunderbare Stimmungsbeleuchtung, Fußbodenheizung, Schiebetüren, kostenloses Bier, Fernseher auf Schwenkarmen und ein metallener Swimmingpool. Die Lage ist ideal zum Shoppen, Essen und Ausgehen. Es gibt kein augenfälliges Schild. Man geht einfach rein in den markanten grünen Glaswürfel und fragt.

Chinesische Motive sind dezent gehalten – es ist ein internationales Hotel mit entsprechenden Preisen. Für Kinder ist es nicht gerade geeignet, aber Paare können sich hier gut amüsieren oder im trendigen Mesh (S.169) einen Drink genießen.

ST. REGIS

LUXUSHOTEL ¥¥¥

Karte S.336 (北京国际俱乐部饭店; Beijing Guoji Julebu Fandian; ☎6460 6688; www.stregis.com/beijing; 21 Jianguomenwai Dajie, 建国门外大街 21 号; Zi. ab 4100 Yuan; 🚭 ❄ @ 📶 🏊; Ⓢ Jianguomen) Das extravagante Foyer, professionelles Management und eine erstklassige Lage machen das St. Regis zu einer großartigen, wenn auch teuren Fünf-Sterne-Herberge; es werden jedoch oft Preisnachlässe von 40 % angeboten. Die opulenten und behaglichen Zimmer bieten Komfort pur, Butler stehen rund um die Uhr zur Verfügung, und chinesische und italienische Restaurants sorgen für edelstes Essvergnügen. WLAN kostet leider 80 Yuan pro Tag.

PARK HYATT

LUXUSHOTEL ¥¥¥

Karte S.336 (柏悦酒店; Boyue Jiudian; ☎8567 1234; www.beijing.park.hyatt.com; 2 Jianguomenwai Dajie, 建国门外大街 2 号; Zi. 2500–6500 Yuan; 🚭 ❄ @ 📶 🏊; Ⓢ Guomao) Das wunderschöne und supercoole Park Hyatt wird von Geschäftsleuten und betuchten Hipstern aufgesucht. Der Lift rast zur Rezeption im 63. Stock, wo ein fantastischer Panoramablick über die Umgebung wartet. Große, lichte Zimmer mit stilvollen Badezimmern, erstklassiger Service und alle Annehmlichkeiten, die in einem Hotel dieser Klasse zu erwarten sind.

Einen noch spektakuläreren Blick bietet die China Bar (16–1 Uhr) im 65. Stock beim abendlichen Drink (Cocktails ab 70 Yuan).

CONRAD LUXUSHOTEL ¥¥¥

Karte S. 336 (康莱德酒店; Kanglaide Jiudian; ☎6584 6000; www.hilton.com/beijing; 29 Dongsanhuan Bei, 东三环北路 29 号; Zi. 1800 Yuan; ; S Hujialou) Die weiße, an Schweizer Käse erinnernde Fassade mit unterschiedlich geformten Fenstern macht das markante neue Conrad unübersehbar. Die Zimmer sind ebenso raffiniert und sehr groß, das Personal ist beflissen und die Terrasse der Vivid Bar im 5. Stock ein Treffpunkt der Schickeria Beijings. Der einzige Nachteil sind die unverschämten 20 Yuan pro Tag für WLAN in den Zimmern.

GALLERY BOUTIQUEHOTEL ¥¥¥

Karte S. 336 (瑞居; Ruiju; ☎6551 5555; www.galleryhotelbj.com; 50 Gongrentiyuchang Beilu, 工人体育场北路 50 号; Zi. 2500–3000 Yuan; ; S Dongsishitiao, Tuanjiehu) Der Kasten aus rotem Glas sieht von außen nicht allzu einladend aus, und die gedämpfte rosa Beleuchtung innen lässt ein Freudenhaus vermuten. Aber die Zimmer hier sind riesig, sehr komfortabel und hübsch möbliert. Jedes hat gleich zwei riesige Fernseher, und die Bäder sind so positioniert, dass man vom Bett gleich in die Wanne hüpfen kann.

Sommerpalast & Haidian

PEKING UNI INTERNATIONAL HOSTEL HOSTEL ¥

Karte S. 341 (未名国际青年旅舍; Weiming Guoji Qingnian Lushe; ☎8287 1309, 6254 9667; www.pkuhostel.com; 150 Chengfu Lu, 成府路; B im 4-/6-/8-Bett-Schlafsaal 80/70/60 Yuan, DZ & 2BZ 278–298 Yuan, 2BZ ohne Bad 218 Yuan; ; S Wudaokou) Das jüngst renovierte und gut belegte Hostel ist in einem Bürogebäude untergebracht und hat daher nicht so viel Charakter wie andere Hostels. Aber die Schlafsäle und Zimmer sind, wenn auch etwas beengt, so doch halbwegs sauber und ordentlich, ebenso die Badezimmer, und es gibt einen großen Gemeinschaftsraum. Die Zimmer sollten jedoch vorher besichtigt werden, da einige keine Fenster haben.

Das Hostel richtet sich eher an chinesische Reisende (und Studenten der umliegenden Universitäten) als an Ausländer. Das Personal ist jedoch freundlich, auch wenn Englisch nicht gerade üblich ist.

LTH HOTEL HOTEL ¥

Karte S. 341 (兰亭汇快捷酒店; Lantinghui Kuaijie Jiudian; ☎6261 9226, 6261 8596; 35-5 Chengfu Lu, 成府路 35-5 号; DZ & 2BZ 298 Yuan, 3BZ 388; ; S Wudaokou) Relativ neues, modernes Hotel, das anders als viele andere in der Gegend helle Zimmer (jedenfalls die mit Fenster), kleine Badezimmer und eine erstklassige Lage nahe der U-Bahn und den Bars, Cafés und Clubs von Wudaokou hat. Es liegt direkt neben dem Dongyuan Plaza.

★AMAN AT SUMMER PALACE HISTORISCHES HOTEL ¥¥¥

Karte S. 340 (颐和安缦, Yihe Anman; ☎5987 9999; www.amanresorts.com; 1 Gongmen Qianjie, 宫门前街 1 号; Zi. 4000 Yuan, Zi. zum Hof 5200 Yuan, Suite 6400 Yuan; ; S Xiyuan) An diesem noblen Hotel ist kaum etwas auszusetzen, es ist zweifelsohne ein Kandidat für den Spitzenplatz in Beijing. Es liegt gleich um die Ecke des Sommerpalasts – Teile des Hotels stammen aus dem 19. Jh. und wurden als Unterkunft für angesehene Gäste genutzt, die auf eine Audienz mit der Kaiserin Cixi warteten. Die hervorragend ausgestatteten Zimmer sind in bildschönen Pavillons um Innenhöfe herum untergebracht.

Wer durch die imposanten roten Tore tritt, taucht in eine sehr andere, sehr gedämpfte und sehr privilegierte Welt ein. Abgerundet wird das kultivierte Ambiente von erstklassigen Restaurants, einem Spa, einer Bibliothek, einem Kino, einem Pool, Squashplätzen und natürlich einem reibungslosen Service. Wer sich den Aufenthalt hier nicht leisten kann, sollte wenigstens den täglichen Nachmittagstee (14–17 Uhr, 238 Yuan) probieren. Im Winter gibt es oft 15 % Preisnachlass, aber auf alles werden 15 % Bedienungsgeld aufgeschlagen.

Beijing verstehen

Beijing aktuell

Beijing hat sich in den vergangenen Jahren komplett verändert. Beispiellose Investitionen und ein massives Bevölkerungswachstum trugen zur rasanten Entwicklung bei. Nie zuvor bot die Stadt ihren Bewohnern mehr Reichtum und mehr Chancen, aber der rasche Wandel hat seinen Preis. Öffentliche Verkehrsmittel sind überfüllt, die Luftverschmutzung hat Rekordwerte, und die Struktur der traditionellen Gesellschaft gerät ins Wanken, da uralte *hutong*-Viertel mehr und mehr modernen Alternativen weichen müssen.

Top-Filme

Beijing Bicycle (2001) Film über einen glücklosen Fahrradkurier auf der Suche nach seinem gestohlenen Mountainbike.

Lost in Beijing – alles ist möglich (2007) Erschütterndes Drama um eine Vierecksbeziehung. In China verboten.

Der letzte Kaiser (1987) Bernardo Bertoluccis mehrfach oscarprämiertes Epos über das Leben von Puyi und die Auflösung des dynastischen Chinas.

The Gate of Heavenly Peace (1995) Bewegender Dokumentarfilm mit Originalfilmmaterial aus den sechs Wochen vor dem Tiananmen-Massaker von 1989.

Top-Bücher

The People's Republic of Amnesia: Tiananmen Revisited (Louisa Lim, engl.; 2014) Fesselnde Analysen der sozialen Auswirkung des Tiananmen-Massakers.

Midnight in Peking (Paul French, engl.; 2012) Spannende Darstellung des Rätsels um die brutale Ermordung der Engländerin Pamela Werner 1937.

Rickscha Kuli (Lao She; dt. 1998) Meisterwerk über einen Rikschakuli in Beijing zu Beginn des 20. Jhs.

Peking-Koma (Ma Jian; dt. 2011) Roman über die Demokratiedemos von 1989 und das folgende politische Koma.

Abriss & Gentrifizierung

Liang Sicheng (1901–1972), der sogenannte „Vater der modernen chinesischen Architektur", beschrieb Beijing einst als „ein einmaliges Meisterwerk der Stadtplanung". Beijing – die letzte der kaiserlichen Hauptstädte Chinas – war das moralische und spirituelle Zentrum des ganzen Landes, ein kosmischer Brennpunkt, wo der „Sohn des Himmels" (der Kaiser) das Bindeglied zwischen dem irdischen und dem himmlischen Reich darstellte. Wegen der spirituellen Sonderstellung der Stadt achteten chinesische Herrscher aus allen Epochen besonders auf deren Gestaltung. Selbst die geringste Veränderung der Struktur der kaiserlichen Stadt wurde als Affront gegen die Tradition und mithin gegen die festgelegte Weltordnung angesehen.

Die Zeiten haben sich seither ganz schön geändert. Heute entstehen überall in der Stadt schimmernde Superbauten, die als uneinheitliche Wahrzeichen entworfen wurden. Es sind eigenständige Monumente der Modernität, die jedoch den harmonischen Aufbau der Stadtarchitektur gefährden. Auf der Strecke bleiben dabei die älteren und heruntergekommeneren Gegenden, die in den historischen *hutongs* liegen und den Neubauten weichen müssen. Das jüngste prominente Beispiel ist das *hutong*-Wohnviertel, das für den Bau des überwältigenden Galaxy-Soho-Gebäudes abgerissen wurde.

Historische Bauwerke, darunter *siheyuan* (四合院; traditionelle Hofhäuser), sind oft denkmalgeschützt, und das zu Recht. Noch immer bedroht sind jedoch die *dazayuan* (大杂院; verdichtete Hofhauskomplexe, in denen viele Familien leben), entweder durch Abriss, um moderne Riesenklötze zu bauen, oder durch Zerstörung der gewachsenen Wohnform durch umfangreiche Gentrifizierung.

Qianmen, bis vor Kurzem noch das größte zusammenhängende *hutong*-Viertel in Beijing, wurde kurz vor der Olympiade 2008 abgerissen und als Einkaufs- und Wohnviertel im Qing-Stil neu gebaut. Als Nächstes steht die „Restaurierung" des zauberhaften *hutong*-Wohnviertels um den historischen Trommel- und den Glockenturm an. Denkmalschutzaktivisten setzten sich gegen den Bebauungsplan ein, scheinen aber nach jahrelangen Verzögerungen den Kampf letzendlich verloren zu haben. 2014 wurde mit dem Abriss begonnen, und auch wenn zur Zeit der Recherche noch unklar war, wodurch die Dutzenden *dazayuan* ersetzt werden sollen, sind einige Bewohner bereits in die Vorstädte umgezogen.

Umweltverschmutzung

Rasante Entwicklung bringt zwangsläufig vermehrte Umweltverschmutzung mit sich. Der Zustand von Boden und Wasser der Region ist für die Einwohner besorgniserregend (Beijinger trinken niemals ihr Leitungswasser), aber noch bedrückender ist der beständige und mittlerweile berüchtigte Smog in der Stadt.

Die Messung der Luftverschmutzung erreichte im Januar 2013 Rekordwerte, ein Monat, der in den Weltmedien „Airpocalypse" genannt wurde. Ausländer verließen scharenweise die Stadt, aber die Beijinger sind auch nicht gerade von der oft fatalen Lage begeistert. In den ersten vier Monaten des Jahres 2014 legten die Einwohner wegen des Smogs 12 599 offizielle Beschwerden ein, eine Zahl, die 124 % höher war als im Vorjahr. Jeder, der die Stadt erneut besucht, wird deutlich mehr Menschen mit Mundschutz bemerken.

Der Smog ist nicht ständig vorhanden – Beijing erlebt noch immer Tage mit herrlich klarem, blauem Himmel –, aber er nimmt leider stetig zu.

Öffentliche Verkehrsmittel

Angesichts der Luftverschmutzung können die Behörden für ihre kontinuierlichen Investitionen in ein beeindruckendes öffentliches Verkehrsnetz nur gelobt werden. Beijing hat eine umfangreiche Flotte von Erdgas- und Elektrobussen, und das U-Bahn-Netz ist nun das drittgrößte der Welt (nach Seoul und Shanghai). Das Ziel, dass alle Einwohner im Stadtzentrum nicht weiter als 1 km von einem U-Bahnhof entfernt leben, soll 2015 erreicht sein. Pläne für ein Monorail-Netz werden diskutiert.

Zur Zeit der Recherche gab es leider Gerüchte über eine massive Fahrpreiserhöhung für die öffentlichen Verkehrsmittel, die seit 2007 heftig subventioniert wurden. Das mag zwar die Überfüllung in der U-Bahn mindern, aber sicherlich zur weiteren Verkehrsbelastung in Beijings ohnehin bereits verstopften Straßen beitragen.

Von 100 Einwohnern in Beijing ist/sind

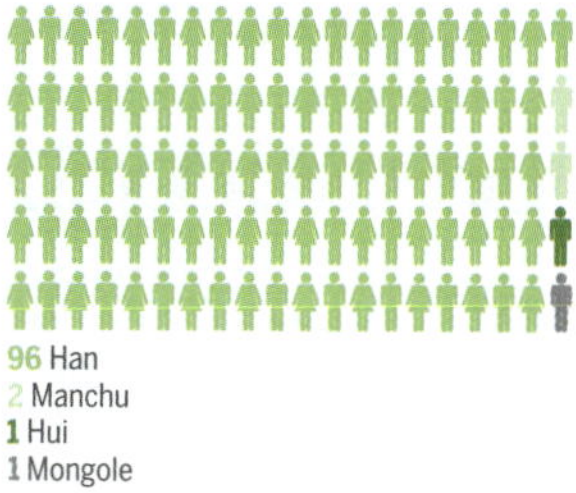

Bevölkerungsentwicklung von Beijing

(in Millionen)

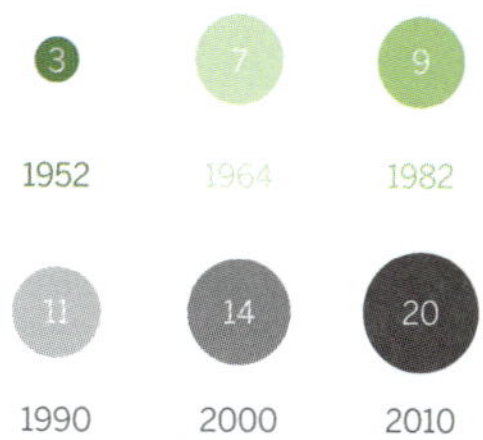

Einwohner pro km²

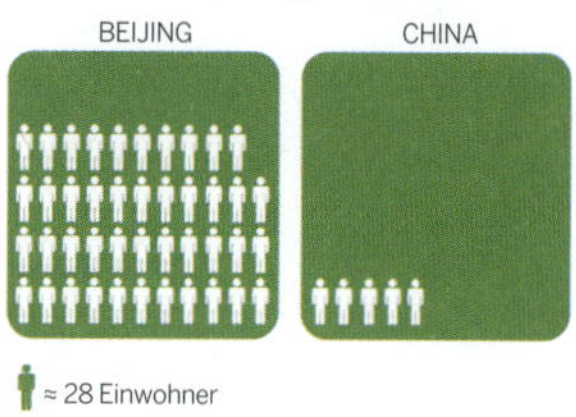

Geschichte

Beijings lange und farbenfrohe Geschichte reicht rund 3000 Jahre zurück, die Stadt rückte jedoch erst 1272 ins Zentrum der chinesischen Herrschaft, als Kublai Khan sie zur Hauptstadt der mongolischen Yuan-Dynastie ernannte. Seither diente Beijing mit Ausnahme zweier kurzer Zwischenspiele (1368–1421 und 1928–1949) als Zentrum der Macht für ganz China.

Die Mongolen waren der erste „barbarische" Volksstamm, der versuchte, über China zu herrschen. Sie regierten knapp hundert Jahre von Beijing aus, von 1272 bis 1368.

Die Anfänge

Die Große Hauptstadt der Mongolen

Beijing erreichte große Bedeutung, als Kublai Khan (1215–1294), der Gründer der mongolischen Yuan-Dynastie, die Stadt zur Hauptstadt ernannte. Bei den Mongolen hieß die Stadt Khanbalik, von hier aus regierten die Nachfahren von Dschingis Khan (Kublai Khan war sein Enkel) über das größte Imperium der Weltgeschichte. Hierher kam auch Marco Polo als einer von Tausenden von Ausländern, um schließlich für einige Jahre die Mongolen beim Regieren Chinas zu unterstützen. Für Kublai Khan war Beijing nur die Winterhauptstadt, die Sommermonate verbrachte er lieber in Beijings Schwesterstadt Xanadu, die weiter nördlich auf etwa 1800 m Höhe lag. Dies war die „Obere Hauptstadt" oder auf Chinesisch „Shangdu", während Beijing als „Dadu" oder „Große Hauptstadt" bezeichnet wurde.

Beijing scheint als Hauptstadt des Yuan-Reichs oder überhaupt irgendeines Reichs eine merkwürdige Wahl zu sein, denn es gibt dort weder einen Fluss noch einen Zugang zum Meer. Die Stadt liegt am äußersten Rand der großen nördlichen Ebene, weit entfernt von den reichen Reisspeichern im Süden und der Quelle von Chinas Exportartikeln Tee, Seide und Porzellan. In ihrer gesamten Geschichte betrachteten die Han-Chinesen dies als barbarisches Territorium, in dem eine Reihe feindlicher, räuberischer Dynastien wie die Liao (907–1125) und die Jin (1115–1234) beheimatet waren, die ebenfalls beide Beijing als Hauptstadt wählten. Bis heute werden diese Völker von chinesischen Historikern eher als primitive „Volksstämme" denn als Nationen be-

ZEITACHSE

500 000 v. Chr.

Der Pekingmensch *(Sinanthropus pekinensis)* bewohnt die Region Beijing; Fossilien des Pekingmenschen wurden zwischen 1923 und 1927 im Stadtunterbezirk Zhoukoudian in Beijing ausgegraben.

bis zum 11. Jh. v. Chr.

Erste feste Siedlungen in der Gegend um Beijing sind dokumentiert (es gibt Hinweise auf paläolithische Kulturen im Zentrum Beijings).

um 600 v. Chr.

Laotse (Laozi), der Gründer des Taoismus, wird geboren. Die Volksreligion des Taoismus existiert neben später in China eingeführten Glaubensrichtungen, wie dem Buddhismus, weiter.

schrieben, was vielleicht ein Vorurteil ist, das noch aus der alten Antipathie zwischen den nomadischen Hirtenvölkern und den sesshaften Bauern stammt, zu denen die Chinesen zählen.

Beijings erste Stadtmauer

938 n.Chr. wurde Beijing erstmals eine von Mauern umgebene Siedlung, als die Khitan, einer der nomadischen „Barbarenstämme", es zur südlichen Nebenhauptstadt ihrer Liao-Dynastie machten. Als sie von den Dschurdschen aus der Mandschurei, den Vorfahren der Mandschu gestürzt wurden, taufte man die Stadt um in Zhongdu oder „Mittlere Hauptstadt". Jede dieser drei aufeinanderfolgenden Barbarendynastien erweiterte die umfriedete Stadt und baute Paläste und Schreine, vor allem buddhistische Tempel. Sie sicherten die Wasserversorgung, indem sie Flüsse von den ansonsten trockenen Kalksteinbergen in der Umgebung rund um Beijing kanalisierten und das Wasser in Seen speicherten, die sich noch heute im Herzen der Stadt befinden.

Die Lebensader Großer Kanal

Die Khitan verschifften auf dem Großen Kanal Waren wie Seide, Porzellan, Tee und Getreide vom Jangtse-Delta. Jede der folgenden Dynastie arbeitete weiter am Großen Kanal. Ursprünglich war er 2500 km lang, als er im 5. Jh. von der chinesischen Sui-Dynastie gebaut wurde, um die militärische Eroberung von Nordostchina und Korea zu erleichtern. Ab dem 10. Jh. wurde er für einen völlig anderen Zweck genutzt: Er sollte es genau diesen nördlichen Völkern ermöglichen, Zentralchinas Wohlstand auszunutzen. Beijing spielte dabei die Rolle der Endstation.

Bleibende Spuren

1000 Jahre lang verbrachten eine halbe Million Bauern sechs Monate des Jahres damit, riesige Lastkähne von Hangzhou den Großen Kanal hinauf nach Beijing zu ziehen. Man sieht den Kanal noch, der von Tongzhou kommend, heute ein Vorort von Beijing, die Stadt erreicht und sich entlang der 2. Ringstraße schlängelt. Die Abgaben oder Tribute aus Zentralchina wurden in riesigen Speichern gelagert, von denen einige noch erhalten sind. Von Beijing aus wurden die Waren zum Westtor oder Xizhimen hinaus (heute liegt dort die U-Bahn-Station Xizhimen) und die Tanqin-Schlucht hinauf nach Badaling transportiert, das früher das Ende der chinesischen Welt markierte. Hinter diesem Pass benutzten die Karawanen die Straße nach Zhangjiakou, 1800 m über dem Meer, wo die Grassteppen Innerasiens begannen.

Die Mongolen bezeichneten Zhangjiakou als Kalgan, „das Tor". Die Handelsstraße in die innerasiatischen Weideländer wurde auch von Invasoren wie Dschingis Khan gerne genutzt.

551 v. Chr.

Geburt von Konfuzius. Seine Vorstellungen von einer ethischen und geordneten Gesellschaft, die durch Hierarchie und Selbstentfaltung funktioniert, wird die chinesische Kultur bis ins frühe 20. Jh. prägen.

5.–3. Jh. v. Chr.

Der Staat Yan, der etwa 50 km südwestlich von Beijing angesiedelt ist, erobert den Staat Ji und bildet eine größere, von einer Mauer umgebene Stadt, die den Namen Yanjing erhält.

214 v. Chr.

Kaiser Qin verpflichtet Tausende Arbeiter, die bestehende Stadtmauer mit der Großen Mauer aus gestampfter Erde zu verbinden. Die spätere Steinbastion stammt aus der Zeit der Ming-Dynastie.

938 n. Chr.

Beijing wird Nebenhauptstadt der Liao-Dynastie. Aus dieser Zeit stammt Beijings älteste Straße – Sanmiao Jie oder Straße der Drei Tempel – damals bekannt als Tanzhou Jie.

Bücher zur Geschichte

The City of Heavenly Tranquility: Beijing in the History of China (Jasper Becker) Erzählt die Geschichte von Beijings Wandel von der Ming-Hauptstadt zum kommunistisch-kapitalistischen Zwitterwesen.

The Penguin History of Modern China: The Fall and Rise of a Great Power 1850–2008 (Jonathan Fenby) Äußerst lesenswerte moderne Darstellung der chinesischen Geschichte.

Die Belagerung zu Peking (Peter Fleming) Bericht über den Boxeraufstand.

The Dragon Empress (Marina Warner) Fesselnde Biografie der Kaiserinwitwe und Bericht über den Niedergang der Qing-Dynastie.

Das Ende der „Barbarenherrschaft"

Ziel der Khitan, Dschurdschen, Mongolen und Mandschu war es, sich die Kontrolle über den lukrativen internationalen Handel mit den in China gefertigten Luxusartikeln zu sichern. Chinesische Dynastien wie die Song hatten die Wahl, die Invasoren durch Zahlungen zu vertreiben oder blutigen Widerstand zu leisten. Die Südliche Song-Dynastie griff Beijing an und zerstörte die Stadt, als es ihr jedoch nicht gelang, die Liao-Dynastie der Khitan zu besiegen, verlegten sie sich auf eine andere Strategie, sie „benutzten die Barbaren, um die Barbaren zu besiegen". Sie schlossen einen Pakt mit den Dschurdschen und nahmen 1125 gemeinsam mit ihnen Beijing ein. Anstatt ihnen jedoch nur dabei zu helfen, die Khitan zu besiegen, zogen die Dschurdschen weiter gen Süden und nahmen die Song-Hauptstadt Kaifeng ein. Allerdings hatten die Dschurdschen nicht die Absicht, über China zu regieren, sondern entschieden sich stattdessen dafür, die Südliche Song-Dynastie zu melken.

Die Ming-Dynastie in Beijing

Eine echte chinesische Stadt

Beijing kann nur unter der Ming-Dynastie (1368–1644) als echte chinesische Stadt bezeichnet werden, als Kaiser Yongle über 200 000 Kriegsgefangene dazu einsetzte, die Stadt wieder aufzubauen, ihre wuchtigen Festungsmauern zu errichten, den Kaiserpalast umzubauen und die herrlichen Ming-Gräber anzulegen. Er zwang Zehntausende führender chinesischer Familien, aus Nanjing, der von seinem Vater gegründeten Hauptstadt, umzuziehen und sich widerwillig am Ende der chinesischen Welt niederzulassen, wo sie sich wie auf einem anderen Stern fühlten. Während der Regierungszeit der Ming-Dynastie wurde Beijing fortwährend von den Mongolen angegriffen, deren Reiter bei vielen Gelegenheiten vor den Toren der Stadt standen. Mongolische Räuber durchstreiften die Gegend oder versteckten sich in den Sumpfgebieten südlich der Stadt und bedrohten die Verbindungen zum Kaiserreich.

Die Große Mauer wird aufgemöbelt

Alles, was für das gigantische Bauvorhaben des Wiederaufbaus der Stadt benötigt wurde – sogar Kacheln, Ziegel und Bauholz – musste den Großen Kanal herauf verschifft werden, aber Beijing wuchs zu einer Stadt mit annähernd einer Million Einwohnern heran. Obwohl in der Umgebung Bauernhöfe und Gewächshäuser aus dem Boden schossen, war die Stadt weiterhin vom Großen Kanal als Lebensader abhängig. Der Kanal wurde weitgehend dafür benötigt, die gewaltigen Mengen an Lebensmitteln zu befördern, die zur Versorgung der über eine Million

1153
Beijing wird unter dem Namen Zhongdu (Mittlere Hauptstadt) die Hauptstadt der Jin-Dynastie. Die Stadtmauern werden erweitert, und Papiergeld kommt in Umlauf.

1215
Die Mongolen durchbrechen unter Dschingis Khan an mehreren Stellen die Große Mauer und plündern Zhongdu. Sie machen die Stadt dem Erdboden gleich und metzeln ihre Einwohner nieder.

1264
Der erste Yuan-Kaiser, Kublai Khan, macht sich daran, die Stadt wieder aufzubauen, die sein Großvater zerstört hatte.

1272
Kublai Khan tauft die Stadt um in Dadu (Große Hauptstadt) und ernennt sie offiziell zur Hauptstadt der Yuan-Dynastie. Beijing ist erstmals die Hauptstadt Chinas.

Mann starken Garnison gebraucht wurden, die von Yongle dazu gezwungen wurde, die neue Große Mauer zu bauen und zu besetzen. Der Kaiser befürchtete eine neue mongolische Bedrohung. Die Mongolen waren aus China vertrieben worden, als die Ming 1368 an die Macht kamen, waren jedoch noch immer gefürchtet und mit Anbruch des 15. Jh. reizte es sie, das reiche Land südlich der großen Mauer zurückzuerobern. Im Gegensatz zu früheren Mauern war diese nicht aus gestampfter Erde, sondern mit Backstein und Stein verkleidet. Die Ming-Kaiser vergrößerten sie während der folgenden 250 Jahre ständig, indem sie Schleifen, Abzweigungen und Wachtürme anfügten. Über lange Strecken verlief die Befestigung in zwei parallelen Linien.

Die Verbotene Stadt

Beijing wandelte sich vom fortschrittlichen militärischen Hauptquartier zum Verwaltungszentrum, das mit einem Elitekorps von Mandarinen ausgestattet war. Diese mussten sich Prüfungen unterziehen, in denen das Verständnis der Kandidaten für klassische und konfuzianische Literatur getestet wurde. Anschließend schickte man sie in die Provinz oder wählte sie für die Arbeit in den Ministerien der Zentralregierung aus. Diese standen am heutigen Tiananmen-Platz, südlich des Mittagstors, dem Eingang zur Verbotenen Stadt. Tag für Tag betraten die Mandarine und die Generäle das „Große Innere" und katzbuckelten vor dem Kaiser, der in der Verbotenen Stadt lebte wie eine männliche Bienenkönigin, bedient von Tausenden von Frauen und Eunuchen. Die Ming-Kaiser waren die einzigen Männer, die im Palast leben durften. Yongle stellte strenge Regeln auf und verlangte eintönige Rituale. Viele seiner Nachfolger rebellierten gegen diese Einschränkungen.

Die Macht der Eunuchen

Unter späteren Ming-Kaisern erhielten die Eunuchen mehr Vertrauen und Macht als die Mandarine. Gegen Ende der Ming-Dynastie gab es 100 000 von ihnen, mehr als in jeder anderen Zivilisation der Geschichte. Einige wenige wurden so mächtig, dass sie praktisch das Reich regierten, viele starben jedoch bettelarm. Einige nutzten ihren Reichtum für den Bau großartiger Residenzen und Gräber oder um Tempel und Klöster außerhalb der Mauern zu unterstützen.

Ein Zentrum der Künste und Wissenschaften

Mit der Zeit entwickelte Beijing sich zu einem der wichtigsten religiösen Zentren Asiens mit über 2000 Tempeln und Heiligtümern. Taoisten und Buddhisten wetteiferten um die Gunst des Kaisers, der als göttliches Wesen galt und damit automatisch der Schutzpatron jeder

1286

Der Große Kanal wird bis Beijing weitergeführt. Er entwickelt sich mit der Zeit zu einem bedeutenden Transportweg für Getreide, Salz und andere wichtige Güter zwischen Nord- und Südchina.

1368

Zhu Yuanzhang nimmt Dadu ein und macht mehr und mehr Paläste dem Erdboden gleich. Er nennt die Stadt Beiping (Nördlicher Friede) und gründet die Ming-Dynastie.

1368–1644

Die Stadtmauern werden erneuert und die Große Mauer neu aufgebaut und mit Ziegeln verkleidet. Die erste Anlage des modernen Beijing entsteht. Beijing wird die größte Stadt der Welt.

1403–1421

Kaiser Yongle verlegt die Hauptstadt weiter südlich nach Nanjing, dort wird der Kaiserpalast gebaut. 1421 wird Beijing erneut Hauptstadt, als die Verbotene Stadt vollendet ist (1406–1420).

anerkannten religiösen Institution im Reich war. Beijing, die Residenz des Kaisers, galt bei den Chinesen als Mittelpunkt der Welt. Auch die besten Dichter und Maler strömten nach Beijing und bemühten sich um die Gunst des Hofes. Die Verbotene Stadt verlangte nach dem feinsten Porzellan, den besten Möbeln und dem schönsten Tafelbesteck, sodass ihre Werkstätten immer raffinierter und das Design immer kunstvoller wurden. Literatur, Schauspiel, Musik, Medizin, Kartografie, Astrologie und Astronomie erlebten eine Blütezeit, sodass sich die Kaiserstadt zu einem Zentrum der Künste und Wissenschaften entwickelte.

Obgleich sich frühe Besucher über den Staub und die Bettler beklagten, waren die meisten doch ehrfurchtsvoll angesichts der Größe und der Pracht der Stadt. Die Ming-Kultur übte starken Einfluss auf Japan, Korea, Vietnam und weitere Nachbarländer aus. Bis zum Ende des 15. Jh. hatte sich die Ming-Hauptstadt, die als entlegener und isolierter Militärstützpunkt begonnen hatte, zu einer wohlhabenden und kulturell hochstehenden chinesischen Stadt gemausert.

Der Untergang der Ming

Trotz der Großen Mauer nahm die Bedrohung durch die Mandsch zu. Sie errichteten einen neuen mächtigen Staat mit Hauptsitz in Shenyang (heute die Hauptstadt der Provinz Liaoning) und beobachteten den Niedergang des Ming-Reichs. Die Ming verfügten über eine der ausgefeiltesten Abgabenordnungen der Geschichte, korrupte Eunuchen missbrauchten jedoch ihre zunehmende Macht. Überzogene Besteuerungen entfachten eine Reihe von Bauernaufständen. Gewaltige Silberfunde in Südamerika bewirkten eine weltweite Abwertung dieses Edelmetalls, was auch bei der chinesischen Silberwährung zur Inflation führte.

Eine von Li Zicheng (1606–1645) angeführte Armee bäuerlicher Rebellen konnte Beijing einnehmen. Der letzte Ming-Kaiser Chongzhen (1611–1644) rief die Mandschu zu Hilfe. Nachdem diese die Große Mauer bei Shanhaiguan überquert hatten, halfen sie, Li Zichengs Armee zu vernichten. Dann marschierten die Mandschu nach Beijing, wo sich Chongzhen an einem Baum auf dem Kohlehügel im Jingshan-Park oberhalb der Verbotenen Stadt erhängte.

Han-Chinesen mussten ihr Haar zum Zopf geflochten tragen als Symbol ihrer Unterwerfung unter die herrschenden Mandschu.

Die Qing-Dynastie in Beijing

Die Mandschu im Anmarsch

1664 errichteten die Mandschu die Qing-Dynastie, es dauerte allerdings noch mehrere Jahrzehnte, bis sie das Ming-Reich vollständig erobert hatten. Als ausländische Dynastie hatten sie große Mühe, sich als legitime Nachfolger der chinesischen Ming-Dynastie zu etablieren. Da-

1420
Der Himmelstempel wird gleichzeitig mit der Verbotenen Stadt erbaut. Das Tor des Himmlischen Friedens wird vollendet.

1457
Nach einem verheerenden Feuer infolge eines Blitzschlags brennt das Tor des Himmlischen Friedens nieder und wird erst im Jahr 1465 wieder aufgebaut.

1644
Bauernrebellen brennen das Tor des Himmlischen Friedens erneut nieder, bevor die Mandschu-Soldaten eintreffen. Der Neubau des Tors wird 1651 fertiggestellt.

1644
Mandschu-Truppen strömen über den Pass bei Shanhaiguan und zwingen China die Qing-Dynastie auf. Kaiser Chongzhen erhängt sich an einem Baum im Jingshan-Park.

CHINAS DYNASTIEN

DYNASTIE	CHINESISCHER NAME	REGIERUNGSPERIODE
Xia	夏	2070–1600 v. Chr.
Shang	商	1600–1046 v. Chr.
Westliche Zhou	西周 (Xi Zhou)	1046–771 v. Chr.
Östliche Zhou	东周 (Dong Zhou)	770–256 v. Chr.
Zeit der Frühlings- & Herbstannalen	春秋 (Chun Qiu)	771–476 v. Chr.
Zeit der Streitenden Reiche	战国 (Zhan Guo)	476–221 v. Chr.
Qin	秦	221–206 v. Chr.
Westliche Han	西汉 (Xi Han)	206 v. Chr.– 9 n. Chr. & 23–25 n. Chr.
Xin	新	9–23 n. Chr.
Östliche Han	东汉 (Dong Han)	25–220 n. Chr.
Zeit der Drei Reiche	三国 (San Guo)	220–265
Westliche Jin	西晋 (Xi Jin)	265–317
Östliche Jin	东晋 (Dong Jin)	317–420
Südliche & Nördliche Dynastien	南北朝 (Nan Bei Chao)	420–589
Sui	隋	581–618
Tang	唐	618–907
Fünf Dynastien & Zehn Königreiche	五代十国 (Wǔ Dài Shí Guó)	907–960
Königreich Dali	大理国 (Da Li Guo)	937–1253
Nördliche Song	北宋 (Bei Song)	960–1127
Südliche Song	南宋 (Nan Song)	1127–1279
Liao	辽	916–1125
Jin	金	1115–1234
Westliche Xia	西夏 (Xi Xia)	1038–1227
Yuan	元	1271–1368
Ming	明	1368–1644
Qing	清	1644–1911

her behielten sie Beijing als Hauptstadt bei und veränderten nur sehr wenig, Yongles Stadt blieb daher weitgehend erhalten. Die kaiserliche Mandschu-Familie, der Aisin-Gioro-Clan, zog in die Verbotene Stadt, und die kaiserlichen Prinzen bezogen dort große Paläste.

1793

Der britische Diplomat Lord Macartney besucht Beijing mit britischen Industrieprodukten, bekommt vom Qianlong-Kaiser jedoch zu hören, China habe keinen Bedarf an diesen Gütern.

1850–1868

Der quasi christliche Taiping-Aufstand flammt von der Provinz Guangxi von Nord nach Ost in China auf und bringt etwa 20 Mio. Menschen den Tod. Es gelingt den Aufständischen nicht, Beijing zu erreichen.

1898

Kaiser Guangxu gestattet größere Reformen, darunter neue Frauenrechte. Er wird jedoch von Kaiserinwitwe Cixi ausgebremst, die viele Reformer inhaftieren und exekutieren lässt.

1900

Aufständische Boxer belagern das ausländische Gesandtschaftsviertel. Die Hanlin-Akademie wird von Rebellen niedergebrannt bei dem Versuch, belagerte Ausländer durch Feuer zu vertreiben.

Eunuchen neigten eher dem Buddhismus zu (während Mandarins Konfuzius verehrten), da dieser sie hoffen ließ, bei einer künftigen Reinkarnation als vollständige Männer wiedergeboren zu werden.

Sommerpaläste

Schon bald empfand die Aisin-Gioro-Familie das Leben innerhalb der Verbotenen Stadt als beengend. Der große Kaiser Kangxi (1654–1722) ließ den Hof daher in den heute als Alter Sommerpalast bezeichneten Ort umziehen, ein weitläufiges Parkgelände mit Seen, Kanälen und Palästen, das über den Jadekanal mit der Stadt verbunden war. Genau wie die Mongolen liebten die Mandschu die Jagd, Reiten, Falkenjagd, Eislaufen und Bogenschießen. Im Sommer, wenn es in Beijing heiß und schwül wurde, zog der Hof nach Chengde, einen Wochenritt Richtung Norden. In Chengde verbrachte der Hof drei Monate in Filzzelten (Jurten) in einer von Mauern eingefriedeten Parklandschaft.

Bannersoldaten

Das Mandschu-Heer war in Einheiten aufgeteilt, die als Banner bezeichnet wurden, daher hießen die Truppen Bannersoldaten (Qiren). Jedes Banner hatte eine andere Farbe, an der es zu erkennen war, und wurde jeweils in einer Wohngegend Beijings angesiedelt. Die Angehörigen des Bestickten Gelben Banners beispielsweise lebten in der Nähe des Konfuziustempels, noch heute gibt es dort einige ihrer Nachfahren. Nur eine Minderheit waren tatsächlich ethnische Mandschu – alle anderen waren Mongolen oder Han-Chinesen.

Überwachung einer Geteilten Stadt

Zu diesem Zeitpunkt war Beijing eine Mandschu-Stadt, die von Fremden „Tatarenstadt“ genannt wurde (als „Tataren“ wurde alle nomadischen Völker aus Innerasien abgestempelt). Die Han-Chinesen lebten in der „Chinesischen Stadt“ südlich des Tiananmen-Platzes. Dies war die quirligste, am dichtesten bevölkerte Gegend, vollgestopft mit Märkten, Geschäften, Theatern, Bordellen und Herbergen für Besucher aus der Provinz. Chinesen, die in den Norden Beijings gehen wollten, mussten den langen Weg außerhalb der Stadtmauer nehmen. Die Bannersoldaten an den Toren hinderten jeden, der keine Erlaubnis hatte, am Betreten des Stadtteils. Bis zum Jahr 1900 versorgte der Staat alle Banner-Familien mit Kleidung und kostenlosen Lebensmitteln, die auf dem Großen Kanal befördert und in Kornspeichern gelagert wurden.

Beijings eigene Kultur entsteht

Die Bannersoldaten der Mandschu schufen Beijings eigene Kultur. Sie liebten die Beijing-Oper, daher besaß die Stadt früher über 40 Opernhäuser und viele Ausbildungsschulen. Der ärmellose *qipao* ist das Kleid der Mandschu. Die Bannerleute waren sehr tierlieb, sie hielten sich Singvögel und Tauben und züchteten darüber hinaus exotisch aus-

1905

Zu den Reformen gegen Ende der Qing-Zeit gehört die Abschaffung der tausendjährigen Tradition, wonach Bewerber für das chinesische Beamtentum in den klassischen konfuzianischen Schriften geprüft wurden.

1908

Der zweijährige Puyi besteigt den Thron als der letzte Kaiser Chinas. Die örtlichen Eliten und neue Gesellschaftsklassen wie Geschäftsleute dulden die Dynastie nicht länger, was zu deren endgültigem Niedergang führt.

1911

Die Qing-Dynastie bricht zusammen, Chinas Modernisierung beginnt ernsthaft. Sun Yatsen (der zu diesem Zeitpunkt zur Beschaffung von Geldmitteln in den USA weilt) wird zum Präsidenten der Republik China erklärt.

1912

Yuan Shikai, der Führer von Chinas mächtigster regionaler Armee, verkündet am Hof der Qing, das Spiel sei aus: Am 12. Februar dankt der letzte Kaiser, der sechsjährige Puyi, ab.

sehende Goldfische und Miniaturhunde wie die Pekinesen. Nach dem Untergang des Qing-Reichs pflegten sie die traditionellen Künste wie Malen und Kalligrafie weiter.

Sprache, Politik & Religion

Während der Jahrhunderte unter der Qing-Herrschaft versuchten die Mandschu, kulturell von den Chinesen unabhängig zu bleiben, sie sprachen eine andere Sprache, trugen andere Kleidung und pflegten andere Sitten und Gebräuche. Die Mandschu-Frauen wickelten ihre Füße nicht, sie trugen hohe Plateauschuhe und frisierten ihr Haar raffiniert eingerollt. Alle Dokumente am Hof wurden in Mandschu-Schrift abgefasst; an Orten wie der Verbotenen Stadt wurden Namensschilder in Mandschu, Chinesisch und Mongolisch beschriftet.

Gleichzeitig kopierten die Qing die religiösen und bürokratischen Institutionen der Ming. Die acht Schlüsselministerien (Öffentliche Bauten, Steuern, Staatszeremonien, Krieg, Riten, Astronomie, Medizin und die Präfektur für Angelegenheiten des kaiserlichen Clans) waren weiterhin in denselben Gebäuden tätig wie bisher, am heutigen Tiananmen-Platz. Die Qing-Dynastie verehrte ihre Vorfahren mit Riten in einem Tempel, der sich heute im Arbeiterkulturpalast, einem Park südlich der Verbotenen Stadt befindet. Sie erbauten zudem einen zweiten Ahnentempel, der den Seelen aller chinesischen Kaiser geweiht war, die je regiert hatten. Eine Zeit lang war darin eine Mädchenschule untergebracht. Heute kann dort der Tempel der Alten Kaiser besichtigt werden.

Den früheren Beijinger Palast des Dalai Lama hat heute die Regierung des Autonomen Gebiets Tibet angemietet.

Buddhistische Bindungen

Um die Loyalität der Mandarine zu festigen, die im Dienst der Staatsverwaltungen standen, wurde das Studium der Lehren des Konfuzius gefördert. Die Mandschu veranstalteten die traditionellen Rituale in den großen Staatstempeln. Von ihrer Neigung her waren viele Mandschu-Kaiser jedoch Schamanen oder Anhänger des tibetischen Buddhismus. Die schamanischen Heiligtümer sind verschwunden, Beijing ist aber voller Tempel und Stupas, die eine Verbindung zum tibetischen Buddhismus haben. Kaiser Qianlong hielt sich selbst für die Inkarnation des Bodhisattva Manjusri und pflegte enge Verbindungen zu verschiedenen Dalai Lamas und Panchen Lamas. Viele kamen zu Besuch – eine Rundreise dauerte in der Regel drei Jahre –, und man baute spezielle Paläste für sie. Die Mandschu förderten unter den kriegerischen Mongolen bewusst die Verbreitung des tibetischen Buddhismus in der Hoffnung, sie damit zu befrieden. So entwickelte Beijing sich zu einer heiligen Stadt, die Pilger aller Art anzog.

Einen guten Einblick in Beijings düstere Unterwelt der 1930er-Jahre vermittelt Paul Frenchs hervorragender Kriminalthriller *Midnight in Peking* – ein fesselnder Bericht über die Untersuchung des brutalen Mordes an der Engländerin Pamela Werner im Jahr 1937.

1916

Yuan Shikai stirbt weniger als ein Jahr nach seinem Versuch, sich als Kaiser zu etablieren. Yuans monarchische Ansprüche lösten seitens der Republikaner heftigen Widerstand aus.

4. Mai 1919

Studenten demonstrieren in Beijing gegen die Besetzung durch Ausländer sowie die Friedensbedingungen zum Ende des Ersten Weltkriegs. Das Datum der Proteste gibt der „Bewegung des 4. Mai" ihren Namen.

1927

Im chinesischen Bürgerkrieg fallen die ersten Schüsse zwischen der Chinesischen Nationalpartei KMT und den Kommunisten. Der Krieg dauert mit Unterbrechungen bis 1949.

1928

Die Nationalisten verlegen die Hauptstadt nach Nanjing, und Beijing erhält wieder den Namen Beiping. Es ist seit beinahe 500 Jahren das erste Mal, dass Nanjing die Hauptstadt des ganzen Landes ist.

DIE OPIUMKRIEGE

Ein schändliches Kapitel in der britischen Geschichte ist der Erste Opiumkrieg (1839–1842), der einigen Zehntausend Chinesen den Tod brachte. Er wurde geführt, um dem britischen Weltreich die Fortführung des illegalen Opiumhandels zu ermöglichen.

Großbritannien hatte Mühe, das Geld für die ständig wachsende Nachfrage der Briten nach chinesischem Tee aufzubringen. Die Chinesen hatten kein Interesse an Wedgewood-Keramik, wissenschaftlichen Instrumenten und Wollwaren, die Großbritannien im Austausch anbot, und akzeptierten nur eine Bezahlung in Silber. Da hatte Großbritannien eine andere Idee: Durch die Eroberung von Bengalen hatte es Zugriff auf gewaltige Opiummengen und begann, diese nach China zu schmuggeln und unter der Bevölkerung zu verteilen. Bald waren viele Chinesen süchtig und überall im Land eröffneten Opiumhöhlen.

Der britische Gesetzesbruch blieb jedoch nicht unbemerkt, und 1839 erklärte Kaiser Daoguang den Drogen den Krieg. Bei den westlichen Kaufleuten wurde eine Reihe von Razzien angeordnet und am Ende des Jahres hatten chinesische Beamte 20000 Kisten (über 1000 Tonnen) Opium beschlagnahmt. Die britischen Kaufleute waren wütend und setzten sich bei der Regierung für Vergeltungsmaßnahmen ein. Die Opiumindustrie war so mächtig, dass die Regierung zustimmte und 1840 eine britische Flotte mit 16 Kriegsschiffen und 27 Transportschiffen mit 4000 Mann ins Delta des Pearl River entsandte. Das technisch fortschrittliche britische Militär griff die Chinesen an und schlug sie in einer Reihe von Gefechten entlang der Ostküste, von Hongkong bis hinauf nach Shanghai und noch weiter. Der Beschuss dauerte zwei Jahre. Zwischen 20000 und 25000 chinesische Soldaten verloren ihr Leben, bei den Briten waren es nur 69 Mann.

Der Krieg endete schließlich mit der Unterzeichnung des Vertrags von Nanking. Er war der erste der beiden Verträge, die China heute als „Ungleiche Verträge" bezeichnet. Er sprach Großbritannien eine Entschädigung in Höhe von 21 Millionen Silberdollar, die Öffnung von fünf Handelshäfen und Hong Kong Island zu. Doch die britischen Ansprüche waren noch immer nicht befriedigt, was zum Zweiten Opiumkrieg (1856–1860) führte.

Es folgten weitere blutige Schlachten, wobei sich dieses Mal die Franzosen den britischen Streitkräften anschlossen, um die chinesischen Truppen bis nach Beijing hinauf zu vernichten. Als die chinesische Armee geschlagen war, floh der Hof der Qing aus der Hauptstadt. Die alliierten Truppen gingen zwar nicht soweit, die Stadt zu besetzen, plünderten aber den Sommerpalast und den Alten Sommerpalast, bevor sie am 18. Oktober 1860 mit Prinz Gong den Vertrag von Tianjin ratifizierten, einen weiteren verheerend ungleichen Vertrag, der schon zwei Jahre zuvor abgefasst worden war.

Briten, Franzosen und Russen wurde eine ständige diplomatische Präsenz in Beijing gewährt. Der Opiumhandel wurde legalisiert und Christen bekamen volle Bürgerrechte zugesprochen, einschließlich des Rechts, Eigentum zu besitzen und zu missionieren. Es war der traurige Höhepunkt eines demütigenden Krieges, ein entsetzlicher Schlag für die einst mächtige Qing-Dynastie und in vielerlei Hinsicht der Anfang vom Ende der alten Zivilisation Chinas.

7. Juli 1937

Der Zwischenfall an der Marco-Polo-Brücke markiert den Beginn der japanischen Besatzung Beijings und des Zweiten Japanisch-Chinesischen Krieges, der bis September 1945 dauert.

1946

Die Kommunisten und die Chinesische Nationalpartei (KMT) können keine Regierungskoalition bilden, wodurch China erneut in den Bürgerkrieg rutscht.

1. Oktober 1949

Nach dem Sieg der Kommunisten über die Chinesische Nationalpartei (KMT) verkündet Mao Zedong vom Tor des Himmlischen Friedens herab die Gründung der Volksrepublik China.

1950er- und 1960er-Jahre

Ein Großteil von Beijings Stadtmauern und Toren wird dem Erdboden gleichgemacht, um Platz für Straßen zu schaffen. Die Arbeiten an Beijings labyrinthartigem Netzwerk unterirdischer Tunnel beginnen.

Die Jesuiten

Als die ersten Jesuiten und weitere Christen nach Beijing kamen, entwickelte sich die Stadt zu einem wichtigen Zentrum des Christentums in China. Kaiser Qianlong beschäftigte viele Jesuiten, die für ihn u.a. die Barockpaläste bauten, die in den Ruinen des Alten Sommerpalastes heute noch zu sehen sind; 1860 hatten britische und französische Truppen den Palast während des Zweiten Opiumkriegs niedergebrannt.

Ausländische Mächte und der Untergang der Qing

Das ausländische Gesandtschaftsviertel

Nach den militärischen Niederlagen in den Opiumkriegen zwangen die Westmächte die Qing-Kaiser, die Eröffnung offizieller Botschaften oder Gesandtschaften in der Hauptstadt zuzulassen. Bisher hatte der Kaiser niemanden als ebenbürtig in der Welt anerkannt – ausländische Mächte durften lediglich Botschafter schicken, um ihren Tribut zu entrichten, diese Botschafter wurden in eigens dafür eingerichteten Herbergen untergebracht.

Die letzte Botschaft verließ das ausländische Gesandtschaftsviertel 1967. Heute befinden sich die meisten Botschaften östlich des Stadtzentrums im Chaoyang-Bezirk.

Boxeraufstand

Die britische Gesandtschaft war die erste, die nach 1860 eröffnete. Sie lag an der Ostseite des Tiananmen-Platzes und blieb dort bis in die 1950er-Jahre, als das Gelände vom Ministerium für Staatssicherheit übernommen wurde. Bis zum Jahr 1900 gab es ein Dutzend Vertretungen in einem Ausländerghetto mit einer Mischung europäischer Baustile. Das ausländische Gesandtschaftsviertel wurde nie zu einer Konzession mit eigener Verwaltung wie in Shanghai oder Tianjin, es gab aber Banken, Schulen, Geschäfte, Postämter, Krankenhäuser und Militärparadeplätze. Vieles davon fiel in Schutt und Asche, als die Boxerarmee (eine quasireligiöse Sekte) die Anlagen im Sommer 1900 belagerte. Später baute man alles wieder auf.

Mit das Beste, was Chinas Literatur des 20. Jh. zu bieten hat, wurde in den 1920er und 1930er-Jahren in Beijing von Schriftstellern wie Lao She, Lin Huiyin, Xu Zhimou, Shen Congwen und Qian Zhongshu geschrieben.

Republik China

Nach 1900 erreichten die letzten Lastschiffe mit Abgaben Beijing, und entlang der traditionellen Invasionsroute über den Juyong-Pass führte eine Eisenbahnlinie nach Badaling. Der Uhrturm und Lokschuppen von Beijings erstem Bahnhof (Qianmen Railway Station) wurden restauriert und als Eisenbahnmuseum eingerichtet, zu sehen an der südöstlichen Ecke des Tiananmen-Platzes. Beijing wurde nie

1956–1957
Die Hundert-Blumen-Bewegung verspricht eine Ära intellektueller Freiheit, führt jedoch zu einer Säuberungsaktion unter Intellektuellen und Künstlern, die als rechtsgerichtet abgestempelt und verfolgt werden.

1958
Der „Große Sprung nach vorn" beginnt, jedoch führen die Pläne für eine rasche Industrialisierung Chinas zu einer verheerenden Hungersnot, der Millionen Chinesen zum Opfer fallen.

1962
Liu Shaoqi und Deng Xiaoping führen begrenzte Marktreformen ein, was zu ihrer Verurteilung während der Kulturrevolution führt.

16. Mai 1966
Die Große Proletarische Kulturrevolution wird von Mao Zedong ausgerufen; Millionen Rotgardisten strömen auf den Tiananmen-Platz. In der Folge werden in Beijing mehr als 1000 Menschen getötet.

ein Industrie- und Geschäftszentrum – diese Rolle fiel dem benachbarten Tianjin zu. Trotzdem blieb Beijing bis zum Ende der 1920er-Jahre das führende politische und intellektuelle Zentrum Chinas.

Nährboden studentischer Aktivitäten

Aufgrund der nach 1900 auferlegten Regelung musste China den Siegermächten hohe Entschädigungen zahlen. Ein Teil des Geldes floss an China zurück und wurde zum Bau der ersten modernen Universitäten verwendet. So entstanden auch die Universitäten Qinghua und Peking, inzwischen sozusagen das Oxford und Cambridge Chinas. Beijings Universitätsviertel wurde im Haidian-Bezirk eingerichtet, in der Nähe des Alten Sommerpalastes (Teile des Campus befinden sich sogar im kaiserlichen Park). Immer hat Beijing Intellektuelle aus ganz China angezogen, so auch den jungen Mao Zedong, der 1921 in die Stadt kam, um dort als Bibliothekar zu arbeiten.

Bewegung des 4. Mai 1919

Beijings Studenten und Professoren standen an der Spitze der Bewegung des 4. Mai 1919. Diese Bewegung war zugleich ein Studentenpro-

KAISERINWITWE CIXI

Kaiserinwitwe Cixi (1835–1908), Tochter eines Angehörigen des Gerahmten Blauen Banners, war eine junge Nebenfrau, als der Alte Sommerpalast 1860 von ausländischen Truppen niedergebrannt wurde. Cixi ließ den Palast verfallen, da sie mit ihm die Erinnerung an eine Demütigung verband, und baute sich stattdessen den Neuen Sommerpalast (Yihe Yuan). Sie behielt ihren tiefen Hass und ihr Misstrauen gegenüber den Barbaren aus dem Westen bei.

Während der vier Jahrzehnte, in denen Cixi durch eine Reihe jugendlicher Kaiser hinter den Kulissen über China regierte, widerstand sie jeglichem Druck, Veränderungen und Reformen zuzulassen. Nach einer Flottenniederlage gegen die Japaner 1895 legten junge chinesische Beamte ihr ein Modernisierungsprogramm vor. Einige von ihnen ließ sie außerhalb der Stadtmauern Beijings exekutieren und inhaftierte deren Gönner, ihren Neffen Kaiser Guangxu (1871–1908). Sie ermunterte die Boxer, Westler anzugreifen, insbesondere ausländische Missionare in Nordchina. Als die Boxer 1900 das ausländische Gesandtschaftsviertel belagerten, erhielten sie ebenfalls ihre Unterstützung. Als die alliierten Streitkräfte in Beijing einmarschierten, um die Belagerung zu beenden, flüchtete sie verkleidet, ein schmachvoller Rückzug und die letzte Demütigung, welche die Qing-Dynastie dem Untergang weihte. Als Cixi ein Jahr später in Ungnade zurückkehrte, hatte die Modernisierung Chinas ernsthaft begonnen, aber es war zu spät, die Qing-Dynastie noch zu retten – 1911 war sie am Ende.

1972

US-Präsident Richard Nixon trifft in Beijing mit Mao Zedong zusammen, dies markiert eine wichtige Annäherung im Kalten Krieg und den Beginn echter diplomatischer Beziehungen zwischen beiden Ländern.

1976

Der Tod von Premierminister Zhou Enlai führt zu spontanen Protesten auf dem Tiananmen-Platz, die als Tiananmen-Zwischenfall bekannt werden.

28. Juli 1976

Ein gewaltiges Erdbeben erschüttert Tangshan. Nach dem Tod von Mao Zedong im September wird das Beben einer kosmischen Korrektur zugeschrieben.

1976

Mao Zedong stirbt mit 83 Jahren. Die Viererbande wird von seinem Nachfolger verhaftet und vor Gericht gestellt, wo sie wegen der Schrecken der Kulturrevolution angeklagt wird.

test gegen den Versailler Vertrag, der Japan die deutschen Konzessionen in China zugesprochen hatte, und eine intellektuelle Bewegung mit dem Ziel, das konfuzianische Feudalerbe über Bord zu werfen und China zu verwestlichen. Mao erklärte höchstpersönlich, um China zu modernisieren, müsse man es zuerst vernichten. Chinas Intellektuelle schauten sich in der Welt nach Vorbildern um. Einige gingen nach Japan, andere in die USA, nach Großbritannien, Deutschland oder wie Deng Xiaoping und Zhou Enlai nach Frankreich. Viele studierten natürlich auch in Moskau den Marxismus.

Die Stadt wird modernisiert

Das Kommen und Gehen verschiedener Kriegsherren und ihrer Armeen verwandelte das noch weitgehend mittelalterliche Stadtbild. Tempel wurden geschlossen und in Schulen umgewandelt. Puyi, der letzte Kaiser, verließ die Verbotene Stadt 1924 mit seinen Eunuchen und Konkubinen. Da die Mandschu sich den Veränderungen anzupassen versuchten, gingen sie allmählich in der Masse unter. Es wurden Backsteinhäuser, Geschäfte und Restaurants im westlichen Stil gebaut. Man vergrößerte die Stadttore und fügte neue hinzu, darunter eines an der Jianguomenwai, um den neumodischen Autos den Weg frei zu machen. Beijing bekam Nachtclubs, Kinos, Pferderennbahnen und eine Börse; Bordelle und Theater erlebten eine Blüte. Trotz politischer und diplomatischer Krisen war es eine Periode, in der die Menschen Spaß hatten und eine einzigartige Phase persönlicher Freiheiten genossen.

Generalissimus Chiang Kaishek vereinte den Großteil des Landes unter der Regierung der Chinesischen Nationalpartei (auf Chinesisch KMT oder Kuomintang) und verlegte die Hauptstadt nach Nanjing. Auch nach 1928 zog Beijings romantisch-dekadentes Flair noch chinesische und westliche Schriftsteller und Maler an, die versuchten, westliche und chinesische künstlerische Traditionen zu verschmelzen.

Japanische Besatzung

Dies alles fand ein abruptes Ende, als Japans Kwantung-Armee aus der Mandschurei im Anmarsch war und Beijing 1937 besetzte. Wer konnte, war bis dahin geflohen, einige nach Chongqing in der Provinz Sichuan, das Chiang Kaishek als Kriegshauptstadt diente. Andere schlossen sich Mao Zedong in seiner kommunistischen Basis in Yan'an in der Provinz Shaanxi an. Viele Universitäten richteten Hochschulstandorte im Exil in der Provinz Yunnan ein.

Die Japaner blieben acht Jahre in Beijing. Vor ihrer Niederlage im Zweiten Weltkrieg 1945 planten sie den Bau einer neuen Verwaltungshauptstadt westlich der Stadtmauern in der Nähe von Gongzhufen.

Während der japanischen Invasion wurde die Sammlung kaiserlicher Schätze heimlich beiseitegeschafft und landete schließlich in Taiwan, wo sie noch immer in Taipehs Nationalem Palastmuseum bewundert werden kann.

1977–1979

Mit Maos Tod erlebt der Beijinger Frühling die kurzlebige „Mauer der Demokratie" in Xidan.

1979

Deng Xiaoping beginnt, seine Reformagenda umzusetzen. Er besteht auf die Einhaltung der vier sozialistisch geprägten Grundprinzipien.

1980

Die Ein-Kind-Politik wird als Mittel zur Bevölkerungsreduzierung verstärkt durchgesetzt. Gleichzeitig bedeutet sie eine noch nie dagewesene Kontrolle über die persönliche Freiheit der Frauen.

1987

Der letzte Kaiser, ein in der Verbotenen Stadt gedrehter Film, erhält neun Oscars und markiert eine neue Öffnung Chinas zur Welt.

„Der Kommunismus ist nicht Liebe. Der Kommunismus ist der Hammer, mit dem wir den Feind zerschlagen." Mao Zedong, zitiert im *Time Magazine* (New York, 18. Dezember 1950)

Beijing erlebte eine elende Zeit, die Architektur blieb vom Krieg jedoch weitgehend verschont. Als die Japaner im August 1945 kapitulierten, wurde Beijing von den US-Marines „befreit". Nun hielt erneut das leichte Leben Einzug in der Stadt, deren Partys legendär waren – die ernsten Ereignisse fanden andernorts in China statt. Als 1947 der Bürgerkrieg zwischen Nationalisten und Kommunisten offen ausbrach, wurden die heftigsten Kämpfe in den Städten der Mandschurei ausgetragen.

Kommunistische Machtergreifung

Im Jahr 1948 zog die Kommunistische Achte Marscharmee (8. Route Army) Richtung Süden und umzingelte Beijing. General Fu Zuoyi, der Oberbefehlshaber des Hauptquartiers der nationalistischen Streitkräfte zur Bekämpfung der Banditen in Nordchina, bereitete die Stadt auf eine längere Belagerung vor. Er ließ Privathäuser niederreißen und errichtete entlang der Befestigungsmauern aus der Ming-Zeit Geschützstellungen und Bunker. Flugzeuge der Nationalisten warfen Reis- und Mehlpakete ab, um den Lebensmittelmangel zu lindern, wobei einige dieser Pakete Schlittschuhläufer auf dem zugefrorenen Beihai-See trafen. Beide Seiten schienen eine Konfrontation und die Zerstörung der ehemaligen Hauptstadt jedoch zu scheuen. Die Reichen versuchten, mit den wenigen Flugzeugen zu fliehen, die von einer Startbahn in Dongdan auf der Changan Dajie (Changan bedeutet „Straße des Ewigen Friedens") starteten. Eine weitere Start- und Landebahn wurde beim Park des Himmelstempels eingerichtet. Hierzu fällte man 20 000 Bäume, darunter 400 uralte Zypressen.

Chinas erstes (und einziges) Parlament wurde im einstigen kaiserlichen Elefantenhaus in Beijing gegründet, das heute im ausufernden Hauptsitz der Xinhua aufgegangen ist, der staatlichen Nachrichtenagentur.

Am 22. Januar 1949 unterzeichnete General Fu eine Kapitulationserklärung, und am 31. Januar verließen die Truppen der Kuomintang (KMT) die Stadt und überließen der Volksbefreiungsarmee (VBA) das Feld. Ein LKW fuhr die Morrison St. (heute Wangfujing Dajie) hinauf und beschallte die Bewohner Beijings (oder Peipings, wie es damals hieß) ununterbrochen mit der Botschaft: „Wir heißen die Volksbefreiungsarmee in Peiping willkommen! Wir gratulieren der Bevölkerung Peipings zu ihrer Befreiung!" Dahinter marschierten 300 Soldaten in Kampfmontur. Am 3. Februar wurde eine große Siegesparade mit 250 bunt gemischten Militärfahrzeugen abgehalten, praktisch alle „made in USA" und in den letzten zwei Jahren von der KMT erbeutet.

Mao arbeitete als Hilfsbibliothekar in der früheren Peking-Universität, bekannt als Hong Lou (das Rote Gebäude), heute ein kleines Museum.

Beijing unter Mao

Das Volk erhebt sich

Am 1. Oktober 1949 kletterte Mao auf das Tor des Himmlischen Friedens und verkündete die Gründung der Volksrepublik China, wobei er

Juni 1989
Demonstranten, die mehr Demokratie fordern, füllen den Tiananmen-Platz und weitere Orte Chinas. Beijing verhängt das Kriegsrecht, Soldaten räumen die Straßen und töten dabei viele Menschen.

1993
Der Beijing World Park öffnet seine Tore. Es handelt sich um einen fast 50 ha großen Themenpark, in dem Nachbildungen berühmter Bauten aus aller Welt zu bestaunen sind.

1997
Deng Xiaoping stirbt, ohne noch erleben zu dürfen, wie Hongkong im selben Jahr in die chinesische Herrschaft zurückkehrt. Der Neubau von Beijing wird eingeleitet.

25. April 1999
Bei der größten Demonstration seit dem brutalen Durchgreifen auf dem Tiananmen-Platz protestieren vor dem Sitz der Zentralregierung 10 000 Falun-Gong-Praktizierende gegen Schikanen staatlicher Medien.

erklärte, das chinesische Volk habe sich erhoben. Mao hat zeitlebens nur wenige öffentliche Reden gehalten, und auch in dieser sprach er nur einige dünne Worte. Anschließend zog er in den Zhongnanhai-Komplex, einen Teil der Seen- und Gartenanlagen, die noch aus der Zeit Kublai Khans stammten. Marschall Yuan Shikai (1859–1916) hatte hier ebenfalls während seines Versuchs gelebt, nach 1911 seine eigene Dynastie zu gründen. Niemand weiß, warum Mao Beijing zur Hauptstadt erkor oder warum es ihm nicht gelang, seine Pläne in die Tat umzusetzen und die Verbotene Stadt abreißen zu lassen.

Nach 1949 folgten viele der neuen chinesischen Führungspersönlichkeiten Maos Beispiel und verlegten ihre Wohnungen und Büros in ehemalige Prinzenpaläste *(wangfu)*, wodurch sie unbeabsichtigt für den Erhalt vieler alter Bauten sorgten.

Als 1958 die Parole vom Großen Sprung nach vorn ausgegeben wurde, gab man die letzten Gedanken auf, das alte Beijing zu erhalten. Ein neuer Plan wurde gebilligt, der vorsah, 80% der alten Hauptstadt abzureißen. Die Stadtmauern fielen, aber die reihenweise geplanten Ringstraßen wurden nie gebaut.

Industrialisierung

Maos Wunsch war es, Beijing in eine Produktionsstadt zu verwandeln. Peng Zhen, Beijings erster Parteisekretär, sagte zu Chinas bekanntestem Architekturhistoriker Liang Sicheng, während sie vom Tor des Himmlischen Friedens nach Süden blickten, dass der Vorsitzende Mao aus Beijing eine große, moderne Stadt mit sehr viel Schwerindustrie machen wolle.

Massenweise Fabriken

Tausende Fabriken wurden in Beijing aus dem Boden gestampft, für einige baute man alte Tempel um. Mit der Zeit entwickelte Beijing sich zu einem Industriezentrum für Stahl, Chemie, Werkzeugmaschinen, Motoren, Elektrizität, Essig, Bier, Beton, Textilien und Waffen – für alles, was nötig war, um die Stadt im Kriegsfall zu einer sich selbst versorgenden Produktionsbasis zu machen. Bereits in den 1970er-Jahren gehörte Beijing weltweit zu den Städten mit der höchsten Luftverschmutzung.

Der Große Sprung nach vorne

Unmittelbar nach dem Jahr 1949 kam die Forderung auf, die Stadtmauern niederzureißen, die Straßen zu verbreitern und die charakteristischen *pailou* (Ehrentore) abzureißen; diese Bewegung wurde jedoch von einigen Intellektuellen erbittert bekämpft, darunter Liang Sicheng, der die Fakultät für Architektur an der Universität Qinghua leitete. So kam es, dass die städtischen Behörden, als die Abrissarbeiten an vielen berühmten Wahrzeichen bereits im Gange waren, zahlreiche Gebäude und sogar alte Bäume auswählten, die erhalten bleiben sollten. Doch auch dies war letztlich vergebens – Maos rabiate politische Säuberungsaktionen brachten jeden Widerstand zum Schweigen.

Einem erst nach 1979 veröffentlichten Bericht der *Beijing Daily* zufolge kamen während der Kulturrevolution im August und September 1966 in der Hauptstadt insgesamt 1772 Menschen ums Leben.

22. Juli 1999

Zwei Tage nachdem Sicherheitskräfte Tausende Falun-Gong-Praktizierende abgeführt und verhaftet haben, erklärt die Regierung die Bewegung zur illegalen Organisation.

2001

Die Bauarbeiten für das gewaltige Große Nationaltheater beginnen, Beijings futuristische Antwort auf das Große Theater in Shanghai. Die Arbeiten werden weitere sieben Jahre anhalten.

2001

Da Beijing den Zuschlag erhalten hat, 2008 die Olympischen Spiele auszurichten, wird mit einem gewaltigen Entwicklungsprojekt für die öffentlichen Verkehrsmittel begonnen.

2002

Hu Jintao wird Chinas neuer politischer Führer, als er zum Generalsekretär der Kommunistischen Partei bestellt wird. Er regiert China für die nächsten zehn Jahre.

Die Kulturrevolution

Die Intellektuellen, die der Verfolgung in den 1950er-Jahren entkommen waren, erfuhren während der Kulturrevolution (1966–1976) eine brutale Behandlung. Die Universität Qinghua entwickelte sich zur Brutstätte der Roten Garden (einer Massenbewegung junger Radikaler, die von Mao mobilisiert wurden). Im „blutigen August" 1966 erhoben sich Beijings Schüler und Studenten gegen ihre Lehrer und metzelten einige von ihnen brutal nieder. Einigen Schätzungen zufolge kamen damals in Beijing beinahe 2000 Menschen ums Leben. Dabei sind die Toten nicht mitgezählt, die bei dem Versuch, Beijing per Bahn zu verlassen, erschlagen wurden – ihre Daten wurden im Einwohnermeldeamt von Beijing umgehend gelöscht.

Das Ende der Mao-Ära

Zur Zeit Maos erfuhr die geomantische Symmetrie Beijings eine radikale Veränderung. Die Nord-Süd-Achse der Ming-Stadt wurde durch eine Verbreiterung der Changan Dajie in eine zehnspurige Ost-West-Autobahn zerstört. Diese wurde für die jährlichen Militärparaden genutzt oder bei Besuchen ausländischer Würdenträger, die von der Bevölkerung zwangsweise bejubelt werden mussten. In den 1950er-Jahren gestalteten sowjetische Architekten das Stadtzentrum nach dem Vorbild des Roten Platzes in Moskau um. Drei große Tore und viele weitere Gebäude der Ming-Zeit einschließlich der früheren Ministeriumsgebäude fielen dieser Umgestaltung zum Opfer, und es entstand die Betonwüste des Tiananmen-Platzes, die heute zu sehen ist.

Mao nutzte den Platz, um sich von den Millionen Rotgardisten feiern zu lassen, die zwischen 1966 und 1969 nach Beijing strömten. Nach 1969 schickte Mao die Roten Garden jedoch zusammen mit 20 Millionen „gebildeten Jugendlichen" aufs Land. Ab 1976 wurde der Platz zur Kulisse massiver regierungsfeindlicher Proteste – als Premierminister Zhou Enlai 1976 starb, schlug die Polizei große und scheinbar spontane Proteste auf dem Platz nieder. Auch Mao starb 1976.

Entgegen der verbreiteten Meinung fand die Gewalt, von der die Stadt – und die zusehende Welt – am 4. Juni erschüttert wurde, nicht auf dem Tiananmen-Platz selbst, sondern in den umliegenden Straßen statt.

Reform und Protest

Der Ruf nach Demokratie

Deng Xiaoping (1904–1997) riss mit Unterstützung einiger altgedienter Generäle in einem Staatsstreich die Macht an sich und warf Maos Witwe Jiang Qing (1914–1991) und ihre ultralinken Kumpane in das berühmt-berüchtigte Gefängnis Qincheng außerhalb der Stadt, wo Mao viele Parteiveteranen weggesperrt hatte. Das Gefängnis existiert heute noch unweit der Ming-Gräber.

1. August 2008

Der Hochgeschwindigkeitszug zwischen Beijing und Tianjin wird in Betrieb genommen. Er erreicht eine Höchstgeschwindigkeit von 330 km/h und ist damit der schnellste konventionelle Zug der Welt.

8. August 2008

Beijing ist Gastgeber der Olympischen Spiele mit einer effektvollen Eröffnungszeremonie und Top-Leistungen, die China an die Spitze der Goldmedaillentabelle bringen.

2008

Der Melamin-Skandal erschüttert die chinesische Öffentlichkeit und sorgt für weltweite Empörung. Die Verwendung von Melamin in Säuglingsnahrung hatte Krankheits- und sogar Todesfälle verursacht.

2010

Aktivisten für die Bewahrung des Kulturerbes erringen einen seltenen Sieg: Beijing stellt die Sanierungspläne für den Bereich um den Trommel- und den Glockenturm zurück – wenn auch nur zeitlich begrenzt.

Die Mauer der Demokratie

Bei der dritten Plenarsitzung des elften Parteikongresses konnte Deng seine Macht festigen und brachte einige Wirtschaftsreformen auf den Weg. In dieser Zeit hängten Tausende von Menschen Wandzeitungen an eine Mauer westlich des Regierungssitzes Zhongnanhai, in denen sie sich über Ungerechtigkeiten unter der Viererbande (Jiang Qing und ihre drei Genossen) beklagten und demokratische Verhältnisse forderten. Anfangs schien Deng politische Reformen zu befürworten, aber schon bald wurden die Aktivisten ins Gefängnis gesteckt, einige von ihnen ins Beijinger Gefängnis Nr. 1, das Mitte der 1990er-Jahre abgerissen wurde.

Die Unzufriedenheit nimmt zu

Viele Aktivisten waren ehemalige Rotgardisten oder verbannte gebildete Jugendliche. Nach 1976 kehrten sie in die Stadt zurück, fanden jedoch nur Arbeit bei neuen privaten Arbeitgebern, die kleine Marktstände, Schneidereien oder Restaurants betrieben. Nachdem die Universitäten ihren Betrieb wieder aufnahmen, blieben die Bedingungen schlecht, und man begegnete der Intelligenzija mit Misstrauen. Die Enttäuschung über das langsame Tempo der Reformen führte im Winter 1986 zu neuen Studentenprotesten. Die Bauern waren bei der ersten Reformwelle gut weggekommen, aber in den Städten waren zahlreiche Menschen frustriert. Das gesamte Stadtleben drehte sich um die „Arbeitseinheiten“, denen praktisch jeder zugewiesen wurde. Diese Arbeitseinheiten verteilten Lebensmittel, Wohnraum, Fahrräder, Reisegenehmigungen und auch sonst praktisch alles. Noch in den 1980er-Jahren war Beijing ein ziemlich trister, entmutigender Ort; zwar gab es deutlich mehr zu essen, aber alles andere war in einem bejammernswerten Zustand. 30 Jahre lang hatte man kaum in Wohnraum oder Verkehrsmittel investiert.

1989 Hartes Durchgreifen auf dem Tiananmen-Platz

Im Januar 1987 sägten die konservativen Gerontokraten der Partei den reformfreundlichen Parteichef Hu Yaobang ab, und als dieser im Frühjahr 1989 plötzlich starb, versammelten sich Beijings Studenten auf dem Tiananmen-Platz. Offiziell betrauerten sie seinen Tod, doch bald wurden Parolen für politische Reformen und gegen Korruption laut. Die Proteste verbreiteten rasch, als sich die kommunistische Parteiführung in rivalisierende Lager spaltete, was eine ungewöhnliche Lähmung verursachte. Die Polizei sah tatenlos zu, während die Proteste auf das ganze Land übergriffen und Arbeiter, Beamte und Durchschnittsbürger auf die Straße gingen. Als das Militär einzugreifen versuchte,

Louisa Lims 2014 erschienenes Buch *The People's Republic of Amnesia: Tiananmen Revisited* ist eine ausgezeichnete Analyse der Folgen, die das brutale Durchgreifen auf dem Tiananmen-Platz auf China hatte.

2010

Im April wird die tibetische Region Yushu, knapp 2000 km südwestlich von Beijing, von einem starken Erdbeben mit verheerenden Folgen heimgesucht.

2011

Beijings bekanntester Konzeptkünstler und politischer Aktivist Ai Weiwei wird am Flughafen von Beijing festgenommen und für beinahe drei Monate ohne Erklärung unter Hausarrest gestellt.

Juni 2011

Die Hochgeschwindigkeitsbahnstrecke zwischen Beijing und Shanghai wird in Betrieb genommen und reduziert die Fahrtzeit zwischen beiden Städten von zehn auf gerade einmal fünf Stunden.

2012

Der chinesische Schriftsteller Mo Yan erhält für sein Werk den Literaturnobelpreis. Er gilt als einer der bedeutendsten zeitgenössischen Autoren Chinas.

Beijings sogenannte Unterirdische Stadt wird durch Straßen und Eisenbahntunnels verbunden, die es offenbar auch heute noch der Führungsriege ermöglichen, sich im Geheimen fortzubewegen.

umzingelten die Beijinger die Panzer. Die Studenten stellten auf dem Tiananmen-Platz Zelte auf und begannen einen Hungerstreik. Als Premier Li Peng das Gespräch mit den Studenten suchte, was im Fernsehen live übertragen wurde, musste er sich von den Studentenführern sarkastische Vorwürfe anhören.

Die Studenten gründeten das erste unabhängige Studentenwerk seit 1919 und feierten den Jahrestag der Bewegung des 4. Mai mit einer Demonstration, bei der über eine Million Menschen auf die Straßen gingen. Zum ersten Mal seit 1949 entledigte sich die Presse der Fesseln der staatlichen Zensur und wurde unabhängig. Als der Sowjetführer Michail Gorbatschow zu einem Staatsbesuch eintraf und als Symbolfigur für politische Reformen begeistert begrüßt wurde, schien es, als würde sich auch die Kommunistische Partei Chinas (KP) einer politischen Wende öffnen. Partei-Generalsekretär Zhao Ziyang führte das reformfreundliche Lager an, aber die Kader der älteren Generation unter Führung von Deng Xiaoping beschlossen, Zhao zu inhaftieren und die Stadt durch einen Militärangriff wieder in ihre Gewalt zu bekommen. In der Nacht des 3. Juni zogen Zehntausende Soldaten, unterstützt von Panzern und gepanzerten Mannschaftswagen, aus vier Richtungen in die Stadt ein und machten die eilig errichteten Barrikaden dem Erdboden gleich.

Viele Menschen starben – einige sprechen von Hunderten, andere von Tausenden –, und in den Morgenstunden des 4. Juni hatten die Truppen die Kontrolle über den Platz übernommen. Bei dem folgenden landesweiten scharfen Vorgehen flohen viele Studentenführer ins Ausland, während die Kommunistische Partei Tausende Studenten und ihre Unterstützer inhaftierte. Mit der anschließenden Säuberungsaktion unter den Parteimitgliedern machten Chinas Reformen einen Schritt zurück.

In den 1980er-Jahren konnte Beijing mit mehr als 3679 historischen *hutongs* (engen Gassen) aufwarten. Einer Untersuchung zufolge, die vom Beijinger Institut für Bauwesen und Architektur durchgeführt wurde, waren 2006 davon nur noch 430 erhalten.

Rasche Entwicklung

Wirtschaftsreformen

Die Situation änderte sich, als Deng Xiaoping aus dem Schatten trat und sich 1991 zu einer sogenannten „Südtour" aufmachte, auf der er besondere Wirtschaftszonen im Süden besuchte und mehr und schnellere Reformen verlangte. Trotz parteiinternen Widerstands gewann er die Partie. In China begann eine Welle von Wirtschaftsreformen, die die chinesischen Städte veränderten und den meisten Stadtbewohnern neuen Wohlstand und neue Chancen brachten, auch wenn das politische System unverändert blieb und rund 40 Millionen Arbeiter in staatlichen Fabriken ihre Arbeit verloren. Dengs Reformen zogen eine Flut ausländischer Investitionen nach sich, die nach 1992 und 1998 jeweils

2012

Der blinde Bürgerrechtsaktivist Chen Guangcheng, der in seinem Dorf zwei Jahre praktisch unter Hausarrest stand, entkommt und sucht Zuflucht in der US-Botschaft in Beijing.

Juli 2012

77 Menschen kommen ums Leben und über 65000 müssen ihre Häuser verlassen, als Beijing vom schlimmsten Hochwasser seit 60 Jahren heimgesucht wird.

November 2012

Xi Jingping wird im Zuge des alle zehn Jahre stattfindenden Machtwechsels als neuer Präsident vorgestellt.

Januar 2013

Beijings berühmt-berüchtigte Luftverschmutzung erreicht eine Rekordmarke mit hochgradig toxischen Werten. Der Monat erhält den Beinamen „Airpokalypse".

einen Wirtschaftsboom auslösten. Die Aktienmärkte öffneten wieder, staatliche Unternehmen wurden privatisiert, und Privatunternehmen begannen zu florieren, insbesondere auf dem Dienstleistungssektor, in dem Millionen neuer Arbeitsplätze entstanden. Mehr als 100 Millionen Bauern verließen ihr Land, um auf Baustellen oder im Exporthandel zu arbeiten. Die Fabriken wurden aus Beijing ausgelagert, die Stadt war wieder ein „Konsumzentrum".

Der Kampf um die Bewahrung des Kulturerbes

Die Entscheidung, alle größeren Städte zu erneuern, den Wohnungsbau zu privatisieren und Bauträgern auf 50 oder 70 Jahre Grund zu verpachten, gab der Wirtschaft einen großen Auftrieb. Widerstand gegen den Abriss von Beijings Stadtzentrum kam vom damaligen Parteisekretär Chen Xitong. Während der 1980er- und frühen 1990er-Jahre stimmte Chen Sanierungsplänen zu, die den Erhalt und die Restaurierung von Beijings historischem Zentrum und typischen Bauwerken zum Ziel hatten. Zuvor hatte Chen dazu beigetragen, viele Arbeitseinheiten der Armee und der Zivilbevölkerung zu überzeugen, historische Stätten zu räumen, die sie in den 1970er-Jahren besetzt hatten. 1995 wurde er allerdings von Jiang Zemin aus dem Amt gedrängt und wegen Korruption inhaftiert.

Umbau und Umzug

Sobald Präsident Jiang den Parteiapparat unter seine direkte Kontrolle gebracht hatte, genehmigte er Pläne zum kompletten Neubau Beijings und zur Umsiedlung seiner Bewohner. Dieser Plan war Teil der landesweiten Bemühungen, die baufällige und vernachlässigte Infrastruktur aller chinesischen Städte zu erneuern. Das „Trillionen Dollar" schwere Konjunkturpaket wurde in bemerkenswertem Tempo in die Tat umgesetzt. In Beijing arbeiteten über eine Million Bauern, die in Wohnheimen auf den Baustellen untergebracht wurden, rund um die Uhr und tun dies noch immer. Neue Einkaufszentren, Büroblocks, Hotels und Luxuswohnsiedlungen wurden in erstaunlichem Tempo hochgezogen. Nur eine Diktatur mit den gewaltigen Ressourcen an Menschen und Industriebetrieben wie China konnte dies vollbringen.

Jiang hatte den Wunsch, Beijing in ein zweites Hongkong zu verwandeln mit einem ganzen Wald aus Glas- und Stahlwolkenkratzern. Die neue Stadtverwaltung schaffte die alten Baugesetze ab, welche die Gebäudehöhe innerhalb der 2. Ringstraße begrenzt hatten. Bestehende Grunderwerbsurkunden wurden annulliert, indem alte Gebäude zu baufälligen Elendsvierteln erklärt wurden. Derartige Verordnungen ermöglichten es dem Staat, Bewohner zum Verlassen ihrer Häuser und

Ende der 1960er-Jahre gab es Pläne für einen Abriss der Verbotenen Stadt und die Errichtung neuer Hauptquartiere der Partei an deren Stelle, diese Pläne wurden jedoch nie umgesetzt. Der Palast blieb beinahe zehn Jahre geschlossen und wurde von Unkraut überwuchert.

Oktober 2013

Neben dem Tiananmen-Platz kommt es zu einem Autounfall, den die Polizei als terroristischen Selbstmordanschlag bezeichnet. Fünf Menschen kommen dabei ums Leben.

März 2014

Flug MH370 der Malaysia Airlines von Kuala Lumpur nach Beijing wird als vermisst gemeldet und löst die größte und teuerste multinationale Such- und Rettungsaktion der Geschichte aus.

März 2014

Vier Jahre nachdem der erste Sanierungsplan aufgeschoben wurde, beginnen schließlich doch die Abrissarbeiten im Bereich um den historischen Trommel- und Glockenturm.

2015

Im August richtet Beijing die 15. Leichtathletik-Weltmeisterschaften aus. Austragungsort ist das „Vogelnest", das chinesische Nationalstadion.

zum Umzug in neue Wohnungen in den Satellitenstädten zu zwingen. Nach den neuen Plänen sollte nur ein Bruchteil der 67 km^2 großen Ming-Stadt erhalten bleiben.

Vorwärts und aufwärts

Einige sehen die Erneuerung Beijings als Kollektivstrafe für den Aufstand von 1989, andere als Fortsetzung des Vermächtnisses von Maos Kulturrevolution und der letzten Reformer der Qing-Dynastie. Viele von Chinas letzten Führern waren Ingenieure und ehemalige Rotgardisten, so auch der frühere Staatspräsident Hu Jintao, der während der Kulturrevolution sein Studium an der Universität Qinghua abschloss. Beijings neue, hochmoderne Architektur soll anscheinend das Bestreben der Stadt zum Ausdruck bringen, eine neue, vorwärtsblickende Hightech-Gesellschaft entstehen zu lassen. Bauwerke wie das Vogelnest, das CCTV-Gebäude und Galaxy Soho stehen dafür, dass das Ziel, ein neues und modernes China zu schaffen, erreicht wurde. Der Fortbestand der älteren Stadtteile, darunter die Gegenden mit historischen *hutongs*, hängt inzwischen an einem seidenen Faden.

Historische *hutongs*

Ein wesentliches Element Beijings sind seine *hutongs*, die typischen schmalen Gassen, die kreuz und quer durchs Stadtzentrum führen. Diese entzückenden Durchgänge bieten einen guten Einblick, wie es in Beijing früher ausgesehen hat, bevor sich Bulldozer und Bautrupps ans Werk machten. Sie sind auch noch immer die Heimat von fast 20 % der Bewohner der Innenstadt. Ein wichtiger Teil jedes Besuchs der Hauptstadt ist das Eintauchen in die *hutongs*, zugleich ist dies die beste Möglichkeit, Beijings Straßenleben mit all seinem hektischen und faszinierenden Glanz zu erfahren.

Die Ursprünge

Die ersten *hutongs* (胡同) tauchten in Beijing unter der Yuan-Dynastie (1271–1368) im Gefolge der mongolischen Eroberer auf. Die Stadt, die damals Zhongdu hieß, wurde von den Mongolen in Trümmer gelegt, und beim Wiederaufbau legte man in Ost-West-Richtung *hutongs* an. Anfangs waren es noch vergleichsweise wenige – am Ende der Mongolenherrschaft über Beijing nicht mehr als 380 – unter der Ming-Dynastie nahm ihre Zahl jedoch stark zu. Unter der Qing-Dynastie durchzogen mehr als 2000 *hutongs* Beijing, was zu dem chinesischen Ausspruch Anlass gab: „Es gibt 360 *hutongs* mit Namen und so viele namenlose *hutongs*, wie eine Kuh Haare hat."

Ihren Höhepunkt erreichte die Anzahl dieser Gassen in den 1950er-Jahren, sie lag damals schätzungsweise bei über 6000. In den letzten Jahrzehnten fielen viele dem Bau von Büro- und Wohnblocks sowie der Verbreiterung der Straßen zum Opfer. Wahrscheinlich sind jedoch zwischen 1000 und 2000 dieser faszinierenden Gassen den Abrissbirnen entgangen. Zu den besonders ehrwürdigen Gassen gehört der *hutong* Zhuantan (砖塔胡同; Ziegelpagoden-Gasse) aus der Zeit der Mongolen gleich westlich der Xisi Nandajie und Nanluogu Xiang. Diese Gasse ist 800 Jahre alt und heute die bekannteste Gasse der ganzen Stadt, was sie ihrer Entwicklung zu einem Zentrum des Nachtlebens zu verdanken hat. Von anderen *hutongs* hat nur der Name überlebt, wie bei der 900 Jahre alten Sanmiao Jie (三庙街; Drei-Tempel-Straße) im Xuanwu-Bezirk aus der Zeit der Liao-Dynastie (907–1125). Lange galt sie als ältester aller *hutongs*, inzwischen ist aber kaum noch etwas von dieser alten Gasse übrig, denn ihre Wohnhöfe wurden 2009 abgerissen.

Die meisten *hutongs* liegen innerhalb der 2. Ringstraße. Die höchste Dichte an *hutongs* ist in der Mitte und im Norden des Dongcheng-Bezirks zu finden, dicht gefolgt vom nördlichen Teil des Xicheng-Bezirks, insbesondere um den Houhai-See und westlich des Sees. Diese *hutongs* lagen der Verbotenen Stadt am nächsten, und je näher man am Kaiserpalast lebte, desto höher war der Status, den man genoss. Daher waren die *hutongs* direkt östlich und westlich der Verbotenen Stadt dem Adel und der Elite der Stadt vorbehalten. Hier sind die ältesten und angesehensten Wohnhöfe (*siheyuan*) zu finden, in denen sich heute vielfach Regierungsbüros befinden. Die meisten stammen aus der Zeit der Qing-Dynastie, auch wenn viele der Gassen noch älter sind.

In den besonders bedeutsamen *hutongs* steht der Name der Gasse auf einem roten Straßenschild. Der Name des *hutongs* steht zudem auf Chinesisch auf einem kleinen Metallschild über den Eingängen an jeder Gasse. Eine kleine blaue Tafel über dem Eingangstor eines *siheyuan* bedeutet, dass es unter Denkmalschutz steht.

Die Gassen rund um die Verbotene Stadt blieben weitgehend von den Verwüstungen der Stadtsanierung verschont. Weiter entfernt befanden sich die Häuser der Kaufleute und Handwerker, es waren eher funktionelle Bauten, die auf Verzierungen komplett oder weitgehend verzichteten. Diese *hutongs*, vor allem diejenigen südöstlich und südwestlich des Tiananmen-Platzes, haben unter den Abrissbirnen am meisten gelitten.

Bei einem Spaziergang durch das einst pulsierende Viertel genau östlich der Qianmen Dajie (in der Nähe des Liqun Roast Duck Restaurants), bekommt man einen lebhaften Eindruck davon, wie viele *hutongs* angesichts der Grundstückserschließungen ums Überleben kämpfen. Der Bereich rund um die Dazahlan Xijie, die selbst ein *hutong* ist, besitzt gleichwohl noch zahlreiche Gassen, auch wenn ihnen der ästhetische Wert ihrer noblen Gegenstücke im Norden fehlt.

In jedem Beijinger Stadtviertel kann man aber die eine oder andere Art von *hutongs* finden, auch wenn einige aus relativ neuer Zeit stammen und eher Wohnraum am unteren Ende der Skala darstellen als etwas, das es lohnt, bewahrt zu werden. Egal, wo man in die Welt der *hutongs* einzutauchen beschließt, man betritt Straßen, die ein paar Hundert Jahre Geschichte hinter sich haben.

Der Ursprung des Begriffs „*hutong*" ist unklar. Ursprünglich war es ein mongolischer Begriff und könnte sich auf einen Durchgang zwischen *gers* (Jurten) bezogen haben, das traditionelle Zelt der Mongolen; der Ausdruck könnte aber auch vom Wort „*hottog*" (Quelle) stammen – überall in der dürren Ebene um Beijing, wo es Wasser gab, waren auch Bewohner zu finden.

Die *hutongs* der Kaiserstadt

Die Kaiserstadt hat die Erschütterungen des 20. Jhs. nicht überlebt, die *hutongs* jedoch, welche die kaiserliche Enklave durchzogen, sind geblieben. Viele tragen Namen, die ihre frühere Funktion während der Kaiserzeit anzeigen. Der *hutong* Zhonggu (钟鼓胡同; Glocken-und-Trommel-Gasse) war für die Lieferung von Glocken und Trommeln für den kaiserlichen Haushalt zuständig. Der *hutong* Jinmaoju (巾帽局胡同; Tuch-und-Mützen-Gasse) stellte Mützen und Stiefel für den Hof her, während der *hutong* Zhiranju (织染局胡同; Weber-und-Färber-Gasse) dem Hof Samt und Seide lieferte. Der *hutong* Jiucuju (酒醋局胡同; Wein-und-Essig-Gasse) sorgte für die Vorräte an Spirituosen, Essig, Zucker, Mehl und weiteren kulinarischen Produkten.

In der Zeit der Ming und Qing waren Kerzen ein lebenswichtiges Produkt. Für ihre Lieferung war der Laku zuständig, der vom *hutong* Laku (蜡库胡同; Kerzenlager-Gasse) aus tätig war. Das Jade Garden Hotel befindet sich am früheren Standort des Ciqiku (Porzellanlager), das die Verbotene Stadt mit Porzellanschüsseln und -tellern, Weinbechern und weiteren Utensilien versorgte.

Das rechteckige Gittermuster der *hutongs* prägt die Himmelsrichtungen auf dem Kompass von Beijings Psyche. Noch immer kann man ältere Einheimische sagen hören „*wo gaoxing de wo bu zhi bei le*", was bedeutet „Ich war so glücklich, dass ich nicht mehr wusste, wo Norden ist" (ein äußerst desorientierender Zustand großer Freunde).

Die breite Xishiku Dajie (西什库大街; Westliche-Zehn-Lager-Straße) westlich vom Beihai-Park verdankt ihren Namen den Lagerhäusern, die hier während der Ming-Zeit standen. Zu den Waren, die von diesen Lagerhäusern in die Kaiserstadt geliefert wurden, gehörten Papier, Lack, Öl, Kupfer, Leder und Waffen, wie Bögen, Pfeile und Schwerter.

Einige *hutongs* wurden auch nach den Handwerkern benannt, die die Verbotene Stadt belieferten, wie der *hutong* Dashizuo (大石作胡同; Große Steinmetz-Gasse), wo Steinmetze die Steinlöwen, Terrassen, kaiserlichen Fahrbahnen und Brücken für die Kaiserstadt fertigten.

Einige *hutong*-Namen erinnern an inzwischen verschwundene Tempel wie der *hutong* Guangming (光明胡同), südlich der Xi'anmen Dajie, benannt nach dem riesigen Guangming Dian (Tempel Guangming).

Hutongs heute

Die *hutongs* sind heute eine Mischung aus Alt und Neu, wo historische Wohnhöfe der Qing-Dynastie vor Kurzem um Anbauten aus Ziegeln erweitert wurden, hinter denen trostlose Wohnblöcke aufragen. Zur Uneinheitlichkeit trägt auch bei, dass viele *siheyuan* in den 1960er-Jahren unterteilt wurden, um mehr Menschen Platz zu bieten.

Raumnot und der Mangel an moderner Ausstattung – oft mussten Bewohner auf Heizung, ordentliche Sanitärinstallationen, eigenes Bad und Toilette sowie Klimaanlage verzichten – sind die Hauptgründe, warum viele *hutong*-Bewohner froh waren, aus den Gassen in neu gebaute Hochhauswohnungen umziehen zu können. Ältere Bewohner zögern dagegen eher, die *hutongs* zu verlassen, sie ziehen das Leben in einer Gemeinschaft der Isolation in den Vorstädten vor.

Ausländer haben den Reiz des Lebens im Wohnhof schon lange erkannt und sind in dieses konservative Bollwerk eingedrungen, auch wenn viele von den schlechten Heizmöglichkeiten und von Nachbarn abgeschreckt werden, die ihnen nach westlichen Standards zu sehr auf die Pelle rücken. Zudem haben einige Häuser in den *hutongs* noch immer keine eigenen Toiletten, was die übel riechenden öffentlichen Klos in vielen Gassen erklärt. Andere Häuser hingegen wurden gründlich modernisiert und können mit Merkmalen aufwarten wie lasierten Holzböden, voll eingerichteten Küchen, Schlafräumen auf versetzten Ebenen und zahlreichen Bädern. Umgebaute Wohnhöfe werden sehr geschätzt, und für ihren Kauf oder ihre Miete muss mehr Geld hingelegt werden als für die nobelste Wohnung.

Viele alte Häuser in den Wohnhöfen wurden in kleinere Einheiten unterteilt, ihre historischen Elemente blieben dabei jedoch erhalten, insbesondere ihre Dächer. Wohnhof-Gemeinden werden durch kleine Läden und Restaurants versorgt, die sich über einen *hutong* verteilen und ihn zu einer weitgehend abgeschlossenen kleinen Welt machen.

Viele der größten Wohnhöfe (*siheyuan)* werden von hochrangigen KP-Kadern bewohnt oder sind Regierungsbüros. Einige *hutongs* in unmittelbarer Nähe der Nanluogu Xiang sind für die vielen leitenden Beamten bekannt, die dort leben, während der ehemalige Premier Zhao Ziyang die letzten 15 Jahre seines Lebens unter Hausarrest in einem Wohnhof verbrachte, den einst Kaiserin Cixis Friseur bewohnte.

Ungewisse Zukunft

Vor ein paar Jahren schien es so, als habe Beijings Regierung endlich erkannt, welchen Wert der Erhalt des historischen Stadtkerns hätte. Heute allerdings erscheint die Zukunft der *hutongs* wieder eher unsicher. Weiterhin werden Leute aus Häusern umgesiedelt, in denen ihre Familien seit Generationen gelebt haben, da die örtlichen Behörden damit fortfahren, komplette Gassen im Namen des vermeintlichen Fortschritts abzureißen.

Der jüngste Angriff findet im Bereich des Trommel- und des Glockenturms statt, dort ähneln einige Bereiche derzeit einem Baugelände. Viele angrenzende *hutongs* werden plattgemacht und sollen durch eine weit weniger authentische Nachbildung eines Viertels der Qing-Dynastie aus dem 18. Jh. ersetzt werden. Zum großen Kummer vieler Beijinger scheinen die örtlichen Amtsträger die Vision eines glänzenden neuen Beijings voller Shopping Malls und Wohnblöcke vor Augen zu haben, in dem für die *hutongs* kein Platz mehr ist.

Obgleich es Gesetze gibt, welche die *hutongs* schützen sollen, ist es sehr vielsagend, dass ein *hutong* wohl dann die beste Überlebensaussicht hat, wenn er einen wirtschaftlichen Wert aufweisen kann. Die erfolgreiche Neugestaltung der Nanluogu Xiang zu einem Hotspot des Nachtlebens und einem touristischen Zentrum wurde auch an anderer Stelle kopiert: Einige Gassen, die von der Gulou Dongdajie und der Andingmen Dajie abgehen, besitzen nun ebenfalls aufblühende Geschäfte, Kneipen, Cafés und Restaurants und sind beinahe ebenso beliebt geworden. Solange ein *hutong* der örtlichen Behörde nennenswerte Steuereinnahmen beschert, scheinen die Amtsträger eher gewillt zu sein, ihn vor einer Sanierung zu bewahren.

Gut essen in einem *hutong*

- *Nanluogu Xiang*
- *Beiluogu Xiang*
- hutong *Fangjia*
- hutong *Wudaoying*
- hutong *Beixinqiao Santiao*
- hutong *Banchang*

Alte Wohnhöfe

Die Wohnhöfe, die man *siheyuan* (四合院) nennt, sind die Wohnblocks der *hutong*-Welt. Einige alte Wohnhöfe, wie das Lao-She-Museum, wurden recht originell als Museum eingemottet, viele bleiben aber

Wer den Reiz dieser Gassen rundum genießen möchte, kann in einem *hutong* in einem zum Hotel umfunktionierten Wohnhof übernachten. Inzwischen gibt es auch Wohnhof-Restaurants, wie das Dali Courtyard oder Source, sodass man in einem *siheyuan* speisen kann, und eine wachsende Zahl an Cafés und Bars, die in ehemaligen Wohnhöfen untergebracht sind.

weiterhin bewohnt, und die Bewohner sind innen und außen eifrig mit häuslichen Arbeiten beschäftigt. Die Türen zu den Gemeinschaftshöfen bleiben typischerweise offen, während sich die Männer vom Frühjahr bis zum Herbst vor den Toren versammeln, Bier trinken, rauchen und quatschen. Im Inneren wachsen Bäume in den Himmel, spenden Schatten und bieten den Vögeln einen Nistplatz.

Repräsentative Wohnhöfe können durch eine Reihe von Toren betreten werden, die Mehrzahl hat jedoch nur eine einzige Türe. Altehrwürdigen Wohnhöfen sind breite, dicke rote Türen vorgelagert, vor denen entweder ein Paar chinesischer Löwen hockt oder Trommelsteine stehen (*baogushi;* zwei runde Steine, die Trommeln ähneln, jeweils auf einem kleinen Sockel, auf dem gelegentlich noch ein Miniaturlöwe oder ein kleiner Drachenkopf sitzt). Ein alltäglicher Anblick ist eine Reihe quadratischer *mendang* (Holzornamente) über dem Tor. Gelegentlich sieht man auch noch eine Reihe von Trittsteinen *(shangma shi),* die der Hauseigentümer nutzte, um sein Ross zu besteigen. Zu den besonders alten Toren von Wohnhöfen führen einige Stufen. Über diesen Toren und an den Seiten befinden sich Ziegelschnitzereien. Je mehr Details dargestellt sind, desto höher war die soziale Schicht der ursprünglichen Bewohner dieses Wohnhofs.

In vielen dieser eindrucksvollen Wohnhöfe lebten Beijings Beamte, wohlhabende Familien und sogar Prinzen; die Residenz von Prinz Gong an der Dingfu Jie ist vielleicht das berühmteste Beispiel. In neuerer Zeit wurden viele von den Arbeitseinheiten so umgestaltet, dass sie ihre Arbeitskräfte dort unterbringen konnten. Andere sind weiterhin in Privatbesitz oder werden von der Regierung oder von Universitäten genutzt. Der chinesische Staat besitzt jedoch letztlich alle Grundstücke, was das Schicksal der *hutongs* in die Hand der lokalen Behörden legt.

Feng-Shui-Gassen

Die überwiegende Mehrheit der *hutongs* verläuft in Ost-West-Richtung, das Haupttor blickt also nach Süden und erfüllt damit die Feng-Shui-Anforderungen (Geomantie, wörtlich Wind und Wasser). Die Südlage garantiert ein Maximum an Sonnenschein und Schutz vor negativen Kräften, die überwiegend aus dem Norden kommen. Die Anordnung spiegelt die Anlage aller chinesischen Tempel wider, die das *yang* (den männlichen, hellen Aspekt) fördert und das *yin* (den weiblichen und dunklen Aspekt) kontrolliert. Die Hauptgassen werden durch kleinere Gässchen in Nord-Südrichtung verbunden.

Wer sich für die Welt von Beijings *hutongs* aus der Vogelperspektive interessiert, wirft am besten einen Blick in den Schaukasten der heutigen Stadt in der Beijing Planning Exhibition Hall. Das exzellente NGO Beijing Protection Centre (www.bjchp.org) ist eine sehr gute Adresse, um Informationen über die Bemühungen zu erhalten, die noch verbliebenden *hutongs* zu bewahren.

Einige Wohnhöfe wurden zusätzlich durch rechteckige Steine geschützt, auf denen die Schriftzeichen für Tai Shan (Berg Tai) standen, um böse Omen abzuwenden. In anderen Wohnhöfen sind noch die Blend- oder Geistermauern *(yingbi)* erhalten – unter Feng-Shui-Gesichtspunkten errichtete Mauern vor dem Haupttor, um ruhelose Geister auf einen anderen Weg zu leiten. Die beiden eindrucksvollsten Geistermauern in Beijing sind die Neun-Drachen-Mauern in der Verbotenen Stadt und im Beihai-Park.

Bäume spenden *qi* (Energie) und im Sommer den dringend benötigten Schatten. Vor den meisten alten Wohnhöfen steht eine Robinie, die dort nach dem Bau des *siheyuan* gepflanzt wurde.

Namen

Einige *hutongs* sind nach Familien benannt wie der *hutong* Zhaotangzi (赵堂子胡同; Gasse der Familie Zhao). Die Namen anderer *hutongs* verweisen auf historische Gestalten, Tempel oder lokale Besonderheiten, während bei einigen die Assoziationen geheimnisvoller sind wie etwa

DAS GESICHT DER *HUTONG*-WELT VERÄNDERT SICH

Ein Nebenprodukt der Kommerzialisierung einiger *hutongs* ist, dass sie nicht mehr der faszinierende Mikrokosmos des örtlichen Lebens sind, der sie einmal waren. Vor zehn Jahren gab es in der Nanluogu Xiang noch viele Familien, die dort seit Generationen lebten, sie war gesäumt von *xiaomaibu* (kleinen Kramerläden), und es gab mehr Gemüsehändler als Kneipen.

Inzwischen sind von diesen Bewohnern nur noch wenige übrig geblieben. Die meisten haben ihre Wohnhöfe als Geschäft, Restaurant, Bar oder Kneipe vermietet und die hohen Mieteinnahmen genutzt, um in einen neuen Wohnblock in einem Außenbezirk zu ziehen. Dort, wo früher an Sommerabenden Kinder auf der Straße herumtollten, während die Erwachsenen sich Luft zufächelten oder Xiangqi (chinesisches Schach) spielten, flanieren heute junge Beijinger und einheimische Touristen, um zu shoppen, zu essen oder etwas zu trinken.

Dieser Wandel von einer lebendigen Gemeinschaft in etwas viel weniger Organisches wird auch andernorts nachgeahmt, beispielsweise im *hutong* Wudaoying in der Nähe des Lama-Tempels. Die nahe gelegene Fangjia-Gasse verkörpert eine skurrile Mischung aus einem hippen *hutong* und dem alten Beijing. Wer hier in einer angesagten Bar ein Importbier trinkt, kann auf der anderen Straßenseite Anwohner beobachten, die auf einer Stufe vor der Haustüre sitzen und gemeinsam aus einer Flasche Yanjing-Bier trinken.

Die *hutong*-Bewohner beklagen sich jedoch nicht allzu sehr. Im Gegenteil, inzwischen ist es fast unmöglich, in einer solchen Gegend ein *siheyuan* zu kaufen, weil die Einheimischen wissen, dass sie auf lange Zeit ausgesorgt haben, wenn sie es stattdessen vermieten. Wer jedoch auf der Suche nach dem wahren, authentischen Leben in diesen Gassen ist, muss in einen der *hutongs* eintauchen, auf die der schnöde Mammon noch keinen Zugriff hat.

bei der Drachenbartgraben-Gasse (Longxugou; 龙须沟胡同). Viele beziehen sich auf die Waren, die auf den örtlichen Märkten verkauft wurden, wie der *hutong* Ganmian (干面胡同; Mehl-Gasse), während sich bei einigen *hutongs* wie dem *hutong* Gongbei (弓背胡同; Rückwärtsbogen-Gasse) der Name von der Form ableitet.

Wieder andere Namen beziehen sich auf eher ungewöhnliche Gewerbe, die rund um die Verbotene Stadt versammelt waren. In der „Junge-Mädchen-Gasse" wohnten künftige Konkubinen und in der „Ammen-Gasse" viele junge Mütter, die den kaiserlichen Nachwuchs stillten. Sie wurden viermal pro Jahr bei Erkundungstouren in ganz China ausgewählt. Die „Kleiderwasch-Gasse" war das Wohngebiet der Frauen, die sich um die kaiserliche Wäsche kümmerten. Mägde, die im Dienst bei Hof alt geworden waren, schickte man anschließend weit weg, bis ihre intimen Kenntnisse der königlichen Reizwäsche an Aktualität verloren hatten und niemanden mehr interessierten.

Einige *hutongs* verbergen ihren ursprünglichen Namen, der entweder als zu geschmacklos galt oder Unglück verhieß, hinter gleich oder ähnlich klingenden Bezeichnungen oder sind eine beschönigende Umschreibung für das, was dort tatsächlich geschah. So wurde *hutong* Guancai (棺材胡同), „Totenschrein-Gasse", ersetzt durch *hutong* Guangcai (光彩胡同), was „Pracht-Gasse" bedeutet. Der ursprüngliche Name des *hutongs* Muzhu (母猪胡同), „Mutterschwein-Gasse" oder „Sau-Gasse", wurde sehr viel poetischer in *hutong* Meizhu (梅竹胡同), also „Pflaume-Bambus-Gasse" nach oben korrigiert. Der *hutong* Rouge (胭脂胡同; *hutong* Yanzhi) verdankte seinen Namen der Tatsache, dass sich dort der Treffpunkt der Prostituierten befand, im alten Beijinger Slang war „rouge" die Bezeichnung für eine Dame vom horizontalen Gewerbe.

Während der Kulturrevolution wurden ausgewählte *hutongs* umbenannt, um dem politischen Zeitgeist gerecht zu werden. Der *hutong* Nanxiawa hieß nun *hutong* Xuemaozhu, wörtlich „Studium-von-Maos-Schriften-Gasse", aus dem *hutong* Doujiao'er wurde der *hutong* Hongdaodi oder die „Rot-bis-ans-Ende-Gasse".

Größe der *hutongs*

Allen Bemühungen zur Vereinheitlichung zum Trotz haben sich Beijings Gassen ihre ganz persönlichen Merkmale und Größenverhältnisse erhalten. Die längste Gasse ist mit 3 km die Dongjiaomin Xiang (东交民巷), die kürzeste – wenig überraschend als Yichi Dajie (一尺大街; Ein-Fuß-Straße) bezeichnet – ist gerade einmal 25 m lang. Angeblich soll die Guantong Xiang (贯通巷; Guantong-Gasse) in der Nähe der Yangmeizhu Xijie, östlich der Liulichang Dongjie, sogar noch kürzer sein, nämlich 20 m.

Einige *hutongs* sind breite, belaubte Boulevards, andere hingegen schmale Korridore, in denen man Klaustrophobie bekommen könnte. Beijings breiteste Gasse ist mit 32 m der *hutong* Lingjing (灵境胡同; Märchenland-Gasse), der passend benannte *hutong* Xiaolaba (小喇叭胡同; Kleine Trompeten-Gasse) ist hingegen der schmalste in der Stadt, ein 50 cm breiter Engpass.

Mollige Spaziergänger könnten noch eher im *hutong* Qianshi (钱市胡同) steckenbleiben, unweit vom Qianmen und Dazhalan – an der schmalsten Stelle sind gerade einmal 44 cm Platz. Dies ist allerdings eher ein Pfad als ein echter *hutong*. Es verlaufen auch nicht alle Gassen schön gerade: *hutong* Jiuwan (九湾胡同; Neun-Biegungen-Gasse) hat nicht weniger als 13 Kurven.

Hutong-Touren

Die Erkundung von Beijings *hutongs* ist ein Erlebnis, das keinesfalls versäumt werden sollte. Zu Fuß oder per Fahrrad losziehen und tief in diese teils marode, teils vornehme, auf jeden Fall jedoch zauberhafte Welt eintauchen. Am allerbesten einfach von den Hauptstraßen im Zentrum Beijings in die Gassen abbiegen, von denen die Stadt innerhalb der 2. Ringstraße durchzogen wird. Sich zu verlaufen ist Teil des Vergnügens bei der Erkundung der *hutongs*, und niemand muss Sorge haben, nicht zurückzufinden, denn man ist nie weit von einer Hauptstraße entfernt.

Gute Stellen, um einzutauchen, sind die Gassen westlich der Houhai-Seen, der Bereich um die Nanluogu Xiang, die Straßen, die von der Chaoyangmen Beixiaojie und der Chaoyangmen Nanxiaojie nach Westen abzweigen, östlich der Wangfujing Dajie und die Sträßchen südwestlich vom Tiananmen-Platz.

Ein Fahrrad zu leihen ist die bei Weitem beste Möglichkeit, diese historische Welt zu erkunden. Wer sich einer geführten Tour anschließen möchte, wendet sich an das **Chinesische Kulturzentrum** (Kent Center; ☎werktags 6432 9341, Wochenende 6432 0141; www.chinaculturecenter.org; 29 Anjialou, Liangmaqiao Lu; Ⓢ Liangmaqiao), das regelmäßig Touren anbietet oder auch individuelle Touren organisieren kann. Weitere Details telefonisch klären oder auf der Website nachlesen. Auch **Bike Beijing** (www.bikebeijing.com) hat geführte *hutong*-Touren im Programm. Viele Hotels bieten selbst Touren durch die *hutongs* an oder können Anbieter empfehlen. Alternativ suchen auch jede Menge Schlepper von Rikschatouren die Straßen um die Houhai-Seen heim und bieten 45-minütige oder einstündige Touren an. Solche Touren kosten in der Regel 60–120 Yuan pro Person. Wer einen Englisch sprechenden Rikschafahrer haben möchte, wendet sich an das Touristeninformationszentrum von Beijing gegenüber dem Nordtor des Beihai-Parks.

Kunst

Beijings Kunstszene erlebte in den letzten beiden Jahrzehnten eine Blütezeit. Das kreative Potenzial der Hauptstadt, das während der Kulturrevolution ausgeschaltet worden war, erhielt nach der Öffnung Chinas einen neuen Lebensfunken und einen gewissen Freiraum. Insbesondere die bildende Kunst war erfolgreich. Aufbauend auf ihre bescheidenen Anfänge im 798 Art District, hat die Gegenwartskunst inzwischen weltweite Anerkennung gefunden. Beijing ist aber auch die inoffizielle Hauptstadt von Chinas Filmindustrie, die Heimat der besten Bands und der ideale Ort, um etwas von der beständigen Vitalität der traditionellen darstellenden Künste Chinas mitzubekommen. Egal, wonach einem der Sinn steht, in Beijing wird man fündig.

Literatur

Passend zu ihrem Ruf, eine belesene und kreative Stadt zu sein, den Beijing unter Normal- und Bildungsbürgern genießt, war die Stadt Heimat von einigen herausragenden modernen Schriftstellern. Die literarischen Landschaften von Lao She, Lu Xun, Mao Dun und Guo Moruo bleiben für immer mit der Hauptstadt verbunden. Da Beijing Schauplatz der begeisternden Bewegung des vierten Mai, der ersten Auftritte der Roten Garden und der Proteste für mehr Demokratie 1989 war, ist dieses revolutionäre Blut natürlich auch in die Literatur durchgesickert. In den letzten einhundert Jahren haben Beijings Schriftsteller ihre Geschichten von Leid, Angst und Sehnsüchten in einem Kontext ständig wechselnder Trends und politischer Umbrüche geschrieben.

Die Konkurrenz zwischen Beijing und Shanghai ist auch in Sachen Kunst ein Dauerbrenner. Die Hauptstadt ist mutiger und bissiger als ihr südlicher Widerpart und etwas weniger von dem Gedanken besessen, Geld verdienen zu wollen. Deshalb und trotz ihres autoritären Rufs als Zentrum der KP-Macht zieht Beijing deutlich mehr kreative Talente an als Shanghai.

Die Geburt der modernen chinesischen Literatur

Die Veröffentlichung von Lu Xuns Kurzgeschichte *Tagebuch eines Verrückten* 1918 hatte auf die chinesische Literatur einen vergleichbaren Effekt wie der die Hüften schwingende Elvis Presley Anfang der 1950er-Jahre auf die amerikanische Musikszene. Vor Lu Xun waren Romane in klassischem Chinesisch *(guwen)* verfasst worden, einer Art Shakespeare'scher Sprache, die wenig zu tun hatte mit der Umgangssprache *(baihua)*. Dies hielt die tiefe Kluft zwischen gebildeten und ungebildeten Chinesen aufrecht, denn Literatur war für das gewöhnliche Volk unzugänglich, das klassische Chinesisch wurde zu einer *lingua franca* der Beamten und Gelehrten.

Der erste Absatz von Lus bahnbrechender Geschichte ist in der klassischen Sprache verfasst. Die ins Lächerliche gezogene Einleitung – gepfeffert mit veralteten Schriftzeichen und der quälenden Grammatik des klassischen Chinesisch – ist in einem Textblock gedruckt, ohne Absätze oder Einrückungen. Dann endet dieser Teil ganz unvermittelt, und der Leser wird mit umgangssprachlichem – *gesprochenem* – Chinesisch konfrontiert.

Für Lu Xun war das Schreiben dieser Kurzgeschichte – einer drastischen Fabel von fast greifbarem Schrecken – in der Sprache des Volkes ein explosives Unterfangen. Das chinesische Volk war nun endlich in der Lage, Sprache so zu lesen, wie sie gesprochen wurde, und die Kurzgeschichte hatte einen geradezu elektrisierenden Einfluss auf die

BÜCHER ÜBER BEIJING

➡ *Peking-Koma* (Ma Jian, 2008; Deutsch von Susanne Höbel, 2009) Roman um die Beteiligung des Protagonisten Dai Wei an den Protesten der Demokratiebewegung 1989 und das nachfolgende politische Koma.

➡ *Das trunkene Land: Erzählungen* (Lu Xun; Deutsch von Raoul Findeisen u.a., 2009) Klassische Geschichte eines mentalen Zusammenbruchs mit Verfolgungswahn und eine Kritik am Konfuzianismus im vorrevolutionären China, geschrieben vom Vater der modernen chinesischen Literatur. Neben der berühmten Kurzgeschichte *Tagebuch eines Verrückten* die erste Erzählung, die in China in *baihua* (Umgangssprache) herausgegeben wurde.

➡ *Rikschakuli* (Lao She, 1936; Deutsch von Lena Frender und Marianne Bretschneider, 1982) Ein Meisterwerk von einem von Beijings meistgelesenen Autoren und Theaterautoren über einen Rikschafahrer Anfang des 20. Jhs. in China.

➡ *Blades of Grass: The Stories of Lao She* (Lao She; Englisch von William Lyell, 2000) Die Sammlung enthält 14 Geschichten von Lao She – ergreifende Lebensbeschreibungen von Menschen in Zeiten politischer Unruhen und Unsicherheiten.

➡ *Kinder than Solitude* (Yiyun Li, 2014) Die gebürtige Beijingerin Yiyun Li erzählt in diesem eindringlichen Roman (auf Englisch) die Geschichte der komplizierten Beziehung dreier Freunde aus Kindertagen. Die Handlung bewegt sich zwischen dem Beijing der 1990er-Jahre und den heutigen USA.

➡ *Der Schneider himmlischer Hosen* (Daniele Vare, 1935; Deutsch von Annie Polzer, 1953) Neu herausgegebene Geschichte aus dem alten Beijing mit einer großartigen Besetzung dubioser Ausländer und vielen Einblicken in das Leben in Chinas Hauptstadt in den chaotischen Tagen vor Ausbruch des Zweiten Weltkriegs.

➡ *The Noodle Maker* (Ma Jian; Englisch von Flora Drew, 2004) Eine Sammlung von untereinander verknüpften Geschichten, erzählt von einem staatlich angestellten Schriftsteller in der Zeit nach den Protesten auf dem Tiananmen-Platz. Trostlos, skurril und unvergesslich.

➡ *Midnight in Peking* (Paul French, 2012) Aus dem Leben gegriffener Krimi über den brutalen Mord an einem englischen Mädchen in der Zeit der Gesandtschaften, mit vielen interessanten Details über die sündige Unterwelt in Beijing vor 1949.

➡ *Black Snow* (Liu Heng; Englisch von Howard Goldblatt, 1993) Fesselnder Roman über Arbeiter im heutigen Beijing. Großartig geschrieben – in guter englischer Übersetzung erhältlich.

➡ *Peking Story: The Last Days of Old China* (David Kidd, 2003) Die wahre Geschichte eines jungen Mannes, der zwei Jahre vor der kommunistischen Revolution von 1949 die Tochter einer aristokratischen chinesischen Familie in Beijing heiratet. Einfacher, aber eindringlicher Schreibstil.

➡ *Die Kaiserin auf dem Drachenthron* (Anchee Min, 2004; Deutsch von Helga Augustin, 2008) Historischer Roman über die Kaiserinwitwe Cixi und ihren Aufstieg zur Kaiserin von China während der letzten Tage der Qing-Dynastie. Guter Einblick in den historischen Hintergrund Beijings, unterhaltsam zu lesen.

➡ *Beijing: A Novel* (Philip Gambone, 2003) Gut geschriebener Bericht eines Amerikaners, der in einem Krankenhaus in Beijing arbeitet und sich dort in einen Künstler verliebt. Eines der bisher wenigen Bücher, die sich gründlich mit den Schwierigkeiten der schwulen Subkultur in Beijing auseinandersetzen.

kreativen Ausdrucksmöglichkeiten. Lu Xuns Geschichte gibt die Tagebucheintragungen eines Mannes wieder, der in Verfolgungswahn und Depressionen verfällt. Die entsetzlichen Verdachtsmomente des Mannes, der befürchtet, die Menschen in seiner Umgebung würden kannibalistisch aktiv, gelten als Kritik an der selbstverzehrenden Natur der Feudalgesellschaft. Es ist ein eindringliches, kraftvolles Werk, das

Zweifel an der Verrücktheit des Erzählers nährt und mit einigen Zeilen endet, die einen kleinen Hoffnungsschimmer enthalten.

Von diesem Zeitpunkt an wurde die populäre chinesische Literatur so geschrieben, wie die Schriftsteller dachten und sprachen. Die chinesische Schriftstellerei war im modernen Zeitalter angekommen.

Den englischen Text der Geschichte *Tagebuch eines Verrückten (A Madman's Diary)* gibt es, wie zahlreiche andere Werke von Lu Xun, zum kostenlosen Download auf www.marxists.org. Im Lu-Xun-Museum sind verschiedene Übersetzungen erhältlich, auch im Westen sind seine Schriften recht weit verbreitet. Es liegt auch eine deutsche Werkausgabe vor.

Literatur vor 1989

Die zeitgenössische chinesische Literatur wird in der Regel in zwei Phasen unterteilt: vor 1989 und nach 1989. Mit dem Aufstieg im Jahr 1949 entwickelte sich die Literatur zunehmend zu einem Instrument staatlicher Kontrolle und diente propagandistischen Zwecken. Das Verlagswesen wurde verstaatlicht, und die meisten Werke dieser Periode gaben in einer langweiligen, formelhaften Sprache und mit flachen Charakteren in realsozialistischem Rahmen brav die Linie der Kommunistischen Partei wieder. Die Hundert-Blumen-Bewegung (1956/57) versprach eine Phase offener Kritik und Diskussionen zu werden, führte stattdessen jedoch zu einem großflächigen scharfen Vorgehen gegen Intellektuelle, darunter auch Schriftsteller. Während der Kulturrevolution (1966–76) fügten sich die Schriftsteller entweder der offiziellen Linie oder wurden gnadenlos eliminiert. Der beliebte Beijinger Schriftsteller Lao She (1899–1966) wurde im August 1966 von Roten Garden beim Konfuziustempel schwer misshandelt und gedemütigt und nahm sich am nächsten Tag das Leben.

Nach Maos Tod im Jahr 1976 befreiten sich chinesische Künstler und Schriftsteller von den politischen Zwängen. Sie fingen an, freier zu schreiben und neue literarische Ausdrucksmöglichkeiten zu erkunden. Es kamen Übersetzungen westlicher Schriftsteller heraus, wodurch die

EXILAUTOREN

Chinesische Autoren, die – aus freien Stücken oder wegen ihrer politischen Ansichten – im Ausland leben, haben in neuerer Zeit für einige der erfolgreichsten Werke über China gesorgt. Der in London lebende Ma Jian verließ China nach den Tiananmen-Protesten. Sein Roman *Peking-Koma* (2008; Deutsch von Susanne Höbel), der die Ereignisse des Juni 1989 aus der Sichtweise eines Studenten erzählt, der im Koma lag, nachdem er beim brutalen Durchgreifen gegen die Demonstranten angeschossen worden war, ist der beste Roman über diese bedeutsame Zeit.

Das Meisterwerk von Ma hingegen ist *Red Dust* (2001; Deutsch von Barbara Heller), eine bemerkenswerte Denkschrift über die drei Jahre Anfang der 1980er-Jahre, in denen Ma auf seiner Flucht durch entlegene Gegenden Chinas kam, darunter auch Tibet. Die Einleitungskapitel liefern eine faszinierende Momentaufnahme von der damals verschwindend kleinen Künstlergemeinde in Beijing und schildert die Verdächtigungen, denen sie von Seiten der Behörden ausgesetzt war.

Die in Beijing geborene Yiyun Li, die heute in Kalifornien lebt, schreibt ausgezeichnete Kurzgeschichten. Die beiden Werke *Tausend Jahre frommes Beten* (2005; Deutsch von Anette Grube) und *Gold Boy, Emerald Girl* (2010) offenbarten die Lebensbedingungen des Durchschnittschinesen während der dramatischen kulturellen Veränderungen der letzten 20 Jahre in eindringlicher Prosa.

Ein weiterer in den USA lebender Autor, der auf Englisch schreibt, ist Ha Jin. Sein Roman *Warten* (1999; Deutsch von Susanne Hornfleck) ist eine Liebesgeschichte, die sich über 20 Jahre erstreckt. Der Held muss 18 Jahre auf die offizielle Genehmigung für seine Scheidung warten, um wieder heiraten zu können. Der rauere, satirischere Roman *Kriegspack* (2004; Deutsch von Susanne Hornfleck) untersucht die teilweise widerstreitenden Loyalitäten – gegenüber der Familie, dem Land und der politischen Partei –, die viele Chinesen nach der kommunistischen Machtübernahme 1949 mühsam unter einen Hut zu bekommen versuchten.

Die „Narbenliteratur" – Werke, die die traumatischen Auswirkungen der Kulturrevolution auf die chinesische Gesellschaft untersuchten – war die bedeutendste literarische Bewegung Ende der 1970er- und in den 1980er-Jahren. Sie gedeiht noch heute mit Autoren wie Yu Hua, Jiang Rong und Ha Jin, die jene dunklen Tage thematisieren.

chinesischen Autoren zum ersten Mal mit einem breiten Spektrum literarischer Techniken und Stile in Berührung kamen.

Eine bedeutende Schriftstellerin, die in dieser Zeit in Erscheinung trat, ist Zhang Jie. Die Aufmerksamkeit der Literaturkritiker zog sie erstmals mit der Veröffentlichung ihrer gewagten Erzählung *Love Must Not Be Forgotten (Nicht zu vergessen die Liebe)* (1979) auf sich. Mit dem intimen Porträt einer Frau mittleren Alters und ihrer Liebe zu einem verheirateten Mann stellte das Buch die Konventionen der Ehe in Frage. Die chinesischen Behörden verunglimpften das Buch als moralisch verdorben, bei den Lesern kam es jedoch bestens an und wurde mit einem nationalen Buchpreis ausgezeichnet.

Zhang schrieb weitere Romane wie *Schwere Flügel* (1980) und *Die Arche* (1981). *Die Arche,* ein Buch über drei Frauen, die von ihren Ehemännern getrennt leben, etablierte Zhang als Chinas „erste feministische Autorin". Eine weitere begabte Autorin ist Shen Rong. Ihre Erzählung *At Middle Age* (1980) hat die schwierige Lage einer chinesischen Intellektuellen während der Kulturrevolution zum Thema, die gezwungen ist, das Familienleben und ihre Karriere als Ärztin unter einen Hut zu bringen.

Literatur nach 1989

Die tragischen Ereignisse von 1989 gaben den Anstoß zu einer „realistischeren" Literatur, zu deren Pionieren Schriftsteller wie Wang Shuo und Yu Hua gehören. Wang, ein ehemaliger Matrose, der sich als Romanschriftsteller etablierte, ist bekannt für seine satirischen Geschichten über Chinas Unterwelt und politische Korruption.

Wangs Geschichten – düster, gelegentlich fetzig und mit Themen aus praktisch allen Bereichen der zeitgenössischen chinesischen Gesellschaft – sind wegen der originellen Verwendung des Beijinger Slangs bemerkenswert; sein Schreibstil erinnert an die Art und Weise, in der der schottische Autor Irvine Welsh den Edinburgher Dialekt in Romanen wie *Trainspotting* einsetzt.

Nach den Protesten auf dem Tiananmen-Platz erschien im Jahr 1989 einer von Wangs umstrittensten Romanen, *Please Don't Call Me Human* (nicht auf Deutsch erschienen), der mit beißendem Spott die Misserfolge von Chinas Staatssicherheitssystem beschreibt. Wangs Werke sind bei einem breiten Spektrum der chinesischen Bevölkerung äußerst beliebt, obgleich sie teilweise verboten wurden. Er schrieb mehr als 20 Bücher sowie Drehbücher für Film und Fernsehen. Auf Deutsch erschienen z.B. die Romane *Oberchaoten* (Deutsch von Ulrich Kautz, 2001) und *Herzklopfen heißt das Spiel* (Deutsch von Sabine Peschel, 1997).

Wie Wang wuchs auch Yu Hua während der Kulturrevolution auf, diese Erfahrung durchdringt sein gesamtes Werk. Die Beschreibung von Extremsituationen, häufig auch Gewalt, und ebenso Humor werden auch von ihm eingesetzt, um seine im Wesentlichen absurde Sicht des heutigen Chinas zu illustrieren. Anders als bei Wang sind Yus Romane jedoch umfangreich und weit ausholend, sie umfassen mehrere Jahrzehnte. *Leben* (1992; Deutsch von Ulrich Kautz, 2003) verfolgt die Sorgen einer Familie von der Gründung des neuen Chinas bis zum Ende der Kulturrevolution.

Die Bedeutung, die Yu im Ausland erlangte, machten ihn zu einem weltweiten Star in der Literaturszene. Seine beiden folgenden Romane waren *Der Mann, der sein Blut verkaufte* (1995, Deutsch von Ulrich Kautz), dessen Handlung sich über die 1950er-Jahre bis in die 1980er-Jahre erstreckt, und *Brüder* (2005, Deutsch von Ulrich Kautz), eine boshafte, finstere Satire über die Jagd nach Wohlstand, von der die letzten beiden Jahrzehnte in China gekennzeichnet waren.

Wer Ende Februar und im März in Beijing ist, kann gleich zwischen zwei Literaturfestivals wählen: Das Internationale Literaturfestival im Bookworm sowie das Capital-M-Literaturfestival im Restaurant Capital M laden zahlreiche einheimische und internationale Autoren zu Gesprächen ein – ein weiteres Zeichen dafür, dass Beijing sich zu einer echten Weltstadt mausert.

Mo Yan (bürgerlicher Name Guan Moye: „Mo Yan" ist ein Künstlername und bedeutet in Mandarin „Sprich nicht") ist in der internationalen Literaturszene bekannt, seit er 2012 den Nobelpreis für Literatur erhalten hat. Seine Kurzgeschichten und Romane sind weniger schonungslos und aggressiv als die von Yu Hua und Wang Shuo. Wie bei dem großartigen Lu Xun handelt es sich hauptsächlich um gesellschaftskritische Kommentare. Viele seiner Werke wurden ins Deutsche übersetzt, z.B. *Die Knoblauchrevolte* (Deutsch von Andreas Donath) oder *Das rote Kornfeld* (Deutsch von Peter Weber-Schäfer). Dieser Roman wurde auch verfilmt und 1988 mit dem Goldenen Bären der Berliner Filmfestspiele ausgezeichnet.

Den mit Abstand größten literarischen Erfolg der letzten Jahre hatte Jiang Rongs Roman *Der Zorn der Wölfe* (2004, Deutsch von Karin Hasselblatt). Er spielt in der Steppe der Inneren Mongolei und ist eine gefühlvolle, zum Teil autobiografische Erzählung über einen jungen Beijinger Studenten, der während der Kulturrevolution in die Innere Mongolei geschickt wird, um dort mit den Nomaden zu leben. Der Roman beschreibt die Gegensätze zwischen dem Leben dort und dem Leben, das der Protagonist hinter sich gelassen hat.

Das Internet hat eine völlig neue Generation junger Schriftsteller hervorgebracht, die bekannt wurden, nachdem sie ihr erstes Werk online veröffentlicht hatten. Inzwischen stellen zahlreiche Möchtegern-Autoren ihre Kurzgeschichten, Romane und Gedichte ins Internet. Zugleich sind dort auch die ersten Schriftsteller aus der Ein-Kind-Generation (nach 1980 geboren) aufgetaucht, die nationale Aufmerksamkeit gewinnen. Die Werke von Han Han und Guo Jingming werden sicher nie einen Literaturpreis gewinnen (beiden werden Plagiate vorgeworfen, und man beschuldigt sie, lediglich einem Team von Ghostwritern vorzustehen), ihre Geschichten über Jugendliche in der Stadt haben sie jedoch zu Medienikonen und zu den meistverkauften Autoren in China werden lassen.

Der unbestrittene Star aller Schriftsteller, die über das Internet bekannt wurden, ist Anni Baobei. Von ihren vielen jungen weiblichen Fans erhielt sie den Beinamen „Blume im Dunkeln". Ihre eindringlichen Geschichten über liebeskranke einsame Frauen auf der Suche nach dem Sinn des Lebens haben in der Ein-Kind-Generation großen Anklang gefunden.

SEX & THE CITY

Sex, lange Zeit ein Tabuthema in der Kunst und in der chinesischen Gesellschaft generell, ist inzwischen eines der Dauerthemen in der modernen chinesischen Literatur. Zhang Xianliangs Roman *Die Hälfte des Mannes ist die Frau* (1985) ist eine heftig umstrittene Erkundung von Sexualität und Ehe im modernen China und wurde international ein Bestseller. Zhang schrieb im Anschluss den eindeutig autobiografischen Roman *Getting Used to Dying* (1989) (nicht auf Deutsch erschienen), darin geht es um die neu entdeckte sexuelle Freiheit eines Schriftstellers. Bis 1993 war der Roman in China verboten.

In den letzten Jahren waren es jedoch Autorinnen, die die Sexualität besonders erfolgreich thematisierten. Der provokante Roman *China Girl* (2004, Deutsch von Karin Hasselblatt) von Sue Chun wurde von einer Highschool-Abbrecherin geschrieben, die sich einem Leben voller Gelegenheitssex, Alkohol und Drogen hingab. Der zum Teil autobiografische Roman enthüllt das Aufkommen einer Teenager-Generation, die nur Interesse für Shoppen und Punkmusik hat und deren Lebensweise noch wenige Jahre zuvor in Beijing undenkbar gewesen wäre.

Auch Annie Wang äußert sich in *Peking Girls* (2006, Deutsch von Annette Hahn) sehr freimütig über ihre sexuellen Eskapaden im modernen Beijing, während Anni Baobei (bürgerlicher Name Li Jie) äußerst beliebte Kurzgeschichten und Romane schreibt wie *Lotus* (2006), darin geht es um eine junge Frau in einer Sinnkrise, gefangen in zerrütteten oder missbrauchenden Beziehungen. In *The Road of Others* (2012) sind einige ihrer Kurzgeschichten in englischer Übersetzung zusammengetragen

Bildende Künste

Mit der Gründung des neuen Chinas 1949 musste jegliches künstlerische Schaffen in den Dienst des Staates gestellt werden und sich seiner Ideologie unterordnen. So entwickelte sich die chinesische Kunst zu einer Kunst für die Massen, der realsozialistische Stil wurde vorherrschend. Menschliche Aktivitäten richteten sich auf diesen Gemälden auf die Verherrlichung der kommunistischen Revolution.

Der sozialistische Realismus hat seine Wurzeln in nichtchinesischen klassizistischen Kunstwerken, in den naturgetreuen Gemälden von Jacques Louis David und den Produktionen sowjetischer Maler. Die Werke, die von politischer Symbolik durchtränkt waren und nur so trieften von Propaganda, wurden in industriellem Maßstab gefertigt, Inhalt und Stil folgten schematischen Richtlinien.

Traditionelle Grundsätze der klassischen chinesischen Malerei wurden beiseitegeschoben, stattdessen importierte man in großem Stil ausländische Kunsttechniken. Anstelle von Seidenmalerei gab es nun Öl auf Leinwand, die Betonung realistischer Details ersetzte Chinas traditionelle Vorliebe für das Geheimnisvolle und Unbeschreibliche. Landschaften wurden durch schärfer konturierte Panoramen ersetzt, in denen der Mensch eine zentrale gebieterische Stellung einnahm. Die gesamte chinesische Malerei, die sich über die Jahrhunderte hinweg im Schneckentempo entwickelt hatte, wurde nun praktisch über Nacht umfunktioniert.

Erst mit Mao Zedongs Tod im September 1976 konnte sich die individuelle Künstlernatur wieder freier entfalten, und Maler wie Luo Zhongli benützten die Techniken des Realismus, die sie in Chinas Kunstakademien erlernt hatten, um die harte Realität und das Leiden zu porträtieren, die sich in die Gesichter der damaligen Bauern eingegraben hatten. Andere Künstler entflohen den erstickenden Einengungen des sozialistischen Realismus, um neue Horizonte zu erkunden, wobei sie mit unterschiedlichen zeitgenössischen Formen experimentierten.

Ein unersättlicher Appetit auf westliche Kunst vergrößerte die Distanz zwischen traditioneller chinesischer Kunstlehre und den aktuellen künstlerischen Bestrebungen. Die Künstlergruppe „Sterne" ließ sich beispielsweise retrospektiv durch Picasso und den deutschen Expressionismus inspirieren. Die Gruppe bestand zwar nur kurzzeitig, übte jedoch nachhaltigen Einfluss auf die Entwicklung der chinesischen Kunst in den 1980er- und 1990er-Jahren aus und bereitete der Bewegung „Neue Welle" den Weg, die 1985 auftauchte.

Die Künstler der „Neuen Welle" waren stark von der westlichen Kunst beeinflusst, insbesondere von dem ikonoklastischen Werk Marcel Duchamps, was sich zu einer weiteren Herausforderung traditioneller chinesischer Kunstnormen entwickelte. Um sich dem Kunstbegriff zu entziehen, zerstörte beispielsweise der „Neue-Welle"-Künstler Huang Yongping bei Ausstellungen seine eigenen Werke. Andere Künstler der Gruppe verwandelten chinesische Schriftzeichen in abstrakte Symbole, während wieder andere mit drastischen Bildern versuchten, die Betrachter zu schockieren. Politische Gegebenheiten wurden von Performance-Künstlern thematisiert, die sich in Plastik oder Klebeband wickelten als Symbol für die Repressalien im modernen China.

Beijings beste Galerien und Künstlerviertel

- *798 Art District*
- *Caochangdi*
- *Red Gate Gallery*
- *National Art Museum*

Nach den Ereignissen auf dem Tiananmen-Platz

Die verstörenden Ereignisse im Juni 1989 und danach sorgten bei den Künstlern für eine Desillusionierung hinsichtlich der politischen Lage in China, die Hoffnung schlug in bitteren Zynismus um. Diese Haltung spiegeln die Kunstwerke der 1990er-Jahre wider, die von Gefühlen des Verlustes, der Einsamkeit und der sozialen Isolation geprägt sind. Zwei der bedeutendsten Beijinger Künstler, die diese Periode des „zynischen Realismus" repräsentieren, waren Yue Minjun und Fang Lijun.

Eine weitere Reaktion auf die Ereignisse von 1989 waren Experimente im Stil der amerikanischen Pop-Art. Unter dem Einfluss von Warhol benützten einige Künstler Symbole des sozialistischen Realismus und verwandelten sie in kitschige visuelle Kommentare. Mao-Bilder wurden vor einen geblümten Hintergrund montiert, und die Gemälde von rotwangigen Bauern und Soldaten wurden mit Werbung für Canon-Kameras und Coca-Cola durchsetzt. Damit reagierten die Künstler nicht nur auf die Tragödie des Tiananmen-Massakers, sondern auch auf die zügellose Konsumwut, die das Land überschwemmte. Ein immer wiederkehrendes Thema in der Beijinger Kunst von den 1990er-Jahren bis heute sind Reaktionen auf die rasche Modernisierung Chinas.

In den 1990er-Jahren entzogen sich Künstler, die sich vom kulturellen Massengeschmack an den Rand gedrängt fühlten, der politischen Kontrolle, indem sie in Gemeinschaften zusammenlebten und ihre eigenen Ausstellungen in nichtoffiziellen Räumlichkeiten und außerhalb des Rahmens staatlicher Institutionen veranstalteten. Die meisten Künstler waren auf die finanzielle Unterstützung ausländischer Käufer angewiesen, um weiterarbeiten zu können. Trotz des politischen Drucks seitens der Behörden gelang es einigen Künstlern, mit ihren Werken internationale Aufmerksamkeit zu gewinnen, was das weltweite Interesse für zeitgenössische chinesische Kunst aufkeimen ließ. Ein wichtiger Moment für die Künstler kam 1999, als erstmals 20 chinesische Künstler zur Teilnahme an der Biennale in Venedig eingeladen wurden.

Durch die zwanghafte Konzentration der chinesischen Kunst auf die zeitgenössischen sozioökonomischen Gegebenheiten ist ein Großteil der kreativen Leistungen dieser Zeit provinziell und vorhersehbar, in den letzten Jahren zeigten sich jedoch allgemeinere Themen, und das Kunstklima in Beijing hat sich deutlich verändert. Viele Künstler, die China in den 1990er-Jahren verlassen hatten, sind mittlerweile zurückgekehrt und haben private Ateliers und Galerien eröffnet. Zwar gibt es weiterhin Zensur, die Künstler sind aber vielseitiger geworden und ihre

Yue Minjuns grotesk „lachende" Porträts von sich und seinen Freunden, die eine gewisse Langeweile und unechte Fröhlichkeit vermitteln sollen, sind vielleicht die Bilder der zeitgenössischen chinesischen Kunst mit dem höchsten Wiedererkennungswert. Yue ist heute ein international bekannter Künstler, dessen Bilder Rekordpreise von 1 Million US-Dollar und mehr erzielen.

ZENSURFREUDIG

Bei einem Bummel durch die nachdenklich stimmenden, gelegentlich umstrittenen Galerien im 798 Art District oder das weniger kommerzielle Gegenstück in Caochangdi könnte der eine oder andere Besucher sich fragen, was der ganze Wirbel um die Freiheit des Ausdrucks und die Zensur in China eigentlich soll. Zumindest oberflächlich betrachtet scheinen die Künstler heute mehr Freiheit zu genießen, als dies nach 1949 und dem Beginn der kommunistischen Herrschaft je der Fall war.

Der Schein könnte, wie auch die Kunst selbst, jedoch trügen. Zwar mag es sein, dass Maler relativ wenig Kontrolle unterliegen, da die KP vernünftigerweise erkannt hat, dass noch nie ein Gemälde zu einer Revolution inspiriert hat (es ist auch kein Zufall, dass die neue Freiheit gerade die bildenden Künste zur bei Weitem lebendigsten schöpferischen Branche Chinas hat werden lassen), dies gilt für andere Medien aber nicht. Film, Fernsehen und vor allem Literatur werden weiterhin scharf kontrolliert, und es gibt strenge Beschränkungen dafür, was gesagt werden darf und was nicht. Werden diese Beschränkungen nicht eingehalten, führt dies nicht mehr zu einer Gefängnisstrafe wie bei politischen Dissidenten, sondern zu einem oft mehrjährigen Verbot, Filme zu drehen oder Bücher zu veröffentlichen.

Schlimmer als die offizielle Zensur ist die Tatsache, dass sich aufgrund des über 60 Jahre alten erzwungenen Grundsatzes, dass Kunst die KP-Zensoren zufriedenstellen muss, eine Kultur der Selbstzensur entwickelt hat. Viele Künstler halten sich bewusst oder unbewusst zurück, etwas zu tun, was die Regierung verärgern könnte. Diese Selbstunterdrückung beruht teilweise auf der Tatsache, dass den Kindern in der Schule die Weltsicht der kommunistischen Partei eingetrichtert wird und dass das chinesische Bildungssystem noch immer vom Auswendiglernen beherrscht wird. Dies ist alles denkbar schlecht dazu geeignet, Kreativität, selbstständiges Denken und schöpferische Kritik zu fördern. Bevor sich das nicht ändert, wird der Kunsthimmel in China deutlich tiefer hängen, als er sollte.

Themen verlassen den Dunstkreis politischer Inhalte und typisch chinesischer Belange. Beijing ist mit seiner Unmenge privater und staatlich geführter Galerien ein fantastischer Zeuge für die Veränderungen der chinesischen Gegenwartskunst. Während in der Hauptstadt auch noch traditionelle chinesische Kunst gepflegt wird, hat sie sich auf die Kunstströmungen eingelassen, die den Globus überschwemmen. Während es früher überwiegend ausländische Käufer waren, die den boomenden Kunstmarkt vorantrieben, sind es heute zunehmend neureiche Einheimische, die Kunst kaufen.

Heute ist in Beijing eine quirlige Künstlergemeinschaft zu Hause, die eine bunte Mischung von Kunstformen praktiziert, von der Performance-Art über Fotografie, Installationen und Videokunst bis hin zum Film, wobei die Malerei das bei Weitem beliebteste Medium der Bildenden Künste bleibt. Beijings Künstler messen sich bei internationalen Kunstevents, häufig finden Gemeinschaftsausstellungen mit europäischen und nordamerikanischen Künstlern statt. Gleichzeitig strömten zahlreiche westliche Künstler in einer Art *entente cordiale* nach Beijing.

Die Hauptstadt ist Gastgeber mehrerer Kunstfestivals, wie dem Dashanzi International Arts Festival (jedes Jahr im Frühling), dem SURGE Art Beijing im Mai und der Beijing Biennale (www.biennialfoundation.org), die alle zwei Jahre im September/Oktober stattfindet und Künstler, Händler und Kunstkritiker aus aller Welt anlockt.

Musik

Bei der Pop- und Rockmusik war China eindeutig ein Spätzünder. Als Elvis und John Lennon gestorben waren und Punk dem New Wave der 80er-Jahre Platz gemacht hatte, klopfte man in Beijing noch immer mit dem Fuß den Takt zu „Der Osten ist rot“. Die Musik war wie alle anderen Kunstrichtungen während der Kulturrevolution ruhiggestellt worden, als China durch seine selbstauferlegte Isolation die kreativen Verbindungen zur Außenwelt gekappt hatte.

Ein junger, klassisch ausgebildeter Trompeter namens Cui Jian veränderte schließlich alles. Mitte der 1980er-Jahre tauschte Cui seine Trompete gegen eine Gitarre, gründete eine Band und hatte sich im Jahr 1989 bereits einen Namen gemacht, auf den man setzen konnte. Aber erst als sein Song „Nothing To My Name“ („yi wo suo you“), mit rauer Stimme vorgetragen und mit einem Text, in dem von Einsamkeit und Entfremdung die Rede war, zur Hymne der Tiananmen-Proteste im Jahr 1989 wurde, erhielt die chinesische Musikszene den entscheidenden Anstoß.

Seit diesen frühen Tagen ist Beijing Chinas Mekka der Rockmusik. Auch wenn die breite Masse weiterhin die zuckersüßen Produkte des Mainstream-Cantopop und Mandopop vorziehen mag, hat sich die Hauptstadt zur Heimat eines Potpourris verschiedener Bands entwickelt, die ihre akustische Inspiration in Punk und Indie, Blues, Heavy Metal, Jazz und Electronica finden.

Meist sind sie in einer Grauzone tätig. Nur wenige einheimische Bands haben Plattenverträge oder sind in der Lage, mit CDs oder Musik, die im Internet zum Download angeboten wird, Geld zu verdienen. Die chinesische Musikindustrie leidet generell unter der Piraterie – kaum ein junger Chinese würde es je in Erwägung ziehen, Musik tatsächlich zu kaufen. Der Vorteil für Besucher ist, dass die Bands für ihren Lebensunterhalt darauf angewiesen sind aufzutreten, sodass in Beijing praktisch jeden Abend irgendwo irgendeine Band spielt.

Der Musikszene haftet weitgehend ein inzestuöser Beigeschmack an, häufig arbeiten Bands zusammen, und die Musiker wechseln öfter von

Zu den traditionellen chinesischen Musikinstrumenten gehören die zweisaitige Fiedel *(erhu)* – bekannt für ihren klagenden Ton –, das ebenfalls zweisaitige, tiefer gestimmte Streichinstrument *(huqin)*, die Bambusflöte *(dongxiao)*, die Querflöte *(dizi)*, die viersaitige Laute *(pipa)* und die chinesische Zither *(zheng)*. Wer gerne traditionelle Musik hören möchte, besucht am besten eine Vorführung im Teehaus Lao She in der Nähe des Tiananmen-Platzes im Südteil von Xicheng.

Gruppe zu Gruppe. Zu den beliebtesten und beständigsten Bands gehören die von Post-Punk und New Wave beeinflussten Bands Re-TROS sowie die Noise-Pop-Trios Hedgehog und Snapline. Man hört aber durchaus auch Reggae-Riffs, Rockabilly, Ska, Hardrock im Stil der 1970er-Jahre sowie jede Menge einheimische Folk-Styles. Jazz war in China ebenfalls immer beliebt, ein Erbe des ausländischen Einflusses in Shanghai vor 1949.

Hip-Hop steckt noch in den Kinderschuhen, China hat sich jedoch die elektronische Musik in all ihren Facetten zu eigen gemacht. Clubgänger können an den meisten Wochenenden zu House-Music, Drum'n'Bass, Techno und Trance abtanzen. Der gefeierte lokale DJ ist Mickey Zhang; seinem Namen begegnet man überall in der Stadt auf Handzetteln. Infos zu bevorstehenden Auftritten und Clubabenden sind in den örtlichen Veranstaltungsmagazinen zu finden.

Für Freunde klassischer Musik und Opernliebhaber sowie für Anhänger des klassischen chinesischen Tanzes ist das National Centre for the Performing Arts das Zentrum aller Aktivitäten, es gibt in der Stadt verteilt jedoch auch weitere Veranstaltungsorte. Das Beijinger Musikfestival (www.bmf.org.cn), das im Oktober und November an jeweils rund 30 Tagen stattfindet, bietet Oper, Jazz und Klassik aus aller Welt. Regelmäßig und in zunehmender Zahl gastieren in der Stadt Orchester und Opernensembles.

Musikfestivals setzen sich in China verstärkt durch. In und um Beijing sind das Midi Music Festival und Strawberry die beiden bestorganisierten Festivals, bei denen einheimische und internationale Künstler auftreten.

Pekingoper

Die Pekingoper (auch bekannt als Beijingoper) gilt noch immer als die *crème de la crème* aller chinesischen Opernstile und war schon immer die Oper für die Massen. Intrigen, Katastrophen und Rebellion sind beliebte Themen, viele Libretti beziehen sich auf Märchen, Standardfiguren und Legenden der klassischen Literatur.

Musik, Gesang und Kostüme der Pekingoper sind das Produkt ihres Ursprungs. Früher wurde die Oper im Freien auf Märkten, in den Straßen, Teehäusern oder Tempelhöfen aufgeführt. Das Orchester musste in großer Lautstärke spielen, und die Darsteller entwickelten eine recht schrille Gesangstechnik, um die Geräuschkulisse der Menschenmenge zu übertönen. Die Kostüme waren eine knallbunte Sammlung in kontrastierenden Farben, da die Bühnen ursprünglich nur durch Öllampen erhellt wurden.

Die Bewegungen und Tanzstile der heutigen Oper ähneln noch immer denen während der Tang-Dynastie (618–907). Opernensembles aus der Provinz hatten ihren typischen Dialekt und Gesangsstil, als sie jedoch nach Beijing kamen, führten sie einen speziellen Stil des Musiktheaters ein, der als *kunqu* bekannt ist. Diese Form entwickelte sich während der Ming-Dynastie zusammen mit einer beliebteren Art von Schauspielstücken, die auf Legenden, historischen Ereignissen und populären Geschichten beruhten. Aus diesen Stilrichtungen bildete sich Ende des 18. und Anfang des 19. Jhs. der Opernstil heraus, den man heute zu sehen bekommt.

Die Musiker sitzen in der Regel auf der Bühne, sie sind nicht kostümiert und spielen ohne Noten. Die zweisaitige tiefe *erhu,* ein Streichinstrument (eine Art Fiedel), begleitet mit ihrem weichen Klang die ebenfalls zweisaitige, höher gestimmte *huqin*. Die *yueqin,* eine viersaitige Mondgitarre, hat einen weichen Klang und wird zur Unterstützung der *erhu* eingesetzt. Weitere Instrumente sind die *sheng* (eine Mundorgel) und die *pipa* (Laute) sowie Trommeln, Glocken und Becken. Last but not least ist noch das *ban* zu nennen, eine Holzklapper, die praktisch das Orchester dirigiert, den Takt für die Schauspieler schlägt und ihnen die Einsätze gibt.

Der unbestrittene König der Pekingoper war Mei Lanfang. Mei, der 1961 starb, spielte nur Frauenrollen und machte die Welt im Rahmen von Auslandstourneen mit Chinas berühmtester Kunstform vertraut. Heute schmückt sein Name eines von Beijings besten Theatern, sein früherer Wohnhof wurde in ein Museum umfunktioniert.

Es werden nur wenige Requisiten eingesetzt; jede Bewegung, jede Geste und jeder Gesichtsausdruck haben daher Symbolgehalt. Eine Peitsche mit Seidenquasten zeigt an, dass der Schauspieler reitet und wenn er einen Fuß hebt, bedeutet dies, dass er durch eine Tür geht.

Neben Gesang und Instrumentalmusik gehören zu einer Oper auch Akrobatik und Pantomime. Die Sprache ist häufig archaisches Chinesisch, und die Musik ist ohrenbetäubend (am besten etwas Watte für die Ohren mitnehmen), Kostüme und Maske sind aber einfach großartig. Besonders eindrucksvoll sind schnelle Kampfszenen – insbesondere die weiblichen Kämpfer sind ausgebildete Akrobaten, die beim Angriff atemberaubende Sprünge, Drehungen und Saltos vollführen.

Wer sich nach einer Stunde langweilt, kann sich über die Eskapaden des Publikums amüsieren – einige spucken auf den Boden, andere essen einen Apfel, hängen am Transistorradio (vielleicht ein wichtiges Sportereignis?) oder schlürfen laut ihren Tee. Das ist lebhafte Publikumsunterhaltung, die eines Kaisers würdig wäre. Bei vielen Theatern in der Stadt steht die Pekingoper auf dem Programm.

Kino

Kino gibt es in China seit dem Jahr 1896, als ein Spanier im Garten eines Teehauses in Shanghai die Menschen mit einem Filmprojektor verblüffte. Zwar sorgte Shanghais kosmopolitischer Geschmack dafür, dass sich die Stadt zur Hauptstadt der chinesischen Filmindustrie vor 1949 etablierte, Chinas erster Film jedoch – *Conquering Jun Mountain* (ein Auszug aus einer Pekingoper) – wurde im Jahr 1905 in Beijing gedreht.

Mit Chinas Filmgeschäft ging es nach 1949 wie mit allen Kunstrichtungen in den Keller, besonders in den dunklen Tagen der Kulturrevolution (1966–1976) versiegte jegliche Kreativität. Während die Filmindustrie in Taiwan und Hongkong weiterhin blühte, hatte Chinas Filmgeschäft politische Programme zu erfüllen und die Produktion auf die Verherrlichung der Kommunistischen Partei auszurichten. Chinas Filmindustrie befindet sich noch in der Erholungsphase: Das Verfilmen von Tabuthemen ist für Regisseure noch immer ein Eiertanz, stets droht die Kritik der Behörden. Zeitgenössische chinesische TV-Produktionen wirken überwiegend hölzern und unecht. Häufig handelt es sich um Kostümfilme, die in lange zurückliegenden und politisch sicheren dynastischen Zeiten spielen.

Das Publikum im Westen sorgte in den 1980er- und 1990er-Jahren für ein neues goldenes Zeitalter des chinesischen Films, als die breite Palette an üppig ausgestatteten Tragödien von Filmregisseuren der Fünften Generation, wie Chen Kaige und Zhang Yimou, den richtigen Nerv trafen. Üppige Filme wie *Die rote Laterne* (Zhang Yimou, 1991) und *Lebewohl meine Konkubine* (Chen Kaige, 1993) wurden hochgelobt und mit mehreren Filmpreisen ausgezeichnet, sie führten zu einer Neudefinition des chinesischen Kinofilms. Diese Filme verströmten eine Schönheit, die Kinogänger im Westen bezauberte und ihre Regisseure zu den Lieblingen in Cannes und bei anderen internationalen Filmfestivals werden ließ. Da viele Filme der frühen Fünften Generation im Heimatland verboten wurden, hatten nur wenige chinesische Kinogänger Gelegenheit, ihre Kunst zu bewundern.

Die Filmregisseure der Sechsten Generation mieden kollektiv die erlesene Schönheit der Filme der Fünften Generation und fuhren den entgegengesetzten Kurs: Sie zeigten in ihren Filmen die Existenzangst und Härte des Lebens in modernen chinesischen Städten. Ihre unabhängigen Low-Budget-Filme, die häufig ohne offizielle Genehmigung gedreht wurden, gaben der Filmproduktion des chinesischen Festlands eine völlig andere Ausrichtung. Zhang Yuan gab dabei den Ton an mit seinem Film *Mama* (1990), einem schönen, aber verstörenden Film über eine Mutter und ihr autistisches Kind. Dieser im Low-Key-Stil gedrehte Film, der ohne staatliche Zuschüsse auskommen musste, hatte starken Einfluss auf andere Filmemacher.

DIE BESTEN FILME ÜBER BEIJING

- *In the Heat of the Sun* (1994) Der Film nach einem Roman von Wang Shuo ist eine fantastische, traumähnliche und äußerst atmosphärische Erzählung über Beijings verwahrloste Jugend während der letzten Tage der Kulturrevolution.
- *Der letzte Kaiser* (1987) Bernardo Bertoluccis gefeierter (sieben Oscars, darunter für den besten Regisseur, die besten Kostüme und die beste Kameraführung) und extravaganter Monumentalfilm über das Leben von Puyi, von seiner Thronbesteigung bis zum anschließenden Zerfall der dynastischen Periode Chinas.
- *Summer Palace* (2006) Ungewöhnlich eindeutige Darstellung der intensiven Liebesaffäre zwischen zwei Studenten vor dem Hintergrund der Ereignisse am Tiananmen-Platz. Der Filmregisseur Lou Ye handelte sich mit diesem Film ein fünfjähriges Berufsverbot ein.
- *Lebewohl meine Konkubine* (1993) Chen Kaiges Film, ein dramatischer Gang durch die chinesische Geschichte des 20. Jhs. Von den 1920er-Jahren bis zur Kulturrevolution wird ausführlich und überwältigend die Geschichte von zwei Freunden erzählt, die die Pekingoper-Schule besucht haben, eingerahmt von den sozialen und politischen Turbulenzen dieser Zeit.
- *Cell Phone* (2003) Feng Xiaogangs spaßigster Film, eine köstliche Satire über Beijings aufstrebende Mittelklasse. Im Mittelpunkt stehen die außerehelichen Affären zweier Männer.
- *Lost in Beijing* (2007) Der Film der führenden chinesischen Filmregisseurin Lu Yi wurde in China verboten. Er verfolgt die Dreierbeziehung zwischen einer jungen Arbeiterin in einem Massagesalon, ihrem Chef und dessen Frau vor dem Hintergrund eines sich rasch wandelnden Beijings.
- *Fahrraddiebe in Beijing* (2001) Wang Xiaoshuais Film, der die üppigen Farben der Filmregisseure der Fünften Generation meidet und ein realistischeres Bild von Beijing mit der Kamera einfängt, begleitet den jungen und glücklosen Kurier Fuo bei der Suche nach seinem gestohlenen Mountainbike.
- *The Gate of Heavenly Peace* (1995) Richard Gordons und Carma Hintons bewegende dreistündige Hommage an die Studentenbewegung und deren Niederschlagung unter Verwendung von Originalfilmmaterial aus den sechs Wochen vor dem Tiananmen-Massaker ist ein „Must-see".
- *The World* (2005) Jia Zhangkes gesellschaftskritische Reportage über die Auswirkungen der Globalisierung spielt in einem Beijinger Freizeitpark, dem World Park, wo Arbeiter und Besucher zwischen den Nachbauten von Denkmälern aus aller Welt leben und arbeiten.
- *Cala, My Dog!* (2003) Lu Xuechangs schlitzohrige und subtile Komödie über einen Beijinger Fabrikarbeiter und Spielsüchtigen, der versucht, das Geld für die offizielle Anmeldung des geliebten Familienhundes aufzutreiben, während er mit seiner eifersüchtigen Frau und seinem Sohn, einem launischen Teenager, fertigwerden muss.
- *Beijing Love Story* (2014) Die bekannsteste romantische Komödie der Welle, die aktuell über Chinas Kinos schwappt, folgt den turbulenten Beziehungskisten von fünf Paaren.

Zu den bemerkenswerten Filmregisseuren der Sechsten Generation gehören außerdem Wang Xiaoshuai, dessen Film *Fahrraddiebe in Beijing* (2001) die Geschichte eines Beijinger Jugendlichen erzählt, der sich auf der Suche nach seinem gestohlenen Fahrrad befindet, das er für seinen Job braucht, und Lou Ye, dessen traumähnlicher Neo-Noir-Stil in Filmen wie *Suzhou River* (2000) und *Summer Palace* (2006) zum Einsatz kam und ihn von seinen härteren Zeitgenossen abgrenzt.

Chinas bekanntester Filmemacher, Zhang Yimou, adaptierte *Leben* 1994 für die Leinwand. Es ist sein Meisterwerk, in dem sich Gong Li als Chinas bedeutendste Schauspielerin bestätigen konnte. Der Film ist in China jedoch verboten und erzürnte die Behörden so sehr, dass Zhang zwei Jahre lang Berufsverbot erhielt.

Der talentierteste Filmemacher der 1990er-Jahre ist jedoch Jia Zhangke. Sein Debütfilm *Pickpocket* (1997) ist ein bemerkenswertes Porträt eines Kleinkriminellen in einer trostlosen Provinzstadt, während sein nächster Film *Platform* (2000) die höchst ambitionierte Geschichte eines sich wandelnden Chinas darstellt, erzählt anhand der Geschichte einer Musikgruppe, die sich von einer staatlich geförderten Gruppe, die patriotische Lieder zum Besten gibt, in eine Pop-Band verwandelt. Nachfolgende Filme wie *Still Life* (2006), *24 City* (2008) und *A Touch of Sin* (2013) sind reifere Werke, die Gutes für die Zukunft verheißen, auch wenn viele seiner Werke wie bei vielen Filmregisseuren der Sechsten Generation in chinesischen Kinos nie zu sehen waren.

Während sich die Sechste Generation auf Chinas Schattenseite konzentrierte, wählen immer mehr Regisseure die entgegengesetzte Richtung und produzieren ungeniert kommerzielle Filme. Der gebürtige Beijinger Feng Xiaogang ist der bekannteste von ihnen, seine intelligenten Komödien, wie *Cellphone* (2003), *If You Were the One* (2008) und *Personal Tailor* (2013), haben ihn zu Chinas Filmregisseur werden lassen, dessen Filme das meiste Geld einspielen. Ihm folgt Ning Hao, dessen Kriminalkomödien *Crazy Stone* (2006) und *Crazy Racer* (2009) sowie sein Western im Chinese Style, *No Man's Land* (2013), ebenfalls Kassenschlager in den heimischen Kinos wurden.

Eine unsichere Zukunft

Der Optimismus, der den Aufstieg der Fünften und Sechsten Generation begleitete, hat in den letzten paar Jahren nachgelassen. Kinobesuche waren in China schon immer ein Zeitvertreib der Mittelklasse bei Eintrittspreisen, die für die meisten Durchschnittsverdiener zu hoch sind, hinzu kommt eine DVD-Filmpiraterie in industriellem Maßstab, die die Zahl potenzieller Kinogänger weiter reduziert. Seit inzwischen in China immer mehr Hollywoodproduktionen gezeigt werden, entdeckt die einheimische Filmindustrie, wie bereits zuvor andere Filmindustrien in aller Welt, dass es äußerst schwierig ist, mit Blockbustern zu konkurrieren, die mit Weltstars auftrumpfen können.

Heute verfügen nur wenige Filmregisseure über nennenswerte Budgets, um in China Filme zu drehen, abgesehen von denen, die von einheimischen oder ausländischen Investoren unterstützt werden, wie bei Zhang Yimou und Chen Kaige oder die als todsicherer Tipp gelten, wie Feng Xiaogang. Dabei flimmern vermehrt historische Dramen und anspruchslose Komödien über die Kinoleinwände. Es besteht tatsächlich die Gefahr, dass die chinesische Filmindustrie in der Bedeutungslosigkeit versinkt angesichts des Drucks aus Hollywood und der Gleichgültigkeit des Publikums, das sich nicht mehr mit Themen zufriedengeben will, die von der Parteizensur abgenickt werden.

Eine gute Gelegenheit, Filme etablierter und aufstrebender Filmregisseure zu sehen, bietet das Beijing Student Film Festival, eine 20-tägige Veranstaltung, die jedes Jahr im April stattfindet. An verschiedenen Orten in der Stadt werden Filme gezeigt – die Anfangszeiten können den Veranstaltungsblättern entnommen werden.

Architektur

Ob die erhabene Halle des Erntegebets im Himmelstempelpark oder das außergewöhnliche CCTV-Gebäude – Beijings Architektur, die das sich stets wandelnde Stadtbild so stark prägt, begeistert Besucher jeder Generation. Innerhalb weniger Minuten kann man aus einem alten *hutong* (enge Gasse) hinter der purpurroten Verbotenen Stadt vorbei und entlang der todlangweiligen Großen Halle des Volkes marschieren und findet sich vor dem gewaltigen, glänzenden, futuristisch wirkenden National Centre for the Performing Arts wieder. Diese Strecke umspannt mindestens sechs Jahrhunderte Architekturgeschichte und verdeutlicht, dass Beijings Bauwerke so unverkennbar für die Hauptstadt stehen wie das Aroma der Pekingente.

Traditionelle Architektur

Das älteste erhaltene Bauwerk auf dem Stadtgebiet von Beijing ist die Große Mauer. Zwar stammen ihre Ursprünge aus dem 3. Jh. v. Chr., das meiste, was man heute sieht, ist jedoch das Werk von Ingenieuren der Ming-Dynastie (1368–1644), während die touristischen Teilstücke im Lauf der rund 30 letzten Jahre weitgehend neu gebaut wurden.

Beijing, wie wir es heute kennen, geht zwar auf die Yuan-Dynastie (1271–1368) zurück, beinahe alles an traditioneller Architektur in der Hauptstadt ist jedoch das Erbe der Ming- und der Qing-Dynastien (1368–1911), wobei die meisten Bauwerke der Ming-Zeit während der Qing-Dynastie neu gebaut wurden. Hier und da blieben noch einige seltene Fragmente aus der Mongolenzeit erhalten.

Zu den herausragenden Bauten der frühen Dynastien gehören die herrliche Verbotene Stadt (der größte architektonische Komplex in ganz China auf 72 ha), der Sommerpalast sowie die verbliebenen *hutongs* und Wohnhöfe im Stadtzentrum. Schöne Beispiele älterer Tempelarchitektur findet man darüber hinaus an Orten wie dem Himmelstempelpark, dem Beihai-Park und, weiter außerhalb, dem Tempel Tanzhe.

Die Mehrzahl der historischen Bauwerke stammt jedoch aus der Qing-Dynastie (1664–1911) und späterer Zeit. Aus der Zeit der Ming-Dynastie ist nur wenig erhalten, wobei die Anlage der Stadt auf diese Zeit zurückgeht. Die alten Bauwerke wurden aus Holz und Papier errichtet, daher war Feuer eine ständig drohende Gefahr. In der Verbotenen Stadt stehen viele riesige Wasserbehälter aus Bronze, um im Falle eines Brandes die Flammen zu löschen, welche die Hallen im Handumdrehen in rauchende Aschehaufen verwandeln konnten. Da man kein dauerhaftes Baumaterial verwendete, waren auch Gebäude, die vom Feuer verschont blieben, nicht für die Ewigkeit gebaut.

Trautes Heim, Glück allein

Im historischen Beijing waren die meisten Wohnhäuser *siheyuan*, das waren Häuser, die an vier Seiten einen Hof umschlossen. Die Häuser waren exakt ausgerichtet – Nord- und Südhaus standen sich direkt gegenüber, genau wie Ost- und Westhaus. Solche Wohnhöfe

BEIJINGS INTERESSANTESTE GEBÄUDE

➡ **CCTV-Gebäude** Das futuristische Bauwerk, ein Entwurf von Rem Koolhaas und Ole Scheeren, hat die Form einer Endlosschleife, die der Schwerkraft zu trotzen scheint.

➡ **Nationales Zentrum der Darstellenden Künste** Beijings meistgeliebtes und meistgehasstes Bauwerk – eine Kreation von Paul Andreu – ist entweder ein Meisterwerk oder ein Schandfleck. Jeder möge selbst entscheiden.

➡ **Verbotene Stadt** Chinas unvergleichlich majestätischer Kaiserpalast.

➡ **Halle des Erntegebets** Das Nonplusultra an Design der Ming-Dynastie, eine echte Augenweide.

➡ **Hauptstadtmuseum** Innovatives Beispiel für modernes chinesisches Museumsdesign.

➡ **Gesandtschaftsviertel** Eines der zu wenigen Beispiele für eine durchdachte und geschmackvolle Restaurierung.

➡ **Große Halle des Volkes** Das sowjetisch inspirierte Monster im Stil des sozialistischen Realismus, das während des Großen Sprungs nach vorn errichtet wurde, würde besser nach Pyöngyang passen.

➡ **National Stadium** Mag auch die Erinnerung an die Olympiade 2008 bereits verblasst sein, behält dieses verzwickte Geflecht aus Stahl, bei den Beijinger als „Vogelnest" bekannt, weiterhin seinen Kultcharakter.

➡ **Galaxy Soho** Kurvig und umstritten – dieser sexy, spacige Firmen- und Geschäftskomplex wurde direkt neben einen buddhistischen Tempel aus dem 15. Jh. gepflanzt.

findet man noch innerhalb der 2. Ringstraße. Viele von ihnen sind zwar verschwunden, eine zunehmende Anzahl wird jedoch zu Hotels umfunktioniert.

Die Chinesen hielten beim Bau ihrer Häuser traditionell einen bestimmten Grundriss ein. Häuser der Oberschicht sowie Palast- und Tempelanlagen wurden von einer Außenmauer umgeben und nach einer Nord-Süd-Achse ausgerichtet. Die Gebäude hatten ein Eingangstor und eine Geistermauer zur Abwehr von Geistern. Hinter den Eingangstoren zu Palästen und Wohngebäuden lag eine öffentliche Halle, hinter dieser befanden sich die privaten Wohnräume um einen Innenhof mit Garten. Bei den Anlagen der Oberschicht und der kaiserlichen Familie stellte dieser Gartenbereich ein komplettes „Erholungsgelände" im Kleinformat dar und verfügte über Gärten, Pavillons, Pagoden, Teiche und Brücken.

Am besten lässt sich im Beijinger Museum für Alte Architektur entdecken, wie die Ming- und die Qing-Dynastie die Stadt gebaut haben. Hier gibt es auch ein großes maßstabgetreues Modell der alten Kaiserstadt, und man sieht, wie die Wohnhöfe in den *hutongs* gebaut waren.

Sakrale Architektur

Die heute zu beobachtende Renaissance der Religiosität inspiriert mehr und mehr Chinesen zum Gebet, sodass Beijings Tempel und Schreine zunehmend zu gut besuchten Orte der Kultausübung werden (dennoch muss niemand erwarten, hier von religiösem Eifer umgehauen zu werden – noch immer herrscht der Atheismus vor). Zweifellos zählen die zahlreichen unterschiedlichen Tempel zu den schönsten Bauten in der Stadt.

Buddhistische, taoistische und konfuzianische Tempel wirken sehr komplex, ihre Anlage und die Abfolge der Gottheiten halten in der Regel jedoch recht strenge Muster ein. Die Tempel liegen nahezu immer auf einer Nord-Süd-Achse mit einer Reihe von Hallen, deren Haupteingang jeweils nach Süden blickt, wie dies auch bei Wohnhöfen und den Hallen der Verbotenen Stadt der Fall ist.

Chinesische Tempel unterscheiden sich durch ihren offenen Grundriss und die Abfolge von Hallen deutlich von christlichen Kirchen. Die

Gebäude lassen eine Hierarchie erkennen und sind von luftigen Höfen unterbrochen. Wind und Wetter prägen die leeren Räume, sodass sich die Atmosphäre des Tempels je nach Klima verändert. Die Anlage unter freiem Himmel lässt auch das *qi* (Fluss der universalen oder Lebensenergie) zirkulieren, vertreibt verbrauchte Luft und erlaubt das großzügige Verbrennen von Weihrauch.

Seit der Qing-Dynastie sind viele Beijinger Tempel, wie der Große Buddha-Tempel, an den in der Straße Dafosi Dongjie erinnert wird, verschwunden. Andere sind dabei zu verschwinden, wie der kleine Tempel Guanyin in der Nähe der Dazhalan Xijie, oder bleiben geschlossen, wie der taoistische Tempel Guangfuguan.

Viele Tempel wurden restauriert und erfüllen wieder ihren ursprünglichen Zweck, andere hingegen werden weiterhin als Wohnhäuser oder wie der Tempel Dagaoxua von der Armee genutzt. Einige wurden zu Büros umfunktioniert (Tempel Bailin), während der alte Tempel Songzhuyuan eine neue Bestimmung als Trendrestaurant gefunden hat.

Buddhistische Tempel

Es gibt natürlich bedeutende Ausnahmen, bei den meisten buddhistischen Tempeln ist die Anlage jedoch vorhersehbar. Die erste Halle ist häufig die Halle der Himmlischen Könige (Tianwang Dian). Hier befindet sich die Sitzstatue des lächelnden dicken Bodhisattva Maitreya (Milefo), auch bekannt als der Mönch mit dem Bettelsack oder als der Lachende Buddha. Er wird eingerahmt von den grimmigen Vier Himmlischen Königen.

Es folgt der erste Hof, in dem häufig der Trommel- und der Glockenturm stehen – falls der Tempel groß genug ist – und sich rauchende Kohlepfannen befinden, auf die man den Weihrauch zum Abbrennen legen kann. Die größte Halle heißt in der Regel Große Schatzhalle (Daxiong Baodian), dort entdeckt man häufig eine Trinität goldener Statuen, die den historischen, den gegenwärtigen und den zukünftigen Buddha darstellen. Häufig findet man auf beiden Seitenwänden zwei Reihen mit neun *luohan* (Buddhisten, vor allem Mönche, die erleuchtet wurden und bei ihrem Tod ins Nirwana eingegangen sind). In anderen Tempeln tauchen 500 dieser *luohan* in einer gesonderten Halle auf. Ein Beispiel dafür ist im Tempel der Azurblauen Wolken im Park des Duftbergs zu sehen.

Eine Statue der Guanyin (Göttin der Barmherzigkeit) ruht häufig am Ende der Haupthalle Richtung Norden auf einem Fisch oder einer Felsnase. Manchmal wird die Göttin auch in einer eigenen Halle verehrt, und sie wird häufig vielarmig dargestellt. In der hinteren Halle werden gelegentlich Sutras (buddhistische Schriften) in einem Gebäude aufbewahrt, das als Halle zur Aufbewahrung der Schrift (Cangjinglou) bezeichnet wird.

Gelegentlich erhebt sich über der Haupthalle eine *ta* (Pagode), manchmal ist sie auch das letzte Überbleibsel eines verschwundenen Tempels. Pagoden dienten ursprünglich zur Aufbewahrung der sterblichen Überreste Buddhas und später weiterer buddhistischer Reliquien, aber sie beherbergen auch Sutras, religiöse Artefakte und Dokumente. Einige Pagoden sind noch zu besteigen und bieten von oben eine ausgezeichnete Aussicht, viele sind jedoch zu sehr einsturzgefährdet, weshalb der Zutritt verboten ist. Beijings erstaunlichste Sammlung von Pagoden ist am Tempel Tanzhe zu finden.

Taoistische Tempel

Nachdem der Taoismus zumindest in seinen Ursprüngen älter ist als der Buddhismus und aus einer ursprünglicheren Ära stammt, sind taoistische Schreine jenseitiger orientiert und vermitteln eher eine Atmosphäre von Aberglaube und Zauberei. Gleichwohl ähneln taoistische Tempel von ihrer Anlage her sehr den buddhistischen Tempeln.

Mit ziemlicher Sicherheit ist die Form des *bagua* (kreisförmige Anordnung von acht möglichen Kombinationen dreier paralleler Linien) in achteckigen Pavillons und Abbildungen zu entdecken. Ein weiteres häufiges Motiv ist das Taiji-Diagramm *yin–yang*. Bildnisse von Laotse (Jadekaiser) und weiteren Gestalten, die üblicherweise mit taoistischen Mythen assoziiert werden, wie die Acht Unsterblichen und der Gott des Wohlstands, sind ebenfalls häufig zu finden.

Die Eingänge taoistischer Tempel werden häufig von taoistischen Türgöttern bewacht, die den Wächtern buddhistischer Tempel ähneln. Die Haupthalle heißt in der Regel Halle der Drei Reinen (Sanqing Dian) und ist einem Triumvirat taoistischer Gottheiten geweiht.

Im Lauf der chinesischen Geschichte durchlief Chinas legendärste Gestalt eine ziemliche Achterbahn. Derzeit erfreut sich Konfuzius eines Aufschwungs mit seiner Vision von einer „harmonischen Gesellschaft", die heute von der KP befürwortet wird. Dies steht in deutlichem Kontrast zur Zeit der Kulturrevolution, als die Roten Garden seine Lehre als eine der „Vier Alten" hart verfolgten.

Konfuzianische Tempel

Beijings Konfuziustempel ist Chinas zweitgrößter nach dem Tempel in Qufu in Shandong, dem Geburtsort des Weisen.

Konfuzianische Tempel quellen über von Stelen zu Ehren lokaler Gelehrter, einige dieser Stelen stehen auf dem Rücken von *bixi* (mythologischen Drachen, die Ähnlichkeit mit Schildkröten haben). Üblicherweise steht in der Haupthalle eine Statue von Kongzi (Konfuzius), er überblickt Reihen von Musikinstrumenten und wird von Schülern eingerahmt. Häufig ist auch ein Fabelwesen zu sehen, das *qilin* (beispielsweise im Sommerpalast). Das *qilin* war eine tierische Mischform und tauchte auf der Erde nur in Zeiten der Harmonie auf.

Beijings Erneuerung

Wer das erste Mal nach Beijing kommt, wird die Stadt wahrscheinlich als eine kraftvolle und inspirierende Synthese aus Ost und West, aus Alt und Neu empfinden. Dennoch: Nach 1949 wurden die typischen Merkmale der Altstadt – eindrucksvolle, langsam zerfallende Stadtmauern, große einschüchternde Tore, ein lückenloses Architekturkonzept und das dominierende Symmetriegefühl – über Bord geworfen.

Viele (wie der Autor Wang Jun in *Story of a City*) behaupten, die historische Seele Beijings sei für immer und ewig ausgerottet worden. Es ist eine traurige Ironie des Schicksals, dass Beijing durch sein Bestreben, einer westlichen Stadt zu gleichen, sehr viel mehr seiner reichen historischen Architektur eingebüßt hat als Städte wie London, Paris oder Rom.

1949 erklärte Mao Zedong: „In Beijing sollten ganze Wälder von Fabrikschornsteinen wie die Pilze aus dem Boden schießen." Dabei ließ er sich von der alten vorhandenen Architektur nicht aufhalten. Als man 1969 dabei war, das mächtige Tor Xizhi Men dem Erdboden gleichzumachen, entdeckte man in dem neueren Mauerwerk das Heyi-Men-Tor aus der Zeit der Yuan-Dynastie und ließ es gleich mitverschwinden.

Bald nur noch eine Erinnerung?

Zwar wurde Beijing seit 1949 in jedem Jahrzehnt radikal verändert, die Bauwut legte aber besonders in den 1990er-Jahren an Tempo zu. Die dabei verfolgte Renovierungspolitik führte dazu, dass Tausende Wohnhäuser alten Stils und stalinistische Betonklötze aus den 1950er-Jahren niedergerissen und durch moderne Wohnblocks ersetzt wurden. Im folgenden Jahrzehnt schossen überall in der Stadt Büroblocks aus dem Boden und führten zu weiteren Abrissen.

In den 1990er-Jahren ging so viel von Beijings architektonischem Erbe verloren, dass der Stadt 2000 und 2001 die Aufnahme ins Weltkulturerbe verweigert wurde. Dies veranlasste die Regierung dazu, 40 Schutzzonen in den älteren Stadtteilen auszuweisen, um die verbliebenen Kulturerbebauten zu erhalten. Der UNESCO zufolge sind jedoch seit 2003 mehr als ein Drittel der 62 km² großen Fläche, die das Zentrum der Altstadt ausmachte, zerstört worden, und 580 000 Menschen wurden zwangsweise umgesiedelt.

Eine der am schlimmsten betroffenen Gegenden war das zentral gelegene Viertel Qianmen, wo einst Gelehrte und Opernsänger zu Hause waren. Denkmalschützer und Stadtbewohner hatten bei der Regierung Petitionen eingereicht, um einen Schutz des Viertels zu erreichen, aber selbst nachdem 2005 eine Resolution angenommen worden war, Beijings historische Bezirke zu erhalten, wurden viele Orte wie Qianmen mit der Begründung davon ausgeschlossen, dass der Abriss bereits zuvor genehmigt worden war. Straßenverbreiterungen haben eine Schneise in die Gegend geschlagen; Qianmen Dajie wurde in einem pseudohistorischen Stil restauriert, und es wird gemunkelt, der Bereich Dashilar gleich nebenan sei als Nächster an der Reihe.

Platz für Neues

Altes wird durch Neues ersetzt, und moderne Architektur wird ins Stadtbild integriert – allerdings geschieht dies seit 1949 offenbar oft bedenkenlos und unüberlegt. Das große Legendale Hotel an der Jinbao Lu ist die kitschige Interpretation eines Pariser Wohnblocks, der sonderbarerweise mitten in Beijing platziert wurde, während die vergitterte Glasfassade des hippen Hotels Kapok an der Donghuamen Dajie ein Schlag ins Gesicht für das biedere Jade Garden Hotel nebenan ist. Das umstrittenste Gebäude in Beijing dürfte jedoch, dank seiner unmittelbaren Nähe zur Verbotenen Stadt, das futuristische, kuppelartige Nationale Zentrum der Darstellenden Künste sein. Der kurvige, einem Raumschiff ähnelnde Komplex namens Galaxy Soho empörte vor Kurzem die Kulturschützer, als er in einem alten *hutong*-Viertel „aufsetzte", einen Block nördlich vom Tempel Zhihua aus dem 15. Jh.

Dieselben Aktivisten fürchten nun das Schlimmste für die Zukunft des an *hutongs* reichen Stadtviertels rund um Trommelturm und Glockenturm, das zum Zeitpunkt unserer Recherchen mitten in einer umfangreichen Sanierung steckte.

Das Tempo der Zerstörung hat sich zwar verlangsamt, abgerissen wird jedoch weiterhin. Im Januar 2012 wurde der Wohnhof von Liang Sicheng, der als Vater der modernen chinesischen Architektur gilt, plattgemacht, obgleich er als „Kulturrelikt" aufgelistet war. Paradoxerweise hatte Liang in den 1950er-Jahren eine Kampagne für den Erhalt des alten Beijing ins Leben gerufen.

Religion & Glaube

In China haben neue Ideen immer eine gewisse Brisanz besessen, und oft waren es Beijinger Köpfe, denen etwas einfiel: Der Boxeraufstand (1898–1900), die Proteste auf dem Tiananmen-Platz (1989) und die Falun-Gong-Bewegung in den 1990er-Jahren sind Beispiele dafür. Dennoch kehren die Chinesen heute, nach Jahrzehnten des von oben verordneten Atheismus, vermehrt zur Religion zurück.

David Aikmans *Jesus in Beijing: How Christianity is Transforming China and Changing the Global Balance of Power* (2003) sagt vorher, dass innerhalb der nächsten 30 Jahre beinahe ein Drittel der Chinesen zum Christentum übertreten wird.

Buddhismus

Obgleich der Buddhismus (佛教; *Fojiao*) nicht ursprünglich aus China stammt, ist es diese Religion, die am häufigsten mit China assoziiert wird. Viele Chinesen sind keine regelmäßigen Tempelgänger, interessieren sich jedoch für den Buddhismus.

Der Buddhismus kam etwa 50 n. Chr. aus Indien nach China in Form des Theravada-Buddhismus, der auf die Erleuchtung des Einzelnen durch persönliche Praxis beruht. Das entsprach der chinesischen Geisteshaltung wenig, die stark auf Gemeinschaft und Ahnenverehrung ausgerichtet war. Der damals eher unbedeutende Mahayana-Buddhismus konnte hier leicht Fuß fassen, da er die Erleutung aller zum Ziel hat. Dies geschieht durch die Verehrung von Bodhisattvas (菩萨, *pusa;* erleuchtete Wesen, die ihren Eintritt ins Nirvana verschieben, um anderen zu helfen).

Die Volksgruppen der Tibeter und Mongolen in China praktizieren eine Sonderform des Mahayana-Buddhismus, der als Tibetischer Buddhismus, Bodhisattvayana oder Lamaismus (喇嘛教, *Lamajiao*) bekannt ist – das Wort Lama bedeutet „Lehrer". Vielen dieser Lamas wird die Fähigkeit zur bewussten Wiedergeburt zugeschrieben. Dies gilt insbesondere für den Dalai Lama, das Oberhaupt der Gelug-Schule des Tibetischen Buddhismus, der bei allen Buddhisten weltweit hohes Ansehen genießt.

Taoismus

Falun Gong ist eine religionsartige Lebensphilosophie, die in den 1990er-Jahren so gut Fuß fasste, dass sie von den chinesischen Behörden als Kult eingestuft und in der Folge verboten wurde. Damals lag die Zahl der Anhänger zwischen 60 und 70 Mio.

Der Taoismus (道教; *Daojiao*), die ursprünglichste Philosophie und Religion Chinas – und vielleicht die am schwersten greifbare der Religionen im Land – ist der natürliche Kontrapunkt zur konfuzianischen Ordnung und Korrektheit.

Der Taoismus ist in China älter als der Buddhismus, und viele Elemente seiner religiösen Kultur knüpfen an einen entfernten Animismus und Schamanismus an. In seiner frühesten und einfachsten Form bezieht sich der Taoismus auf das *Tao Te Ching* (道德经; *Daode Jing, Der Klassiker vom Weg und seiner Kraft*), das etwa 500 v. Chr. von dem Philosophen Lao-tzu (老子; Laozi) verfasst wurde. Es ist ein Werk mit erstaunlichen Erkenntnissen und von erhabener Schönheit. Ohne ein gottähnliches Wesen oder eine Gottheit auskommend, befasst sich Lao-tzus Schrift stattdessen mit dem jenseits menschlicher Erkenntnis liegenden und unbeschreiblichen Prinzip des Universums, das er Tao (道; *Dao*) oder „der Weg" nennt.

TEMPELKUNDE

Alle chinesischen Tempel folgen demselben Grundmuster. Da bei ihrem Bau die Regeln des Feng-Shui sorgfältig beachtet werden, blicken sie nach Süden und sind auf einer Nord-Süd-Achse symmetrisch angelegt. Die wichtigsten Hallen befinden sich hinten. Man betritt sie von Süden her durch eindrucksvolle Tore, die sich auf einen Hof hin öffnen, der von einer Geisterwand geschützt wird. Unterscheiden lassen sich die verschiedenen chinesischen Tempel anhand ihres Inneren.

Konfuzianische Tempel

Konfuzianische Tempel widmen sich der Erinnerung an Konfuzius und den Philosophien des Konfuzianismus und sind unter den chinesischen Tempeln die, welche am wenigsten laut, bunt und lebhaft wirken. In ihren Innenhöfen stehen in der Regel viele Stelen (Steintafeln), die örtlichen Gelehrten gewidmet sind.

Beijings einziger Konfuziustempel ist der zweitgrößte in China.

Buddhistische Tempel

Buddhistische Tempel enthalten häufig dieselbe Kombination an Gottheiten. Zuerst kommt eine Halle mit riesigen bunten Statuen der böse blickenden Vier Himmelskönige. Es folgt eine Darstellung des pummeligen „Lachenden Buddha", der in Wirklichkeit kein Buddha, sondern ein erleuchteter Mönch ist. Es kann noch weitere Hallen mit weiteren Gottheiten geben, aber die Haupthalle enthält in der Regel drei riesige Buddhas nebeneinander: den Buddha der Vergangenheit, der Gegenwart und der Zukunft. Hinten findet man häufig die vielarmige Guanyin und an den Seiten der Haupthalle Statuen von *arhats* (erleuchtete Praktizierende des Buddhismus).

Der größte und bedeutendste buddhistische Tempel in Beijings Mitte ist der Tempel des Lamaklosters (S. 96), wobei auch der alte **Tempel Tanzhe** in den Bergen außerhalb des Stadtzentrums äußerst eindrucksvoll ist.

Taoistische Tempel

Taoistische Tempel sind tendenziell am buntesten und auffälligsten. Die Haupttore sind mit wild blickenden mythischen Helden bemalt, um böse Geister abzuschrecken. Die Hallen können beliebig viele verschiedene Gottheiten enthalten, darunter die vielarmige Guanyin. Zu den weiteren häufig vertretenen Gottheiten gehören die Acht Unsterblichen und die Drei Reinheiten, die als Gründer der Zivilisation gelten.

Zwei der größten und eindrucksvollsten taoistischen Tempel in Beijing sind der Tempel der Weißen Wolken (S. 137) und der Tempel Donguye (S. 159). In beiden finden zum Chinesischen Neujahrsfest faszinierende traditionelle Tempelmärkte (庙会; *miaohui*) statt.

Konfuzianismus

Der Konfuzianismus (儒教; *Rujiao*) basiert auf der Lehre von Konfuzius (孔子; *Kongzi*), einem Philosophen des 6. Jh. v. Chr. Das Hauptgewicht liegt auf fünf menschlichen Elementarbeziehungen: Vater-Sohn, Herrscher-Untertan, Mann-Frau, Alt-Jung, Freund-Freund. Konfuzius glaubte, würde jeder Einzelne seine ihm zugewiesene Rolle in der Gesellschaft ausfüllen, wäre die Ordnung der Gesellschaft sichergestellt.

Christentum

Das Christentum (基督教; *Jidujiao*) konnte in Beijing erst wirklich Fuß fassen, als im 16. Jh. die Jesuiten kamen. Zwar brachten sie nicht viele Menschen dazu, zum Christentum zu konvertieren, aber sie wurden beliebte Persönlichkeiten am Kaiserhof und halfen bei der Konstruktion astronomischer Instrumente, die noch heute im Alten Observatorium (S. 79) zu besichtigen sind. Beijings erste Kirche, die Südliche Kathedrale (S. 140; 1605), wurde auf dem Gelände erbaut, auf dem das Haus des italienischen Jesuitenpaters Matteo Ricci stand.

Während der Kulturrevolution dienten viele Tempel und Kirchen in Beijing als Lagerhäuser oder Fabriken. Der Tempel Zhizhu beispielsweise war in den 1960er-Jahren ein Fertigungsbetrieb für Fernsehapparate. Heute ist in dem denkmalgeschützten Gebäude ein Hotel untergebracht.

Die sogenannten „Ungleichen Verträge", eine Folge der Opiumkriege, räumten ausländischen Missionaren das Recht ein, in China zu missionieren. Der neue Glaube und die damals übliche herabsetzende Behandlung des chinesischen Volkes durch ausländische Mächte kamen jedoch nicht gut an. Die Feindseligkeiten erreichten im Boxeraufstand (1898–1900) ihren Höhepunkt, einer gewaltsamen christenfeindlichen und ausländerfeindlichen Bewegung, die von alliierten Truppen niedergeschlagen wurde.

Seit einigen Jahren erfährt das Christentum neuen Aufschwung. Die meisten chinesischen Christen gehören eher einer der nicht offiziell zugelassenen Hausgemeinden als den staatlich anerkannten protestantischen und katholischen Kirchen an, daher ist die genaue Anzahl der Christen schwer zu ergründen, einige Schätzungen belaufen sich jedoch auf über 100 Millionen.

Islam

Der Islam (伊斯兰教; *Yisilan Jiao*) kam durch arabische und persische Kaufleute, die auf der Seidenstraße unterwegs waren, bereits im 7. Jahrhundert nach China. Die Nachfahren dieser Gruppen integrierten sich schrittweise in die Kultur der Han-Chinesen und werden heute vorwiegend anhand ihrer Religion und nicht anhand ethnischer Merkmale von diesen unterschieden. Auf Chinesisch heißen sie Hui (回).

Die Niu-Jie-Moschee, die ursprünglich 996 n.Chr. erbaut wurde, ist die älteste und größte Moschee in Beijing und das geistige Zentrum der etwa 10 000 Hui-Muslime, die in der Umgebung leben.

Praktische Informationen

Verkehrsmittel & -wege

ANREISE

Flugzeug

Die meisten Reisenden fliegen nach Beijing. Es gibt aber auch internationale Bahnverbindungen mit der Mongolei, Nordkorea, Russland und Vietnam sowie Züge von und nach Hongkong und Lhasa. Durchschnittliche Flugzeiten: Frankfurt/M. 9 Std. 30 Min., Wien 9 Std. 35 Min. und Zürich 10 Std. Beijings internationaler Flughafen ist der Beijing Capital International Airport (PEK). Inlandsflüge landen auch in dem kleinen Nanyuan Airport (NAY).

Flüge, Autos und Touren können online auf www.lonelyplanet.com gebucht werden. Flugtickets sind auch direkt bei der **Civil Aviation Administration of China** (Zivilluftfahrtsbehörde; 中国民航, Zhongguo Minhang, Aviation Bldg., 民航营业大厦, Minhang Yingye Dasha; Karte S. 332; ☎6656 9118, Inlandsflüge 6601 3336, internationale Flüge 6601 6667; 15 Xichang'an Jie; ⏲8.30–18 Uhr) erhältlich.

Preiswerte Flüge von und nach Beijing vermitteln folgende Websites:

C-trip (www.ctrip.com)

eLong (www.elong.net)

Travel Zen (www.travelzen.com)

eBookers (www.ebookers.com)

Expedia (www.expedia.com)

Beijing Capital International Airport

Der **Beijing Capital International Airport** (北京首都国际机场, Beijing Shoudu Guoji Jichang, PEK; ☎6454 1100) ist derzeit der zweitverkehrsreichste Flughafen der Welt. Er hat drei Terminals: Der **Terminal 3** (三号航站楼; *san hao hangzhanlou*) fertigt die meisten Langstreckenflüge ab, aber internationale Flüge werden auch im **Terminal 2** (二号航站楼; *er hao hangzhanlou*) abgewickelt. Beide sind mit dem schnittigen Airport Express verbunden, der an das Beijinger U-Bahn-Netz Anschluss hat. Der kleinere **Terminal 1** (一号航站楼; *yi hao hangzhanlou*) liegt zehn Minuten zu Fuß vom Terminal 2 entfernt. Kostenlose Shuttle-Busse verbinden alle drei Terminals rund um die Uhr.

DIENSTLEISTUNGEN

In allen Terminals gibt es Geldautomaten, Wechselstuben und Informationsschalter mit Englisch sprechendem Personal sowie Buden, die chinesische SIM-Karten verkaufen, zahllose Restaurants und massenhaft Läden (allerdings sehr viel weniger im Terminal 1).

SCHLAFEN

Übernachtung direkt am Flughafen bietet das angesehene **Langham Place** (北京首都机场朗豪酒店, Langhao Jiudian; ☎6457 5555; www.beijingairport.langhamplacehotels.com; 1 Erjing Lu, Terminal 3; 北京首都机场三号航站二径路1号; Zi. ab 1279 Yuan; ❄@📶) mit kostenlosem Shuttle-Bus.

AIRPORT EXPRESS

Der **Airport Express** (机场快轨; Jichang Kuaigui; Karte S. 336; einfach 25 Yuan), auch als ABC (Airport Beijing City) beschildert, ist schnell und praktisch und fährt von den Terminals 2 und 3 zu den Beijinger U-Bahnhöfen Sanyuanqiao (Linie 10) und Dongzhimen (Linien 2 und 13). Die Zügen fahren zu folgenden Zeiten: Terminal 3 von 6.21 bis 22.51 Uhr, Terminal 2 von 6.35 bis 23.10 Uhr, Dongzhimen von 6 bis 22.30 Uhr.

BUS

Der **Flughafenbus** (机场巴士, jichang bashi; einfach 15–24 Yuan) befährt elf verschiedene Strecken, darunter die hier aufgeführten. Abfahrt ist von etwa 5 bis 24 Uhr an allen drei Terminals. Beim Kauf der Fahrkarte wird oft die Vorlage eines Lichtbildausweises verlangt.

Linie 1 nach Fangzhuang (方庄) über Dabeiyao (大北窑) zum CBD (国贸; guo mao)

Linie 2 nach Xidan (西单)

Linie 3 zum Bahnhof Beijing (北京站; Beijing Zhan) über Dongzhimen (东直门), Dongsi Shitiao (东四十条) und Chaoyangmen (朝阳门)

Linie 7 zum Westbahnhof Beijing (西站; xi zhan)

KLIMAWANDEL & REISEN

Fast jede Art der motorisierten Fortbewegung erzeugt CO_2 (die Hauptursache für die globale Erwärmung), doch Flugzeuge sind mit Abstand die schlimmsten Klimakiller – nicht nur wegen der großen Entfernungen und der entsprechend großen CO_2-Mengen, sondern auch weil sie diese Treibhausgase direkt in hohen Schichten der Atmosphäre freisetzen. Auf vielen Websites kann man mit speziellen „CO_2-Rechnern" ermitteln, wie das persönliche Emissionskonto nach einer Reise aussieht, und mit einer Spende für Umweltprojekte eine Art Wiedergutmachung leisten. Auch Lonely Planet spendet Gelder, wenn Mitarbeiter und Autoren auf Reisen gehen.

Linie 10 zum Südbahnhof Beijing (南站; nan zhan)

Fernbus nach Tianjin (天津, 82 Yuan, 2½ Std., stündl. 7–23 Uhr)

TAXI

Ein Taxi sollte vom Flughafen ins Stadtzentrum 80 bis 100 Yuan kosten, einschließlich einer Maut von 10 Yuan für die Flughafenautobahn; die Fahrt dauert zwischen 40 Minuten und einer Stunde. Ratsam ist, sich nicht für die Taxifahrer zu entscheiden, die einen am Zollausgang ansprechen, sondern sich stattdessen am Taxistand anzustellen. Beim Einstieg ist darauf zu achten, dass der Fahrer die Zeituhr (打表; *da biao*) einschaltet. Auch ist es sinnvoll, den Namen des Hotels auf Chinesisch auf einem Zettel für den Fahrer mitzuführen. Nur sehr wenige Fahrer sprechen etwas Englisch.

AUTO

Das **Vehicle Administration Office** (车管所, cheguansuo; ☎6453 0010; ⏲9–18 Uhr) im 1. Stock im Terminal 3 – dem Schild „Traffic Police" folgen – gibt provisorische Führerscheine für den Stadtkreis Beijing aus. Antragsteller müssen zwischen 18 und 70 Jahre alt sein und ein befristetes chinesisches Visum (bis zu drei Monaten) besitzen. Zum Verfahren gehören die Vorlage des heimischen Führerscheins und eine einfache medizinische Untersuchung (darunter ein Sehtest). Des Weiteren werden drei Passfotos und übersetzte Kopien der Papiere benötigt, was aber von der Zulassungsstelle erledigt werden kann. Die ganze Prozedur dauert etwa 30 Minuten und kostet 10 Yuan. Mit dem Führerschein kann man dann ein Auto bei Hertz (www.hertzchina.com) mieten, die im gleichen Flur ein Büro haben. Mietwagen (自驾; *zijia*) kosten ab 230 Yuan pro Tag (bis zu 150 km pro Tag) plus eine Kaution von 10 000 Yuan. Autos mit Fahrer (代驾; *daijia*) werden ebenfalls angeboten (ab 660 Yuan pro Tag).

In China herrscht Rechtsverkehr. Selbst gute Autofahrer werden vom chinesischen Verkehr überfordert sein: Autos schießen aus allen Ecken heraus, und es geht allgemein chaotisch zu.

Nanyuan Airport

Der winzige **Nanyuan Airport** (南苑机场, Nanyuan Jichang, NAY; ☎6797 8899; Jingbeixi Lu, Nanyuan Zhen, Fengtai-Bezirk, 丰台区南苑镇警备西路, 警备东路口) wirkt eher wie ein provinzieller Busbahnhof, ist aber dennoch ein Flughafen, der sogar ziemlich viele Inlandsstrecken bedient. Dienstleistungen beschränken sich hier auf ein paar Läden und Imbissbuden, die Englischkenntnisse sind minimal.

BUS

Der Shuttlebus (机场巴士; *jichang bashi*) fährt über Qianmen (前门) nach Xidan (西单; 18 Yuan, 1½ Std., 9 Uhr bis zur Ankunft des letzten Flugs). An beiden Destinationen gibt es einen U-Bahnhof.

TAXI

Kostet um 60 Yuan zum Tiananmen-Platz. Auch hier sollten Taxiangebote ignoriert und der Taxistand draußen benutzt werden. Darauf achten, dass der Fahrer die Zeituhr (打表; *da biao*) einschaltet.

Zug

Beijing hat drei große Bahnhöfe für Fernstrecken (Bahnhof Beijing, Westbahnhof und Südbahnhof). Der Nordbahnhof wird viel seltener genutzt.

Bahnfahrkarten

Es ist möglich, auf eine andere Fahrkartenkategorie umzubuchen (补票; *bupiao*), wenn man schon im Zug ist, aber nur in seltenen Fällen ist eine bessere Kategorie verfügbar.

GENEPPT UND ABGESCHLEPPT

Eine Taximafia am Flughafen, die schon lange im Geschäft ist, versucht, erschöpften Reisenden eine Taxifahrt in die Stadt für über 300 Yuan aufzuschwatzen, also Vorsicht. Wird man wegen einer Taxifahrt direkt angesprochen, sollte man das ignorieren und sich in die Schlange am Taxistand draußen stellen.

ZUGINFORMATIONEN

Bahnhof Beijing

Der **Bahnhof Beijing** (北京站; Beijing Zhan) mit Anschluss an das U-Bahn-Netz ist der zentralste der vier Hauptbahnhöfe Beijings. Hier fahren hauptsächlich Züge der T-Klasse (*tekuai*), Bummelzüge, Züge nach Nordosten und langsame Züge nach Shanghai. Die meisten Schnellzüge in den Süden fahren nun im Südbahnhof und Westbahnhof ab.

ZIELORT	SCHRIFT-ZEICHEN	KATEGORIE	FAHRTZEIT (STD.)	ABFAHRTEN	PREIS (YUAN)
Dalian	大连	Z-Zug, Soft Sleeper	10½	20.27 Uhr	372–388
Dalian	大连	K-Zug, Hard Sleeper	12	20.06 Uhr	239–255
Datong	大同	K-Zug, Hard Sleeper	6	regelmäßig	99–107
Harbin	哈尔滨	D-Zug, Soft Seat	10	10.02, 13.51, 15.15 Uhr	306
Harbin	哈尔滨	T-Zug, Hard Sleeper	12	6.18, 12.00, 18.57, 21.23 Uhr	261–279
Jilin	吉林	T-Zug, Hard Sleeper	12	16.55 Uhr	244–261
Shanghai	上海	T-Zug, Soft Sleeper	14	19.33 Uhr	476–497

Südbahnhof Beijing

Im ultramodernen **Südbahnhof** (南站; Nan Zhan) mit Anschluss an die U-Bahnlinie 4 fahren die Hochgeschwindigkeitszüge u. a. nach Tianjin, Shanghai, Hangzhou und Qingdao ab.

ZIELORT	SCHRIFT-ZEICHEN	KATEGORIE	FAHRTZEIT (STD.)	ABFAHRTEN	PREIS (YUAN)
Fuzhou	福州	D-Zug, 2.-Klasse-Sitz	15	8.13 Uhr	765
Hangzhou	杭州	G-Zug, 2.-Klasse-Sitz	6	regelmäßig	538–629
Jinan	济南	G-Zug, 2.-Klasse-Sitz	1½	regelmäßig	184–194
Nanjing	南京	G-Zug, 2.-Klasse-Sitz	4	regelmäßig	445
Qingdao	青岛	G- und D-Zug, 2.-Klasse-Sitz	5	regelmäßig	249–314
Shanghai (Bahnhof Hongqiao)	上海虹桥	G-Zug, 2.-Klasse-Sitz	5½	regelmäßig	553
Suzhou	苏州	G-Zug, 2.-Klasse-Sitz	5	regelmäßig	523
Tianjin	天津	C-Zug, 1./2. Klasse	½	regelmäßig	63/54

Nordbahnhof Beijing

Der kleinere **Nordbahnhof Beijing** (北站; Bei Zhan) ist vom U-Bahnhof Xizhimen aus zu erreichen.

ZIELORT	SCHRIFT-ZEICHEN	KATEGORIE	FAHRTZEIT (STD.)	ABFAHRTEN	PREIS (YUAN)
Große Mauer Badaling	八达岭	Hard Seat	75 Min.	regelmäßig	6
Hohot	呼和浩特	K-Zug, Hard Sleeper	9	23.47 Uhr	129–136

Westbahnhof Beijing

Im riesigen **Westbahnhof Beijing** (西站; Xi Zhan) fahren die schnellen Z-Züge ab. Er hat seinen eigenen U-Bahnhof der Linie 9. Stadtbusse fahren rechts vom Ausgang ab. Der Bus 52 fährt über Xidan, den Bahnhof Beijing und Jianguomen nach Osten. Ein Taxi sollte vom Taxistand genommen (unter der North Plaza) oder einen Straßenblock weiter vom Bahnhof an der Straße herbeigewunken werden. Fahrer, die einen ansprechen, sollten ignoriert werden. Unbedingt darauf bestehen, dass der Fahrer die Zeituhr (打表; *da biao*) benutzt.

ZIELORT	SCHRIFTZEICHEN	KATEGORIE	FAHRTZEIT (STD.)	ABFAHRTEN	PREIS (YUAN)
Changsha	长沙	Z-Zug, Soft Sleeper	13	18.01 Uhr	504–527
Changsha	长沙	T- und K-Zug, Hard Sleeper	14	regelmäßig	322–343
Chengdu	成都	T- und K-Zug, Hard Sleeper	26–31	19.00, 11.08, 18.29, 21.52 Uhr	389–486
Chongqing	重庆	T- und K-Zug, Hard Sleeper	25–30	5-mal tgl.	389–456
Fuzhou	福州	Z-Zug, Soft Sleeper	20	14.47 Uhr	426–456
Guangzhou	广州	T- und K-Zug, Hard Sleeper	21	5-mal tgl.	426–456
Guiyang	贵阳	T- und K-Zug, Hard Sleeper	29	15.58, 16.57 Uhr	465–487
Hankou (Wuhan)	汉口	Z-Zug, Soft Sleeper	10	20.49 Uhr	407–427
Kowloon (Hongkong)	九龙	Zug Q97, Soft Sleeper	24	13.08 Uhr	584–611
Kunming	昆明	T-Zug, Hard Sleeper	38	6.26, 16.31 Uhr	536–575
Lanzhou	兰州	Z- und T-Zug, Hard Sleeper	17	5-mal tgl.	322–388
Nanchang	南昌	Hard Sleeper	11½	12.02, 14.06, 20.16 Uhr	296–407
Shenzhen	深圳	T- und K-Zugs, Hard Sleeper	24–29	20.12, 23.45 Uhr	434–464
Shijiazhuang	石家庄	D-Zug, 2.-Klasse-Sitz	2	regelmäßig	81–86
Ürümqi	乌鲁木齐	T-Zug, Hard Sleeper	34	10.01, 15.18 Uhr	536–585
Wuchang (Wuhan)	武昌	Hard Sleeper	10	20.55, 21.55 Uhr	261–279
Xi'an	西安	Z- und T-Zug, Hard Sleeper	11–12	8-mal tgl.	254–288
Xining	西宁	T-Zug, Hard Sleeper	20–24	11.56, 16.37, 20 Uhr	353–428
Yichang	宜昌	K-Zug, Hard Sleeper	21½	23.11 Uhr	310–331

Nach Lhasa (拉萨; Lasa) in Tibet (西藏; Xizang) fährt der T27 (Hard Seat/Hard Sleeper/Soft Sleeper 360/763/1186 Yuan, 44 Std.) vom Westbahnhof Beijing um 20 Uhr ab und braucht knapp zwei Tage. Zurück von Lhasa fährt der T28 um 13.48 Uhr und kommt am Westbahnhof Beijing um 8.19 Uhr an.

SOFT SLEEPER

Soft Sleeper (软卧; *ruan wo*) sind sehr komfortable und geschlossene Schlafwagenabteile mit jeweils vier klimatisierten Schlafkojen. Sie kosten oft so viel wie verbilligte Flugtickets zum gleichen Zielort.

Alle Züge der Z-Klasse haben Soft-Sleeper-Wagen mit sehr modernen Liegeplätzen. Ein paar Züge der T-Klasse haben auch Abteile mit zwei Kojen und eigener Toilette. Die oberen Kojen sind etwas billiger als die unteren.

HARD SLEEPER

Hard Sleeper (硬卧; *ying wo*) kosten nur etwa halb so viel wie Soft Sleeper, sind höchst begehrt und am schwersten zu bekommen: Sie sollten so früh wie möglich gebucht werden. Die klimatisierten Abteile haben sechs Kojen, aber keine Türen. Sie sind beengter als die Soft Sleeper, aber noch immer recht komfortabel (saubere Bettwäsche wird gestellt). Es gibt einen geringen Preisunterschied zwischen den Liegeplätzen; am teuersten ist die untere Koje (下铺; *xiapu*), dann folgt die mittlere (中铺; *zhongpu*), dann die obere Koje (上铺; *shangpu*).

Wie in allen *anderen* Klassen ist das Rauchen untersagt. Licht und Lautsprecher werden gegen 22 Uhr ausgeschaltet. In jedem Abteil steht eine Thermoskanne mit Heißwasser.

SITZE

Die Soft-Seat-Wagen (软座; *ruan zuo*) sind komfortabler, aber längst nicht so üblich wie die Hard-Seat-Wagen. Die Soft Seater der 1. Klasse (一等; *yideng*) und 2. Klasse (二等; *erdeng*) gibt es in den D-, C- und G-Hochgeschwindigkeitszügen. Die 1. Klasse mit jeweils zwei Sitzen nebeneinander bietet Fernseher, Handy- und Laptopladepunkte.

Die Soft Seater in der 2. Klasse sind ebenfalls sehr komfortabel, und das Zugpersonal ist höflich. In älteren Zügen sind die Soft-Seat-Wagen oft zweistöckig und nicht ganz so edel wie die der schnelleren modernen Hochgeschwindigkeitszüge.

Hard-Seat-Waggons (硬座; *ying zuo*), eine Art „Holzklasse", gibt es nicht in den schnelleren und feineren C-, D- und G-Zügen, nur in den T-, K- und N-Zügen und in Zügen ohne vorangestellte Nummer. Ein paar Z-Züge haben eine Hard-Seat-Klasse. Hard Seater haben in der Regel Polstersitze, hart sind sie nur für die Nerven: Sie sind oft unsauber und laut und bei Langstrecken qualvoll. Hard-Seat-Abteile in neueren Zügen sind klimatisiert und weniger voll.

Die Fahrkarten kommen mit Sitznummern, aber wenn Sitze ausverkauft sind, reicht auch eine Stehplatzkarte (无座、站票; *wuzuo* oder *zhanpiao*), mit der im Zug nach einem freien Sitzplatz gesucht werden kann. Wenn nicht, muss man im Gang oder (mit den Rauchern) zwischen den Wagen stehen.

Fahrkartenkauf

FAHRKARTENSCHALTER

In den Bahnhöfen von Beijing gibt es keine ausgewiesenen Fahrkartenschalter für Ausländer mehr, aber manchmal ist an einem Schalter ein provisorisches Schild „for foreigners" (für Ausländer) angebracht. Andernfalls kann man sich aber auch in jede beliebige Schlange stellen, sollte sich aber mit ein paar wichtigen chinesischen Sätzen wappnen. Noch besser ist es, eine chinesischsprachige Person das niederschreiben zu lassen, was gewünscht ist, und den Zettel am Schalter zeigen. Immer mehr Fahrkartenverkäufer in den drei großen Bahnhöfen sprechen Englisch, aber Verlass ist darauf nicht.

VORVERKAUF

Eine Fahrkarte für einen Hard Sleeper oder Soft Sleeper sollte niemals am Tag der Abreise gekauft werden, sondern bereits im Voraus. Die meisten Fahrkarten können zwei bis 20 Tage vor der geplanten Abreise reserviert werden. Eine Fahrkarte für einen Hard Seater kurzfristig zu kaufen, ist meist problemlos möglich, aber es kann sich dann um eine Stehplatzkarte ohne reservierten Sitzplatz handeln. Es ist meist kein Problem, am gleichen Tag Fahrkarten für G-, D- und C-Hochgeschwindigkeitszüge zu erhalten. Fahrkarten können nur mit Bargeld und gegen Vorlage des Reisepasses gekauft werden.

RÜCKFAHRKARTEN

Die Fahrkarten gibt es nur für die einfache Fahrt. Wer eine Fahrkarte für die Reise zwischen zwei Zielorten außerhalb der Stadt, in der

ZUGKATEGORIEN

KATEGORIE	BEDEUTUNG	ZUGTYP
C	*chengji gaosu* (城际高速)	Ultrahochgeschwindigkeitsexpress
D	*dongche, hexie hao* (动车和谐号)	Hochgeschwindigkeitsexpress
G	*gaotie* (高铁)	Hochgeschwindigkeitszug
K	*kuaisu* (快速)	Schnellzug
T	*tekuai* (特快)	Expresszug
Z	*zhida tekuai* (直达特快)	Expressnachtzug

INTERNATIONALE ZÜGE

Mongolei

Zweimal wöchentlich fährt ein Direktzug vom Bahnhof Beijing in die mongolische Hauptstadt Ulan-Bator (乌兰巴托; Wulanbatuo): Die Transmongolische Eisenbahn (K3; Hard Sleeper/Soft Sleeper/Deluxe 1222/1723/1883 Yuan, 11.22 Uhr, 27 Std.) fährt jeden Mittwoch über Ulan-Bator weiter nach Moskau. Der K23-Zug fährt jeden Dienstag ab (1222/1723/1883 Yuan, 11.22 Uhr, 27 Std.).

Der K4-Zug zurück fährt am Dienstag um 7.15 Uhr in Ulan-Bator los und kommt am Mittwoch um 11.40 Uhr in Beijing an. Der K24 fährt in Ulan-Bator am Donnerstag um 7.15 Uhr ab und erreicht Beijing am folgenden Tag um 11.40 Uhr.

Russland

Die Transsibirische Eisenbahn fährt von Beijing nach Moskau (莫斯科; Mosike) über zwei Strecken: die Transmongolische Eisenbahn (K3; Hard Sleeper/Soft Sleeper/Deluxe 4050/5958/6523 Yuan; 8.05 Uhr) und die Transmandschurische Eisenbahn (K19; Hard Sleeper/Deluxe 3891/6044 Yuan; 23 Uhr). Der K19 verlässt den Bahnhof Beijing jeden Samstag um 23 Uhr und kommt in Moskau am Freitag um 17.58 Uhr an.

Der K20 zurück fährt am Samstag um 23.45 Uhr in Moskau los und kommt am Freitag um 5.46 Uhr in Beijing an.

Vietnam

Von Beijing fahren zweimal wöchentlich Züge nach Hanoi (河内; Henei). Der T5 (in Vietnam M2) fährt vom Westbahnhof Beijing donnerstags und sonntags um 15.57 Uhr los und trifft samstags und mittwochs um 8.10 Uhr in Hanoi ein.

Ab Hanoi fährt der T6 (in Vietnam M1) dienstags und freitags um 18.30 Uhr zurück und kommt freitags und montags um 12.07 Uhr im Westbahnhof Beijing an. Es gibt nur Fahrkarten für Soft Sleeper (2081 Yuan).

Nordkorea

Es gibt wöchentlich vier Zugverbindungen mit Pjöngjang (平壤; Pingrang; Hard Sleeper/Soft Sleeper 1017/1476 Yuan). Der K27 und der K28 fahren jeweils zweimal pro Woche vom Bahnhof Beijing ab, es gibt also Züge am Montag, Mittwoch, Donnerstag und Samstag. Jeder Zug fährt um 17.27 Uhr los und kommt am folgenden Tag um 19.30 Uhr an.

Rückfahrt von Pjöngjang ist montags, mittwochs, donnerstags und samstags um 10.10 Uhr mit Ankunft in Beijing am folgenden Tag um 8.31 Uhr.

Visa, Fahrkarten & Touren

An den Grenzübergängen werden keine Visa ausgestellt, sie müssen vorher beantragt werden. Fahrkarten für internationale Strecken sind nur über Reisebüros in Beijing erhältlich, nicht in den Bahnhöfen.

Fahrkarten in die Mongolei, nach Russland und Vietnam verkauft der hilfsbereite staatliche **CITS** (China International Travel Service; Zhongguo Guoji Luxingshe; Karte S. 324; ☎6512 0507; 9 Jianguomennei Dajie, Beijing International Hotel, Dongcheng; ⏲Mo–Fr 9–12 & 13.30–17, Sa & So 9–12 Uhr) mit Büro ganz hinten links in der Lobby des Beijing International Hotels (北京国际饭店; Beijing Guoji Fandian) einen Block nördlich des Bahnhofs Beijing. Fahrkarten für die Transsibirische, Transmongolische und Transmandschurische Eisenbahn können über Intourist Travel (www.intourist.com) mit Vertretungen u. a. in Deutschland und der Schweiz von zu Hause aus gekauft werden.

Fahrkarten nach Vietnam verkauft der **CRTS** (China Railway Travel Service; 中国铁道旅行社; Zhongguo Tiedao Luxingshe; Karte S. 335; ☎5182 6541; 20 Beifengwo Lu, 北蜂窝路20号; ⏲9–16 Uhr). Das Büro ist nicht auf Englisch beschildert, aber es liegt gegenüber dem unübersehbaren Tianyou Hotel (天佑大厦; Tianyou Daxia): Vom Ausgang C1 des U-Bahnhofs Militärmuseum geht es in die erste Straße rechts. Der CRTS liegt auf der linken Seite (10 Min.).

Hilfreich bei der Buchung einer Tour nach Nordkorea ist **Koryo Tours** (www.koryogroup.com), der führende Spezialist in Beijing für diese Region.

man sich befindet, kaufen möchte, sollte sich besser an ein unabhängiges Fahrkartenbüro wenden, das eine Provision verlangt.

VERKEHRSSTARKE ZEITEN
Wie bei Flugtickets sind Bahnfahrkarten um das chinesische Neujahrsfest und während der Feiertage um den 1. Mai und 1. Oktober nur sehr schwer – wenn überhaupt – erhältlich. Zu diesen Zeiten treiben sich Schwarzhändler an den Bahnhöfen herum, die Fahrkarten verhökern; Vorsicht beim Kauf, da Ausländer häufig abgezockt werden. Besser ist es, sich an eines der vielen unabhängigen Bahnfahrkartenbüros in der Stadt zu wenden – sie verlangen 10 Yuan Provision pro Fahrkarte. Auch Hotels oder Hostels verkaufen Fahrkarten – meist mit etwa 50 Yuan Aufpreis.

ONLINE-BUCHUNG
Fahrkarten können online bei China DIY Travel (www.china-diy-travel.com/en), bei China Trip Advisor oder bei Ctrip gekauft werden, die beiden Letzteren verlangen aber eine hohe Provision. Wer Chinesisch lesen kann oder jemanden kennt, der es kann, hat die Möglichkeit, auf der offiziellen chinesischen Fahrkarten-Website www.12306.cn provisionsfrei zu buchen.

HOCHGESCHWINDIGKEITSZUG NACH TIANJIN
Für den Hochgeschwindigkeitszug der C-Klasse vom Südbahnhof Beijing nach Tianjin können Fahrkarten im Voraus gekauft werden. Aber die Züge fahren so häufig, dass man selten länger als eine halbe Stunde auf den nächsten Zug warten muss (außer an Feiertagen).

Bus

Es gibt zahlreiche Fernbusbahnhöfe, aber keine internationalen Busstrecken nach Beijing.

Fernbusbahnhof Bawangfen

Der **Busbahnhof Bawangfen** (八王坟长途客运站; Bawangfen Changtu Keyunzhan; 17 Xidawang Lu) liegt im Osten der Stadt, etwa 500 m südlich des U-Bahnhofs Dawanglu. Folgende Orte werden von hier aus angefahren:

Baotou (包头) 130–150 Yuan, 12 Std., 18 Uhr

Changchun (长春) 221 Yuan, 12 Std., 9, 12, 18 und 21 Uhr

Dalian (大连) 211–276 Yuan, 8½ Std., 11, 12, 14 und 22 Uhr

Harbin (哈尔滨) 301 Yuan, 14 Std., 18 Uhr

Shenyang (沈阳) 165 Yuan, 9 Std., regelmäßig 8–22 Uhr

Tianjin (天津) 40 Yuan, 2 Std., 10–17 Uhr

Fernbusbahnhof Sihui

Der **Busbahnhof Sihui** (四惠长途汽车站; Sihui Changtu Qichezhan; Jianguo Lu) liegt im Osten der Stadt, 200 m östlich des U-Bahnhofs Sihui. Folgende Orte werden von hier aus angefahren:

Baotou (包头) 130–150 Yuan, 12 Std., 10.30, 13.30 und 14.30 Uhr

Chengde (承德) 56–74 Yuan, 4 Std., regelmäßig 5.10–17.30 Uhr

Dandong (丹东) 180 Yuan, 12 Std., 16 Uhr

Jixian (蓟县) 19–24 Yuan, 2 Std., regelmäßig 5.10–19.30 Uhr

Fernbusbahnhof Liuliqiao

Der **Busbahnhof Liuliqiao** (六里桥长途站; Liuliqiao Changtuzhan) liegt im Südwesten der Stadt, eine U-Bahn-Haltestelle vom Westbahnhof Beijing. Folgende Orte werden angefahren:

Datong (大同) 100–132 Yuan, 4½ Std., regelmäßig 7.10–18 Uhr

Hefei (合肥) 299 Yuan, 13 Std., 13.45 Uhr

Luoyang (洛阳) 129–149 Yuan, 10 Std., 6-mal tgl. 8.30–22 Uhr

Shijiazhuang (石家庄) 75–90 Yuan, 3½ Std., regelmäßig 6.30–20.55 Uhr

Xiamen (厦门) 479–519 Yuan, 30 Std., 11 und 11.30 Uhr

Xi'an (西安) 259 Yuan, 12 Std., 17.45 Uhr

Zhengzhou (郑州) 129–149 Yuan, 8½ Std., 9-mal tgl. 8.30–20.30 Uhr

Fernbusbahnhof Lianhuachi

Der **Busbahnhof Lianhuachi** (莲花池长途汽车站; Lianhuachi Changtu Qichezhan) liegt ein kurzes Stück zu Fuß nördlich des Fernbusbahnhofs Liuliqiao. Folgende Orte werden von hier aus angefahren:

Anyang (安阳) 84–100 Yuan, 6½ Std., 5-mal tgl. 8–17.30 Uhr

Luoyang (洛阳) 130 Yuan, 11 Std., 18.30 Uhr

Yan'an (延安) 256 Yuan, 14 Std., 15 Uhr

Fernbusbahnhof Zhaogongkou

Der **Busbahnhof Zhaogongkou** (赵公口汽车站; Zhaogongkou Qichezhan) liegt im Süden, zehn Minuten zu Fuß vom U-Bahnhof Liujiayao. Folgende Orte werden von hier aus angefahren:

Jinan (济南) 114 Yuan, 5½ Std., regelmäßig 6.30–19.30 Uhr

Shanghai (上海) 340 Yuan, 16 Std., 2-mal tgl. (16.30 und 17 Uhr)

Schiff/Fähre

Tianjin International Cruise Home Port

Der nächste größere Hafen ist der **Tianjin International Cruise Home Port** (天津国际游轮母港; *Tianjin Guoji Youlun Mugang*). Vom **Süd-**

bahnhof Beijing (北京南站; Beijing Nanzhan) fahren alle halbe Stunde Expresszüge nach Tianjin (55 Yuan, 30 Min.). Von dort geht es weiter mit der U-Bahn-Linie 9 zum Bahnhof Citizen Plaza (市民广场; *Shimin Guangchang*; 11 Yuan, 1 Std.), dann mit dem Bus 513 bis zur Endstation (东疆游轮母港; *Dongjiang Youlun Mugang*; 2 Yuan, 40 Min., 7–17 Uhr). Jeden zweiten Abend fährt eine Fähre nach Dalian (大连; 260–880 Yuan, 12 Std., 20 Uhr) in der Provinz Liaoning. Sie legt an geraden Tagen des Monats ab (und kehrt an ungeraden wieder zurück). Einstieg ist ab 18 Uhr, und Tickets können am Tag der Abreise gekauft werden. Derzeit gibt es keine Verbindungen mit Japan und Südkorea, was sich aber in Zukunft ändern kann.

UNTERWEGS VOR ORT

Fahrrad

Fahrradfahren ist die angenehmste Fortbewegungsart in Beijing. Die Stadt ist flach, und fast jede Straße hat einen gekennzeichneten Fahrradweg, auch wenn einige auch von Autos befahren werden. Die ruhigen, baumgesäumten *hutongs* (Gassen) eigenen sich besonders gut zum Radfahren.

Fahrradverleih

Folgende Fahrradverleiher (租自行车; *zu zixingche*) sind empfehlenswert:

Bike Beijing (康多自行车租赁; Kangduo Zixingche Zulin; Karte S. 324; ☎6526 5857; www.bikebeijing.com; 34 Donghuangchenggen Nanjie, 东皇城根南街34号; ⏰9–18 Uhr; Ⓢ China Museum of Art/Nationales Kunstmuseum)

Natooke (要(自行车店), Shua (Zixingche Dian); Karte S. 328; www.natooke.com; 19–1 Wudaoying Hutong, 五道营胡同19–1号; ⏰10–19 Uhr; Ⓢ Yonghegong-Lamatempel)

Giant (捷安特; Jie'ante; Karte S. 328; 77 Jiaodaokou Dongdajie, 交道口东大街77号; ⏰9–19 Uhr; Ⓢ Beixinqiao) Fahrradreparaturbuden um die Houhai-Seen verleihen ebenfalls Fahrräder (10 Yuan pro Std.). Hostels verlangen in der Regel 20 bis 30 Yuan für ein Stadtfahrrad.

Fahrradkauf

Giant (捷安特; Jie'ante; Karte S. 328; 77 Jiaodaokou Dongdajie, 交道口东大街77号; ⏰9–19 Uhr; Ⓢ Beixinqiao) Neue Fahrräder und Zubehör.

JH 2nd-hand Bike Shop (金典新桥信托商行; Jindian Xinqiao Xintuo Shanghang; Karte S. 328; 43 Dongsi Beidajie, 东四北大街43号; ⏰9–17 Uhr; Ⓢ Beixinqiao) Klassische alte Drahtesel.

Bikesharing

Beijing hat ein Fahrradverleihsystem, das aber bislang nur Chinesen vorbehalten ist. Zur Zeit der Recherche gab es Pläne, um auch Ausländern die Teilnahme zu ermöglichen. Ob diese bereits umgesetzt wurden, sollte man vor Ort in Erfahrung bringen. Zur Benutzung der Fahrräder ist eine ganz normale Beijinger Travelcard (Kaution 20 Yuan) nötig, die für den Fahrradverleih aktiviert ist.

Die Karte kann am Ausgang A2 des U-Bahnhofs Tiantan Dongmen und am Ausgang A des U-Bahnhofs Dongzhimen aktiviert werden. Beide Schalter sind nur montags bis freitags von 9.30 bis 11.30 Uhr und von 14 bis 16 Uhr geöffnet.

Für die Aktivierung der Karte zur Fahrradbenutzung müssen 400 Yuan Kaution hinterlegt werden. Die Karten müssen mit mindestens 30 Yuan Guthaben aufgeladen sein.

> **GEPÄCKAUFBEWAHRUNG**
>
> Gepäckaufbewahrungsschalter (行李寄存; *xingli jicun*) und Schließfächer gibt es in allen großen Bahnhöfen Beijings. Die Preise liegen zwischen 5 und 10 Yuan pro Gepäckstück und Tag. Die Schalter sind in der Regel von etwa 6 bis 23 Uhr geöffnet.

Bikesharing-Stationen gibt es überall in der Stadt. Um ein Fahrrad zu erhalten, wird einfach nur die Karte durchgezogen, ebenso bei der Rückgabe. Die erste Stunde ist kostenlos; wer das System also clever nutzt und vor Ablauf einer Stunde das Fahrrad an einer anderen Station austauscht, kann umsonst Fahrradfahren. Nach der ersten Stunde kostet der Verleih 1 Yuan pro Stunde, dann 2, 3 oder 4 Yuan pro Stunde, je nachdem, wie lange das Rad genutzt wird.

U-Bahn

Das umfängliche und stets wachsende **Beijinger U-Bahn-Netz** (地铁; *ditie*; www.bjsubway.com; pro Fahrt 2 Yuan; ⏰6–23 Uhr) ist modern, sicher und benutzerfreundlich. Zur Zeit der Recherche sah es so aus, dass es Ende 2014 zu einer Preiserhöhung kommen sollte, nach der anstatt des zuvor üblichen Einheitspreises von 2 Yuan fortan Preise nach Streckenlänge berechnet werden. Mit einer Travelcard (Kaution 20 Yuan) lässt sich das Anstehen für eine Fahrkarte für jede Fahrt vermeiden. Wenn die Preise steigen, bietet die Karte zudem auch eine Ermäßigung, wie es bisher bereits für alle Busfahrten innerhalb des Stadtbereichs der Fall ist.

U-Bahnhöfe (地铁站; *ditie zhan*) sind am U-Bahn-Symbol zu erkennen, einem blauen lateinischen „D" in einem Kreis.

Hinten im Buch befindet sich außerdem eine praktische ausklappbare U-Bahn-Streckenkarte.

Taxi

Taxis (出租车; *chuzuche*) sind überall in der Stadt zu finden, allerdings kann es zu Stoßzeiten und bei Regengüssen schwierig sein, eines zu erwischen – ebenso zwischen 20 und 22 Uhr, wenn die Leute nach einem Restaurantbesuch nach Hause fahren.

Die Grundgebühr beträgt 13 Yuan und gilt für die ersten drei Kilometer. Danach kostet es pro Kilometer 2 Yuan. Taxifahrer schlagen auch eine kleine Pauschale fürs Benzin auf (meist 1 Yuan). Nachts wird es etwas teurer.

Die Taxifahrer sprechen nur selten Englisch. Es ist also wichtig, Namen und Adresse des Zielorts in chinesischen Schriftzeichen aufzuschreiben. Auch sollte die Geschäftskarte des Hotels mitgeführt werden, um nachts nach Hause zu kommen.

Die meisten Beijinger Taxifahrer sind ehrlich und benutzen die Zeituhr (打表; *da biao*). Wenn sie sich allerdings weigern, sollte am besten ein anderes Taxi genommen werden. Ausnahmen sind lange Fahrten zu Zielen außerhalb der Stadt, z. B. zur Großen Mauer, für die Preise zuvor vereinbart (aber erst hinterher bezahlt!) werden.

Taxifahrer & -unternehmen

Miles Meng (☎137 1786 1403; www.beijingtourvan.blog.sohu.com) Zuverlässiger und Englisch sprechender Fahrer mit verschiedenen guten Fahrzeugen. Tagesfahrten zur Großen Mauer kosten ab 650 Yuan pro Fahrzeug (zur Großen Mauer in Mutianyu). Er setzt Passagiere, die ein Stück wandern wollen, auch an einem Teil der Mauer ab und holt sie an einem anderen Teil wieder ab. Weitere Preise stehen auf seinem Blog.

Mr. Sun (孙先生, Sun Xiansheng; ☎136 5109 3753) Spricht nur Chinesisch, ist aber sehr zuverlässig und organisiert andere Fahrer, wenn er keine Zeit hat. Fahrten zur Mauer und zurück kosten ab 600 Yuan.

Shouqi Jituan (☎139 1137 3093) Beijinger Taxiunternehmen. Fahrten zur Großen Mauer und zurück kosten um die 700 Yuan. Die Fahrer sprechen kein Englisch.

Bus

Es gab in Beijing schon immer viele Busse (公共汽车; *gonggong qiche*), und sie sind spottbillig (ab 1 Yuan). Mittlerweile sind sie aber auch für Besucher, die kein Chinesisch sprechen, etwas benutzerfreundlicher, als sie es früher waren. Es gibt nun Durchziehkarten, Ankündigungen auf Englisch und Bushalteschilder, die nicht nur mit chinesischen Schriftzeichen, sondern zusätzlich auch mit Pinyin (lateinischen Buchstaben) beschriftet sind. Es ist jedoch noch immer kompliziert, erfolgreich von A nach B zu kommen. Auch sind die Busse noch immer überfüllt, weswegen nur wenige Ausländer bereit sind, einzusteigen. Zum Zeitpunkt der Recherche waren Preiserhöhungen für die nahe Zukunft angekündigt.

Mit einer Travelcard gibt es 60 % Ermäßigung für alle Fahrten. Nützliche Buslinien:

1 Fährt über die Chang'an Jie, Jianguomenwai Dajie und Jianguomennei Dajie: Sihuizhan, Bawangfen, Yong'anli, Dongdan, Xidan, Muxidi, Junshi Bowuguan, Gongzhufen, Maguanying

4 Fährt über die Chang'an Jie, Jianguomenwai Dajie und Jianguomennei Dajie, Gongzhufen, Junshi Bowuguan, Muxidi, Xidan, Tiananmen West, Dongdan, Yong'anli, Bawangfen, Sihuizhan

5 Deshengmen, Di'anmen, Beihai-Park, Xihuamen, Zhongshan-Park, Qianmen

15 Beijing Zoo, Fuxingmen, Xidan, Hepingmen, Liulichang, Tianqiao

20 Südbahnhof Beijing, Tianqiao, Dashilar, Tiananmen-Platz, Wangfujing, Dongdan, Bahnhof Beijing

44 äußerer Ring Xinjiekou, Xizhimen, Fuchengmen, Fuxingmen, Changchunjie, Xuanwumen, Qianmen, Taijichang, Chongwenmen, Dongbianmen, Chaoyangmen, Dongzhimen, Andingmen, Deshengmen, Xinjiekou

52 Westbahnhof Beijing, Muxidi, Fuxingmen, Xidan, Tor des Himmlischen Friedens, Dongdan, Bahnhof Beijing, Jianguomen

103 Bahnhof Beijing, Dengshikou, Nationale Kunstgalerie, Verbotene Stadt (Nordeingang), Beihai-Park, Fuchengmen, Beijing Zoo

332 Beijing Zoo, Weigongcun, Renmin Daxue, Zhongguancun, Haidian, Universität Beijing, Sommerpalast

Folgende Doppeldecker-Linien könnten ebenfalls nützlich sein:

2 Qianmen, nordwärts über die Dongdan Beidajie, Dongsi Nandajie, Dongsi Beidajie, Lamatempel, Zhonghua Minzu Yuan (Park der Ethnischen Minderheiten), Asian Games Village (Dorf der Asienspiele)

3 Jijia Miao (südwestlichster Teil der 3. Ringstraße), Garten der Schönen Aussicht, Leyou

Hotel, Jingguang New World Hotel, Tuanjiehu-Park, Landwirtschaftliches Messezentrum, Lufthansa Center

4 Beijing Zoo, Messezentrum, 2. Ringstraße, Holiday Inn Downtown, Yuetan-Park, Fuxingmen-Dajie-Überführung, Qianmen Xidajie, Qianmen

Rikscha

Rikschas (三轮车; *sanlunche*) sind heute nicht mehr so verbreitet, aber es gibt sie noch (Fahrrad- und auch Motorrikschas), besonders um die größeren Touristensehenswürdigkeiten. Sie sind im Allgemeinen teurer als Taxis, und ausländische Touristen müssen meist viel zu viel zahlen – wir können sie daher nicht empfehlen.

Hutong-Touren

Rikschatouren (1 Std., pro Pers. 100 Yuan) werden um die Houhai-Seen und durch die Gassen am Trommelturm angeboten. Sie richten sich aber eigentlich an Reisegruppen und die Rikschafahrer sprechen kein Englisch.

Allgemeine Informationen

Arbeiten in Beijing

Seit dem letzten Jahrzehnt haben sich die Chancen für Ausländer verbessert, Arbeit in Beijing zu finden; allerdings werden chinesische Sprachkenntnisse immer wichtiger.

Jobs als Lehrer, die stundenweise bezahlt werden, sind recht lukrativ. Wer eine anerkannte ELT- oder TEFL-Ausbildung oder Erfahrung als Englischlehrer hat, kann in Beijing gut verdienen. Internationale Schulen bieten qualifizierten Lehrern Monatsgehälter zwischen 6000 und 10 000 Yuan an; oft wird sogar die Unterkunft gestellt. Auch Lehrer, die Grundkenntnisse vermitteln, werden gesucht und verdienen pro Stunde 100 Yuan und mehr. Die Schulen setzen regelmäßig Anzeigen in Ausländermagazinen, wie *The Beijinger* (www.thebeijinger.com). Weitere Stellen für Lehrer bietet www.teachabroad.com an. Lohnenswert ist auch eine Nachfrage bei Kulturorganisationen wie dem **Goethe-Institut** (www.goethe.de/peking), das auch Deutschunterricht in China fördert.

Gute Möglichkeiten bieten sich auch Übersetzern, freien Autoren, Lektoren, in der Hotellerie, als Schauspieler, Model, Fotograf, in Bars und für Verkäufer. Da die meisten Ausländer ihre Jobs über Mundpropaganda finden, sollte man gut vernetzt sein.

Geschäfte in China

Inzwischen ist es für Ausländer zwar leichter geworden, Geschäfte mit Chinesen zu machen, doch der Arbeitsalltag in China kann für sie frustrierend sein. Dinge wie eine Räumlichkeit mieten, Lizenzen beantragen, Angestellte finden und Steuern bezahlen kosten Nerven, und

PRAKTISCH & KONKRET

DVDs China ist noch immer ein großer Markt für Raubkopien ausländischer, aber auch inländischer Filme und Serien. Sie werden überall in Beijing verkauft. Dabei ist zu bedenken, dass einige Länder, insbesondere die USA und Australien, überhaupt nicht damit einverstanden sind, wenn Leute gefälschte DVDs einführen. Diese werden beschlagnahmt, und es kann saftige Geldstrafen dafür geben.

Maße & Gewichte Chinas Maße und Gewichte orientieren sich annährend am metrischen System. Die häufigste Gewichtseinheit, der Reisende begegnen werden, ist das *jin* (斤). Ein *jin* sind etwa 500 Gramm.

Rauchen Zwar sind die dunklen Zeiten, in denen sich sogar die Patienten im Krankenhaus eine Zigarette ansteckten, nur noch eine entfernte Erinnerung, doch es gibt in China schätzungsweise 400 Millionen Raucher, und in vielen Kneipen und Restaurants ist das Rauchen noch immer erlaubt.

TV & Radio China hat eine reguläre englischsprachige Sendung – CCTV News – sowie das englischsprachige China Radio International. Beide folgen linientreu der Kommunistischen Partei Chinas und bieten einen unverfänglichen Mix aus Nachrichten, aktuellen Shows und Dokumentationen.

Zeitungen & Zeitschriften Chinas Printmedien sind verstaatlicht und unterliegen strengen Kontrollen. Es gibt zwei wichtige englischsprachige Zeitungen: *China Daily* und *Global Times*. *China Daily* ist eine Qualitätszeitung, die *Global Times* ein Boulevardblatt. Keine von beiden ist sonderlich spannend zu lesen. In Beijing erscheint eine Reihe von Stadtmagazinen in Englisch – *Time Out Beijing*, *The Beijinger* und *City Weekend* –, alle sehr nützlich, um die neuesten Bars, Clubs und Restaurants zu finden.

dann wartet noch ein Berg bürokratischer Schwierigkeiten. Die meisten ausländischen Geschäftsleute erzählen, dass man Hartnäckigkeit und kooperative Beamte braucht.

Wer es dennoch wagen möchte, sollte im Vorfeld so viel wie möglich abklären. In China arbeitende Ausländer sind eine gute Quelle. Als Alternative bieten sich Consultant-Firmen oder einer der folgenden Unternehmensverbände in Beijing an:

American Chamber of Commerce (中国美国商会; Zhongguo Meiguo Shanghui; Karte S. 336; ☎8519 0800; www.amcham-china.org.cn; The Office Park, Tower AB, 6. Stock, 10 Jintongxi Lu, Chaoyang, 朝阳区金桐西路 10 号远洋光华国际 AB 座 6 层)

British Chamber of Commerce (中国英国商会; Zhongguo Yingguo Shanghui; Karte S. 336; ☎8525 1111; www.britishchamber.cn; Zi. 1001, China Life Tower, 16 Chaoyangmenwai Dajie, Chaoyang, 朝阳门外大街 16 号中国人寿大夏 1001 室)

Canada-China Business Council (加中贸易理事会; Jiazhong Maoyi Lishihui; Karte S. 336; ☎8526 1820; www.ccbc.com; Suite 11A16, Tower A, Hanwei Plaza, 7 Guanghua Lu, Chaoyang, 朝阳区光华路 7 号汉威大夏 A 座)

China-Australia Chamber of Commerce (中国澳大利亚商会; Zhongguo Aodaliya Shanghui; Karte S. 336; ☎6595 9252; www.austcham.org; 910, Tower A, U-Town Office Bldg., 1 Sanfengbeili, Chaoyang, 朝阳区三丰北里 1 号 悠唐写字楼 A 座 910 室)

China Britain Business Council (CBBC; 英中贸易协会; Yingzhong Maoyi Xiehui; Karte S. 336; ☎8525 1111; www.cbbc.org; Zi. 1001, China Life Tower, 16 Chaoyangmenwai Dajie, Chaoyang, 朝阳区朝阳门外大街 16 号, 中国人寿大夏 1001 室)

Deutsche Auslandshandelskammer in China (www.china.ahk.de; ☎6539 6688; Landmark Tower II, 8 Donganhuan Dajie, Chaoyang)

European Union Chamber of Commerce in China (中国欧盟商会; Zhongguo Oumeng Shanghui; Karte S. 336; ☎6462 2066; www.europeanchamber.com.cn; Zi. C-412, Lufthansa Center, 50 Liangmaqiao Lu, Chaoyang, 朝阳区亮马桥路 50 号, 燕莎中心写字楼 C-412 室)

French Chamber of Commerce & Industry (中国法国工商会; Zhongguo Faguo Gongshanghu; Karte S. 336; ☎6461 0260; www.ccifc.org; Zi. C-712, 7. Stock, Office Bldg. Lufthansa Center, 50 Liangmaqiao Lu, Chaoyang, 朝阳区亮马桥路 50 号, 燕莎中心写字楼 C-712 室)

US-China Business Council (美中贸易全国委员会; Meizhong Maoyi Quanguo Weiyuanhui; Karte S. 336; ☎6592 0727; www.uschina.org; CITIC Bldg., Suite 10–01, 19 Jianguomenwai Dajie, Chaoyang, 朝阳区建国门外大街 19 号, 国际大夏 10–01 室)

Visitenkarten

Visitenkarten spielen in Chinas Geschäftswelt eine wichtige Rolle. Chinesen tauschen ihre Karten in etwa aus wie wir einen warmen Händedruck. Wer in China ein Geschäft abschließen möchte und ohne Visitenkarte auftaucht, könnte auch gleich in zerschlissenen Jeans und Turnschuhen erscheinen. Bei einer guten Visitenkarte ist der westliche Name auf der Rückseite in einfaches Chinesisch übersetzt. Obwohl chinesische Drucker die passenden Karten preiswert anfertigen, sind im Heimatland hergestellte Karten sicherer. Visitenkarten werden in China sehr höflich und zeremoniell überreicht: zwischen Daumen und Zeigefinger beider Hände.

Botschaften & Konsulate

Die Botschaften (大使馆; *dashiguan*) in Beijing sind montags bis freitags von 9 bis 12 und von 13.30 bis 16 Uhr geöffnet. Die Visaabteilungen, die sich oft in separaten Bürohäusern befinden (auf der Website der Botschaft zu erfahren), sind jedoch manchmal nachmittags geschlossen. Es gibt drei Botschaftsviertel: Jianguomenwai, Sanlitun und Liangmaqiao.

Es kommt übrigens vor, dass Botschaften Visumsanträge von Ausländern, die nicht in China leben, ablehnen. Es ist daher immer besser, ein Visum aus dem Heimatland zu beantragen.

Deutsche Botschaft (德国大使馆; Karte S. 336; ☎8532 9000; www.china.diplo.de; 17 Dongzhimenwai Dajie, 东直门外大街 17 号, Chaoyang) In Sanlitun. Weitere Konsulate in Hongkong (☎852–2105 8777; 21. Stock, United Centre, 95 Queensway, Admiralty), Shanghai (德国领事馆; Deguo Lingshiguan; ☎021–3401 0106; www.shanghai.diplo.de; 181 Yongfu Rd; 永福路181号), Chengdu (☎028–8528 0800; 25. Stock, Western Tower, 19 Renmin Nanlu, 4. Abteilung) und Guangzhou (☎020–8313 0000; 14. Stock, Main Tower, Yuehai Tianhe Bldg., 208 Tianhe Lu).

Östereichische Botschaft (☎6532 2061; www.bmeia.hv.at/botschaft/peking.html; 5 Xiushui Nanjie) In Jianguomenwai.

Schweizer Botschaft (☎8532 8888; www.eda.admin.ch/beijing; 3 Sanlitun Dongwujie, Chaochang) In Sanlitun.

Ermäßigungen

Studentenausweise Mit einem Internationalen Studentenausweis (ISIC; www.isiccard.com) ist der Eintrittspreis in manchen Sehenswürdigkeiten um die Hälfte billiger. Chinesische Schilder an den meisten Sehenswürdigkeiten weisen deutlich darauf hin, dass Studenten den halben Preis zahlen – man sollte also darauf bestehen. Wer in China studiert, erhält von seiner Uni einen chinesischen Studentenausweis, für den Ermäßigungen bei Eintrittsgeldern leichter zu erhalten sind.

Senioren Menschen ab 65 Jahren erhalten häufig Ermäßigungen. Bei Besichtigungen sollte also immer der Reisepass für einen Altersnachweis mitgeführt werden.

Kostenlose Sehenswürdigkeiten Für die meisten Sehenswürdigkeiten in und um Beijing muss Eintritt bezahlt werden. Aber immer mehr Museen bieten nun freien Eintritt (allerdings gegen Vorlage des Reisepasses).

Museumspass Für 120 Yuan gibt es den ein Jahr gültigen Beijinger Museumspass, mit dem man Einlass in über 100 Museen hat.

Travelcard Eine kostenlose Travelcard (20 Yuan Kaution) gibt es in jedem U-Bahnhof oder größeren Busbahnhof. Mit der U-Bahn zu fahren wird dadurch viel einfacher (und gegebenenfalls auch billiger, wenn die geplanten U-Bahn-Fahrtkostenerhöhungen umgesetzt werden). Außerdem sind alle Busfahrten damit um 60 % ermäßigt, auch die zur Großen Mauer.

Feiertage

In China gibt es elf landesweite Feiertage:

Neujahrstag 1. Januar

Chinesisches Neujahr Januar oder Februar

Internationaler Frauentag 8. März

Totengedenktag 5. April

Internationaler Tag der Arbeit 1. Mai

Tag der Jugend 4. Mai

Internationaler Tag des Kindes 1. Juni

Jahrestag der Gründung der Kommunistischen Partei 1. Juli

Jahrestag der Gründung der Befreiungsarmee 1. August

Mondfest Ende September

Nationalfeiertag 1. Oktober

Der Tag der Arbeit am 1. Mai wird über drei Tage gefeiert, der Nationalfeiertag eine Woche lang ab dem 1. Oktober, und das Chinesische Neujahrfest dauert ebenfalls eine Woche. Wer an diesen Feiertagen in China ankommt oder durchs Land reist, muss damit rechnen, dass alles zum Erliegen kommt. Die Hotelpreise schießen an den Feiertagen im Mai und Oktober in ganz China in die Höhe.

Frauen unterwegs

Frauen können sich in Beijing sicher fühlen. Chinesische Männer sind keine Machos, und der Respekt für Frauen ist in der chinesischen Kultur tief verwurzelt.

Natürlich gehen alleinreisende Frauen wie überall ein gewisses Risiko ein. Ein Selbstverteidigungskurs vor der Reise kann sehr hilfreich sein und stärkt das Selbstvertrauen. Mit einer Trillerpfeife kann man jederzeit auf sich aufmerksam machen – ein guter Schutz gegen unliebsame Begegnungen. Bei Reisen in ländlichere Regionen sind Hotels im Ortszentrum zu bevorzugen. Weitere hilfreiche Tipps gibt es unter www.journeywoman.com.

Tampons *(weisheng miantiao)* werden in fast allen Geschäften angeboten. Zur Sicherheit sollte man seine Verhütungspillen mitnehmen *(biyunyao)*, obwohl viele Apotheken gängige Marken, wie Marvelon, führen.

Freiwilligenarbeit

Viele Menschen aus dem Westen arbeiten in China mit internationalen Entwicklungshilfeorganisationen, wie:

VSO (www.vso.org.uk) Interessante Erfahrungen und Chinesischlernen möglich.

Go Overseas (www.gooverseas.com) Vermittelt freiwillige Lehrkräfte nach Beijing und in andere chinesische Städte.

Joy in Action (JIA; www.joyinaction.org) Workcamps in hilfsbedürftigen Orten in Südchina.

World Teach (www.worldteach.org) Freiwillige Lehrtätigkeit.

Gebühren

4- und 5-Sterne-Hotels berechnen 15 % und feinere Restaurants ein Bedienungsgeld von 10 %.

Geld

Renminbi (RMB), das „Volksgeld", wird von der Bank of China ausgegeben. Grundeinheit der chinesischen Währung ist der Yuan, der in Läden und auf Schildern an dem chinesischen Schriftzeichen 元 zu erkennen ist. Der Yuan wird auch umgangssprachlich als *kuai* oder *kuaiqian* bezeichnet. Es gibt auch die kleineren Nennwerte *jiao* und *fen*. Zehn *jiao* – im gesprochenen Chinesisch *mao* – sind ein Yuan. Zehn *fen* sind ein *jiao*, aber *fen* sind heute selten, da sie so gut wie nichts wert sind.

Geldautomaten

Die meisten Geldautomaten (取款机; *qukuanji*) in Beijing akzeptieren ausländische Kredit- und Bankkarten von Plus, Cirrus, Visa, MasterCard und Amex; für die Abhebung wird eine kleine Gebühr von der heimischen Bank erhoben.

Die folgenden Banken haben zahlreiche Geldautomaten in Beijing:

Agricultural Bank of China (ABC) (中国农业银行; Zhongguo Nongye Yinhang)

Bank of China (中国银行; Zhongguo Yinhang)

China Construction Bank (中国建设银行; Zhongguo Jianshe Yinhang)

Industrial and Commercial Bank of China (ICBC) (工商银行; Gongshang Yinhang)

Die meisten Geldautomaten bieten auf dem Bildschirm die Wahl zwischen englischer und chinesischer Eingabe. Geldautomaten gibt es direkt in der Ankunftshalle des Beijing Capital International Airport sowie in vielen großen Kaufhäusern und Hotels.

Banken

Bank of China (中国银行; Zhongguo Yinhang; Karte S. 324; ☎6513 2214; 19 Dong'anmen Dajie, 东城区东安门大街 19号, Dongcheng) Die Filiale nahe dem Nachtmarkt Donghuamen ist eine von Dutzenden Zweigstellen in Beijing mit Geldwechselschalter.

HSBC (汇丰银行; Huifeng Yinhang; Karte S. 324; ☎6526 0668, überregional 800 820 8878; www.hsbc.com.cn; 1. Stock, Block A, COFCO Plaza, 8 Jianguomennei Dajie, Dongcheng; ⌚Mo–Fr 9–17, Sa 10–18 Uhr) Eine von zwölf Filialen in der Hauptstadt.

Geldwechsel

Ausländische Währungen werden von den großen Banken sowie am Flughafen, an Geldwechselschaltern in Hotels und in mehreren Kaufhäusern gegen Vorlage des Reisepasses gewechselt. Fremdwährung kann auch in Wechselstuben und Banken in großen internationalen Flughäfen außerhalb Chinas in Renminbi gewechselt werden, aber die Kurse sind meist sehr schlecht. Hotels wechseln in der Regel zum offiziellen Kurs, einige erheben aber eine kleine Gebühr. Manche gehobenen Hotels wechseln nur für Gäste ihres Hauses Geld.

Wer bei der Ausreise verbliebene Renminbi rücktauschen will, sollte wenigstens ein paar Quittungen des Geldumtausches vorlegen können.

Falschgeld

Falschgeld ist ein allgegenwärtiges Problem in China, also auch in Beijing. So gut wie alle Kassierer legen jeden 50- oder 100-Yuan-Schein zunächst unter eine UV-Lampe, bevor sie ihn akzeptieren. Verdächtig erscheinende Geldscheine sollten unverzüglich zurückgegeben werden.

Kreditkarten

Kreditkarten spielen in China keine Rolle. In Beijing ist ihr Gebrauch zwar relativ einfach, aber nicht überall. Ausreichend Bargeld sollte also immer mitgeführt werden. Dort, wo sie akzeptiert werden, gewähren Kreditkarten oft einen etwas besseren Wechselkurs als in Banken. An den meisten Geldautomaten kann auch mit Visa, MasterCard und Amex Geld abgehoben werden. Mit Kreditkarten können keine Bahnfahrkarten gekauft werden, aber das Amt für Zivilluftfahrt (CAAC; 中国民航; Zhongguo Minhang) akzeptiert durchaus internationale Visa-Karten für den Kauf von Flugtickets.

Überweisungen

Wer schnell Geld braucht, kann sich über **Western Union** (☎800 820 8668; www.westernunion.com) in nur 15 Minuten Geld überweisen lassen. Schalter gibt es in Ämtern der China Post und in der Agricultural Bank of China.

Trinkgeld

Fast niemand in Beijing verlangt Trinkgeld. Mittlerweile berechnen viele Mittel- und Spitzenklasserestaurants allerdings ein (oft gepfeffertes) Bedienungsgeld; billige Lokale erwarten kein Trinkgeld. Taxifahrer verlangen und erwarten ebenfalls kein Trinkgeld.

Reiseschecks

Mit Reiseschecks kann nicht überall bezahlt werden; es sollte also auch immer genug Bargeld mitgeführt werden. In Spitzenklassehotels können sie durchaus eingelöst werden, aber in Budgethotels oder Restaurants sind sie nutzlos. Die meisten Hotels nehmen auch nur Schecks von Gästen ihres Hauses an. Bei Bankeinlösung sollte man sich an die größeren Banken halten, wie Bank of China oder ICBC. Einige wechseln allerdings keine Schecks an Wochenenden.

Es ist ratsam, sich Schecks von internationalen Firmen zu besorgen, wie Thomas Cook, Amex und Visa, besonders bei Reisen außerhalb Beijings. Nur gegen Vorlage der Umtauschquittungen kann das Geld bei der Ausreise wieder in die ursprüngliche Währung umgetauscht werden.

Gesundheit

Abgesehen vom dichten Smog, der sich manchmal über die Stadt legt, gibt es in Beijing keine besonderen Gesundheitsrisiken wie Malaria. Zu beachten sind jedoch unbedingt alltägliche Gefahren – das größte Sicherheitsrisiko ist wohl das Überqueren einer Straße. In dringenden Fällen ist es ratsam, den Weg ins Krankenhaus mit dem Taxi zurückzulegen – das geht meistens schneller als auf den Krankenwagen zu warten.

Es lohnt sich, eine kleine Hausapotheke mit den wichtigsten Medikamenten mitzunehmen. Das gilt vor allem für notwendige, verschreibungspflichtige Arzneimittel – sie sind in Beijing häufig schwer aufzutreiben und teuer. Antibiotika *(kangjunsu)* und Schlaftabletten *(anmianyao)* sind in Beijing nicht mehr ohne Rezept erhältlich. Vor allem Patienten, die auf seltene Medikamente angewiesen sind, sollten sich mit einem ausreichenden Vorrat auf die Reise machen.

Impfungen

China verlangt eine Impfung gegen Gelbfieber, wenn Reisende aus einer Region mit Gelbfieber kommen und diese erst vor maximal sechs Tagen verlassen haben. Wer aus Afrika oder Südamerika direkt nach China reist, sollte bei einem Spezialisten für Reisemedizin nachfragen, ob die Impfung gegen Gelbfieber erforderlich ist.

Reisenden nach China werden folgende Impfungen empfohlen:

➡ **Diphterie und Tetanus** Wenn die letzte Impfung länger als zehn Jahre zurückliegt, wird eine Auffrischungsimpfung empfohlen. Nebenwirkungen sind Schmerzen im Arm und Fieber.

➡ **Hepatitis A** Die Impfung bietet fast hundertprozentigen Schutz, der bis zu einem Jahr anhält; eine Auffrischungsimpfung nach zwölf Monaten verlängert den Schutz auf weitere 20 Jahre. Geringe Nebenwirkungen sind Schmerzen im Arm, Fieber und Kopfschmerzen.

➡ **Hepatitis B** Die meisten Reisenden lassen sich routinemäßig impfen. Die Impfung erfolgt in drei Einheiten über sechs Monate; kann mit der Hepatitis-A-Impfung kombiniert werden; in den meisten Fällen lebenslanger Schutz. Geringe Nebenwirkungen sind Schmerzen im Arm und Kopfschmerzen.

➡ **Masern/Mumps/Röteln** Reisenden, die noch nicht an Röteln erkrankt waren, werden zwei Schutzimpfungen empfohlen, die lebenslang wirken. Erwachsene unter 35 Jahren brauchen eine Auffrischungsimpfung. Gelegentlich treten eine Woche nach der Impfung Ausschlag und ein grippeartiger Infekt auf.

➡ **Typhus** Nötig bei einem Aufenthalt in China über zwei Wochen. Eine einzige Impfung gewährt für zwei bis drei Jahre siebzigprozentigen Schutz.

GESUNDHEITSBERATUNG

Vor der Reise ist es ratsam, sich auf den entsprechenden Websites der jeweiligen Außenministerien über Gesundheitstipps zu informieren.

➡ **Deutschland** (www.auswaertiges-amt.de/DE/Laenderinformationen/00-SiHi/ChinaSicherheit.html)

➡ **Österreich** (www.bmeia.gv.at/reise-aufenthalt/reiseinformation/land/china)

➡ **Schweiz** (www.eda.admin.ch/eda/de/home/travad/hidden/hidde2/china.html)

➡ **Windpocken** Wer noch nicht an Windpocken erkrankt war, sollte die Impfung mit seinem Arzt besprechen. Bei Erwachsenen können Windpocken einen gefährlichen Verlauf nehmen und zu Komplikationen wie Lungenentzündung und Enzephalitis führen.

Unter bestimmten Voraussetzungen oder für spezielle Risikogruppen werden folgende Impfungen empfohlen (nach Rücksprache mit einem Spezialisten für Reisemedizin):

➡ **Grippe** Reisende, die älter als 50 Jahre sind oder unter chronischen Krankheiten leiden (beispielsweise Diabetes, Lungen- oder Herzkrankheiten) sollten sich jährlich gegen Grippe impfen lassen.

➡ **Japanische Enzephalitis** Ein Risiko besteht nur in ländlichen Regionen Chinas. Die Impfung wird für Reisende empfohlen, die sich im Sommer länger als einen Monat auf dem Land aufhalten.

➡ **Lungenentzündung** Eine Impfung wird für Reisende empfohlen, die über 65 Jahre alt sind oder an chronischen Lungen- oder Herzkrankheiten leiden. Eine Auffrischungsimpfung findet fünf Jahre nach der ersten statt.

➡ **Tollwut** Empfohlen bei einem Aufenthalt in China über drei Monate. Nötig sind drei Injektionen über einen Zeitraum von einem Monat.

Schwangere oder stillende Mütter sollten sich vor der Impfung einen Spezialisten für Reisemedizin aufsuchen.

Krankheiten

VOGELGRIPPE

Die Vogelgrippe oder Influenza A (H5N1) ist ein Untertypus des Grippevirus. In der Regel werden von diesem Virus nur Vögel befallen. 1997 wurde jedoch in Hongkong der erste Fall einer Übertragung vom Tier zum Menschen nachgewiesen. Auf dem Höhepunkt der Seuche 2006 gab es weltweit 4000 Krankheitsausbrüche, aber das Virus wurde in den meisten der betroffenen 63 Länder eliminiert. In China ist es noch endemisch. Weitere Varianten des Virus, wie H7N9, treten in China ebenfalls auf.

Das größte Infektionsrisiko besteht beim direkten Kontakt mit einem infizierten toten oder lebenden Vogel; die Übertragung auf den Menschen kommt aber nur selten vor. Als Symptome treten hohes Fieber und grippeartige Symptome mit rascher Verschlechterung des Zustandes bis hin zu Atemversagen und Tod auf. Es wird nicht empfohlen, antivirale Mittel wie Tamiflu mitzunehmen. Besteht der Verdacht auf Vogelgrippe, sollte aber sofort ein Arzt aufgesucht werden.

Es gibt noch keinen Impfstoff gegen die Vogelgrippe. Aktuelle Informationen bietet die Website der Weltgesundheitsorganisation: www.who.int/de.

HEPATITIS A
Das Virus wird über kontaminiertes Wasser sowie über Nahrungsmittel übertragen. Es befällt die Leber und ruft Gelbsucht (gelbe Haut und Augen), Übelkeit und Lethargie hervor. Es gibt bislang keine spezielle Behandlung; wer sich infiziert hat, muss der Leber Zeit zur Erholung geben (mehrere Wochen).

HEPATITIS B
Die Krankheit, die über Körperflüssigkeiten, also auch über Sexualkontakte, übertragen wird, ist in China verbreitet. Langzeitschäden schließen Leberkrebs und -zirrhose ein.

HIV & GESCHLECHTSKRANKHEITEN
Die chinesische Regierung nimmt HIV sehr ernst, und so ist die Verbreitung der Infektion im Land gering. Unter gewissen Risikogruppen, wie Schwulen, Prostituierten und Drogenabhängigen, ist die Verbreitung von HIV und Geschlechtskrankheiten jedoch vergleichsweise hoch, in manchen Gruppen in einigen Gebieten bis zu 20 %. Die konsequente Benutzung von Kondomen bei Sexualkontakten ist ein wirksamer Schutz vor Infektionen, und natürlich sollten niemals Spritzen geteilt werden.

Wer sich auf Reisen leichtsinnig verhält, sich z. B. auf ungeschützten Sex einlässt oder Drogen spritzt, sollte sich sofort untersuchen lassen. Das geht in den meisten größeren chinesischen Krankenhäusern oder in jedem Zentrum für Krankheitskontrolle (疾控中心; *Jikong Zhongxin*). Es gibt sie in jedem Stadtbezirk, wie jenes an der Nanluogu Xiang: **Zentrum für Krankheitskontrolle und Prävention Dongcheng** (东城疾控中心; Dongcheng Jikong Zhongxin; Karte S. 328; ☎6404 0807; 5 Beibingmasi Hutong, 东城区交道口南大街北兵马司胡同 5 号, Seitenstraße der Nanluogu Xiang).

Aktuelle Informationen zu HIV in China gibt die Website der **UNAIDS China** (www.unaids.org.cn).

GRIPPE
Im Beijinger Winter ist die Grippe weit verbreitet. Das Virus verursacht hohes Fieber, Kopf- und Gliederschmerzen und die typischen Symptome, wie eine laufende Nase, Husten und Halsschmerzen. Antibiotika helfen nicht dagegen, außer es entwickelt sich eine Sekundärinfektion, etwa eine Lungenentzündung. Wer im Winter nach Beijing reist, sollte also über eine Impfung nachdenken; das gilt insbesondere für Ältere und chronisch Kranke.

REISEDURCHFALL
Ein Reisedurchfall dürfte wohl die häufigste Krankheit von Asienreisenden sein. Er wird von Bakterien verursacht und lässt sich daher rasch mit geeigneten Antibiotika kurieren. Natürlich kommt es immer auf die Umstände an, aber zur Sicherheit sollte man Gegenmittel in seiner Reiseapotheke mitführen.

TUBERKULOSE (TB)
Tuberkulose ist eine seltene Infektionskrankheit; gefährdet sind insbesondere diejenigen Reisenden, die längere Zeit Kontakt mit einem TB-Kranken hatten. Symptome sind Husten, Gewichtsverlust, Nachtschweiß und Fieber. Kinder unter fünf Jahren, die länger als sechs Monate im Land bleiben, sollten geimpft werden (Bacillus Calmette-Guérin). Erwachsene werden hingegen selten immunisiert.

TYPHUS
Die schwere Bakterieninfektion wird über kontaminiertes Wasser und Lebensmittel übertragen. Symptome sind hohes Fieber, Kopfschmerzen, Husten und Lethargie. Zur Diagnose ist ein Bluttest erforderlich, die Behandlung erfolgt dann mit speziellen Antibiotika.

Umweltrisiken

LUFTVERSCHMUTZUNG
Beijing ist eine der Städte mit der höchsten Umweltverschmutzung weltweit. Wenngleich die Regierung vor den Olympischen Spielen im Jahr 2008 die Situation verbessert hat und einige Maßnahmen weiterhin gelten (beispielsweise reduzierter Autoverkehr), sollten Reisende mit Atemwegserkrankungen entsprechende Medikamente mitführen, falls sich die Symptome verschlimmern.

WASSER
Leitungswasser oder Eiscreme sind absolut tabu. Flaschenwasser (das Deckelsiegel darf nicht aufgebrochen sein), Softdrinks, Alkohol und Getränke aus gekochtem Wasser (Tee, Kaffee) sind in Ordnung.

Internetzugang

Hotels Fast alle Hotels haben WLAN oder Breitbandanschlüsse (oder beides), einige verlangen aber eine Tagesgebühr. Die meisten Hostels haben kostenloses WLAN sowie Computer-Terminals, erheben aber eine kleine Internetgebühr (um 10 Yuan pro Stunde), um diese nutzen zu können.

Internetcafés Internetcafés (网吧; *wangba*) sind oft leicht zu finden, manche verbergen sich jedoch in Nebenstraßen. Sie sind in der Regel durchgängig geöffnet. Der Preis liegt zwischen 3 und 5 Yuan pro Stunde, allerdings haben viele Internetcafés unterschiedliche Bereiche mit abgestuften Preisen – der allgemeine Bereich *(putong qu)* ist der billigste. Rauchen gehört in Internetcafés zum Standard. Viele verbieten die Benutzung von USB-Sticks. Internetcafés sind verpflichtet, sich den Reisepass von Benutzern vorlegen zu lassen und eventuell den Besuch schriftlich festzuhalten. Benutzer werden zu Beginn von einem rechteckigen Metallkasten, der auf dem Empfangstresen eines jeden genehmigten Internetcafés in der Stadt steht, gefilmt oder digital fotografiert. Dann erhalten sie eine Karte mit einer Nummer (*zhengjianhao*) und einem Passwort (*mima* oder *kouling*), die in die Bildschirmmaske eingegeben werden.

WLAN-Cafés Die meisten Bars und Cafés nach westlicher Art bieten kostenloses WLAN an. Allerdings sind die Verbindungen manchmal langsam, auch verschwinden zwischendurch schon mal Websites ganz plötzlich.

Zensur Einige politisch verfängliche Websites und die meisten populäreren Social Media Sites, wie Twitter, Facebook und YouTube, sind in China blockiert. Um solche Websites abrufen zu können, muss man sich über ein VPN (virtuelles privates Netzwerk) einloggen.

Medizinische Versorgung

Kliniken

Eine ärztliche Beratung in einer Privatklinik kostet 500 Yuan und mehr, je nachdem, wohin man geht. In einem staatlichen Krankenhaus kostet sie 10 bis 50 Yuan.

Bayley & Jackson Medical Center (庇利积臣医疗中心; Bili Jichen Yiliao Zhongxin; Karte S. 336; ☎8562 9998; www.bjhealthcare.com; 7 Ritan Donglu, Chaoyang; ⊙Zahnarzt Mo–Fr 9–16 Uhr, Arzt Mo–Sa 8.30–18 Uhr) Die Gemeinschaftspraxis in einem hübschen Hofhaus neben dem Ritan-Park bietet sämtliche ärztlichen und zahnärztlichen Behandlungen. Zahnärztliche Untersuchung kostet 456 Yuan, ärztliche Beratung 500 Yuan.

Beijing Union Hospital (协和医院; Xiehe Yiyuan; Karte S. 324; ☎6915 6699, Notfall 6915 9180; 53 Dongdan Beidajie, Dongcheng; ⊙24 Std.) Das empfohlene Krankenhaus ist rund um die Uhr geöffnet und für stationäre und ambulante Behandlungen voll ausgestattet, samt einer Apotheke. In der Ausländern vorbehaltenen Abteilung **International Medical Services** (国际医疗部; Guoji Yiliao Bu; ☎6915 6699) sprechen medizinisches und Empfangspersonal Englisch.

Beijing United Family Hospital (和睦家医疗; Hemujia Yiliao; ☎4008 919191, 24-Std.-Notruf 5927 7120; www.unitedfamilyhospitals.com; 2 Jiangtai Lu, Chaoyang; ⊙24 Std.) Bietet alternative medizinische Behandlungen und umfassende stationäre und ambulante Versorgung. Es gibt eine Intensivstation, und in der Notaufnahme arbeiten ausländische Ärzte.

Hong Kong International Medical Clinic (北京香港国际医务诊所; Beijing Xianggang Guoji Yiwu Zhensuo; Karte S. 336; ☎6553 2288; www.hkclinic.com/en; 9. Stock, Office Tower, Hong Kong Macau Center, Swissôtel, 2 Chaoyang-men Beidajie, Chaoyang; ⊙9–21 Uhr, Zahnarzt 9–19 Uhr) Sehr zuverlässige zahnärztliche und medizinische Versorgung durch Englisch sprechendes Personal. Es gibt eine gynäkologische und Geburtshilfeabteilung mit Ultraschalluntersuchungen. Impfungen werden auch durchgeführt. Die Preise sind moderater als im International SOS. Eine komplette medizinische Untersuchung kostet für Männer ab 3000 Yuan, für Frauen 3500 Yuan und für Kinder 2200 Yuan. Eine zahnärztliche Untersuchung kostet 350 Yuan, eine ärztliche Beratung 690 Yuan. Die Klinik ist auch nachts besetzt, man kann also rund um die Uhr anrufen.

International SOS (国际SOS 医务诊所; Guoji SOS Yiwu Zhensuo; Karte S. 336; ☎24-Std.-Notruf 6462 9100, Anmeldung Arzt 6462 9199, Anmeldung Zahnarzt 6462 0333; www.internationalsos.com; Suite 105, Flügel 1, Kunsha Bldg., 16 Xinyuanli, an der Xin Donglu, Chaoyang; ⊙Mo–Fr 9–20, Sa & So 9–18 Uhr) 24-Stunden-Notfallversorgung in einer erstklassigen Klinik mit Englisch sprechendem Personal. Zahnärztliche Untersuchung: 930 Yuan; medizinische Beratung: 1240 Yuan.

Apotheken

Apotheken (药店; *yaodian*) sind mit einem grünen Kreuz gekennzeichnet. Die großen Apotheken auf der Wangfujing Dajie bieten sowohl chinesische (*zhongyao*) als auch westliche (*xiyao*) Medikamente an. Wie häufig in größeren Geschäften in Beijing wählt man aus, bekommt eine Rechnung und geht damit zur Kasse (*shouyintai*). Nach dem Bezahlen stellt man sich wieder am Schalter an, wo die Medizin ausgesucht wird, zeigt die Quittung vor und bekommt sein Medikament. Viele Apotheken haben rund um die Uhr geöffnet; außerhalb der Öffnungszeiten werden Bestellung und Bezahlung über ein kleines Fenster oder einen Spalt abgewickelt.

Beijing Wangfujing Pharmaceutical Store (北京王府井医药商店; Beijing Wangfujing Yiyao Shangdian; ☎6524 0122; 267 Wangfujing Dajie, Dongcheng; ⊙8.30–21 Uhr) Eine breite Auswahl an westlichen und chinesischen Medikamenten.

Watson's (屈臣氏; Quchenshi; Karte S. 324; CC17 Oriental Plaza, 1 Dongchang'an Jie, Dongcheng) Hat viele Zweigstellen und verkauft Kosmetika, Sonnencreme, Deos und dergleichen.

Notfall

Krankenwagen (☎120)

Feuerwehr (☎119)

Polizei (☎110)

Amt für öffentliche Sicherheit (Polizei; ☎für Ausländer 8402 0101)

Öffnungszeiten

China hat offiziell die Fünf-Tage-Woche, Samstag und Sonntag sind Feiertage, aber vieles bleibt auch am Wochenende geöffnet.

Banken Banken, Büros und staatliche Einrichtungen sind in der Regel montags bis freitags etwa von 9 bis 17 oder 18 Uhr geöffnet (einige schließen für zwei Stunden in der Mittagszeit). Einige Banken sind auch am Wochenende geöffnet. Die Zweigstellen der Bank of China sind werktags von 9 bis 12 und 14 bis 16.30 Uhr offen. Geldautomaten für ausländische Karten gibt es aber reichlich. Reisebüros, Geldwechselschalter in Touristenhotels und einige Zweigstellen der Bank of China haben ähnliche Öffnungszeiten, sind aber in der Regel auch an Wochenenden geöffnet, zumindest am Vormittag.

Museen & Parks Die meisten Museen in Beijing sind auch am Wochenende geöffnet, schließen aber dafür an einem Werktag (meist montags). In der Regel verkaufen Museen eine halbe Stunde vor dem Schließen keine Eintrittskarten mehr.

Parks sind generell von 6 bis etwa 21 Uhr oder auch länger geöffnet, im Winter öffnen sie jedoch häufig später und schließen früher. Die Öffnungszeiten der Sehenswürdigkeiten sind unter dem jeweiligen Eintrag in den entsprechenden Kapiteln zu finden.

Läden & Restaurants Läden sind meist die Woche über von 10 bis 21 Uhr geöffnet, Restaurants von 11 bis 23 Uhr, einige schließen von 14 bis 17.30 Uhr. Manche Restaurants öffnen zum Frühstück (etwa 5 bis 8.30 Uhr). Die einzige Zeit, in der einige Restaurants komplett geschlossen bleiben, ist die Woche um das Neujahrsfest.

Internetcafés Meist durchgängig geöffnet.

Bars Beijings Bewirtungsbetriebe bleiben immer länger geöffnet. Es ist durchaus möglich, zu jeder Tages- und Nachtzeit etwas zu essen zu kriegen oder eine Bar zu finden. Einige kleine Bars sind montags geschlossen.

Post

Die großen Postämter sind täglich von 9 bis 18 Uhr geöffnet. Briefe können auch an der Hotelrezeption aufgegeben oder in die grünen Briefkästen in der Stadt eingeworfen werden.

Postlagernde Briefe und Päckchen („Poste Restante, Beijing Main Post Office") landen im **Internationalen Postamt** (International Post Office; 国际邮电局; Guoji Youdian Ju; Karte S. 336; ☎6512 8114; Jianguomen Beidajie, Chaoyang; ⏲8.30–18 Uhr), 200 m nördlich des U-Bahnhofs Jianguomen. Hier werden auch übergroße Pakete ins Ausland entgegengenommen (die entsprechenden Verpackungsmaterialien bekommt man hier); kleinere Pakete bis etwa 20 kg nehmen auch die kleineren Postämter entgegen. Sowohl ankommende als auch abgehende Pakete/Päckchen werden zur Inspektion geöffnet. Daher sollte man sein Päckchen erst zukleben, wenn es inspiziert wurde.

Briefe ins Ausland sind etwa eine Woche unterwegs. China verlangt eine Gebühr für Einschreiben, dafür sind die Kosten für Drucksachen, kleine Pakete, Päckchen, Postwurfsendungen und andere Post verhältnismäßig niedrig.

Express Mail Service (EMS; 快递; *Kuaidi*) für eingeschriebene Sendungen ins In- und Ausland ist in den meisten Beijinger Postämtern möglich.

Kurierdienste

In Beijing bieten mehrere Unternehmen ihre Kurierdienste ins Ausland an (für Dokumente und Päckchen); sie nehmen die Sendungen in verlässlichen Servicecentern an:

DHL (敦豪快递; Dunhao Kuaidi; ☎800 810 8000, 5790 5288; www.cn.dhl.com; Unit C18, 9 Jiuxianqiao Beilu, Chaoyang, 朝阳区酒仙桥北路 9 号) Diese Niederlassung neben dem 798 Art District ist eine von fünf, alle in den Außenbezirken.

FedEx (Federal Express; 联邦快递; Lianbang Kuaidi; ☎6438 5560, gebührenfrei für Festnetz 800 988 1888, gebührenfrei für Handys 400 886 1888; www.fedex.com/cn; Zi. 101, Tower C, Lonsdale Center, 5 Wanhong Lu, Chaoyang, 朝阳区万红路 5 号蓝涛中心 C 座 101; ⏲Mo–Sa 9–21 Uhr) FedEx hat auch Selbstbedienungsschalter in den Kodak-Express-Läden.

United Parcel Service (UPS 快递; UPS Kuaidi; Karte S. 336; ☎6505 5005, 800 820 8388; www.ups.com; Zi. 1822, China World Tower 1, 1 Jianguomenwai Dajie, Chaoyang, 朝阳区建国门外大街 1 号国际贸易中心 1 座 1822 室; ⏲Mo–Fr 9–18 Uhr) Eine von vier Zweigstellen.

Rechtsfragen

Drogen Chinas Drogengesetze sind hart. Auch Ausländer wurden schon wegen Rauschgiftdelikten hingerichtet (der Handel mit mehr als 50 g Heroin führt zur Todesstrafe).

Rechtssystem Das chinesische Rechtssystem gewährt keine fairen Prozesse – ein Angeklagter gilt nicht als unschuldig, bis seine Schuld bewiesen ist. In China werden mehr Menschen hingerichtet als im Rest der Welt zusammen, bis zu 10 000 pro Jahr (27 pro Tag) nach einigen Quellen; die Schätzungen differieren jedoch stark, und genaue Angaben sind kaum möglich. Bei Verhaftung haben die meisten Ausländer das Recht, ihre Botschaft zu kontaktieren.

Reisen mit Behinderung

Für Reisende im Rollstuhl oder mit Gehbehinderung ist Beijing leider ein schwieriges Pflaster. Auf den Bürgersteigen drängen sich die Passanten, und manche Bordsteine sind schier unüberwindliche Barrieren. Viele Straßen lassen sich nur über Unter- oder Überführung überqueren – natürlich mit Stufen. Außerdem sind viele Nebenstraßen mit Autos und Fahrrädern völlig zugeparkt, nur die Bürgersteige an den Hauptstraßen sind einigermaßen frei. Die Fahrstühle in den U-Bahnen fahren normalerweise nur aufwärts, und in den Stationen mit Rollstuhl-Fahrstühlen muss man erst einen Angestellten auftreiben, der den Fahrstuhl in Gang setzen kann. Eine echte Herausforderung kann für Rollstuhlfahrer auch der Besuch der wichtigsten Sehenswürdigkeiten wie der Verbotenen Stadt oder des Sommerpalasts werden. Wenn irgend möglich, sollten Behinderte mit leichtem Rollstuhl auf die Reise gehen, den man zusammenklappen und ins Taxi laden kann. Die meisten, wenn auch längst nicht alle Hotels sind mit Fahrstühlen ausgestattet; viele Hotels der Spitzenklasse bieten behinderten Besuchern spezielle Zimmer an und haben Rampen für Rollstühle, den meisten Hotelrestaurants hingegen fehlen solche Einrichtungen.

Seh-, Hör- und Gehbehinderte sollten sich im Straßenverkehr äußerst vorsichtig verhalten. Autofahrer nehmen prinzipiell keine Rücksicht auf Fußgänger.

Schwule & Lesben

Bis 2001 galt Homosexualität als psychische Krankheit. Noch heute reagieren offizielle Stellen misstrauisch. Es gibt dennoch eine Schwulen- und Lesbenszene in Beijing. Empfehlenswerte Quellen zum Thema sind:

Spartacus International Gay Guide (Bruno Gmünder Verlag) Der meistgekaufte Reiseführer für Schwule

Utopia (www.utopia-asia.com/tipschin.htm)

Sicherheit

Im Vergleich zu anderen Großstädten auf der Welt bietet Beijing eine relativ hohe Sicherheit. Kriminalität gegen Ausländer ist selten, nimmt aber zu.

Diebstahl Vorsicht vor Taschendieben, besonders in öffentlichen Verkehrsmitteln und im Gedränge, wie z. B. in Bahnhöfen. Ein Geldgürtel ist für Wertsachen die sicherste Aufbewahrung, besonders bei Bus- und Zugfahrten. In Hotels können Sachen meist unbedenklich aufbewahrt werden, ältere Häuser haben einen Aufseher auf jeder Etage, der aufpasst, wer kommt und geht. Übernachtung in Schlafsälen ist nicht ganz risikofrei. Es gab zwar einige Berichte von Diebstählen durch Angestellte, aber wahrscheinlicher ist es, dass andere Reisende klauen. Schließfächer sind sinnvoll.

Schadensmeldung Wenn etwas gestohlen wurde, sollte dies umgehend in der Ausländerabteilung des Amts für öffentliche Sicherheit (Public Security Bureau; PSB) gemeldet werden. Nach Ausfüllen einer Schadensmeldung wird der Sache nachgegangen. Für eine eventuelle Reiseversicherung ist eine Schadensmeldung unerlässlich, um Schadensersatz beanspruchen zu können. Die Prozedur kann Stunden, möglicherweise sogar mehrere Tage dauern. Eine Kopie des Reisepasses ist sehr sinnvoll für den Fall eines Diebstahls oder Verlusts.

Sicherheit im Straßenverkehr

Die größte Gefahr ist wohl das Überqueren einer Straße, ein riskantes Manöver, das Aufmerksamkeit und Geschick verlangt. Der Verkehr geht oft in alle Richtungen (besonders Fahrräder fahren oft auf der falschen Straßenseite), und Vorfahrt zu gewähren scheint nicht angesagt zu sein. Ist die Vorfahrt nicht eindeutig geklärt, schalten Fahrer auf stur. Zebrastreifen kann man ignorieren, da Autos nicht zum Halten verpflichtet sind und es nie tun. Vorsicht bei Fußgängerampeln; das grüne „Ampelmännchen" ist keine Garantie, nicht überfahren zu werden, da Autos bei Rot abbiegen können und Fahrräder, Elektroräder und Motorräder selten bei Rot anhalten.

Betrug

Teehäuser Vorsicht vor den zahlreichen Schleppern, die in der Wangfujing Dajie, am Tiananmen-Platz oder anderen Orten Touristen in Cafés, Teehäuser oder Kunstgalerien locken wollen. Ausländer wurden schon von Englisch sprechenden Chinesen übers Ohr gehauen, die sie zu überteuerten Teezeremonien oder Kunstausstellungen lockten.

Taxis Kein Taxi besteigen, das in den Ankunftshallen am Flughafen von Schleppern angeboten wird. Eine organisierte Taximafia nimmt für eine Fahrt in die Stadt die hohe Summe von 300 Yuan oder sogar mehr (ein Schlepper arbeitet für mehrere Fahrer). Vorsicht: Betrüger versuchen, die Ausreisesteuer einzutreiben – sie ist im Ticketpreis enthalten.

Rikschas Der Fahrer sollte unbedingt vor der Fahrt gebeten werden, Preis und Währung aufzuschreiben (Zettel und Stift bereithalten), um Missverständnisse zu vermeiden. Ansonsten wird man unter Umständen abgezockt.

Strom

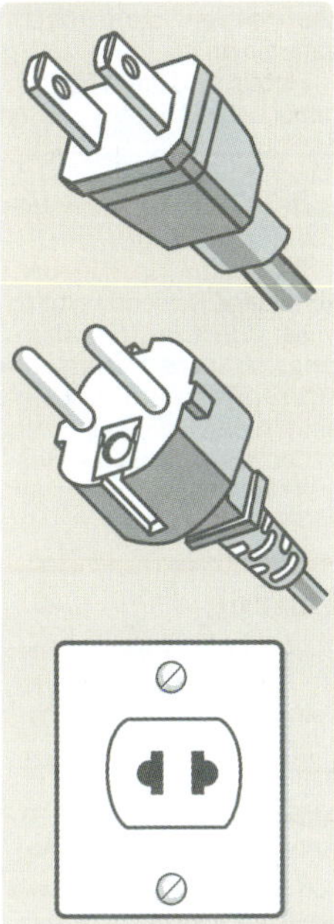

220V/50Hz

220V/50Hz

Telefon

Ortsgespräche vom Hotel aus sind meistens kostenlos, Anrufe ins Ausland dafür teuer. Für Ortsgespräche sind die Telefone in den Zeitungskiosken (报刊亭; *baokanting*) und Miniläden (小卖部; *xiaomaibu*) praktisch; Man ruft an und bezahlt die Gebühr an den Besitzer (ein Ortsgespräch kostet etwa 5 *jiao*). Die meisten öffentlichen Telefone akzeptieren IC-Karten (Integrated Circuit; *IC ka*).

Für inländische Ferngespräche oder Anrufe ins Ausland sind IP-Karten (Internet Phone; *IP ka*) am billigsten. Auch in Fernmeldeämtern oder „Telefonbars" *(huaba)* sind solche Anrufe möglich.

Die Ländervorwahl von Europa nach China ist ☎0086, von Hongkong ☎00852 und von Macao ☎00853. Für einen Anruf nach Beijing aus dem Ausland wird erst die Ländervorwahl gewählt, dann die Ortsvorwahl von Beijing (☎010 ohne die erste Null und dann der gewünschte Anschluss. Bei Ortsgesprächen wird die Ortsvorwahl *(quhao)* weggelassen.

Wichtige Ortsvorwahlen in China:

Stadt	Vorwahl
Beijing	010
Chengdu	028
Chongqing	023
Guangzhou	020
Hangzhou	0571
Harbin	0451
Hongkong	00852
Jinan	0531
Kunming	0871
Nanjing	025
Qingdao	0532
Shanghai	021
Shijiazhuang	0311
Tianjin	022
Xiamen	0592

Handys

Handyläden (手机店; *shoujidian*) wie China Mobile und China Unicom verkaufen SIM-Karten, die zwischen 30 und 100 Yuan inklusive 50 Yuan Guthaben kosten. Rufnummern, in denen die Ziffer 4 vorkommt, werden von Chinesen vermieden und sind daher billiger. Guthaben können mit Karten (充值卡; *chongzhi ka*) im Wert von 20 bis 100 Yuan aufgeladen werden. Sie werden überall in Zeitungskiosken und kleinen Läden mit dem Logo von China Mobile verkauft.

Normalerweise funktionieren ausländische Handys auch in China (es sei denn, sie sind gesperrt; am besten vorher erfragen), man kann sich aber auch in China ein Prepaid-Handy kaufen (ab 300 Yuan). Ein Ortsgespräch kostet über China Mobile (ohne Roaming) 7 *jiao* pro Minute ins Festnetz und 1,50 *jiao* pro Minute zu einem anderen Handy. Anrufe von einem anderen Handy sind kostenlos, aus dem Festnetz kosten sie 7 *jiao*. Roaming kostet zusätzliche 2 *jiao* pro Minute, auch bei ankommenden Anrufen. Auslandsgespräche über die Vorwahl ☎17951 (nach Anweisung mit anschließender Ländervorwahl) kosten 4,80 Yuan pro Minute plus den üblichen Ortstarif. Ansonsten werden die üblichen Auslandsgebühren fällig plus 7 *jiao* pro Minute.

Handys können übrigens sehr hilfreich sein, um mit Chinesen, die kein Englisch sprechen, zu kommunizieren. Man ruft zum Beispiel vom Taxi aus in dem Restaurant an, zu dem man gefahren werden möchte, und gibt den Hörer an den Fahrer weiter – schon weiß er, wohin es gehen soll. Ideal ist es natürlich, einen Chinesisch sprechenden Bekannten zu haben, den man anrufen kann, und der das entsprechende Anliegen für einen dolmetscht.

Telefonkarten

Für Inlandsanrufe verkaufen Kioske, kleine Läden, Internetcafés und Büros der China Telecom Prepaid-Karten mit unterschiedlichen Guthaben (IC Karten), die von den meisten öffentlichen Telefonzellen akzeptiert werden. Einige der IC-Karten gelten nur für Ortsgespräche, andere für landesweite Ferngespräche; beim Kauf erfragen.

Für internationale Anrufe mit dem Handy oder dem Hoteltelefon sowie für Ferngespräche im Land braucht man eine IP-Karte. Internationale Anrufe mit der IP-Karte kosten 1,80 Yuan pro Minute in die USA oder nach Kanada, 1,50 Yuan pro Minute nach Hongkong, Macao und Taiwan und 3,20 Yuan in alle anderen Länder; Ferngespräche innerhalb von China kosten 0,30 Yuan pro Minute. Auf der Rückseite der Karte ist erklärt, wie sie funktioniert, außerdem steht gewöhnlich eine Service-Hotline auf Englisch zur Verfügung. Auch die IP-Karten werden mit unterschiedlichem Guthaben angeboten, meist mit einem enormen Nachlass (rund 40 Yuan für eine 100-Yuan-Karte). Die IP-Karten werden an denselben Stellen wie die IC-Karten verkauft. Auch in diesem Fall sind manche der IP-Karten nur innerhalb der Stadt, andere in ganz China gültig (beim Kauf nachfragen und gleich die Gültigkeitsdauer checken).

Toiletten

Im letzten Jahrzehnt hat die Hauptstadt viel dafür getan, dass die Toiletten nicht mehr wegen ihrer Primitivität und des Gestanks verrufen sind, aber viele riechen immer noch recht streng. Hygienischer sind die Toiletten in Fast-Food-Läden, Spitzenhotels und Kaufhäusern. Toilettenpapier gibt es in öffentlichen Klos selten, ein Vorrat sollte also immer mitgeführt werden. In vielen Toiletten muss man sich noch hinkauern, aber die meisten öffentlichen Toiletten haben zumindest eine Sitzschüssel für Behinderte (und unflexible Westler). Das Klopapier wird in den Mülleimer neben der Toilette geworfen.

Das Symbol für Männer ist 男 (*nan*) und das für Frauen 女 (*nu*).

Touristen-information

Das Personal in den Niederlassungen der **Beijing Touristeninformation** (北京旅游咨询; Beijing Luyou Zixun Fuwu Zhongxin; ⏲9–17 Uhr) spricht nur sehr wenig Englisch und ist nicht immer hilfsbereit. Aber es gibt dort kostenlose Stadtpläne für Touristen, Broschüren und in einigen Zweigstellen werden auch Bahnfahrkarten organisiert. Günstig gelegene Zweigstellen:

Bahnhof Beijing (Karte S. 324; ☎6528 4848; 16 Laoqianju Hutong)

Capital Airport (☎6459 8148; Terminal 3)

Houhai-Seen (Karte S. 332; 49 Di'anmenxi Dajie, 地安门西大街 49 号, Houhai-Seen) Hat einen exzellenten, sehr detaillierten kostenlosen Stadtplan von allen *hutongs* um die Houhai-Seen. Organisiert auch Rikschatouren durch die *hutongs* mit Englisch sprechenden Fahrern.

Wangfujing (Karte S. 324; 269 Wangfujing Dajie, 王府井大街 269 号, Wangfujing; ⏲9–21 Uhr) In der Haupteinkaufsstraße.

Die Englisch sprechenden Mitarbeiter der **Beijing Tourism Hotline** (☎6513 0828, 1 für Englisch drücken; ⏲24 Std.) beantworten Fragen und nehmen Beschwerden auf. Der **CITS** (China International Travel Service; Karte S. 324; ☎8511 8522; www.cits.com.cn; Zi. 1212, CITS Bldg., 1 Dongdan Beidajie, Dongcheng; ⏲9–19 Uhr) ist praktischer für Buchungen von Touren durch ganz China.

Hotels sind ihren Gästen dabei behilflich, eine passende Tour zu buchen. Einige haben auch einen Infoschalter für Touristen, der nützliche Hinweise gibt.

Die besten Tipps für unabhängige Reisende gibt es meist in den Hostels. Allerdings versuchen sie oft, ihre eigenen Touren zu verkaufen anstatt objektive Tipps zu geben. Die Touren der Hostels sind meist ziemlich gut.

Umzug

Die folgenden internationalen Firmen in Beijing helfen beim Umzug. Die Kosten liegen bei etwa 500 bis 1000 US$ pro Kubikmeter:

Asian Express (Karte S. 336; 亚洲捷运国际货运代理; Yazhou Jieyun; ☎8580 1471; www.aemovers.com.hk; Zi. 1612, Tower D, SOHO New Town, 88 Jianguo Lu, Chaoyang)

Crown Worldwide (Crown 国际货运代理; Crown Guoji Huoyundaili; ☎5801 8088; www.crownworldwide.com; 16 Xingmao Yijie, Tongzhou Logistics Park, Tongzhou, 通州区马驹桥兴贸一街 16 号) Im Südosten Beijings.

Visa

VISUMSANTRAG

Bürger aus 51 Staaten, darunter Deutschland, Österreich, Schweiz, Großbritannien und USA, dürfen sich für 72 Stunden ohne Visum in Beijing aufhalten. Mit Ausnahme der Bürger Japans, Singapurs und Bruneis brauchen alle Besucher Chinas für längere Aufenthalte ein Visum. Normale Visa berechtigen nicht zu Reisen in Gebiete wie Tibet. Hierfür ist eine spezielle Genehmigung erforderlich.

Der Reisepass muss mindestens noch sechs Monate nach Ablauffrist des Visums gültig sein. Auch muss er mindestens eine völlig leere Seite für das Visum haben. Man kann außerdem aufgefordert werden, seine Hotelreservierung und Buchung der Weiterreise von China aus nachzuweisen. Ebenso kann ein Kontoauszug verlangt werden, der zeigt, dass man umgerechnet 100 US$ pro geplantem Tag in Beijing zur Verfügung hat.

Zur Zeit der Recherche kostete ein Visum für eine einmalige Einreise und 30 Tagen Gültigkeit:

- 30 € für Deutsche und Österreicher
- 80 CHF für Schweizer

Zweimalige Einreise:

- 45 € für Deutsche und Österreicher
- 100 CHF für Schweizer

Mehrmalige Einreise für sechs Monate:

- 60 € für Deutsche und Österreicher
- 130 CHF für Schweizer

Ein Visum für 30 Tage wird von den jeweiligen chinesischen Botschaften in Berlin, Wien und Bern in drei bis fünf Werktagen ausgestellt. Ein Expressvisum kostet das Doppelte des normalen Preises. In Deutschland werden Visaanträge auch vom Visa Application Service Centre bearbeitet, das Büros in Berlin, Hamburg, München und Frankfurt hat. Es erhebt eine zusätzliche Verwaltungsgebühr von 30 €, bei Postzustellung 60 €.

Ein 30-Tage-Visum wird am Tag der Einreise nach China gültig und muss innerhalb von drei Monaten nach Erteilung benutzt werden. Touristenvisa für 60 und 90 Tage sind im Heimatland noch halbwegs einfach zu bekommen, außerhalb ist es jedoch sehr schwierig. Wer länger bleiben will, kann sein Visum in China mindestens einmal, manchmal auch zweimal verlängern.

Für einen Visumsantrag ist ein ausgefülltes Antragsformular (in der Botschaft und auf der Website zum Herunterladen erhältlich) und mindestens ein Foto (in der Regel 51 mm x 51 mm) nötig. Gezahlt wird bei Abholung des Visums. Wer sich sein Visum per Post schicken lässt, muss zusätzlich die Portokosten tragen und mit bis zu drei Wochen Wartezeit rechnen.

In Hongkong ist ein Visum für China einfach zu erhalten. Dennoch war es zum Zeitpunkt der Recherche nur Einwohnern von Hongkong möglich, eines direkt vom **Visa Office of the People's Republic of China** (☎3413 2424; www.fmcoprc.gov.hk; 26 Harbour Rd, 7. Stock, Lower Block, China Resources Centre, Wan Chai; ⏲Mo–Fr 9–12 & 14–17 Uhr) zu besorgen. Ein Einzeleinreisevisum, kostet 500 HK$. Der China Travel Service (CTS) und einige andere Reiseagenturen in Hongkong können innerhalb von zwei bis drei Tagen ein Visum fertigstellen. Hierfür muss bei einem Einzeleinreisevisum mit 650 HK$, bei einem Visum für zweimalige Einreise mit 750 HK$ gerechnet werden. Politische Umstände können Visaanträge oder -erneuerungen erschweren.

Die Frage nach den Reisezielen im Antragsformular sollte mit den üblichen Touristenzielen beantwortet werden; wer die Absicht hat, nach Tibet oder ins westliche Xinjiang zu reisen, sollte das im Formular nicht erwähnen. Die Auflistung ist nicht bindend. Journalisten und andere Medienarbeiter sollten einen anderen Beruf angeben, da ansonsten das Visum verweigert oder nur für einen kürzeren als den gewünschten Zeitraum ausgestellt wird. Es gibt viele verschiedene Visakategorien – hier werden die acht häufigsten aufgelistet (die meisten Reisenden erhalten ein L-Visum):

KATEGORIE	DEUTSCHE BEZEICHNUNG	CHINESISCHE BEZEICHNUNG
C	Flugbegleiter/in	*chengwu* 乘务
D	Einwohner	*dingju* 定居
F	Geschäftlich, Student, Teilnehmer an Austauschprogramm	*fangwen* 访问
G	Transit	*guojing* 过境
J	Journalist	*jizhe* 记者
L	Tourist	*luxing* 旅行
X	Langzeitstudent	*liuxue* 留学
Z	Arbeitsvisum	*gongzuo* 工作

Visumsverlängerung

Die Ausländerabteilung des chinesischen PSB – praktisch die Polizei – bearbeitet Visaverlängerungen. Das Visabüro im **PSB-Hauptquartier** (北京公安局出入境管理处; Beijingshi Gong'anju Churujing Guanlichu; Karte S. 328; ☎8402 0101; 2 Andingmen Dongdajie, Dongcheng; ⏲Mo–Sa 8.30–16.30 Uhr) befindet sich im 2. Stock mit Zugang von der nördlichen 2. Ringstraße. Hier gibt es auch Aufenthaltsgenehmigungen.

Die erste Verlängerung um 30 Tage ist für einmalige Touristenvisa problemlos erhältlich. Weitere Verlängerungen sind schwieriger zu bekommen, manchmal gibt es sie nur für eine weitere Woche. Reisende haben von großzügigen Verlängerungen in Provinzstädten berichtet, aber Verlass ist darauf nicht. Eine andere Möglichkeit ist eine Fahrt nach Hongkong, um dort ein neues Touristenvisum zu beantragen.

Die Kosten für eine Visumsverlängerung hängen von der Nationalität ab, für Europäer sind es derzeit etwa 160 Yuan. Die Bearbeitung dauert bis zu fünf Tage.

Die Strafe für das Überschreiten der Visumsfrist beträgt bis zu 500 Yuan pro Tag. Einige Reisende haben von Beamten berichtet, die das Datum unter dem Stichpunkt „valid until" falsch interpretiert haben. Im einmonatigen Touristenvisum (L) bezeichnet dieses Datum das Einreisedatum (innerhalb von drei Monaten seit Ausstellung des Visums), nicht das Datum für den Ablauf des Visums.

Aufenthaltsgenehmigung

Aufenthaltsgenehmigungen werden – meist in Form eines ein Jahr gültigen Aufklebers im Pass – für Ausländer ausgestellt, die in China leben, weil sie dort arbeiten, studieren oder mit einem chinesischen Staatsbürger bzw. einer chinesischen Staatbürgerin verheiratet sind (wobei Letzeres noch nicht bedeutet, dass man auch eine Arbeitserlaubnis besitzt). Die zu erfüllenden Voraussetzungen sind streng: Man muss von einem chinesischen Unternehmen (oder zumindest einer Firma mit Sitz in China) oder einer chinesischen Universität finanziert werden und sich einem Gesundheits-Check unterziehen. Es gibt auch längerfristige Aufenthaltsgenehmigungen, auch als „Greencard" bekannt, die fünf Jahre gültig, aber an noch striktere Bedingungen geknüpft sind.

Reisepass

In China sind Ausländer gesetzlich verpflichtet, ihren Reisepass jederzeit mit sich zu führen; er muss in sämtlichen Hotels und in Internetcafés vorgelegt werden. Er wird darüber hinaus beim Kauf von Bahnfahrkarten oder beim Eintritt in manche, vor allem kostenlose, Touristensehenswürdigkeiten benötigt.

Sinnvoll ist es außerdem, den Personalausweis immer bei sich zu tragen, falls der Reisepass verlorengehen sollte. Noch besser sind Fotokopien oder Digitalfotos des Passes – die Botschaft wird sie im Fall des Verlustes benötigen, um einen neuen Reisepass auszustellen. Auch sollte der Verlust dem nächsten PSB gemeldet werden. Vorsicht ist beim Aushändigen des Reisepasses geboten, da er auf Nimmerwiedersehen verschwinden könnte.

Zeit

In sämtlichen chinesischen Provinzen gilt die Beijing-Zeit, die der mitteleuropäischen Zeit (MEZ; ohne Sommerzeit) sieben Stunden voraus ist. Wenn es in Beijing 12 Uhr mittags ist, geht gerade in Frankfurt, Paris und Rom um 5 Uhr die Sonne auf.

Zoll

Chinesische Zöllner kümmern sich meist nicht weiter um Touristen. Am Flughafen gibt es deutlich gekennzeichnete „grüne Durchgänge" (nichts zu verzollen) und „rote Durchgänge" (zollpflichtig).

Zollfrei Es ist erlaubt, bis zu 400 Zigaretten oder die entsprechende Menge Tabak und 1,5 l Alkohol einzuführen. Die Einfuhr von frischem Obst und Fleisch ist verboten. Keine Beschränkungen gibt es für ausländische Währungen; allerdings sollte alles Bargeld über 5000 USD (oder der Gegenwert in einer anderen Währung) angegeben werden.

DVDs Raubkopien von DVDs und CDs dürfen aus China nicht ausgeführt werden, wobei deren Import in den meisten Ländern ohnehin illegal ist. Entdecken die Zöllner solche Kopien, werden sie konfisziert.

Antiquitäten Für die Ausfuhr von Antiquitäten ist eine Bescheinigung und ein Amtssiegel erforderlich. Beides wird nach Begutachtung vom **Amt für Kulturgüter** (Relics Bureau; Wenwu Jianding; ☎6401 4608) ausgestellt; allerdings spricht dort niemand Englisch. Alles, was vor 1949 hergestellt wurde, gilt als Antiquität; alles, was aus der Zeit vor 1795 stammt, darf gar nicht ausgeführt werden.

Sprache

Abgesehen von den vielen Sprachen ethnischer Minderheiten hat China acht Hauptdialekte: Putonghua (Mandarin), Yue (Kantonesisch), Wu (Shanghaianisch), Minbei (Fuzhou), Minnan (Hokkien-Taiwanesisch), Xiang, Gan und Hakka. Sie sind jeweils noch in Unterdialekte aufgeteilt.

Die Sprache, die in Beijing gesprochen wird, gilt als offizielle Sprache Chinas. Sie wird gemeinhin als Mandarin bezeichnet, die Chinesen selbst nennen sie Putonghua (wörtlich: „Umgangssprache"). Putonghua wird abwechselnd als Hanyu (Han-Sprache), Guoyu (Nationalsprache), Zhongwen oder Zhongguohua (Chinesisch) bezeichnet. Einige Grundkenntnisse des Mandarin sind nicht nur in Beijing nützlich, sondern auch in vielen anderen Teilen des Landes (dort wird es oft im regionalen Dialekt gesprochen).

Schrift

Chinesisch wird oft als eine Sprache der Piktogramme bezeichnet. Viele der einfachen chinesischen Schriftzeichen sind hochgradig stilisierte Bilder dessen, was sie darstellen, aber rund 90 Prozent sind eine Verbindung aus Bedeutung und Lautelementen.

Ein gebildeter moderner Chinese benutzt zwischen 6000 und 8000 Schriftzeichen. Zum Lesen einer chinesischen Zeitung genügen 2000 bis 3000 Schriftzeichen, aber schon 1200 bis 1500 reichen, um das Wesentliche zu erfassen.

Theoretisch teilen sich alle chinesischen Dialekte die gleiche Schrift. Aber im Kantonesischen kommen noch etwa 3000 eigene Schriftzeichen hinzu, und viele Dialekte haben überhaupt keine Schrift.

NOCH MEHR CHINESISCH

Weitere Infos zur Sprache und noch mehr nützliche Sätze bietet der *Reise-Sprachführer Mandarin* von Lonely Planet. Er ist online bei **www.shop.lonelyplanet.de** erhältlich.

Pinyin & Aussprache

1958 führten die Chinesen das Pinyin ein, eine Übertragung des Chinesischen in das lateinische Alphabet. Ursprünglich sollte dies die chinesischen Schriftzeichen ersetzen. Aber Traditionen lassen sich nicht so einfach umstoßen, und die Absicht wurde aufgegeben.

Pinyin wird oft auf Laden- und Straßenschildern und auf Werbetafeln benutzt. Auf dem Land und in kleineren Orten ist jedoch oft kein einziges Pinyin-Schild zu sehen. Wer also kein Chinesisch spricht, braucht ein Wörterbuch mit chinesischen Schriftzeichen.

In diesem Kapitel werden neben Pinyin auch Mandarin-Schriftzeichen angegeben. Im Folgenden eine kurze Anleitung zur Aussprache der Pinyin-Buchstaben:

Vokale

a	wie in „Vater"
ai	wie in „Mai"
ao	wie in „Frau" mit schwachem „u"
e	wie in „Stör" (ohne „r")
ei	wie das deutsche „äi" oder das englische „hey"
i	wie in „Sieb" (oder nach c, ch, r, s, sh, z oder zh wie ein leichtes „r" wie in „Grrr!")
ian	wie das Wort „Yen"
ie	wie das englische „yeah"
o	wie in „Moor" (ohne das „r")
ou	wie im deutschen „o" mit angehauchten „u"
u	wie in „Mut"
ui	wie im englischen „hey"
uo	wie ein nur gehauchtes „w" gefolgt von „o"
yu/ü	wie das deutsche „ü"

Konsonanten

c	wie das „tz" in „Matratze"
ch	wie das „tsch" in „Matsch"
h	wie das „ch" in „lachen"
q	wie das „tsch" in „Deutsch", aber mit der Zunge ganz vorne

sh	wie das „sch" in „Schiff"
x	wie ein genuscheltes „ch" wie in „Mädchen"
z	wie das „ds" in „Landsmann"
zh	wie das „dsch" in „Dschungel"

Die einzigen Konsonanten am Ende einer Silbe sind n, ng und r.

Im Pinyin werden manchmal Apostrophe zur Trennung von Silben eingesetzt, um Mehrdeutigkeiten zu verhindern. Das Wort ping'an zum Beispiel kann einen Apostroph nach dem „g" erhalten, damit es nicht als pin'gan ausgesprochen wird.

Sprachmelodie

Mandarin hat zahlreiche Wörter mit der gleichen Betonung, aber unterschiedlicher Bedeutung. Unterschieden werden diese gleichklingenden Wörter durch ihren Sprachklang, den ansteigenden oder abfallenden Tonfall bei bestimmten Silben. Das Mandarin hat vier Tonfälle – hoch, ansteigend, ansteigend-abfallend und abfallend, plus einen fünften „neutralen" Tonfall, der mehr oder weniger ignoriert werden kann. Der Tonfall ist wichtig zur Unterscheidung der Wortbedeutung. Zum Beispiel hat das Wort *ma* vier Bedeutungen, je nach Tonfall: *mā* (Mutter), *má* (Hanf, betäubt), *mǎ* (Pferd), *mà* (schimpfen, fluchen). Der Tonfall wird im Pinyin mit den folgenden Akzenten auf den Vokalen angezeigt: ā (hoch), á (ansteigend), ǎ (ansteigend-absteigend) und à (absteigend).

Grundlagen

Bei einer Frage ist es höflich, mit *qǐng wèn* zu beginnen – wörtlich „Darf ich fragen?"

Hallo.	你好。	Nǐhǎo.
Auf Wiedersehen.	再见。	Zàijiàn.
Wie geht es Ihnen?	你好吗？	Nǐhǎo ma?
Gut. Und Ihnen?	好。你呢？	Hǎo. Nǐ ne?
Entschuldigung. (um Aufmerksamkeit bitten)	劳驾。	Láojià.
(um vorbeizugehen)	借光。	Jièguāng.
Es tut mir leid.	对不起。	Duìbùqǐ.
Ja./Nein.	是。/不是。	Shì./Bùshì.
Bitte ...	请……	Qǐng ...
Danke.	谢谢你。	Xièxie nǐ.
Bitte sehr.	不客气。	Bù kèqi.
Wie heißen Sie?	你叫什么名字？	Nǐ jiào shénme míngzi?
Ich heiße ...	我叫……	Wǒ jiào ...
Sprechen Sie Englisch?	你会说英文吗？	Nǐ huìshuō Yīngwén ma?
Ich verstehe nicht.	我不明白。	Wǒ bù míngbái.

MINI-SPRACHFÜHRER

Um mit Mandarin zurechtzukommen, können folgende einfachen Satzteile mit beliebigen Wörtern kombiniert werden:

Wie viel kostet (die Kaution)?	
(押金)多少？	(Yājīn) duōshǎo?
Haben Sie (ein Zimmer)?	
有没有(房)？	Yǒuméiyǒu (fáng)?
Gibt es (eine Heizung)?	
有(暖气)吗？	Yǒu (nuǎnqì) ma?
Ich hätte gerne (dieses).	
我要(那个)。	Wǒ yào (nàge).
Bitte geben Sie mir (die Speisekarte).	
请给我(菜单)。	Qǐng gěiwǒ (càidān).
Kann ich (hier sitzen)?	
我能(坐这儿)吗？	Wǒ néng (zuòzhèr) ma?
Ich brauche (einen Dosenöffner).	
我想要(一个开罐器)。	Wǒ xiǎngyào (yīge kāiguàn qì).
Brauchen wir (einen Führer)?	
需要(向导)吗？	Xūyào (xiàngdǎo) ma?
Ich habe (eine Reservierung).	
我有(预订)。	Wǒ yǒu (yùdìng).
Ich bin (Arzt).	
我(是医生)。	Wǒ (shì yīshēng).

Essen & Trinken

Was würden Sie empfehlen?		
有什么菜可以推荐的?		Yǒu shénme cài kěyǐ tuījiàn de?
Aus was besteht das Gericht?		
这道菜用什么东西做的?		Zhèdào cài yòng shénme dōngxi zuòde?
Es war köstlich.		
真好吃。		Zhēn hǎochī.
Die Rechnung bitte!		
买单!		Mǎidān!
Prost!		
干杯!		Gānbēi!
Ich möchte bitte einen Tisch für ...	我想预订的桌子。	Wǒ xiǎng yùdìng de zhuōzi.
(acht) Uhr	（八）点钟	(bā) diǎn zhōng
(zwei) Personen	（两个）人	(liǎngge) rén
reservieren	一张……	yīzhāng
Ich esse kein(en) ...	我不吃……	Wǒ bùchī ...
Fisch	鱼	yú
Geflügel	家禽	jiāqín
Meeresfrüchte	海鲜	hǎixiān
Nüsse	果仁	guǒrén
rotes Fleisch	牛羊肉	niúyángròu

Wichtige Wörter

Abendessen	晚饭	wǎnfàn
Bar	酒吧	jiǔbā
Café	咖啡屋	kāfēiwū
Essen	食品	shípǐn
Flasche	瓶子	píngzi
Frühstück	早饭	zǎofàn
Gabel	叉子	chāzi
Glas	杯子	bēizi
heiß (warm)	热	rè
Hochstuhl	高凳	gāodèng
(zu) kalt	(太)凉	(tài) liáng
Kindergerichte	儿童菜单	értóng càidān
Löffel	勺	sháo
Markt	菜市	càishì
Messer	刀	dāo
Mittagessen	午饭	wǔfàn
Restaurant	餐馆	cānguǎn
(zu) scharf	(太)辣	(tài) là
Schüssel	碗	wǎn
Speisekarte (auf Englisch)	(英文) 菜单	(Yīngwén) càidān
Spezialitäten der Region	地方小吃	dìfāng xiǎochī
Teller	碟子	diézi
Vegetarisches Essen	素食食品	sùshí shípín

Fleisch & Fisch

Ente	鸭	yā
Fisch	鱼	yú
Huhn	鸡肉	jīròu
Lamm	羊肉	yángròu
Meeresfrüchte	海鲜	hǎixiān
Rindfleisch	牛肉	niúròu
Schweine-fleisch	猪肉	zhūròu

Obst & Gemüse

Ananas	凤梨	fènglí
Apfel	苹果	píngguǒ
Banane	香蕉	xiāngjiāo
Birne	梨	lí
Frühlings-zwiebel	小葱	xiǎo cōng
Gemüse	蔬菜	shūcài
Grüne Bohnen	扁豆	biǎndòu
Gurke	黄瓜	huánggua
Kartoffel	土豆	tǔdòu
Mango	芒果	mángguǒ
Möhre	胡萝卜	húluóbo
Obst	水果	shuǐguǒ
Orange	橙子	chéngzi
Pflaume	梅子	méizi
Pilze	蘑菇	mógū
Rettich	萝卜	luóbo
Sellerie	芹菜	qíncài
Süßkartoffel	地瓜	dìguā
Trauben	葡萄	pútáo
Wassermelone	西瓜	xīguā
Zwiebel	洋葱	yáng cōng

Noch mehr Wörter

Brot	面包	miànbāo
Butter	黄油	huángyóu
Eier	蛋	dàn
Essig	醋	cù
Kräuter/Gewürze	香料	xiāngliào
Pfeffer	胡椒粉	hújiāo fěn
Pflanzenöl	菜油	càiyóu
Salz	盐	yán
Sojasauce	酱油	jiàngyóu
Tofu	豆腐	dòufu
Zucker	砂糖	shātáng

Getränke

Bier	啤酒	píjiǔ
Kaffee	咖啡	kāfēi
Limonade	汽水	qìshuǐ
Milch	牛奶	niúnǎi
Mineralwasser	矿泉水	kuàngquán shuǐ
Reiswein	米酒	mǐjiǔ
Rotwein	红葡萄酒	hóng pútáo jiǔ
(Orangen-)saft	(橙)汁	(chéng) zhī
Tee	茶	chá

Schilder

入口	Rùkǒu	**Eingang**
出口	Chūkǒu	**Ausgang**
问讯处	Wènxùnchù	**Information**
开	Kāi	**Geöffnet**
关	Guān	**Geschlossen**
禁止	Jìnzhǐ	**Verboten**
厕所	Cèsuǒ	**Toiletten**
男	Nán	**Männer**
女	Nǚ	**Frauen**

(abgekochtes) Wasser	(开)水	(kāi) shuǐ
Weißwein	白葡萄酒	bái pútáo jiǔ
Joghurt	酸奶	suānnǎi

Notfälle

Hilfe!	救命！	Jiùmìng!

Ich habe mich verlaufen.
我迷路了。 Wǒ mílù le.

Gehen Sie weg!
走开！ Zǒukāi!

Rufen Sie einen Arzt!
请叫医生来! Qǐng jiào yīshēng lái!

Rufen Sie die Polizei!
请叫警察! Qǐng jiào jǐngchá!

Ich bin krank.
我生病了。 Wǒ shēngbìng le.

Hier tut's weh.
这里痛。 Zhèlǐ tòng.

Wo sind die Toiletten?
厕所在哪儿？ Cèsuǒ zài nǎr?

Shoppen & Dienstleistungen

Ich möchte gerne ... kaufen
我想买…… Wǒ xiǎng mǎi ...

Ich schau' mich nur um.
我先看看。 Wǒ xiān kànkan.

Kann ich das mal sehen?
我能看看吗？ Wǒ néng kànkan ma?

Es gefällt mir nicht.
我不喜欢。 Wǒ bù xǐhuan.

Wie viel kostet es?
多少钱？ Duōshǎo qián?

Das ist zu teuer.
太贵了。 Tàiguì le.

Können Sie mit dem Preis runtergehen?
能便宜一点吗？ Néng piányi yīdiǎn ma?

Die Rechnung stimmt nicht.
帐单上有问题。 Zhàngdān shàng yǒu wèntí.

Geldautomat	自动取款机	zìdòng qǔkuǎn jī

Fragewörter

Wann?	什么时候	Shénme shíhòu?
Warum?	为什么?	Wèishénme?
Was?	什么?	Shénme?
Welches?	哪个	Nǎge?
Wer?	谁?	Shuí?
Wie?	怎么?	Zěnme?
Wo?	哪儿	Nǎr?

Internetcafé	网吧	wǎngbā
Kreditkarte	信用卡	xìnyòng kǎ
Postamt	邮局	yóujú
Touristeninformation	旅行店	lǚxíng diàn

Transport

Boot	船	chuán
(Überland)bus	长途车	chángtú chē
(Stadt)bus	大巴	dàbā
Flugzeug	飞机	fēijī
Straßenbahn	电车	diànchē
Taxi	出租车	chūzū chē
Zug	火车	huǒchē

Ich möchte nach ...
我要去… Wǒ yào qù...

Hält er in ...?
在…能下车吗？ Zài... néng xiàchē ma?

Wann fährt er ab?
几点钟出发？ Jǐdiǎnzhōng chūfā?

Wann kommt er an ...?
几点钟到……？ Jǐdiǎnzhōng dào...?

Ich möchte hier aussteigen.
我想这儿下车。 Wǒ xiǎng zhèr xiàchē.

Wann fährt der erste/letzte (Bus)?
首趟/末趟(车) 几点走? Shǒutàng/Mòtàng (chē) jǐdiǎn zǒu?

Eine ... Fahrkarte nach (Dàlián).	一张到(大连)的……票。	Yīzhāng dào (Dàlián) de ... piào.
1. Klasse	头等	tóuděng
2. Klasse	二等	èrděng
einfach	单程	dānchéng
hin & zurück	双程	shuāngchéng

Fahrkartenbüro	售票处	shòupiàochù
Fahrplan	时刻表	shíkè biǎo
Fensterplatz	窗户的座位	chuānghu de zuòwèi
Platz am Gang	走廊 的座位	zǒuláng de zuòwèi
Automechaniker	机修工	jīxiūgōng
Benzin	汽油	qìyóu
Fahrradpumpe	打气筒	dǎqìtóng
Helm	头盔	tóukuī
Kindersitz	婴儿座	yīng'érzuò
Tankstelle	加油站	jiāyóu zhàn
Ich möchte gerne	我要租	Wǒ yào zū
Auto ...	汽车	qìchē
einen Vierradantrieb ...	四轮驱动	sìlún qūdòng

Zahlen

1	一	yī
2	二/两	èr/liǎng
3	三	sān
4	四	sì
5	五	wǔ
6	六	liù
7	七	qī
8	八	bā
9	九	jiǔ
10	十	shí
20	二十	èrshí
30	三十	sānshí
40	四十	sìshí
50	五十	wǔshí
60	六十	liùshí
70	七十	qīshí
80	八十	bāshí
90	九十	jiǔshí
100	一百	yībǎi
1000	一千	yīqiān

Fahrrad ...	自行车	zìxíngchē
Motorrad ...	摩托车	mótuochē
mieten	一辆……	yīliàng...

Führt die Straße nach ...?
这条路到……吗? Zhè tiáo lù dào... ma?

Wie lange kann ich hier parken?
这儿可以停多久? Zhèr kěyi tíng duōjiǔ?

Das Auto hat eine Panne.
汽车是坏的。 Qìchē shì huài de.

Ich habe einen Platten.
轮胎瘪了。 Lúntāi biě le.

Unterkunft

Haben Sie ein Einzel-/Doppelzimmer?
有没有(单人/套)房？ Yǒuméiyǒu (dānrén/tào) fáng?

Wie viel kostet es pro Nacht/Person?
每天/人多少钱？ Měi tiān/rén duōshǎo qián?

Bad	浴室	yùshì
Bett	床	chuáng
Campingplatz	露营地	lùyíngdì
Fenster	窗	chuāng
Hostel	招待所	zhāodàisuǒ
Hotel	酒店	jiǔdiàn
Kinderbett	张婴儿床	zhāng yīng'ér chuáng
Klimaanlage	空调	kōngtiáo
Pension	宾馆	bīnguǎn

Wegbeschreibung

Wo ist eine (Bank)?
(银行)在哪儿？ (Yínháng) zài nǎr?

Wie lautet die Adresse?
地址在哪儿? Dìzhǐ zài nǎr?

Können Sie bitte die Adresse aufschreiben?
能不能请你把地址写下来? Néngbunéng qǐng nǐ bǎ dìzhǐ xiě xiàlái?

Können Sie sie mir auf der Karte zeigen?
请帮我找它在地图上的位置。 Qǐng bāngwǒ zhǎo tā zài ditú shàng de wèizhi.

Immer geradeaus.
一直走。 Yīzhí zǒu.

an der Ampel
在红绿灯 zài hónglǜdēng

an der Ecke	拐角	guǎijiǎo
gegenüber	对面	duìmiàn
hinter	背面	bèimiàn
in der Nähe	近	jìn
Links abbiegen.	左转。	Zuǒ zhuǎn.
neben	旁边	pángbiān
Rechts abbiegen.	右转。	Yòu zhuǎn.
vor ...	…的前面	... de qiánmian
weit	远	yuǎn

Zeit & Datum

Wie viel Uhr ist es?
现在几点钟？ Xiànzài jǐdiǎn zhōng?

Es ist (10) Uhr.
(十)点钟。 (Shí) diǎn zhōng.

(10).30 Uhr.
(十)点三十分。 (Shí) diǎn sānshífēn.

Abend	晚上	wǎnshàng
am Morgen	早上	zǎoshang
gestern	昨天	zuótiān
heute	今天	jīntiān
morgen	明天	míngtiān
Nachmittag	下午	xiàwǔ
Montag	星期一	xīngqī yī
Dienstag	星期二	xīngqī èr
Mittwoch	星期三	xīngqī sān
Donnerstag	星期四	xīngqī sì
Freitag	星期五	xīngqī wǔ
Samstag	星期六	xīngqī liù
Sonntag	星期天	xīngqī tiān

GLOSSAR

arhat – Buddhist; ein Mönch, der die Erleuchtung erreicht hat und nach seinem Tod ins Nirwana eingeht

bei – Norden; die anderen Himmelsrichtungen sind *nan* (Süden), *dong* (Osten) und *xi* (Westen).
binguan – Touristenhotel
bixi – mythischer Drache in Form einer Schildkröte, häufig in Konfuziustempeln
bodhisattva – ein Weiser, der ins Nirwana eingehen könnte, aber auf Erden anderen dabei hilft, Erleuchtung zu erlangen
bowuguan – Museum
bupiao – Hochstufung (Upgrade)

canting – Restaurant
Changcheng – die Große Mauer
chop – siehe *name chop*
CITS – China International Travel Service; Reiseorganisation für ausländische Touristen in China

dafandian – großes Hotel
dajie – breite Straße
dasha – Hotel, Gebäude
daxue – Universität
ditie – U-Bahn
dong – Osten; die anderen Himmelsrichtungen sind *bei* (Norden), *nan* (Süden) und *xi* (Westen).
dongwuyuan – Zoo

fandian – Hotel, Restaurant
fengshui – Geomantie, wörtlich „Wind und Wasser", eine uralte Kunst, die den Fluss des *qi*, der Lebensenergie, maximieren soll

ge – Pavillon, Tempel (taoistisch)
gong – Palast, Tempel
gongyuan – Park
gujū – Haus, Wohnsitz

he – Fluss
hu – See
Hui – ethnisch chinesische Muslime
hutong – schmale Gasse

jiang – Fluss
jiao – siehe *mao*
jie – Straße
jie – Fest
jin – Maßeinheit, die 500 g entspricht
jiudian – Hotel

kaoyadian – Restaurant, spezialisiert auf Pekingente
KPC – Kommunistische Partei Chinas, 1921 in Shanghai gegründet
kuai – umgangssprachlich für die Währung Yuan
Kuomintang – Chiang Kaisheks Nationalistenpartei, die führende politische Kraft nach dem Sturz der Qing-Dynastie

ling – Grab
lou – Turm
lu – Straße
luohan – siehe *arhat*

mao – umgangssprachlich für *jiao*, zehn *jiao* entsprechen einem *kuai*
men – Tor
miao – Tempel

name chop – ein geschnitztes Namenssiegel, das als Unterschrift verwendet wird
nan – Süden; die anderen Himmelsrichtungen sind *bei* (Norden), *dong* (Osten) und *xi* (Westen).

pailou – verzierter Torbogen
Pinyin – offizielle Umschrift zur Übertragung chinesischer Schriftzeichen in lateinische Buchstaben
PRC – People's Republic of China (Volksrepublik China)
PSB – Public Security Bureau (Büro für öffentliche Sicherheit); für Ausländer zuständige Polizeieinheit

qi – Fluss der Lebens- oder Universalenergie
qi gong – Übungen zur Lenkung des *qi*
qiao – Brücke
qilin – mythische Tiergestalt, die nur in Zeiten der Harmonie auf Erden erscheint

renmin – Volk, Volks-
renminbi – wörtlich „Volksgeld", der offizielle Name der chinesischen Währung, abgekürzt RMB

shan – Hügel, Berg
shangdian – Laden
shichang – Markt
si – Tempel, Kloster
siheyuan – Hofhaus

ting – Pavillon

VBA – Volksbefreiungsarmee

wushu – Kampfsport
xi – Westen; die anderen Himmelsrichtungen sind *bei* (Norden), *nan* (Süden) und *dong* (Osten).

yang – positiv, hell und männlich; die Ergänzung von *yin*
yin – negativ, dunkel und weiblich; die Ergänzung von *yang*
yuan – chinesische Währungseinheit; auch RMB (siehe *renminbi*)

zhong – Mitte, Zentrum

Hinter den Kulissen

WIR FREUEN UNS ÜBER IHR FEEDBACK!

Post von Travellern zu bekommen ist für uns ungemein hilfreich – Kritik und Anregungen halten uns auf dem Laufenden und helfen, unsere Bücher zu verbessern. Unser reiseerfahrenes Team liest alle Zuschriften genau durch, um zu erfahren, was an unseren Reiseführern gut und was schlecht ist. Wir können solche Post zwar nicht individuell beantworten, aber jedes Feedback wird garantiert schnurstracks an die jeweiligen Autoren weitergeleitet, rechtzeitig vor der nächsten Nachauflage. Jeder, der uns Informationen sendet, wird in der folgenden Auflage im Dank erwähnt – und die hilfreichsten Einsendungen werden mit einer Auswahl an digitalen PDF-Kapiteln honoriert.

Wer uns schreiben will, erreicht uns über **lonelyplanet.com/contact**. Auf unserer preisgekrönten Website stehen ebenfalls Reiseberichte, Neuigkeiten und Diskussionen.

Hinweis: Da wir Beiträge möglicherweise in Lonely-Planet-Produkten (Reiseführer, Websites, digitale Medien) veröffentlichen, ggf. auch in gekürzter Form, bitten wir um Mitteilung, falls ein Kommentar nicht veröffentlicht oder ein Name nicht genannt werden soll. Wer Näheres über unsere Datenschutzpolitik wissen will, erfährt das unter lonelyplanet.com/privacy.

DANK VON LONELY PLANET

Vielen Dank an die Leser, die mit der letzten Auflage unterwegs waren und uns nützliche Hinweise und praktische Tipps geschickt und von interessanten Erlebnissen berichtet haben:

Adrienne Belai, Anna Barnett, Chris Egan, Stephane Desreumaux, Eric Rowell, Gary Kirchherr, Giuliana Taylor, Hayden Opie, John Rogers, Lorin Veltkamp, Maikel van Kasteren, Oliver Hawes, Phillip Li, Praveen Jolly, Ricardo Padilha, Richard Leow, Ryan Tandjung, Sonia Smith, Victorino Mijangos, Wilson Chia, Xiangdong Xu

DANK DER AUTOREN

Daniel McCrohan

An erster Stelle ein großes *xiexie* an Kim, Sue und meine Tante Pat, die meine Recherche auf ihrer Chinareise in der Praxis erprobt haben. Dank auch an meine Freunde in Beijing für ihre heißen Tipps, besonders an David Goodman-Smith, Darryl Snow, Sydney Bardwell und Zhao Jiewei. Hut ab vor meinem Kollegen David Eimer, der den anderen Teil des Buchs so gut in Schuss hielt. Und natürlich gilt mein größter Dank und all meine Liebe Taotao und unseren beiden wunderbaren Kindern; *wo ai nimen*.

David Eimer

Danke an Daniel McCrohan für seinen gewissenhaften Einsatz und an Damian Harper für seine gute Arbeit an vorigen Ausgaben. Dank auch an Megan Eaves, Dianne Schallmeiner und Julie Sheridan von Lonely Planet für ihre Hilfe. Ein besonderer Dank gebührt Wang Chenxi für ihre unschätzbare Unterstützung.

QUELLENNACHWEIS

Umschlagfoto: Porträt einer Darstellerin der Pekingoper in traditioneller Kleidung und Schminke, Martin Puddy/Corbis
Illustration S. 64–65 von Michael Weldon.

ÜBER DIESES BUCH

Dies ist die 4. deutsche Auflage des Lonely Planet Beijing, basierend auf der 10. englischen Auflage, die von Daniel McCrohan und David Eimer recherchiert und geschrieben wurde, die auch die 9. Auflage geschrieben haben. Die 8. Auflage wurde von David Eimer und Damian Harper geschrieben. Dieser Reiseführer wurde von folgenden Mitarbeitern produziert:

Regionalredakteurin Megan Eaves
Verantwortlicher Redakteur Joe Bindloss
Leitende Redakteurin Andrea Dobbin
Schlussredaktion Bruce Evans
Leitende Kartografin Julie Sheridan
Layoutdesign Virginia Moreno
Redaktionsassistenz Victoria Harrison, Kate Evans
Kartografie Hunor Csutoros
Umschlag Naomi Parker
Dank an Penny Cordner, Helvi Cranfield, Ryan Evans, Larissa Frost, Anna Harris, Diana Von Holdt, Jouve India, Andi Jones, Wayne Murphy, Claire Naylor, Karyn Noble, Averil Robertson, Dianne Schallmeiner, Ellie Simpson, Saralinda Turner, Samantha Tyson, Lauren Wellicome

Register

Siehe auch Sonderregister für:

ESSEN S. 310

AUSGEHEN & NACHTLEBEN S. 311

UNTERHALTUNG S. 311

SHOPPEN S. 311

SPORT & AKTIVITÄTEN S. 311

SCHLAFEN S. 311

Sehenswertes 000
Karten **000**
Fotos **000**

Sehenswertes 000
Karten **000**
Fotos **000**

Sehenswertes 000
Karten **000**
Fotos **000**

ESSEN

AUSGEHEN & NACHTLEBEN

UNTERHALTUNG

SHOPPEN

SPORT & AKTIVITÄTEN

SCHLAFEN

Cityatlas

Sehenswertes

- Buddhistisch
- Burg/Schloss
- Christlich
- Denkmal
- Hinduistisch
- Islamisch
- Jainistisch
- Jüdisch
- Konfuzianisch
- Museum/Galerie/ Historisches Gebäude
- Ruine
- Schintoistisch
- Sikhistisch
- Strand
- Taoistisch
- Vogelschutzgebiet
- Weingut/Weinberg
- Zoo/Wildschutzgebiet
- Noch mehr Sehenswertes

Essen

- Restaurant

Ausgehen & Nachtleben

- Bar/Kneipe/Club
- Café

Unterhaltung

- Theater/Kino/Oper

Shoppen

- Geschäft/Einkaufszentrum

Sport & Aktivitäten

- Bodysurfing
- Kanu-/Kajakfahren
- Kurs/Tour
- Schnorcheln
- Schwimmen
- Skifahren
- Surfen
- Tauchen
- Wandern
- Windsurfen
- Andere Aktivitäten

Schlafen

- Hotel/Pension
- Campingplatz

Praktisches

- Bank
- Botschaft/Konsulat
- Krankenhaus/Arzt
- Internet
- Polizei
- Post
- Telefon
- Toilette
- Touristeninformation
- Noch mehr Praktisches

Transport

- Bus
- Eisenbahn eingleisig
- Fähre
- Fahrrad
- Flughafen
- Grenzübergang
- Metro/MTR-/MRT-Station
- Parkplatz
- Subway (U-Bahn)
- Seilbahn/Standseilbahn
- Straßenbahn
- Tankstelle
- Taxi
- Zug/Eisenbahn
- Andere Verkehrsmittel

Landschaft

- Aussichtspunkt
- Berg/Vulkan
- Hütte/Unterstand
- Leuchtturm
- Oase
- Park
- Pass
- Raststelle
- Strand
- Wasserfall

Städte

- Hauptstadt
- Landeshauptstadt
- Stadt
- Ort/Dorf

Achtung: Nicht alle der hier aufgeführten Symbole finden sich in den Karten in diesem Buch wieder.

Verkehrswege

- Autobahn
- Fußgängerbrücke
- Hauptstraße
- Im Bau befindliche Straße
- Landstraße
- Mautstraße
- Pfad/Wanderweg
- Platz/Fußgängerzone
- Sonstige Straße
- Stufen
- Tunnel
- Unbefestigte Straße
- Verbindungsstraße
- Wanderung
- Wanderung mit Abstecher

Grenzen

- Internationale Grenze
- Provinzgrenze
- Umstrittene Grenze
- Regionale Grenze
- Meerespark
- Klippen
- Mauer

Gewässer

- Fluss/Bach
- Periodischer Fluss
- Kanal
- Wasser
- Trocken-/Salz-/ Periodischer See
- Gletscher

Gebietsformen

- Flughafen
- Strand/Wüste
- Christlicher Friedhof
- Weiterer Friedhof
- Gletscher
- Watt
- Park/Wald
- Sehenswertes Gebäude
- Sportanlage
- Sumpf

ÜBERSICHT

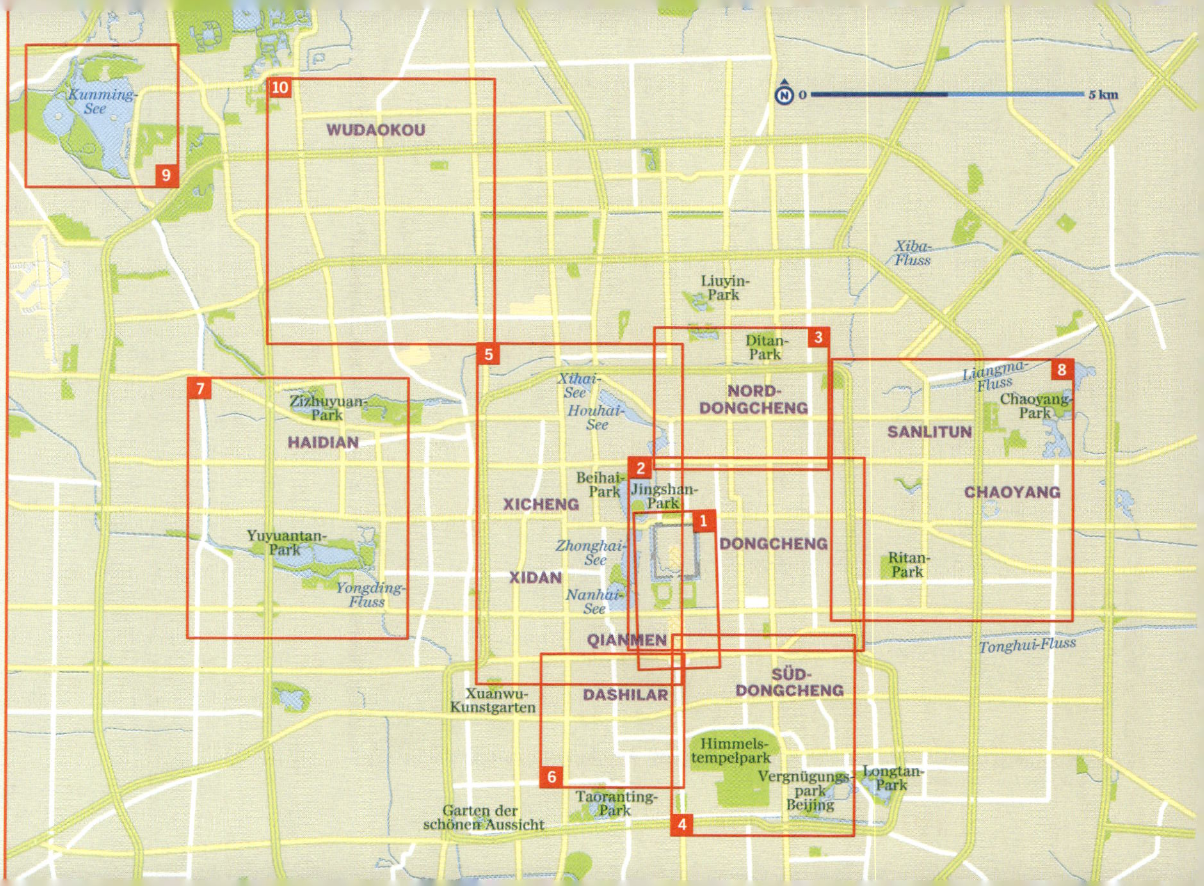

0
5 km
Kunming-See
WUDAOKOU
HAIDIAN
Zizhuyuan-Park
Yuyuantan-Park
Yongding-Fluss
Liuyin-Park
Xiba-Fluss
Ditan-Park
NORD-DONGCHENG
Xihai-See
Houhai-See
Beihai-Park
Jingshan-Park
XICHENG
Zhonghai-See
XIDAN
Nanhai-See
DONGCHENG
QIANMEN
DASHILAR
SÜD-DONGCHENG
Liangma-Fluss
Chaoyang-Park
SANLITUN
CHAOYANG
Ritan-Park
Tonghui-Fluss
Xuanwu-Kunstgarten
Himmels-tempelpark
Vergnügungs-park Beijing
Longtan-Park
Taoranting-Park
Garten der schönen Aussicht
1
2
3
4
5
6
7
8
9
10

VEBOTENE STADT

Highlights (S.62)

1 Verbotene Stadt B2
2 Vorderes Tor B8
3 Tor des Himmlischen Friedens B5
4 Tiananmen-Platz B7

Sehenswertes (S.74)

5 Polizeimuseum Beijing .. D7
6 Bronzeelefanten C2
7 Mao-Mausoleum B7
8 Uhrenausstellung C2
9 Diorama der Verbotenen Stadt C3
10 Gesandtenviertel D7
11 Vorderes Tor (Geschützturm am Zhengyang-Tor) B8
12 Tempel Fuyou A2
13 Tor der Himmlischen Taperkeit – nur Ausgang B1
14 Tor der Höchsten Harmonie B3
15 Halle der Literarischen Blüte C3
16 Halle der Militärischen Taperkeit B3
17 Halle zur Geistespflege . B2
18 Halle der Harmonie der Mitte B3
19 Halle zur Harmoniebewahrung B3
20 Halle der Höchsten Harmonie B3
21 Halle der Einheit B2
22 Tor der Himmlischen Reinheit B2
23 Kaiserlicher Garten B2
24 Jingshan-Park B1
25 Tempel der Langlebigkeit & des Wohlstands A2
26 Mittagstor - Verbotene Stadt Haupteingang B4
27 Gedenkstelle der Volkshelden B7
28 Chinesisches Nationalmuseum C6
29 Palast der Irdisch-Weiblichen Ruhe B2
30 Palast der Gesammelten Eleganz B2
31 Palast der Himmlisch-Männlichen Klarheit B2
32 Pavillon der Fröhlichen Melodien – Opernhaus .. C2
33 Tempel Pudu D4
34 Shunzhen-Tor B1
35 Rechteckiger Altar B5
36 Ahnentempel C5
37 Kulturpalast der Werktätigen C5
38 Zhongshan-Park B5

Essen (S.82)
39 Hangzhou Xiaochi A3

Ausgehen & Nachtleben (S.89)
40 Laijinyuxuan Teahouse . B5
41 Oasis Café D1

Unterhaltung (S.91)
42 Konzerthalle der Verbotenen Stadt B5

Shoppen (S.91)
43 Celadon Story D3

Sport & Aktivitäten (S.92)
44 Fahrradständer B6
45 Royal Tennis Centre....... C5

Schlafen (S.218)
46 Feel Inn D4

Praktisches (S.286)
47 Donghua-Tor – nur Ausgang C4
48 Haupteingang zum Palast des Friedens & der Langlebigkeit C2
49 Hauptausgang des Palastes des Friedens & der Langlebigkeit C1
50 Verbotene Stadt Ticketbüro B5
51 Verbotene Stadt Ticketbüro B4
52 Tor des Himmlischen Friedens Ticketbüro B5
53 Jingshan-Park Südeingang B1
54 Kulturpalast der Werktätigen Osteingang C5
55 Kulturpalast der Werktätigen Nordwesteingang C4
56 Xihua-Tor – geschlossen B4
57 Zhongshan-Park Nordosteingang B4
58 Zhongshan-Park Südeingang B6

Transport (S.276)
59 Verkehrsknotenpunkt Beijing Touristenabfertigung B8

Kartenlegende auf S. 326

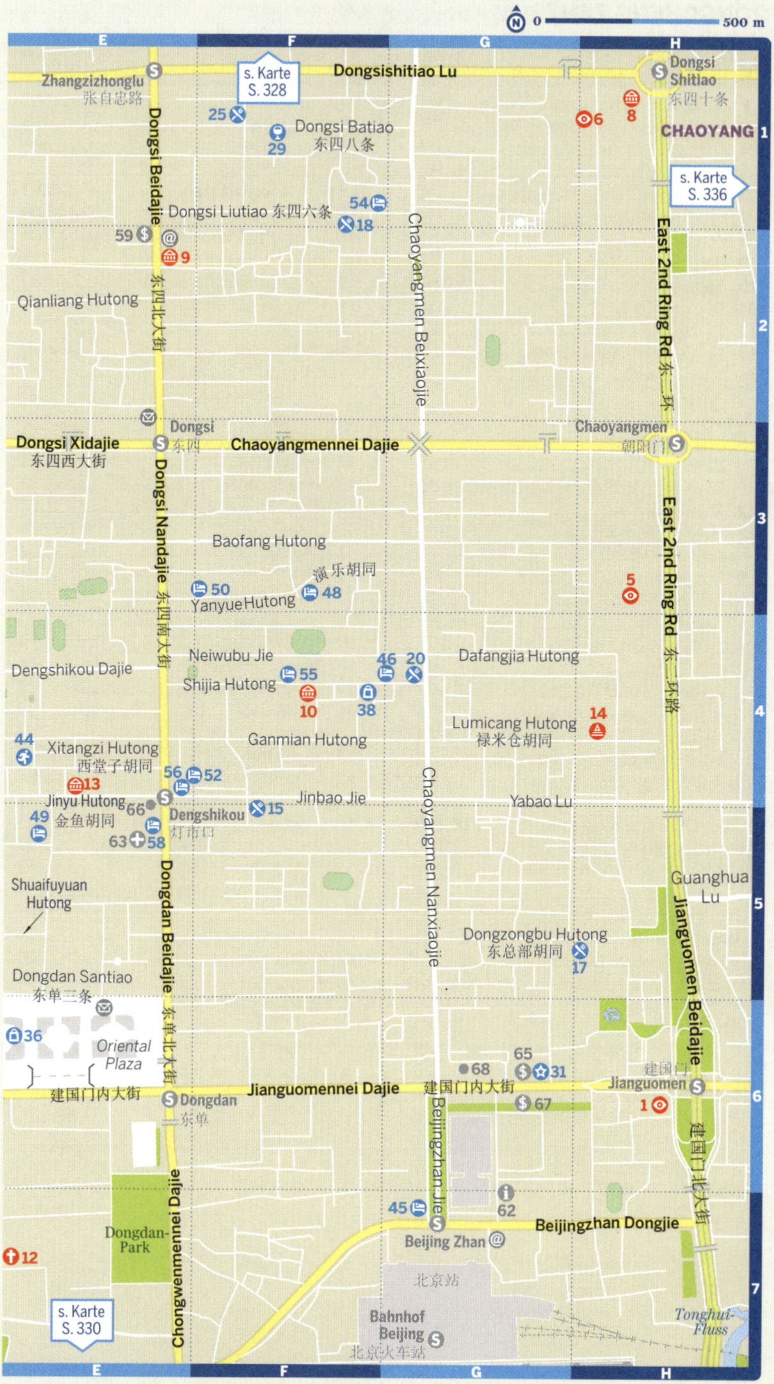

DONGCHENG ZENTRUM
0
500 m
E
F
G
H
1
2
3
4
5
6
7
s. Karte S. 328
s. Karte S. 336
s. Karte S. 330
Dongsishitiao Lu
Zhangzizhonglu
张自忠路
Dongsi Shitiao
东四十条
CHAOYANG
Dongsi Batiao
东四八条
Dongsi Liutiao 东四六条
Dongsi Beidajie
东四北大街
Qianliang Hutong
Chaoyangmen Beixiaojie
East 2nd Ring Rd 东二环
Dongsi
东四
Dongsi Xidajie
东西西大街
Chaoyangmennei Dajie
Chaoyangmen
朝阳门
Dongsi Nandajie
东四南大街
Baofang Hutong
演乐胡同
Yanyue Hutong
Neiwubu Jie
Dengshikou Dajie
Shijia Hutong
Dafangjia Hutong
Ganmian Hutong
Lumicang Hutong
禄米仓胡同
Xitangzi Hutong
西堂子胡同
Jinyu Hutong
金鱼胡同
Dengshikou
灯市口
Jinbao Jie
Yabao Lu
Chaoyangmen Nanxiaojie
East 2nd Ring Rd 东二环路
Guanghua Lu
Shuaifuyuan Hutong
Dongzongbu Hutong
东总部胡同
Jianguomen Beidajie
Dongdan Santiao
东单三条
Dongdan Beidajie
东单北大街
Oriental Plaza
建国门内大街
Dongdan
东单
Jianguomennei Dajie
建国门内大街
建国门
Jianguomen
建国门北大街
Beijingzhan Jie
Beijingzhan Dongjie
Beijing Zhan
北京站
Dongdan-Park
Chongwenmennei Dajie
Bahnhof Beijing
北京火车站
Tonghui-Fluss
1
5
6
8
9
10
12
13
14
15
17
18
20
25
29
31
36
38
44
45
46
48
49
50
52
54
55
56
58
59
62
63
65
66
67
68

DONGCHENG ZENTRUM *Karte auf S. 324*

Sehenswertes (S. 74)
1 Altes Observatorium H6
2 Chinesisches Kunstmuseum D3
3 Ruinen des Tores Dong'an Men D5
4 Ehemalige Französische Post D7
5 Galaxy Soho H3
6 Kaiserliche Getreidespeicher H1
7 Lao-She-Museum D4
8 Poly Art Museum H1
9 Hutmuseum Sheng Xi Fu E2
10 Hutong-Museum Shijia F4
11 St.-Josephs-Kirche D4
12 St.-Michaels-Kirche E7
13 Ten Fu's Tea Culture House E4
14 Tempel Zhihua H4

Essen (S. 82)
15 Bratentenrestaurant Beijing Dadong F5
16 Brian McKenna @ The Courtyard C5
17 Chuan Ban H5
18 Muslimisches Restaurant Crescent Moon F1
19 Donghuamen-Nachtmarkt D4
20 Dongzi Lorou Huoshao G4
Grandma's (siehe 32)
21 Little Yunnan D2
22 Man Fu Lou B2
23 Temple Restaurant C2
24 Wangfujing Snack Street D6
25 Wuge Jichi F1
26 Yuebin Fanguan D3
27 Zuo Lin You She D2

Ausgehen & Nachtleben (S. 89)
28 Alley Coffee C2
29 Slow Boat Brewery Taproom F1
30 What? Bar A4

Unterhaltung (S. 91)
31 Chang'an Grand Theatre G6
Star City (siehe 36)

Shoppen (S. 91)
32 Beijing apm D5
33 Foreign Languages Bookstore D5
34 Haoyuan-Markt D5
35 Nanluogu Xiang C1
36 Oriental Plaza E6
37 Hutladen Sheng Xi Fu D5
38 Slow Lane F4
39 Wangfujing Dajie D5

Sport & Aktivitäten (S. 92)
40 Bike Beijing D3
41 Dragonfly Therapeutisches Spa C5
42 Ruinenpark der Kaiserstadt D1
43 Jingshan Tischtennispark B2
44 Kung-Fu-Schule Milun E4

Schlafen (S. 218)
45 Beijing City Central International Youth Hostel G7
46 Beijing Saga International Youth Hostel G4
47 City Walls Courtyard B1
48 Cote Cour F3
49 Hilton Beijing Wangfujing E5
50 Hulu Hotel F3
51 Jingshan Garden Hotel C2
52 Park Plaza F4
53 Raffles Beijing D6
54 Red Capital Residence F1
55 Red Wall Garden F4
56 Regent Beijing E4
57 Temple Hotel C2
58 YMCA Hotel E5

Praktisches (S. 286)
59 Geldautomat E2
60 Bank of China D4
61 Beijing Touristeninformation D5
62 Beijing Touristeninformation G7
63 Beijing Union Hospital E5
64 Beijing Wangfujing Pharmaceutical Store D5
65 Citibank G6
66 CITS E5
67 HSBC G6
Watson's (siehe 36)

Transport (S. 274)
68 CITS - Internationale Fahrscheine G6

TROMMELTURM & NORD-DONGCHENG *Karte auf S. 328*

Highlights (S.96)

1 Glockenturm ... A4
2 Trommelturm ... A5
3 Lamakloster ... F3

Sehenswertes (S.101)

4 Arrow Factory ... E3
5 Konfiziustempel & Kaiserliche Akademie ... E4
6 Dadu-Kunstmuseum ... E4
7 Ditan-Park ... E1
8 Tempel des Feuergottes ... D4
9 Ehemaliges Wohnhaus von Mao Dun ... C6
10 Nanluogu Xiang ... C7
11 Ehemaliges Wohnhaus von Qi Baishi ... B6

Essen (S.104)

12 Vegetarisches Restaurant Baihe ... G5
13 Baozi Pu ... C5
14 Café De La Poste ... F4
15 Café Sambal ... A4
16 Chez Gérard ... E4
17 Chongqing Kongliang Huoguo ... F5
18 Dali Courtyard ... C5
19 Ghost Street ... F5
20 Jianbing Savoury Pancake Vendour . F4
21 Jin Ding Xuan ... F2
22 Little Sheep ... G5
Noodle In ... (siehe 18)
23 Rong-Tian-Schafsrücken ... B4
24 Source ... D7
25 Stuff'd ... E3
26 Lamm-BBQ Tan Hua ... F4
27 Taste ... C6
28 Vineyard Café ... E3
29 Wu Jin Café ... E3
30 Xiao Yu Shan ... G5
31 Vegetarisches Restaurant Xu Xiang Zhai ... E4
32 Lamm-Hotpot Yang Fang ... B5
33 Yaoji Chaogan ... B5
34 Yi Long Zhai ... B6
35 Zhang Mama ... D4
36 Zhang Mama (neu eröffnet) ... D6

Ausgehen & Nachtleben (S.110)

37 Ball House ... B5
38 Black-Tea Tea Room ... C4
39 Café Confucius ... E4
40 El Nido ... D4
41 Essence ... A5
42 Great Leap Brewing ... B6
43 Hippo ... G4
44 If ... C4
45 Irresistible Café ... B6
46 Mado ... B4
47 Mai ... C4
48 Mao Mao Chong Bar ... D7
49 Modernista ... B4
50 Nian Bar ... C4
51 Other Place ... C3
52 Salud ... C6
53 Three Trees Coffee ... C6
54 Za Jia ... A4

Unterhaltung (S.115)

55 Jiang Hu ... D6
56 Jiang Jin Jiu ... A5
57 Mao Livehouse ... C5
58 Penghao-Theater ... D6
59 Star Live ... F2
Tango KTV ... (siehe 59)
60 Temple Bar ... B5
61 Yugong Yishan ... E7

Shoppen (S.117)

62 C Rock ... C5
63 Esy Dragon Gift Shop ... C5
64 Famous Tea of China ... C5
65 Giant ... E5
66 JH 2nd-hand Bike Shop ... F5
67 Jingcheng Baixing ... D4
68 Plastered 8 ... C6
69 Ruifuxiang ... A5
70 Tian-Yi-Warenmarkt ... A7

Sport & Aktivitäten (S.119)

71 Black Sesame Kitchen ... C6
72 Culture Yard ... F5
73 Drum and Bell Square ... A5
74 Jinse Feilun Bike Shop ... D5
75 Maoer Laoli Health Club ... C6
76 Natooke ... E3
77 Qingnianhu-Park ... B1
78 The Hutong ... F5

Schlafen (S.220)

79 161 Lama Temple Courtyard Hotel ... G4
80 Beijing Downtown Backpackers ... C6
81 Confucius International Youth Hostel ... E3
82 Courtyard 7 ... C5
83 DuGe ... C6
84 Nostalgia Hotel ... E4
85 Old Beijing Square Hotel ... B4
86 Orchid ... B4
87 Peking Youth Hostel ... C6

Praktisches (S.286)

88 Dongcheng Disease Prevention & Control Centre ... D6

Kartenlegende auf S. 327

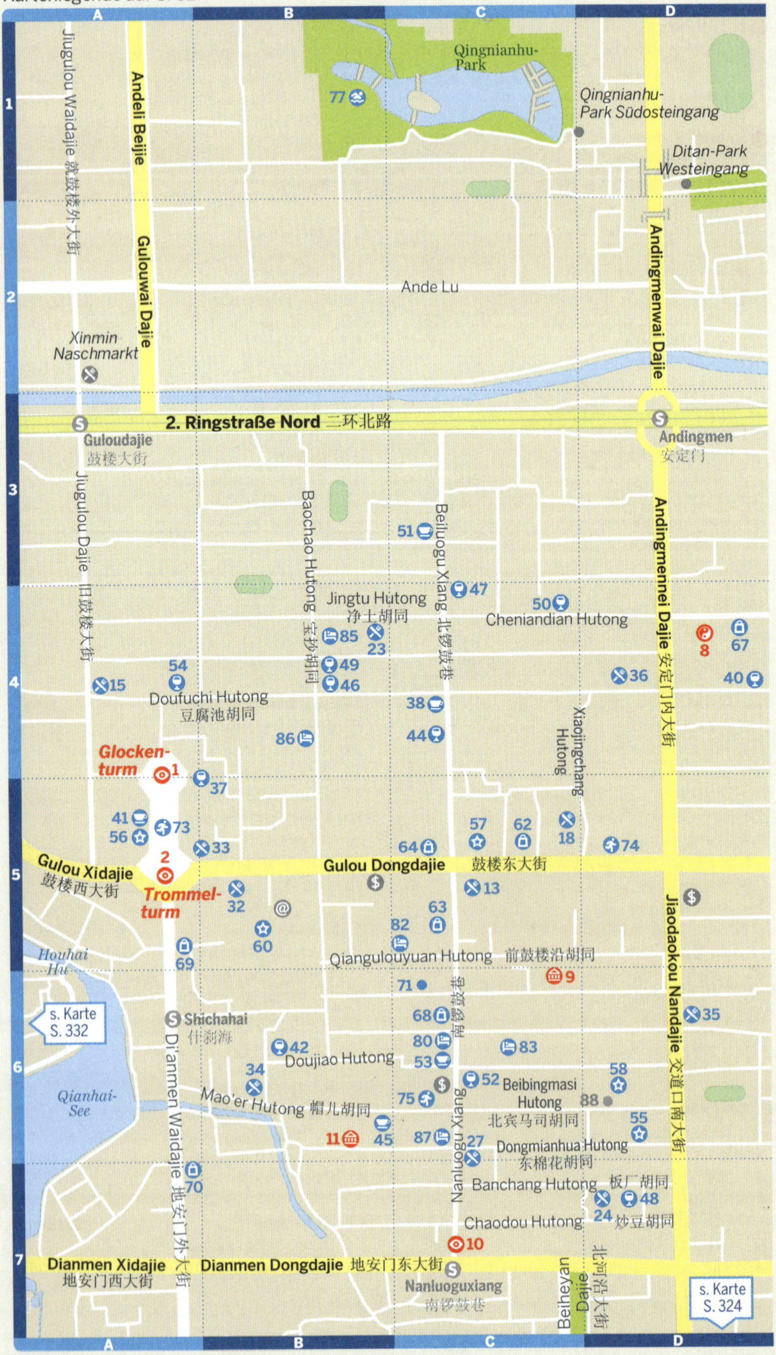

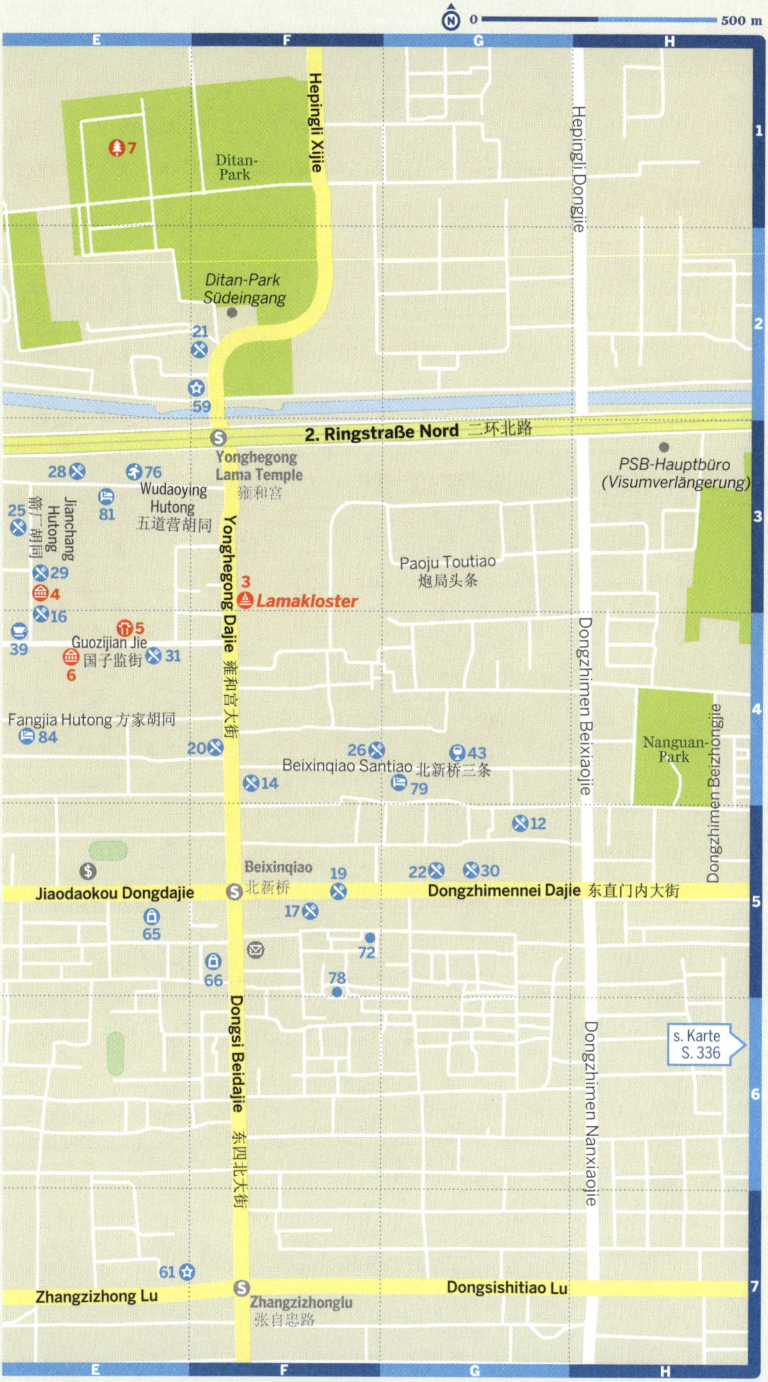

TROMMELTURM & NORD-DONGCHENG
0
500 m
E
F
G
H
1
2
3
4
5
6
7
Ditan-Park
7
Hepingli Xijie
Hepingli Dongjie
Ditan-Park Südeingang
21
59
2. Ringstraße Nord 二环北路
Yonghegong Lama Temple
雍和宫
PSB-Hauptbüro (Visumverlängerung)
28
76
Wudaoying Hutong
五道营胡同
81
25
Jianchang Hutong
箭厂胡同
29
4
16
39
5
Guozijian Jie
国子监街
6
31
3
Lamakloster
Yonghegong Dajie 雍和宫大街
Paoju Toutiao
炮局头条
Dongzhimen Beixiaojie
Nanguan-Park
Dongzhimen Beizhongjie
Fangjia Hutong 方家胡同
84
20
26
43
Beixinqiao Santiao 北新桥三条
14
79
12
Beixinqiao
北新桥
19
22
30
Jiaodaokou Dongdajie
Dongzhimennei Dajie 东直门内大街
17
65
72
66
78
Dongsi Beidajie
东四北大街
Dongzhimen Nanxiaojie
s. Karte S. 336
61
Zhangzizhong Lu
Zhangzizhonglu
张自忠路
Dongsishitiao Lu

HIMMELSTEMPELPARK & SÜD-DONGCHENG

Highlights (S.122)
1 Himmelstempelpark B4

Sehenswertes (S.125)
2 Pavillon der Tieropfer D4
3 Naturhistorisches Museum Beijing ... A5
4 Stadtplanungsmuseum Beijing A1
5 Eisenbahnmuseum Beijing A1
6 Göttliche Musikverwaltung B6
7 Echomauer C6
8 Fastenpalast B5
9 Halle des Erntegebets C5
10 Kaiserliches Himmelsgewölbe C6
11 Langer Wandelgang C5
12 Ruinenpark der Ming-Stadtmauer E1
13 Qianmen Dajie A2
14 Brücke der Roten Palaststufen C5
15 Himmelsaltar C6
16 Südöstlicher Eckturm & Red Gate Gallery F1
17 Zhaoheng-Tor C6

Essen (S.127)
18 Bianyifang D2
19 Capital M A2
20 Duyichu A2
21 Bratenetenrestaurant Liqun B2
22 Lost Heaven A1
Old Beijing Zhajiang Noodle King .... (siehe 18)
23 Bratentenrestaurant Qianmen Quanjude A2
24 Wedome D5
25 Xin Tian Yuan A1

Unterhaltung (S.130)
26 Red Theatre F4

Shoppen (S.130)
27 Hongqiao-(Perlen-)Markt D4
28 Toys City D4

Sport & Aktivitäten (S.130)
29 NTSC Tennis Club D6

Schlafen (S.222)
30 Emperor A2

0
1 km
s. Karte S. 328
s. Karte S. 324
s. Karte S. 334
Sanfo (1,7 km)
Jishuitan 积水潭
Deshengmen-Tor
Deshengmen Dongdajie
Guloudajie 鼓楼大街
Jiugulou Dajie 旧鼓楼大街
Deshengmen Xidajie (2. Ringstraße) 德胜门西大街
Xihai-See
Gulou Xidajie 鼓楼西大街
Xinjiekou Beidajie 新街口北大街
Deshengmennei Dajie 德胜门内大街
Houhai-See
Ya'er Hutong
Houhai Beiyan
Yangfang Hutong
Houhai Nanyan 后海南沿
Rundeli-Naschmarkt
Xizhimen Beidajie
Xizhimen 西直门
Xinjiekou 新街口
Xizhimennei Dajie
Zhengjue Hutong 正觉胡同
Beijing Zoo Markt (1,4 km);
Planetarium Beijing (1,5 km);
Chin. Paläozoologisches Museum (1,8 km);
Zoo Beijing & Aquarium Beijing (2 km)
Liuyin Jie
Shichahai 什刹海
Qianhai Xijie
Qianhai-See
Guanyuan-Park
XICHENG
Xinjiekou Nandajie
Huguosi Jie 护国寺街
Beihai Nord 北海北
Chegongzhuang 车公庄
Xizhimen Nandajie
Pinganli Xidajie
Pinganli 平安里
Dianmen Xidajie 地安门西大街
Di'anmenwai Dajie 地安门外大街
Dengyu Lu
Xisi Beidajie 西四北大街
Xihuangchenggen Beijie
Xishiku Dajie
Beihai-See
Beihai Park
Jingshan Xijie
Jingshan-Park
Jingshan Qianjie 景山前街
Fuchengmen Beidajie 阜成门北大街
Nördliche Kathedrale
Jadeinsel
Fuchengmennei Dajie 阜成门内大街
Xisi 西四
Fuchengmen 阜成门
XIDAN
Sanfo Camping Shop
Wenjin Jie 文津街
Palastgraben
Taipingqiao Dajie
Xisi Nandajie
Beichang Jie 北长街
Verbotene Stadt
Yuetan Park
Bankenviertel
Fuyou Jie
Zhonghai-See
Guangningbo Jie 广宁伯街
Lingjing Hutong 灵境胡同
DONGCHENG
Fuchengmen Nandajie (2. Ringstraße) 阜成门南大街
ZHONGNANHAI
Zhongshan-Park
Nanchang Jie 南长街
Nanhai-See
Fuxingmen 复兴门
Xidan 西单
Fuxingmennei Dajie 复兴门内大街
Xichangan Jie 西长安街
Tiananmen Xi 天安门西
Hauptstadt-museum (1,2 km)
Naoshikou Dajie
Xinwenhua Jie
Xuanwumennei Dajie 宣武门内大街
Xirongxian Hutong
Beixinhua Jie
Tiananmen-Platz
Xijiaomin Xiang 西交民巷
Circle Line
Tempel der Weißen Wolke (800 m)
Changchunjie 长椿街
Xuanwumen Xidajie (2. Ringstraße)
Xuanwumen 宣武门
Hepingmen 和平门
Qianmen Xidajie (2. Ringstraße)
Qianmen 前门

BEIHAI-PARK & NORD-XICHENG

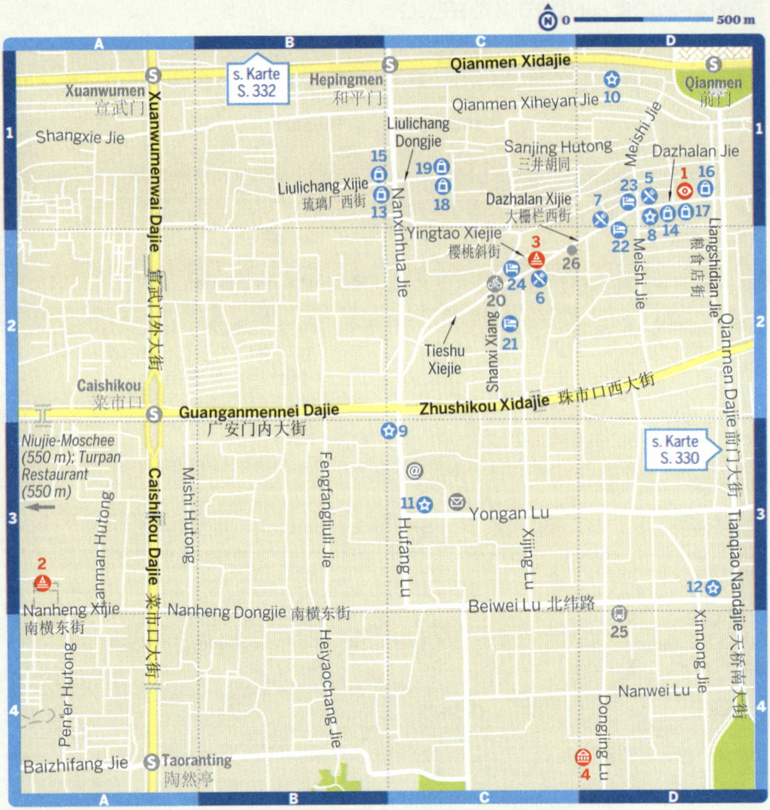

Sehenswertes (S.149)

1 Dashilar D1
2 Tempel Fayuan A3
3 Tempel Guanyin C2
4 Xiannong-Altar & Beijinger Museum für Historische Architektur D4

Essen (S.151)

5 Goubuli D1
6 Liu Family Noodles C2
7 Long Table D1

Unterhaltung (S.152)

8 Daguanlou Kino D1
9 Huguang-Versammlungshalle C3
10 Teehaus Lao She D1
11 Liyuan-Theater C3
12 Akrobatiktheater Tianqiao D3

Shoppen (S.153)

13 Cathay Bookshop B1
14 Neiliansheng Schuhgeschäft D1
15 Rongbaozhai B1
16 Ruifuxiang D1
17 Tongrentang D1
18 Xian Yan Tang C1
19 Geschäft für Musikinstrumente Yuehaixuan C1

Sport & Aktivitäten

20 Fahrradvermietung C2

Schlafen (S.223)

21 Leo Courtyard C2
22 Leo Hostel D2
23 Qianmen Hostel D1
Qianmen Jianguo Hotel .... (siehe 11)
24 Three-Legged Frog Hostel C2

Transport (S.274)

25 Tianqiao Fernbusbahnhof D4
26 Zugfahrkartenbüro C2

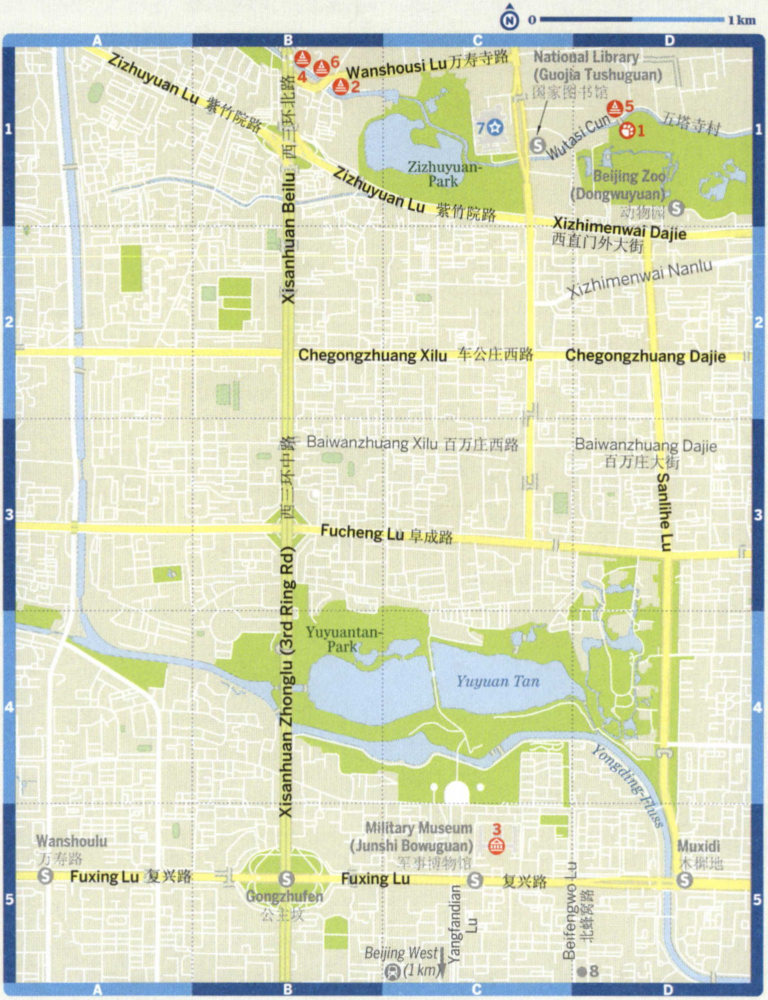

Sehenswertes (S.181)

1 Beijing Zoo (Nordeingang) ... D1
2 Überreste des Tempels des Drachenkönigs ... B1
3 Militärmuseum ... C5
4 Tempel Wanshou ... B1
5 Tempel Wuta ... D1
6 Überreste des Tempels Yanqing ... B1

Unterhaltung (S.189)

7 Konzerthalle der Nationalbibliothek ... C1

Transport (S.274)

8 CRTS ... D5

SANLITUN & CHAOYANG

Kartenlegende auf S. 338

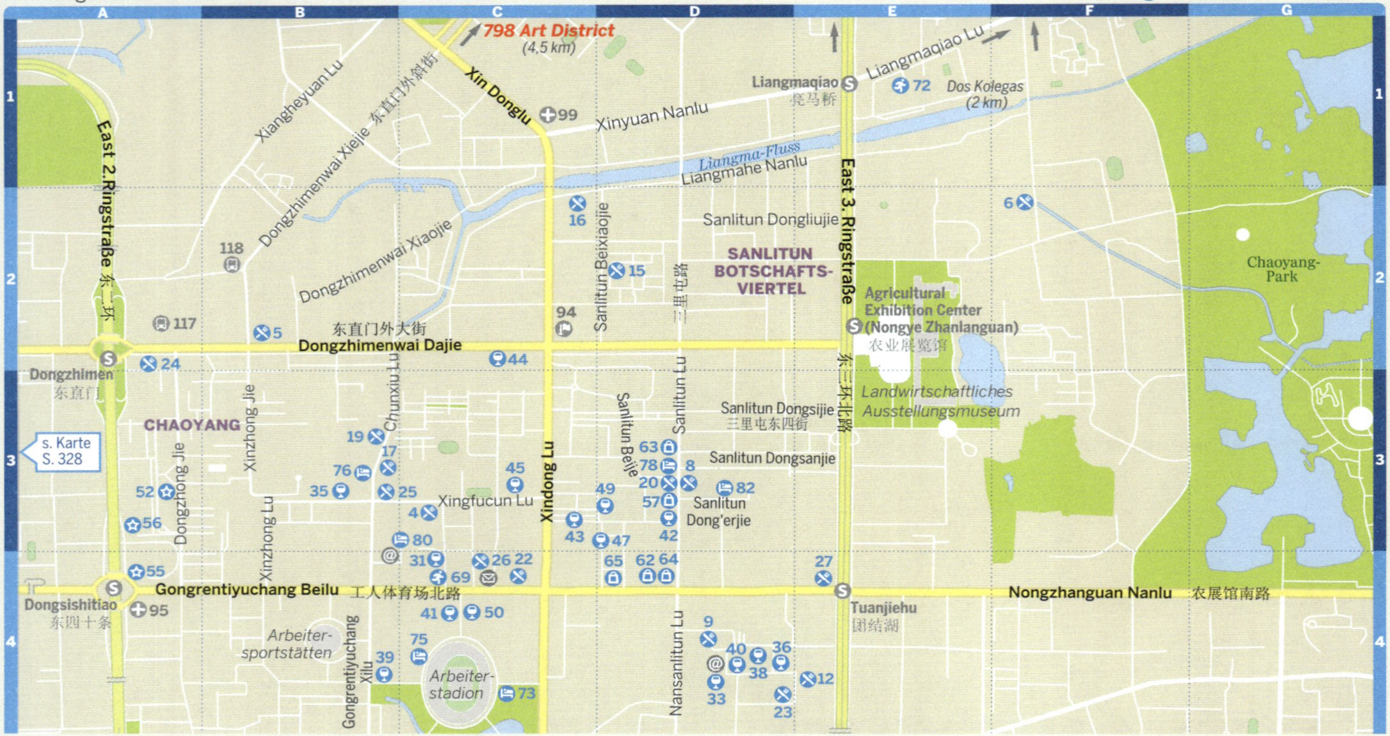

SANLITUN & CHAOYANG

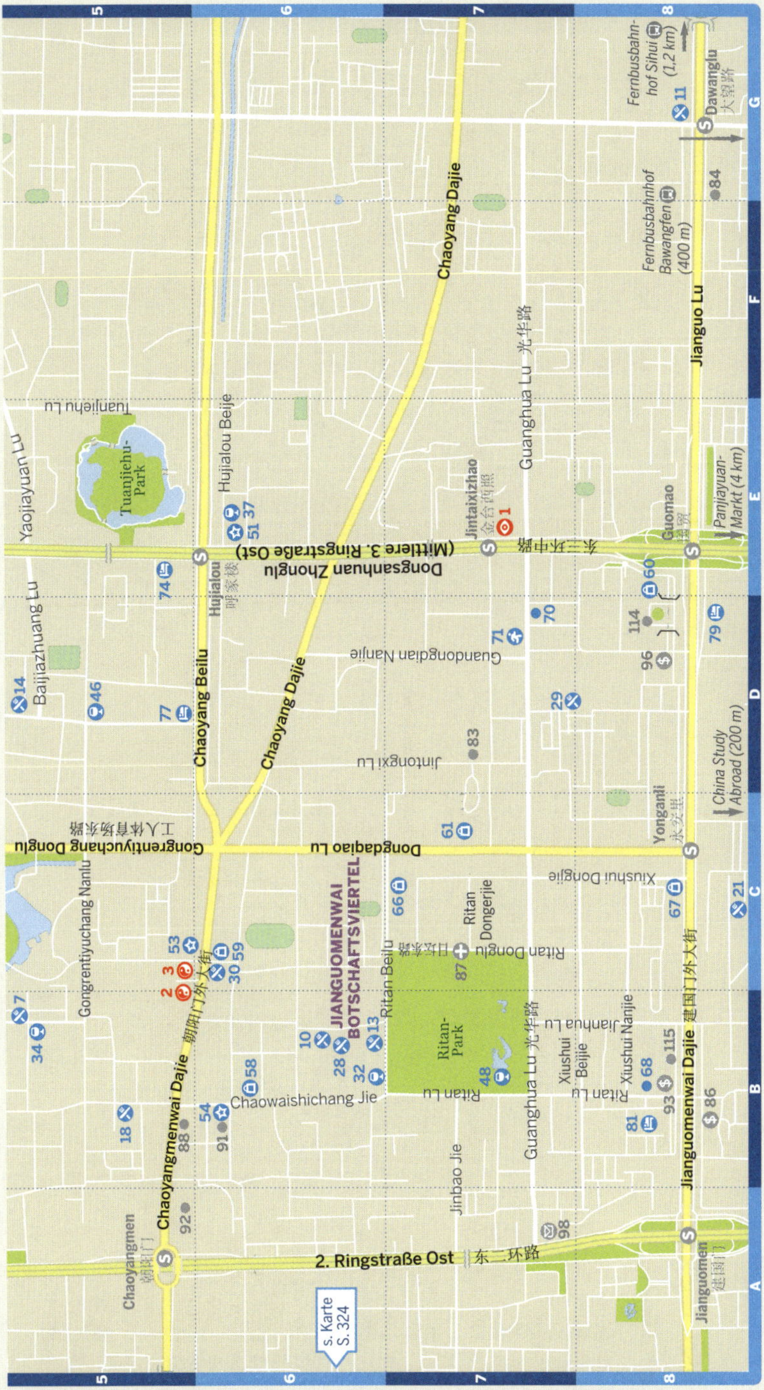

SANLITUN & CHAOYANG *Karte auf S. 336*

Sehenswertes **(S.159)**
1 CCTV-Gebäude ... E7
2 Tempel Dongyue ... B5
3 Jiutian Puhua Gong ... C5

Essen **(S.160)**
4 April Gourmet ... C3
5 Baodu Huang ... B2
6 Teigtaschenrestaurant Baoyuan ... F2
7 Bellagio ... B5
Big Smoke ... (siehe 25)
Biteapitta ... (siehe 42)
8 Bocata ... D3
9 Bookworm ... D4
Carmen ... (siehe 42)
10 Desert Rose ... B6
11 Din Tai Fung ... G8
12 Duck de Chine ... E4
13 Elephant ... B6
14 Hong Lu ... D5
15 In & Out ... D2
16 Indian Kitchen ... C2
17 Pekingente Jingzun ... B3
18 Jixiangniao Xiangcai ... B5
19 Meizhou Dongpo Jiulou ... B3
20 Mosto ... D3
21 Najia Xiaoguan ... C8
22 Nanjing Impressions ... C4
23 Okra ... D4
24 Ole ... A2
25 O'Steak ... B3
26 Purple Haze ... C4
27 Rumi ... E4
28 Uighur Willow ... B6
29 Xiao Wang's Home Restaurant ... D7
30 Yan Lan Lou ... C6

Ausgehen & Nachtleben **(S.165)**
31 Alfa ... C4
Apothecary ... (siehe 42)
Big Smoke ... (siehe 25)
32 Chocolate ... B6
33 d Lounge ... D4
34 Destination ... B5
First Floor ... (siehe 42)
35 Great Leap Brewing ... B3
36 Home Plate Bar B-Que ... D4
37 Ichikura ... E6
38 Janes and Hooch ... D4
39 Lantern ... B4
40 Local ... D4
Mesh ... (siehe 78)
Migas Bar ... (siehe 42)
41 Mix ... C4
42 Nali Patio ... D3
43 Nearby the Tree ... C3
44 Paddy O'Shea's ... C2
45 Parlor ... C3
46 Q Bar ... D5
47 Revolution ... D3
Second Floor ... (siehe 42)
Spark ... (siehe 61)
48 Stone Boat ... B7
49 Tree ... D3
50 Vics ... C4
Xiù ... (siehe 79)

Unterhaltung **(S.172)**
51 Theater Chaoyang ... E6
52 East Gate Cinema ... A3
MegaBox ... (siehe 64)
53 Melody KTV ... C5
54 Partyworld KTV ... B6
55 Internationales Theater Poly Plaza ... A4
56 Universal Theatre (Himmel-&-Erde-Theater) ... A3

Shoppen **(S.173)**
57 3.3 Shopping Centre ... D3
58 Alien's Street Market ... B6
59 Computer-Einkaufszentrum Bainaohui ... C6
60 Einkaufszentrum China World ... E8
61 Place ... C7
62 Sanlitun Village ... D4
63 Sanlitun Village (Nord) ... D3
64 Sanlitun Village (Süd) ... D4
65 Kleidermarkt Sanlitun Yashow ... D4
66 Shard Box Store ... C7
67 Seidenmarkt ... C8

Sport & Aktivitäten **(S.175)**
68 Berlitz ... B8
69 Therapiezentrum Bodhi ... C4
70 Bridge School ... D7
71 Dragonfly Therapeutisches Spa ... D7
72 Jinghua-Wushu-Verband ... E1
Eisstadion Le Cool ... (siehe 60)
Yoga Yard ... (siehe 69)

Schlafen **(S.224)**
73 A Hotel ... C4
74 Conrad ... E5
75 Gallery ... C4
76 Holiday Inn Express ... B3
77 Hotel Ibis ... D5
78 Opposite House Hotel ... D3
79 Park Hyatt ... D8
80 Sanlitun Youth Hostel ... C3
81 St Regis ... B8
82 Yoyo Hotel ... D3

Praktisches **(S.286)**
83 American Chamber of Commerce ... D7
84 Asian Express ... G8
86 Bank of China ... B8
87 Bayley & Jackson Medical Center ... C7
88 British Chamber of Commerce ... B5
Canada-China Business Council ... (siehe 93)
91 China-Australia Chamber of Commerce ... B6
92 China-Britain Business Council ... A5
93 CITIC Bank ... B8
European Union Chamber of Commerce in China ... (siehe 97)
French Chamber of Commerce & Industry ... (siehe 97)
94 Deutsche Botschaft ... C2
95 Hong Kong International Medical Clinic ... A4
96 HSBC ... D8
98 Internationales Postamt ... A7
99 International SOS ... C1
114 United Parcel Service ... D8
115 US-China Business Council ... B8

Transport **(S.274)**
Airport Express ... (siehe 117)
117 Dongzhimen-Verkehrsknotenpunkt ... A2
118 Bushaltesetlle Dongzhimen Wai ... B2

Highlights **(S.179)**
1 Sommerpalast C1

Sehenswertes **(S.181)**
2 Brücke mit 17 Bögen C3
3 Pavillon des Buddhistischen Wohlgeruchs C1
4 Buddhistischer Tempel Meer der Weisheit B1
5 Halle der Ziehenden Wolken C2
6 Tempel des Drachenkönigs C3
7 Torturm der Traufen, die die Wolken zurückhalten B1
8 Jadegürtelbrücke B2
9 Langer Wandelgang C1
10 Marmorboot B1
11 Anleger für Ruderboote C2
12 Wenchang-Galerie C2
13 Westlicher Damm B1

Schlafen **(S.226)**
14 Aman at Summer Palace C1

Transport **(S.179)**
Bootsverleih .... (see 11)
15 Bootsverleih C3
16 Bootshäuser B1
17 Anleger für Ruderboote B2

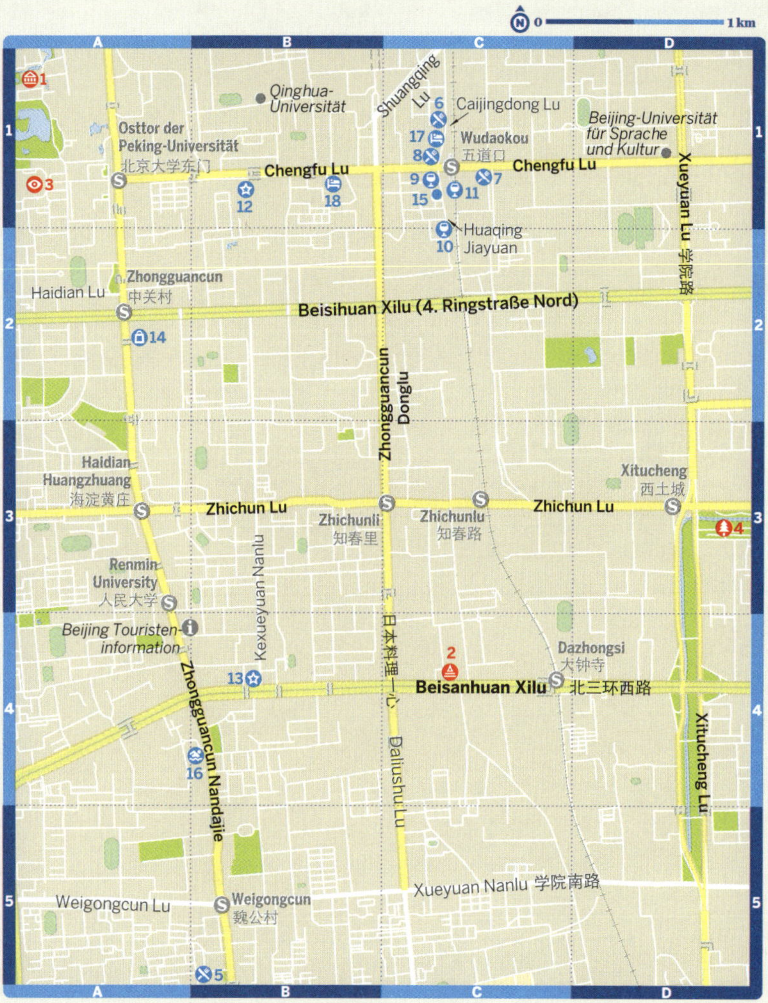

Sehenswertes (S.181)
1 Kunst- & Archäologiemuseum Arthur M. Sackler A1
2 Tempel der Großen Glocke C4
3 Peking-Universität A1
4 Ruinenpark der Reste der Stadtmauer der Yuan-Dynastie D3

Essen (S.185)
Bridge Café ... (siehe 10)
5 Golden Peacock B5
6 Japanisches Restaurant Isshin C1
La Bamba ...... (siehe 10)
7 Lao Che Ji C1
8 Salang-Bang C1

Ausgehen & Nachtleben (S.188)
9 Lush C1
10 Propaganda C2
Wu .... (siehe 7)
11 Wudaokou Beer Garden C1

Unterhaltung (S.189)
12 13 Club B1
13 UME International Cineplex B4

Shoppen (S.189)
14 Centergate Como A2

Sport & Aktivitäten (S.190)
15 China Study Abroad . C1
16 Friendship Hotel B4

Schlafen (S.226)
17 LTH Hotel C1
18 Peking Uni International Hostel B1

Unsere Autoren

Daniel McCrohan

Hauptautor, Verbotene Stadt & Dongcheng Zentrum, Trommelturm & Nord-Dongcheng, Beihai-Park & Nord-Xicheng, Die Große Mauer, Tagesausflüge, Schlafen, Reiseplanung, Beijing aktuell, Geschichte, Architektur, Religion & Glaube

Daniel hat über zehn Jahre in Beijing gelebt und vergeblich versucht, sein lausiges Chinesisch zu perfektionieren, während er eine Vorliebe für rohen Knoblauch entwickelt hat (nichts passt offenbar besser zu einer Schüssel Nudeln). Er hat die iPhone-App *Beijing on a Budget* entwickelt, ist Mit-Moderator der TV-Serie *Best in China* und hat für ein gutes Dutzend Publikationen Beiträge über Beijing geschrieben. Außerdem stellt er individuelle Reiserouten für Touristen in China, der Mongolei, in Indien und Bangladesch zusammen. Weitere Informationen und einige der Unterwegs-Videos, die Daniel aufnimmt, wenn er für Lonely Planet recherchiert, sind auf seiner Website zu finden, danielmccrohan.com, oder man kann über Twitter mit ihm Kontakt aufnehmen (@danielmccrohan).

David Eimer

Himmelstempelpark & Süd-Dongcheng, Dashilar & Süd-Xicheng, Sunlitun & Chaoyang und Sommerpalast & Haidian

David kam 1988 erstmals nach China, als dort sowohl westliche Besucher als auch Autos noch Mangelware waren. Nachdem er freischaffender Journalist geworden war und sich bei erneuten Chinareisen für das Land begeisterte, zog er 2005 für sieben Jahre nach Beijing. David, der gegenwärtig in Bangkok lebt, war Mit-Autor der letzten drei Ausgaben des Beijing-Reiseführers und arbeitete auch an den letzten vier Ausgaben des China-Reiseführers mit. Für die vorliegende Ausgabe schrieb er auch die Kapitel Historische *hutongs* und Kunst & Kultur sowie Praktische Informationen.

Die Lonely Planet Story

Ein uraltes Auto, ein paar Dollar in den Hosentaschen und Abenteuerlust, mehr brauchten Tony und Maureen Wheeler nicht, als sie 1972 zu der Reise ihres Lebens aufbrachen. Diese führte sie quer durch Europa und Asien bis nach Australien. Nach mehreren Monaten kehrten sie zurück – pleite, aber glücklich –, setzten sich an ihren Küchentisch und verfassten ihren ersten Reiseführer *Across Asia on the Cheap*. Binnen einer Woche verkauften sie 1500 Bücher, und Lonely Planet war geboren. Heute unterhält der Verlag Büros in Melbourne (Australien), London und Oakland (USA) mit über 600 Mitarbeitern und Autoren. Sie alle teilen Tonys Überzeugung, dass ein guter Reiseführer drei Dinge tun sollte: informieren, bilden und unterhalten.

Lonely Planet Publications,
Locked Bag 1, Footscray,
Melbourne, Victoria 3011,
Australia

Verlag der deutschen Ausgabe:
MAIRDUMONT, Marco-Polo-Str. 1, 73760 Ostfildern,
www.lonelyplanet.de, www.mairdumont.com, info@lonelyplanet.de

Chefredakteurin deutsche Ausgabe: Birgit Borowski

Producing: SAW Communications, Redaktionsbüro Dr. Sabine A. Werner, Mainz

Übersetzung: SAW Communications – Petra Dubilski, Isabel Sterner, Christa Trautner-Suder

An früheren Auflagen haben mitgewirkt: Martina Fischer, Karin Weidlich

Redaktion: SAW Communications – Eugenia Demmel, Julia Gilcher, Eva Gößwein, Marc Niemeyer, Dr. Sabine A. Werner

Technischer Support: SAW Communications – Katrin Pfeil

Beijing
4. deutsche Auflage August 2015, übersetzt von
Beijing 10th edition, April 2015 Lonely Planet Publications Pty

Printed in Turkey

MIX
Paper from responsible sources
FSC® C106499